縱橫古今
周易神解

張震臨——著

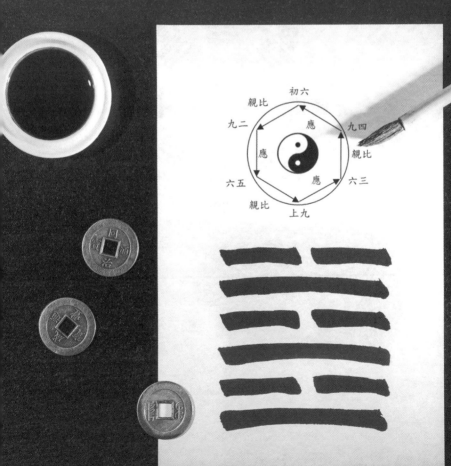

自序

閱讀易經最大的困擾，除先入為主的艱、難、深等，而各家的解說也多不同，到底那一個說法為對，造成相當大的困擾，不得已，在 師恩的啟導下，才有『縱橫古今周易神解』這本書。

著書期間，最大的收獲，也是最大的困擾，即是解開之前的疑惑，但也對先賢的立論，產生不得已的疑問。

周易，不難，難在陰陽二爻如何構成世間的一切，故研讀易經，不但可啟發智慧，也對宗教有更深的理解。

感嘆師恩 靈界主宰，感恩先父，先母的慈恩。

在此也要感謝協助本書打字排版的澄心洋行銷公司，以及洪瑞珪師姐的協助。

張震臨

目 錄

《周易》六十四卦符號暨本書頁數對照表

坤☷(地)	艮☶(山)	坎☵(水)	巽☴(風)	震☳(雷)	離☲(火)	兌☱(澤)	乾☰(天)	←上卦 ↓下卦
2 重坤	23 山地	8 水地	20 風地	16 雷地	35 火地	45 澤地	12 天地	坤☷(地)
地	剝	比	觀	豫	晉	萃	否	
46	342	132	300	244	514	654	188	頁數
15 地山	52 艮	39 水山	53 風山	62 雷山	56 火山	31 澤山	33 天山	艮☶(山)
謙	山	蹇	漸	小過	旅	咸	遯	
230	752	570	766	892	808	458	486	頁數
7 地水	4 山水	29 坎	59 風水	40 雷水	64 火水	47 澤水	6 天水	坎☵(水)
師	蒙	水	渙	解	未濟	困	訟	
118	76	426	850	584	920	682	104	頁數
46 地風	18 山風	48 水風	57 巽	32 雷風	50 火風	28 澤風	44 天風	巽☴(風)
升	蠱	井	風	恆	鼎	大過	姤	
668	272	696	822	472	724	412	640	頁數
24 地雷	27 山雷	3 水雷	42 風雷	51 震	21 火雷	17 澤雷	25 天雷	震☳(雷)
復	頤	屯	益	雷	噬嗑	隨	无妄	
356	398	62	612	738	314	258	370	頁數
36 地火	22 山火	63 水火	37 風火	55 雷火	30 離為	49 澤火	13 天火	離☲(火)
明夷	賁	既濟	家人	豐	火	革	同人	
528	328	906	542	794	440	710	202	頁數
19 地澤	41 山澤	60 水澤	61 風澤	54 雷澤	38 火澤	58 兌	10 天澤	兌☱(澤)
臨	損	節	中孚	歸妹	睽	澤	履	
286	598	864	878	780	556	836	160	頁數
11 地天	26 山天	5 水天	9 風天	34 雷天	14 火天	43 澤天	1 純乾	乾☰(天)
泰	大畜	需	小畜	大壯	大有	夬	天	
174	384	90	146	500	216	626	30	頁數

《說卦》

昔者聖人之作易也，幽贊於神明而生蓍，參天兩地而倚數，觀變於陰陽而立卦，發揮於剛柔而生爻。和順於道德而理於義，窮理盡性以至於命。昔者聖人之作易也，將以順性命之理，是以立天之道曰陰與陽，立地之道曰柔與剛，立人之道曰仁與義，兼三才而兩之，故易六畫而成卦。分陰分陽，迭用柔剛，故易六位而成章。

天地定位，山澤通氣，雷風相薄，水火不相射，八卦相錯，數往者順，知來者逆，是故易逆數也。

雷以動之，風以散之，雨以潤之，日以烜之，艮以止之，兌以說之，乾以君之，坤以藏之。

帝出乎震，齊乎巽，相見乎離，致役乎坤，說言乎兌，戰乎乾，勞乎坎，成言乎艮。萬物出乎震，震，東方也。齊乎巽，巽，東南也。齊也者，言萬物之絜齊也。離也者，明也。萬物皆相見，南方之卦也。聖人南面而聽天下，嚮明而治，蓋取諸此也。坤也者，地也。萬物皆致養焉，故曰致役乎坤。兌，正秋也，萬物之所說也，故曰說言乎兌。戰乎乾，乾，西北之卦也，言陰陽相薄也。坎者，水也，正北方之卦也，勞卦也，萬物之所歸也，故曰勞乎坎。艮，東北之卦也，萬物之所成終而所成始也，故曰成言乎艮。

神也者，妙萬物而為言者也。動萬物者莫疾乎雷，橈萬物者莫疾乎風，燥萬物者莫熯乎火，說萬物者莫說乎澤，潤萬物者莫潤乎水，終萬物始萬物者莫盛乎艮。故水火相逮，雷風不相悖，山澤通氣，然後能變化，既成萬物也。

乾健也，坤順也，震動也，巽入也，坎陷也，離麗也，艮止也，兌說也。

乾為馬，坤為牛，震為龍，巽為雞，坎為豕，離為雉，艮為狗，兌為羊。

乾為首，坤為腹，震為足，巽為股，坎為耳，離為目，艮為手，兌為口。

乾，天也，故稱乎父。坤，地也，故稱乎母。震，一索而得男，故謂之長男。巽，一索而得女，故謂之長女。坎，再索而得男，故謂之中男。離，再索而得女，故謂之中女。艮，三索而得男，故謂之少男。兌，三索而得女，故謂之少

女。

乾為天，為圜，為君，為父，為玉，為金，為寒，為冰，為大赤，為良馬，為老馬，為瘠馬，為駁馬，為木果。

坤為地，為母，為布，為釜，為吝嗇，為均，為子母牛，為大輿，為文，為眾，為柄，其於地也為黑。

震為雷，為龍，為玄黃，為旉，為大塗，為長子，為決躁，為蒼筤竹，為萑葦。其於馬也，為善鳴，為馵足，為作足，為的顙。其於稼也，為反生。其究為健，為蕃鮮。

巽為木，為風，為長女，為繩直，為工，為白，為長，為高，為進退，為不果，為臭。其於人也，為寡髮，為廣顙，為多白眼，為近利市三倍。其究為躁卦。

坎為水，為溝瀆，為隱伏，為矯輮，為弓輪。其於人也，為加憂，為心病，為耳痛，為血卦，為赤。其於馬也，為美脊，為亟心，為下首，為薄蹄，為曳。其於輿也，為多眚，為通，為月，為盜。其於木也，為堅多心。

離為火，為日，為電，為中女，為甲冑，為戈兵。其於人也，為大腹，為乾卦。為鱉，為蟹，為蠃，為蚌，為龜。其於木也，為科上槁。

艮為山，為徑路，為小石，為門闕，為果蓏，為閽寺，為指，為狗，為鼠，為黔喙之屬。其於木也，為堅多節。

兌為澤，為少女，為巫，為口舌，為毀折，為附決。其於地也，為剛鹵，為妾，為羊。本文取自易學網。子曰：小人不恥不仁，不畏不義，不見利不勸。不威不懲，小懲而大誡，此小人之福也。

易曰「履校滅趾，无咎」，此之謂也。善不積不足以成名，惡不積不足以滅身。小人以小善為无益而弗為也，以小惡為无傷而弗去也。

節錄自〈梅花易數之八卦萬物屬類〉：
〈乾卦〉
　一　金
　　乾為天　天風姤　天山遯　天地否

風地觀 山地剝 火地晉 火天大有

天時：天、冰、雹、霰。

地理：西北方、京都、大郡、形勝之地、高亢之所。

人物：君、父、大人、老人、長者、官宦、名人、公門人。

人事：剛健武勇、果決、多動少靜、高上下屈。

身體：首、骨、肺。

時序：秋、九十月之交、戌亥年月日時、一四九年月日時。

動物：馬、天鵝、獅、象。

靜物：金玉、寶珠、圓物、水果、剛物、冠、鏡。

屋舍：公廨、樓台、高堂、大廈、驛舍、西北向之居。

家宅：秋占宅興隆、夏占有禍、冬占冷落、春占吉利。

婚姻：貴官之眷、有聲名之家、秋占宜成、冬夏占不利。

飲食：馬肉、珍味、多骨、肝肺、乾肉、水果、諸物之首、圓物、辛辣之物。

生產：易生、秋占生貴子，夏占有損，坐宜向西北。

求名：有名、宜隨朝內任、刑官、武職、掌權、天使、驛官、宜西北方之任。

謀旺：有成、利公門、宜動中有財、夏占不成、冬占多謀少遂。

交易：宜金、玉珍寶珠貴貨、易成、夏占不利。

求利：有財、金、玉之利、公門中得財、秋占大利、夏占損財、冬占無財。

出行：利於出行、宜入京師、利西北之行、夏占不利。

謁見：利見大人、有德行之人、宜見官貴、可見。

疾病：頭面之疾、肺疾、筋骨疾、上焦疾、夏占不安。

官訟：健訟、有貴人助、秋占得勝、夏占失理。

墳墓：宜向西北、宜乾山氣脈、宜天穴、宜高、秋占出貴、夏占大凶。

方道：西北。

五色：大赤色、玄色。

姓字：帶金旁者、商音、行位一四九。

數目：一、四、九。

五味：辛、辣。

〈坤卦〉

八 土

坤為地 地雷複 地澤臨 地天泰

雷天大壯 澤天決 水天需 水地比

天時：雲陰、霧氣。

地理：田野、鄉里、平地、西南方。

人物：老母、後母、農夫、鄉人、眾人、大腹人。

人事：吝嗇、柔順、懦弱、眾多。

身體：腹、脾、胃、肉。

時序：辰戌丑未月、未申年月日時、八五十月日。

靜物：方物、柔物、布帛、絲綿、五穀、輿釜、瓦器。

動物：牛、百獸、牝馬。

屋舍：西南向、村居、田舍、矮屋、土階、倉庫。

家宅：安穩、多陰氣、春占宅舍不安。

飲食：牛肉、土中之物、甘味、野味、五穀之味、芋筍之物、腹髒之物。

婚姻：利於婚姻、宜稅產之家、鄉村之家、或寡婦之家、春占不利。

生產：易產、春占難產、有損、或不利於母、坐宜西南方。

求名：有名、宜西南方或教官、農官守土之職、春占虛名。

交易：宜利交易、宜田土交易、宜五穀、利賤貨、重物、布帛、靜中有財、春占不利。

求利：有利、宜土中之利、賤貨重物之利、靜中得財、春占無財、多中取利。

謀旺：利求謀、鄉里求謀、靜中求謀、春占少遂、或謀於婦人。

出行：可行、宜西南行、宜往鄉里行、宜陸行、春占不宜行。

謁見：可見、利見鄉人、宜見親朋或陰人、春不宜見。

疾病：腹疾、脾胃之疾、飲食停傷、穀食不化。

官訟：理順、得眾情、訟當解散。

墳墓：宜向西南之穴、平陽之地、近田野、宜低葬、春不可葬。

姓字：宮音、帶土姓人、行位八五十。

數目：八、五、十。

方道：西南。

五味：甘。

五色：黃、黑。

〈震卦〉

四　木

震為雷　雷地豫　雷水解　雷風恆

地風升　水風井　澤風大過　澤雷隨

天時：雷。

地理：東方、樹木、鬧市、大途、竹林、草木茂盛之所。

人物：長男。

人事：起動、怒、虛驚、鼓動噪、多動少靜。

身體：足、肝、髮、聲音。

時序：春三月、卯年月日時、四三八月日。

靜物：木竹、萑葦、樂器（屬竹木者）、花草繁鮮之物。

動物：龍、蛇。

屋舍：東向之居、山林之處、樓閣。

家宅：宅中不時有虛驚、春冬吉、秋占不利。

飲食：蹄、肉、山林野味、鮮肉、果酸味、菜蔬。

婚姻：可、有成、聲名之家、得長男之婚、秋占不宜婚。

求利：山林竹木之財、動處求財、或山林、竹木茶貨之利。

求名：有名、宜東方之任、施號發令之職、掌刑獄之官、竹茶木稅課之任、或鬧市司貨之職。

生產：虛驚、胎動不安、頭胎必生男、坐宜東向、秋占必有損。

疾病：足疾、肝經之疾、驚怖不安。

謀旺：可旺、可求、宜動中謀、秋占不遂。

交易：利於成交、秋占難成、動而可成、山林、木竹茶貨之利。

官訟：健訟、有虛驚、行移取甚反複。

謁見：可見、在山林之人、利見宜有聲名之人。

出行：宜行、利於東方、利山林之人、秋占不宜行、但恐虛驚。

墳墓：利於東向、山林中穴、秋不利。

姓字：角音、帶木姓人、行位四八三。

數目：四、八、三。

方道：東。

五味：甘、酸味。

五色：青、綠、碧

〈巽卦〉

五　木

巽為風　風天小畜　風火家人　風雷益

天雷無妄　火雷噬嗑　山雷頤　山風蠱

天時：風。

地理：東南方之地、草木茂秀之所、花果菜園。

人物：長女、秀士、寡婦之人、山林仙道之人。

人事：柔和、不定、鼓舞、利市三倍、進退不果。

身體：肱、股、氣、風疾。

時序：春夏之交、三五八之時月日、辰巳月日時。

靜物：木香、繩、直物、長物、竹木、工巧之器。

動物：雞、百禽、山林中之禽、蟲。

屋舍：東南向之居、寺觀樓台、山林之居。

家宅：安穩利市、春占吉、秋占不安。

飲食：雞肉、山林之味、蔬果酸味。

婚姻：可成、宜長女之婚、秋占不利。

生產：易生、頭胎產女、秋占損胎、宜向東南坐。

求名：有名、宜文職有風憲之力、宜為風憲、宜茶果竹木稅貨之職、宜東南之任。

求利：有利三倍、宜山林之利、秋占不利、竹貨木貨之利。

交易：可成、進退不一、利山林交易、山林木茶之利。

謀旺：可謀旺、有財可成、秋占多謀少遂。

出行：可行、有出入之利、宜向東南行、秋占不利。

謁見：可見、利見山林之人、利見文人秀士。

疾病：股肱之疾、風疾、腸疾、中風、寒邪、氣疾。

姓字：角音、草木旁姓氏、行位五三八。

官訟：宜和、恐遭風憲之責。

墳墓：宜東南方向、山林之穴、多樹木、秋占不利。

數目：五、三、八。

方道：東南。

五味：酸味。

五色：青、綠、碧、潔白。

〈坎卦〉

六　水

坎為水　水澤節　水雷屯　水火既濟

澤火革　雷火豐　地火明夷　地水師

天時：月、雨、雪、霜、露。

地理：北方、江湖、溪澗、泉井、卑濕之地（溝瀆、池沼、凡有水處）。

人物：中男、江湖之人、舟人、資賊。

人事：險陷卑下、外示以柔、內序以利、漂泊不成、隨波逐流。

身體：耳、血、腎。

時序：冬十一月、子年月日時、一六月日。

靜物：水帶子、帶核之物、弓輪、矯揉之物、酒器、水具。

屋舍：向北之居、近水、水閣、江樓、花酒長器、宅中混地之處。

飲食：豕肉、酒、冷味、海味、湯、酸味、宿食、魚、帶血、掩藏、有帶核
之物、水中之物、多骨之物。

家宅：不安、暗昧、防盜。

婚姻：利中男之婚、宜北方之婚、辰戌丑未月婚不可。

生產：難產有險、宜次胎、中男、辰戌丑未月有損、宜北向。

求名：艱難、恐有災險、宜北方之任、魚鹽河泊之職。

求利：有財失、宜水邊財、恐有失陷、宜魚鹽酒貨之利、防遺失、防盜。

交易：不利成交、恐防失陷、宜水邊交易、宜魚鹽貨之交易、或點水人之交
易。

謀旺：不宜謀旺、不能成就、秋冬占可謀旺。

出行：不宜遠行、宜涉舟、宜北方之行、防盜、恐遇險陷溺之事。

謁見：難見、宜見江湖之人、或有水旁姓氏之人。

疾病：耳痛、心疾、感寒、腎疾、胃冷、水瀉、痼冷之病、血病。

官訟：不利、有陰險、有失、因訟、失陷。

墳墓：宜北向之穴、近水傍之墓、不利葬。

姓字：羽音、點水旁之姓氏、行位一六。

數目：一、六。

方道：北方。

五味：鹹、酸。

五色：黑。

〈離卦〉

三 火

離為火　火山旅　火風鼎　火水未濟

山水蒙　風水渙　天水訟　天火同人

天時：日、電、虹、霓、霞。

地理：南方、乾亢之地、窯灶、爐冶之所、剛燥厥地、其地面陽。

人物：中女、文人、大腹、目疾人、甲冑之士。

人事：文畫之所、聰明才學、相見虛心、書事。

身體：目、心、上焦。

時序：夏五月、午火年月日時、三二七日。

靜物：火、書、文、甲冑、干戈、槁衣、乾燥之物、赤色之物。

動物：雉、龜、鱉、蟹、螺、蚌。

屋舍：南舍之居、陽明之宅、明窗、虛室。

家宅：安穩、平善、冬占不安、克體主火災。

飲食：雉肉、煎炒、燒炙之物、乾脯之體、熱肉。

婚姻：不成、利中女之婚、夏占可成、冬占不利。

生產：易生、產中女、冬占有損、坐宜向南。

求名：有名、宜南方之職、文官之任、宜爐冶亢場之職。

求利：有財宜南方求、有文書之財、冬占有失。

謀旺：可以謀旺、宜文書之事。

交易：可成、宜有文書之交易。

出行：可行、宜向南方、就文書之行、冬占不宜行、不宜行舟。

謁見：可見南方人、冬占不順、秋見文書考案之士。

官訟：易散、文書動、辭訟明辨。

疾病：目疾、心疾、上焦熱病、夏占伏暑、時疫。

墳墓：南向之幕、無樹木之所、陽穴。夏占出文人、冬占不利。

姓字：征音、立人旁士姓氏、行位三二七。

數目：三、二、七。

方道：南。

五色：赤、紫、紅。

五味：苦。

〈艮卦〉

七 土

艮為山 山火賁 山天大畜 山澤損

火澤睽 天澤履 風澤中孚 風山漸

天時：雲、霧、山嵐。

地理：山徑路、近山城、丘陵、墳墓、東北方。

人物：少男、閒人、山中人。

人事：阻隔、守靜、進退不決、反背、止住、不見。

身體：手指、骨、鼻、背。

時序：冬春之月、十二月丑寅年月日時、七五十數月日、土年月日時。

靜物：土石、瓜果、黃物、土中之物。

動物：虎、狗、鼠、百獸、黔啄之物。

家宅：安穩、諸事有阻、家人不睦、春占不安。

屋舍：東北方之居、山居近石、近路之宅。

飲食：土中物味、諸獸之肉、墓畔竹筍之屬、野味。

婚姻：阻隔難成、成亦遲、利少男之婚、春占不利、宜對鄉里婚。

求名：阻隔無名、宜東北方之任、宜土官山城之職。

求利：求財阻隔、宜山林中取財、春占不利、有損失。

生產：難生、有險阻之厄、宜向東北、春占有損。

交易：難成、有山林田土之交易、春占有失。

謀旺：阻隔難成、進退不決。

出行：不宜遠行、有阻、宜近陸行。

謁見：不可見、有阻、宜見山林之人。

疾病：手指之疾、脾胃之疾。

官訟：貴人阻滯、官訟未解、牽連不決。

墳墓：東北之穴、山中之穴、春占不利、近路旁有石。

數目：五、七、十。

方道：東北方。

五色：黃。

五味：甘。

〈兌卦〉

二　金

兌為金　澤水困　澤地萃　澤山咸

水山蹇　地山謙　雷山小過　雷澤歸妹

天時：雨澤、新月、星。

地理：澤、水際、缺池、廢井、山崩破裂之地、其地為剛鹵。

人物：少女、妾、歌妓、伶人、譯人、巫師。

人事：喜悅、口、讒毀、謗說、飲食。

身體：舌、口喉、肺、痰、涎。

時序：秋八月、酉年月日時、二四九月日。

靜物：金刀、金類、樂器、廢物、缺器。

動物：羊、澤中之物。

屋舍：西向之居、近澤之居、敗牆壁宅、戶有損。

家宅：不安、防口舌、秋占喜悅、夏占家宅有禍。

飲食：羊肉、澤中之物、宿味、辛辣之味。

婚姻：不成、秋占可成、有喜、主成婚之吉、利婚少女、夏占不利。

生產：不利、恐有損胎或則生女、夏占不利、宜坐向西。

求名：難成、因名有損、利西之任、宜刑官、武職、伶官、譯官。

求利：無利、有損、財利、主口舌、秋占有財喜、夏占破財。

出行：不宜遠行、防口舌、或損失、宜西行、秋占宜行有利。

交易：難利、防口舌、有爭競、夏占不利、秋占有交易之財。

謀旺：難成、謀中有損、秋占有喜、夏占不遂。

謁見：利行西方、見有咒詛。

疾病：口舌、咽喉之疾、氣逆喘疾、飲食不飧。

墳墓：宜西向、防穴中有水、近澤之墓、夏占不宜、或葬廢穴。

官訟：爭訟不已、曲直未決、因訟有損、防刑、秋占為體得理勝訟。

姓字：商音、帶口帶金字旁姓氏、行位四二九。

數目：四、二、九。

方道：西方。

五色：白。

五味：辛、辣。

導讀

以師卦為範本

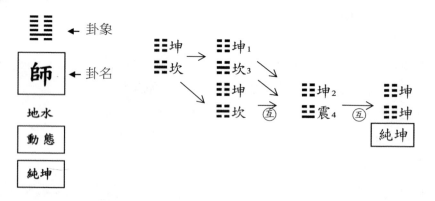

卦象 ←

師 ← 卦名

地水

動態

純坤

一、由

坤
坎 　互卦　 坤₂ 震₄

轉化方式為互卦

互卦定義

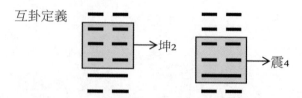

→ 坤₂　　　　　→ 震₄

● 由二、三、四、五爻轉換而得。

● 所有卦及爻的卦解轉換皆以互卦為主。

二、轉化後得：【坤、坎、震】三卦

三、由 坤 震 再轉化為 坤 坤 為【純坤】

四、因卦中有震，故為動態。

→ 當有巽錯為震，為被動。

→ 當無震、巽，則為靜態。

- 動態：自主之動。
- 被動：某事牽連而動。
- 靜態：描述狀況。

五、錯卦，定義：錯卦即原卦之陽爻變陰爻，陰爻則變陽爻。

　　　如師卦所得為坤，坎，震三卦，此三卦之錯卦可得，乾，離，巽，由此三卦可擴為六卦，但六卦以外之二卦，艮，兌，則不在利用解釋之範圍，以免年頭不對馬嘴。

坤　　坎　　震
當此三卦無能力解時，可增加各卦之錯卦來解。

坤☷ 錯為 ☰乾
坎☵ 錯為 ☲離
震☳ 錯為 ☴巽
════════════════

兌☱ 錯 ☶艮
離☲ 錯 ☵坎
巽☴ 錯 ☳震
艮☶ 錯 ☱兌
乾☰ 錯 ☷坤

至於其他如綜卦不在內。

六、轉化最後為純坤。
→ 六十四卦可歸為【純乾】、【純坤】、【既濟】、【未濟】

七、利用轉化後之卦來解釋《繫辭》。
如：如師卦
　　震者 → 大人
　　坤：眾
　　坎：弓　　　師 → 有兵眾，有弓箭，行軍。
　　震：行

如此才可知，在解釋繫辭時，有無超過卦之義，而非以天馬行空，自創解釋。至於八卦所代表之意，可參閱說卦傳及梅花易之萬物類象。(本書前頁所附)

八、數：乾一，兌二，離三，震四，巽五，坎六，艮七，坤八，為統一用法故採先天數，不用後天數。

九、斷部分：八卦每一卦，均有正反面兩種解釋。

正 ←	卦 →	反
剛健、努力	乾	剛愎
悅	兌	折
心（明）	離	心（燥）
行	震	驚
謙	巽	空
伏、忍	坎	險
反	艮	止
順	坤	吝、平

（其中離比較特別，心可代表正反兩面）

十、爻解部分

如：師，初六 →變兌為臨

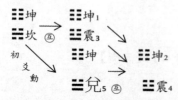

- 初爻動，就是初爻若是陰爻，則轉為陽爻，若是陽爻，就轉為陰爻。(其他如二爻動，轉二爻，三爻動，轉三爻，如此類推)
- 以師卦初六來說，經轉之後，變兌為臨。(參閱師卦)
- 此處，兌為爻的指向，而主卦沒有指向，故主卦是描述現況，並提醒因現況改變，會產生的後果。至於爻，則是現況已經改變，而預測的未來可能發生的狀況，兩者不同。

一、爻解：▬▬ 為陽代表九，▬ ▬ 為陰代表六

師卦：綜合說明

(1) 天，人，地，為三才。

(2) 比附

親比：陽在上 ▬ ▬ （男在上）

逆比：陰在上 ▬ ▬ （女在上）

無比：陽對陽 ▬▬ （同性）

陰對陰 ▬ ▬

(3) 相應

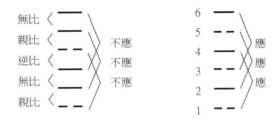

● 重點：應即下卦對上卦，或上卦對下卦(看爻的位置)，1→4，2→5，3→6。若是陰陽則為相應，若是陽對陽，陰對陰，則稱不應。

● 上圖中，標明陽爻對陰爻為應，陽爻對楊爻，為不應，陰對陰亦為不應，但每一個應或不應，並非完全是簡單的對應關係，有些是有它的內涵可探討，亦可解釋爻象。

〈每一爻所代表的人物〉

▬ ▬ → 皇室宗親

▬▬ → 君主

▬ ▬ → 諸侯，朝廷大官

▬▬ → 官吏

▬ ▬ → 士大夫

▬▬ → 平民，初出社會

〈每一爻所代表的位階〉

上六 ▬▬	不中，正		上九 ▬▬▬	不中，不正 →	六為陰位（偶位）
九五 ▬▬▬	中，正		六五 ▬▬	中，不正 →	五為陽位（奇位）
六四 ▬▬	不中，正		九四 ▬▬▬	不中，不正 →	四為陰位（偶位）
九三 ▬▬▬	不中，正		六三 ▬▬	不中，不正 →	三為陽位（奇位）
六二 ▬▬	中，正		九二 ▬▬▬	中，不正 →	二為陰位（偶位）
初九 ▬▬▬	不中，正		初六 ▬▬	不中，不正 →	初為陽位（奇位）

1. 中即上卦，或下卦的中間位，若不在中間位，即稱不中。正即陽爻應位在 1，3，5 位，陰爻位在 2，4，6 位，若陽位在 2 位，即稱不正。以此類推。

2. 如九五，九陽爻位第 5，5 為上卦之中位，陽爻位奇數 5，故曰，九五中且正。

3. 如九二陽爻，二應是陰爻位，故不正。但位在下卦之中，故曰：得中。而為中不正。

十二、卜筮

1. 形成的原理

卦 → 現況的描述即可能的變化 → 數往順者

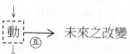

爻 → 變化後的結果 → 知來者逆

2. 吉凶悔吝，成乎動，故爻已反應卦，按理，卦和爻是不能同時來做卜筮的解，但可以參考。此意即，一但動爻出現即以動爻之解為結果。

3. 針對特定事件，則用以下三步驟求之，至於多重預測，則採金錢卦或太極丸方式。

- 第一步：由八個卦中求出一個做為下卦。
- 第二步：再由八個卦中求出一個做為上卦。
- 第三步：求動爻，共七個選項：本卦，初爻，二爻，三爻，四爻，五爻，六爻，由其中求出一個做動爻。若卜出乾坤兩卦，以乾加用九，坤加用六來綜合研判，不可用乾坤做結論。

- 乾，坤本卦必需和用九，用六合併，不可單獨做研判。工具可自行製作。
4. 得出卦之後，先看爻解的變化，再參考繫辭及象傳，因為由爻中可看出事物的方向。
5. 金錢卦，重點提示
   (1) 三陰為陰爻，為動爻
   (2) 三陽為陽爻，為動爻
   (3) 二陽一陰，為陰爻
   (4) 二陰一陽，為陽爻
   (5) 記綠方式：由下往上。使用古幣，有字為陽面。若使用現代硬幣，則建議以幣值面為陽面。
6. 太極丸：六，九數為動爻，七，八不變。
7. 金錢卦和太極丸使用時機：需多重判斷時。
8. 解卦方式：若無動爻，以本卦解。若有動爻，則每一動爻可能代表一個解，應參考本書爻解，來做綜合研判。

十三、定吉凶的標準
1. 卦：以卦繫辭，象傳等綜合判斷。
2. 爻：以繫辭，象傳及評等研判。
3. 如師卦初六：

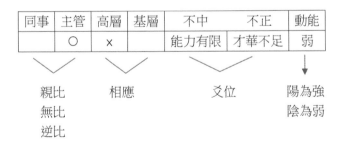

評：下之中
原因：
(1) 與九二親比，為主管，為 O，得 1 分。
(2) 初為始位，無下之同事及基層相比應，故同事、基層二欄空白。
(3) 但上與六三有應，然為不應之格局，故高層為 X。
(4) 初六爻位，不中，不正
動能弱，不得分。(若是陽為強，得 1 分)；總分 1 分，為凶。

分數研判

0～1 分 → 虛吉，(凶)。評：下之下，下之中

2～3 分 → 偏吉，(偏凶)。評：下之上，中之下。

4 分以上 → 吉，(虛凶)。評：中之上，上之下，上之上。

十二辟卦圖

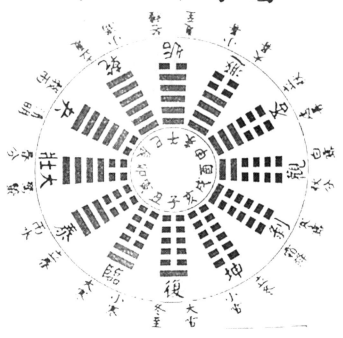

十 二 辟 卦

息卦：陽卦，陽長陰消						消卦：陰卦，陽消陰長					
☷	☳	☰	☳	☰	☰	☰	☰	☰	☳	☳	☷
復	臨	泰	大壯	夬	乾	姤	遯	否	觀	剝	坤
11月	12月	1月	2月	3月	4月	5月	6月	7月	8月	9月	10月

易上經

乾坤爲首，終爲離
首重天地定位

乾天運行，剛健不息，演繹進化，萬物資始

| 乾 | 坤 | 坎 | 離 |

乾：天，大→元

坤：地，通→亨

離：日，明→利

坎，月，孚→貞

乾

天乾

靜態

純乾

既濟

天，剛，健（乾為龍象）。

易有太極，然後有乾坤，有乾坤，然後天地位焉，故受之以乾坤始焉。

《雜卦》曰：乾，剛也。

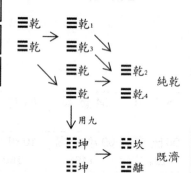

純乾

用九

既濟

《文言》曰：元者善之長也，亨者嘉之會也，利者義之和也，貞者事之幹也。君子體仁足以長人，嘉會足以合禮，利物足以和義，貞固足以幹事。君子行此四德者，故曰：「乾：元、亨、利、貞。」

《文言》曰：乾元者，始而亨者也。利貞者，性情也。乾始能以美利利天下，不言所利，大矣哉！大哉乾乎！剛健中正，純粹精也。六爻發揮，旁通情也。時乘六龍、以御天也，雲行雨施、天下平也。

《繫辭》曰：乾，元，亨，利，貞。

解：元：大，始也。善之長也。春耕

　　亨：通，順也。嘉之會也。夏長

　　利：宜，和也。義之和也。秋收

　　貞：正，固也。事之幹也。冬藏

斷：乾₁ 努力 → 乾₂ 剛復

　　乾₃ 努力 → 乾₄ 剛復

　　健而又健，天行健

論：乾卦純陽，不足以論斷吉凶，需輔以用九，參閱用九。

論：乾，六十四卦之首，全卦六爻皆以龍象解，其重要性固不待言。乾，不僅儘是代表生命，也代表宇宙起源，更是人生身性命炁氣原始。在上為天，在人為首，為天德之剛，具四德之義，而曰：大哉乾元，萬物資始，乃統天。

【易上經】乾坤為首，終為離 首重天地定位

乾卦爻解

《彖傳》曰：大哉乾元，萬物資始，乃統天。雲行雨施，品物流形。大明終始，六位時成，時乘六龍以御天。乾道變化，各正性命，保合大和，乃利貞。首出庶物，萬國咸寧。

亢龍	——	與時偕極
在天之龍	中，正	位乎天德
在淵之龍	——	乾道乃革
乾乾之龍	——	與時偕行
在田之龍	——	天下文明
潛龍	——	陽氣潛藏
時乘六龍		六位時成

(1) 乾為天，為元，故曰：大哉乾元！萬物之始，乃統天。

(2) 因時，因地制宜，天下平也。而曰：六位時成，時乘六龍以御天。

(3) 乾道六爻各有階段變化，各育結果，然卻旁通情也。故曰：乾道變化，各正性命，保合大和，乃利貞。

(4) 九五既中且正，位乎天德，剛健中正，而曰：首出庶物，萬國咸寧。

《象傳》曰：天行健，君子以自疆不息（註：疆同強）

解：天之運行，運而不息，君子體天象，一念一事
莫非天德之剛，以修德進業，無有一毫之私以間之。天行健者，在天
之乾；自強不息，在我之乾。

比附	相應	動能
×	×	強

評：難逃剛愎自用，慎防之

論：以靜態而言，此卦為天地首自然大吉，然以動能論之，乾爻既無比附，
亦無應，然各爻動能皆強，顯然為強勢，故易流於剛愎，若一旦流於
剛愎，前景堪憂，故曰：乾道變化，各正性命，保合大和，乃利貞也。
此卦不宜躁進，宜多聽意見，若一昧以我之意而貫之，必然誤事也。

初九

被動

初爻動，變巽為姤

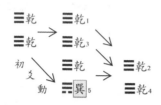

巽：入
坤：地 } 伏也 } 潛龍
震：龍象
巽：空 → 勿用

《繫辭》曰：潛龍勿用。

解：潛伏的蟄龍，世道不宜有所施用，需待時也。

《文言》子曰：「龍、德而隱者也。不易乎世，不成乎名，遯世无悶，不見是而无悶。樂則行之，憂則違之，確乎其不可拔，潛龍也。」

《文言》曰：潛龍勿用，下也。

《文言》曰：潛龍勿用，陽氣潛藏。

《文言》曰：君子以成德為行，日可見之行也。「潛」之為言也，隱而未見，行而未成，是以君子勿用也。

斷：乾₁ 剛愎 → 乾₂ 剛愎

偏凶

乾₃ 努力 → 乾₄ 努力

巽₅ → 空 → 關鍵 → 行謙以改之

變巽為空，勿用也

論：潛伏期，若能常行謙道，以謙為立身根本，培養實力，等待時機成熟自然可脫穎而出。

初九爻解：地

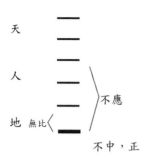

天
人
地 無比

不應

不中，正

(1) 不中，正。

(2) 與九二無比，無法得九二資助。

(3) 與九四不應，初，二，三為乾，二，三，四亦為乾，故不應也，九四無助益。

(4) 位在地位，為初位，為地之下，故曰潛龍。

(5) 既不應又無比，上有重重陽爻阻礙，然為陽爻又得正位，自能依賴自身能力行事，然需待時也，故曰勿用。

《象傳》曰：潛龍勿用，陽在下也。

解：陽爻居初位，無應又無比，不宜有所作為，需待時也。（參4、5）

同事	主管	高層	基層	不中	正	動能
	×	×		能力有限	有才華	強

評：下之上，雖有毅力行謙道，但不看好

論：持才傲物，但忽略能力及人際關係，經驗不足，不宜貿然出擊。應自我提升，以待時也。

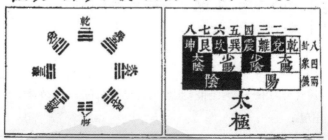

<table>
<tr><td>九二</td><td rowspan="2">二爻動，變離為同人</td></tr>
<tr><td>被動</td></tr>
</table>

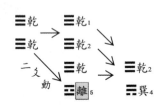

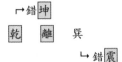

離：見
震：龍象 ┐ 見龍在田
坤：田   ┘

離：見
乾：首，大人 ┐ 利見大人
震：行   ┘

《繫辭》曰：見龍在田，利見大人。

解：龍出現在田野中，喻德已顯於寰宇，雖非君位，然有君之德，天下利
　　見之也。

《文言》子曰：「龍德而正中者也。庸言之信，庸行之謹，閑邪存其誠，
　　善世而不伐，德博而化。《易》曰：見龍在田，利見大人，君德也。」
《文言》曰：見龍在田，時舍也。
《文言》曰：見龍在田，天下文明。
《文言》曰：君子學以聚之，問以辯之，寬以居之，仁以行之。《易》曰：
　　見龍在田，利見大人，君德也。

斷：乾₁ 剛愎 → 乾₂ 努力

偏 吉	乾₃ 努力 → 巽₄ 謙 ⋯ 關鍵 → 勿棄謙而成空 離₅ → 心 變離為心，利見大人

論：雖然努力不一定有結果，但努力必要堅持下去，抱持謙道，等待時機
　　出現。

【易上經】乾坤為首，終為離 首重天地定位

九二爻解：地，二多譽

(1) 中，不正。

(2) 與初九無比，與九三亦無比，不得奧援。

(3) 與九五亦不相應，二，三，四為乾，三，四，五亦為乾，故不應也，互不往來。

(4) 九二爻位在地位之上，為田，故曰：見龍在田，有所為而發。

(5) 與九五不應，故利見大人，大人不是九五。

(6) 二多譽，故九二陽剛君子，位中具中德，而謂君德，又在地位之上，足以施展本身之能力，而為天下利見，謂之大人也。

《象傳》曰：見龍在田，德施普也。

解：九二得中，剛中帶柔，行中德，故得以普施教化也。（參6）

同事	主管	高層	基層	中	不正	動能
×	×	×		有能力	才華不足	強

評：下之上，若要行謙道，首要眾人肯定

論：剛愎自用，人際關係不好，而才華不足將是未來之缺點，故需反躬自省以謙也。而抓住機會推銷自己，則為利見大人也。

35

九三	三爻動，變兌為履
被動	

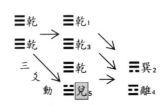

乾　兌　巽　離

```
        ┌錯 震
乾  兌  巽  離
        └錯 坎
```

離：日 ┐
坎：夜 ┘終日

震：行 ┐
坎：加憂 ┘夕惕若

兌：折 → 厲

兌：悅 → 无咎

《繫辭》曰：　君子終日乾乾，夕惕若，厲，無咎。

解：君子終日奮發，健而又健，時時警惕，即便處於危厲之境，也不會有
　　過失。

《文言》子曰：「君子進德脩業，忠信，所以進德也，脩辭立其誠，所以居業也。
知至至之，可與幾也，知終終之，可與存義也。是故居上位而不驕，在下位而不
憂，故乾乾因其時而惕，雖危无咎矣。」
《文言》曰：終日乾乾，行事也。
《文言》曰：終日乾乾，與時偕行。
《文言》曰：重剛而不中，上不在天，下不在田，故「乾乾」因其時而「惕」，雖
危「无咎」矣。

斷：乾₁ 剛愎 → 巽₂ 空 → 關鍵 → 行謙以救之

偏凶

乾₃ 努力 → 離₄ 心

兌₅ → 折

變兌為折，厲也

論：努力難成功，也可能遭遇大難，但若能有心，即便在困難中也努力學
　　習謙道以度難關。

九三爻解：人，三多凶

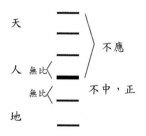

天

人　無比

地

不應

無比　不中，正

(1) 不中，正。

(2) 下與九二無比，上與九四無比，互不往來。

(3) 與上九不應，三，四，五為乾，四，五，六為乾，故不應。

(4) 九三位於人位，又為下卦之上爻，下遇二陽之競爭，退無可退，唯終日乾乾，夕惕若。

(5) 人位又為陽爻，故為君子。

(6) 無比又無應，三多凶，象徵人在天地之間，所遭遇的困境，故為厲。

(7) 然若秉天德而行，亦可无咎。

《象傳》曰：終日乾乾，反復道也。

解：終日乾乾，九三不中但為正，既無比亦無應，唯有反復自修其道業，以循天理也。（參4）

同事	主管	高層	基層	不中	正	動能
×	×	×		能力有限	有才華	強

評：下之上，恐無法避免困境發生，但仍有一線生機

論：恃才傲物，若不能針對人和改進，前途堪慮。故曰反復自道健而又健。

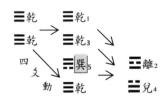

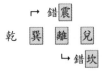

九四	四爻動，變巽為小畜
被動	

乾 巽 離 兌

巽：進退不果 → 或

震：行　┐
坎：淵　┘ 躍在淵

離：心　┐
兌：悅　┘ 无咎

《繫辭》曰：或躍在淵，无咎。

解：雖已具經世之才，但仍宜戒慎恐懼，即使躍入深淵，亦可萬全無咎。

《文言》子曰：「上下无常，非為邪也。進退无恆，非離群也。君子進德脩業，欲及時也，故无咎。」

《文言》曰：或躍在淵，自試也。

《文言》曰：或躍在淵，乾道乃革。

《文言》曰：重剛而不中，上不在天，下不在田，中不在人，故「或」之。「或」之者、疑之也，故「无咎」。

斷：乾₁ 剛愎 → 離₂ 心

虛吉	乾₃ 努力 → 兌₄ 悅

巽₅ → 謙 ⋯ 關鍵 → 勿棄謙成空

變巽為謙，進无咎

論：雖然力行謙道，但仍可能有毀折發生，此時心若能定，努力不綴，便與周遭的人和物，學習和悅的相處之道，則可轉折為悅矣，切記勿棄謙成空。

【易上經】乾坤為首，終為離 首重天地定位

九四爻解：人，四多懼

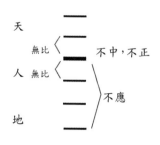

天

　無比 〈 不中，不正

人　無比

　　　　〉 不應

地

(1) 不中，不正。

(2) 與九三，九五無比，得不到奧援。

(3) 與初九不應，二，三，四為乾，初，
二，三，四亦為乾，故不應，互不往
來。

(4) 四爻位於人位，但為上卦之始，雖謂
四多懼，然已脫離下卦之拘束。

(5) 下卦三爻均為陽，象徵雄厚的實力，
故可接受九五的挑戰，是謂或躍在
淵。既可受九五之試，故曰无咎。淵
喻九五也。

(6) 不中、不正、不應，一切需靠自身努
力，故慎於進取方可。

《象傳》曰：或躍在淵，進无咎也。

解：或躍在淵，既已脫離下卦，下卦三陽轉為支撐，故曰：進无咎矣。

（參5）

同事	主管	高層	基層	不中	不正	動能
×	×		×	能力有限	才華不足	強

評：下之中，恐無法避免困境發生

論：除了精神旺盛外，其餘條件均需立即改善，做決策更要謹慎，勿逞一
時之快。

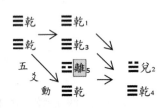

<table>
<tr><td>九五</td><td>五爻動，變離為大有</td></tr>
<tr><td>靜態</td><td></td></tr>
</table>

三乾 → 三乾₁ ↘
三乾 → 三乾₃ ↘
五 ↘ 三離₅ → 三兌₂
爻 三乾 三乾₄
動

乾　離　兌

離：雉→能飛之鳥，喻飛龍
乾：大人，君王　}　利見大人
兌：悅
離：見

《繫辭》曰：飛龍在天，利見大人。

解：龍已飛行於天空，君王修物格制以利天下，希冀成為天下人所利見之
　　賢君也。

《文言》子曰：「同聲相應，同氣相求。水流濕，火就燥，雲從龍，風從
虎，聖人作而萬物覩。本乎天者親上，本乎地者親下，則各從其類也。」
《文言》曰：「飛龍在天」，上治也。
《文言》曰：「飛龍在天」，乃位乎天德。
《文言》曰：夫「大人」者、與天地合其德，與日月合其明，與四時合其
序，與鬼神合其吉凶，先天而天弗違，後天而奉天時。天且弗違，而況於
人乎？況於鬼神乎？

斷：乾₁ 剛愎 → 兌₂ 悅

偏吉

乾₃ 努力 → 乾₄ 努力 → 關鍵 → 切莫再成剛愎

離₅ → 心

變離為心，利見大人

論：帶喜悅的心，努力行事，必獲得相對之報酬。但要小心不要因一時的
　　成功，而沖昏了頭，心要定。

九五爻解：天，五多功

天　無比

　　中，正

　無比

人

　　　　　不應

地

(1) 中，正。

(2) 與上九無比，與九四亦無比，得不到奧援。

(3) 九五入天位，故曰：飛龍在天。

(4) 五多功，於人象而言，為君為王，為元首，奇爻奇位，象徵聖明之君。

(5) 雖與九二不應，但初，二，三，四，均為有能之輩，九五一言一行，動見瞻觀，故曰：利見大人。

(6) 二，三，四為乾，三，四，五為乾，故不應。

(7) 既無比，無應，顯然過於自信，不能接納眾人意見，即使有德，恐亦不是治國之道。

《象傳》曰： 飛龍在天，大人造也。

解：飛龍在天，九五既中且正，聖明君王，其德澤普施天下之人也。

（參5）

同事	主管	高層	基層	中	正	動能
×	×		×	有能力	有才華	強

評：中之下，有信心維持成果，但小心人和不順牽扯

斷：個人條件夠，但千萬不要流於自傲，應放下身段，與人和合。即使是君王，也應多與子民互動為宜，若是企業主，應處處為員工謀福利，行有餘利社會，自然得眾人之讚嘆，而立功立德。

六爻動，變兌為夬

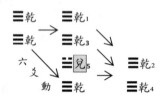

乾　兌
　　↳錯艮

兌：毀折
艮：止　　}有悔

《繫辭》曰：亢龍有悔

解：龍飛至極高亢之地，終有所悔恨。

《文言》子曰：「貴而无位，高而无民，賢人在下位而无輔，是以動而有
　　悔也。」

《文言》曰：「亢龍有悔」、窮之災也。

《文言》曰：「亢龍有悔」，與時偕極。

《文言》曰：「亢」之為言也，知進而不知退，知存而不知亡，知得而不
　　知喪。其唯聖人乎！知進退存亡而不失其正者，其唯聖人乎！

斷：乾₁ 剛愎 → 乾₂ 剛愎 ⟶ 關鍵 → 棄剛愎為健

凶　乾₃ 努力 → 乾₄ 努力

兌₅ → 折

變兌為折，有悔也

論：雖然很努力行事，但卻流於剛愎自用，不聽他人建議，而致毀折之地，
　　需牢記滿招損，謙受益。

上九爻解：天

天　無比　不中，不正
　　　　　　　不應
人
地

(1) 不中，不正。

(2) 與九五無比，幾乎不往來。

(3) 上九為天位之極，故曰亢龍。

(4) 既入天位之極，盛極而衰，進無所進，強進必失足，而至後悔莫及，故有折毀之象，是曰有悔。

(5) 與九三不應，三，四，五為乾；四，五，六亦為乾，各領風騷，故不應也。

《象傳》曰：亢龍有悔，盈，不可久也。

解：　上九剛強過九五，不知進退，若九五追究，則其勢不可久也。（參4）

同事	主管	高層	基層	不中	不正	動能
×			×	能力有限	才華不足	強

評：下之中，恐難自我調整，難逃困境

斷：動能雖強，然徒有匹夫之勇，不足以成大事，故需多看多學習，強健自己的能力。對事的處理若逢高轉折，則需面對現實，斷然處理，大化小，小化無，以避滿招損之禍。

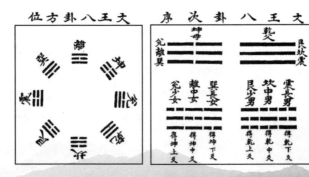

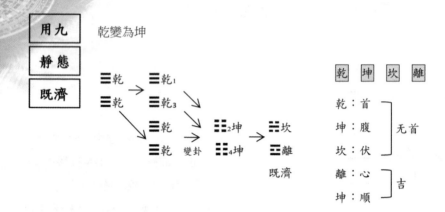

《繫辭》曰：見群龍无首，吉。

解：乾，剛強過甚，反致毀折，若能適時取陰入陽，剛健為體，柔順為用，
　　凡事不強居事首是為吉。至此，乾始於物，而終知天德，非無首也。

《文言》曰：乾元用九，天下治也。
《文言》曰：乾元用九，乃見天則。

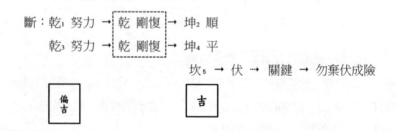

論：乾之大忌，即努力與剛愎難分，用九見群龍无首，上卦即成坎，坎為
　　伏，低調，忍讓，若將剛愎配以忍讓，由純乾一改為剛柔和合，事自
　　然平順而行，此即平日應廣納建言，集思廣益，始得吉也。關鍵在坎(5)
　　伏，事若能忍為先，如此，乾道方能圓滿，切記，勿棄坎伏而使坎成
　　險。

用九爻解

乾之用位，以變爻變卦，為演繹陰陽造化之理。

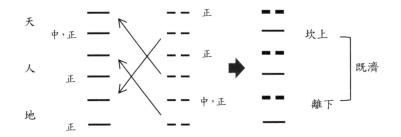

(1) 乾變坤，變爻變卦演繹陰陽造化之理。

(2) 上九陽轉為上六陰，故曰无首。

(3) 初六與九四相應，六三與上九相應，六五與九二相應，上
下相應，和合一氣，剛柔互濟，故曰吉也。

(4) 陽爻陰爻互補而終得既濟，是謂相濟相成也。

《象傳》曰： 用九，天德不可為首也。

解：用九，凡事應審慎判斷，不可一昧剛強用事，善聽建言，此謂天德也。

相應	動能
○	強中弱

評：**剛而柔，唯待後續之變**

斷：由上九轉而用不同之方式，化解過剛，使體制得以脫離強人之意志，
眾志成城，上下和合，此之謂天下治，乃天則也。

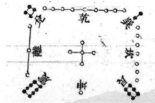

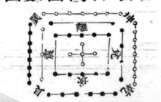

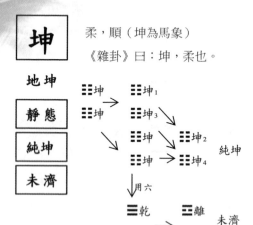

坤

柔，順（坤為馬象）

《雜卦》曰：坤，柔也。

地坤

靜態

純坤

未濟

| 坤 | 乾 | 坎 | 離 |

乾：馬 ⎤
坤：母 ⎦ 牝馬

坎：險，迷 ⎤ 先迷後
離：明，理 ⎦ 得主（理）

坤：西南 ⎤
坤：眾，朋 ⎬ 西南得朋
離：明 ⎦ （明）

《繫辭》曰：坤：元亨，利牝馬之貞。
君子有攸往，先迷後得主，利西南得朋，
東北喪朋。安貞，吉。

文王後天圖

《文言》曰：坤至柔而動也剛，至靜而
德方，後得主而有常，含萬物而化光。
坤道其順乎！承天而時行。

(1) 元：大，有容乃大，坤曰坤
元。亨：通，柔而能順，通
也。利牝馬之貞：乾為陽，
坤為陰，坤道陰柔，利於順
天成物，故而牝馬利於為乾
馬之正配也。

(2) 西南為坤之本鄉，兌、離、
巽三女同坤居之，陰氣始於
西南，故曰西南得朋。

(3) 震、艮、坎三男，同乾居東
北，則非女之朋，陽氣始於
東北，故曰東北喪朋。

(4) 君子若能體坤象，初期即使
有所迷失，但若能安於正
固，認清事理，雖然經過得
朋喪朋，然若如牝馬般不急
躁，有毅力，終得成功。

斷：坤₁順 → 坤₂吝　　僅坤卦不足以論事
　　坤₃柔 → 坤₄吝　　需輔以用六

坤卦爻辭

《彖傳》曰：至哉坤元，萬物資生，乃順
承天。坤厚載物，德合无疆。含弘光大，
品物咸亨。牝馬地類，行地无疆，柔順利
貞。君子攸行，先迷失道，後順得常。西
南得朋，乃與類行；東北喪朋，乃終有慶。
安貞之吉，應地无疆。

龍戰於野	▬ ▬	其道窮
黃裳元吉	▬ ▬	文在中
括囊	▬ ▬	慎不害
含章可貞	▬ ▬	以時發
不習无不利	中，正	地道光
堅冰	▬ ▬	陰始凝

《象傳》曰：地勢坤，君子以厚德載物。

解：坤為地，地勢高低起伏，山川河流，
　　盡在其中，萬物莫不出於地，地能容乃大，順受乃行，君子體會坤地
　　之象，因而效法坤地寬厚和順，容載萬物的美德。

(1) 坤為地，萬物得以托生，故曰：至哉坤元！萬物資生，乃順承天。

(2) 坤土廣厚，載育萬物，故曰：坤厚載物，德合无疆，含弘光大，品物咸亨。地道光也。

(3) 地道順應乾剛，運行不息，故曰：行地无疆，柔順利貞。君子攸行，以時發，慎不害也。

(4) 六二中且正，坤為吝，故先迷失道，坤又為順，故後順得常。

(5) 坤，西南方，故曰利西南，不利東北。

比附	上下相應	動能
✕	✕	弱

評：柔能克剛剛柔並用

論：坤卦主要是說明做人的基礎，強調坤道為順天應時而行。待人接物以
　　寬厚為主，以靜態而言，諸事皆吉。但若用動能來分析，則在事情處
　　理上不宜過於怠慢，反遭大兇。由於坤之動能較弱，行事除謹慎外，
　　更宜加強自身學習能力，遵循客觀規律。學會包容，進而拓寬自己的
　　心胸。

初爻動，變震為復

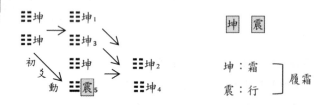

坤：霜
震：行　} 履霜

《繫辭》履霜，堅冰至。

解：當踏著地面的霜，便知道寒冬即將到來。是故，履霜，為初陰之象，堅冰則為六陰爻之象。

《文言》曰：積善之家，必有餘慶；積不善之家，必有餘殃。臣弒其君，子弒其父，非一朝一夕之故，其所由來漸矣，由辯之不早辯也。《易》曰「履霜、堅冰至」，蓋言順也。

斷：坤₁ 吝 → 坤₂ 吝

凶

坤₃ 吝 → 坤₄ 吝

震₅ → 驚 → 關鍵 → 以行動解決問題

變震為驚，堅冰至

論：現況呈現困吝，但令人不安的事卻隨時會發生，當有現象出現時，要防範於未然，避於因小而漸失大。

以下繫辭傳摘自周易集解

天尊地卑，乾坤定矣。

虞翻曰：天貴故「尊」，地賤故「卑」。「定」謂成列。

荀爽曰：謂否卦也。否七月，萬物已成，乾坤各得其位定矣。

初六爻解：地

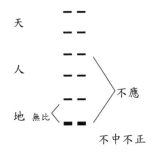

天 ⚋⚋

人 ⚋⚋

地 無比 ⚋⚋

不應

不中不正

(1) 不中，不正。

(2) 在地位之初，又為陰爻，故曰履霜。

(3) 上臨重重陰爻，象徵冬天即將到來，故曰堅冰至。

(4) 初六陰爻，陰動無能，與六二無比得不到近鄰之幫助。

(5) 與六四不應，六四可謂遠親，亦不願伸出援手，故不宜妄動。

(6) 初，二，三為坤，二，三，四亦為坤，故不應也。

《象傳》曰： 履霜堅冰，陰始凝也。馴致其道至堅冰也。

解： 初六陰爻，上又逢群陰為陰始凝之象，漸次由霜至冰，其象險矣，是故防患未然，乃是一定的道理。(參 2、3)

同事	主管	高層	基層	不中	不正	動能
	×	×		能力力限	才華不足	弱

評：下之下，困局無法避免

斷：保守應對不宜好高騖遠，也不宜妄自菲薄，充實自己待機而動。

六二

動態

二爻動，變坎為師

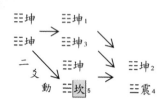

坤：地 → 直，方，大

坤：順

震：行，習 ⎤ 無不利

巽：利 ⎦

離：日 → 光也

《繫辭》曰：直，方，大，不習，无不利。

解：地直，地方，地大。地直，正也；地方，義也；地大，無所不容，成
育萬物，不疑其所行，自然而然，無不順利圓滿。

《文言》曰：「直」其正也，「方」其義也。君子敬以直內，義以方外，敬
義立而德不孤。「直、方、大、不習无不利」，則不疑其所行也。

斷：坤1 吝 → 坤2 平

偏吉

坤3 吝 → 震4 行 ⋯ 關鍵 → 行中道莫行險成驚

坎5 → 伏

變坎為伏，不習無不利

論：低調行事，切莫鋪張，順勢之發展，當可保平安，運勢平平，坎有險
之象，暫伏而不發，故宜低調也。繫辭曰：直，方，大，顯示潛藏條
件相當好，若能加強內修，無有不利於行事者。

六二爻解：地，二多譽

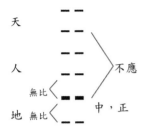

天

人

地

無比

無比

不應

中，正

(1) 中，正。

(2) 六二位正，依正道而行，故曰：
直，位中，行中德，故曰：方，
既直且方，故為大。

(3) 與初六無比，與六三亦無比，互
不往來，得不到奧援。

(4) 與六五不應，二，三，四為坤；
三，四，五，亦為坤，故不應也。

(5) 既無比又無應，孤芳自賞。

(6) 然六二位中得正，二多譽，本身
也極具才華，故雖不習，亦无不
利。

《象傳》曰：　六二之動，直以方也，不習无不利，地道光也。

解：六二位正，故其之動，直而無私，動方當理。不習無不利者，六二位
中，具中德，坤為地，地道之德，含宏光大，地道光也。（參2、6）

同事	主管	高層	基層	中	正	動能
×	×	×		有能力	有才華	弱

評：下之上，有能力短暫解決，後續發展仍有疑慮

論：本身有能力，有才華，但受限於動能之不足，再加上人際關係不佳，
若高調而為，勢必招致反撲。

51

<table>
<tr><td>六三</td><td rowspan="2">三爻動，變艮為謙</td></tr>
<tr><td>動態</td></tr>
</table>

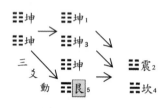

坤　艮　震　坎

⌐錯 離
└錯 巽

離：文章象 → 含章

巽：或 ⎤
離：日，王 ⎬ 或從王事
震：行 ⎦

艮：止 ⎤
坎：加憂 ⎬ 无成有終

《繫辭》曰：含章可貞。或從王事，无成有終。

解：君子內附文采謙虛，立身守貞自固，於適當時機出仕公務，即使無有
　　成就，也要有始有終。

《文言》曰：陰雖有美「含」之以從王事，弗敢成也。地道也，妻道也，
　　臣道也。地道「无成」而代「有終」也。

斷：坤₁ 吝 → 震₂ 行

[虛吉]
坤₃ 吝 → 坎₄ 伏 → 關鍵 → 切莫成險
艮₅ → 止
變艮為止，无成有終

論：平吝之事已有止住，未來行事切要低調而行，不能驕傲自滿，待時而
　　發才有利益。

52 【易上經】乾坤為首，終為離 首重天地定位

六三爻解：人，三多凶

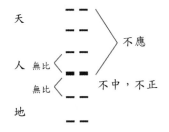

天

人　無比

　　無比

地

不應

不中，不正

(1) 不中，不正。

(2) 與六二，六四皆無比，無交往。

(3) 與上六不相應，三，四，五為坤，四，五，六亦為坤，故不應。

(4) 六三晉入人位，耦爻奇位，喻以謙虛立身，故曰：含章可貞。

(5) 三多凶，爻位當上下兩坤卦重陰之際，即若從王事，亦只能自守，故曰：或從王事，无成有終。

《象傳》曰： 含章可貞；以時發也。或從王事，知光大也。

解：含章可貞，是待時機，展現抱負，一旦從事王事，必然要抱持磊落光明的態度，是為在群陰環伺之下的自保之道。（參4、5）

同事	主管	高層	基層	不中	不正	動能
×	×	×		能力有限	才華不足	弱

評：下之下，恐無法脫離吝難，不利後勢

斷：條件不如他人，即便含章可貞，也應謙虛自守，故曰：以時發也。而應與眾人和合，一旦條件俱足，自可展現抱負。

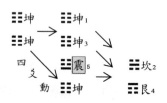

<table>
<tr><td>六四</td></tr>
<tr><td>動態</td></tr>
</table>

四爻動，變震為豫

坤：布
艮：手
巽：繩
震：動
｝括囊

《繫辭》曰：括囊；无咎，无譽。

解：用繩子將囊口束緊，如此不會招致災患，但也沒有聲譽好言，喻言語
　　謹慎。

《文言》曰：天地變化，草木蕃。天地閉，賢人隱。《易》曰：括囊、无
　　咎无譽，蓋言謹也。

斷：坤₁咎 → 坎₂伏 → 關鍵 → 切莫成險

<table>
<tr><td>偏凶</td></tr>
</table>

坤₃咎 → 艮₄反

震₅ → 驚

變震為驚，慎不害也

論：前途已有不安之象出現，在此敏感時刻，尤須謹言慎行。行事猶如括
　　囊，避免鋒芒過露而招他人之忌。

六四爻解：人，四多懼

天

人

地

無比

無比

不中，正

不應

(1) 不中，正。

(2) 與六五，六三皆無比，往來不密切。

(3) 與初六不應，不重視基層，初，二，三為坤；三，四，五為坤，故不應也。

(4) 四爻位在人位之上，也當上下兩坤卦重陰固結之地，又近六五君位，若妄咎，妄譽，則有逼上之嫌。

(5) 四多懼，故為人做事應益趨謹慎，是曰括囊。

(6) 然既守為不出，亦無有咎譽之說。无咎，无譽也。

《象傳》曰：括囊无咎，慎不害也。

解：當處君昏庸，世無道之時，還是謹慎以防無心之害也。（參5、6）

同事	主管	高層	基層	不中	正	動能
×	×		×	能力有限	有才華	弱

評：下之中，恐無能力處理困局

斷：雖有才華，但若不能適時發揮，又兼人緣不佳，不如只堅守本分，這樣反不會有過錯。

55

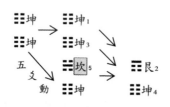

六五	五爻動，變坎為比
靜態	

坤：布裳，居中
　　為黃　　　　 } 黃裳
離：麗，明也
兌：悅 → 吉

《繫辭》曰：黃裳，元吉

解：黃裳為君王之裳，身居君王之位，若能禮賢下士，和悅慈善的對待百
　　姓，而致國富民強，是為大吉。

《文言》曰：君子「黃」中通理，正位居體，美在其中而暢於四支，發於
　　　　　　事業，美之至也。

斷：坤₁ 吝 → 艮₂ 反
　　坤₃ 吝 → 坤₄ 順

虛
吉

　　坎₅ → 伏 → 關鍵 → 切勿成險
　　變坎為伏，文在中也

論：面臨改變之期，行事要低調，不自傲，原先的吝象已止，或將出現平
　　順，但還是要注意自己的態度，以免坎伏成坎險。

【易上經】乾坤為首，終為離 首重天地定位

六五爻解：人，五多功

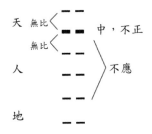

天 無比 ＜
　　無比 ＜　　中，不正
人　　　　　　＞不應
地

(1) 中，不正。

(2) 與上六及六四無比，互動不多。

(3) 與六二不相應，基層互動少，不利資訊所得，而二，三，四，為坤；三，四，五亦為坤，故不應也。

(4) 坤居五行之中位，為土，土為黃，六五居上卦之中，故以黃取象。乾為衣，坤為裳，而曰：黃裳。

(5) 五多功，六五為君位，雖屬陰爻柔順之位，但若能正固自守，而獲各方仰戴，亦可无咎。

(6) 雖內蘊文采，然無比，無應，又不正，恐不利政務之推動。

《象傳》曰：黃裳元吉，文在中也。

解：坤為文，六五君王，位中，具中德，故內蘊文采，外以文德治天下也。

（參4、5）

同事	主管	高層	基層	中	不正	動能
×	×		×	有能力	才華不足	弱

評：下之中，短期或可改變，後續無力維持

斷：以靜態而言，六五所代表的亦為上位管理者，故其象元吉，但若以動能觀之，其缺點甚多，往往勞而無功。

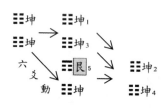

| 上六 | 六爻動，變艮為剝 |
| 靜態 | |

乾：龍之象
坤：田，居上
　　為野　　　　龍戰於野
艮：山
乾：玄也
坤：黃也
兌：折，傷

《繫辭》曰：龍戰于野，其血玄黃。

解：陰盛逼陽，六爻動，陰爻變陽爻，故曰龍也。二龍相爭，戰於田野，
　　流出的血，是玄黃色。

《文言》曰：陰疑於陽必「戰」，為其嫌於无陽也，故稱「龍」焉。猶未
　　離其類也，故稱「血」焉。夫「玄黃」者、天地之雜也；天玄而地黃。

斷：坤₁ 咎 → 坤₂ 咎
凶　坤₃ 咎 → 坤₄ 咎 → 關鍵 → 改咎成平
　　艮₅ → 止
　　變艮為止，其道窮也

論：事至此，困咎更進一步，即便感覺尚未入險路，也宜謹慎小心‧二龍
　　相爭必有一傷，與人相處，和而為貴，凡事循理不循力。

【易上經】乾坤為首，終為離 首重天地定位

上六爻解：天

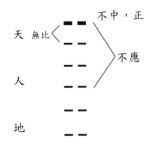

(1) 不中，正。

(2) 與六三不應，三、四、五為坤，四、五、六亦為坤，故不應。

(3) 上六位天位之上，陰盛至此，已至窮極之地，而又與六五無比，少互動，六五為君，時日一久，則疑自起，而曰：陰疑於陽。既疑則相爭，故曰：龍戰于野；然上六既無應亦無比，恐無力與六五抗衡。

(4) 玄為乾，黃為坤，其血玄黃，實指陰陽二炁，當陰極，陽生之時，二炁相盪，其烈如二龍相爭，此處除顯明陰陽變化之道外，亦以此喻上六，六五之爭，如氣之相盪，非真流血也。

《象傳》曰：戰龍於野，其道窮也。

解：上六勢逼六五，雖正但不中，缺中道之德，其道窮也。(參5、6)

同事	主管	高層	基層	不中	正	動能
×			×	能力有限	有才華	弱

評：下之中，無法改變困局，難矣哉

斷：如何建立完善的人際關係，以獲得眾人的協助而能發揮本具有之才華為當前要務。

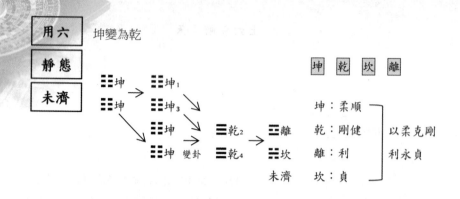

《繫辭》曰：利永貞。

解：陰至極，陽復生，柔為體，剛為用，以柔用剛，坤元不滅，利在永恆
　　貞固。

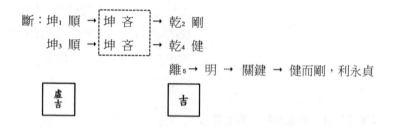

論：坤，陰柔雖順，然順與吝難分，用六上卦成離，離為明，為心，心明
　　則健，而為剛。故柔中有剛，平實之中帶穩健，顯示如純陰之過於憂
　　柔寡斷之性格，不能立足於社會，需要配合剛健之心態，以迅即決定
　　事之發展，方不失先機，故關鍵在離，明，若不能明，則回坤吝，不
　　可不慎。

卑高以陳，貴賤位矣。

虞翻曰：乾高貴五，坤卑賤二，列貴賤者，存乎位也。

荀爽曰：謂泰卦也。

用六爻解

坤之用位,以變爻變卦,為演繹陰陽造化之理。

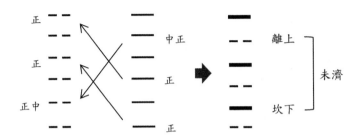

(1) 坤六陰轉乾六陽,故曰以變爻變卦,為演繹陰陽造化之理。

(2) 初九與六四相應,九三與上六相應,九五與六二相應,上下
皆互補而應,充分發揮陰陽和合之利,故曰利永貞。(參乾之
用九)

(3) 陰爻陽爻互補,而終得未濟,是謂物不可窮也。

《象傳》曰:用六永貞,以大終也

解:用六永貞者,始於陰終於陽,坤之德,順乾天運行而不止,符合天地
乾坤化育之功能,謂之大終也。(參3)

相應	動能
○	弱中強

評: **柔帶剛,以觀後效**

論:坤卦陰柔,於事優而不決,若能體乾天之道,而合柔于剛,引進新策
略,新方法,改善動能,由弱轉強,則在決策上將立竿見影。

雷在水下，雖遭坎陷，一朝奮出，萬物滋生

屯

水雷

動態

純坤

難，滿盈，萬物始生。

《序卦》曰：有天地，然後萬物生焉。盈天地
之間者唯萬物，故受之以屯，屯者盈也。

《雜卦》曰：屯，見而不失其居。

坎　震　艮　坤

坎 → 坎₁
震 → 震₃

　　　　坎 → 艮₂ → 坤
　　　　震 → 坤₄ → 坤
　　　　　　　純坤

坎：險 ┐ 勿用
艮：止 ┘

震：行 → 有攸往

坤：地 ┐ 利建侯
坤：眾 ┘

《繫辭》曰：元亨，利貞，勿用有攸往，利建侯。

解：元，大也。亨，通也。元亨，乾坤始交。利，宜也，貞，固也，萬物
　　始生。雖利於建國封侯，但也要等準備周全，始可前往，此為建侯的
　　基本態度。（建侯之利，人各歸其主，各安其生，天下平矣！）

斷：坎₁ 伏 → 艮₂ 反
　　震₃ 行 → 坤₄ 眾
　　行而伏，利見侯

吉

論：在準備尚未完成前必須低調進行，一旦周全，就可大膽前行，但如果
　　倉促上路，或是過於剛慢，都將遭致困難叢生。

屯卦爻解

《象傳》曰：屯，剛柔始交而難生，動乎險中，大亨貞。雷雨之動，滿盈，
天造草昧，宜建侯而不寧。

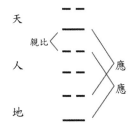

天
　親比
人

地
　　應
　　應

（1）九五，陽剛，居上卦坎，坎為險，為難；六二，陰柔居下卦震，震為動，九五與六二相應，故曰剛柔始交而難生，五、二皆位中，故曰：動乎險中。

（2）六二與九五相應，二、三、四為坤，坤具元，亨，利，貞四德，元為大，故曰：大，亨，貞。其喻，出險若能具利，貞之德，則大而亨通。

（3）九五與六四親比，六四與初九相應，初、二、三為震，為雷，四、五、六為坎，為雨，二、三、四為坤，為盈，故曰雷雨動，滿盈。動喻大雨，雷雨之後萬物生。

《象傳》曰：雲，雷，屯；君子以經綸。

解：震為雷，坎為水，坎水在上為雲，屯聚之象。於天地造物之期，有雲雷以生草木；故建侯之初，君子必需具備以經綸治事之能力，方能自新新民。

（4）坤象天地萬物資生，坎象混雜，黑暗，草昧，震為行，治，故當草昧之期，如何行立治之法，是一件艱難的任務，若行之不佳，必為不寧也。

（5）九五為君，坤為眾，地，與六四親比，六四為諸侯位，故九五立六四為侯以分治諸領地，是曰：宜建侯。

（6）初九與六四相應，六四與九五親比，九五與六二相應，上下交相應，利於政令推動，此為建侯之利也。

比附	相應
○	○

評：有能力突破困局，觀後續之動作

論：雖然欲向上奮發，但上卦坎險阻之，欲進不得進，然上下相應又有九五之助，若能靜待時節之至，平日之辛苦努力終得回報。牢記，創業維艱，知所進退。

初九	初爻動，變坤為比
動態	

坎☵　艮☶ 艮₁
震☳　→　坤☷ 坤₃

　初
　爻　坎☵　→　艮☶ 艮₂
　動　坤☷ 坤₅　→　坤☷ 坤₄

坎　震　艮　坤
　　↳錯 巽

震：行　┐
坎：險　├ 盤桓
巽：進退不果 ┘

坤：地　┐
坤：眾　┘ 利建侯

《繫辭》曰：磐桓；利居貞，利建侯。

解：看似徘徊不進，卻是貞固自守，利於諸侯建立自己的威望。

斷：艮₁ 反 → 艮₂ 反

偏 吉	坤₃ 吝 → 坤₄ 順 ⋯ 關鍵 → 切勿成吝
	坤₅ → 順

變坤為順，利建侯

論：之前平吝之象已逐漸轉變，若能謹而慎行，未來平順之日可期。不宜過份投資，穩重中求進步。

侯果曰：天地卑高，義既陳矣；萬物貴賤，位宜差矣。

動靜有常，剛柔斷矣。

虞翻曰：斷，分也。乾剛常動，坤柔常靜，分陰分陽，迭用柔剛

初九爻解：地

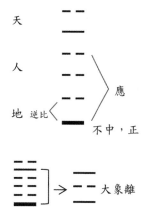

(1) 不中，正。

(2) 陽爻剛正，但位居地位，遇坎險不得不審度時勢，故有盤桓之象。

(3) 初九與六二逆比，與近鄰有所爭執，不宜外出，居家最宜，故曰利居貞。

(4) 與六四相應，六四為上卦之始，故為遠親之象，初，二，三為震，行也；二，三，四為坤順，行而順故為正應。

(5) 六四為諸侯位，故前往有利六四之建侯大業也。

《象傳》曰：雖磐桓，志行正也。以貴下賤，大得民也。

解：雖似徘徊，但初九位正，故志行正也。六四位上卦，貴之象，與初九相應，初九為民，故曰：以貴下賤，大得民之心也。（初九到九五合為大象離，離為心，參4、5）

同事	主管	高層	基層	不中	正	動能
	逆	○		能力有限	有才華	強

評：中之下，有毅力維持順利的格局，心態要注意

斷：雖然能力受限於初出社會，但俱才華有利後市，唯若從事工作，即使與高層關係密切，也不宜有自傲之心。

65

六二	二爻動，變兌為節

動態

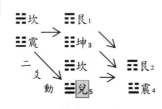

坎　震　艮　坤　兌
　　　　↳錯 巽

震：行　　　　┐
　　　　　　　├ 邅如
巽：進退不果　┘

震：馬　　　　┐
　　　　　　　├ 乘馬班如
坎：險，顛也　┘

坎：寇　　　┐
兌：少女　　├ 匪寇婚媾
震：長男　　┘

艮：止 → 不字之象

坎：六　┐
震：四　┘ 數十

《繫辭》曰：屯如邅如，乘馬班如。匪寇婚媾，女子貞不字，十年乃字。

解：少年君子，行路或乘馬前去少女居處，這不是匪寇尋仇，而是求取婚
　　姻，此女子為少年守貞，足足等了十年才嫁。

斷：艮₁ 反 → 艮₂ 反

偏凶	坤₃ 吝 → 震₄ 驚 → 關鍵 → 以行中道化之
	乾₃ 兌₅ → 折

　　變兌為折，反常也

論：目前的平順即將過去，未來可能出現不安甚至毀折現象，要研究如何
　　避免，冀望大事化小為宜。

六二爻解：地，二多譽

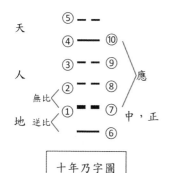

```
天      ⑤ ▬ ▬
        ④ ▬▬▬ ⑩
        ③ ▬ ▬ ⑨         應
人       ② ▬ ▬ ⑧
  無比   ① ▬ ▬ ⑦  中，正
地  逆比    ▬▬▬ ⑥
```

十年乃字圖

(1) 中，正。

(2) 位居地位之上，故有邅如，乘馬班如之象。

(3) 與初九逆比，初九被疑為寇，故非婚媾對象。與六三無比，不關六三之事。

(4) 二多譽，與九五相應，為陰陽之正應，故有婚媾之象，二，三，四為坤，順，三，四，五為艮，反，反而順，正應。

(5) 六二居中守正，象徵女子不可苟合，甚至等十年方可與九五論及婚嫁。

(6) 由六二經六三，六四，九五，上六，初九，六二，六三，六四，至九五，十年始字也。

《象傳》曰： 六二之難，乘剛也。十年乃字，反常也。

解：六二在初九之上，以柔乘剛，為逆比受難之象，但要十年乃嫁，似乎不合常理。(參3、5)

同事	主管	高層	基層	中	正	動能
逆	×	○		有能力	有才華	弱

評：中之下，有脫出困局的能力，但要看毅力

斷：有才華有能力，也有高層關照，但與同事相處不佳，又動能不足，這會阻礙學習之進程，對未來向上之路不利，所謂延誤十年也。

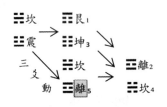

六三

動態

三爻動，變離為既濟

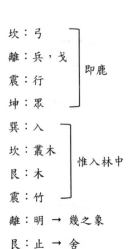

坎：弓
離：兵，戈
震：行   } 即鹿
坤：眾

巽：入
坎：叢木
艮：木   } 惟入林中
震：竹

離：明 → 幾之象
艮：止 → 舍

《繫辭》曰：即鹿无虞，惟入于林中，君子幾，不如舍，往吝。

解：眾人出去打獵，若沒有嚮導，反而會迷失在山林之中，君子明白此象，
　　不如捨去，若執意前往，徒取吝辱。喻無濟屯之才，徒有妄進之思，
　　將有入林之困也。

斷：艮₁ 反 → 離₂ 明

凶　坤₃ 吝 → 坎₄ 險 → 關鍵 → 以伏，低調對治
　　乾₃ 離₅ → 心
　　變離為心，幾不如舍

論：當事情由平吝而逐漸出現險象時，必需要心定，而低調明快的處
　　理，不要一昧執著往前。

六三爻解：人，三多凶

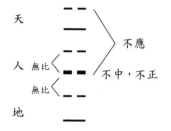

天

人　無比

地

不應

不中，不正

(1) 不中，不正。

(2) 三多凶，六三前臨坎陷，欲前往
上六尋求支援，唯三，四，五爻
為艮，反；四，五，六為坎，險，
故不應謂曰：即鹿无虞。

(3) 六三上下無比，皆為虛無之陰
爻，其象如入林中，故曰：惟入
林中。

(4) 六三晉入人位，故有君子之象，
但欲前往，既無所獲，不如舍，
為幾之象，故曰：君子幾，不如
舍。

《象傳》曰：即鹿无虞，以從禽也。君子舍之，往吝窮也。

解：六三前往上六，三，四，五為艮，艮為山，四，五，六為坎，險，山
中有猛禽，故需嚮導，而曰即鹿无虞，以從禽。然君子知其險，若前
往必吝且窮，故舍之也。（參 2、4）

同事	主管	高層	基層	不中	不正	動能
✕	✕	✕		能力有限	才華不足	弱

評：下之下，無任何能力改變困局

斷：需了解自身的條件，不要貪求做不到的事，樂天知命，用心學習，多
行善事，必有後報。

六四	四爻動，變兌為隨
動態

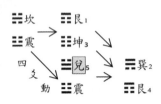

坎 震 艮 坤 兌 巽

震：馬，行 ⎫
坎：險，顛也 ⎬ 乘馬班如
巽：進退 ⎭

震：長子 ⎫
兌：少女 ⎬ 婚媾

震：行，往 ⎫
兌：悅 ⎬ 往吉
巽：利 ⎭

《繫辭》曰：乘馬班如，求婚媾，往吉，无不利。

解：騎著馬，顛簸上路，前往求取婚媾，而前往結果，必然大吉大利。

斷：艮₁ 反 → 巽₂ 謙 → 關鍵 → 莫切棄謙成空

偏吉

坤₃ 吝 → 艮₄ 反

兌₅ → 悅

變兌為悅，无不利

論：平吝之路似有反轉再向上跡象，此時更要謙虛，心懷感激，禮求賢才適時引進，以再創新機運。

方以類聚，

《九家易》曰：謂姤卦，陽爻聚於午也。方，道也。謂陽道施生，萬物各聚其所也。

【易上經】乾坤為首，終為離 首重天地定位

六四爻解：人，四多懼

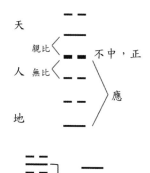

(1) 不中，正。與九五親比，關係密切，而得九五青睞。

(2) 與六三無比，沒有往來。

(3) 與初九相應，初，二，三為震，行，三，四，五為坤，順，行而順，正應也。

(4) 四多懼，六四在人位之上，又與九五親比，唯陰爻積弱多懼，態度保守，故有乘馬班如之象。

(5) 既與初九相應，又為行而順，故有婚媾之象。婚媾之說為求賢之喻也。

(6) 借助初九之力，同往輔佐九五，故曰：往吉，无不利。

《象傳》曰：求而往，明也。

解：初九至九五為大象離，為明，故六四前來初九，是為初九之明而求其賢也。（參5、6）

同事	主管	高層	基層	不中	正	動能
×	○		○	能力有限	有才華	弱

評：中之下，可以改變困局，但恆心是問題

斷：整體而言屬一般中等能力，有心學習，勤能補拙。高層相罩，基層相挺，前途看好。

九五	五爻動，變坤為復
動態	

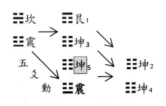

坎 震 艮 **坤**
    └錯 **乾**

坎：水，膏之象

震：行

坤：小人，小事　┐
　　　　　　　　│ 小事吉
坤：順　　　　　┘

乾：大人，大事　┐
　　　　　　　　│ 大事凶
坎：凶　　　　　┘

《繫辭》曰：屯其膏，小貞吉，大貞凶。

解：在困難的環境下，先將資源集中，此時只宜做小事，大事則不宜。

斷：艮₁ 反 → 坤₂ 平

虛 凶

坤₃ 吝 → 坤₄ 吝 ⟶ 關鍵 → 化吝成順

坤₅ → 吝

變坤為吝，施未光也

論：前景已見困難之象，故而行事作風放軟，自可化解吝難。

物以群分，

《九家易》曰：謂復卦，陰爻群於主子也。陰，成故曰物「物」也。至於萬物一成，分散天下也。以周人用，故曰「物以群分」也。

吉凶生矣。

虞翻曰：物三稱群，坤方道靜，故「以類聚」。乾物運行，故「以群分」。乾生，故「吉」；坤殺，故「凶」，則「吉凶生矣」。

九五爻解：天，五多功

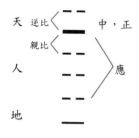

天 逆比
親比
人
地
中，正
應

(1) 中，正。

(2) 五多功，且已晉入天位，但與上六逆比，無法得到上六信任，常發生爭執。

(3) 上卦為坎，一陽陷於二陰之間，象徵屯塞不通，雖與六二相應。但膏澤無法下施，唯有屯其膏，以待時也。

(4) 與六四親比，獲得朝中臣子擁載，只因上六從中作梗，故大事不宜，只宜小事，一旦基層穩固，當可施展宏圖。

(5) 二，三，四為坤，順；三，四，五為艮反，反為順，正應也，有利基層意見反應。

《象傳》曰：屯其膏，施未光也。

解：屯其膏，九五為上九陰所蔽而無光也。（參 3）

同事	主管	高層	基層	中	正	動能
○	逆		○	有能力	有才華	強

評：上之下，絕對有能力應付困局

斷：少見賢明君王，於人則為治世之幹才，於商則為成功企業主，短時間受制，則宜加強自身能力，廣結善緣，自可得助。

上六	六爻動，變巽為益
動態	

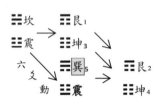

震：馬，行 ⎫
坎：險顛之象 ⎬ 乘馬班如
巽：進退不果 ⎭

坎：水 ⎫
艮：手 ⎪
離：目 ⎬ 泣血漣如
坎：加憂，血之象 ⎭

《繫辭》曰：乘馬班如，泣血漣如。

解：騎在馬上顛簸而行，雙手掩目，血淚俱下。

斷：艮₁ 反 → 艮₂ 反

凶　坤₃ 吝 → 坤₄ 吝

巽₅ → 空 ⋯ 關鍵 → 行謙道以轉空

變巽為空，泣血漣如

論：事已由吝成空境，過去如一場空，徒自悲傷；但窮則變，變則通，應
　　思考如何解開此難。

在天成象，在地成形，變化見矣。
虞翻曰：謂日月在天成八卦；震象出庚，兌象見丁，乾象盈甲，巽象伏辛，
艮象消丙，坤象喪乙，坎象流戊，離象就已，故「在天成象」也。在地成
形，謂震竹巽木，坎水離火，艮山兌澤，乾金坤土。在天為變，在地為化，
剛柔相推，而生變化矣。

上六爻解

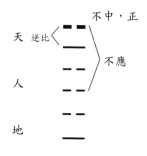

(1) 不中，正。

(2) 與九五逆比，凡事皆與九五抗衡導致兩方互不信任。

(3) 在天位之極，進無所進，退無所適，故乘馬班如之象。

(4) 與六三不應，三，四，五為艮，反，四，五，六，為坎，險，反而險，故不應。

(5) 既與六三不應，基層關係已斷，只能保守退藏，於傷心之時，唯有泣血漣如矣。

《象傳》曰：泣血漣如，何可長也。

解：上六勢已窮，徒然傷悲，於事無補。(參 2，5)

同事	主管	高層	基層	不中	正	動能
逆			×	能力有限	有才華	弱

評：下之中，**恐無能力改變**

斷：條件不足，但仍未有自知之明，本無自怨之理。早日修復人際關係，即便退休，也能安享退休生活。

是故剛柔相摩，八卦相蕩。

虞翻曰：旋轉稱摩薄也。乾以二五摩坤，成震、坎、艮。坤以二五摩乾，成巽、離、兌。故「剛柔相摩，則八卦相盪」也。

蒙
山水

動態

純坤

蒙蔽，莫知所住。

《序卦》曰：屯者，物之始生也。物生必蒙，故受之以《蒙》，《蒙》者，蒙也，物之稺也。

《雜卦》曰：蒙者，雜而著。

┌ 錯 兌

艮　坎　坤　震

└ 錯 離

震：長男→我
艮：少男→童也
兌：口，悅　⎤
震：行　　　⎦ 告之象
離：數三→再三瀆

艮 坎 → 艮1 坎3 → 艮 坎 → 坤2 震4 → 坤 坤 → 純坤

《繫辭》曰：蒙亨。匪我求童蒙，童蒙求我。初筮告，再三瀆，瀆則不告。利貞。（筮，音式；瀆，音讀）

解：蒙者，亨通之象，不是我去求童蒙，而是童蒙來求我教導，就像卜筮，要心誠求教，如果是一而再，再而三，嬉戲瀆慢，那就不予教誨了。

斷：艮1 止 → 坤2 吝

偏吉

坎3 伏 → 震4 驚

伏而止險，果行育德

論：潛伏修省，是為未來做更好的規劃，故平常就必須時刻謹慎，以蓄積自身德行，如果不能謹守低調，則吝困悄然而臨，日積月累，驚險即至矣。

蒙卦爻解

《象傳》曰：蒙，山下有險，險而止，蒙。蒙亨，以亨行時中也。匪我求童蒙，童蒙求我，志應也。初筮告，以剛中也。再三瀆，瀆則不告，瀆蒙也。蒙以養正，聖功也。

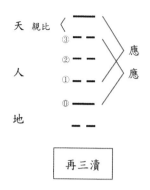

天 親比
人
地

應
應

③ ▬ ▬
② ▬ ▬
① ▬▬▬▬
⓪ ▬▬▬▬
▬ ▬

再三瀆

(1) 上卦艮為山、止，下卦坎為險，故曰：山下有險，險而止，蒙卦。

(2) 九二與六五相應，六五與上九親比，二，五皆位中，三、四、五為坤，順，亨，故曰：以亨行，時中也。

(3) 四、五、六為艮，少男，二、三、四為震，長男，故六五為童蒙。

(4) 九二陽爻位中，具中德，象徵學問堅實，六五為童蒙，前來請教九二，故為童蒙求我，非我求童蒙。二，五既皆為中位，又相應，故曰：志應也。

(5) 六五前來請益，九二既然學問堅實，初次必為之解答，此為剛中之象。二、三、四、五、六為大象離，離數三，若童蒙求教無誠，當然再三瀆，瀆則不告。

(6) 九二至六三，六三至六四，六四至六五共三位，而為再三瀆之象。

(7) 上九與六五親比，故上九應為九五之父。上九與六三相應，三、四、五為坤，坤具元、亨、利、貞四正德，六五位坤之上位，顯然上九希望六五經學習之後，能具四德，而曰：蒙以養正，養聖賢之功也。

《象傳》曰：山下出泉，蒙；君子以果行育德。

解：下卦為坎，水，泉，上卦為艮山，曰山下出泉蒙卦，九二為君子，上應六五，九二具中德之象，二、三、四為震行，果決力行，培育中德，故曰果行育德。

比附	相應
○	○

評：**有能力止險，也有能力脫離**

論：蒙者，蒙蔽，莫知所住，故需捨己意尊行賢人及長者之意見，以為參改，然蒙之爻俱比附及相應而有養正之聖功，故有先蒙而後得智。

| 初六 | 初爻動，變兌為損 |

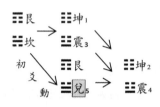

坎：桎梏
艮：手
震：足   } 用說桎梏
兌：毀折，脫

離：兵戈   } 用刑之象
震：行

《繫辭》曰：發蒙，利用刑人，用說桎梏，以往吝。

解：教育童蒙，難免用到責打之刑，如果排除責打，而放任不管，則恐陷
　　童入困吝之途。

斷：坤₁吝 → 坤₂吝

| 凶 | 震₃驚 → 震₄驚 ⋯ 關鍵 → 以行動找出原因 |

　　兌₅ → 折

　　變兌為折，往吝

論：原本就有困難，再加上毀折之象，不可大意。

鼓之以雷霆，潤之以風雨。

虞翻曰：鼓，動。潤，澤也。雷震庭艮，風巽雨兌也。

日月運行，一寒一暑。

虞翻曰：日離月坎，寒乾暑坤也。運行往來，日月相推，而明生焉。寒暑
相推，而歲成焉，故「一寒一暑」也。

【易上經】乾坤為首，終為離 首重天地定位

初六爻解：地

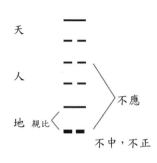

天

人

地　親比

不應

不中，不正

(1) 不中，不正。

(2) 初六為地位，為幼兒期，故曰發蒙。

(3) 與九二親比，九二陽剛有才，既為親比，則有親人之象，故若請九二教育自家幼兒，亦難免有利用刑人之時。

(4) 與六四不應，故若九二放任不管，六四又不應，用說桎梏之事就會發生，故以往吝也。

(5) 初，二，三，為坎，險；二，三，四為震行，行而險，故不應也。

《象傳》曰：利用刑人，以正法也。

解：利用刑人，九二糾正初六的錯誤，使其建立正確的行為法則。（參3）

同事	主管	高層	基層	不中	不正	動能
	○	×		能力有限	才華不足	弱

評：下之中，恐難化解，有心無力

論：雖有主管欣賞，然初出社會，明白自己處境，要放下身段，努力去學習，切勿自作聰明，應謹慎收斂。

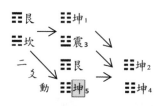

九二

動態

二爻動，變坤為剝

```
艮      坤₁
坎  →   震₃

二爻    艮    →   坤₂
動  →   坤₅        坤₄
```

艮　坎　坤　震

↳錯 兌

坤：婦孕之象 → 包蒙

兌：少女 ⎤
　　　　 ⎬ 納婦
坎：中子 ⎦

艮：門，家 ⎤
　　　　　 ⎬ 子克家
震：行，動 ⎦

震：長子

《繫辭》曰：包蒙，吉；納婦吉；子克家。

解：包容初蒙，因才施教，吉象。猶如子娶媳，有能力扛起當家的責任，
　　這都是吉祥之事。

斷：坤₁ 吝 → 坤₂ 順 → 關鍵 → 莫得意忘形而成吝

吉　震₃ 驚 → 坤₄ 平
　　乾₃ 坤₅ → 順
　　變坤為順，吉

論：或有喜事光臨，行而順，後續的事情若能處理好，將會越來越平順。

乾道成男，坤道成女。

荀爽曰：男謂乾，初適坤為震；二適坤為坎；三適坤為艮，以成三男也。

女謂坤，初適乾為巽；二適乾為離；三適乾為兌，以成三女也。

乾知大始，

《九家易》曰：始，謂乾稟元氣，萬物資始也。

【易上經】乾坤為首，終為離 首重天地定位

九二爻解：地，二多譽

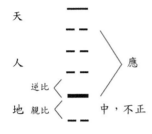

天
人
地

逆比
親比

應

中，不正

(1) 中，不正。

(2) 九二仍處地位，相當少年男子，其上有四陰爻，下亦為一陰，象徵群蒙，故曰包蒙。

(3) 九二與初六親比，陰陽相會，故有納婦之吉。

(4) 與六三逆比，互不往來，故知納婦為初六而非六三。

(5) 九二與六五相應，二，三，四為震，往，長子；三，四，五為坤，順，往而順，有利九二長子前往。

(6) 當得六五之支持，終能安心持正克家之道。

《象傳》曰：子克家，剛柔接也。

解： 子克家，九二與六五相應，而得六五之支持，故曰剛柔接也。

（參5、6）

同事	主管	高層	基層	中	不正	動能
○	逆	○		有能力	才華不足	強

評：中之上，絕對有能力，維持平順的局面

斷：雖然才華不足是缺陷，但不影響整體的表現，改善與主管之關係是要務。

六三	三爻動，變巽為蠱

動態

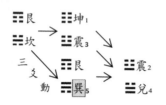

艮：止，不 ⎤
巽：長女 ⎦ 勿用取女

離：見 ⎤
兌：金 ⎮
乾：大人 ⎬ 見金夫
震：行 ⎦

巽：利 ⎤
兌：折 ⎦ 无攸利

《繫辭》曰：勿用取女；見金夫，不有躬，无攸利。

解：女子若見到有權，或多金之男，就不能自保其身，這樣的女子是不值
　　得交往或論嫁娶的。

斷：坤₁ 吝 → 震₂ 驚

凶　震₃ 驚 → 兌₄ 折

　　巽₅ → 空 → 關鍵 → 行謙道以化之

　　變巽為空，无攸利

論：原本情況是吝而驚，如今除驚外再加毀折，甚至成一場空，唯有自我
　　反省，針對錯誤修正。

六三爻解：人，三多凶

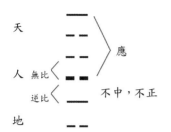

天
人　無比
　　逆比　不中，不正
地

(1)　不中，不正。

(2)　六三與六四無比，故與六四無關。

(3)　上卦艮為少男，上九為陽爻，為乾之象，故以乾取象，乾為金，而曰金夫。

(4)　與上九相應，即金夫是也，三，四，五為坤，順；四，五，六為艮，反，反為順，故正應，亦即六三見上九金夫，恐不能自保，故不有躬。

(5)　九二見此，唯有勿用，故六三與九二終成逆比，分手也。

(6)　六三既失九二，與上九又不一定有結果，故曰无攸利。

《象傳》曰：勿用取女，行不順也。

解：上九與六三相應，有婚嫁之可能，但六三原已與九二有婚之約，二，三，四為震行，初，二，三為坎險，既有險象，故九二勿用取女也。（參4、5）

同事	主管	高層	基層	不中	不正	動能
逆	×	○		能力有限	才華不足	弱

評：下之中，要避開險境恐無能力

斷：雖有高層力挺，但人際關係還是要注意，累積學習經驗，以扭轉能力和才華不足的缺失，切忌見利而忘義。

六四

動態

四爻動，變離為未濟

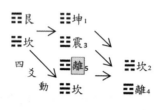

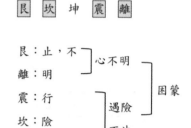

艮：止，不 ┐
離：明 ┘ 心不明 ┐
震：行 ┐   ├ 困蒙
坎：險 ├ 遇險 ┐   │
艮：進退不決 ┘ 不決 ┘

《繫辭》曰：困蒙，吝。

解：心不明，遇險進退不決，坐困於蒙昧而不能自出，徒致羞吝而已。

斷：坤₁ 吝 → 坎₂ 險 ┄ 關鍵 → 以伏，低調對治

凶

震₃ 驚 → 離₄ 心

離₅ → 心

變離為心，獨遠實也

論：心態改變招來了險患，除了檢討外，應立即放下身段，低調以對大眾。

坤作成物。

荀爽曰：物謂坤任育體，萬物資生。

乾以易知，坤以簡能。

虞翻曰：陽見稱易，陰藏為簡，簡，閱也。乾息昭物，天下文明，故「以易知」。坤閱藏物，故「以簡能」矣。

【易上經】乾坤為首，終為離 首重天地定位

六四爻解：人，四多懼

(1) 不中，正。

(2) 四多懼之位，前後，上下，皆無相應相比，故為困之象。

(3) 六四陰爻，上下亦皆陰，孤陋寡聞，故曰蒙。

(4) 欲從九二，則隔六三，欲從上九，則隔六五，而與六三，六五皆無比，故為遠實之象。

(5) 唯位正或可固守待變。

(6) 初，二，三為坎，險；二，三，四為震，往行，往而險故不應也。

《象傳》曰：困蒙之吝，獨遠實也。

解：六四，處坤卦（三，四，五為坤）上下皆陰爻有困之象，為獨也，上下既無應，無比，無所能求之處，遠實也。（參2、3、4）

同事	主管	高層	基層	不中	正	動能
×	×		×	能力有限	有才華	弱

評：下之中，要脫離心險，不容易，難

斷：只剩有點才華，其餘皆無可取，若人際關係不能修復，則豈不是困坐愁城，如果不及時醒悟，繼續脫離現實，必將被社會淘汰，於此之際，虛心求教結交益友，才是正道。

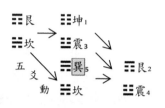

六五
動態

五爻動，變巽為渙

艮 坎 坤 震 巽

艮：少男 → 童蒙之象

坤：順 ⎤
震：行 ⎬ 吉，順而巽
巽：入 ⎦

《繫辭》曰：童蒙，吉。

解：若能抱純一未散之心，禮求賢士，如是則吉。

斷：坤₁ 吝 → 艮₂ 反

偏吉

震₃ 驚 → 震₄ 行

巽₅ → 謙 ⋯ 關鍵 → 切勿棄謙成空

變巽為謙，順以巽也

論：用謙道來改善眼前做事的行為，可以使眾人一反過去的看法，有利未
　　來的行事。

易則易知，簡則易從。

虞翻曰：乾懸象著明，故「易知」。坤陰陽動闢，故「易從」不習無不利，
地道光也。

【易上經】乾坤為首，終為離 首重天地定位

六五爻解：天，五多功

天　親比　中，不正
　　無比
人　　　　應
地

(1) 中，不正。

(2) 六五尊位，陰爻柔順，有接納雅言之度量。

(3) 與上九親比，接受上九之調教，故曰童蒙。

(4) 與六四無比，不常往來。

(5) 與九二相應，九二位中，具中德，為民間賢德之人，若能引而為國所用，則為吉也。

(6) 二，三，四為震，行；三，四，五為坤，順，行而順，故為正應。

《象傳》曰：童蒙之吉，順以巽也。

解：與上九親比，接受上九建言為巽（五爻動變艮為巽）。與九二相應，引進賢人為國所用，為順；故童蒙之吉，順以巽也。（參3，5，6）

同事	主管	高層	基層	中	不正	動能
×	○		○	有才能	才華不足	弱

評：中之下，可以力行謙道但後續待觀察

論：高層和基層相挺，可經由他們的幫助來彌補才華之不足，唯要努力，不可懈怠。

<table>
<tr><td>上九</td><td rowspan="2">六爻動，變坤為師</td></tr>
<tr><td>動態</td></tr>
</table>

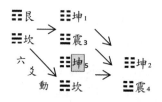

艮坎坤震

艮：手　┐
兌：折　┘擊蒙之象

坎：寇　┐
離：兵戈 ┝ 不利為寇
艮：手　│ 利禦寇
震：行　┘

《繫辭》曰：擊蒙；不利為寇，利禦寇。

解：所謂擊蒙，不是要去成為匪寇，而是準備妥當，來抵禦入侵的匪寇。

　　喻對童蒙，不是當作匪寇來看，而是要防制童蒙成為匪寇。

斷：坤₁ 吝 → 坤₂ 順

<table>
<tr><td rowspan="4">偏吉</td><td>震₃ 驚 → 震₄ 行 ⋯ 關鍵 → 行正道，莫成驚</td></tr>
<tr><td>坤₅ → 平</td></tr>
<tr><td>變坤為平，上下順也</td></tr>
</table>

論：要改變平常行為作風，來適應新局面，在態度上要平心靜氣，見招拆

　　招，以化解問題。換言之，採取保守攻勢，不宜主動挑釁。

上九爻解：天

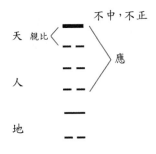

天　親比
人
地
不中，不正
應

(1) 不中，不正。

(2) 上九為天位，且為陽爻，陽剛實健，地位崇高，沒有為寇的條件，故曰：不利為寇。

(3) 與六三相應，六三為陰爻，居初，二，三坎之上爻，坎為寇，故六三為寇之象。三、四，五為順，四，五，六為艮，反，反為順正應也。艮又為山，為止，故寇到此為止。

(4) 與六五親比，若得六五支持，足以抵禦六三之寇，故曰利禦寇。

《象傳》曰：利用禦寇，上下順也。

解：下卦為坎為寇，與六三相應，故六三為寇，三、四、五為順，四、五、六為艮反，故曰利用禦寇，是上下皆順理也。(參3，4)

同事	主管	高層	基層	不中	不正	動能
○			○	能力有限	才華不足	強

評：中之下，可以應付新的局面，需觀後續

斷：雖然是不中，不正，但已不復視事，評等卻如此之高，可見獨得六五信任有加。以社會而言，老而彌堅仍堪大任也。

≣ 水在天上，成雲未雨，坎險在前，等待時至

需
水天

靜態
既濟

濡滯，不進，等待。

《序卦》曰：物稚不可不養也，故受之 坎 乾 離 兌
以《需》。《需》者，飲食之道也。　　└錯坤　└錯艮

《雜卦》曰：需，不進也。

☵坎 → ☵坎₁
☰乾 → ☰乾₃
　　☵坎
　　☰乾 → ☲離₂
　　　　　☱兌₄ → ☵坎
　　　　　　　　☲離
　　　　　　　　既濟

離：明 → 有孚之象
離：光也　　　┐
坤：通　　　　┘光亨
坎：水　　　　┐
艮：多節木　　┘涉大川

《繫辭》曰：有孚，光亨，貞吉。利涉大川。

解：若以誠信的態度去處理事情，則光明亨通矣；而用正直的心去處理，
　　不存險僥倖之心，則吉矣！即如大川之險，也能順利通過。

斷：坎₁伏 → 離₂心

偏吉

乾₃健 → 兌₄折

健而伏，利涉大川

論：目前時機未至，要低調努力，必有成功的一天，但若躁動，趾高氣昂，
　　則會使自己遭到毀折的命運，故即使成功，也不能得意忘形。

需卦爻解

《象傳》曰：需，須也；險在前也。剛健而不陷，其義不困窮矣。需，有
　　孚，光亨，貞吉。位乎天位，以正中也。利涉大川，往有功也。

【易上經】乾坤為首，終為離 首重天地定位

天
人
地

親比

應

應

(1) 上卦坎為險，險在前也。

(2) 坎為陷，為困，下卦乾三陽，剛健，剛健而不陷。其義不為世道之窮而陷於困境。

(3) 九三與上六相應，三、四、五為離，離為光，為明，四、五、六為坎，水，有孚之象，故曰：需，具有孚，光明亨通，而為貞吉之象。

(4) 九五位中且正，位尊，陽爻，位三才之天位，故曰：位乎天位，以中正也。

(5) 初九與六四相應，六四位坎之下位，坎為水，川之喻也。初、二、三為乾，健，二、三、四為兌，悅，功也。六四又上與九五親比，前往或借六四之利而得見九五，故曰：利涉大川，往有功也。

《象傳》曰：雲上於天，需；君子以飲食宴樂。

解：上卦坎水，未降雨而為雲，需之象；下卦乾為君子，二、三、四為兌，口，悅，故曰：君子以飲食宴樂，暫安於常，以待時也。

比附	相應
○	○

評： 應可保持現狀不變

論：需卦，九五與六四親比，六四與初九也相應，上下溝通良好，唯上六是個變數，又臨坎險，這些皆需等待，以時間換取空間，時至上下一心，自然而然就化解了。

初九：初爻動，變巽為井

被動

坎 → 離₁   ┌→ 錯 震

乾   兌₃

初爻動   坎 → 離₂

巽₅ → 兌₄

坎 乾 離 兌 巽

乾：郊
巽：花草，郊之象   需于郊
震：行

離：心
乾：健   利用恆

兌：悅，无咎

《繫辭》曰：需于郊。利用恆，无咎。

解：到郊區為了避險，如果能安靜自處，保持恆常之心，庶可無咎。

斷：離₁ 心 → 離₂ 心

偏吉

兌₃ 折 → 兌₄ 悅

巽₅ → 謙 → 關鍵 → 勿棄而成空

變巽為謙，利用恆

論：若有令心毀折之事，應保持一定的謙虛，不可貿然出手，這樣才可能
免去更進一步的傷害。

易知則有親，易從則有功。

虞翻曰：陽道成乾，為父，震、坎、艮，為子，本乎天者親上，故「易知
則有親」。以陽從陰，至五多功，故「易從則有功矣」。蜀才曰：以其易知，
故物親而附之。以其易從故物法而有功也。

92 　【易上經】乾坤為首，終為離 首重天地定位

初九爻解：地

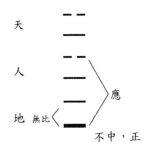

天

人

應

地　無比

不中，正

(1) 不中，正。

(2) 初九為地位之下，為卦的外沿，故曰郊。

(3) 與九二無比，得不到助益，只能固守，為難行之象。

(4) 但與六四相應，上卦為坎險，故若得六四之助，而得能以恆常之心度過坎險，亦可無咎，故曰：利用恆，无咎。

(5) 初，二，三為乾，努力；二，三，四為兌，悅。只要努力就有愉悅的回報，正應也。

《象傳》曰：需于郊，不犯難行也。利用恆，无咎；未失常也。

解：需于郊，上卦坎為險，故不犯難行也。利用恆，與六四相應，借六四之助以度坎難，為人之常情也。（參4）

同事	主管	高層	基層	不中	正	動能
	×	○		能力有限	有才華	強

評：中之下，有毅力改變，但觀後續

斷：初出社會，有此評等，前途無量，但要慎防自傲自滿，畢竟專業能力不足，條件不允許。謙虛才是正道。

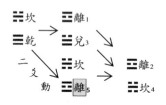

九二	二爻動，變離為既濟
靜態	

坎 乾 離 兑

兑：澤，澤畔有沙 → 需于沙

兑：口舌 ⎫
坎：險　　⎬ 小有言

離：明 → 終吉

《繫辭》曰：需于沙。小有言，終吉。

解：進入水邊的沙灘地帶，稍帶險象，或有反對的聲音，但最終還是可以
　　溝通化解。

斷：離₁ 心 → 離₂ 心

偏吉	兑₃ 折 → 坎₄ 伏 ↦ 關鍵 → 一切莫棄伏成險

離₅ → 明

變離為明，終吉也

論：若是與人相處，心口不一而招來兇險，此時要低調以陳，化解這場災
　　難為宜。而為人處世難免遭受流言之苦，若能學會心胸寬大，一笑置
　　之，終得吉祥。

有親則可久，有功則可大。

荀爽曰：陰陽相關，雜而不厭，故「可久」也。萬物生息，種類繁滋，故
「可大」也。

可久則賢人之德，可大則賢人之業。

姚信曰：賢人，乾坤也。言乾以日新為德，坤以富有為業也。

九二爻解：地，二多譽

天
人
無比
地　無比

中，不正
不應

(1) 中，不正。

(2) 為地位之上，距上坎險，只有一位之遙，坎為水，而與九五不應，二，三，四為兌澤，澤畔有沙，故曰：需於沙。

(3) 與初九，九三皆無比，即與近鄰相處冷淡得不到幫忙。

(4) 與九五也不應，象徵人緣不佳，常引起口舌之非。小有言也。

(5) 二，三，四為兌，折；三，四，五為離，心，心折不相應，互不對眼。

(6) 然九二為陽，剛健固實，又為中位，二多譽，三，四，五為離，明，自行中道終吉也。

《象傳》曰：需于沙，衍在中也。雖小有言，以吉終也。

解：　三，四，五為離，離中陰為水流之象，上下兩爻如提，故衍在中也。

二，三，四為兌，口，雖與九五不應，九五亦有怨言。但三，四，五為離，明，終吉也。（參4、6）

同事	主管	高層	基層	中	不正	動能
×	×	×		有能力	才華不足	強

評：下之上，暫時可以避過，但後續有疑

斷：有能力，動能強，沒有人和，標準剛愎自用，要立刻修正自己的心態。

95

| 九三 | 三爻動，變兌為節 |
| 動態 | |

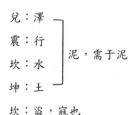

兌：澤
震：行   ⎫
坎：水   ⎬ 泥，需于泥
坤：土   ⎭

坎：盜，寇也

《繫辭》曰：需于泥，致寇至。

解：跑到沼澤泥地之中，寸步難行，反而給盜寇一個追趕的機會，自陷險境。

斷：離₁ 心 → 艮₂ 反

| 偏凶 | 兌₃ 折 → 震₄ 驚 → 關鍵 → 找出正確的行動方針 |
| | 兌₅ → 折 |

變兌為折，致寇至

論：目前心已折，處事不明，困折在眼前，由於離是心，故困折之事由自己引起，而導致災難出現，故首要之處理，平心靜氣，思考正確道路來化解。

易簡而天下之理得矣。

虞翻曰：易為乾息，簡為坤消，乾坤變通，窮理以盡性，故「天下之理得矣」。

九三爻解：人，三多凶

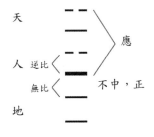

天

人 逆比

地 無比

應

不中，正

(1) 不中，正。

(2) 九三進入人位，坎災在前也。

(3) 三多凶，九三位上體坎水之邊，故曰：需于泥。

(4) 與九二無比，故九二非寇。

(5) 與六四逆比，六四為陰爻，且入坎卦為外卦，坎為盜寇之象，故曰：致寇至。寇在邊也。

(6) 與上六相應，三，四，五為離，心；四，五，六為坎，伏，故九三以低姿態請上六協助抵禦六四。

(7) 若得上六協助，或可立於不敗之地。

《象傳》曰：需于泥，災在外也。自我致寇，敬慎不敗也。

解：上卦為坎為災，九三與上六相應，上卦為外，故曰災在外也。下卦乾為我，自我致寇，必須謹慎處事，以立於不敗之地。（參5、6）

同事	主管	高層	基層	不中	正	動能
×	逆	○		能力有限	有才華	強

評：中之下，若無太大問題當可化解，但需觀後續

斷：雖然是需于泥，但狀況還不差，而災來自外的說法，主要是和主管不合，雖然得到高層的庇佑，但終究不是辦法，故如何修補關係才是正途。

四爻動，變兌為夬

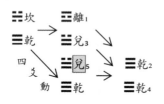

坎　乾　離　兌

坎：血之象　⎤
　　　　　　⎬ 需于血
兌：折，傷　⎦

坎：隱伏　　⎤
離：中虛為穴⎬ 出自穴
坎：耳-聽　⎦

《繫辭》曰：需于血，出自穴。

解：從掉入的穴阱中爬出來，因受傷而流血。喻為下三陽所進逼也。

斷：離₁ 心 → 乾₂ 努力

偏
吉

兌₃ 折 → 乾₄ 健 → 關鍵 → 切勿成剛愎

兌₅ → 悅

變兌為悅，出自穴

論：以往行事都是有心，但不從願，追究原因是努力不夠，如今能改過，
　　更加的努力再努力，必有愉悅的回饋。然而不需要過於強調自己的能
　　力，以免遭受到反撲。

天下之理得，而易成位乎其中矣。

荀爽曰：陰位成於五，陰位成於二，五為上中，二為下中，故「易成位乎
其中」也。

六四爻解：人，四多懼

天

親比

人 逆比   不中，正

應

地

(1) 不中，正。

(2) 六四在人位之上，而又為坎卦的初位，坎為水，為血，既陷足坎陷，故有需于血之象。

(3) 六四上下皆是陽爻，猶如陷入洞穴之中。三，四，五為離，中虛為穴。

(4) 雖與初九相應，但與九三逆比，在九三的阻擾下，故得不到奧援。

(5) 初，二，三為乾，努力；二，三，四為兌，悅，故努力脫困而得喜悅。

(6) 與九五親比，六四陰爻柔順，順從九五之令，而得九五援手，故曰；出自穴也。

《象傳》曰：需于血，順以聽也。

解： 與九五親比，坎為耳，為身，故順九五之聽，自得九五之助也。

（參2、6）

同事	主管	高層	基層	不中	正	動能
逆	○		○	能力有限	有才華	弱

評：中之下，得貴人相助，但後續有疑

斷：雖然有才華，也獲得主管肯定，然而欠缺專業能力，此為致命傷。故需要加強自我學習能力。

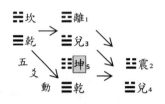

| 九五 | 五爻動，變坤為泰 |
| 動態 | |

　坎　乾　離　兌　坤　震

坎：酒食
兌：悅
兌：口　需于酒食
震：動
坤：眾人

《繫辭》曰：需于酒食，貞吉。

解：等待時機之際，安於正常的酒食生活，貞固吉祥。

斷：離₁ 心 → 震₂ 行 → 關鍵 → 切勿走偏成驚

| 吉 | 兌₃ 折 → 兌₄ 悅 |
| | 坤₅ → 順 |

變坤為順，貞吉

論：過去雖遭遇困難之苦，心折無所期望，但時機已到，眼前柳暗花明。
　　行而順，好運自然前來，安心守正，充實自我為宜。

聖人設卦，
案：聖人謂伏羲也。始作八卦，重為六十四卦矣。
觀象，繫辭焉，
案：文王觀六十四卦，三百八十四爻之象，系屬其辭。

九五爻解：天，五多功

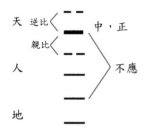

(1) 中，正。

(2) 九五晉入天位，五多功，九五之尊，上卦為坎，酒之象，故有酒食之說。

(3) 與上六逆比，常有爭執，為皇室埋下不安的種子。

(4) 與九二不應，然與六四親比，而六四與初九相應，故借由六四與基層互通往來，即使不直接相應，亦無礙，故曰貞吉。

(5) 二，三，四為兌，毀折；三，四，五為離，心，心毀折，故不應。

《象傳》曰：酒食貞吉，以中正也。

解： 九五陽爻，位中且正。上卦為坎，居坎險之中而無險，故曰貞吉。

（參2、4）

同事	主管	高層	基層	中	正	動能
○	逆		×	有才能	有才華	強

評：中之上，絕對有能力克服困境

論：對主管和基層的互動並不好，如果能加強相互間的聯繫，則是一個完美的經營者，功成名就矣！

| 上六 | 六爻動，變巽小畜 |
| 被動 | |

巽：入 ⎫
離：中虛為穴 ⎬ 入于穴

離：數三 ⎫
震：行 ⎬ 不速之客三人來
艮：反，來 ⎭

離：明 ⎫
兌：悅 ⎬ 終吉

《繫辭》曰：入于穴，有不速之客三人來，敬之終吉。

解：掉入阱穴之內，危急之時，有三位不速之客前來搭救，救命之恩，當
　　以敬慎款待，此事終能轉凶化吉。三陽爻為上六之援，上六為需之終，
　　故喻需之難將消也。

斷：離₁ 心 → 離₂ 心

| 偏 | 兌₃ 折 → 兌₄ 悅 … 關鍵 → 切莫棄謙成空 |
| 吉 | 巽₅ → 謙 |

　　變巽為謙，敬之終吉

論：前之事令人心折，只因遭逢困難，然一旦得貴人幫助脫險出困，必得
　　要虛心感恩，而得喜悅，千萬不可怠慢。

上六爻解：天

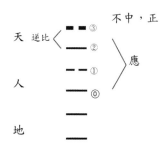

不中，正

天　逆比 ③
② 應
人 ①
⓪

地

不速之客三人來

(1) 不中，正。

(2) 入天位，已達坎卦極位，無迴旋之餘地，陰爻顯為無用事之功能，故有入于穴之象。

(3) 與九五逆比，互相為敵，而陷入坎險之中。

(4) 幸而與九三相應，借九三之力，而得三陽爻之協助，化解與九五逆比之危。

(5) 九三至六四，六四至九五，九五至上六，三位以應不速之客三人來。

(6) 三，四，五為離，心也；四，五，六為坎，伏也，心伏而曰：敬之終吉，故為正應。

《象傳》曰：不速之客來，敬之終吉。雖不當位，未大失也。

解：三，四，五為離，心，明；四，五，六為坎，伏，敬也，敬之終吉。

上六位雖不中，但正，故即使有失，亦未大失也。（參4、6）

同事	主管	高層	基層	不中	正	動能
逆			○	能力有限	有才華	弱

評：下之上，不能保證能維持謙道

斷：立身處世，必須了解自身問題，雖有能力，卻無法獨當一面，動能也不足，這些都需要改進。

103

☰ 天在水上，天運乎上，水流在下，其行相違

訟

天水

爭辯，官司。

《序卦》曰：飲食必有訟，故受之以《訟》

《雜卦》曰：訟者，不親。

┌→ 錯 震

乾　坎　巽　離

被動

未濟

☰乾 → ☰乾1

☵坎 → ☵坎3

　　　　☰乾 → ☴巽2 → ☲離

　　　　☵坎 → ☲離4 → ☵坎

　　　　　　　　　　　未濟

坎：中實→有孚之象

坎：凶，加憂→ 惕

乾：大人 ┐

　　　　├ 利見大人

離：目 ┘

巽：木，船之象 ┐

震：行　　　　├ 涉大

坎：水　　　　┘

《繫辭》曰：訟，有孚，窒。惕，中吉。終凶。利見大人，不利涉大川。

解：訟，必需心存誠不偽，舍忍戒懼而畏刑，中和而不狠復，能此，心不

　　與人爭訟而為吉，若心求其勝，終究凶悖，訟者，利見公正的大人判

　　案，而不利於見到如涉大川般有不公風險的判案者。

斷：乾1 剛 → 巽2 謙

偏凶

坎3 險 → 離4 心

險而剛，不利涉大川

論：雖然行事果斷，但在坎險之中，起不了太大作用，如果持續下去，反

　　成剛愎，更不利也，故需即刻修正，以謙遜取代剛強，用心去化解坎

　　險，或可改善困局。

【易上經】乾坤為首，終為離 首重天地定位

訟卦爻解

《象傳》曰：訟，上剛下險，險而健，訟。訟有孚，窒，惕，中吉，剛來而得中也。終凶；訟不可成也。利見大人，尚中正也。不利涉大川；入于淵也。

天

人　親比

地　親比

應
應

《象傳》曰：天與水違行，訟；君子以作事謀始。

解：天運乎上，乾，水運乎下，坎，其行相背，為訟。乾為君子在上，二、三、四為離，明，為下，喻始明也。故曰：君子以事於始即需明而有深謀遠慮。

(1) 上卦乾剛，健，下卦為坎，坎為險，故曰：上剛下險，險而健。

(2) 主角為九二，一陽陷於二陰之間，如含冤之象，故有訟。下卦坎為孚，有孚象；既含冤，故為窒，九二位坎之中，坎為險，險為惕；九二位中，故曰：中吉。陽爻剛健，又得中位，而曰：剛來而得中。

(3) 九五為大人，陽爻君位居中得正，為訟者最利見之大人，故曰：尚中正也。

(4) 可惜九二與九五不應，只與初六親比，而初六與九四相應，欲借九四親近九五，然九四與九五不相比附，卻與六三親比，六三又與上九相應，上九又未能與九五比附，故此連結猶如涉大川而不利，卻入於淵。

(5) 最終九二並未見到九五，故曰終凶，訟不可成也。

比附	相應
○	○

評：|有機會改過，但力道不足|

評：訟卦上下相應比附，但終九二與九五不能相見，說明大人只能從旁協助，而不能持強不明理，反而失去訟之要求真相的意義；換言之，公平正義應當追尋，但若不擇手段，也會招來不必要的凶險，而回到原點。

初六	初爻動，變兌為履

靜態

☰乾　　☴巽₁
☵坎　　☲離₃
初爻動　☰乾　　☴巽₂
　　　　☱兌₅　　☲離₄

乾　坎　巽　離　兌

巽：進退不決　→　不永所事
坎：險
兌：口　　　　}　小有言
離：明　→　終吉

《繫辭》曰：不永所事，小有言，終吉。

解：不能長久爭訟下去，即便有所爭議，法庭上言明而獲得平反，即是大
　　吉之事。

斷：巽₁謙　→　巽₂謙　⇢　關鍵　→　莫棄謙成空，兌成折

偏吉

離₃心　→　離₄心
兌₅　→　悅
變兌為悅，終吉

論：做人處事，心若能保持一定的謙遜之道，自然旁人能和悅以待。不要
　　為了一時的爭執，而做出更大的傷害。

而明吉凶。

荀爽曰：因得明吉，因失明凶也。

剛柔相推而生變化。

虞翻曰：剛推柔生變，柔推剛生化也。

106　【易上經】乾坤為首，終為離 首重天地定位

初六爻解：地

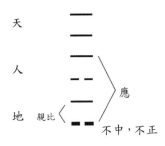

天

人

應

地　親比

不中，不正

(1) 不中，不正。

(2) 初六陰爻質弱，為相應之九四陽剛所迫，故而訴訟，小有言之意。

(3) 初，二，三為坎，伏；二，三，四為離心也，所以初六見九四心要低伏，故曰初六受九四所迫也。

(4) 幸與九二親比，得九二之助，終吉。

(5) 初六地位柔弱，不中不正，其象不合長久爭訟下去，辨明是非即當止，故曰：不永所事。

《象傳》曰：不永所事，訟不可長也。雖小有言，其辯明也。

解：不永所事，顯示不宜耗費太多時間在爭訟上。小有言，其理辨明即可。（參5）

同事	主管	高層	基層	不中	不正	動能
	○	○		能力有限	才華不足	弱

評：下之上，雖可行謙，但無力持之以恆

論：能力雖不足，然能獲得高層及主管的力挺，這在職場上是有利的，但也不能長期如此，仍需加強專業知識，千萬不可因循怠惰。

| 九二 | 二爻動，變坤為否 |
| 被動 | |

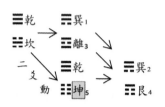

坎：陷
艮：止　　　┐不克訟

震：行，逃之象
坎：伏也　　　┐歸而逋

坤：邑之象
離：數三　　　┐邑人三百

《繫辭》曰：不克訟，歸而逋，其邑人三百戶，无眚。

解：若自知訴訟不會有得明的時後，不如離開原居住地，到僅有三百戶的
　　小鄉村落腳，這樣可以避免災禍。

註，邑人三百戶：離數三。
　　震四，坎六，合為十；
　　兌二，坤八，合為十。
　　故三乘十為三十，再乘十為三百。

斷：巽₁ 謙 → 巽₂ 謙 ┈ 關鍵 → 切莫棄謙成空

偏吉	離₃ 心 → 艮₄ 反
	坤₅ → 平
	變坤為平，无眚

論：如果要脫離困局，最好的方法就是行謙，識時務，曉時勢，知所進退，
　　當可避開。

九二爻解：地，二多譽

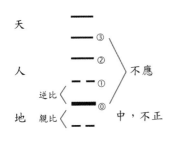

天

③

② 不應

① 逆比

⓪ 中，不正

人

地 親比

邑人三百戶

(1) 中，不正

(2) 與六三逆比，常起爭執，而有訟之事，然九二位初，二，三坎險之中，二，三，四為離，明，險而明，故為不克訟。

(3) 與初六親比，初六為地位之下，初六欲助其一臂之力，而曰：歸而逋。

(4) 既然不克訟，與六三逆比之事亦無解，唯有離開。與九五不應，二，三，四為離，心，三，四，五為巽，空；既是空，則是安全之地。

(5) 九二到六三，六三到九四，九四到九五，位隔三，故到邑人只有三百戶之處避難。

(6) 然二多譽，故无眚也。

《象傳》曰：不克訟，歸逋竄也。自下訟上，患至掇也。

解：何以逃竄？為九二上告六三，九二中，但不正，又處險之地，先天不良，故與六三之訟難成，只有自己收拾後果了。（參2、4）

同事	主管	高層	基層	中	不正	動能
○	×	×		有能力	才華不足	強

評：中之下，問題可以解決，但後續有疑

論：恃才傲物，故對上級長官不予理會，但才華還是有所不足，如果不定下心來檢討改進，對前途恐遭打壓，不利發展。

109

三爻動，變巽為姤

┌錯 震

乾　坎　巽　離

乾：老人　→　舊德

坎：險　→　貞厲

巽：或

震：行

離：日，王

乾：王

}或從王事

《繫辭》曰：食舊德，貞厲，終吉，或從王事，无成。

解：安分於先人的舊德，即便仍有可能招訟，而至險境，但最終無事而吉，或者從事公務人員，奉命行事，也不會有訟。

斷：巽₁ 謙　→　乾₂ 努力 ⋯ 關鍵 → 切莫成剛愎

偏吉

　　離₃ 心　→　乾₄ 努力

　　巽₅ → 謙

　　變巽為謙，從上吉也

論：平日吉當心懷謙虛之道，如今更要倚重謙道來努力發展事業，即使是繼承家庭祖業，在努力發展之下，也會走出一條大路。

是故吉凶者，失得之象也。

虞翻曰：吉則象得，凶則象失也。

悔吝者，憂虞之象也。

虞翻曰：悔則象憂，吝則象虞也。干寶曰「悔亡則虞，有小吝則憂。憂虞未至於失得，悔吝不入於吉凶。事有小大，故辭有急緩，各象其意也。

六三爻解：人，三多凶

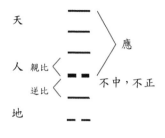

天

人　親比

　　逆比

地

應

不中，不正

(1) 不中，不正。

(2) 晉入人位，為三公之位，故有祖業可繼承，而曰：食舊德。

(3) 與九二逆比，故或有舊怨未解，但與九四親比，得九四之助，故而貞厲，終吉。

(4) 與上九相應，上九為王室，故或得上九之薦，而從事於公務體系，故曰：或從王事。

(5) 三，四，五為巽，利，空；四，五，六為乾，努力，利於前往上九，而奉命行事，也不會有空相出現，不得訟也。

《象傳》曰：食舊德，從上吉也。

解：食舊德，六三陰柔，若能順從上九，當可得吉祥之事。（參4）

同事	主管	高層	基層	不中	不正	動能
逆	○	○		能力有限	才華不足	弱

評：下之上，能否持久堅持是問題

論：雖獲上級之關照有加，但對自己的能力也要清楚，如果加強專業能力，努力學習，勤必能補拙。

九四	四爻動，變巽為渙

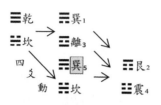

乾 坎 巽 離 艮 震

艮：止 ⎫
坎：伏 ⎬ 不克訟

離：明 ⎫
巽：入，命 ⎬ 復即命

震：行，動 ⎫
艮：止，改變 ⎬ 渝

《繫辭》曰：不克訟，復即命，渝，安貞吉。

解：當了解為何要提起訴訟的原委後，避免以大欺小，故立即取消，這是
基於正理而行，是為吉象。

偏吉	斷：巽₁ 謙 → 艮₂ 反 離₃ 心 → 震₄ 行 → 關鍵 → 要行謙，不可棄而成驚 巽₅ → 謙 變巽為謙，安貞吉

論：原先行事根本心不在焉，如今必然要改變，行為一定要謙順有禮，方
不至成空。而且也能轉危為安。

變化者，進退之象也。

荀爽曰：春夏為變，秋冬為化。息卦為進，消卦為退也。

【易上經】乾坤為首，終為離 首重天地定位

九四爻解：人，四多懼

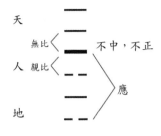

天
人
地
無比
親比
不中，不正
應

(1) 不中，不正。

(2) 九四人位相當於諸侯，卻因故對初六平民興訟，以上凌下為不克訟之象。

(3) 與六三親比，幸得六三之說明，九四得之原委，即刻改變，故曰：復即命。

(4) 與九五無比，九五沒有干涉。

(5) 然初，二，三為坎險；二，三，四為離，明。故當九四明白之後不願入此險境，故曰：渝，正應，安貞吉也。

《象傳》曰：復即命，渝，安貞，不失也。

解：了解之後，而取消與初六之訟是正確沒有過失的。（參2、5）

同事	主管	高層	基層	不中	不正	動能
○	×		○	能力有限	才華不足	強

評：中之下，有毅力、人和，但恐無力解決後續問題

論：不要花心思在外，而應靜下心來，補足能力上的缺憾，才是重點。

剛柔者，晝夜之象也。

荀爽曰：剛謂乾，柔謂坤。乾為晝，坤為夜。晝以喻君。夜以喻臣也。

113

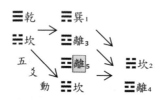

| 九五 | 五爻動，變離為未濟 |
| 被動 | |

震：行 ⎱
離：明 ⎰ 訟吉

《繫辭》曰：訟，元吉。

解：若得到公正明快的判決，則為之善，大吉也。

斷：巽₁ 謙 → 坎₂ 伏 ⟶ 關鍵 → 勿棄伏成險

| 偏 | 離₃ 心 → 離₄ 心 |
| 吉 | 離₅ → 明 |

變離為明，元吉

論：要脫離困境，態度得要謙卑，不與人強爭，此時心才能明，明而後可
　　發也。

六爻之動，

陸績曰：天有陰陽二氣，地有剛柔二性，人有仁義二行。六爻之動，法乎
此也。

三極之道也。

陸績曰：此三才極至之道也。初、四，下極；二、五，中極；三、上，上
極也。

九五爻解：天，五多功

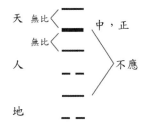

天 無比
　　無比
人
地

中，正
不應

(1) 中，正。
(2) 與九四及上九均無比，互動不密切。
(3) 與九二不應，二，三，四為離，心；三，四，五為巽，空。相見之結果為一場空，故九五與九二不應也。
(4) 九五陽爻剛固，位中且正，上下皆無比，亦無應，顯示行事沒有受到其他外力之干擾。
(5) 故得此大人之判案，是吉之象也。

《象傳》曰：訟元吉，以中正也。

解：訟之吉，九五既中且正，於訟事中亦復如此，故吉也。（參4）

同事	主管	高層	基層	中	正	動能
×	×		×	有才能	有才華	強

評：中之下，有毅力解決困境，但態度要改變

論：恃才傲物，人際關係不好，然而資質既然不錯，若能自明所處之地，改進缺失，則前途無量。

上九	六爻動，變兌為困
被動	

乾　坎　巽　離　兌

乾：衣，帶之象 ⎫
巽：命令，錫服之象 ⎬ 或錫之
兌：口 ⎬ 鞶帶
震：行 ⎭

離：日 ⎫ 終朝
坎：月，夜 ⎭

離：數三 ⎫ 三褫之
坎：盜 ⎭

《繫辭》曰：或錫之鞶帶，終朝三褫之。

解：雖然上賜與鞶帶等類的服飾，但在一天之內，也接連三次被褫奪。

斷：巽₁ 謙 → 巽₂ 空 ┈ 關鍵 → 行謙以轉空

偏凶	離₃ 心 → 離₄ 心

兌₅ → 折

變兌為折，三褫之

論：處事還是漫不經心，過去或許沒有太大損傷，但這次卻遭到毀折的結
　　果，得不償失。

是故君子所居而安者，易之象也。

虞翻曰：君子謂文王。象謂乾二之坤，成坎月離日。日月為象。君子黃中
通理，正位居位。故「居而安者，易之象也。」舊讀象誤作厚，或作序，
非也。

【易上經】乾坤為首，終為離 首重天地定位

上九爻解：天

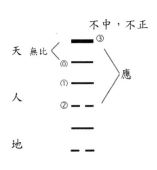

三襏之圖

(1) 不中，不正。

(2) 與九五無比，平常互動不多。

(3) 與六三相應，三，四，五為巽，利；四，五，六為乾，大人，故此應是為了利害關係，即上九與六三互訟也。

(4) 上九與六三之訟，上九獲勝，因而得九五所賜之鞶帶，故曰：錫之鞶帶。

(5) 然上九與六三之訟，坐實以上凌下，以強欺弱，不足取也，故又三襏之也。

(6) 由九五至九四，九四至六三，六三至上九，共三位，故上九遭九五連三襏之也。

《象傳》曰：以訟受服，亦不足敬也。

解：因與六三之訟而獲得鞶帶，是不值得尊敬的。（參 5）

同事	主管	高層	基層	不中	不正	動能
×			○	能力有限	才華不足	強

評：下之上，有毅力，無策略，難

論： 基本條件不佳，應當重新審視目前的狀況，如何強化本身的能力，少用心機，對前程才有助益。

地中有水，水畜於地，寓兵於民，用師征伐

師

兵，眾。

《序卦》曰：訟必有眾起，故受之以《師》，師者，眾也。

地水

《雜卦》曰：師者，憂也。

動態

純坤

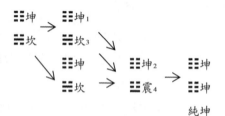

坤　坎　震

震：長者

坤；眾

坎：弓　┐師

震：行　┘

《繫辭》曰：師，貞，丈人吉，无咎。

解：用兵之道，首要正，最重要是軍中統帥，若得適當人選，則吉而無咎矣。

斷：坤1 平 → 坤2 吝

偏吉

坎3 伏 → 震4 行

伏而平，行險而順

論：目前是低調平靜的狀況，尤其低調是做大事的條件，如果不能持續奉行就會引來困境，要特別小心守護。坤為女象，慎防色難，坎為盜，家居宜慎。

所變而玩者，爻之辭也。

虞翻曰：爻者，言乎變者也。謂乾五之坤，坤五動，則觀其變。舊作樂，字之誤。

【易上經】乾坤為首，終為離 首重天地定位

師卦爻解

《彖傳》曰：師，眾也，貞，正也，能以眾正，可以王矣。剛中而應，行險而順，以此毒天下，而民從之，吉，又何咎矣。

天

人

地　親比

應

(1) 九二與初六親比，又與六五相應。六五居上卦坤，坤為眾，位中具中德之貞正，而曰眾正，故行中道可以王矣。

(2) 九二陽剛為主帥之象，上應六五故曰：剛中而應。

(3) 一陽五陰，五陰為兵眾，二，三，四為震行，初，二，三為坎險，三，四，五為坤順，而曰：行險而順。

(4) 九二與六五相應，得六五信任，六五亦借九二之助，得以治理天下，故曰：以此毒天下。

(5) 九二主帥與初六親比，象徵獲得民意支持，故謂民從之，吉，又何咎也。

《象傳》曰：地中有水，師；君子以容民蓄眾。

解：坎下坤上，地中有水，是為師卦，坤又為眾，而坎為水，有包容之象，六五下應九二，六五為君，君之責即保疆衛民，故有容民蓄眾之象。

比附	相應
○	○

評：　有信心，前程遠大

論：要做為一個統帥之才，需要具備相當的經驗和能力，以及親和力，有時要獨斷獨行，有時要聽從眾意，故決斷能力也不可少，師卦由九二親比初六，上應六五，顯示上下一條心，至少打下一個好的開始。

初六	初爻動，變兌為臨

| 動態 | |

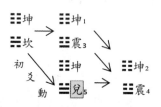

坤 坎 震 兌

坤：眾，師也 ⎤
　　　　　　⎦ 師出
震：行 ⎦

坎：隱伏 → 律

兌：缺失 ⎤
　　　　　⎦ 否臧凶
坎：凶 ⎦

《繫辭》曰：師出以律，否臧，凶。

解：軍隊出征，必然要有紀律。如果沒有紀律，必然敗亡，下場就是凶。

斷：坤₁ 吝 → 坤₂ 吝

凶	震₃ 行 → 震₄ 行 → 關鍵 → 立刻檢討改進回歸正常

　　　　兌₅ → 折

變兌為折，失律凶也

論：雖然遭逢一些困難，卻因為感覺順遂，就放下警覺心，反而導致驚險
　　和挫折的事情發生，是故，不宜自滿，以免自受其辱。

是故君子居則觀其象而玩其辭，

虞翻曰：玩，弄也。謂乾五動成大有，以離之目，觀天之象。兌口玩習所
繫之辭，故「玩其辭」。

動則觀其變而玩其占，

虞翻曰：謂觀爻動也。以動者尚其變，占事知來，故「玩其占」。

【易上經】乾坤為首，終為離 首重天地定位

初六爻解：地

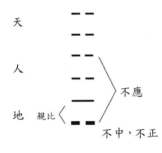

(1) 不中，不正。

(2) 初六為始位，又為陰爻，兵眾之象，為師出也。

(3) 與六四不應，六四為出兵討伐之對象。

(4) 初，二，三為坎險；二，三，四為震行，行而險，故至六四處有凶。

(5) 與九二親比，九二為主帥，然初六，不中，不正，又為陰爻，又為九二親信，最有可能出現紀律問題，故曰，否臧，凶之象。

《象傳》曰：師出以律，失律凶也。

解：初，二，三為坎險，二，三，四為震行，初為兵，故兵若行無律，則其果必凶矣！（參5）

同事	主管	高層	基層	不中	不正	動能
	○	×		能力有限	才華不足	弱

評：下之中，無能力扭轉困局

論：保持良好的關係，切勿自滿，而且要多方學習，開發自我的能力才能更上一層樓。

<table>
<tr><td>九二</td><td rowspan="2">二爻動，變坤為純坤</td></tr>
<tr><td>被動</td></tr>
</table>

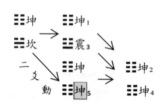

坤：眾 → 師

震：行

巽：錫命之象

乾：王 } 王三錫命

離：數三

《繫辭》曰：在師中，吉，无咎，王三錫命。

解：在軍中的主帥，連受帝王三頒爵命恩寵有加，是為吉无咎之象。（三
　　命為受職、受福、受命）

斷：坤₁ 吝 → 坤₂ 順 ┈ 關鍵 → 努力保持，莫成吝

　┌──┐
　│吉│　震₃ 行 → 坤₄ 平
　└──┘
　　　 坤₅ → 順

　　　 變坤為順，三錫命

論：原本是行而吝，如今，王三錫命，三順也，在出征之前，是個好兆頭。
　　也顯示才能出眾大受上級賞識，繼續努力。

九二爻解：地，二多譽

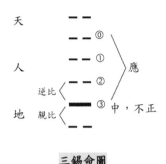

天

人

地

逆比

親比

②

③ 中，不正

①

◎

應

三錫命圖

(1) 中，不正。

(2) 九二陽剛，為軍中主帥，而曰：在師中；故本爻為以九二主帥立場言之。

(3) 下與初六親比，表示獲得官兵信任。

(4) 上與六五君王相應，得君王全權受命，恩寵有加。

(5) 二，三，四為震行；三，四，五為坤順，故九二前往六五處為行而順。

(6) 六五至六四，六四至六三，六三至九二，三位也，故曰王三錫命。

(7) 與六三逆比，六三不服，而埋下日後問題。

《象傳》曰：在師中吉，承天寵也。王三錫命，懷萬邦也。

解： 在師中，吉，是謂九二與六五相應，得王之寵信，而領王之三錫命，平天下之亂是君王心懷萬邦之民也。（參4、5）

同事	主管	高層	基層	中	不正	動能
○	逆	○		有能力	才華不足	強

評：中之上，絕對有能力與毅力改變困局，一路順風

論：若論將帥之才，顯然就是。在人際上，或與主管言和，則是完美的處理，也不致埋下日後的種子，但對一般人而言，若能在此基礎上用功，他日也是將帥之才。

123

六三	三爻動，變巽為升
動態	

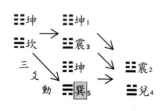

坤 坎 震 巽 兌

坤：眾，尸
巽：或，進退不果
兌：口   師或
震：行   輿尸
坎：輿
坎：凶

《繫辭》曰：師或輿尸，凶。

解：如果軍權不能統一，而由眾人自行決定擅作，那就非常危險了。喻無
　　出師之才。

凶

斷：坤1吝 → 震2驚
　　震3行 → 兌4折
　　巽5 → 空 → 關鍵 → 行謙道以治空相
　　變巽為空，大无功也

論：原先所做之事還是小吝，但如今都變成令人震驚的毀折，而導致過去
　　的努力一場空。

是以自天右之，吉無不利。

虞翻曰：謂乾五變之坤成大有，有天地日月之象。文王則庖犧，亦與天地
合德，日月合明。天道助順，人道助信，履信思順，故「自天右之，吉無
不利」也。

【易上經】乾坤為首，終為離 首重天地定位

六三爻解：人，三多凶

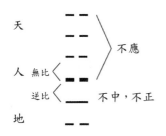

天
人 無比
逆比
地

不應

不中，不正

(1) 不中，不正。

(2) 六三為坎卦之上，三多凶之位。

(3) 與九二逆比，處處與主帥唱反調，而又與六四無比，上六不應，顯然自作決定，擅作主張，故曰：師或輿尸。

(4) 三，四，五為坤；四，五，六亦為坤，故不應也。

(5) 六三陰爻無能，故凶。

《象傳》曰：師或輿尸，大无功也。

解：與六四無比，又與九二逆比，命令下達無人而應，這種兵師怎可能有成大功之機會？（參3）

同事	主管	高層	基層	不中	不正	動能
逆	×	×		能力有限	才華不足	弱

評：下之下，沒有任何能力避開險難

論：愈是沒有能力才華的人，愈大聲。此格局毫無任何能力，必須自我了悟才有救。

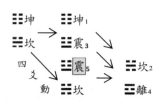

六四
動態

四爻動，變震為解

| 坤 | 坎 | 震 | 離 |

坤：左 ⎤
離：兵戈 ⎟
坎：伏 ⎥ 左次
震：行 ⎦

《繫辭》曰：師左次，无咎。

解：自知力弱，只得做避敵轉進。這是正常的做法，可以无咎。喻無克敵
　　之才卻有量敵之智。

斷：坤₁ 咎 → 坎₂ 伏 ⋯ 關鍵 → 勿棄伏成險

盧
吉

震₃ 行 → 離₄ 心
震₅ → 行
變震為行，左次也

論：有險象發生，要立刻行動，以避免問題愈來愈大，該如何處理？私下
　　調查立即解決。或先觀望轉進，等待時機。

象者，言乎象者也。
虞翻曰：在天成象，八卦以象告。象說三才，故「言乎象也」。
爻者，言乎變者也。
虞翻曰：爻有六畫，所變而玩者，爻之辭也。謂九六變化，故言乎變者也。

六四爻解：人，四多懼

天

人　地

無比

無比

不中，正

不應

(1) 不中，正。

(2) 四多懼，六四與初六不應，故有軍事行動。

(3) 初，二，三為坎險；二，三，四為震行，故來初六有險，不應也。

(4) 與六三，六五皆無比，為孤立無援之狀。

(5) 在此狀況下，六四只能轉進退避，故曰：師左次，无咎矣。

《象傳》曰：左次无咎，未失常也。

解： 二，三，四為震行，行軍遇到兵險，只有轉進，三，四，五為坤，順，行而順，此為正常之用兵之道。（參 3、4、5）

同事	主管	高層	基層	不中	正	動能
×	×		×	能力有限	有才華	弱

評：下之中，或有機會避開險境，但無能力善後

論：當左次發生就代表力量不足。故而先建立好人際關係，再尋求大眾的支持，協助才是正道。

五爻動，變坎為重坎

坤：田野 ⎤
離：雉也 ⎥ 田有禽
坎：豕象 ⎥
坎：盜 ⎦

震：長子 ⎤
震：行 ⎥ 長子帥師
艮：于 ⎥
離：兵戈 ⎦

坎：中男 ⎤
艮：少男 ⎥ 弟子輿尸
坎：險 ⎦

《繫辭》曰：田有禽，利執言，无咎。長子帥師，弟子輿尸，貞凶。

解：田中若出現毀壞禾稼的野獸，當然要予以消滅，同樣若遭遇到敵人入
　　侵，也必定要出兵討伐，那是无咎的，然統帥必定要是沙場老將，有
　　能力帶兵者，否則一但變成偏俾後輩，人人可以做主，軍無倫理紀律，
　　必敗。

斷：坤₁ 吝 → 艮₂ 反

| 偏凶 | 震₃ 行 → 震₄ 驚 ⋯ 關鍵 → 行坎伏之道，暗地調查，改進 |

　　　坎₅ → 險

　　變坎為險，貞凶

論：事已轉為驚險，且順已止，必需了解是否執行力出了問題，多頭馬車，
　　莫衷是一趕快改進。

六五爻解：天，五多功

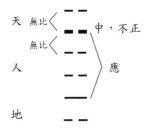

天 無比
中，不正
人 無比
應
地

(1) 中，不正。

(2) 六五與九二相應，這場討伐戰事，是由六五發出軍令，然征必有言語，師出要有名，故曰：田有禽，利執言。

(3) 二，三，四為震行；三，四，五為坤，順，故六五前來九二為行而順，正應也。

(4) 但上與上六無比，下與六四無比，顯然在週邊環境上出了問題，若任命九二為帥，則為長子帥師，若任命上六或六四為帥，則成弟子輿師矣！此由六五君位觀之。

《象傳》曰：長子帥師，以中行也。弟子輿尸，使不當也。

解：長子帥師，是九二剛爻中位，足以擔任主帥；弟子輿尸，出現在六五任命之主帥不當，故曰：使不當也。（參4）

同事	主管	高層	基層	中	不正	動能
×	×		○	有能力	才華不足	弱

評：下之上，有能力調查改進，但無法水落石出

論：若論軍事行動，動能列為首，若全軍沒有志氣，此仗必輸，故除選有幹練之才外，有高昂之雄心也是重點，能帶起團結之力，則執行力和帶兵運籌的才華也需要留意，總而言之，不能發生弟子輿尸之象。

上六	六爻動，變艮為蒙

動態

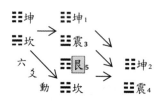

↱錯 乾

坤　坎　震　艮

　　　　　↳錯 兌

乾：大君　　　　⎫
兌：言有命之象　⎬ 大君有命
震：行　　　　　⎭

坤：地，國之象　⎫ 開國承家
艮：門闕，家也　⎭

坤：小人　⎫ 小人勿用
艮：止　　⎭

《繫辭》曰：大君有命，開國承家，小人勿用。

解：大君有交代，凡是封侯開國，或需授予官職，都要按功行賞，對於無
　　功無祿的小人，不宜任用。

斷：	坤₁ 吝 → 坤₂ 順

斷：坤₁ 吝 → 坤₂ 順

虛吉

震₃ 行 → 震₄ 行 ⟶ 關鍵 → 莫因順，而行偏成驚

艮₅ → 止

變艮為止，小人勿用

論：為了要讓事情順利而行。現有的一些措施，必須停止待改善，以符合
　　現況避免停滯不前。

上六爻解

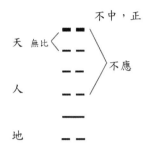

(1) 不中，正。

(2) 上六，天位之上，故曰：大君。

(3) 與六五無比，六五君位，故上六不能僭越職權，而只能交代參考，故曰：有命。

(4) 與六三不應，六三為陰爻，小人之象，故曰小人勿用。

(5) 三，四，五為坤，坤為國；四，五，六亦為坤，為眾，為開國封侯之象。

(6) 故由爻象所示，大君只是交代，而非實際參與。

《象傳》曰：**大君有命，以正功也。小人勿用，必亂邦也。**

解：大君有命，是為了要明正有功必賞之原則；而小人勿用，則因為用了小人，恐會使邦國大亂。(參3、4、5、6)

同事	主管	高層	基層	不中	正	動能
×			×	能力有限	有才華	弱

評：下之中，行事要有智慧

論：評等不高，若企業遇此評，雖然日常或許平平運行，但已見老邁，而必須即刻進行改造創新才是。

水在地上，水土相親，比鄰而居，互助互益

比

水地

靜態

純坤

親密，相比較

《序卦》曰：眾必有所比，故受之以《比》。

比者，比也。

《雜卦》曰：比，樂也。

┌ 錯 離

坎　坤　艮

離：王，君 ┐
坤：德　　 ┘ 原筮（君德）

坤：方 ┐
坤：順 ┘ 不寧方來

艮：止，進退不決 ┐
坎：凶　　　　　　┘ 後夫凶

坎 → 坎₁
坤 → 坤₃
　　　坎 → 艮₂ → 坤
　　　坤 → 坤₄ → 坤
純坤

《繫辭》曰：比，吉。原筮，元，永，貞，无咎，不寧方來，後夫凶。

解：比卦，是吉祥的，國君有德，俱元善，永恆，貞固之三德，故當來從
　　之必無咎矣！四方歸附而不暇幾，後來者，自蹈迷復之凶。

斷：坎₁ 伏 → 艮₂ 反

偏吉

坤₃ 平 → 坤₄ 吝

平而伏，不寧方來

論：低調，親密的相處，則可得到平順的結果，一旦互相高調往來，在彼
　　此之間就會有困吝存在，故而，切不可自找麻煩，而致分裂，互不得
　　利。

比卦爻解

《象傳》曰：比，吉也，比，輔也，下順從也。原筮，元，永，貞，无咎，
以剛中也。不寧方來，上下應也。後夫凶，其道窮也。

天
　　親比
人　　　　　　應
地

(1) 九五為君，五陰爻喻民，古制，五家為比。

(2) 九五與六四親比，與六二相應，陰陽和合，相親相輔，故曰：吉也。

(3) 下卦為坤，坤為順，故曰：下順從也。

(4) 九五剛爻，位中且正，故曰：以剛中也。既中且正，為完善，剛則永恒貞固，是曰：無咎。

(5) 與六二相應，二、三、四為坤，順，三、四、五為艮，反，故六二前往九五，為不寧方來，上下應也。

(6) 四，五，六為坎、險、窮，上六為爻之末，後夫之象，故曰：後夫凶。初六位下卦順，故初六亦順矣！而不為後夫。

《象傳》曰：地上有水，比；

先王以建萬國，親諸侯。

解：比卦之象為地上有水，物相親而無間者，莫如水，九五與六二相應，六二為坤、民，與六四親比，六四為侯，九五為君，先王，故有先王以建萬國之侯，為能直接解決人民之困難，而使上之情得行於下，下之情得達於上也。

比附	相應
○×	○

評：應該可以做到，但對年青人有些困難

論：比卦之親比是依附在上下相應之內，故理上來說，只有應而無比，所顯示之義為狹窄的和，故其中有險，明此象，則需事先預防。現代的企業體有各式各樣的分支，故如何建立制度，相當重要。

<table>
<tr><td>初六</td><td colspan="2">初爻動，變震為屯</td></tr>
</table>

動態

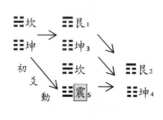

坤：土，有孚 → 有孚比

坤：土，有孚 ⎫
坤，大腹　　⎬ 有孚盈缶
震：缶　　　⎭

坎：險 ⎫
艮：止 ⎬ 吉
震：行 ⎭

《繫辭》曰：初六：有孚，比之，无咎。有孚盈缶，終來有它吉。

解：相比之道，以誠信為本，故无咎。若能自始至終，保有誠信，像缶積
　　滿水般，最後或有其他之吉自外而來也。

斷：艮₁ 反 → 艮₂ 反

虛吉

坤₃ 吝 → 坤₄ 順 → 關鍵 → 小心維持莫因順成吝
震₅ → 行
變震為行，有它吉

論：若能用正確的行動來終結過去的猜疑不決的困境，則事可望得順利。
　　重要的是要以誠信交往，信用是人的第二生命，不可輕忽。

吉凶者，言乎其失得也。

虞翻曰：得正言吉，失位言凶也。

悔吝者，言乎其小疵也。

崔覲曰：繫辭著悔吝之言，則異凶咎。有其小病，比於凶咎，若疾病之與
小疵。

初六爻解：地

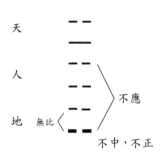

天

人

地　無比

　　不應

　　不中，不正

(1) 不中，不正。

(2) 初為始位，人性之初，本就善良，且初六為陰爻，性柔且順，位下卦坤，坤為孚象，故曰：有孚。

(3) 初六與六二無比，然若能待之以誠，當可无咎。

(4) 與六四不應，故初六近無援，遠亦無親。但坤為孚之象，故若以誠待六四，或者感動六四而有其他回報亦未可知，故曰：有孚盈缶，終來有它。

(5) 初、二、三為坤；二、三、四亦為坤，故不應也。

《象傳》曰：比之初六，有它吉也。

解：雖與六四無應，但下卦坤為土為誠，故保有誠信，或有來自六四之回報，而謂之大吉也。（參4）

同事	主管	高層	基層	不中	不正	動能
	×	×		能力有限	才華不足	弱

評：下之下，無能力主導，只能順應環境改變

論：安分自守，以誠信為基礎，做好人際關係，再輔以學習，為可改變，勤能補拙。

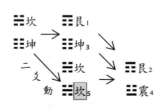

| 六二 | 二爻動，變坎為重坎 |
| 動態 | |

坎　　良₁
坤　→　坤₃　　　　　　　　　　　┌→錯 離
　　　　　　　　　　　　　　坎　坤　良　震
　二　　　良₂
　爻　　坎　→　震₄
　動　坎₅　　　　　　　離：心 ┐
　　　　　　　　　　　　震：行 ├ 比之自內
　　　　　　　　　　　　坤：腹 ┘

《繫辭》曰：比之自內，貞吉。

解：發自內心自然顯現的親比，為貞固吉祥之兆。

斷：良₁反 → 良₂反

| 偏吉 | 坤₃吝 → 震₄行 → 關鍵 → 低調行正，行切莫成驚 |
| | 坎₅ → 伏 |

變坎為伏，比之自內

論：如果能用低調的態度來改變過去猶疑不決的心態，由內改變這也有利
　　避開險境，最重要的是不能跟其他人做比較，人比人，氣死人，做自
　　己最好。

無咎者，善補過也。

虞翻曰：失位為咎，悔變而之正，故「善補過」。孔子曰：退思補過者也。

是故列貴賤者存乎位，

侯果曰：二、五為功，譽位；三、四為凶，懼位。凡爻得位則貴，失位則
賤，故曰「列貴賤者存乎位」矣。

六二爻解：地，二多譽

天

人

地

無比

無比

應

中，正

(1) 中、正。

(2) 與初六，六三無比，故與近鄰少互動，也無助益。

(3) 上下皆陰爻，喻小人環伺，如此之環境，相處唯有誠信一途，故曰：比之自內。

(4) 但上與九五相應，顯然六二的誠意是發自內心，就連遠在天邊的九五，也為之感動。

(5) 二、三、四為坤，順；三、四、五為艮，反，故六二前往九五必然順利，貞吉也。

《象傳》曰：比之自內，不自失也。

解：內卦為坤為土，誠信之象，外卦為坎，失也，六二與九五相應，六二為坤，誠，九五為坎，失，故曰：比之自內，不自失也。

同事	主管	高層	基層	中	正	動能
×	×	○		有能力	有才華	弱

評：中之下，可以脫離困局，但後續觀其態度而定

論：因為高層的力挺，千萬不可恃才傲物，要低調謙虛，才能得別人的幫助，不可懶散。

六三

靜態

三爻動，變艮為蹇

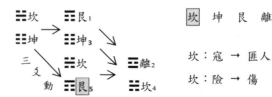

坎：寇 → 匪人

坎：險 → 傷

《繫辭》曰：比之匪人。

解：所結交的朋友，都是如匪盜般，行為不正。

斷：艮₁ 反 → 離₂ 心

凶

坤₃ 吝 → 坎₄ 險 ┄ 關鍵 → 以伏避險

艮₅ → 止

變艮為止，比之匪人

論：要改變過去的態度，卻僅止於心想，而不付諸行動，前途也難逃險境。

齊大小者存乎卦，

王肅曰：齊猶正也。陽卦大，陰卦小，卦列則小大分。故曰「齊小大者存
乎卦」也。

辯吉凶者存乎辭，

韓康伯曰：辭，爻辭也。即爻者言乎變也。言象，所以明小大。言變，所
以明吉凶。故大小之義存乎卦，吉凶之狀存乎爻。至於悔吝、無咎，其例
一也。吉凶、悔吝、小疵、無咎，皆生乎變。事有小大，故下歷言五者之
差也。

六三爻解：人，三多凶

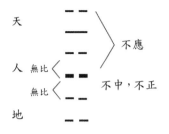

天
人 無比
地
無比
不應
不中，不正

(1) 不中，不正。

(2) 晉入人位，故有擇友之象。

(3) 與六二無比，與六四亦無比，而六三為陰爻，本就無文采，心胸比較狹小，故與近鄰相處不佳。

(4) 與上六不應，三、四、五為艮，止，反，四、五、六為坎，險，寇；上六位四、五、六坎之上位，故有寇之象，艮為止，故與六三不應，然若艮為反，則上六或與六三相交，而有與寇交往之象。

(5) 不中不正，亦無陽剛益友可加以勸諍，行為或有偏差，此為比之匪人之後果也，故曰：比之匪人。

《象傳》曰：比之匪人，不亦傷乎！

解：六三與上六不應，上六為坎，寇，故若與上六交友，其象如比之匪人，不亦傷乎？（參4）

同事	主管	高層	基層	不中	不正	動能
×	×	×		能力有限	才華不足	弱

評：下之下，無能力改變

論：若輪到只能與匪寇交友未免太可悲。改善人際關係，積極主動，努力學習，即使智商不足，至少與人和合，才能得人之助。

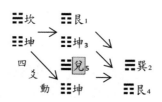

| 六四 | 四爻動，變兌為萃 |
| 被動 | |

震：行
艮：門
巽：入，接近   外比
乾：大人
兌：悅 → 吉

《繫辭》曰：外比之，貞吉。

解：與外部賢人、大人親近，貞固吉祥。

斷：艮₁ 反 → 巽₂ 謙 → 關鍵 → 不可棄謙成空

| 偏凶 | 坤₃ 吝 → 艮₄ 反 |
| | 兌₅ → 悅 |

變兌為悅，貞吉

論：對原有的工作不甚滿意，一直想另尋工作，故而猶豫不決，如今時候
　　到了，可以找一份有利且愉悅的環境，此歸功於行謙遜。

憂悔吝者存乎介，

虞翻曰：介，纖也。介如石焉，斷可識也。故「存乎介」。謂識小疵。

【易上經】乾坤為首，終為離 首重天地定位

六四爻解：人，四多懼

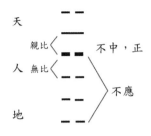

天

親比

人　無比

地

不中，正

不應

(1) 不中、正。

(2) 與初六不應，故初六不是外比對象。

(3) 初、二、三為坤，二、三、四亦為坤，不應也。

(4) 與六三無比，故六三也不是對象。

(5) 但與九五親比，九五陽剛正直，君子賢人，故與之相交，是為外比之貞。

(6) 四多懼，故也宜於親近陽剛君子，故為吉。

《象傳》曰：外比於賢，以從上也。

解：六四與九五親比，九五外卦，為賢，為上，下卦為坤，順，從，故曰：外比於賢，以從上也。（參5）

同事	主管	高層	基層	不中	正	動能
×	○		×	能力有限	有才華	弱

評：下之上，可以有好結果，但恆心不足

論：雖然有上司照應，然人緣不是很好，短期無礙，但再下去，基層或有反彈，故而態度上要有所調整，才有利爾後之事業發展。

九五
靜態

五爻動，變坤為純坤

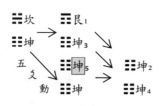

⤷ 錯

坎　坤　艮

離：明 → 顯比
離：王
離：數三 　　　　　　　　 ⎫
坎：美脊之馬 　　　　　　　⎬ 王三驅
坤：大輿，馬車 　　　　　　⎭
艮：止，失也 　　　⎫
離：雉 　　　　　　⎬ 失前禽
坤：土、邑、眾 　　⎫
坎：懼 　　　　　　⎬ 邑人不誡

《繫辭》曰：顯比，王用三驅，失前禽。邑人不誡，吉。

解：顯比，光顯之比，光明正大無私。有如王者用三面合獵之法，一面放生，即使獵物因此而逃生，也不予以追殺。同時，出獵隊伍紀律嚴明，也不會打擾到當地百姓，是為吉祥也。

斷：艮₁ 反 → 坤₂ 平

吉

坤₃ 吝 → 坤₄ 順 ⋯ 關鍵 → 小心保持，切莫成吝
坤₅ → 順
變坤為順，吉也

論：由艮反而坤平，轉而出現三連坤順，故前景順而利也。

【易上經】乾坤為首，終為離 首重天地定位

九五爻解：天，五多功

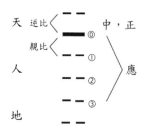

王用三驅

(1) 中、正。

(2) 與上六逆比，六四親比，故守六四，放上六，為用三驅失前禽之象。

(3) 九五，六二相應，六二為邑人，兩爻相應，故曰：顯比，邑人不誡也。

(4) 二、三、四為坤，順；三、四、五為艮，反，反而順，正應也。

(5) 九五到六四，六四到六三，六三到六二，三位，為三驅也。

(6) 五多功，故吉。

《象傳》曰：顯比之吉，位正中也。舍逆取順，失前禽也。邑人不誡，上使中也。

解：九五陽爻位中且正，顯比之象。六四為坤，順之上位（二，三，四為坤），上六為坎，逆之上位（四，五，六為坎），故守六四親比取順，舍上六之逆比，是謂失前禽也。邑人不誡，言六二與九五以中道相應，兩相安無擾。(參 2，3)

同事	主管	高層	基層	中	正	動能
○	逆		○	有能力	有才華	強

評：上之下，**絕對有能力維持順境**

論：賢明君王，有才有德。以現代而言，為難得的成功企業主，對待員工一視同仁，但也不希望有長輩外力隨便介入公司業務，前景看佳。

六爻動，變巽為觀

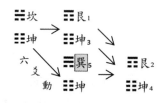

├ 錯 乾

坎　坤　艮　巽

乾：首也 ┐
　　　　　├ 无首
坎：伏也 ┘

《繫辭》曰：比之无首，凶。

解：己無能成首，其道窮矣！是為凶象。

斷：艮₁ 反 → 艮₂ 反

凶　坤₃ 吝 → 坤₄ 吝

巽₅ → 空 → 關鍵 → 行謙以對治空相

變巽為空，无首，凶

論：雖然同為艮，但巽空的出現，顯示過去的一切，都已轉眼成空，但並
　　沒有到最壞的時刻，檢討原因再出發，只要抓到重點還是可以彌補。

震無咎者存乎悔。

虞翻曰：震，動也。有不善，未嘗不知之。知之，未嘗復行。無咎者善補

過。故「存乎悔」也。

是故卦有小大，辭有險易。辭也者，各指其所之。

虞翻曰：陽易，指天。陰險，指地。聖人之情見乎辭，故指所之。

上六爻解：天

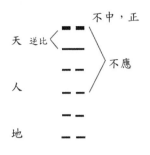

天　逆比

人

地

(1) 不中，正。

(2) 上六本就退而休，不用視事。

(3) 與九五逆比，凡事唱反調。
而又與六三不應，極位而
孤，是為无首之象。

(4) 既是四方無助，故為凶也。

(5) 三、四、五為艮止；四、五、
六為坎險，上六來六三處遇
險故不應也。

《象傳》曰：比之无首，无所終也。

解：上六極位，無可再上，故曰无首。而又與九五逆比，與之抗衡，有自
　　不量力之象，若九五追究，如何得以善後，無所終也。（參3）

同事	主管	高層	基層	不中	正	動能
逆			×	能力有限	有才華	弱

評：下之中，脫離不了咎相，態度可以決定一切

論：人貴自知，如果己無鬥志，卻還嘴硬，沒有能力，還想挑釁，幸而還
　　有才華，代表有一定的智慧。如果能及時醒悟，改掉這些毛病，修復
　　人際關係，重新出發仍有機會。

≡≡ 風在天上，集結雲氣，以柔克剛，以小蓄大

| 小畜 | 畜聚，蓄養，蓄止 | 巽 乾 離 兌 坎 |

《序卦》曰：比必有所畜，故受之以

風天　　《小畜》。

《雜卦》曰：小畜，寡也。

坎：水，雲
兌：西
乾：郊之象　　自我西郊
乾：我

靜 態

既 濟

≡≡巽 → ≡≡巽₁
≡≡乾 → ≡≡乾₃ ↘
　　　≡≡巽 → ≡≡離₂ → ≡≡坎
　　　≡≡乾 → ≡≡兌₄ → ≡≡離
　　　　　　　　　　　　既濟

《繫辭》曰：小畜：亨。密雲不雨，自我西郊。

解：小畜，以小畜大，以柔克剛，若行而不失其正，則為亨通之象。然一
　　陰欲蓄五陽，其道亦有窮，僅能小畜，小積，而不能固制乾剛，正如
　　烏雲聚集在西郊，看似濃密，卻無雨下降。

斷：巽₁ 謙 → 離₂ 心

| 虛吉 | 乾₃ 健 → 兌₄ 折 |

健而謙，君子以懿文德

論：想要成就一番事業，謙虛和努力一樣都不能少，如果沒有謙虛和努力，
　　前途障礙重重，若強進則引禍端，尤其在有一點成就時，自大自滿，
　　最容易出事，就是折的開始。

小畜卦爻解

《象傳》曰：小畜，柔得位，而上下應之，曰小畜。健而巽，剛中而志行，
　　乃亨。密雲不雨，尚往也。自我西郊，施未行也。

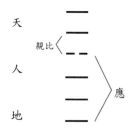

天
　　親比
人
　　　　　　應
地

(1) 全卦只有六四一陰，柔爻耦位，位正，故曰：柔得位。上與九五親比，下與初九相應，上下相應，而以一陰統五陽，以小畜大，是曰：小畜。

(2) 上卦為巽，順，下卦為乾，健，健而巽(順)。九五剛中且正，借與六四親比而下初九，使政令得以推行，而遂九五之志，故曰：剛中而志行，亨也。

(3) 六四既與九五親比，顯然獲得九五信任，三，四，五為離，心，故與九五相交必以心為上，即使烏雲密佈，也不改心向九五之志，故曰：密雲不雨，尚往也，

《象傳》曰：風行天上，小畜；君子以懿文德。

解：上卦為巽，巽為風，下卦乾為天，風行天上，聚結雲氣，蓄少成多，乾又為君子，巽為謙，君子体之，唯有平日自我充實養謙之德，小積而大成，使得以服眾也。

(4) 六四與初九相應，初，二，三為乾，郊；二，三，四為兌，西，自我西郊。兌亦為悅，為折，六四雖上承九五之志，然力有未逮，未能遂行，致悅反成折，有如雲聚西郊卻未降雨，而曰：自我西郊，施未行也。

(5) 九五之志非自行而得，若需透過六四而行，最終必有其弊，不可不慎。

比附	相應
○×	○

評：有能力守護努力的成果，但心態不正

論：小畜爻象，上親下應，格局本不差但差在連結的中心為陰爻，就如同一個企業的上下交通掌握在秘書手中，然而，企業的運行還是順利，只要經營者能掌握實相即可，故本卦之意，在提醒上位者，作業必需按制度而行，才能長久，國家的運作，也是如此。

| 初九 | 初爻動，變巽為重巽 |
| 被動 | |

震：行，復 ⎫
兌：悅 ⎪
巽：入 ⎬ 復自道
乾：道 ⎭

《繫辭》曰：復自道，何其咎，吉。

解：能回復到應有的正道，又有甚麼咎戾呢？當為吉象。

斷：離₁ 心 → 離₂ 明

偏	兌₃ 折 → 兌₄ 兌
吉	巽₅ → 謙 … 關鍵 → 莫棄謙成空
	變巽為謙，其義吉也

論：因奉守謙虛之道，而獲得喜悅，對事的看法也更明確。在經過挫折後，
　　能再回到正確的道路上，首先自保，穩中後求勝。

易與天地準，故能彌綸天下之道。

虞翻曰：準，同也。彌，大。綸，絡。謂易在天下，包絡萬物，以言乎天
地之間，則備矣。故「與天地信」也。

仰以觀於天文，俯以察於地理，

荀爽曰：謂陰升之陽，則成天之文也。陽降之陰，則成地之理也。

【易上經】乾坤為首，終為離 首重天地定位

初九爻解：地

(1) 不中，正。

(2) 與九二無比，然陽爻本就剛健貞固，自有方向。

(3) 上與六四相應，六四為陰爻，亦為小人之象，故初九有為六四所畜而失其德，但初九居下得正，並不受其影響，仍堅持走自己的路，故曰：復其道。

(4) 初，二，三為乾，努力；二，三，四為兌，悅，折，故與六四相應，有兩種結果：悅或者折，這要小心。

(5) 但六四雖為狹隘之人，但並未過於干涉初九，故曰：无咎，吉。

《象傳》曰：復自道，其義吉也。

解：初九雖無應，無比，但位正，故能自行正道，其義為吉也。（參 2、3）

同事	主管	高層	基層	不中	正	動能
	×	○		能力有限	有才華	強

評：中之下，脫離險境，應無問題，但心態再行修正

論：切莫恃才傲物，要謙虛以對，尤其高層也有良好的關係，若未來專業能力能加強，則前途看好。

| 九二 | 二爻動，變離為家人 |
| 被動 | |

震：行 ⎫
艮：手 ⎬ 牽

離：明 ⎫
巽：入 ⎬ 復

《繫辭》曰：牽復，吉。

解：能借外力之牽引而回到正軌，是吉祥的。

斷：離₁ 心 → 離₂ 心

| 偏 |
| 吉 |

兌₃ 折 → 坎₄ 伏 … 關鍵 → 切勿成險

離₅ → 明

變離為明，不自失也

論：當明白事物的原委，而能低調的接受改變，那先前的不順將可消失，
換言之，心明，一切都明，但方向要對。如此才可接受合作，共同創
業。

是故知幽明之故。

荀爽曰：謂天上地下不可得睹者也。謂否卦變成既未濟也。明，謂天地之
間，萬物陳列，著於耳目者，謂泰卦變成既濟也。

九二爻解：地，二多譽

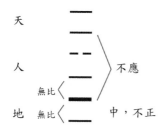

天

人 ⟩ 不應

無比⟨

地 無比⟨ 中，不正

(1) 中，不正。

(2) 與初九，九三無比，顯示雖有能力，但得不到奧援。

(3) 與九五不應，故也與九五無交。

(4) 二，三，四為兌，折；三，四，五為離，心，故九二前往九五處，亦會毫無作為。

(5) 但因初九，九三皆陽爻，九二又為多工之正位，在上下二爻牽引之下，回復正道可期，故曰牽復，吉。

《象傳》曰：牽復在中，亦不自失也。

解：九二位在乾卦之中位，本就能自守中道而不至於迷失方向。(參5)

同事	主管	高層	基層	中	不正	動能
×	×	×		有能力	才華不足	強

評：下之上，|人和不足無法長久維持|

論：處事方向錯誤，若能明白並修正自己，脫離剛愎自用，則對事業之發展大大有利。

九三
動態

三爻動，變兌為中孚

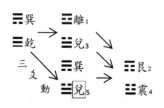

坤：輿 ⎫
震：行 ⎬ 輿說輻
兌：毀折 ⎭

乾：夫，老男 ⎫
巽：長女，白 ⎪
離：目 ⎬ 夫妻反目
兌：脫 ⎪
艮：反 ⎭

《繫辭》曰：輿說輻，夫妻反目。

解：車輿在行進中，輪輻脫落，如夫妻反目成仇，兩者都是危險之象。

斷：離₁ 心 → 艮₂ 反

偏凶

兌₃ 折 → 震₄ 驚 → 關鍵 → 變驚為行，找出原因

艮₅ → 止

變兌為折，夫妻反目

論：原先相處就已不十分融洽，但現在都是天天反背，不安，也導致婚姻
　　破裂，究其原因，是心意不合，若要彌補唯有退讓，但人性恐難改變。

九三爻解：人，三多凶

(1) 不中，正。

(2) 與九二無比，互動少。

(3) 與上九不應，三，四，五，為離，心；四，五，六為巽，利，空，一心為利，故要上九援助，非利不可，故不應也。

(4) 與六四逆比，故六四為妻，九三為夫，兩者不合，互相爭執不停，故曰：夫妻反目。

(5) 與上九不應，與九二無比，又與六四逆比，顯然九三乖僻，當然不能正室也。

《象傳》曰：夫妻反目，不能正室也。

解：夫妻之所以反目成仇，不一定是外遇，而或是九三剛愎自用，而導致的家庭不合。九三為下卦乾，乾為剛愎之象。(參4)

同事	主管	高層	基層	不中	正	動能
×	逆	×		能力有限	有才華	強

評：下之上，最終不易改變，心態不正確

論：不但人際關係不好，與主管互相爭執，高層也不挺，剛愎自用，自以為是，故必需自我檢討，即便是為三斗米，也必折之。

四爻動，變乾為純乾

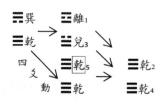

巽 乾 離 兌

坤：土，有孚之象

坎：血，加憂 ⎫
兌：折，惕之意 ⎬ 血去惕出
震：行 ⎭

《繫辭》曰：有孚，血去惕出，无咎。

解：心懷誠信，即便發生流血受傷之事，如能獲得對方信任，而使存在雙
　　方之間的憂懼因而消失，這是無可追究的。

斷：離₁ 心 → 乾₂ 努力

偏吉

兌₃ 折 → 乾₄ 健 → 關鍵 → 切勿成剛愎自用

乾₅ → 努力

變乾為努力，上合志也

論：不管過去如何，但在努力再努力的狀況下，而獲得上司的認同，這是
　　最大的回報，此喻為若心懷誠信，則心中坦盪，即使有摩擦，也可以
　　化解，而有利雙方的合作。

原始及終，故知死生之說。

《九家易》曰：陰陽交合，物之始也。陰陽分離，物之終也。合則生，離
　　則死。故「原始及終，故知死生之說」矣。交合泰時，春也。分離否時，
　　秋也。

六四爻解：人，四多懼

天
親比 ⎬ 不中，正
人 逆比
應
地

(1) 不中，正。

(2) 一陰統五陽，以小畜大，故曰小畜。

(3) 與初九相應，似乎與基層關係不錯，而為有孚之象，但也顯示初九離六四較遠，不清楚真相。

(4) 初，二，三為乾，努力；二，三，四為兌，悅，顯然六四對初九下了很多功夫。

(5) 但與九三逆比，顯示在與基層相處之間，還是有一定的問題存在。

(6) 六四為陰爻，心胸比較狹窄。

(7) 但與九五親比，能獲得上司的信賴，其中自有效忠的問題，故曰：血去惕出。

《象傳》曰：有孚惕出，上合志也。

解：有孚惕出之意；顯示必需和九五上位同一志行，即親信之意。

（參 7）

同事	主管	高層	基層	不中	正	動能
逆	○		○	能力有限	有才華	弱

評：中之下，**人和足，但要有恆心才可成功**

論：評等不錯而能獲得主管和基層支持，其信也。然要努力加強專業，不要懈怠，自可更上一層樓。

五爻動，變艮為大畜

巽　離₁
乾　兌₃
　　艮₅　　震₂
　　乾　　　兌₄
五爻動

┌→ 錯　坤
巽 乾 離 兌 艮 震

坤：土，有孚之象
巽：繩，攣之象
艮：手　　　　　攣如
震：行
巽：利，富之象

《繫辭》曰：有孚攣如，富以其鄰。

解：誠信，必需像用繩子互相牽連而行般的相互信賴，故而即使富也要一
　　同富，有福同享也。顯示得其道之助者多矣。

斷：離₁ 心 → 震₂ 行

吉　兌₃ 折 → 兌₄ 悅 → 關鍵 → 切勿走偏成驚

　　艮₅ → 反

　　變艮為反，不獨富也

論：過去的挫折已經止住，如今可望行而悅，如果在誠信上加強，當可獲
　　得回報，而無往不利。

精氣為物，遊魂為變。

虞翻曰：魂陽物，謂乾坤也。變謂坤鬼。乾純粹精，故主為物。乾流坤體，
變成萬物故「遊魂為變」也。

九五爻解：天，五多功

天 　無比
　　　親比
人
地

中，正
不應

(1) 中，正。

(2) 與上九無比，互動不佳，得不到奧援。

(3) 與九二不應，二，三，四為兌，折；
三，四，五為離，心，表示九五見九
二，心中不大愉快，兩者皆為陽爻，
剛對剛，不應也。

(4) 但與六四親比，六四為鄰，互相信任，
是為陰陽相畜，故有，有孚攣如，富
以其鄰之說。

(5) 然六四為陰爻，若與之有攣如之象，
還是要有提防之心。

《象傳》曰：有孚攣如，不獨富也。

解：九五與六四親比，其如攣如之象，故互有誠信，上卦為巽，為利，為
富，不獨富也。（參4、5）

同事	主管	高層	基層	中	正	動能
○	×		×	有能力	有才華	強

評：中之上，有能力脫離困境，但態度需修正

論：條件不錯，雖然對基層還是沒有互動，但能透過下屬來做連繫，也是
交流互動的方式之一，但直接關心基層更為適宜，切莫流於剛愎自用。

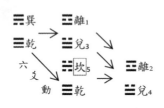

| 上九 | 六爻動，變坎為需 |
| 被動 | |

巽 乾 離 兌 坎
　↳ 錯震　　↳ 錯艮

坎：水，雨 ⎫
巽：進退 ⎬ 既雨既處
艮：止，聚矣 ⎭
坎：輿，滿載之象－尚德載
巽：長女，婦之象 ⎫
坎：險，屬也 ⎬ 婦貞屬
坎：月 ⎫
離數三，巽數五，乘數十五 ⎬ 月幾望
離：兵戈 ⎫
震：行 ⎬ 征凶
坎：凶 ⎭

《繫辭》曰：既雨既處，尚德載，婦貞屬。月幾望，君子征凶。

解：水氣凝聚，已經成雨水降下，象徵君子的德積滿而溢，然卻有所疑也。
　　婦人德行，雖然貞固自持，但以婦御夫，正如十五、六日的月亮，雖
　　亮，然陰勢也是最盛之時，對自己丈夫的前程是不利的。

斷：離1 心 → 離2 心

| 凶 | 兌3 折 → 兌4 折 |

　　坎5 → 險 → 關鍵 → 行伏對治險象
　　變坎為險，君子征凶

論：未來即將進入毀折和凶險之境，此時應暫時退出，觀望，等待局面明
　　朗為宜。

上九爻解：天

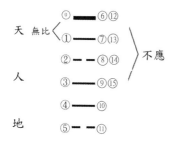

不中，不正

天　無比

人

地

月幾望圖

不應故征凶

(1) 不中，不正。

(2) 上九與九五無比，也與九三不應。

(3) 三，四，五為離，心；四，五，六
　　為巽，空，利。故上九到九三處，
　　是為利而去，但九三並不認同，故
　　其相應為一場空，故曰：君子征凶。

(4) 上九起至九五，四，三，二，初，
　　再至上九，五，四，三，二，初，
　　回上九，九五，六四，九三共十五
　　位，月幾望也。

(5) 然上九位天位之極，又為陽爻，剛
　　健正固，為謙德滿載之象。

(6) 可惜過於剛直，與九五無比，無法
　　得到重用，只能退休回鄉養老。

(7) 畜已終矣，終不能畜陽。

《象傳》曰：既雨既處，德積載也。君子征凶，有所疑也。

解：上卦為巽，謙之德，上九位卦之極，故有謙德滿載之象，上九與九三
　　不應，九三為離，為明，不明上九之意而有疑，故有兇之象也。

（參3、5）

同事	主管	高層	基層	不中	不正	動能
×			×	能力不足	才華有限	強

評：下之中，**人不和，恐難避開險境**

論：評等不佳，難怪有征兇之象。若不能針對缺失改進，如專業能力、人
　　際關係，則前景無亮矣。

履

天澤

被動

未濟

踐履，落實

《序卦》：物畜然後有禮，故受之以《履》。

《雜卦》：《履》，不處也。

乾 兌 巽 離 坎

┌ 錯 震
└ 錯 艮

≡乾 → ≡乾₁

≡兌 → ≡兌₃ ↘

≡乾 → ≡巽₂ → ☲離

≡兌 → ☲離₄ → ☵坎

　　　　　　　未濟

震：足，行，履也 ┐
艮：虎尾　　　　 ┘ 履虎尾

兌：脫 ┐
離：明 ┘ 亨

《繫辭》曰：**履虎尾，不咥人，亨。**（咥，讀姪）

解：踩到老虎的尾巴，卻沒有被老虎咬，是為亨泰之象，此卦示明處危之道。

斷：乾₁ 健 → 巽₂ 空

虛吉

悅 → 離₄ 心

悅而健，定民志

論：現階段是努力，而得之報也是愉悅，但千萬不可自滿懈怠，一旦懈怠，也就是心的改變，而會導致以往的努力成空，切記。

以柔履剛，難免遭危，故宜以柔克剛，不宜強與人爭。兌為少女，乾為陽剛，為男，慎防感情糾紛。

【易上經】乾坤為首，終為離 首重天地定位

履卦爻解

《象辭》曰：履，柔履剛也。說而應乎乾，是以履虎尾，不咥人，亨。剛中正，履帝位而不疚，光明也。

天

人　親比

地

應

(1) 主爻為六三，上卦乾，下卦兌，兌位金，虎屬金，故以虎取象。初九為初位，其象為虎尾。

(2) 上卦乾，剛，下卦兌，口，柔也，而曰：柔履剛，說而應乎乾；六三與九四親比，故踩虎尾有不被咬的跡象；此為通亨之運，故曰：不咥人，亨。

(3) 六三與上九相應，三、四、五巽，為利，四、五、六為乾，健，故此應有利上下之交流。

(4) 九五為帝位，既中且正，六三與九四親比，二，三，四為離，離為明，光明正大，當其位，問心無咎，故曰：剛中正，履帝位而不咎，光明也。

《象傳》曰：上天下澤，履；君子以辨上下，定民志。

解：天在上，澤在下，為自然之象，上九與六三相應，四、五、六為乾，君子，三、四、五為巽，謙，君子尚謙，以之辨尊卑之位，下卦初、二、三為兌，悅，故定民志，使民悅得遵矣！

比附	相應
○✕	○

評：好運不久矣

論：雖然相應，卻不能完全，本卦的親比是依附在相應之中，只完成一半功能，故而上下交流不順，顯示百事不宜輕進，大事亦宜先由小處著手，凡事忍讓，不做首，而行老二哲學，可保無慮。

初九	初爻動，變坎為訟
被動	

```
≡ 乾        ☴ 巽₁
☱ 兌  →     ☲ 離₃                      ┌→ 錯 震
                                  乾 兌 巽 離 坎
初    →     ≡ 乾      ☴ 巽₂
爻
動    ☵ 坎₅      ☲ 離₄       巽：風，空也
                            兌：白，素也   ┐ 素履往
                            震：行，往     ┘
                            離：明   ┐ 无咎
                            坎：險   ┘
```

《繫辭》曰：素履，往无咎。

解：不受外物所誘，素位而行，往必能守其所願之志，故曰：无咎。喻履
慎於始也。

斷：巽₁ 空 → 巽₂ 謙 → 關鍵 → 勿棄謙成空

偏吉	離₃ 心 → 離₄ 心
	坎₅ → 伏

變坎為伏，獨行，願也

論：心中雖有謙道但並未能把握重點，故若真心要行則需學習低調以行，
換言之，若是高調，就不是行謙，尤其盛氣凌人是不對的，此合爻意
素履而行。

是故知鬼神之情狀。與天地相似，故不違。

虞翻曰：乾神似天，坤鬼似地。聖人與天地合德，鬼神合吉凶，故「不違」。

初九爻解：地

天

人　　　　　　　　　　不應

地　無比

　　　　　不中，正

(1) 不中，正。

(2) 初九位地位之下，為素色也。

(3) 初九與九四不應，也與九二無比，雖無任何損失，但也只能我行我素，故曰無咎也。

(4) 初，二，三為兌，折；二，三，四為離心，初九見九四，陽對陽心折，故不應也。

(5) 初九為陽爻，剛健正固，能獨立完成自己的心願，無庸置疑。

《象傳》曰：素履之往，獨行願也。

解：素履之位，初九無應，無比，在無奧援之下，獨立完成自己的願望。（參3，5）

同事	主管	高層	基層	不中	正	動能
	×	×		能力有限	有才華	強

評：下之上，雖有毅力但無人和，要有耐心

論：自視過高，人和不足，必需自我調整，否則有才華也無處可發揮。

鄭玄曰：精氣，謂七八也。遊魂，謂九六也。七八，木火之數也。九六，金水之數。木水用事而物生，故曰「精氣為物」。金水用事而物變，故曰「遊魂為變」。精氣謂之神，遊魂謂之鬼。木火生物，金水終物。二物變化其情，與天地相似，故無所差違之也。

九二　　二爻動，變震為无妄

動態

☰乾　　☴巽₁
☱兌　→　☲離₃
二　　　↘
爻　　　☰乾　　☴巽₂
動　　　☳震₅　→　☶艮₄

乾 兌 巽 離 震 艮
　　　　↳錯 坎

震：足，行　⎤
　　　　　　｜履道坦坦
震：大塗　　⎦

離：明　⎤
乾：賢人　｜
坎：伏　　｜幽人
艮：居　　⎦

《繫辭》曰：履道坦坦，幽人貞吉。

解：平平坦坦的大道，象徵幽居的賢人，心胸坦盪，貞固自守，此為吉象
　　也。

　斷：巽₁ 空 → 巽₂ 謙 → 關鍵 → 切勿成空

偏吉　離₃ 心 → 艮₄ 反
　　　震₅ → 行

　　　變震為行，中不亂也

論：散漫的心，要收拾收拾，今後除謙虛自守外，行動更為重要。也就是
　　不能空談理想，以行動來實踐理想。讓理想落實，而不是逃避。

知周乎萬物，
荀爽曰：二篇之冊，萬有一千五百二十，當萬物之數，故曰「知周乎萬物」
也。
而道濟天下，故不過。
《九家易》曰：言乾坤道濟成天下而不過也。
王凱沖曰：知周道濟，洪纖不遺，亦不過差也。

九二爻解：地，二多譽

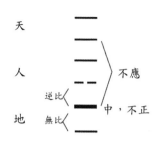

天

人

地

逆比

無比

不應

中，不正

(1) 中，不正。

(2) 與初九無比，與九五不應。

(3) 二，三，四為離，心；三，四，五
為巽，空，故九二見九五為一場空，
不應也。

(4) 在地位之上，陽爻剛實貞固，中心
有主見，如大道般平平坦坦，故曰：
履道坦坦。

(5) 與六三逆比，與世俗之人不相往
來，故曰：幽人。

(6) 二多譽，故曰：貞吉。

《象傳》曰：幽人貞吉，中不自亂也。

解：幽人貞吉，九二陽爻位中，而有中德，心志不自雜亂也。

（參4）

同事	主管	高層	基層	中	不正	動能
×	逆	×		有能力	才華不足	強

評：下之上，有恆心避險，但人和太差，效果有限

論：剛愎自用，人際關係太差是致命傷。尤其又常和主管大小聲，對升遷
及前途絕對不利，要趕快改，而非心中想改，卻改不出來。

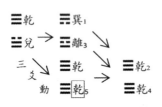

六三		三爻動，變乾為純乾
被動		

離：目 ⎤
兌：缺 ⎦ 眇能視

巽：股 ⎤
兌：缺 ⎬ 跛能履
震：行 ⎦

震：行 ⎤
兌：口 ⎬ 履虎尾，咥人
艮：虎尾 ⎦

乾：君 ⎤
離：兵戈 ⎦ 武人為大君

《繫辭》曰：眇能視，跛能履，履虎尾，咥人，凶。武人為于大君。

解：眼有疾，而腳又跛，雖然能走，但不敏捷，能看，但視物不清，如此
　　狀況去踏到虎尾，一定有被虎咬的風險。就好比一個無才無德又柔弱
　　的人，卻幻想自己是剛愎的大君，同樣不切實際。

斷：巽₁ 空 → 乾₂ 剛愎 → 關鍵 → 改剛愎為健也

離₃ 心 → 乾₄ 努力

乾₅ → 剛愎

偏凶

變乾剛愎，位不當也

論：雖然很努力但每一個觀點都充滿了剛愎自用，自以為是，這樣的努力
　　也難成功，應該痛下決定，多聽意見，改剛愎為健也。

六三爻解：人，三多凶

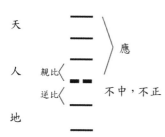

天
人 親比
  逆比
地

不中，不正

(1) 不中，不正。

(2) 與九四親比，六三位二，三，四，離之中位，離為目；九四為三，四，五，巽為股，股之中位，初，二，三，為兌，為缺，為眇，為跛，故對離為眇能視，對巽為跛能履。

(3) 與九二逆比，初九為虎尾，初，二，三為兌，口，逆比發生在兌口之內，故六三踏虎尾，就有被咬的凶險。

(4) 與上九相應，上九乾剛，有武人之象，又位天位，而為大君。六三不中不正，又為陰爻，其象為柔弱，無才又無德，與上九相應，雖有心效法上九，亦成大君，但實難成也。

(5) 三，四，五為巽，利；四，五，六為乾，努力，六三前往上九為有利之事，故應也。

《象傳》曰：眇能視；不足以有明也。跛能履；不足以與行也，咥人之凶；位不當也。武人為于大君；志剛也。

解：眇能視，不足以看的清明。跛能履，總是不能正常行走。咥人之凶，是六三位不當，武人被認為大君，六三與上九相應，六三應居陽位，故六三有效法上九之剛健，可惜不成也。（參3）

同事	主管	高層	基層	不中	不正	動能
逆	○	○		能力有限	才華不足	弱

評：下之上，有貴人協助，但無法勝任

論：標準的靠關係，但欠缺基本因素，不能行長久，故自我要覺悟，努力，再努力，加強動能和專業知識。

四爻動，變巽為中孚

乾　巽₁

兌　→　離₃　　　　　　↘　　　　　乾　兌　巽　離　艮　震

　四　　　　　巽₅　　　→　　艮₂

　爻

　動　　　兌　　　　　→　　震₄

艮：虎尾　⎤
　　　　　⎬ 履虎尾
震：行　　⎦

巽：進退不果　⎤
　　　　　　　｜
離：心　　　　⎬ 惢惢
　　　　　　　｜
坎：險　　　　⎦

《繫辭》曰：履虎尾，惢惢，終吉。

解：要踏過老虎的尾巴，一定要知所戒懼，才可免於危險，而終得平安吉
　　祥。

斷：巽₁ 空 → 艮₂ 止

　　離₃ 心 → 震₄ 行 → 關鍵 → 不可行偏成驚

　　巽₅ → 謙

　　變巽為謙，志行也

論：做事不用心，當然一事無成，如今必須改變態度，用行動配合謙虛，
　　事事小心謹慎，方可扭轉局面。

旁行而不流，

《九家易》曰：旁行周合，六十四卦，月主五卦，爻主一日，歲既周而復
始也。

侯果曰：應變旁行，周被萬物，而不流淫也。

九四爻解：人，四多懼

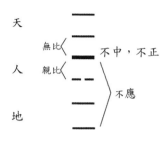

天

　人　　　　無比
　　　　　　　親比

地

不中，不正

不應

(1) 不中，不正。

(2) 四多懼，與初九不相應，上與九五無比，上下皆不能得到助益，此時只有小心應對，隨時保持戒慎恐懼，為屨虎尾，愬愬之象。

(3) 初，二，三為兌，折；二，三，四為離，心，九四見初九心折，故不應也。

(4) 與六三親比，還可由六三處獲得溫暖，故曰：終吉。

(5) 初九虎尾之象，故曰：履虎尾也。

《象傳》曰：愬愬終吉，志行也。

解：九四若能抱戒慎之心，則可免於下卦兌折，其志也可以遂行。（參2）

同事	主管	高層	基層	不中	不正	動能
○	×		×	能力有限	才華不足	強

評：下之上，**有心無力，恐難行謙道**

論：主動積極學習，當可彌補能力之不足，而加強人際關係，自然可獲得大家的支持。

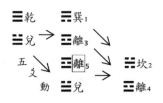

九五
被動

五爻動，變離為睽

→ 錯 震

乾 兌 巽 離 坎

乾：剛也
巽：入
震：行   夬履
兌：折，斷也

離：明   貞厲
坎：險

《繫辭》曰：夬履，貞厲。

解：斷然的決定，雖然明快，但也潛藏有志得意滿的危險。

斷：巽₁ 空 → 坎₂ 險 → 關鍵 → 以伏對治

偏凶

離₃ 心 → 離₄ 心

離₅ → 心

變離為心，貞厲

論：若心不在焉，事無所謂，今之有感而變，做事明快，決斷夠力，但也
　　招來思考或有不周的風險。故而在改變之餘，也要定下心，對於政策
　　的形成和決議，是需要謹慎一些。

【易上經】乾坤為首，終為離 首重天地定位

九五爻解：天，五多功

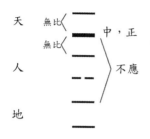

天　無比

　　無比　　中，正

人

地

(1) 中，正。

(2) 九五陽剛中正，與上九無比，九四亦無比，然位中且正，顯示才華揚溢，領導群雄，行事果斷，故曰：夬履。

(3) 唯上，下無比，亦顯見九五獨斷獨行，而下與九二無應，故與基層脫勾，不解基層苦楚，導致上令不能下達，有優有劣，故曰貞厲。二，三，四為離，心；三，四，五為巽，空，九五來九二為一場空，不應也。

《象傳》曰：夬履貞厲，位正當也。

解：夬履貞厲，其象為九五位中且正之緣故。

同事	主管	高層	基層	中	正	動能
×	×		×	有能力	有才華	強

評：中之下，可望改善，但心態不正，自心是關鍵

論：或與現實脫勾，或淪為剛愎自用，自恃才能，這是很危險的，但若能改變，而加強與基層的互動，則凡事皆吉。

六爻動，變兌為重兌

```
☰ 乾      ☴ 巽₁                           ┌→ 錯 震
☱ 兌 →   ☲ 離₃              乾 兌 巽 離
   六爻    ☱ 兌₅  →  ☴ 巽₂
   動      ☱ 兌       ☲ 離₄        離：目，視
                                    巽：入 ┐
                                    震：行 ┘ 考祥
```

《繫辭》曰：視履考祥，其旋元吉。

解：檢視所踐履之禮，考其善而有無規矩，若篤實有度，則元善大吉。

斷：巽₁ 空 → 巽₂ 謙 ⋯ 關鍵 → 切勿捨謙成空

偏吉

離₃ 心 → 離₄ 心

兌₅ → 悅

變兌為悅，大有慶也

論：經過自我調適之後，能抱持謙讓的心，則事轉圜，好運到來。而事業
　　經營亦較為順利，固守本業，多行善事，則財運自然亨通。

樂天知命，故不憂。

荀爽曰：坤建於亥，乾坤相據，乾立於巳。陰陽孤絕，其法宜憂。坤下有

伏乾，為樂天。乾下有伏巽，為知命。陰陽合居，故「不憂」。

安土敦乎仁，故能愛。

荀爽曰：安土謂否卦，乾坤相據，故「安土」。敦仁謂泰卦。天氣下降，

以生萬物故「敦仁」。生息萬物，故謂之「愛」也。

上九爻解：天

天　無比　不中，不正

人

地

應

(1) 不中，不正。

(2) 上九陽剛貞固，退而不休。

(3) 在天位之極，然與九五無比，故只能從旁觀察考核推動，故曰：視履考祥。

(4) 然與六三相應，顯示上九從旁觀察之結果，獲得基層支持。

(5) 三，四，五為巽，利；四，五，六為乾，努力，故上九來六三，可得利，正應也。

(6) 因上九的自我踐履，使得百性得以學習如何護持自我操守，故其旋元吉。

《象傳》曰：元吉在上，大有慶也。

解：上九所謂的元吉，是由上而下的推動所成的結果，故上九與六三相應，是上行下效最值得慶幸的事。（參 3，4，6）

同事	主管	高層	基層	不中	不正	動能
×			○	能力不足	才華不足	強

評：下之上，有毅力脫險，但處理能力不足

論：個人條件不足，但與下關係良好，故若能加強事業能力，則可望更上一層樓。

173

䷊ 地在天上，地氣上升，天氣下降，天地相交

| 泰 | 通，順 | 坤 乾 震 兌 坎 離 |

通，順
《序卦》：履而泰，然後安，故受之

地天　以《泰》。

乾：大 ⎤
坤：小 ⎬ 小往大來
震：行 ⎦

動態

《雜卦》：泰，通。否，泰反其類也。

兌：悅 → 吉

既濟

```
☷坤  → ☷坤₁
☰乾     ☰乾₃   ↘
        ↘
   ↘    ☷坤  → ☳震₂ →  ☵坎
        ☰乾     ☱兌₄     ☲離
                         既濟
```

《繫辭》曰：泰，小往大來，吉亨。

解：泰，天氣下降，地氣上升，通泰之象，喻人而言，上下交心，其志同
　　也，是以君子道長，小人道消；受人以滴，報之以泉，為吉亨之象。

斷：坤₁ 順 → 震₂ 行

| 偏吉 | 乾₃ 健 → 兌₄ 折 |

健而順，吉亨

論：眼前諸事平坦，只要努力則萬事通泰。然而，在通順之中，作事要
　　更加謹慎，切勿剛愎自用，則未來陷入不安與毀折之中，不可不慎。
　　換言之，樂極生悲，乃是可預期的。

泰卦爻解

《彖辭》曰：泰，小往大來，吉亨。則是天地交，而萬物通也；上下交，而其志同也。內陽而外陰，內健而外順，內君子而外小人，君子道長，小人道消也。

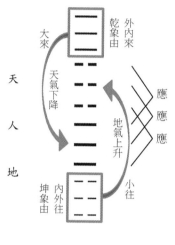

泰之天地相交圖

(1) 天氣下降為大來，天氣為陽。

(2) 地氣上升為小往，地氣為陰。

(3) 上下交流，小往大來，天德下貫，地德上應，萬物通也。初九與六四相應，九二與六五相應，九三與上六相應，週而成泰，吉亨。

(4) 天地交而萬物通，上下交志同也，三陽爻為內君子，三陰爻為外小人：君子道長，小人道消也。

(5) 下卦（內卦）至上卦（外卦）為往，上卦（外卦）至下卦（內卦）為來。

《象傳》曰：天地交，泰，后以財成天地之道，輔相天地之宜，以左右民。

解：天地相交為通泰之象，帝后體天地之理，分四季時運之道，隨其所宜，春耕夏耘秋收冬藏，以此輔相化育天地萬物，成物助民，如天地之通泰，以遂其生。

比附	相應
×	○

評：短暫毅力，長期則需加油

論：泰卦雖為通泰之象，但因只有相應，而無比附，故為陽剛之氣盛，難免有剛愎自用之情況發生，且在為人處事上亦常有恃才傲物之狀況，故要能通泰長久，人際關係就必須特別注意，以免遭到眼紅反撲。

初爻動，變巽為升

```
☷坤      ☳震₁                    ┌→ 錯 ☶艮
☰乾  →   ☱兌₃                  坤 乾 震 兌 巽
初爻      ☷坤      ☳震₂
動        ☴巽₅  →  ☱兌₄
```

艮：手
兌：脫，拔出   ┐
巽：陰，茅草之象   ┘ 拔草茹
震：行，動而前 → 征

《繫辭》曰：拔茅茹，以其彙，征吉。

解：茅草的根鬚都是糾結在一起，所以拔茅草要整束連根一起，其象為同
　　志合作一定會成功。

斷：震₁ 行 → 震₂ 行 → 關鍵 → 行謙不可棄而成驚

兌₃ 折 → 兌₄ 悅

巽₅ → 謙

變巽為謙，征吉

論：現在的狀況就已經不妙，但未來一旦要擴大，或與人合作，就必需要
　　以謙道為主，互相尊重，這樣才可以成功，而且一旦合夥成功，必然
　　財利雙全。

範圍天地之化而不過，

《九家易》曰：範者，法也。圍者，周也。言乾坤消息，法周天地，而不
過於十二辰也。辰，日月所會之宿，謂諏訾、降婁、大梁、實沈、鶉首、
鶉火、鶉尾、壽星、大火、析木、星紀、玄枵之屬是也。

初九爻解：地

天
人
地 無比
不中，正
應

(1) 不中，正。

(2) 初九在地位，故以拔茅茹為象。

(3) 與九二無比，陽碰陽為敵，非相合。

(4) 但與六四相應，顯然六四與其相合，且初九陽爻剛健，本身已俱才華，得六四相應，陰陽得配，故曰：以其彙，征吉。

(5) 初、二、三為乾，努力，二、三、四為兌，為悅，故初九與六四合作，當得愉悅之成果。

《象傳》曰：拔茅茹，征吉，志在外也。

解：拔茅茹，初九與外卦之六四相應，其志在外，故曰征吉。（參4）

同事	主管	高層	基層	不中	正	動能
	×	○		能力有限	有才華	強

評：中之下，有能力改善，但後期能力恐無法支持

論：有高層相照料，但長久之計還是要加強自己的專業知識，這樣才能更上一層，否則只靠關係，不足以承擔大業。

曲成萬物而不遺，

荀爽曰：謂二篇之冊，曲萬萬物，無遺失也。

侯果曰：言陰陽二氣，委曲成物，不遺微細也。

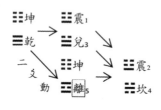

<table>
<tr><td>九二</td></tr>
<tr><td>動態</td></tr>
</table>

二爻動，變離為明夷

坤 ⟶ 震₁
乾 ⟶ 兌₃
二 ⟶ 坤 ⟶ 震₂
爻 動 離₅ ⟶ 坎₄

坤 乾 震 兌 離 坎

離：日 ⎫ 包荒（日照八荒）
坤：地 ⎭

坎：水，馮河 ⎫
乾：健 ⎬ 用馮河
震：行 ⎭

坤：朋 ⎫ 朋亡
兌：折 ⎭

《繫辭》曰：包荒，用馮河，不遐遺，朋亡，得尚于中行。

解：有包容荒穢的大度，也有渡大川毫無所懼的勇氣，不會受到朋友，鄰
比影響，大公無私，凡事行乎中道，無過與不及之處。

斷：震₁ 行 → 震₂ 行

<table>
<tr><td>偏
吉</td></tr>
</table>

兌₃ 折 → 坎₄ 伏 → 關鍵 → 切莫棄伏成險

離₅ → 心

變離為心，以光大也

論：眼前狀況面臨改變，然若改變，從心開始，切忌高調應人，而改以低
調，放低身段，行謙之道，故成敗皆在一心，若能改變，前景可望大
放異彩。

九二爻解：地，二多譽

天
人
  無比
地 無比

應

中，不正

(1) 中，不正。

(2) 九二與六五相應，為泰運之主，位中具中德，故有包荒的大量。

(3) 二、三、四為兌，悅；三、四、五為震，行，往，故九二前往六五處，兩者相對而悅，故曰：得尚於中行。

(4) 九二本質剛健，二，三，四為兌澤，故渡大川無所懼，謂之：用馮河。

(5) 與九三無比，與初九亦無比，故曰：朋亡。

(6) 但既有包荒之量，大公無私，故曰：不遐遺。

《象傳》曰：包荒，得尚于中行，以光大也。

解：九二位中有中德，故包容大荒之大度來自於九二之中德，九二與六五相應，六五為君，九二之德，得六五之讚賞而得以光大其志也。

同事	主管	高層	基層	中	不正	動能
×	×	○		有能力	才華不足	強

評：中之下，若要避免險象，心態很重要

論：有高層相應，也因關係背景強，目中無人，這方面要改善，待人謙和，多行禮對自己有利。

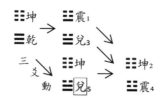

九三

動態

三爻動，變兌為臨

坤 乾 震 兌

坤 → 震₁
乾 → 兌₃
三爻 → 坤 → 坤₂
動 → 兌₅ → 震₄

坤：地，平原
兌：缺 } 无平不陂
震：行 → 往
坤：土 → 有孚
兌：口
兌：悅 } 于食有福
坤：漿

《繫辭》曰：無平不陂，無往不復，艱貞無咎。勿恤其孚，於食有福。

解：地沒有永不陡斜的，也沒有一直前進不回頭的，為人處事艱固貞守，
　　則可無咎，如果不憂此理之可信，而不願堅貞自保，即是自食盡所有
　　之福祿。

斷：震₁ 行 → 坤₂ 平

偏吉

　　兌₃ 折 → 震₄ 行 ⟶ 關鍵 → 勿行偏成驚
　　兌₅ → 悅
　　變兌為悅，堅貞無咎

論：在困難之中，若能了解自保之道，仍然可以得到愉快的結果，但切勿
　　行邪道而自毀福祿。

通乎晝夜之道而知，
荀爽曰：晝者，謂乾。夜者，坤也。通於乾坤之道，無所不知矣。

九三爻解：人，三多凶

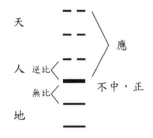

天

人 逆比

　　無比

地

應

不中，正

(1) 不中，正。

(2) 九三當乾位之上，與上坤卦交接，天地交會之際，其象為陽入陰，平入陂故曰：無平不陂。

(3) 九三與上六相應，陰陽交流，無往不復也。

(4) 三，四，五為震，往；四，五，六為坤，順，故往而順，正應也。

(5) 與九二無比，但九三於坤，乾交替之處，且與六四逆比，六四位九三與上六相應之中，顯示於泰之時仍或有變存在，此時唯有謹守其德，行正道，而不疑其誠，始可自食其福也。

(6) 九三雖不中，但得正，故若於變之時，守德行正，當可無咎矣！

《象傳》曰：无往不復，天地際也。

解：所謂無往不復的原因，是九三位于乾位之終，與上坤卦交接，又與上六有應，上下交流之象。(參3)

同事	主管	高層	基層	不中	正	動能
×	逆	○		能力不足	有才華	強

評：中之下，有毅力避開險象，後續待觀察

論：常與主管起爭執，又如何能得到同仁的幫忙，自我膨脹，並不是好事，要學習謙道，才能進步。

六四

動態

四爻動，變震為大壯

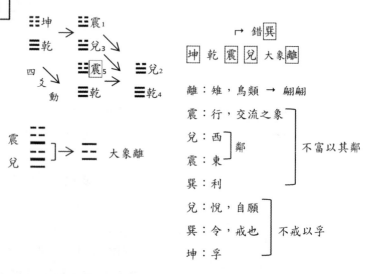

《繫辭》曰：翩翩，不富，以其鄰，不戒以孚。

解：與鄰居之間的交往，不能虛而無實，而應相互以信孚為基礎，出於真
　　誠才是。（富：包容）

斷：震₁ 行 → 兌₂ 悅

偏吉

兌₃ 折 → 乾₄ 努力

震₅ → 行 → 關鍵 → 勿行偏成驚

變震為行，中心願也

論：努力也得到一定的回報，但還是有錯折發生的可能，除了自我改善之
　　外，一定不能行有所偏，而使震₅行變成震₅驚，如此錯折即成毀矣，不
　　可不慎乎！

六四爻解：人，四多懼

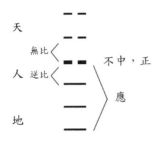

(1) 不中，正。

(2) 六四和初九相應，有翩翩而下之象。

(3) 與六五無比，與九三更是逆比，上下兩鄰都沒有交集，故曰：不富以其鄰，亦為四多懼之象。

(4) 然與初九相應，則以孚為之，故曰：不戒以孚。六四位四、五、六坤之下位，坤為有孚。

(5) 初、二、三為乾，健，二、三、四為兌，悅，折；故六四與初九相應，若能以孚為之，則為悅，若不能守孚，則兌折也。

《象傳》曰：翩翩不富，皆失實也。不戒以孚，中心願也。

解：不富者，六四陰爻陰虛而失其實。不戒以孚，則是六四對初九的信孚承諾，是出於中心之所願，而不是表面工夫。（參3，4）

同事	主管	高層	基層	不中	正	動能
逆	×		○	能力不足	有才華	弱

評：下之上，恐心有餘力不足，只能減緩而非避免困境發生

論：雖有才華，但千萬不能有高傲的心態。雖然有基層支持，但同事及長官若因此而無法與之相處，結果是不能得到關鍵的訊息，又如何能增加自己的能力。

六五	五爻動，變坎為需
動態	

坤 → 震₁

乾 → 兌₃

五爻動 → 坎₅ → 離₂

乾 → 兌₄

坤 乾 震 兌 坎 離

乾：帝也
坤：乙 ｝帝乙

兌：少女
震：長男 ｝歸妹
震：行

離：大腹得孕 → 以祉元吉

《繫辭》曰：帝乙歸妹，以祉元吉。（祉，音止）

解：帝乙之妹出嫁，象徵世道太平，百姓共享太平福祉。

斷：震₁ 行 → 離₂ 明

偏吉	兌₃ 折 → 兌₄ 悅

乾₅ → 努力 → 關鍵 → 切莫成剛愎

變乾努力，中以行願也

論：行而明，故若一切努力向上，而得喜悅之回報，換言之，過去或有心
　　不甘之處，如今一切為自己打拼，當然心態不同。加油。

是故神無方而易無體。

干寶曰：否泰盈虛者，神也。變而周流者，易也。言神之鼓萬物無常方，
易之應變化無定體也。

【易上經】乾坤為首，終為離 首重天地定位

六五爻解：天，五多功

天 無比〈
　　無比〈　　中，不正
人　　　　　　〉應
地

(1) 中，不正。

(2) 與上六無比，與六四無比，故嫁妹之事，不在以貴嫁貴，六五陰爻，公主之象。

(3) 六五與九二相應，九二陽爻居中，泰運之主，陽剛正固，大公無私，賢達之人，六五下嫁是以貴下賢，故曰：帝乙歸妹。

(4) 二、三、四為兌，悅；三、四、五為震行，故六五下嫁九二，雙方都為自己之心願得行而感到愉悅，故曰：以祉原吉，中以行願。

(5) 五多功，下嫁賢人而非以貴下貴，顧慮社會觀感，亦為元善大吉之象。

《象傳》曰：以祉元吉，中以行願也。

解：帝乙歸妹，乃自行其之願，六五，九二，皆得中位，且相應，其志亦同，故曰中心願也。（參4，5）

同事	主管	高層	基層	中	不正	動能
×	×		○	有能力	才華不足	弱

評：下之上，只能搭順風車，還要加油

論：基層支持，但企圖心不足，如果不能提升自己的鬥志，其他事也無法顧及。

上六	六爻動，變艮為大畜
動態	

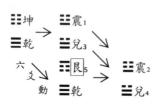

坤 ☷ → 震₁ ☳ ↘
乾 ☰ → 兌₃ ☱ ↘
六 ↘ 艮₅ ☶ → 震₂ ☳
爻 ☳
動 乾 ☰ → 兌₄ ☱

艮 ☶
乾 ☰ → ䷌ 大象離

坤 乾 震 兌 艮 大象離

坤：地，城
艮：徑，路，門，草木　　　⎤
城上有路及　　　　　　　　⎬ 城復于隍
生草木，傾之象　　　　　　⎦

坤：眾　　⎤
震：行　　⎬ 師
離：兵戈　⎦

坤：邑　　⎤
兌：口，告⎬ 自邑告命
巽：命　　⎦

《繫辭》曰：城復于隍，勿用師。自邑告命，貞吝。

解：城垣傾倒而成隍土，顯示民心已散，用師益亂，故不可用師，只宜告
　　命邑人，安定民心為先，再求自保，雖亦正固，但難脫吝論。

斷：震₁ 行 → 震₂ 行 → 關鍵 → 找出毀折的原因

偏凶	兌₃ 折 → 兌₄ 折
	艮₅ → 止

變艮為止，其命亂矣！

論：過去不論再好也過去，未來將面臨的是不安與毀折，趁還有可救，立
　　刻擬定策略，先求自保，再來想方法復原。

上六爻解：天

天　無比　<　　　不中，正

人

地

（1）不中，正。

（2）上六為天之極，勢極則反，故有城復于隍之象，其數已終，泰極而否生。

（3）與六五君位無比，此之謂勿用師，用師益亂。

（4）與九三相應，故宜自邑告命，向下宣達，以安定民心，此為正固之道。

（5）三、四、五為震，行；四、五、六為坤，順，故上六前來九三一路順。有利自邑告命。

（6）但上六，能否保邦已是有疑，再加上自邑告命，並未經由六五之同意，或有僭越之嫌，一旦六五追究貞吝矣。

《象傳》曰：城復于隍，其命亂也。

解：城復于隍，顯示政令已亂，二，三，四為兌，為悅，為折，故上六與九三相應，非悅而為折，則其命亂矣！（參4，6）

同事	主管	高層	基層	不中	正	動能
×			○	能力不足	有才華	弱

評：下之上，有計畫，但無策略可避開困局

論：多年的歷練，卻沒有建立專業的知識。如今唯有先提起鬥志，靠自己的才華，及基層的力量，重新再試一次。

天在地上，天氣自上，地氣自下，天地不交

否
天 地

被動

未濟

閉塞，不通
《序卦》：泰者，通也。物不可以終通，
故受之以《否》。

《雜卦》：《否》《泰》，反其類也。

┌ 錯 震
乾 坤 巽 艮 坎 離

坤：地，小人
乾：天，君子 ┐
艮：止，背 ┘ 不利君子貞

巽：入，來 ┐
坤：小 │
震：行，往 │ 大往小來
乾：大 ┘

≡乾 → ≡乾₁
☷坤 → ☷坤₃ ↘
↘ ≡乾 ↗ ☴巽₂ → ☲離
☷坤 → ☶艮₄ → ☵坎
未濟

《繫辭》曰：否之匪人，不利君子貞，大往小來。

解：否者，天氣不降，天不在天，地氣不升，地不在地，陽消陰長，故當
天運閉塞，小人得志，不利君子固守貞常，天地不交，萬物不通，君
子道消，小人道長。

斷：乾₁ 健 → 巽₂ 謙

偏凶

坤₃ 吝 → 艮₄ 反
吝而健，不利君子貞

論：現在很努力，但始終遭遇困吝，也就是說，不管多努力，還是不順，
而一旦無所得，實為世道所招，時不我予也，唯有心存謙道，力守貞
固以待時也。

否卦爻解

《彖辭》曰：否之匪人，不利君子貞。大往小來，則是天地不交，而萬物不通也；上下不交，而天下无邦也。內陰而外陽，內柔而外剛，內小人而外君子。小人道長，君子道消也。

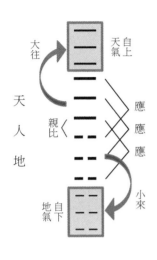

否之天地不交圖

(1) 地氣不升，自下，為小來，如左圖。

(2) 天氣不降，自升，為大往，如左圖。

(3) 天地不交，大往小來，萬物不通也。

(4) 初六與九四相應，六二與九五相應，六三與上九相應。

(5) 六三與九四親比，連結上九，初六，卻排除九五與六二之應，而成兩個系統，勢必造成混亂，而國無平矣！故曰：上下不交，而天下无邦也。

(6) 三陰爻為內小人，三陽爻為外君子，故為內陰而外陽，內柔而外剛，內小人而外君子，小人道長君子道消。

《象傳》曰：天地不交，否；君子以儉德辟難，不可榮以祿。

解：否，天地不交，閉塞不通，於世道混亂之際，君子當以簡約其德，斂其道，以避災難。不可以求高官享榮祿，而遭來小人之忌，禍即至矣！

比附	相應
○✕	○

評：各自為政，恐難逃困局

論：雖然六三和九四親比，但都依附在九五與六二相應之中，不能達成上下交流之目的。否卦雖相應，但為大往小來之格，入不敷出，故萬事宜保守，然一旦遇否，應當靜下心來，尋找問題所在從根本解決或有否去泰來之日。

初六	初爻動，變震為无妄
動態	

```
☰乾        ☴巽₁                      乾 坤 巽 震 艮
☷坤  →     ☶艮₃              ↘
 初         ☰乾    →  ☴巽₂      震：動
 爻    ↗    ☳震₅       ☶艮₄     艮：手       ┐
 動                              巽：草木，茅茹 ┘ 拔茅茹
```

《繫辭》曰：拔茅茹，以其彙，貞，吉亨。

解：拔茅茹，是要連根一起拔起來，才是正確的，這是貞固亨通且吉祥的。

斷：巽₁ 謙 → 巽₂ 謙 → 關鍵 → 切莫棄謙成空

虛吉	艮₃ 反 → 艮₄ 反
	震₅ → 行

變震為行，志在君也

論：想要止住過往的混亂情況，只能用謙虛的態度才最有效，尤其是合夥
　　做生意更需如此，而謙的首要就是誠信，固守正道，這樣才可以將過
　　去不好的連根拔除。

一陰一陽之謂道。

韓康伯曰：道者何，無之稱也。無不通也。無不由也。

況之曰：道，寂然無體，不可為象。必有之用極，而無之功顯，故至乎
神無方而易無體，而道可見矣。故窮以盡神，因神以明道。陰陽雖殊，無
一以待之。在陰為無陰，陰以之生；在陽為無陽，陽以之成。故曰「一陰
一陽」也。

初六爻解：地

天

人

地 無比

應

不中，不正

(1) 不中，不正。

(2) 為地位之下，且初六為陰爻，故有茅茹之象。

(3) 與六二無比，互不往來。

(4) 上與九四相應，有借九四向上發展之勢。

(5) 初，二，三為坤，順，二，三，四為艮，反，故初六若能求助九四，將十分有利。

(6) 然初六陰爻，有小人之象，若能借九四陽爻之剛正，而能改過以從君子之貞，則為貞吉。

(7) 若其意僅在借九四向上，志不在君子，則應予拔除，故言：以其彙，亨。

《象傳》曰：拔茅貞吉，志在君也。

解：拔茅貞吉，是初六的目標是九五，欲借九四而親近九五。

同事	主管	高層	基層	不中	不正	動能
	×	○		能力有限	才華不足	弱

評：下之中，無力持續，等待貴人

論：借助高層關係，是初出社會最常見的格局，但這不是正常現象，應改變心態，用謙虛的態度去求教於人，切勿自恃關係而懈怠。

六二	二爻動，變坎為訟
靜態	

乾坤巽艮坎離

坤：順，小人 ⎤
巽：入，容也 ⎬ 包承，小人吉
離：麗，吉 ⎦

乾：大人 ⎤ 大人否
坎：險，否 ⎦

《繫辭》曰：包承。小人吉，大人否，亨。

解：對小人而言，包容承受是生存之道，故言吉。但君子則常因守中而行，
不與小人為群，心志力保貞固，雖遇否，而道亨也。

斷：巽₁ 謙 → 巽₂ 謙

偏吉

艮₃ 反 → 離₄ 明

坎₅ → 伏 ⟶ 關鍵 → 切莫棄伏成險

變坎為伏，大人否，亨

論：要脫離困局，只有伏，低調，而施行重點就在心，心若明，早日做準
備，心若不明，還自鳴得意，那恐怕只有等後悔了。

繼之者，善也。成之者，性也。

*虞翻曰：繼，統也。謂乾能統天生物，坤合乾性，養化成之，故「繼之者
善，成之者性」也。*

六二爻解：地，二多譽

天

人 應

無比

地 無比 中，正

(1) 中，正。

(2) 六二與初六無比，也與六三無比，顯示六二之志不在坤地，故對初六，六三有包容之象是謂小人吉。

(3) 上與九五相應，其志在九五，故對九五承順有加，然九五為君位，守正不阿，不會苟合於六二，故曰：大人否。

(4) 二，三，四為艮，反；三，四，五為巽，利，空，故六二前往是正確的，但若純粹為利，就不一定得到九五的認同。

(5) 對九五而言，此為道亨也。

《象傳》曰：大人否，亨，不亂群也。

解：六二與九五相應，六二為下卦坤，九五為上卦乾，兩者皆位中且正，各領乾，坤二卦，而不亂其群也。（參3、4）

同事	主管	高層	基層	中	正	動能
×	×	○		有能力	有才華	弱

評：中之下，有能力維持現狀，但心態要改

論：條件尚可，為恃才傲物不專心，雖然得高層欣賞，但如要更上一層樓，則態度一定要改。

六三	三爻動，變艮為瀌
靜態	

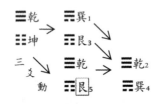

乾 坤 巽 艮

坤：順
巽：謙　　　　　　包羞
艮：止，忍之象　（求利）
巽：利也

《繫辭》曰：包羞。

解：包忍羞辱，以求得利。

斷：巽₁ 謙 → 乾₂ 努力

偏凶	艮₃ 反 → 巽₄ 空 ⟶ 關鍵 → 行謙剋空

艮₅ → 止

變艮為止，位不當也

論：當事業出現空及止不前的現象時，首要的工作就是先暫停或緩下來檢
　　討，而對治之道就是用謙和的態度重新建立起缺失的一塊，尤其要檢
　　討是否有人為因素，如用人不當等等。

仁者見之謂之仁，知者見之謂之知。

侯果曰：仁者見道，謂道有仁。知者見道，謂道有知也。

百姓日用而不知，

韓康伯曰：君子體道以為用，仁知則滯於所見，百姓日用而不知。體斯道
者，不亦鮮矣乎。故常無欲以觀妙，可以語至而言極矣。

六三爻解：人，三多凶

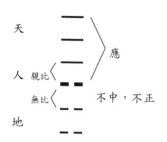

天

人 親比

無比

地

應

不中，不正

(1) 不中，不正。

(2) 六三與六二無比，故六三志在上卦。

(3) 與上九相應，三、四、五為巽，利，四、五、六為乾首；故六三前往上九是以利為主。

(4) 與九四親比，也對上九相應，其志均在九五，故對上九、九四皆包忍羞辱，以求得利。

(5) 六三為陰爻小人之象，若從九四，上九可也，但若是利用九四，上九，則非正道也。

(6) 九五陽剛正固，不會順乎六三，故曰：六三位不當也。

《象傳》曰：包羞，位不當也。

解：包羞，導因六三不中不正，其象既無中德，亦不行正道也。(參4，5)

同事	主管	高層	基層	不中	不正	動能
×	○	○		能力有限	才華不足	弱

評：下之上，恐需要貴人幫助度過難關

論：與直屬長官關係都不錯，有助職位的保持，但終究還是要處理事情，所以如何提升自己的專業能力和鬥志，應該是當務之急。

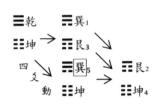

九四

| 被動 |

初爻動，變巽為觀

```
☰乾      ☴巽₁                    ┌ 錯 震
☷坤  →  ☶艮₃           坤 乾 巽 艮 大象 離
四     ☴巽₅  →  ☶艮₂        巽：命令 → 有命
爻                         坤：田疇也 ┐
動     ☷坤    ☷坤₄          坤：眾人  │ 疇離祉
                           離：麗    │
                           震：行 ┘
```

```
巽  ┐ 大象離
艮  ┘
```

《繫辭》曰：有命，无咎，疇離祉。

解：大君有命，召告大眾共同振衰起蔽，遠離否境，不惟我無咎，獲一身
　　之慶，眾人亦一併受其福。

斷：巽₁ 謙 → 艮₂ 反

| 偏吉 |

　　艮₃ 反 → 坤₄ 順
　　巽₅ → 謙 ⋯ 關鍵 → 切莫棄謙成空
　　變巽為謙，志行也

論：一路行謙，如今可望收成，眼前已見成效，順境開展，但切勿自滿，
　　若因此而怠乎謙道，則巽成空，反比不行謙道狀況更不佳，能不慎乎！

顯諸仁，藏諸用，
王凱沖曰：萬物皆成，仁功著也。不見所為，藏諸用也。

【易上經】乾坤為首，終為離 首重天地定位

九四爻解：人，四多懼

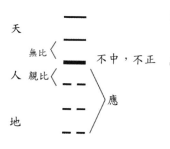

天

人 < 無比

　 < 親比

地

不中，不正

應

(1) 不中，不正。

(2) 九四與九五無比，故接九五之命，
按命行事，故曰：有命無咎。

(3) 與六三親比，又與初六相應，此象
將帝命向下召告大眾，共同努力完
成帝命，而九四脫離下卦往上，有
否而後泰之象。

(4) 完成帝命，而得帝所賜之福，眾人
亦同時受帝之福，謂之疇離祉也。

(5) 初，二，三為坤，順，二，三，四
為艮，反，故九四來初九召告帝
命，十分順利。

《象傳》曰：有命无咎，志行也。

解：上卦乾為天為君，三，四，五為巽，令，君王有令，九四與初六相應，
初六為坤，為眾，為民，令九四前來濟民之否，以遂九四之志也。

同事	主管	高層	基層	不中	不正	動能
○	×		○	能力不足	才華不足	強

評：中之下，朋友的幫忙及自己的毅力，可以度過困局

論：雖然欠缺能力和才華，但勤勞是優點。故而，若能和長官好好相處，
降低身段，當可獲得幫忙，而彌補缺陷。

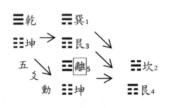

| 九五 | 五爻動，變離為晉 |
| 被動 | |

≡乾　　≡≡巽₁　　　　　　　┌→ 錯 震

≡≡坤 → ☶艮₃ ↘　　　乾 坤 巽 艮 離 坎

　五 ↘ ☲離₅ → ☵坎₂

　爻　　　　↘

　動 ≡≡坤　　☶艮₄

艮：止，休也　　┐
　　　　　　　　├ 休否，大人吉
乾：大人　　　　┘

坎：險，危亡 → 其亡其亡

巽：繩，入　┐
巽：桑　　　├ 繫于苞桑
震：行　　　┘

《繫辭》曰：休否，大人吉。其亡其亡，繫于苞桑。

解：否運休止，對在上位的統治者是一大福音，但當否運終止之後，也不
　　能安於否之休，故以其不免於危亡，其不免於危亡，來時時警惕，就
　　像用繩繫在苞桑之上。

斷：巽₁ 謙 → 坎₂ 伏 ⋯ 關鍵 → 切莫棄伏成險

| 吉 | 艮₃ 反 → 艮₄ 反 |

離₅ → 心

變離為心，位正當也

論：現在的空亡狀況已經改善，然若要更上一層樓，則先從心做起，態度
　　低調身段放軟，那麼就可以獲得更多人的支持，而得擁戴有利前程。

鼓萬物而不與聖人同憂，

侯果曰：聖人成務，不能無心，故有憂。神道鼓物，寂然無情，故無憂也。

九五爻解：天，五多功

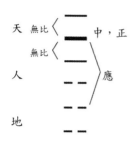

(1) 中，正。

(2) 九五至尊，既中且正聖明之象。

(3) 九五與六二相應，六二為民間領袖，休否之後，六二反成安定力量，故曰大人吉。

(4) 二，三，四為艮，反，三，四，五為巽，利，九五與六二相應是有利的，正應也。

(5) 與上九，九四皆無比，代表上九與九四並沒有否後警覺，故曰，其亡，其亡。

(6) 上九、九四無感，只能倚賴基層，而基層實如苞桑脆弱，故曰：繫于苞桑，危如卵石也。

(7) 雖休否，仍需未雨綢繆。

《象傳》曰：大人之吉，位正當也。

解：九五為大人，其位正且中也，與六二相應，六二亦中且正也。

（參2、3）

同事	主管	高層	基層	中	正	動能
×	×		○	有能力	有才華	強

評：中之上，**絕對有能力渡過困局，後勢看好**

論：以賢明君王而言，條件還差一點，但對一般人來說，條件足以任企業經理人，如果能改變態度，尊重上級主管，則格局已成，對事業更有幫助。

上九	六爻動，變兌為萃
被動	

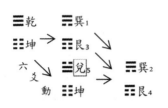

乾 坤 巽 艮 兌

兌：脫，折
坤：眾
巽：入　　｝傾否
震：行

乾：首，先也
兌：折
艮：反，背　　｝先否後喜
兌：悅

《繫辭》曰：傾否，先否後喜。

解：眾人合力將否運除去，傾畢則通，故後喜也，否運不會自行除去，必
　　賴眾人之毅力，起而行，自助而後天助。

斷：巽₁ 謙　→　巽₂ 謙　⋯　關鍵　→　莫棄謙成空

偏吉	艮₃ 反　→　艮₄ 反
	兌₅　→　悅

　　變兌為悅，先否後喜

論：否運終有止住的一天，但靠的不是老天，而是靠自身的謙虛，身段的
　　柔軟，同時與人為善，自可轉運，苦盡或甘來也。

上九爻解：天

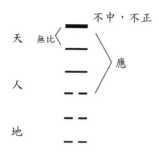

天　無比

人

地

不中，不正

應

(1) 不中，不正。

(2) 上九位否卦之盡頭，有否運即將傾去之象，故曰傾否。

(3) 與九五無比，顯示傾否之工程，不能靠統治者，若只統治者一人之力，否難傾也。

(4) 與六三相應，說明傾否必須全民一起來，一旦否運脫去，喜悅自然而降，故曰：先否後喜。

(5) 三，四，五為巽，利，四，五，六為乾，努力，可見上九與六三相應傾否是上下努力才可做到。

(6) 然不可有所僭越九五之位也。

《象傳》曰：否終則傾，何可長也。

解：否運到頭終有傾倒的時候，豈有長否而不傾之理。(參 5)

同事	主管	高層	基層	不中	不正	動能
×			○	能力不足	才華有限	強

評：下之上，只靠毅力後市不明

論：需再努力，加強專業知識，及處理的能力，則可一舉恢復真正的強勢，切忌灰心，要有恆心。

☰ 天在火上，火向上升，人與人親，同舟共濟

同人
天火

親，與人同也
《序卦》：物不可以終否，故受之以
《同人》。

┌→錯坤　┌→錯震
乾　離　巽
　└→錯坎

被動
純乾

《雜卦》：《同人》，親也。

坤：田野 → 同人于野

坎：水
巽：木，舟象　}利涉大
震：行

離：文明　}利君子貞
乾：剛健

☰乾 → ☰乾₁
☲離 → ☲離₃ ↘
　　　　☰乾 → ☰乾₂ → ☰乾
　　　　☲離 → ☴巽₄ → ☰乾
　　　　　　　純乾

《繫辭》曰：**同人于野，亨，利涉大川，利君子貞。**

解：人和人相交，譬如曠野之廣，不得有私心，凡事自然亨通，心誠交流，
　　即險如大川，也可順利渡越，這也是君子該有的貞固之道。

斷：乾₁ 健 → 乾₂ 剛愎

偏吉

離₃ 明 → 巽₄ 空
明而健，君子以類族辨物

論：一心努力向上，朋友互相幫忙，有利前途的擴展，但要小心，長期的
　　努力決策，或者出現剛愎的心態，這只會招來空，一定要小心謹慎。
　　同人以同為正，若有不善之念，反招凶來。

【易上經】乾坤為首，終為離 首重天地定位

同人爻解

《彖辭》曰：同人，柔得位得中，而應乎乾，曰同人。同人曰，同人于野，亨。利涉大川，乾行也。文明以健，中正而應，君子正也。唯君子為能通天下之志。

天

人

地

親比

應

(1) 六二，九五相應，六二柔爻，中且正，而曰：柔得位得中；九五位上卦乾之中位，是為六二應乎乾；柔和同於剛，為同人也。乾在外卦，故曰：于野。

(2) 六二為主爻，位得中且正，與九三親比，一陰泛應眾陽，與人和同之象。

(3) 六二與九三親比，又與九五相應，得乾剛之助，利涉大川，乾，天行健，故曰：乾行也。

(4) 下卦離為明，上卦乾為健，文明以健。六二爻位中且正，九五亦為中且正，此為中正而應，君子之正，故利君子貞，而曰：唯君子能通天下之志。

(5) 同人之道，宜公不宜私。

《象傳》曰：天與火，同人；君子以類族辨物。

解：乾天離火，謂之同人，天在上，火向上，類不同，物不同其向同，君子體會此一理象，於其族而類之，於其物而辨之，如是同軌同倫，道德可一也。

比附	相應
○✕	○

評：朋友協助有限還是靠自己

論：六二與九三之親比，為依附在六二與九五相應之中，沒有協助上下交流的功能，是故同人雖然利涉大川，亦有朋友互助，而能遂其志，但受限於現實環境，不宜放鬆而有自大之心。

初九

被動

初爻動，變艮為遯

《繫辭》曰：同人于門，无咎。

解：與人論事於門外，亦無私也無可追咎之處，然無所私，無所係，非同
　　人之道。

斷：乾₁ 剛愎 → 乾₂ 努力

偏吉

巽₃ 空 → 巽₄ 謙 ┄ 關鍵 → 勿棄謙成空

艮₅ → 止

變艮為止，又誰咎也

論：以努力取代剛愎，以謙遜來克服空相，這樣才有脫離困局的機會，不
　　可懈怠。但若棄謙就成一場空也。

盛德大業至矣哉。

荀爽曰：盛德乾天。大業者地也。

富有之謂大業，日新之謂盛德。

王凱沖曰：物無不備，故曰「富有」。變化不息，故曰「日新」。

生生之謂易。

荀爽曰：陰陽相易，轉相生也。

【易上經】乾坤為首，終為離 首重天地定位

初九爻解：地

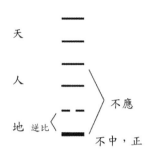

天

人

地　逆比

不應

不中，正

(1) 不中，正。

(2) 初九與六二逆比，象徵遭到六二的騷擾，故有同人于門之說，亦即與六二起衝突也。

(3) 與九四不應，初，二，三為離，心也；二，三，四為巽，利，空，故初九往九四處是為利而去，故得不到九四的回應，而得一場空。

(4) 無近鄰，亦無遠親，故無私可言，无咎矣。

《象傳》曰：出門同人，又誰咎也。

解：初九為內卦之始，初同于門，即欲咎之，於理不合，上與九四不應，又與六二逆比，不應不比，又有誰可咎也。（參2，3，4）

同事	主管	高層	基層	不中	正	動能
	逆	×		能力不足	有才華	強

評：下之上，有能力前行，但心態不正無濟於事

論：出門在外與人和合才是生存之道，初出社會，最容易犯的，眼高於頂，這不是好事。

六二	二爻動，變乾為純乾
被動	

$$\begin{array}{l} \text{☰ 乾} \quad\quad \text{☰ 乾}_1 \\ \text{☲ 離} \rightarrow \text{☴ 巽}_3 \\ \quad\quad\quad\quad \text{二} \quad \text{☰ 乾} \quad\quad \text{☰ 乾}_2 \\ \quad\quad\quad\quad \text{爻} \\ \quad\quad\quad\quad \text{動} \quad \text{☰ 乾}_5 \quad\quad \text{☰ 乾}_4 \end{array}$$

┌ 錯 震

乾　離　巽

乾：為首，為宗　┐
巽：入，利也　　├ 同人于宗
震：行　　　　　┘

《繫辭》曰：同人于宗，吝。

解：只與同族之人為親，私德也，溺於私而非公，故有吝象。

斷：乾₁ 剛愎 → 乾₂ 努力

虛凶	巽₃ 空 → 乾₄ 剛愎 ⋯ 關鍵 → 化剛愎為健

乾₅ → 剛

變乾為剛，吝道也

論：過去的努力或將都成空，檢討原因，是否雖努力，但剛愎自用，自我
　　設限，不能無私心以待眾人，故今後只有努力，再努力，但要有健康
　　的心態，切忌再有剛愎之心。

成象之謂乾，
案：道生一，一生二，二生三，三才既備，以成乾象也。
效法之謂坤，
案：爻猶效也。效乾三天之法，而兩地成，坤之象卦也。

206　**【易上經】** 乾坤為首，終為離 首重天地定位

六二爻解：地，二多譽

(1) 中，正。

(2) 與初九逆比，而有爭執之狀況。

(3) 與九五相應，九五為君位，陰陽和合，九五喻宗門之首，但，觀其爻，二，三，四為巽，利；三，四，五，為乾，首，原本去見九五，應是好事，故相應。但如果是為私利而去，則恐未必如願。

(4) 與九三親比，與九三為同卦離之上位，故與六二為同宗，有求必有私，故曰：同人于宗，吝。

《象傳》曰：同人于宗，吝道也。

解：同人貴無私，若因宗親之故，而有私一人，可羞之道也。(參4)

同事	主管	高層	基層	中	正	動能
逆	○	○		有能力	有才華	弱

評：中之上，有能力，也有貴人幫助，絕對可以安然無事

論：相當不錯的條件，有藝術家氣息，也適合獨立運作，若要發揮領導才能，則要積極一些，然卻忌恃才傲物。

九三

動態

三爻動，變震為无妄

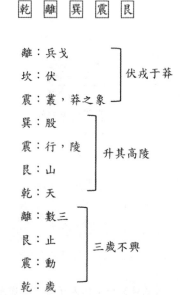

離：兵戈
坎：伏　　　｝伏戎于莽
震：叢，莽之象

巽：股
震：行，陵　｝升其高陵
艮：山
乾：天

離：數三
艮：止　　　｝三歲不興
震：動
乾：歲

《繫辭》曰：伏戎于莽，升其高陵，三歲不興。

解：隱藏於草莽之地，並於高陵設警戒點，隨時監控，時間長達三年，於
　　勢不順，不敢遽以發難，此非同人之象。

斷：乾₁ 剛愎 → 巽₂ 空 → 關鍵 → 行謙以治空

偏凶

巽₃ 空 → 艮₄ 反
震₅ → 驚
變震為驚，三歲不興

論：原先的問題沒有解決，造成了現在的驚和空相，所以要找出方法，就
　　是用行謙取代空，則震驚成震行矣！

九三爻解：人，三多凶

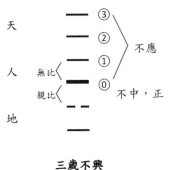

天
人
地

無比
親比

③
②
①
⓪

不應

不中，正

三歲不興

(1) 不中，正。

(2) 九三與六二親比，六二在地位之上，為陰爻，草莽之象，故六二為九三伏莽之處，故曰：伏戎于莽。

(3) 而九三位在六二之上，故為升高其陵。

(4) 對峙之敵為上九，故與上九不應，但九三為下卦，要挑戰三陽上卦，勢單力薄，故雖歷三年仍不敢發。

(5) 三，四，五為乾；四，五，六為乾，故不應也。

(6) 與九四無比，九四不參與。

(7) 九三至九四，九四至九五，九五至九六，共三歲也。

《象傳》曰：伏戎于莽，敵剛也。三歲不興，安行也。

解：與六二親比，聯合六二抵禦上九，故曰伏戎於莽，敵剛也。然以下犯上，實力差太多，即使三年之久，也不敢行動。（參2，4）

同事	主管	高層	基層	不中	正	動能
○	×	×		能力有限	有才華	強

評：中之下，雖有能力克服困境，但處理上會出問題

論：有幹勁，有才華，但卻與長官相處不佳，這已是能否生存的問題，宜立即改善，切莫恃才傲物。

九四	四爻動，變巽為家人
被動	

乾　　乾₁　　　　　　　　　　　　　↱ 錯震
離 →　巽₃　　　　　　　　乾　離　巽　坎
四　　　巽₅ →　離₂
爻　　　離　　　坎₄　　　　離：中虛，墉之象 ┐
動　　　　　　　　　　　　　巽：高，牆垣之象 ┘ 乘其墉

離：兵戈
巽：入
震：行
坎：伏　┘ 弗克攻

《繫辭》曰：乘其墉，弗克攻，吉。

解：已經登上了牆垣，但卻停止攻擊，原因是在義上，理上站不住腳，而
　　有失同人之義，故停止攻擊是正確的，吉也。

斷：乾₁ 剛愎 → 離₂ 心 → 關鍵 → 切莫懈怠

虛吉　　巽₃ 空 → 坎₄ 伏
　　　　　巽₅ → 謙
　　　　　變巽為謙，困而反則也

論：以低姿態，用心來行謙道，當可化解困局，但關鍵在離心，一旦心鬆
　　懈，伏和謙都不見了，即一切回歸原貌，新的困境絕對比之前更嚴重，
　　小心應對。

極數知來之謂占，

孔穎達曰：謂窮極蓍策之數，逆知將來之事，占其吉凶也。

九四爻解：人，四多懼

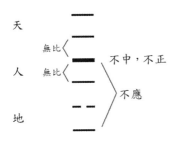

天

人

地

無比

無比

不中，不正

不應

(1) 不中，不正。

(2) 九四與初九不應，初，二，三為離，心；二，三，四為巽，空。九四前來初九一場空也，故初九不應，反有爭執出現。

(3) 與九五無比，故此爭執與九五無關，九四為諸侯位。

(4) 九三與九四雖無比，但九三在初九之上，為初九之墉，故九四對九三而言為乘其墉。

(5) 四多懼，九四為上卦之始，初九為下卦之始，以上凌下之勢已成，其為公理所不許，易於淪入不義，故明智決定，弗克攻也。

(6) 初九不應九四，而遭九四強壓，於義不合也。

《象傳》曰：乘其墉，義弗克也，其吉，則困而反則也。

解：九四不中不正，無比，無應，其象為困，二、三、四為巽利，初，二，三為離，明，故唯有反則始能明而得利。（參2，4，5）

同事	主管	高層	基層	不中	不正	動能
×	×		×	能力不足	才華有限	強

評：下之中，無法脫離困境，人和能力是關鍵

論：若不能反躬自省恐怕不容易在社會上生存，要自我覺悟。

五爻動，變離為重離

錯坤 ← → 錯坎

乾　離　巽　兌

錯震 ← → 錯艮

☰ 乾　☰ 乾₁
☲ 離 → ☴ 巽₃
五　　　☲ 離₅ → ☱ 兌₂
爻　　　☲ 離　　 ☴ 巽₄
動

離：心，同心之象 → 同人

乾：先

坎：水，加憂

巽：：咷　　　　　先號咷後笑

艮：背，後

兌：悅，笑

乾：大人 → 大師

離：兵戈，克

離：文采，心　　　言相克

兌：口，言

《繫辭》曰：同人，先號咷而後笑。大師克相遇。

解：同志見面，先號咷大哭，然見面甚是難得，故又回心不勝喜悅之情；

　　而此相聚，是在克服困阻之後，始得以和同，不易也。

斷：乾₁ 剛愎 → 兌₂ 悅

吉　巽₃ 空 → 巽₄ 謙 → 關鍵 → 切莫棄謙成空

　　離₅ → 心

　　變離為心，心中直也

論：不論現在或過去如何，只要心已定，有目標，而目標明確，就該謙虛

　　己行，必然會有愉悅的回報，財運不錯辛苦有成。

九五爻解：天，五多功

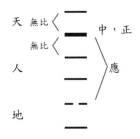

天　無比
　　無比
人

地

中，正

應

(1)　中，正。

(2)　九五與六二相應為同人也（同志）

(3)　二，三，四為巽，利；三，四，五為乾，努力，因互相努力而得利，故曰同人。

(4)　上九，九四與九五無比，其象為朝廷內有不合之處，故九四，上九均非同志，九五如坐針氈。

(5)　六二既為同志，見面難免激情，故有號淘之象，而六二為民間賢士，九五為聖明之君，九五為國尋才，當六二同意協助之後，九五則不勝喜悅而大笑，為人情之常。

(6)　九五(大師)在克服上九，九四之困擾後，得遂與六二和同之願，是謂大師克，相遇。

《象傳》曰：同人之先，以中直也。大師相遇，言相克也。

解：九五正位且中直，與六二相應，六二亦為中且正，故以中道之誠相交，六二、九五為大師，故言大師相遇，是要克服了很多的阻礙，始能成之。（參2，3，5）

同事	主管	高層	基層	中	正	動能
×	×		○	有能力	有才華	強

評：中之上，有能力克服困境，後勢不錯

論：君王之條件大致已俱備，唯在朝中之反勢力並未克服，就如同在企業中，總經理與董事長之亂，此亂若能平息則為賢明君主矣。

| 上九 | 六爻動，變兌為革 |
| 被動 | |

≡乾　　≡乾₁
☲離　→　☴巽₃
六　　　☱兌₅　→　≡乾₂
爻　　　☲離　→　☴巽₄
動

　　　　　　　┌→ 錯 震
乾　離　巽　兌

乾：郊野 ┐
　　　　├ 于郊
震：行　┘

離：心　┐
　　　　├ 无悔
兌：悅　┘

《繫辭》曰：同人于郊，无悔。

解：到田野曠達之地尋找同志，不與內爭，而無悔恨。既無所私，亦無所
　　係，非同人之道也。

斷：乾₁ 剛愎 → 乾₂ 剛愎

| 凶 | 巽₃ 空 → 巽₄ 空 → 關鍵 → 以謙制空 |

　　　兌₅ → 折

　　　變兌為折，志未得也

論：當前已遇到困境，而致所有成一切空，此時應立即檢討是哪個環節的
　　問題，如態度、產品還是潮流改變？以努力取代剛愎，謙遜對治空相，
　　清除自身的缺憾，則可得悅。

通變之謂事，

虞翻曰：事謂變通趨時。以盡利天下之民，謂之事業也。

上九爻解：天

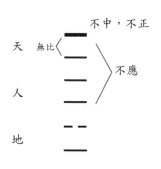

(1) 不中，不正。

(2) 上九居全卦最上位，為同人之終，故曰：郊。

(3) 與九五無比，互動不佳，只能另尋同志。

(4) 可惜向下九三亦無反應，而三，四，五為乾；四，五，六也為乾，爭相為首，當然不應。

(5) 上下無比，無應，為無人可同矣，只有同人于郊。

(6) 既無所同，則亦無所悔也。

《象傳》曰：同人于郊，志未得也。

解：上九不中不正，無應，無比，既無可識者同，只能同人于郊，顯然其志已未能得識者同矣！（參3，4，5）

同事	主管	高層	基層	不中	不正	動能
×			×	能力不足	才華有限	強

評：下之中，雖然有方法脫險，但無力運作

論：若是退休，則可安亨，因為身體還很康健，但若是在職人員，恐怕要注意職位的變化，應立即展開人際關係的修補，並增加專業知識。

☲ 天在火上，日行於天，無物不照，無所不成

大有	所有者大
火天	《序卦》：與人同者，物必歸焉，故受之以《大有》。 《雜卦》：《大有》，眾也。
靜態	
純乾	

離 乾 兌

離：光明—外文明 ⎤
乾：天，剛—內剛 ⎦ 大有

☲離 → ☲離₁
☰乾 → ☰乾₃
       ☲離 → ☱兌₂ → ☰乾
       ☰乾 → ☰乾₄ → ☰乾
              純乾

《繫辭》曰：大有，元亨。

解：大有，眾也，所有之大，元即大之意，大，亨通也。

斷：離₁ 心 → 兌₂ 折

吉	乾₃ 努力 → 乾₄ 努力 健（努力）而明（心），順天休命

論：雖然心情愉快，但該努力還是要努力，畢竟，兌可做悅亦可成為折，
　　離心也，此在一念之間也。象傳所言，順天休命，順天道，止人性，
　　故努力要有方向，政策才有效果，否則努力不對，還是會有毀折發生。
　　大有，有得即盈，但需防盈後而缺，致吉後生憂也。

大有爻解

《象辭》曰：大有，柔得尊位大中，而上下應之，曰大有。其德剛健而文明，應乎天而時行，是以元亨。

天　親比

人　　　　　　　　應

地

(1) 六五，陰爻，一陰統五陽，但六五高居尊位，且為主爻，故為所有者大之義。

(2) 六五與九二相應，六五，九二均位中，故曰：大中，而上下應也。

(3) 六五，九二相應，九二為下卦乾卦之主，故有應乎乾天之德，而運行化育之功，下卦乾健，上卦離明，剛健而文明，內剛健，創其德之用，外文明，富其德之業也。

(4) 上與上九親比，故大有卦，自上至下，無不相比，相應，故為吉無不利而曰元亨。

《象傳》曰：火在天上，大有；君子以遏惡揚善，順天休命。

解：離火為日，日在天高，無所不照，則善惡畢現矣，君子體會此一理象，明察善惡，遇惡則遏之，遇善則揚之，九二與六五相應，六五為君王，故九二順天，順君王之命，並完成君王所交付之遏惡揚善之令也。

比附	相應
○	○

評：上下無礙，方向正確

論：上下相比，相應，上令得以向下貫之，而揚善抑惡，揚善做好人際關係，加強專業能力，抑惡，切勿好大喜功、剛愎自用，善惡一念之間耳。

初九	初爻動，變巽為鼎
被動	

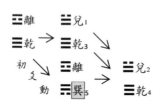

離：兵戈 → 害

艮：止，不

坤：順 ⎤ 艱

震：行 ⎦

《繫辭》曰：无交害，匪咎，艱則无咎。

解：雖有災害，但不是因為自身的過咎，故即便處在艱困的環境之下，若
　　能保有正固的美德，則可以無咎矣！

斷：兌₁ 折 → 兌₂ 折

| 偏 凶 |

乾₃ 努力 → 乾₄ 努力

巽₅ → 空 ⋯ 關鍵 → 以行謙道對治

變巽為空，无交害也

論：已有空象出現，而現在雖然努力也有一定的收穫，但不久之後會逐漸
　　有毀折現象出現，事先要檢討預防，艱困自守，度過難關。

陰陽不測之謂神。

韓康伯曰：神也者，變化之極，妙萬物而為言，不可以形詰者也，故「陰
　　陽不測」。嘗試論之曰：原夫兩儀之運，萬物之動，豈有使之然哉！莫
　　不獨化於太虛，欻爾而自造矣。造之非我，理自玄應；化之無主，數
　　自冥運。故不知所以然，而況之神矣。

初九爻解：地

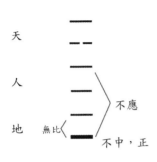

天

人

地 無比

不應

不中，正

(1) 不中，正。

(2) 初九居地位之始，位卑。

(3) 初九，九四不應，顯然九四亦無加害之心。初，二，三為乾，首；二，三，四亦為乾，首，兩爻均爭首，故不應。

(4) 與九二無比，上既與九四無應，又與九二無比，且初位卑，本無本錢交害他人，故曰：无交害，匪咎。

(5) 但也因與世無交，故必需艱困自守，好在初九陽爻，陽剛自固，自能適應之。

《象傳》曰：大有初九，无交害也。

解：大有初九，無比，無應，而有無交之象，至於其害，乃所處之位卑使然，非出於本身之過也。（參4）

同事	主管	高層	基層	不中	正	動能
	×	×		能力有限	有才華	強

評：下之上，有能力脫困，但後續有疑

論：切莫恃才傲物，人和不足，又無專業若仍眼高於頂，前途無亮。

是以明兩儀以太極為始，言變化而稱乎神也。夫唯天之所為者，窮理體化，坐忘遺照。至虛而善應，則以道為稱。不思玄覽，則以神為名。蓋資道而同乎道，由神而冥於神者也。

九二
被動

二爻動，變離為重離

離 兌₁
乾 → 乾₃ ↘
二爻動 → 離 ↘ 兌₂
離₅ ↘ 巽₄

┌→ 錯 坤
離 乾 兌 巽
└→ 錯 坎   └→ 錯 震

坤：大輿，大車 ┐
震：行   │
坎：坎中滿載   ├ 大車以載
乾：剛健，任重 ┘

巽：股 ┐
震：動 ┘ 有攸往

《繫辭》曰：大車以載，有攸往，无咎。

解：用大車載物，雖遠亦可負荷，無所咎責。

斷：　兌₁ 折 → 兌₂ 悅

偏
吉

乾₃ 努力 → 巽₄ 謙 → 關鍵 → 莫棄謙成空

　　　離₅ → 心

變離為心，積中不敗也

論：現在已經努力而有回報，但如果要像大車載物，擴大規模，那就必要
　　上下一心，互相信任，而以守謙講信才是，至於財運，獲利可期。

夫易廣矣，大矣。

虞翻曰：乾象動直，故「大」。坤形動闢，故「廣」也。

九二爻解：地，二多譽

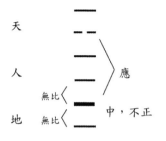

天

人

地

無比

無比

中，不正

應

(1) 中，不正。

(2) 與初九無比，亦與九三無比，互動不多，故有事亦不在近鄰。

(3) 與六五相應，六五為君，位中，具中德，大車喻君王有容人之德，九二位下卦乾之中位，乾為健，可以任重，為載之象，具中德，為民間賢士，其德足以當大有之任，當有容人之賢君相應，則有利前往而不敗也。

(4) 二，三，四為乾，努力；三，四，五為兌，悅，故九二前往六五，六五歡迎之至。

(5) 九二為陽爻中位，二多譽，故信譽有佳，天咎也。

《象傳》曰：大車以載，積中不敗也。

解：九二與六五相應，九二位中，六五亦位中，皆具中德，三、四、五為兌，兌為折，敗，故曰積中德而不會敗也。（參3，4）

同事	主管	高層	基層	中	不正	動能
×	×	○		有能力	才華不足	強

評：中之下，有貴人，也有能力，當可脫困

論：人際關係若好一點即可彌補才華不足的困境，而不是依賴裙帶關係，則未來更有發展空間。

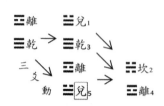

九三	三爻動，變兌為睽
靜態	

☲ 離　☱ 兌₁
☰ 乾 → ☰ 乾₃
三　☲ 離　☵ 坎₂
爻　☱ 兌₅　☲ 離₄
動

┌ 錯 ☶ 艮
☲ 離　☰ 乾　☱ 兌　☵ 坎

九三：公
乾：首，天 　公用亨于天子
兌：缺，小人之象
艮：止 　小人弗克
離：兵戈

《繫辭》曰：公用亨于天子，小人弗克。

解：君子為仕，共保大有之志，以知亨於天子，君子陽剛居正，不以大有
　　為私也。小人是不克以承擔的。

斷：兌₁ 折 → 坎₂ 伏 → 關鍵 → 勿棄伏成險

偏吉	乾₃ 努力 → 離₄ 心

兌₅ → 悅

變兌為悅，亨于天子

論：雖然有好的現象出現，但還是需注意態度，只宜低調以守，不宜高調，
　　如此才可明哲保身。

以言乎遠則不禦，

虞翻曰：禦，止也。遠謂乾。天高不禦也。

以言乎邇則靜而正，

虞翻曰：地謂坤。坤至靜而德方，故正也。

九三爻解：人，三多凶

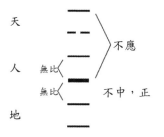

(1) 不中，正。

(2) 九三，下卦的最高位，為公卿之象，故曰公也。

(3) 與上九不相應，而所謂亨，不是來自朝廷之賞賜，故亨於天子，乃是亨于君王之大有之治，是謂曰：公用亨于天子，而非亨於上九。

(4) 三，四，五為兌，折；四，五，六為離，心，故上九不會給九三任何好處。

(5) 與九二無比，然九二與六五相應，故不是小人。

(6) 與九四無比，小人即是指九四，既是無比，故曰：小人弗克也。

《象傳》曰：公用亨于天子，小人害也。

解：公用亨於天子，是君子之德，小人無德而當之，非但無福，反招害也。
（參3）

同事	主管	高層	基層	不中	正	動能
×	×	×		能力有限	有才華	強

評：下之上，只有靠自己，無人會伸出援手

論：已經到了九三，多年下來竟然沒有任何進步，難怪人際關係不好，不要怪別人要怪自己恃才傲物。

223

<table>
<tr><td>九四</td><td rowspan="2">四爻動，變艮為大畜</td></tr>
<tr><td>動態</td></tr>
</table>

離　乾　兌 艮 震

震：為鼓，彭之象
艮：止　　　　　　　匪其彭
震：動

《繫辭》曰：匪其彭，无咎。

解：有如接近君王的大臣，乃大有之極盛者，然易於招致獲咎，故而不極
　　其聲勢之盛，方可無咎。（不要過份膨脹自己，就不會招來災害。）

斷：兌₁ 折 → 震₂ 行 → 關鍵 → 勿行偏成驚

虛吉　乾₃ 努力 → 兌₄ 悅
　　　艮₅ → 止
　　　變艮為止，明辨哲也

論：若能謹守分寸，則可望躲過災害，而得好的成果，換言之，行為不可
　　走偏，辨明自己所處的環境最重要，識時務也。

以言乎天地之間則備矣。

虞翻曰：謂易廣大悉備，有天地人道焉，故稱備也。

夫乾，其靜也專，其動也直，是以大生焉。

宋衷曰：乾靜不用事，則清靜專一，含養萬物矣。動而用事，則直道而行，
導出萬物矣。一專一直，動靜有時，而物無夭瘁，是以大生也。

224　【易上經】乾坤為首，終為離 首重天地定位

九四爻解：人，四多懼

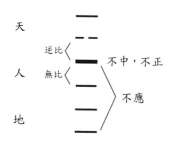

天

人

地

逆比

無比

不中，不正

不應

(1) 不中，不正。

(2) 九四剛爻，為諸侯位，君王之大臣。

(3) 然與九三無比，與初九不應，顯示同僚及基層多不支持，或為無德之人。

(4) 初，二，三為乾。二，三，四亦為乾，互爭故不應。

(5) 既為大臣，其勢已見壯盛，但與六五又為逆比之勢，可見君王已有戒心，若要无咎，唯有自我閹割自處，故曰：匪其彭，无咎。

《象傳》曰：匪其彭，无咎；明辨晰也。

解：九四之位已入上卦離，離卦為明，然四多懼，故明其所居之地，亦明辨其所居之時，始可無咎。（參5）

同事	主管	高層	基層	不中	不正	動能
×	逆		×	能力有限	才華不足	強

評：下之中，無法脫離困境，人和能力是關鍵

論：以此格局實無自我膨脹之理，宜有自知之明，先全力改善人際關係，否則後果堪慮。

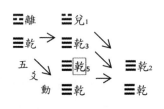

六五　五爻動，變乾為純乾

靜態

離：明 ┐
　　　　├ 孚之象
坎：水 ┘

離：明 ┐
坎：凶 │
　　　　├ 威如，吉
乾：威 │
兌：吉 ┘

《繫辭》曰：厥孚交如，威如；吉。

解：以誠信任用賢人，再以誠信回應眾人，如此之交則不言而信，不怒而
　　威，人皆畏服，是為吉。

斷：兌₁ 折 → 乾₂ 剛 → 關鍵 → 切莫成剛愎

偏吉

乾₃ 努力 → 乾₄ 努力

乾₅ → 努力

變乾努力，信以發志也

論：努力、再努力，雖有回報，但也可能有意想不到的結局，兌可為悅亦
　　可為折，故初階段已過，現階段除努力、再努力之外，再加一個剛字，
　　就是在決策上要堅實，方向上要堅定，不可以半途而廢。

六五爻解：天，五多功

(1) 中，不正。

(2) 與上九親比，皇室之內，一團和諧。

(3) 與九二相應，九二為賢達之人，故予以重用，而九二之應及與上九之親比，皆需以誠信為之，故曰：厥孚交如。

(4) 二，三，四為乾，努力；三，四，五為兌，悅，故六五來九二處，君臣互相努力，必有好的成果。

(5) 與九四逆比，六五既重誠信，顯見九四為人或有不德，故九四見六五，反有畏懼之心，是謂威如，吉也。

《象傳》曰：厥孚交如，信以發志也。威如之吉，易而无備也。

解：六五與九二相應，六五為中，九二亦為中，中德相交，故九二感六五之誠信，九二為民，故發民眾之志。六五能以誠信之中德待人，故眾皆畏服，亦無戒備之疑。（參4，6）

同事	主管	高層	基層	中	不正	動能
逆	○		○	有能力	才華不足	弱

評：中之下，<u>有能力，人和，但無毅力，短期效果</u>

論：綜合論之若以君德實為不足，尤以鬥志不足是致命傷，如何提升戰鬥力，而努力於國事當可事半功倍。

六爻動，變震為大壯

$$離 \quad 兌_1$$
$$乾 \rightarrow 乾_3$$
$$六 \rightarrow 震_5 \rightarrow 兌_2$$
$$爻 \quad 乾 \quad 乾$$
$$動$$

離 乾 兌 震

乾：天也
震：動
兌：佑

自天佑之

《繫辭》曰：自天祐之，吉无不利。

解：上九福祐有如自天而降，凡事皆吉無往不利。

斷：兌₁ 折 → 兌₂ 悅

乾₃ 努力 → 乾₄ 努力

震₅ → 行 ┅ 關鍵 → 行正道莫成驚

變震為行，自天祐之

論：努力雖已有成果，如今必需起而行。雖有天祐，但自助天助，不能一
　　昧迷信，財運通暢，靠努力而來，非自天而來。

夫坤，其靜也翕，其動也闢，是以廣生焉。

宋衷曰：翕，猶閉也。坤靜不用事，閉藏微伏，應育萬物矣。動而用事，
則開闢群蟄，敬導沉滯矣。一翕一闢，動靜不失時，而物無災害，是以廣
生也。

上九爻解：天

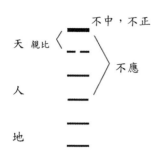

(1) 不中，不正。

(2) 上九為全卦之終，居天位之極，故有自天佑之說。

(3) 與九三不應，顯然上九並非與基層有所相交，無法得到基層支持。

(4) 三，四，五為兌，折；四，五，六為離，心，故上九見九三，不是很高興，故不見也。

(5) 但與六五親比，故上九為六五之親眷，皇室內一團和諧，也獲得六五之庇佑。

(6) 上九不中，不正，不應，所得皆為六五之庇祐，六五為君，喻天，故曰：自天祐之，吉無不利。

《象傳》曰：大有上吉，自天佑也。

解：上九之為上吉，皆六五之祐助也。（參5，6）

同事	主管	高層	基層	不中	不正	動能
○			×	能力有限	才華不足	強

評：下之上，只憑毅力，短期尚可其他看天吧！

論：空有想法，卻不實際，如今應先與其基層建立關係，聽取基層的建議，才有助想法和能力的建立。

地在山上，山屈居下，謙沖自牧，有德不居

謙

地山

謙遜，自抑。

《序卦》：有大者不可以盈，故受之以《謙》。

《雜卦》：謙者，輕也。

坤 艮 震 坎 離

動態

既濟

☷坤 → ☷坤₁

☶艮 → ☶艮₃

☷坤 → ☳震₂ → ☵坎

☶艮 → ☵坎₄ → ☲離

既濟

震：動 ┐
坤：順 ┘ 動而順

震：動 ┐
艮：止 ┘ 動而止

坎：水 → 謙之象

《繫辭》曰：謙，亨，君子有終。

解：為人謙虛，有通亨之象，君子明謙之理，凡事適可而止，有德不居，
　　身在尊位，光明昭著，身在卑位，亦不逾越，是謂君子之終。

斷：坤₁ 順 → 震₂ 行

吉

艮₃ 止 → 坎₄ 險

止而順，君子有終

論：目前是在平順之中，但總有過去的時候，一定要未雨綢繆，來避免傷
　　害，因為順利過久，人心自然懈怠，從事馬虎，險象就應運而生。即
　　便眼前不如意，若得守謙，日後自可得慶。

謙卦爻解

《象辭》曰：謙，亨，天道下濟而光明，地道卑而上行。天道虧盈而益謙，
地道變盈而流謙，鬼神害盈而福謙，人道惡盈而好謙。謙尊而光，卑而不
可踰，君子之終也。

【易上經】乾坤為首，終為離 首重天地定位

天
人
應
地

親比

(1) 九三為主爻，上與上六相應，上六為陰爻，事為順以柔化，剛動而順，尊而光。

(2) 九三陽爻，為天道之象，天道本應在上，今退而居下卦之首，為天道下濟，而為亨通之象。上卦坤為地，故曰：地道卑而上行。

(3) 九三與六二親比，為以柔克剛之象，動而止，卑而不踰，故曰君子有終。

● 九三陽為天之象，下卦為艮止，虧；上卦坤為順，盈也。天之運，盈者減損，謙損則益之。故曰：天道虧盈而益謙。

(4) 天道，地道，人道，鬼神之道，不變之理，滿招損，謙受益；故位尊而行謙，德益光；雖卑於下而行謙，其格人不可踰也；君子之謙德應如是。

● 上卦坤為地，二、三、四為坎，水，下卦艮為山，高，地道盈，水由高下流，故曰：地道變盈而流謙。滿招損，謙受益。

● 下卦艮為廟，二、三、四為坎，伏，鬼神之象，坤為陰，害也，故驕者禍害之；九三陽，福也，故謙者福佑之。是謂：鬼神害盈而福謙。

● 九三陽喻為人，三、四、五為震，行，喜惡之象；上卦坤為盈，為滿，故人性惡驕盈者，喜謙讓者，故曰：人道惡盈而好謙。

《象傳》曰：地中有山，謙；君子以裒多益寡，稱物平施。（裒：讀掊）

解：坤地之中有艮山，為山自抑其高，是為謙，君子觀此象，損人欲之多，增益天理之不足，稱量事物，而予以平衡之。

比附	相應
○	○

評：**事不完全，留下後遺症**

論：上下親比相應，顯見上下交流，天道下濟，地道上行，尊而光，卑不可踰，當行而行，當止而止，行謙之道，必能亨通，步步高升，唯需持之以恆，謙由心發，不可流於表象，反招禍。

震：行
巽：木，舟　　用涉大川
坎：水，大川

《繫辭》曰：謙謙君子，用涉大川，吉。

解：君子具謙之德，以之涉大川之險，亦可安而渡之，是為吉象。

斷：震1 行 → 震2 行

虛吉　坎3 險 → 坎4 伏 → 關鍵 → 切莫棄伏成險

離5 → 心

變離為心，卑以自牧也

論：當能明白危機的發生，其原因究為何時，就立即要改變態度，在行為
　　上不可高調，而應低下身段，持取謙和的態度來應對，自然危機就可
　　解除。

廣大配天地，

荀爽曰：陰廣陽大，配天地。

變通配四時，

虞翻曰：變通趨時，謂十二月消息也。泰、大壯、夬，配春；乾、姤、遁，
　　配夏；否、觀、剝，配秋；坤、復、臨，配冬，謂十二月消息相變通，而
　　周於四時也。

初六爻解：地

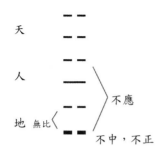

天

人

地 無比

不應

不中，不正

(1) 不中，不正。

(2) 初六居地之下位，如山在地下，故為謙之象。

(3) 初六陰爻中虛，陰入陽位，為謙而又謙。

(4) 與六二無比，六四亦無應，顯然毫無往來，此象顯示，行謙之君子，為獨善其身，卑以自牧也。

(5) 初，二，三為艮止，二，三，四為坎，險，故初六往六四處有險，不應也。故此解說明，目前並不適合渡大川。

(6) 然若能自守，自治及自制，以牧養盛德，以待他日吉之到來，屆時或可涉大川也。

《象傳》曰：謙謙君子，卑以自牧也。

解：何為謙謙君子？初六位居卑位，不中不正，無比，不應，如此之環境，只能獨善其身，卑以自牧也。(參 3，4)

同事	主管	高層	基層	不中	不正	動能
	×	×		能力有限	才華不足	弱

評：下之下，恐無能力避開險境

論：雖然初六為用涉大川，但觀看此結果，差得太遠，如果還無自知之明，即便是謙而又謙，恐怕亦難在社會上立足。自思己過，立即改善。

<table>
<tr><td>六二</td><td rowspan="2">二爻動，變巽為升</td></tr>
<tr><td>動態</td></tr>
</table>

```
☷坤    ☳震₁        坤 艮 震 坎 巽 兌
☶艮 →  ☵坎₃   ↘
二    ☷坤   →  ☳震₂    巽：雞
爻 →                        兌：口      ⎤ 鳴謙
動  ☴巽₅    ☱兌₄    震：行，善鳴  ⎦
```

《繫辭》曰：鳴謙，貞吉。

解：教導眾生，著書立論，宣導謙道，言行身教，以謙為立身根本，這是
　　貞固之道，吉也。（六二為民間之鳴謙）

斷：震₁ 行 → 震₂ 行 → 關鍵 → 勿行偏成驚

<table><tr><td>偏吉</td></tr></table>

　　坎₃ 險 → 兌₄ 悅

　　巽₅ → 謙

　　變巽為謙，中心得也

論：雖然已經是低調行事，但如果能了悟且實行謙虛之道，則可望有更好
　　的結果，做任何事都能順順利利。

陰陽之義配日月，
荀爽曰：謂乾舍於離，配日而居；坤舍於坎，配月而居之義是也。
易簡之善配至德。
荀爽曰：乾德至健，坤德至順，乾坤易簡相配於天地，故「易簡之善配至
德」。

六二爻解：地，二多譽

(1) 中，正。德積於中。

(2) 六二為士大夫之位，與初六無比，故選擇之道路與初六不同。

(3) 與九三親比，九三位三公，故得三公之助，以言說立教宣揚謙道，是謂鳴謙。

(4) 與六五不應，故此一謙道之宣說，仍屬基層自動自發之行為，無矯飾之心，故曰貞吉。

(5) 二，三，四為坎險；三，四，五為震行，故六二前往六五反有險，不應也。

《象傳》曰：鳴謙貞吉，中心得也。

解：鳴謙貞吉，乃是六二位中且正，能窮盡自我的才能宣揚謙道，衷心所願，心安理得。(參 3，4)

同事	主管	高層	基層	中	正	動能
×	○	×		有能力	有才華	弱

評：中之下，**有能力度過險境，但缺恆心**

論：有能力又有才華主管也相挺，現況還好，但若要再上一層樓，就要高層欣賞，故而，如何表現出積極態度，就是學問了。

235

九三	三爻動，變坤為純坤
動態	

```
☷坤    ☳震₁
☶艮 →  ☵坎₃        →  ☷坤₂
  三爻        →
    動  ☷坤₅      →  ☷坤₄
```

甲 艮 震 坎

坎：為勞 → 勞之象

震：動 ⎤
坤：順 ⎦ 動而順，始

震：動 ⎤
艮：止 ⎦ 動而止，終

《繫辭》曰：勞謙，君子有終，吉。

解：有功勞於民，謙而不為己，其勞終不能掩，萬民歸服，豈不有終，而
　　為吉。

斷：震₁ 行 → 坤₂ 順

吉	坎₃ 險 → 坤₄ 平 → 關鍵 → 維護現狀莫成吝

坤₅ → 順

變坤為順，萬民服也

論：脫離險象終得平順，其象為腳踏實地終有成也，吃苦耐勞，謙卑為懷，
　　有功而不居，成其謙道，其結果必是諸事皆順。

子曰：易，其至矣乎。

崔覲曰：夫言子曰：皆是語之別端，此更美易之至極也。

九三爻解：人，三多凶

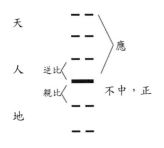

天　　人　　地

逆比　　親比　　應　　不中，正

(1)　不中，正。

(2)　與六二親比，六二為鳴謙。

(3)　上與上六相應，欲經由上六，相助而下六五，助其推行謙道，而為有終之象。

(4)　三，四，五為震，行，四，五，六為坤，順，故前去必有順利之事，即協助宣揚謙道之事。

(5)　與六四逆比，故六四無法協助九三上通六五，同樣，上六與六五亦無交流，因此也無法輾轉得六五之助。

(6)　然此之德，百姓亦皆受其教，功成而不居，故曰：勞謙君子。

《象傳》曰：勞謙君子，萬民服也。

解：九三借由上六及六二來推廣謙道，非一己之力所為，即便如此，其功勞仍為萬民所感佩也。（參3，6）

同事	主管	高層	基層	不中	正	動能
○	逆	○		能力有限	有才華	強

評：中之上，人和不錯，故絕對有能力度過困局，前途順利

論：要放下身段，好好與主管溝通，而增加專業知識，應是更上一層樓的基本配備，如此一來，經營階層位置非你莫屬。

六四		四爻動，變震為小過
動態		

坤　　震₁

艮　→　坎₃　↘

四　　　　　↘　震₅　→　兌₂

爻　　　↘　　　　艮　　　巽₄

動

坤　艮　震　坎　兌　巽

艮：手　　　　　　　┐

震：動

巽：入，進退不果　├ 撝謙

巽：謙　　　　　　　┘

兌：悅　┐

　　　　├ 動而悅，无不利

震：動　┘

《繫辭》曰：无不利，撝謙。

解：在不違一切法則下，發揮其謙意而無不利之處。（撝：發揮，如文宣的宣傳等）

虞吉	斷：震₁ 行 → 兌₂ 悅
	坎₃ 險 → 巽₄ 謙 ⋯ 關鍵 → 莫棄謙成空
	震₅ → 行
	變震為行，不違則也

論：行謙脫險而得喜悅的果實，為人處事應該以謙虛為本，如此得眾人之信任，而無往不利。

夫易，聖人之所以崇德而廣業也。

虞翻曰：崇德效乾，廣業法坤也。

238 【易上經】乾坤為首，終為離 首重天地定位

六四爻解：人，四多懼

天
人
地

無比
逆比
不中，正
不應

(1) 不中，正。

(2) 與六五無比，上不通聖。

(3) 下與九三逆比，九三不曳，且常起衝突。

(4) 又與初六不應，無法與基層取得溝通，初，二，三，為艮，止；二，三，四為坎，險，六四來初六處有險象，得不到好處。

(5) 諸皆不應之下，只有自己想方設法，施行自己的謙道，然此謙道，不能違反一切法則，故曰：撝謙，无不利。

《象傳》曰：无不利，撝謙；不違則也。

解：撝謙，只要不違反任何世間法則，也就無所不可行，因為六四，無比，無應又有逆比，只剩才華，故只有靠自己獨力來宣達。（參5）

同事	主管	高層	基層	不中	正	動能
逆	×		×	能力有限	有才華	弱

評：下之中，人不和，無能力應付險象

論：或有宣傳點子，但能力不足，也發揮不出來，應有自知之明，切勿做白日夢，應面對現實，否則難以在社會立足。

五爻動，變坎為蹇

```
☷坤      ☳震₁
☶艮  →   ☵坎₃
五       ☵坎₅        ☲離₂
爻  →
動       ☶艮         ☵坎₄
```

```
        ┌錯 ☴巽
坤  艮  震  坎  離
```

巽：利市三倍 → 富也

坤：眾　　┐
離：戈兵　│
坎：弓　　├ 利用侵伐
震：行　　│
艮：止　　┘

《繫辭》曰：不富，以其鄰，利用侵伐，无不利。

解：與鄰居因謙道論點不同，故互相用言辭來作辯解，而真理愈辯愈明，
　　這對雙方都是有利無害的。國與國之間，也希望以懷柔的謙德來化解
　　紛爭，這是無所不利的。

斷：震₁ 行 → 離₂ 心

虛吉

坎₃ 險 → 坎₄ 伏 → 關鍵 → 切莫棄伏成險

坎₅ → 伏

變坎為伏，征不服也

論：雖然行謙道低調行事，但險象或許尚未遠離，主要就是內心的改變，
　　故而修正之道就是調整心態，切勿遠離謙道而召至不可收拾的結果。

六五爻解：天，五多功

天 無比 ── ──
人 無比 ── ── 中，不正
地 ── ── 不應
   ────
   ── ──

(1) 中，不正。

(2) 與上六無比，與六四無比，故不
    富以其鄰。

(3) 然與六二不應，故六二為侵伐之
    目標，二，三，四為坎險，三，
    四，五為震往，故六五若來六二
    是有危險的。

(4) 六二為鳴謙，所採用之方式為以
    言說教，六五不認同其言，故與
    六二互有爭辯，欲以六五之尊使
    之信服，故有侵伐之象。

(5) 此侵伐非動兵將，而是訴諸謙
    道，謙之大用即是不征而征，不
    服卻自服也。

《象傳》曰：利用侵伐，征不服也。

解：所謂侵伐，是利用言語辯論，而使對方服氣。同樣，六五既無比亦不
    應，只剩有中道能力可行此。（參4，5）

同事	主管	高層	基層	中	不正	動能
×	×		×	有能力	才華不足	弱

評：下之中，恐無能力和人和來化解險難

論：若以六五之格局而言，力量太弱，故即使想辯恐怕也輸，若沒有心，
    只是嘴上叫，這是沒用的，知者自當覺悟，若不改變自己，只想逞嘴
    上英雄，後果不堪，切勿自誤！

上六	六爻動，變艮為重艮
動態	

```
☷坤      ☳震₁           ┌→ 錯 巽
☶艮 →    ☵坎₃        坤 艮 震 坎
六       ☶艮₅ → ☳震₂    └→ 錯 離
爻
動 ☶艮    ☵坎₄
```

巽：雞
震：鳴 ┐
兌：口 ┘ 鳴謙

坤：眾
離：戈兵 ┐
震：行   ┘ 行師

坤：邑國

《繫辭》曰：鳴謙，利用行師，征邑國。

解：同樣利用言語文字來教導謙道，但卻必須為自己所行的謙道理念來辯
　　護，其論之烈可用行師征邑國來形容。（上六為王室之鳴謙）

斷：震₁ 行 → 震₂ 行

偏凶	坎₃ 險 → 坎₄ 險 → 關鍵 → 以伏剋險
	艮₅ → 止
	變艮為止，志未得也

論：因志未得而有險象出現，不可不防，雖然可強渡關山，但不若低調以
　　應，如此才可得眾人心，而能成功，故雖險尚有路可行。

【易上經】乾坤為首，終為離 首重天地定位

上六爻解：天

天　無比

不中，正

應

人

地

(1) 不中，正，有德無力。

(2) 與九三相應，故上六顯然讚賞九三之勞謙，故而有鳴謙之象。

(3) 三，四，五為震；往，四，五，六為坤，順，故上六前來九三，必然是所得順利。

(4) 與六五無比，也就是上六，就謙道而言，不贊成六五之論見，故聯合九三來給六五建言，就機教化六五，故有利用行師征邑國之象。

(5) 由六五，上六兩爻可知，王室在於上六對謙道的認知，與六五不同，而引發了爭論的問題，並非真的用兵行師也。

《象傳》曰：鳴謙，志未得也。可用行師，征邑國也。

解：上六與六五無比，故其行謙之志，並未得朝廷認同，而有行師征邑國的行為，期盼相與溝通也。

同事	主管	高層	基層	不中	正	動能
×			○	能力有限	有才華	弱

評：下之上，有眾人做後盾，卻無恆心，需自我覺悟

論：才華是天生的，後天要培養，如領導統御等，若不要求那麼高，以上六的條件，只要表現出積極的態度，就可獲得升遷機會。

雷在地上，奮力而出，陽氣舒發，萬物欣暢

豫

雷地

準備，和樂，懈怠
《序卦》：有大而能謙必豫，故受之以《豫》。
《雜卦》：《豫》怠也。

震 坤 坎 艮 離

動態

未濟

震 → 震₁
坤 → 坤₃ ↘
　　 震 → 坎₂ → 離
　　 坤₅ → 艮₄ → 坎
　　　　　　　　　未濟

震：百里（雷震百里）
坤：地，眾　　　　　　建
震：長子，侯象

坎：弓
離：戈兵　　行師
震：行

《繫辭》曰：豫，利建侯，行師。

解：豫卦，其象利於建立侯國，也利於調動大軍討伐。

虛吉

斷：震₁ 行 → 坎₂ 險
坤₃ 順 → 艮₄ 反
順而行，利建侯

論：現在做任何事都感到很順利，可是總有些卡卡，這預告了未來順將止，
　　而險境即將到來，故而，需事先預防，採取措施避免險境的發生。主
　　要的原因是太過順利，而忘了如何保持低調。

豫卦爻解

《象辭》曰：豫，剛應而志行，順以動，豫。豫，順以動，故天地如之，
而況建侯行師乎？天地以順動，故日月不過，而四時不忒；聖人以順動，
則刑罰清而民服。豫之時義大矣哉！

【易上經】乾坤為首，終為離 首重天地定位

(1) 九四一陽泛應上下五陰，與初六相應，四、五、六為震，行，陽為剛，剛應而志行。

(2) 上卦為震，動，下卦為坤，順；順以動，豫也，和樂之象。

(3) 九四與六三親比，六三位初、二、三為坤之上爻，坤為眾，為土，故有建侯之象。三、四、五為坎，弓，下卦為坤，師，上卦為震，行，故曰：行師也。

(4) 天地尚且順理而動，建侯行師，豈能不順其理而動乎？

(5) 天地順而動乎自然之理，四、五、六為震，東，日出東方，三、四、五為坎，為月；故日月之運行，四季之周行，皆循序而無差過。六五為君，為聖，聖人順而動乎人道之理(坤為民)，則刑罰清明，民皆順服。

《象傳》曰：雷出地奮，豫。先王以作樂崇德，殷薦之上帝，以配祖考。

(6) 故豫，順時而動，其動皆擇適當之時機，故曰：豫之時義大矣哉！

解：震雷出於坤地之上，雷聲震天，象徵陽氣振發而萬物欣榮，先王體會此一理象，故作樂以襃崇功德，並以冬至祀上帝於圜丘，配之以祖，秋祀上帝於明堂，配之以考。二、三、四為艮廟，祭祀之意。

比附	相應
○×	○

評：無力避免險象發生

論：親比卻是附於九四與初六相應之中，故上下不交流，而留下遺憾，象曰：刑罰清而民服，及繫辭行師之言，其為震動劇烈之象。在工作上則會有常常變動的狀況，這不是好事，需了解原因，不宜躁動成習。

初六	初爻動，變震為重震
動 態	

震　坎₁　　　　　　　　┌ 錯 巽　　┌ 錯 兌
坤 → 艮₃　　　　　　　震 坤 坎 艮
初爻動 → 震 → 坎₂
　　　　震₅ → 艮₄

巽：雞
兌：口　}鳴豫
震：動
坎：險 → 凶

《繫辭》曰：鳴豫，凶。

解：自鳴得意，輕浮之象，凶也。

斷：坎₁ 險 → 坎₂ 險 ⋯ 關鍵 → 以伏剋險

凶	艮₃ 反 → 艮₄ 反

震₅ → 驚

變震為驚，志窮凶也

論：低調轉為得意，反招來不安和危險，當人自鳴得意之時，往往會忽略旁人的感受，而招致反撲，故行事時，還是要察言觀色為宜。

知崇禮卑，崇效天，卑法也。

虞翻曰：知謂乾，效天崇；禮謂坤，法地卑也。

天地設位，而易行乎其中矣。

虞翻曰：位謂六畫之位，乾坤各三爻，故「天地設位」。易出乾入坤，上下無常，周流六虛，故「易行乎其中」也。

初六爻解：地

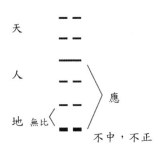

(1) 不中，不正。

(2) 在地位之始，有小人象。

(3) 與九四相應，九四為陽爻君子，且為諸侯之位，故初六結識九四，自以為能從九四處得到好處，然事與願違，致有樂極生悲，淪於自鳴得意而為鳴豫也。

(4) 初，二，三為坤，順；二，三，四為艮，反，故初六懷抱希望前往九四。

(5) 與六二無比，六二不予理睬，若初六持驕而橫，與六二起衝突，則為凶也。

《象傳》曰：初六鳴豫，志窮凶也。

解：初六本就不中不正，雖與九四相應，然三、四、五為坎險，九四居險之中，故與九四相應，非但有鳴豫，更可能因自滿而致陷於險地。

（參3，4，5）

同事	主管	高層	基層	不中	不正	動能
	×	○		能力有限	才華不足	弱

評：下之中，雖有貴人協助，但還是要承受困境

論：基本條件不夠，只有依賴高層的關係，這樣的結構不利於未來，必需腳踏實地，就算給自己機會，切忌靠關係而自鳴得意。

二爻動，變坎為解

震 ☳ → ☵ 坎₁
坤 ☷ → ☶ 艮₃
二爻動 → ☳ 震 → ☵ 坎₂
動 ☵ 坎₅ → ☲ 離₄

震 坤 坎 艮 離

艮：石 → 介於石

艮：不
離：日 ⎤ 不終日
震：行 ⎦

《繫辭》曰：介于石，不終日，貞吉。

解：操守之堅，有如大石般不可移，若有沉溺之處，當日反省，有錯即改，
　　決不過當天，故有貞固吉祥之象。

斷：坎₁ 險 → 坎₂ 伏 → 關鍵 → 莫棄伏成險

偏吉

艮₃ 反 → 離₄ 心
坎₅ → 伏

變坎為伏，不終日

論：要想止住險境，首先必需要伏，身伏，然後心也要伏，就是身心皆要
　　低調，如介於石，每日反省，有過立改，運亦可改也，並可防範第二
　　天犯下同樣錯誤。

成性存存，道義之門。
虞翻曰：知終終之，可與存義也。乾為道門，坤為義門。成性，謂成之者
性也。陽在道門，陰在義門，其易之門邪。

六二爻解：地，二多譽

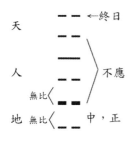

(1) 中，正。

(2) 六二上與六五不應，下與六三，初六亦無比，上下皆無應也。

(3) 二，三，四為艮，止；四，五，六為坎，險，六二前往六五有險，故不宜前往。

(4) 但六二位中且正，中正自守，介然自持，故曰介于石。

(5) 六二最高只與六五不應，根本與上六無有比應，上六為卦頂，而頂喻天，日也，二，三，四為艮止，不也，故為不終日之象。

《象傳》曰：不終日，貞吉；以中正也。

解：不終日，貞吉之意為，六二位中，且正也。（參4，5）

同事	主管	高層	基層	中	正	動能
×	×	×		有能力	有才華	弱

評：下之上，心態有問題，得不到人和，脫險效果有限

論：恃才傲物，但本身有天份，如果能有再積極點，與人建立好關係，則前途無量，否則自求多福。

六三	三爻動，變艮為小過
動態	

震　　坎₁
坤　→　艮₃
三　　震
爻　　艮₅　　兌₂
動　　　　　巽₄

↱ 錯 離

震	坤	坎	艮	兌	巽

離：目
坎：水，目中有水 ⎤ 盱也

兌：缺，折 ⎤
巽：入，進退不果 ⎥
震：行 ⎥ 遲有悔
艮：止，遲 ⎦

《繫辭》曰：盱豫，悔。遲有悔。

解：張目向上，欲攀附卻溺於豫，宜當速悔，若悔之遲，則過而不改，即
　　是真過矣！

斷：坎₁ 險 → 兌₂ 折

凶　　艮₃ 反 → 巽₄ 空 ↦ 關鍵 → 行謙剋空

　　艮₅ → 止

　　變艮為止，位不當也

論：不要以為險象已停止，後面而來的是更兌的毀折，甚至會使所有的努
　　力成為一場空，必需特別注意，不能讓這種事發生，以免悔之晚矣！

六三爻解：人，三多凶

天
人
地

親比
無比

不應
不中，不正

(1) 不中，不正。

(2) 六三與九四親比，九四為諸侯位，
故有盱豫之象。

(3) 但六三與上六不應，即使有九四之
助，也與上無緣，更何況與六二無
比，向下也得不到助益。

(4) 三，四，五為坎，險；四，五，六
為震，往，六三前往上六會有險
象，故六三不宜去。

(5) 若六三執意前往而得不到上九青
睞，求榮反辱，故雖遲卻有悔也。

《象傳》曰：盱豫有悔，位不當也。

解：盱豫為何有悔？六三偶爻奇位，又不居中，不中，不正，其位不當也。
（參4，5）

同事	主管	高層	基層	不中	不正	動能
×	○	×		能力有限	才華不足	弱

評：下之中，恐無能力避險，只有找人協助

論：與主管互動密切，然若主管不在，其結果不妙矣，故只有一個辦法，
就是勤快一點，或與高層建好關係而非只靠一層關係。當然行有餘力，
充實專業知識更佳。

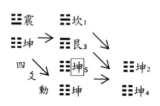

九四	四爻動，變坤為純坤
動態	

震　坤　坎　艮

坤：眾，順 ┐
震：行 ┘ 大有得

艮：止 ┐
坎：疑 ┘ 勿疑

《繫辭》曰：由豫，大有得。勿疑。朋盍簪。

解：眾人都樂於跟從，為大有所得之象，而交友，在於推誠置腹，則朋友
　　前來聚合，就如髮用簪固定般集結不散。

斷：坎₁ 險 → 坤₂ 平 → 關鍵 → 切莫因順忘形成咎

偏吉	艮₃ 反 → 坤₄ 順
	坤₅ → 順

　　變坤為順，志大行也

論：凶險即將結止，迎接平順的未來，而且為三連坤，可預見的是大有所
　　得，不管時運、財運都可望大發利市。

聖人有以見天下之賾，而擬諸其形容，

虞翻曰：乾稱聖人，謂庖犧也。賾，謂初。自上議下稱擬，形容，謂陰，
在地成形者也。

【易上經】乾坤為首，終為離 首重天地定位

九四爻解：人，四多懼

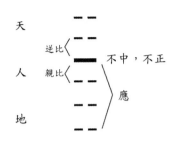

天

人

地

逆比

親比

不中，不正

應

(1) 不中，不正。

(2) 與六五逆比，故不得六五之欣賞甚至敵對，埋下變數。

(3) 但與六三親比，故基層都樂於跟從，而有大有得之象。(陽為大)

(4) 又與初六相應，再加六三親比，可見其朋之多，而九四為成卦主陽剛正直，對待友人當然也推誠相待，故曰：勿疑，朋盍簪。

(5) 初，二，三為坤，順；二，三，四為艮，反，故九四前來必然順利，故曰：志大行也。

《象傳》曰：由豫，大有得；志大行也。

解：由豫，大有得，顯示九四與初六相應，而得以將其志大行於基層也。

（參4，5）

同事	主管	高層	基層	不中	不正	動能
○	逆		○	能力有限	才華不足	強

評：中之下，**靠眾人之力，以及自己的毅力，終可脫險**

論：既無能力，也無才華，為何能得三坤順？主要原因是靠朋友，但以事業而言，若僅靠朋友之助，並非長久之計，必需自我覺悟，培養自己的能力、才華，才是正道。

五爻動，變兌為萃

```
☳震      ☵坎₁
☷坤  →  ☶艮₃          ☳ 坤 坎 艮 兌 巽
五      ☱兌₅ →  ☴巽₂    坎：心疾 → 貞疾
爻                ☶艮₄    艮：不
動      ☷坤             震：行      ⎤
                        兌：折，喻死  ⎦ 不死
```

《繫辭》曰：貞疾，恆不死。

解：耽於逸樂之疾，若能知懼而有所節制則可避困死之劫。

斷：坎₁ 險 → 巽₂ 空 ⟶ 關鍵 → 以謙剋空

　艮₃ 反 → 艮₄ 反

　　兌₅ → 折

　　變兌為折，貞疾

論：毀折之事已在進行中，若不能阻止，則所有一切都將成空，眼前之計
　　就是放慢腳步檢討改進。檢討之道則是行謙，若能將空相反轉，則兌
　　折成兌悅矣！

象其物宜，是故謂之象。

虞翻曰：物宜謂陽；遠取諸物，在天成象故「象其物宜」。象，謂三才八
卦在天也，庖犧重為六畫也。

聖人有以見天下之動，

虞翻曰：重言聖人，謂文王也。動，謂六爻矣。

六五爻解：天，五多功

(1) 中，不正。

(2) 與上六無比，顯然六五不信任上六，而少與之往來。

(3) 與六二不應，基層的聲望也不夠。

(4) 二，三，四為艮，反；三，四，五為坎，險，故六四來六二有險不宜。

(5) 與九四逆比，九四唯一陽爻，剛正，也獲得基層支持，有實力。今與九四不對盤，時時刻刻防九四，是曰：貞疾。

(6) 六五陰爻無力，上下不應，又耽於逸樂而為無能之兆，然雖危卻得君王之中位，故曰：恆不死。

《象傳》曰：六五貞疾，乘剛也。恆不死，中未亡也。

解：六五貞疾，是下乘陽剛的九四，即與九四逆比，故而有所危懼。恆不死，則因爻位居中，君位，且雖耽於逸樂，尚能守中道，故曰：未亡也。（參5，6）

同事	主管	高層	基層	中	不正	動能
逆	×		×	有能力	才華不足	弱

評：下之中，人不和難逃困局，看自己的智慧了

論：若論九五君位，有此格局，實屬不可思議，也代表昏庸之象，不過，由於還有能力，故而先從懶散改為積極做起，再勤跑基層必然有所改變。

<table>
<tr><td>上六</td><td rowspan="2">六爻動，變離為晉</td></tr>
<tr><td>動態</td></tr>
</table>

震　坎₁
坤 → 艮₃
六爻動　離₅ → 坎₂
坤 → 艮₄

震　坤　坎　艮　離

坎：凶，冥之象－冥豫
坤：順
震：行　成（順而行）
艮：止，反，改變 → 渝之象

《繫辭》曰：冥豫，成有渝，无咎。

解：上六，豫之極位，昏冥於豫之象，樂極生悲。若能改變心態，雖處安
　　樂之地，但不忘憂之發生或來自身邊，而隨時警惕，則庶可無咎。

斷：坎₁ 險 → 坎₂ 伏 → 關鍵 → 莫棄伏成險
虛吉　艮₃ 反 → 艮₄ 反
　　離₅ → 心
　　變離為心，有渝无咎

論：眼前險境要改變，首要就是心態，若能低下以待人接物，則險境或可
　　消除，也就是要隨時提醒自己不可鬆懈。

而觀其會通，
荀爽曰：謂三百八十四爻，陰陽動移，各有所會，各有所通。
張璠曰：會者，陰陽合會，若蒙九二也。通者，乾坤交通，既濟是也。

【易上經】乾坤為首，終為離 首重天地定位

上六爻解：天

天　無比　不中，正
　　　　　　　　　　不應
人

地

(1) 不中，正。

(2) 上六居天之極，一生享樂不斷，荒冥之象，故曰冥豫。

(3) 與六三不應，基層對其評價不高，得不到人民支持。

(4) 三，四，五為坎，險；四，五，六為震，行，上六來六三，可能遭遇危險，不應也。

(5) 與六五無比，顯示上六之冥豫，連六五都不願與之同行。

(6) 上六為民之所仰，行為自當要成表率，故若此時不改，必然樂極生悲，若能覺悟，而即刻改之，有渝，自然无咎。

《象傳》曰：冥豫在上，何可長也。

解：冥豫在上之象，怎麼可以任其長久如此荒淫下去。上六不中，不應，無比，顯然是獨謀其身，而非兼善天下。（參2，3，5）

同事	主管	高層	基層	不中	正	動能
×			×	能力不足	有才華	弱

評：下之中，只能靠自己的智慧來脫險了

論：若退休之後再針對缺失改進，那絕非現實。然對社會就職者而言，切勿恃才傲物，而應改善人和為要務。

隨

澤雷

從，隨和，順從

《序卦》：豫必有隨，故受之以《隨》。

《雜卦》：《隨》，无故也。

兌 震 巽 艮 坎 離

動態

未濟

兌 → 兌₁

震 → 震₃

兌 → 巽₂ → 離

震 → 艮₄ → 坎

未濟

兌：少女 ⎫
巽：長男 ⎬ 隨

震：動 ⎫
兌：悅 ⎬ 動而悅，隨

巽：入 ⎫
艮：止 ⎬ 入而止，隨

《繫辭》曰：元亨，利貞，无咎。

解：隨，大吉而亨通，利於貞固自守，無有咎失。

偏吉

斷：兌₁ 悅 → 巽₂ 空

震₃ 行 → 艮₄ 反

行而悅，大亨貞

論：眼前是行而悅，一切順遂，但要小心不可自滿，一旦自滿可能就召
來災禍，而致一場空。要小心，勿樂極生悲。為不自滿，則以行謙為
要。隨為從，從為變，物變為吉，故改變現有環境或有助益。

隨卦爻解

《象辭》曰：隨，剛來而下柔，動而說，隨。大亨貞，无咎，而天下隨
時，隨時之義大矣哉！

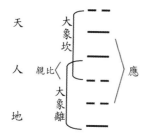

(1) 九五與六二相應，九五陽剛，六二陰柔，故日：剛來而下柔。

(2) 九四與六三親比，連結上卦兌與下卦震，震為動，兌為悅，而有下卦動為取悅上卦兌之象，動而說(悅)，是為隨也。

(3) 兌為陰卦，震為陽卦，陽居於陰之下；而初九在二，三陰爻之下，四，五剛爻亦在上六陰爻之下，皆為屈己隨人之象。

(4) 隨九四與六三之親比，及九五與六二之相應，三、四、五、六為大象坎，初、二、三、四為大象離，坎離為既濟，而為亨，剛柔正而當位為利貞，而曰无咎。

(5) 因地，因時，因人而能擇機隨順，故天下之事皆得以隨道而成，此為隨之大義也。

《象傳》曰：澤中有雷，隨；君子以嚮晦入宴息。

解：上卦兌為澤，陰柔之相，下卦為震，雷，陽剛也，故陽剛屈於陰柔之下，為隨順和同。九五與六二相應，九五為陽，三、四、五為巽，進退，入，六二為陰，二、三、四為艮，止，反，故有陽進陰止，喻日出而作。陽退陰出，喻日落而息也。

比附	相應
○×	○

評：小心因順而忽略人和不足的情況

論：六三、九四親比是依附在九五與六二相應之內，雖有相隨之意，但無助上下完整之交流，而留下遺憾，隨卦以剛來而下柔，即眾人因利而應，對財運有幫助，然必需留意，無故的追隨，是存在高風險的。

初九	初爻動，變坤為萃
動態	

兌 震 巽 艮 坤

震：長子，主器 ⎤
震：動，渝之象 ⎦ 官有渝

艮：門 ⎤
震：行 ⎦ 出門

《繫辭》曰：官有渝，貞吉。出門交有功。

解：出社會工作，經常會有變動，要能守持貞固，方可得吉。然出門與
　　外界相交，可以增加自身的能力，這是對自己有助益的。

斷：巽₁ 空 → 巽₂ 謙 → 關鍵 → 莫棄謙成空

偏吉	艮₃ 反 → 艮₄ 反
	坤₅ → 平

　　　變坤為平，從正吉也

論：時運因棄謙而成空，如果能再回謙道，將可較為平順，然需持續與
　　人保持謙益，切勿顯露高傲態度。

以行其典禮，繫辭焉以斷其吉凶，

孔穎達曰：既觀其會通，而行其典禮，以定一爻之通變，而有三百八十
四。於此爻下，繫屬文辭，以斷其吉凶。若會通典禮，得，則為吉也。
若會通典禮失，則為凶矣。

是故謂之爻。

孔穎達曰：謂此會通之事而為爻也。爻者，效也。效諸物之變通，故上
章云，爻者言乎變也。

初九爻解：地

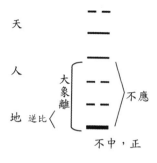

天

人

地　逆比

大象離

不應

不中，正

(1) 不中，正。

(2) 初為始位，初、二、三為震，震為長子，為動，工作；二、三、四為艮，艮為門，長子初出家門工作，而曰：官有渝。

(3) 與六二逆比，與九四不應，工作上，經驗不足，故既無伙伴，亦無長官支持，工作常有變動，然初九陽剛位正，只要守持正固，自可得吉也。

(4) 初、二、三為震行，二、三、四為艮止，行而止，初九與九四不應也

(5) 艮為門，震為行，雖與九四不應，與六二逆比，然初、二、三、四為大象離，離為心，若出門能以心與人相交，日久見真心，必得人之回報，故曰：出門，交有功。

《象傳》曰：官有渝，從正吉也。出門交有功，不失也。

解：官有渝，初六位正，若能守持正固，必得吉也。（參 2，3，4，5）

同事	主管	高層	基層	不中	正	動能
	逆	×		能力有限	有才華	強

評：下之上：有毅力，但無能力及人和，恐無法全然脫困

論：初出社會，此狀況情有可原，但若以此而不進步，則不利發展，尤其與主管唱反調，故建立好人際關係，再努力學習，自有前程。

261

二爻動，變兌為重兌

兌 震 巽 艮 離

↳錯 坎

≡兌　　≡巽₁

≡震　→　≡艮₃

　二　　≡兌　　→　≡巽₂

　爻　動 ≡兌₅　　　≡離₄

巽：繩，係也
艮：少男
震：行
兌：悅
　　　　　　係小子

坎：陰，失也
震：長男
　　　　　　失丈夫

《繫辭》曰：係小子，失丈夫。

解：係戀年輕男子而失去丈夫，兩者不可兼得也。喻戀庸流，遺失賢豪
　　也。

斷：巽₁空 → 巽₂空 → 關鍵 → 以行謙道對治

偏
凶

艮₃反 → 離₄心

兌₅ → 折

變兌為折，弗兼也

論：目前還不明顯但已經有險之象，若主事者的心態還是不能改變，恐
　　怕不但是繼續空，還可能成為毀折之象，最終就關門，如今之計，就
　　是如何調整心態，針對事情有所取捨。

言天下之至賾而不可惡也，

虞翻曰：至賾無情，陰陽會通，品物流宕，以乾易坤，簡之至也。元善
之長，故「不可惡也」。

六二爻解：地，二多譽

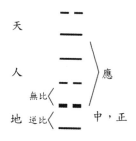

天

人　　　　應

無比

地　逆比　　　中，正

(1) 中，正。

(2) 六二為陰爻，象為女子。

(3) 與六三無比，故與鄰無交往。

(4) 與九五相應，九五為陽爻，為男子，六二為其吸引，故有係小子之象。

(5) 二、三、四為艮，反，三、四、五為巽，利，空，故六二前往，雖相應，為利，但後卻可能成空，不能不慎。

(6) 初九亦為陽爻，與六二逆比，顯然初九為六二之夫，故有失丈夫之象。

《象傳》曰：係小子，弗兼與也。

解：丈夫和情人，兩者是不可能同時兼得也。（參4，6）

同事	主管	高層	基層	中	正	動能
逆	×	○		有能力	有才華	弱

評：中之下　可以度過難關，但心態要調整

論：有背景，加上有能力，有才華，前景看好，但沒有鬥志，及與主管不合，故若無法改善，空有能力也沒有用，故要自我覺悟。

六三
動態

三爻動，變離為革

兌 震 巽 艮 離 乾

```
☱兌      ☴巽₁
☳震  →  ☶艮₃         ↘
  三爻  ↘  ☱兌         ☰乾₂  →  ☴巽₄
    動  ☲離₅          ↗
```

巽：繩，係也 ⎤
乾：丈夫　　⎦ 係丈夫

兌：悅，缺 ⎤
艮：少男　 ⎦ 失小子

震：行 ⎤
巽：利 ⎥ 隨有求得
兌：求 ⎦

《繫辭》曰：係丈夫，失小子。隨有求得，利居貞。

解：係戀丈夫而失去情人，隨在丈夫身旁，可以有求必得，但仍需貞固
　　自居，戒慎恐懼，以免失貞。

斷：巽₁ 空 → 乾₂ 努力

虛
吉

艮₃ 反 → 巽₄ 謙 ┅ 關鍵 → 切勿棄謙成空

離₅ → 心

變離為心，志舍下也

論：重新拾回謙道，經過反省後，心意改變，放軟身段，重新努力，必
　　然會獲得客戶回報，而隨求有得。

言天下之至動而不可亂也。

虞翻曰：以陽動陰，萬物以生，故「不可亂」。六二之動直以方。動，舊
誤作嘖也。

【易上經】乾坤為首，終為離 首重天地定位

六三爻解：人，三多凶

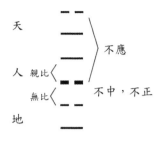

(1) 不中，不正。

(2) 與六二無比，故六二與六三不是同一人，狀況不同。

(3) 與上六不應，上六為陰爻，小之象，即便想係也無從可係，故曰：失小子。

(4) 三，四，五為巽，空；四，五，六為兌，折，一場空，故見面無益。

(5) 與九四親比，九四已至諸侯之位，為六三之丈夫，當然係大夫，隨求有得。

《象傳》曰：係丈夫，志舍下也。

解：所謂係丈夫，原本要係上六，但不合故仍向下回到九四身邊，安安份份。（參2、3、5）

同事	主管	高層	基層	不中	不正	動能
×	○	×		能力有限	才華不足	弱

評：下之中：恐不易度過困局

論：人應有自知之明，若不能進步，那只有安安份份，但現況是，還有很長日子要走，建議先轉變自己的個性，積極一點，或有轉機。

九四

動態

四爻動，變坎為屯

⌐ 錯 離

兌 震 巽 艮 坎 坤

☱兌　☴巽₁

☳震 → ☶艮₃ ↘

四　☵坎₅ → ☶艮₂

爻　　　　　↘

動　☳震　☷坤₄

艮：止，有獲之象 ⌉
　　　　　　　　　├ 隨有獲
坤：眾　　　　　 ⌋

坎：水 ⌉
　　　├ 有孚之象
坤：土 ⌋

震：大塗，行 ⌉
　　　　　　　├ 在道以明
離：明　　　　 ⌋

《繫辭》曰：隨有獲，貞凶。有孚在道，以明，何咎？

解：眾之心當隨於君王，若人心卻隨己，則危疑之道即現，而為凶也。

　　然若心有孚誠，凡事合乎於理，以此為明哲保身之道，又從何獲咎？

斷：巽₁ 空 → 艮₂ 不決

偏凶

艮₃ 反 → 坤₄ 吝

坎₅ → 險 … 關鍵 → 以伏剋險

變坎為險，隨有獲，凶

論：己有險之象，但若為人處事能低調推誠，開誠佈公，謙虛以對，不

　　強出頭，如此，即可望明哲保身。

擬之而後言，議之而後動，

虞翻曰：以陽擬坤而成震，震為言議，為後動，故「擬之而後言」。議之

而後動，安其身而後動，謂當時也矣。

266　【易上經】乾坤為首，終為離 首重天地定位

九四爻解：人，四多懼

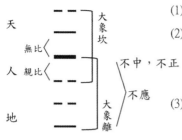

(1) 不中，不正。

(2) 六三與九四親比，代表眾人之心，有向九四靠攏之意，而為隨有獲，或有功高震主之象。

(3) 又九四與九五無比，若九四無法交代，勢必會引起疑忌，而為貞凶。

(4) 好在九四與初九不應，可以向九五坦誠並無二心，三、四、五、六為大象坎，坎為孚，初、二、三為震，大途，道，初、二、三、四為大象離，離為明，故曰：有孚在道以明。

(5) 初，二，三為震，行；二，三，四為艮，止，行而止，故不應也。

(6) 一旦九四以明其志，則無咎矣。

《象傳》曰：隨有獲，其義凶也。有孚在道，明功也。

解：隨有獲，有功高震主之疑，故其義為凶象，但若凡事以明哲保身，誠信低調，則為明功也。因九四與九五無比，故為避免九五之疑，必自保也。（參2，3，4，6）

同事	主管	高層	基層	不中	不正	動能
○	×		×	能力有限	才華不足	強

評：下之上：有毅力克服困局，但後續處理有疑

論：如果一昧向前衝，徒然曝露自身缺失，反而會得反效果，故宜靜下心來，先打好關係，再增強自身條件，才有利未來發展。

五爻動，變震為重震

└─ 錯 離

兌 震 巽 艮 坎

兌 →　巽₁

震 →　艮₃

五　　 震₅ → 坎₂

爻 動　震 → 艮₄

坎：水，孚也

離：明，麗也　］于嘉

兌：悅

《繫辭》曰：孚于嘉，吉。

解：當以誠信獲得眾人追隨，此為嘉美畢集之吉象。

斷：巽₁ 空 → 坎₂ 伏 ⋯ 關鍵 → 莫棄伏成險

吉

艮₃ 反 → 艮₄ 反

震₅ → 行

變震為行，位正中也

論：要化解眼前災難，首要是行，也就是態度要低調，堅守誠信，即便
　　還有一些災難在其中隱而未發，但只要持誠以恆，定有化解的一天。

擬議以成其變化。

虞翻曰：議天成變，擬地成化，天施地生，其益無方也。

鳴鶴在陰，其子和之，我有好爵，吾與爾靡之。

孔穎達曰：上略明擬議而動，故引鶴鳴在陰，取同類相應以證之。此中

孚九二爻辭也。

九五爻解：天，五多功

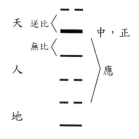

天　逆比
　　無比　　　　中，正
　　　　　　　　應
人
地

(1) 中，正。

(2) 陽爻尊位，剛實中正，然與上六逆比，常與上六起爭執，也與九四無比，顯示九五在朝內似乎處於孤單之局。

(3) 但與六二相應，為基層大力相挺之象，故得眾人相隨，三、四、五、六為大象坎，有孚，故曰：孚於嘉，吉。

(4) 二，三，四為艮，止，反；三，四，五為巽，空，謙，而為空止反為謙之象，故為正應。

《象傳》曰：孚于嘉，吉；位正中也。

解：九五居尊位，下與六二相應，九五中且正，六二亦中且正，故有孚之交，吉也。（參3）

同事	主管	高層	基層	中	正	動能
×	逆		○	有能力	有才華	強

評：中之上：**絕對有能力克服困局**

論：雖然與主管不合，但若能持續以誠感之，當可化解，未來可為棟樑之材，即便行政治之路，亦因行正道，而可得追隨者之支持。

六爻動，變乾為无妄

兌　震　巽　艮　乾

☱兌　　☴巽₁

☳震 → ☶艮₃　　↘

六爻 → ☰乾₅ → ☴巽₂

動　☳震₅ → ☶艮₄

艮：手　　　┐
巽：繩，係也　┘拘係之

巽₁：係　　　┐
巽₂：係　　　┘係之又係，乃從維之

乾：王　　　┐
兌：西　　　│
艮：山　　　├王用亨于西山
震：行　　　│
艮：祭　　　┘

《繫辭》曰：拘係之，乃從維之。王用亨于西山。

解：用拘束的方式，始能使之隨從聽命，喻其道已窮。最終，君王還是
　　到了西山祭祀天地神明。

斷：巽₁ 空 → 巽₂ 空 → 關鍵 → 以行謙對治

凶　艮₃ 反 → 艮₄ 反

乾₅ → 剛復

變乾為剛，上窮也

論：雖然很努力的想要扭轉頹勢，然結果不甚理想，但也唯有努力一途
　　再加上謙虛之心，希冀上天憐憫，去災降吉。

上六爻解：天

(1) 不中，正。

(2) 上六陰爻極位，無所依附。

(3) 與六三不應，為退而不復之象。

(4) 三，四，五為巽，空；四，五，六為兌，折，既空且折，故不應也。

(5) 與九五逆比，顯然九五與之不合，且有戒心，故以拘係之，乃從維之方式，令九五相隨。

(6) 既要提防九五，又與六三基層不應，而上六為隨卦之終，故其隨之道已窮矣！

(7) 二，三，四為艮，山，四，五，六為兌西，西山也。

(8) 最終，九五還是如願至西山祭祀天地神明。(九五為文王)

《象傳》曰：拘係之，上窮也。

解：用拘係的方式維之，顯然上六已窮盡，無所適之。上六無比，無應，上無上，下無下，窮矣！

同事	主管	高層	基層	不中	正	動能
逆			×	能力不足	有才華	弱

評：下之中：雖有才華，但恐無力度過困局

論：以上六而言，缺動能，顯示已無所用事，然若對一般人士，若先從動能著手，再加強專業訓練，則可望由谷底翻身。

蠱

山風

動態

既濟

惑，敗壞，造事之端

《序卦》：以喜隨人者必有事，故受之以
《蠱》。蠱者，事也。

《雜卦》：《蠱》者飭也。

艮 巽 震 兌 坎 離

震：行
巽：木，舟 ⎱ 利涉大川
兌：澤 ⎰

離：數三 ⎱ 三日
離：日 ⎰

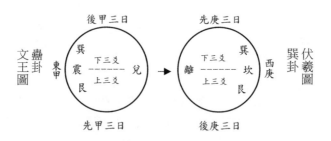

艮 → 艮₁
巽 → 巽₃
艮 → 震₂ → 坎 既
巽₅ → 兌₄ → 離 濟

後甲三日　　先庚三日

文 蠱　　巽　　巽　　伏
王 卦　東　震　下三爻 兌　離　下三爻 巽 西　卦 羲
圖 圖　甲　艮　上三爻　　坎　上三爻 艮 庚　　圖

先甲三日　　後庚三日

《繫辭》：蠱，元亨。利涉大川。先甲三日，後甲三日。

解：蠱，大而通亨，若要救敝革新，則
需經如涉大川之險始可完成。但即便
革新，也要讓被革者有先後各三日的
緩衝，以利於被革者習於新制也。

斷：艮₁ 反 → 震₂ 行

虛凶

巽₃ 空 → 兌₄ 悅
空而未止，往有事也

註：先甲三日，後甲三日（請
參閱爻解）。甲為時日的建
始，從甲逆推前三為辛，為
艱，艱辛改造之意，此為先甲
三日。由甲順推，其後第三位
為丁，叮嚀囑咐之意，是為後
甲三日，先甲為規劃，後甲為
實行。

論：目前都是空來止，要能行而悅，則必需要有改革的決心，否則難脫
困局。蠱，災由內生，諸事艱難，家中爭執尤需注意。

蠱卦爻解

《彖辭》曰：蠱，剛上而柔下，巽而止，蠱。蠱，元亨，而天下治也。利涉大川，往有事也。先甲三日，後甲三日，終則有始，天行也。

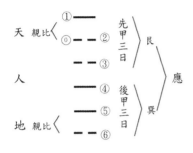

先甲三日，後甲三日
上下交流，終則有始

(1) 上卦艮為剛卦，為止，下卦巽為柔卦，為風，風者通之象，事不通為蠱；故曰：巽而止。

(2) 元為大，亨為通；上卦艮又為反之意，故若事經整頓改革而反止為通，則亂極復反於治，故曰：元亨，而天下治也。

(3) 六五與九二相應，六五為君，故九二前往協助六五改革，其象如涉大川，初、二、三、四為大象坎，坎為川。

(4) 由六五上行上九，再回六五至六四，顯示此改革過程相當慎重，此為先甲三日，艮卦也。

(5) 之後轉巽卦為九三，九二，至基層初六，完成命令之宣達，此為後甲三日，前後共經七爻，符天行之數，七也。

(6) 此改革最終圓滿，故曰終則有始。

(7) 蠱之改革是由執政者推動，並未徵詢民意。

《象傳》：山下有風，蠱。君子以振民育德

解：山下有風為蠱象，君子體會此象，故以培育人民的道德來振興民風。

比附	相應
○	○

評：有絕對的能力跳脫困局，加油

論：蠱卦，二五相應，向上與上九又親比，而下與初六亦親比，上下溝通良好，有利政令之推行及改革，也代表為政者，手腕要靈活，能得到人民支持，若為個人，則顯示做事有決心八面玲瓏，能多方顧及，利於積弊之改革，不可多得之人才。

初爻動，變乾為大畜

艮　巽　震　兌　乾

☶艮　　☳震₁

☴巽　→☱兌₃ ↘

初　　　→☶艮　→☳震₂
爻
動☰乾₅　→☱兌₄

乾：父
兌：折　｝考，父亡

震：行，木
巽：木，樹幹　｝幹

艮：少男
巽：順　｝有子

《繫辭》：幹父之蠱，有子，考，无咎。厲，終吉。

解：父雖亡，但有子可主父之業，也可无咎矣！此中或有危厲之情況發
　　生，但最終還是安然度過，是為吉象。

斷：震₁ 行 → 震₂ 行 → 關鍵 → 莫行邪道成驚

虛
吉

兌₃ 悅 → 兌₄ 悅

乾₅ → 努力

變乾為努力，志承考也

論：要想事情行而悅，那就只有努力一途，不能偷懶，辛苦才有代價，
　　或是繼承家業，或是碰到舊習阻礙，都應當努力化解困難，千萬不可
　　灰心喪志，而致悅成折，毀於一旦。

子曰：君子居其室，出其言善，
虞翻曰：君子，謂初也。二變五來應之，艮為居。初在艮內。故「居其
室」。震為出言，訟乾為善，故「出言善」。此亦成益卦也。

初六爻解：地

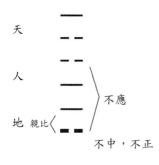

天

人

地　親比

不應

不中，不正

(1) 不中，不正。既為初位，倘有過失，亦不嚴重。

(2) 與六四不應，故無關他人是自己家中之事，初六為陰爻代表年幼兒女。

(3) 初，二，三為巽空，二，三，四為兌折，既空且折故不應也。

(4) 與九二親比，九二為陽為父，剛直正固。

(5) 然二、三、四為兌折，折為考之象，顯示父已亡，然與九二親比，故有幹父之蠱，有子，考，子承父之志也，故曰：无咎。

(6) 初、二、三、四為大象坎，坎為險，此中或有險象發生，然初，二，三為巽，利，終吉也

《象傳》：幹父之蠱，志承孝也。

解：幹父之蠱，謂初六與九二親比，初六為子，子繼承父之遺志也。
（參5、6）

同事	主管	高層	基層	不中	不正	動能
	○	×		能力有限	才華不足	弱

評：下之中：**恐無力維持長久**

論：初出社會，經驗不足尚可諒解，若是已入社會多年，則必需有自知之明，必需加強自己的專業，以及勤奮努力，方可有所作為。

九二

動態

二爻動，變艮重艮

艮　巽　震　兌　坎

艮　　震₁
巽　→　兌₃
　二　　　艮
　爻　　震₂
　動　艮₅　坎₄

巽：木，樹幹
震：行，木　　　幹（糾正）
兌：口
艮：止，止而柔　　不可貞
巽：順

《繫辭》：幹母之蠱，不可貞。

解：要糾正母親的缺失，其言不可過於剛直。

斷：震₁ 行 → 震₂ 行

虛凶

兌₃ 悅 → 坎₄ 險 ⋯ 關鍵 → 以伏剋險
艮₅ → 止

變艮為止，不可貞

論：目前狀況還可以，但未來已有風險出現應立即自我檢討，並加以追
　　蹤，其象如同糾正母親的缺失，要小心，謹慎，一旦找出問題的所
　　在，立刻解決，以免事態擴大。

則千里之外應之，況其邇者乎。

虞翻曰：謂二變則五來應之，體益卦。坤數十，震為百里。十之，千里
也。外謂震巽同聲，同聲者相應，故「千里之外應之」。邇謂坤。坤為
順，二變順初，故「況其邇者乎」。此信及遯魚者也。

居其室，出其言不善，

虞翻曰：謂初陽動，八陰成坤，坤為不善也。

九二爻解：地，二多譽

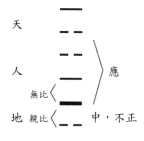

天

人 無比

地 親比 中，不正

應

(1) 中，不正。

(2) 與初六親比，喻得家中弟妹支持。

(3) 與九三無比，喻上之兄姊或不在意。

(4) 與六五相應，六五為陰爻居中尊位，故為家中之母，為幹母之蠱，主角也。

(5) 二，三，四為兌，悅，三，四，五為震行，行而悅，幹母之行相應也。

(6) 由於九二為陽，六五為陰，陰陽相合，母子融洽，故九二要糾正六五，不會用剛直的態度，且既為陰爻，亦不適合用剛強的態度，故曰，不可貞。

《象傳》：幹母之蠱，得中道也。

解：九二與六五相應，六五為母，九二，六五皆為中道，故幹母之蠱應可循中道而為之。（參4、6）

同事	主管	高層	基層	中	不正	動能
○	×	○		有能力	才華不足	強

評：中之上：有能力及毅力完成任務

論：勤奮又有能力，實為一流人才，唯開創性要加強，同時，對內、外，皆應固守中道，不可過於剛硬，多聽意見，當可成為棟樑之才。

九三
動態

三爻動，變坎為蒙

↱錯 乾

艮 巽 震 兌 坎 坤

乾：父

震：行 ⎤
兌：口 ⎬ 幹（糾正）
巽：木，樹幹 ⎦

艮：止 ⎤
兌：悅 ⎬ 悔

艮：止 ⎤
坎：險 ⎬ 无大咎

《繫辭》：幹父之蠱，小有悔，无大咎。

解：要糾正父親的過失，不免有所爭執，而導致悔恨，但並無大咎。

斷：震₁ 行 → 坤₂ 平

偏凶

兌₃ 悅 → 震₄ 驚 ┄ 關鍵 → 正行剋驚

坎₅ → 險

變坎為險，小有悔

論：前景不太妙，已有險象出現，可能還在潛伏之中，然已醞釀，若能及早處理當可平安度過，尤其在衝動之後的決定，思考難免不周，這點尤其要注意。

九三爻解：人，三多凶

天

人　逆比

　　無比　　　不中，正

地

不應

(1) 不中，正。

(2) 與九二無比，不得其支持。

(3) 與六四逆比，兩者相處不合，亦不
同意九三幹父之舉。

(4) 上與上九不應，上九為陽爻，為幹
父之蠱，主角父親，陽剛固實。

(5) 三，四，五震，行，四，五，六，
艮，止，行而止，不應也。

(6) 既與上九不應，當然要糾正難免不
會有好話，故曰小有悔，其因九三
陽爻性亦剛烈。

(7) 既與上九不相應，上九亦不理會，
故其結果无大咎也。

《象傳》：幹父之蠱，終无咎也。

解：糾正父親的錯誤，即使有小悔，終究是無咎的。上九為陽為父，九
三為陽，故不應，相見起衝突，故必需言辭注意也。（參6、7）

同事	主管	高層	基層	不中	正	動能
×	逆	×		能力有限	有才華	強

評：下之上：人和不足，有能力，但恐無結果

論：不要以為有才華而忽略了互動的重要，這會造成傷害，故如何加強
與人的交流，實為當務之急。

六四	四爻動，變離為鼎
動態	

艮 巽 震 兌 離 乾

```
☶艮      ☳震₁
☴巽  →  ☱兌₃              兌：口 ┐
                          巽：順 ┘ 裕
 四      ☲離₅ → ☱兌₂     乾：父
 爻
 動      ☴巽      ☰乾₄    震：行 ┐
                          離：目 ├ 往見吝
                          艮：止 ┘
```

《繫辭》：裕父之蠱，往見吝。

解：用寬容的態度，前去糾正父親的缺失，反會遭父親的羞吝。

斷：震₁ 行 → 兌₂ 折

凶	兌₃ 悅 → 乾₄ 努力

離₅ → 心 → 關鍵 → 不可鬆懈

變離為心，往見吝

論：當心態轉為鬆懈之時，即便想努力，恐怕也無計於事，為今之計，
　　只有從心做起，將鬆懈的心收回，不要鐵齒固執，要與人相合才是。

則千里之外違之，況其邇者乎。

虞翻曰：謂初變體剝。弒父弒君，二陽肥遯，則坤違之，而承於五，故
「千里之外違之，況其邇者乎」。

言出乎身加乎民，

虞翻曰：震為出，為言。坤為身，為民也。　　行發乎邇見乎遠。

【易上經】乾坤為首，終為離 首重天地定位

六四爻解：人，四多懼

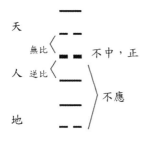

天

人

無比

逆比

不中，正

不應

地

(1) 不中，正。

(2) 與九三逆比，顯示兩人極度不合。

(3) 與六五無比，沒有往來。

(4) 與初六不應，得不到基層支持。
初，二，三為巽，空，二，三，四
為兌，折，空且折，故不應也。

(5) 由以上可知，六四上下皆不合，又
為陰爻顯然心胸狹窄。

(6) 以此個性，要前去做裕父之蠱，當
然是沒好的建議，而由爻解中可看
到，根本無陽爻可依，故實情是沒
有去見父親，當然去也是往見吝。

《象傳》：裕父之蠱，往未得也。

解：六四與九三逆比，九三不為父，另一陽爻為上九，然無應，亦無
比，故無陽可依，雖欲幹蠱，尋父不著，往未得也。（參5、6）

同事	主管	高層	基層	不中	正	動能
逆	×		×	能力有限	有才華	弱

評：下之中，即使努力，也無能力維持

論：自以為有才華，而忽略了人際關係，長期以往，只有每況愈下，若
此時能悔悟，重新調整心態，應可挽回。

<table>
<tr><td>六五</td><td rowspan="2">五爻動，變巽為重巽</td></tr>
<tr><td>動態</td></tr>
</table>

艮　巽　震　兌　離

☶艮 → ☳震₁
☴巽 → ☱兌₃　　　　　　震：行 ┐
　　　　　　　　　　　巽：木，樹幹 │ 幹
五爻 → ☴巽₅ → ☲離₂　　兌：口 ┘
動　☴巽 → ☱兌₄

巽：入 ┐
離：明 │ 用譽
震：行 ┘

《繫辭》：幹父之蠱，用譽。

解：要糾正父親的錯誤，唯有激發父親的榮譽心，以道德來勸說。

斷：震₁ 行 → 離₂ 心

<table>
<tr><td rowspan="4">偏吉</td><td>兌₃ 悅 → 兌₄ 悅</td></tr>
<tr><td>巽₅ → 謙 → 關鍵 → 切莫謙成空</td></tr>
<tr><td>變巽為謙，用譽</td></tr>
</table>

論：事情可望向好的方向發展，過去只注重行的重要，而今還要注重心的改善，多做用於心的教育，並輔以謙道，以德行之，必然能更加順利。

言行，君子之樞機。樞機之發，榮辱之主也。

荀爽曰：艮為門，故曰「樞」。震為動，故曰「機」也。翟元曰：樞主開閉，機主發動，開閉有明暗，發動有中否，主於榮辱也。

六五爻解：天，五多功

天　親比

　　無比

人

地

中，不正

應

(1) 中，不正。

(2) 六五與六四無比，互不關心。

(3) 與九二相應，得九二大力支持。

(4) 二，三，四為兌，悅，三，四，五
    為震行，行而悅，故為正應。

(5) 與上九親比，上九為父，六五為
    母，加上九二子女的協助，以親情
    來啟發父親的榮譽感，再輔以道德
    勸說，當可使父親糾正自己的錯
    誤。故曰：幹父之蠱，用譽。

《象傳》：幹父用譽，承以德也。

解：幹父用譽，是說用道德來勸說父改進。六五與上九親比，與父相當
　　親密，故可以德相勸也。（參5）

同事	主管	高層	基層	中	不正	動能
×	○		○	有能力	才華不足	弱

評：中之下：朋友相助當得利益，但恐無力持久

論：才華是天生，故要改進有些困難，可從動能著手，換言之，做事要
　　積極，同事之間互相照應，則在行事上會更加得心應手。

六爻動，變坤為升

艮 巽 震 兌 坤

艮　　　震₁
巽　→　兌₃　↘
　六　　　坤₅　→　震₂
　爻　　　巽　　　兌₄
　動

震：王，侯　┐
坤：事　　　├ 不事王侯
艮：止　　　┘

巽：高　　　┐
震：行　　　├ 高尚其事
艮：升　　　┘

《繫辭》：不事王侯，高尚其事。

解：不以王侯之事為志，而另尋其他足以發揮自己志向的事業。

斷：震₁ 行 → 震₂ 行 → 關鍵 → 莫走偏路致成驚

偏
吉

兌₃ 悅 → 兌₄ 悅

坤₅ → 順

變坤為順，高尚其事

論：目前所經營的方向是正確的，未來可望更加平順，行為上，高尚其
　　志，不與人爭的原則，可做為待人處事的座右銘。

言行，君子之所以動天地也。可不慎乎。

虞翻曰：二已變成益，巽四以風動天，震初以雷動地。中孚十一月，雷
動地中，艮為慎，故「可不慎乎」。

上九爻解：天

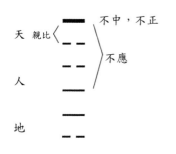

(1) 不中，不正。

(2) 上九陽剛固實，有高尚之志向。

(3) 與九三不應，已無世間之俗世想法。

(4) 三，四，五為震，行，四，五，六為艮止，行而止，不應也。

(5) 與六五親比，故得六五君王鼎力支持。

(6) 然，上九既有高尚之志，又已無世間俗世之想法，故拒絕六五而有不事王侯，高尚其事之象。

《象傳》：不事王侯，志可則也。

解：上六雖與六五親比，但只建議，不做王侯之事，而另尋自修之道，故其志可做為留傳後世之法則也。（參2、3、5、6）

同事	主管	高層	基層	不中	不正	動能
○			×	能力有限	才華不足	強

論：下之上：有毅力，但無能力配合

論：善用同事之間的情誼來協助增加自己的專業知識，則可望獲得大收益。

☷☱ 地在澤上，高出水面，居高臨下，監臨之道

臨

地澤

動態

純坤

監督

《序卦》：有事而後可大，故受之以臨，臨者、大也。

《雜卦》：臨者、與也。

坤　兌　震

☷坤　　☷坤₁

☱兌　　☱兌₃

　　　　☷坤₅　　☷坤₂　　☷坤

　　　　☱兌　　☳震₄　　☷坤

　　　　　　　　　　　　　純坤

坤：田，民眾

兌：澤　　　　　地在澤上

　　　　　　　　（居高臨下）

兌：折

坤：八　　　八月有凶

震：動　　　動則順

坤：順　　　（元亨利貞）

《繫辭》：**臨，元，亨，利，貞。至于八月有凶。**

解：臨，以剛臨柔，以上臨下。有大（元），通（亨），順（利），正

　　（貞）之象，但當陽消陰長之後，小人當道，必有兇險。

十二辟卦：臨☷→泰☷→大壯☷→夬☷→乾☰→姤☴→遯☶→否☰→觀☴

由臨至觀共歷八位，而臨卦，觀卦相綜，其義相反，臨為陽進陰消，觀

為陰進陽消，至八月有凶，乃陽消陰長，喻小人得勢也。

斷：坤₁ 順 → 坤₂ 平

偏吉

兌₃ 悅 → 震₄ 驚

悅而順，保民无疆

論：眼前是順利且愉快的，但若不知守，則之後順變平，悅變驚，將步

　　上衰退的局面，這是必需注意的，所謂，盛極而衰，居安思危也。

　　臨，一時之興盛，宜防興後衰微。

臨卦爻解

《彖辭》曰：臨，剛浸
而長。說而順，剛中而
應，大亨以正，天之道
也。至于八月有凶，消
不久也。

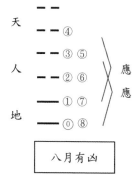

天

人 （爻位圖）

地

八月有凶

《象傳》：澤上有地，

臨，君子以教思无窮，容保民天疆。

解：臨卦；九二與六五相應，三，四，五為坤，眾，誠，二，三，四為震，
　　行，教，故君子以誠信教導民眾而不厭，初九與六四相應，初，二，三
　　為兌，悅，上卦坤為國，故得以保民於國疆之內也。

(1) 臨，四陰二陽，然初，二兩陽，有自
　　下而長之象，陰消陽長，故曰：剛浸
　　而長。
(2) 上卦坤順，下卦兌說，說而順。九二
　　與六五相應，九二為剛爻，位中，六
　　五亦位中，是為說而順，剛中而應。
(3) 六五與九二相應，六五位中，九二亦
　　位中，坤具四德，故有元，亨，利，
　　貞之德，而曰：大亨以正。六五勤政
　　愛民，施政不離天道之德也。
(4) 六四與初九相應，初，二，三為兌，
　　悅，折，兌為西，新月；二，三，四
　　為震，行，故雖應為悅，之後轉為
　　折。九二與六五相應，三，四，五為
　　坤，數為八，八個月後轉折，凶也。
(5) 雙應格局，初九⓪至九二，六三，六
　　四，六五，回六四，六三，九二，初
　　九⑧，共八位，故曰：八月有凶也。
(6) 陽長陰消，八個月後，陽消陰長，故
　　曰：消不久也。此為陰陽互為消長之
　　道也。

比附	相應
×	○

評：恐難守信，終入困局

論：　雖然六五與九二相應，但並無其他此附狀況，故而政令未能有效下
　　達，且六四與初九相應，若六四有私心則一段時間後必然有變。此喻
　　人或事，在未來會有所轉化，必須提前回應。

287

初爻動，變坎為師

坤 兌 震 砍

::: 坤 　　::: 坤₁
::: 兌 → ::: 震₃
初 　 　 ::: 坤
爻 　 ↓
動 ::: 坎₅ → ::: 坤₂ → ::: 震₄

震：行，來 ⎤
坤：順　　　⎦ 咸臨
兌：悅 → 吉也
咸：感應

《繫辭》：咸臨，貞吉。

解：以上臨下之道，在下而能以正感之，是貞固吉祥也。

斷：坤₁ 平 → 坤₂ 順

震₃ 驚 → 震₄ 行 → 關鍵→ 切莫行邪成險

坎₅ → 伏

變坎為伏，志行正也

論：為人處事，不宜自大，自滿，過份的剛硬自愎，只會帶來麻煩，但
　　也不能一切講究志向高尚，而不能與社會相融，也是問題，故要脫離
　　不知明的不安，身段必需低下，且要說到做到，否則，一旦坎成險，
　　則對未來會有大傷害。

同人：先號咷而後笑。
侯果曰：同人九五爻辭也。言九五與六二初未好合，故「先號咷」。而後
得同心，故「笑」也。引者喻擬議於事，未有不應也。

初九爻解：地

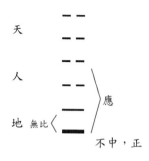

天

人

地　無比

不中，正

(1) 不中，正。

(2) 位於地位，故其象為以上臨下，下為之感應也。

(3) 與九二無比，九二個性孤獨，陽剛自復。

(4) 與六四相應，六四為陰爻，六四由上而下會陽，其結果當然令初九感動，故曰：咸臨，貞吉。

(5) 初，二，三，為兌，悅，二，三，四為震，行，六四來而悅，故正應也。

《象傳》：咸臨，貞吉，志行正也。

解：咸臨，貞吉之意，顯示初九的道德高尚，志在行正道。初九與六四相應，六四前來監臨也。（參 4）

同事	主管	高層	基層	不中	正	動能
	×	○		能力有限	有才華	強

評：中之下，可望脫離險境，後續待努力

論：若以初出社會，此條件已相當不錯。然因有才華，若再加上動能強，已或有貢高我慢之心態產生，又或有裙帶關係，若不自覺實不利前途發展。

九二	二爻動，變震為復
動態	

坤　兌　震

```
☷ 坤      ☷ 坤₁
☱ 兌  →  ☳ 震₃    ↘
                    ☷ 坤₂
二                ↘
爻    ☷ 坤  →      ☷ 坤₄
動    ☳ 震₅
```

震：行，來 ⎤
坤：順　　⎦ 咸臨
兌：悅 → 吉
咸：感應

《繫辭》：咸臨，吉无不利。

解：以上臨下，在上而能以誠感下，是无往不利的吉象。

偏吉	斷：坤₁ 平 → 坤₂ 順
	震₃ 驚 → 坤₄ 平
	震₅ → 行⋯ 關鍵 → 行正道莫走偏成驚
	變震為行，吉无不利

論：若要平成順，不安轉為平安，必需起而行，不可只在嘴上表功夫，
　　只注重表面，而忽略內涵，沒有行動力，在這社會上，是很難有所突
　　破的。

子曰：君子之道，或出或處，或默或語。

虞翻曰：乾為道，故稱君子也。同人反師，震為出。為語，坤為默巽為
處，故「或出或處，或默或語」也。二人同心，其利斷金。

290　**【易上經】**乾坤為首，終為離 首重天地定位

九二爻解：地，二多譽

天

人

逆比

地 無比

應

中，不正

(1) 中，不正。

(2) 與初九無比，亦與六三逆比，顯然此人與初九一般，剛直正固，且有過而無不及，因此與鄰居都相處不佳。

(3) 但六五與之相應，六五為君位，九二位中，具中德之賢，此應顯示九二其才已上達天聽，而得六五之召見，九二感君王之誠，故而與之相應，吉无不利也。

(4) 二，三，四為震，為行，三，四，五為坤，為順，為吝，故九二感六五之誠前往，是為順而行。然之後或有變，使坤成吝，故雖應，或不從也。

(5) 然初、二、三，為兌折，故恐未順坤之命也。

《象傳》：咸臨，吉无不利，未順命也。

解：咸臨，是吉祥而無不利，但九二並未因六五之召而順服於六五之命，乃是因六三到上六，四陰方盛，自想不能服群陰也。（參3，4）

同事	主管	高層	基層	中	不正	動能
×	逆	○		有能力	才華不足	強

評：中之下，可順利度過困境，但心態要改變

論：有高層照應，故而有恃無恐，與主管不能相合，這是很不對的態度。若能明白為人處事之理，而化阻力為助力，對自身有好處。

三爻動，變乾為泰

坤　兌　震　乾

::坤　　::坤₁
::兌 → ::震₃　　↘
　　　　　　　　↘
三爻 ↘ ::坤　→ ::震₂
　　動 ☰乾₅　　::兌₄

兌：口，甘 ⎤
坤：順，味甘 ⎦ 甘臨

震：動，來 ⎤
兌：折，缺 ⎦ 无攸利

震：驚，不安 ⎤
兌：折 ⎥ 既憂之
甘：志願 ⎦

《繫辭》：甘臨，无攸利，既憂之，无咎。

解：以甘悅臨人，只動口，無內涵，對事的解決是無所助益的。但若知
　　所憂懼，時時警惕，也就無咎矣！

斷：坤₁ 平 → 震₂ 驚… 關鍵 → 起而行改正錯誤

凶　震₃ 驚 → 兌₄ 折
　　乾₅ → 剛
　　變乾為剛，位不當也

論：顯然很努力的去做，但態度過剛還是不免毀折的發生，好在，若能
　　改過，用實際的行動，而不務虛的來做，才不致讓錯誤延續下去，也
　　需注意人際關係。

六三爻解：人，三多凶

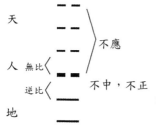

天

人 無比

逆比

地

不應

不中，不正

(1) 不中，不正。

(2) 與六四無比，甚少往來。

(3) 與九二逆比，嚴重爭執，故請上六前來調解。

(4) 若上六能克前來，然上六居極位，地位高，往往不能針對問題解決，只淪為口惠，雖有甘臨之象，亦無法解決與九二之爭，而曰：无攸利。

(5) 三，四，五為坤，四，五六為坤，故六三與上六不應，既不應，上六亦不會前來。

(6) 上六不來，就無法解決爭執，唯一之道，戒慎恐懼，小心謹慎，或能無咎也。

《象傳》：甘臨，位不當也。既憂之，咎不長也。

解：六三不中不正，故甘臨，位不當也。與九二逆比，常起爭執，既有此憂，若能處之如憂懼之地，小心謹慎，雖有災咎，也不會長久。（參3、6）

同事	主管	高層	基層	不中	不正	動能
逆	×	×		能力有限	才華不足	弱

評：下之下，無力改善

論：以此格局要全面改善，完全不務實際，故應從人和開始建立同事之間的友誼，才是突破重點。

293

四爻動，變震為歸妹

坤　兌　震　坎　離

```
☷坤     ☷坤₁
☱兌 →  ☳震₃      ↘
四      ☳震₅ →  ☵坎₂
爻      ↘
動      ☱兌     ☲離₄
```

坤：地 ┐
　　　├ 臨（居高臨下）
兌：澤 ┘

震：來 ┐
兌：悅 ├ 至臨
坤：誠 ┘

至：由上至下

《繫辭》：至臨，无咎。

解：親切之至的監臨，是无可咎的。

斷：坤₁ 平 → 坎₂ 伏 → 關鍵 → 切勿棄伏成險

　　震₃ 驚 → 離₄ 心

　　震₅ → 行

　　變震為行，位當也

論：如果心態改變，用親切的心來做事，無論對人對事都會獲得美好的
　　結果。然若不以誠心待人，那所得將是險境的未來，不可不慎。

虞翻曰：二人謂夫婦。師震為夫，巽為婦。坎為心，巽為同。六二震巽
　　俱體師坎，故「二人同心」。巽為利，乾為金，以離斷金，故「其利
　　斷金」。謂夫出婦處，婦默夫語，故「同心」也。

同心之言，其臭如蘭。
虞翻曰：臭，氣也。蘭，香草。震為言，巽為蘭，離日燥之，故「其臭
　　如蘭」也。
案：六三互巽，巽為臭也。斷金之言，良藥苦口，故香若蘭矣。

六四爻解：人，四多懼

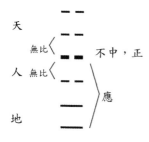

天

人

地

無比

無比

不中，正

應

(1) 不中，正。

(2) 六四與六五無比，故與上位沒有互動。

(3) 與六三亦無比，顯示與近鄰也無交往。

(4) 但與初九相應，初九為基層，而為求取基層的支持，故以親切的心態前往是謂至臨，無咎。

(5) 初，二，三為兌，悅；二，三，四為震行，行而悅，正應也。

《象傳》：至臨，无咎，位當也。

解：至臨之所以无咎，主要是六四與初九相應，得以行至臨之道，且六四正位，初九亦正位，故位當也。(參4)

同事	主管	高層	基層	不中	正	動能
×	×		○	能力有限	有才華	弱

評：下之上，有心為之無力守之

論：有才華但能力不足，所有者就是至誠以對，好在基層力挺，要努力學習，並再加強與同事長官之間的聯繫。

295

五爻動，變坎為節

```
      ┌→ 錯 離

坤 兌 震 坎 艮
```

```
      ☷坤     ☷坤₁
      ☱兌  →  ☳震₃
  五   ☵坎₅   ☶艮₂
  爻     ↓
  動   ☱兌     ☳震₄
```

坎：水，智慧之象 → 知臨

坎：耳 ⎫
離：目 ⎬ 大君之宜
震：行 ⎭

坤：眾，喻賢士

知：睿知

《繫辭》：知臨，大君之宜，吉。

解：一國之君，應有知人之明，禮賢下士之心，這是吉祥的。

斷：坤₁ 平 → 艮₂ 反

偏吉

震₃ 驚 → 震₄ 行

坎₅ → 伏 ⟶ 關鍵 → 莫棄伏成險

變坎為伏，行中也

論：身在不安時，除了自身檢討外，對外部之事也應留意，是否有自傲
自滿；為人處事是否低下以對，目標設定能否切實執行，若能如此反
求諸己，用智慧去解決問題，如果不即時改進，伏成險不妙矣！

初六：藉用白茅，無咎。

孔穎達曰：欲求外物來應，必須擬議謹慎，則物來應之。故引大過初
六，藉用白茅無咎之事，以證謹慎之理也。

六五爻解：天，五多功

(1) 中，不正。

(2) 與上六無比，六四亦無比，顯見六五似乎在處理事務上欠缺能力及人和。

(3) 然下與九二相應，九二為下卦中位，且陽爻剛正，故若得九二之助，則為知臨，大君之宜也。

(4) 二，三，四震，行；三，四，五坤，順，故六五來九二是為禮賢下士，行而順，可達求賢之目的，是為吉也。

《象傳》：大君之宜，行中之謂也。

解：大君之宜，象徵凡事無不合乎中道，六五與九二相應，兩者皆位中，三，四，五為坤，順；二，三，四為震，行，故行中而順也。
　　（參3、4）

同事	主管	高層	基層	中	不正	動能
×	×		○	有能力	才華不足	弱

評：下之上，短暫為之，一時之興

論：此評顯示六五非明君也。要做到知臨，難矣哉。對一般人在社會求生存，其力尚可，如果能多努力則可望有所改善。

六爻動，變艮為損

坤　兌　震　艮

兩　坤　坤₁
兌 → 震₃

六　艮₅ → 坤₂
爻　動 → 兌 → 震₄

震：行 → 臨

艮：山
坤：土　｝敦（厚土）

兌：悅
坤：眾　｝吉

敦：厚也

《繫辭》：敦臨，吉，无咎。

解：以敦厚之道臨人，吉而無可咎。

斷：坤₁ 平 → 坤₂ 平

虛吉

震₃ 驚 → 震₄ 行 → 關鍵 → 莫走偏成驚

艮₅ → 止

變艮為止，志在內也

論：不安之情況已經過去，未來可望步入平順之期，唯重點仍在行一
　　字，如果不能起而行，則行仍為驚，對事並無幫助，換言之，仍需兢
　　兢業業不可放鬆。

子曰：苟錯諸地而可矣。藉之用茅，何咎之有，慎之至也。

虞翻曰：苟，或。錯，置也。頤坤為地，故「苟錯諸地」。今藉以茅，故
「無咎」也。

上六爻解：天

天　無比

人

地

不中，正

不應

(1) 不中，正。

(2) 上六為外體坤卦的最高位，坤地廣厚，故有敦臨之象。

(3) 與六五無比，顯然已不再視事。

(4) 既不視事，故與六三不應，樂于安享餘年。

(5) 三，四，五，坤；四，五，六亦為坤，故不應也。

(6) 是故，上六位高不用事，專一修行自身之道，故曰：吉无咎。

《象傳》：敦臨之吉，志在內也。

解：敦臨之吉，其志是在自身，而非身外，即與六五無比，又與六三不應，故只有獨善其身矣。（參 3、4、6）

同事	主管	高層	基層	不中	正	動能
×			×	能力不足	有才華	弱

論：下之中，無恆心為之

論：以上六退休之位而言，其才華能以修行自身之道，極為合適。但若未退休，則需借智慧（才華）來改進缺失。

觀

風地

觀瞻，示範，仰觀

《序卦》：物大然後可觀，故受之以《觀》。

《雜卦》：觀者，求也。

┌錯 震

巽　坤　艮

被動

純坤

巽 → 巽₁

坤 → 坤₃

　　艮

　　坤₄

艮₂ → 坤

坤 → 坤

純坤

坤：眾，土 → 信，孚

巽：木　┐

艮：廟　┘宗廟之象

巽：入 → 觀

坤：眾仰之　┐

震：動　　　┘顒若

《繫辭》曰：觀，盥而不薦，有孚顒若。

解：在天子宗廟祭祀，主祭者淨手後，還沒有薦上祭品，但是主祭者的
　　虔誠，已使參加祭典的人們，皆心存誠敬而仰觀君德矣！

　　（盥：音貫，淨身；顒，音於）

斷：巽₁ 謙 → 艮₂ 反

偏吉

　　坤₃ 順 → 坤₄ 吝

　　順而巽，有孚顒若

論：行謙道，前景平順，但巽為風，亦為空，切勿像一陣風過去就成了
　　空，一旦成空，吝相就出現，而會為現在的狀況造成不小的困擾，故
　　應注意。尤宜注意外在之誘惑，眼下或凶，若守正，未來或反得富，
　　吉事晚成也。

【易上經】乾坤為首，終為離 首重天地定位

觀卦爻解

《象辭》曰：大觀在上，順而巽，中正以觀天下。觀，盥而不薦，有孚顒若，下觀而化也。觀天之神道，而四時不忒，聖人以神道設教，而天下服矣。

(1) 上卦為巽，下卦為坤，順，順而巽。九五與六二相應，九五為君，位中且正，具中德，行正道，以上化下六二，故曰：中正以觀天下。

(2) 三，四，五為艮，廟，祭祀之象，下卦為坤，土，信；上卦為巽，謙讓，有孚顒若。

(3) 九五與六四親比，六四為大臣，故九五於廟中虔誠行祭祀之禮，大臣亦皆參與，而能觀君王之誠，故有盥而不薦之象。九五既與六二相應，六二為民，六二在下，而觀其上之誠，亦皆感而化之。

(4) 上九與六三相應，三，四，五為艮，祭祀，四，五，六為巽，入，上九喻天，六三為民，民借祭天之祀，而能觀天道之妙，四時更替之理，以此，聖人方以神道設教，而天下服矣！

天
人
地
親比
應
應

《象傳》曰：風行地上，觀；先王以省方，觀民設教。

解：風行地上是為觀，九五與六二相應，九五為王，九五與六四親比，二、三、四為坤，民，方。故先王以省方觀民之疾瘼，上卦為巽，為入，申命，依風俗以設教化之道。

比附	相應
○×	○

評：避開困局可，但後續仍待努力

論：九五雖與六四親比，但依附在九五與六二相應之中，並沒有發揮作用。然上九與六三相應，在整體上，亦可助一臂之力，不過雙應格局必需以誠信為橋樑，方不致有所變異，然風行天上，有虛而不實之象，保守為宜。

301

初六	初爻動，變震為益

動態

```
      ┌→ 錯 乾
  巽  坤  艮  震
```

艮 巽₁ 艮₁

坤 → 坤₃   艮：少男，童子 ┐
   初   巽₂ 艮₂   震：行   ├ 童觀
   爻   坤₄   坤：小人   ┘
   動   震₅   乾：君子，大人

《繫辭》曰：童觀，小人无咎，君子吝。

解：童子本來就茫無見識，以之譬市井小人，亦若如是，故曰小人無
　　咎，然士君子若如孩童般不識大體，那就動輒獲咎了。

斷：艮₁ 反 → 艮₂ 反

| 凶 |

坤₃ 吝 → 坤₄ 吝

震₅ → 驚 ⋯ 關鍵 → 檢討原因，行動改善

變震為驚，小人道也

論：事本不平，如今又產生變化，不安現象已經出現，究其原因，乃主
　　事者，眼光淺薄，不能順應市場潮流，只能固守不能改變，因而逐漸
　　流失，如今之計，就是起而行，多方研究改善。

夫茅之為物薄，

虞翻曰：陰道柔賤，故「薄」也。

而用可重也。

虞翻曰：香潔可貴，故「可重也」。

【易上經】乾坤為首，終為離 首重天地定位

初六爻解：地

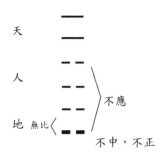

天

人

地 無比

不應

不中，不正

(1) 不中，不正。

(2) 初六為陰爻，又在地位之下，故謂童觀。

(3) 與六二無比，顯示與鄰人沒有交流，而為小人象。

(4) 而與六四亦不應，故上不及九五，上六，既不能仰窺萬一，茫無見識，也只能說小人無咎，君子吝也。

(5) 初、二、三為坤，二、三、四亦為坤，故不相應也。

(6) 由爻解中可得知，主角為小人，非君子。

《象傳》曰：初六童觀，小人道也。

解：所謂初六童觀，初六不中，不正，無比，無應，故為小人之道，而非君子之道也。(參3，4，6)

同事	主管	高層	基層	不中	不正	動能
	×	×		能力有限	才華不足	弱

評：下之下，無力避開困局

論：得此之評，恐怕要非常認真的思考，而非諉過他人，要如何化解，只在一念之間，換言之，多與能者接近，不恥下問，請教，或可化解眼前困難。

六二

動態

二爻動，變坎為渙

　　　　　　　　　　　　　　　　　　　　　　　┌→錯 離

　　　　　　　　　　　　　　　　巽 坤 艮 坎 震

　　☴巽　　☶艮₁

　　☷坤　→　☷坤₃　　　　　　　艮：門

　二　　　　☴巽　　　　　　　　坎：隱伏

　爻　　　　☵坎₅　→　☶艮₂　　離：目　┐

　動　　　　　　　　☳震₄　　　坤：女　├ 闚觀

　　　　　　　　　　　　　　　　震：行　┘

《繫辭》曰：闚觀，利女貞。

解：站在門內窺視外景，有利女子之貞固美德，然亦有所見不廣之意。

　　斷：艮₁ 反 → 艮₂ 反

偏凶　坤₃ 吝 → 震₄ 驚 ┄ 關鍵 → 行大道以去驚

　　　坎₅ → 伏

　　　變坎為伏，闚觀

論：今人不安的情況，正悄悄發生中，還好是低調否則後來更難收拾，
　　要自我檢討，宏觀以對，多多吸收外部經驗，以壯大本身競爭力才
　　是。

慎斯術也以往，其無所失矣。

侯果曰：言初六柔而在下，苟能恭慎誠潔，雖置羞於地，神亦享矣。此
章明但能重慎卑退，則悔吝無從而生。術，道者也。

勞謙，君子有終吉。

孔穎達曰：欲求外物之應，非唯謹慎，又須謙以下人，故引謙卦九三爻
辭以證之矣。

【易上經】乾坤為首，終為離 首重天地定位

六二爻解：地，二多譽

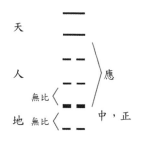

天

人 　　　　　　　　　　　〉應

地　無比　　　　　中，正
　無比

(1) 中，正

(2) 與初六無比，六三亦與之無比，六二為陰爻，在地上，為成年女子，非孩童也。

(3) 既與初六，六三無比，應為深閨未嫁女之象。

(4) 與九五相應，九五為陽爻男性，故有闚觀之象，二、三、四為坤，女，三、四、五為艮，少男，陰陽相應也。

(5) 而未嫁女躲在門後偷窺，以古禮而言，是為利女貞。

《象傳》曰：闚觀女貞，亦可醜也。

解：六二，中正，故利女貞，與九五相應，九五為陽剛君子，亦中與正也，識見廣大，故六二與之相比，識見有不足之處也。(參 4，5)

同事	主管	高層	基層	中	正	動能
×	×	○		有能力	有才華	弱

評：中之下，有能力化解未來的困境，但要配合決心

論：論：若以此評等之女子而言，在識見上應該還不至於太差。至於社會人士，雖有高層所罩，但也應培養與同事之間的情誼，再加上努力，前途無量。

| 六三 | 三爻動，變艮為漸 |
| 被動 | |

```
☴巽    ☶艮₁
☷坤  → ☷坤₃
三爻    ☴巽    ☲離₂
動  → ☶艮₅   ☵坎₄
```

```
        ┌ 錯震
巽 坤 艮 離 砍
```

離：目
坤：我   ┐
巽：進退   ├ 觀我生
震：行，生 ┘ 進退

《繫辭》曰：觀我生，進退。

解：自我反省觀察過去的德行操守，以做為未來進退的依據。

斷：艮₁ 反 → 離₂ 心

| 虛吉 |

坤₃ 吝 → 坎₄ 伏 → 關鍵 → 切莫棄伏成險

艮₅ → 止

變艮為止，未失道也

論：雖然遇到不順之境也要一心堅守謙讓之道，以正固守，不能走向邪
　　道，故反觀過去的一切，有過即改，知所進退，養成反省警惕，自可
　　化解危機。

子曰：勞而不伐，有功而不德，厚之至也。

虞翻曰：坎為勞。五多功。乾為德，德言至。以上之貴，下居三賤。故
「勞而不伐，有功而不德。」艮為厚，坤為至，故「厚之至也」。

語以其功下人者也。

虞翻曰：震為語，五多功，下居三，故「以其功下人者也」。

六三爻解：人，三多凶

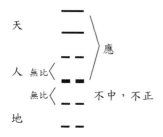

天

人 無比

無比 不中，不正

地

(1) 不中，不正。

(2) 與六四無比，六二亦無比，雖為陰爻，但對擇友有相當的堅持，也有一定的道德操守。

(3) 與上九相應，上九陽爻，剛正之君子。

(4) 故若與上九相交，本身就必需自我反省，而有觀我生之動機，三、四、五為艮反，四、五、六為巽，利，謙，故六三，上九之相交非為利，而為德，故正應也。

(5) 能否通過上九的剛正，則成為拿捏進退的條件。

《象傳》曰：觀我生，進退；未失道也。

解：六三與上九相應，上卦為巽，進退，上九陽爻自守正道，故觀六三之進退，與上九之應，應未偏離正道也。（參3，4，5）

同事	主管	高層	基層	不中	不正	動能
×	×	○		能力有限	才華不足	弱

評：下之中，只靠貴人，恐難脫困

論：若從爻解，似乎無法做到自我反省之要求。而只靠高層關係，自身毫無任何能力，勢必會被淘汰，宜自我覺悟。

四爻動，變乾為否

┌錯 震

巽 坤 艮 乾

巽　艮₁
坤　→　坤₃
四　　　乾₅　→　巽₂
爻　　　坤　　　艮₄
動

坤：國
震：行　　┐
巽：入　　├ 觀國
艮：光
乾：王　　┐
坤：眾，賓之象　├ 賓于王

《繫辭》曰：觀國之光，利用賓于王。

解：利用做為君王的貴賓，就近親炙君王的德行，觀察國君如何成就光
　　輝盛世也。

斷：艮₁ 反 → 巽₂ 謙 ┅ 關鍵 → 莫棄謙成空

坤₃ 吝 → 艮₄ 反
乾₅ → 健
變乾為健，利用賓于王

論：現況已經屬平順格局，然未來若要持續下去，不可能不勞而獲，必
　　需持續以謙待人，努力工作，才能獲得，否則一旦巽成空，則努力就
　　白費了。

德言盛，禮言恭。
虞翻曰：謙旁通履。乾為盛德，坤為禮。天道虧盈而益謙。三從上來，
同之盛德，故「恭」；震為言，故「德言盛，禮言恭」。謙也者，
致恭以存其位者也。

六四爻解：人，四多懼

(1) 不中，正。

(2) 與初六不應，亦與六三無比，故可判斷為外地賢士。

(3) 六四為陰爻，無官位在身。

(4) 初、二、三為坤，二、三、四亦為坤故不應也。

(5) 既與九五親比，顯然獲得君王的肯定，而成為座上賓，此即利用賓于王也。

(6) 然既成王之賓，當然要觀國之光，才能決定是否為君王效力。

《象傳》曰：觀國之光，尚賓也。

解：所謂觀國之光，六四與九五親比，九五為君，下卦為坤為賓，上卦為巽入，允許賓客能就近觀政也。

同事	主管	高層	基層	不中	正	動能
×	○		×	能力有限	有才華	弱

評：下之上，要隨順，恐只能靠人幫忙

論：這種賓客似乎弱了些，但也因為是賓客，故行事比較低調。回到社會，以此格局要往上發展還有些距離，既然有才華（智慧）就善用智慧來解決問題。

五爻動，變艮為剝

┌→錯 震

巽　坤　艮

```
☴巽        ☶艮₁
☷坤  →    ☷坤₃              ☷坤₂
     五      ☶艮₅    →      ☷坤₄
     爻
     動  ☷坤         ☷坤
```

坤：我，眾生 ┐
震：行，生　┤　　觀我生
巽：入，進退 ┤
艮：止 → 无咎 ┘

《繫辭》曰：觀我生，君子无咎。

解：觀察我現在所做的一切，是否足以為天下示，即使賢人君子，也應
　　對我有無所咎之處。

斷：艮₁ 反 → 坤₂ 平

吉　　坤₃ 咎 → 坤₄ 順 ┈ 關鍵 → 要保住莫成咎

　　艮₅ → 止

　　變艮為止，君子無咎

論：不管過去平順與否，但若今後能不時觀我生，則未來會因自我本身
　　的學習及審視能力，獲得更多人的青睞，前途也必將充滿光明。

德言盛，禮言恭。

虞翻曰：謙旁通履。乾為盛德，坤為禮。天道虧盈而益謙。三從上來，
同之盛德，故「恭」；震為言，故「德言盛，禮言恭」。謙也者，致恭以
存其位者也。

虞翻曰：坎為勞，故能「恭」。三得位，故「以存其位者也」。

九五爻解：天，五多功

(1) 中，正。

(2) 與上九無比，顯示九五剛正貞固，有完全的獨立自主能力。

(3) 與六四親比，六四為諸侯位，故朝中大臣皆與之有十分親密的互動，有助朝政的推動，而曰：君子无咎。

(4) 與六二相應，六二代表基層領袖，九五所作所為，皆能下觀於民，賢君也，故曰：觀我生。

(5) 二、三、四為坤，眾；三、四、五為艮，為家，為反，視百姓為家人，親民之象，故應也。

《象傳》曰：觀我生，觀民也。

解：觀我生，上卦巽為入，觀也，九五與六二相應，六二為民間領袖，二、三、四為坤，亦為民，故觀民對我之見也。（參3，4）

同事	主管	高層	基層	中	正	動能
○	×		○	有能力	有才華	強

評：上之下，絕對順利，小吝難免

論：賢明君王，能夠時時審視自己，要求自己，更要作眾人的榜樣，上行下效，很不容易。以此條件在社會上，亦是經營階層的重要幹部，但要懂的適時調節壓力，否則有傷身體健康。

上九
被動

六爻動，變坎為比

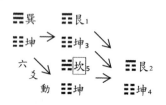

坤：眾
巽：入
震：行，生也 ⎱ 觀其生
艮：止
坎：險 ⎱ 无咎

《繫辭》曰：觀其生，君子无咎。

解：以君子的角度來檢視上九的一生，也是無可追究的，喻其德亦足以
　　為人之表率。

斷：艮₁ 反 → 艮₂ 反

偏
吉

坤₃ 吝 → 坤₄ 平

坎₅ → 伏 → 關鍵 → 勿棄伏成險

變坎為伏，君子無咎

論：吝轉為平，逆境有逐漸好轉之跡象，探其因，能反省自身，轉換心
　　態，以忍，以伏來應對事務，擺脫過去的狹礙，這對事業的發展，有
　　莫大的助益，然需注意，切不可因小有成，故態復明，則坎成險，比
　　過去更糟。

高而無民，

虞翻曰：在上，故「高」。無陰，故「無民」也。

賢人在下位，

虞翻曰：乾稱賢人。下位，謂初也。遁世無悶，故「賢人在下位」而不

憂也。

上九爻解：天

(1) 不中，不正。

(2) 與九五無比，雖然上九也是陽爻，剛貞正固，但上九居天位之極，已退而無事，故雖有文采，然為避九五之我字，而以其代之。

(3) 與六三相應，故其觀也為空有觀之象，而是由六三之角度來觀，非上九主動，故曰：觀其生，君子無咎。

(4) 三、四、五為艮，反；四、五、六為巽，為謙，以謙相應，正應也。

《象傳》曰：觀其生，志未平也。

解：上九之觀其生與九五不同，原因為以上九之志，志不敢與九五同觀其民，雖與六三相應，然六三為艮止（三，四，五為艮）之下位，上卦為巽，命，故止於此之命，其志未能下達也。（參3）

同事	主管	高層	基層	不中	不正	動能
×			○	能力有限	才華不足	強

評：下之上，雖有毅力，但還是要低調為重

論：對退休者而言，有基層相挺似有志未平之嘆，然在社會上，才華屬天生，但能力則是後天可培養，故不必不平，多努力在專業知識之建立，則可望更上一層樓。

☲☳ 火在雷上，雷電生威，治理刑獄，勿枉勿縱

噬嗑	咬合，食也

《序卦》：可觀而後有所合，故受之以
《噬嗑》。嗑者，合也。
《雜卦》：《噬嗑》，食也。

火雷

動態

未濟

離　震　坎　艮

離　　　離1
震　　　震3

　　　　　坎2　　　離
　　　離　　　　　　坎
　　　震　　　艮4　　未濟

震：動
坎：弓，獄
離：戈兵
艮：手，止
離：明

利用獄（以明）

《繫辭》：噬嗑：亨。利用獄。（噬：音仕。嗑：音合）

解：噬嗑卦，大亨之象，國家用監獄之刑，來糾正犯罪之人，聖人用獄
　　之心，實以濟德禮之窮。噬嗑，口中有物，諸事有障也。

斷：離1 明 → 坎2 險

虛吉

　　　震3 動 → 艮4 反
　　　動而明，利用獄，亨

論：為要校正不當行為，或需用強制手段，反會得明，換言之，如果沒
　　有這些手段就會出現險象，因此，先王明罰敕法實為保障善良，但
　　必需做到動而明，也就是做決策必須思考週到，否則不明反險也，
　　需防不測之災。

【易上經】乾坤為首，終為離 首重天地定位

噬嗑爻解

《象辭》曰：頤中有物，曰噬嗑，噬嗑而亨。剛柔分，動而明，雷電合而章。柔得中而上行，雖不當位，利用獄也。

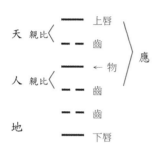

天　親比〈 ——　上唇
　　　　　 — —　齒
　　　　　 — —　← 物 〉應
人　親比〈 — —　齒
　　　　　 — —　齒
地　　　　 ——　下唇

(1) 初，上兩爻為陽，如人之唇，二、三，五陰爻如齒，九四陽爻為物，頤中有物，故噬以嗑之，曰：噬嗑。

(2) 六三與九四親比，九四剛強正固，六三尋求九四之助，共同研議治獄的方法，故曰剛柔分。

(3) 上九與六三相應，顯示先王對獄政亦相當重視，所定之法獲得基層支持，六三為震，動，為雷，能斷之象，上九為離，明，為電，能察之象，故曰：動而明，雷電合而章，斷而明，故得以威明相濟矣！

(4) 六五與上九親比，六五尊位，陰爻，柔也，位中，以中道臨民；常至上九處請益獄政之事，故曰：柔得中而上行，但位不正，不足以致諸事之利，故唯以獄決斷訟案，而曰：雖不當位，利用獄也。

《象傳》：雷電，噬嗑。先王以明罰敕法。（敕：音赤）

解：雷為威，電為明，威而明為噬嗑，先古帝王，明此理，而明定罰則。明之於先使人知所避，敕之於初始人知所畏，蓋不得已而用刑。

比附	相應
○✕	○

評：難防不測之災的困局

論：上九與六五親比，九四與六三親比，皆在上九與六三相應之中，故對整體而言，並無太大助益，但也顯示獄政改革之事，皆在體制內完成，而有上下呼應之象，放於社會，可曰內省相當有力，凡事依法而行，唯人際關係不佳，需預防不測之災。

初九	初爻動，變坤為晉
動態	

離 震 坎 艮 坤

```
☲ 離        ☵ 坎₁
☳ 震   →    ☶ 艮₃   ↘
初 爻   ↘    ☲ 離₂   →   ☵ 坎₂
動 ☷ 坤₅      ☷ 坤       ☶ 艮₄
```

坎：桎梏 → 校也
震：趾
震：行 ┐
艮：止，無 ┘ 減趾

《繫辭》：履校滅趾，无咎。

解：對於初犯者，以刑具銬於腳，以至於腳趾被刑具遮住看不到。屬於
微罪，不再犯就可以無咎矣。以小懲而收大誡之效，為噬嗑之意也。

斷：坎₁ 險 → 坎₂ 險 → 關鍵 → 以伏剋險

偏	艮₃ 反 → 艮₄ 反
凶	坤₅ → 吝

變坤為吝，不行也

論：險境並未止住，反而轉為吝之象，必需好好思考，防微杜漸，以免
發生更重大的事。此時期必需恪守低調，以行伏剋險。

而無輔，是以動而有悔也。
虞翻曰：謂睽我民，故「無輔」。乾盈動傾，故「有悔」。文王居三，紂
亢極上，故以為誡也。
不出戶庭，無咎。
孔穎達曰：又明擬議之道，非但謙而不驕，又當謹慎周密，故引節初周
密之事以明之也。

316 【易上經】乾坤為首，終為離 首重天地定位

初九爻解：地

(1) 不中，正。

(2) 為地位，顯示初犯者。

(3) 初九陽剛不柔順，很容易衝動而犯刑。

(4) 上與九四不應，故九四不是初九的審判者，初，二，三為震，行；二，三，四為艮，止，行而止故不應也。亦代表犯刑還有所節制。

(5) 然與六二逆比，顯然六二為審判法官，由於初九為初犯，故曰：履校滅趾，无咎。

(6) 初，二，三為震，足，趾之象。

《象傳》：履校滅趾，不行也。

解：履校滅趾之說，是剝奪犯者行動之罰也。（參4、5）

同事	主管	高層	基層	不中	正	動能
	逆	×		能力有限	有才華	強

評：下之上，脫困不易，心態必需改變

論：因為有才華，加上動能強，所以才會出現反抗心理，自以為是，然力不足卻是最大的傷害，故在行為上要自我約束，以免因能力不足而犯下大錯。

六二
動態

二爻動，變兌為睽

離　震　坎　艮　兌

震，動　┐
兌：口　├ 噬膚
艮：膚　┘

艮：鼻　┐
坎：伏，沒也　┘ 滅鼻

《繫辭》：噬膚滅鼻，无咎。

解：吃到柔軟的肉，一口咬下去，連鼻子都陷入肉中，此喻在治獄之
　　時，碰到累犯，也不得不用有如噬膚滅鼻那般力道的刑度，以收用刑
　　的功效，這是无可追咎的。

斷：坎₁ 險 → 坎₂ 險 ⋯ 關鍵 → 應以伏制險

偏
凶

艮₃ 反 → 離₄ 心
兌₅ → 折

　　變兌為折，噬膚滅鼻也

論：如果心要走上險境，那任何事都無可救藥，毀折，倒閉都有可能，
　　故人在做事判斷時，都必需謹慎，以免一失足成千古恨，悔之晚矣！
　　唯一可解者，即是當知道後果時，立即將心潛伏，好好思考，或有改
　　善機會。

子曰：亂之所生也，則言語以為階。
虞翻曰：節本泰卦。坤為亂；震為生，為言語；坤稱階故「亂之所生，
則言語為之階」也。君不密則失臣，臣不密則失身，

【易上經】乾坤為首，終為離 首重天地定位

六二爻解：地，二多譽

人　　　　　　　不應
　　無比
地　逆比　　　　中，正

(1) 中，正。

(2) 六二為地位之上，有社會經驗。

(3) 與六五不應，代表六二為專審民間的判官。二，三，四為艮，反，三，四，五為坎，險，反為險，故不應也。

(4) 與六三無比，但與初九逆比，故聽審之罪犯仍為初九。

(5) 初九陽剛性直，個性衝動，又兼年輕氣盛，故往往不知節制，一犯再犯，而六二陰爻性柔，雖曰用噬膚滅鼻之刑，二，三，四為艮為膚為鼻，然艮亦為止，故在用刑度上會有所節制，故曰无咎。

《象傳》：噬膚滅鼻，乘剛也。

解：噬膚滅鼻之象，為六二與初九逆比，故六二以柔治初九之剛，其刑不得不用力也，初九變爻為坤，吝，六二變爻為兌，折，其力道不同也。（參5）

同事	主管	高層	基層	中	正	動能
逆	×	×		有能力	有才華	弱

評：下之上，人不和，難逃困局，心態為重

論：雖然有心，也有能力，但其他條件不配合，加上自己的動能也不足，淪為口舌機率甚大，且已有恃才傲物不切實際現象出現。

三爻動，變離為重離

離 震 坎 艮 兌 巽

☲離　　☵坎₁
☳震 → ☶艮₃
三　　　☲離 → ☱兌₂
爻動　☲離₅ → ☴巽₄

兌：口　┐
巽：入　├ 噬
震：動　┘

坎：豬　┐
離：火　┘ 臘肉

坎：毒，矢毒　┐ 遇毒小吝
艮：止　　　　┘ （箭矢餘毒）

《繫辭》：噬臘肉，遇毒，小吝，无咎

解：噬火烤的臘肉，卻噬到箭矢的餘毒，只有小吝，但無咎，喻治獄而
　　遇到煩瑣之事，一時難以斷理。

斷：坎₁ 險 → 兌₂ 折

偏凶

艮₃ 反 → 巽₄ 空 ⇢ 關鍵 → 行謙以制空

離₅ → 心

變離為心，心折，位不當也

論：險象未除，毀折卻到，心態不正惹的禍，唯有適時了解原因而能加
　　以改正，即便有缺失，有挫折，也因心正而無可追咎之誤，就怕意氣
　　用事，反而陷自己於險境，故而謹慎小心是為上策。如何使之心正？
　　行謙道也。

六三爻解：人，三多凶

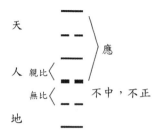

(1) 不中，不正。
(2) 與六二無比，故與基層無關。
(3) 與九四親比，三，四，五爻為坎，為險，故一旦治獄遇到陳年難斷之案就尋求九四幫忙。
(4) 與上九相應，四，五，六為離，為心，為明，故同時也尋求上九支援。
(5) 陳年煩瑣之案，本就難斷。若能遇事有所擔當，則何毒之有？故有噬臘肉遇毒，小吝之象。
(6) 三，四，五為坎，伏，四，五，六為離，明，低調查案以明案情，无咎矣！

《象傳》：遇毒，位不當也。

解：六三爻位不中，不正，配合不當，故有遇毒之象。（參5）

同事	主管	高層	基層	不中	不正	動能
×	○	○		能力有限	才華不足	弱

評：下之上，有貴人相助眼前之難可避過，但後續有疑

論：以此能力要斷陳年之案，恐非易事，故而只能向外尋求支援，短期還好，但總不能永遠依靠別人，出社會亦同，故必需自覺自悟改善缺失才是正道。

四爻動，變艮為頤

┌錯乾

離 震 坎 艮 坤

└錯兌

離　　坎₁
震 → 艮₃
四　　艮₅ → 坤₂
爻　　　　 → 坤₄
動　　震

兌：口
震：動　　　┐
坎：多骨之肉　┘噬乾胏
離：火
坎：弓
離：戈兵　　┐金矢
乾：金　　　┘
坎：險→艱之象

《繫辭》：噬乾胏，得金矢，利艱貞，吉。

解：在吃乾胏時，卻吃到卡在骨頭中的箭頭，譬喻要查明獄情，必如金
　　之剛，矢之直，這是艱難，但必需正固的事，也屬吉道。

斷：坎₁ 險 → 坤₂ 順 ⇢ 關鍵 → 莫因鬆懈成咎

偏吉

　　艮₃ 反 → 坤₄ 平
　　坤₅ → 止
　　變艮為止，利艱貞，吉也

論：凶險之情已有減緩之象，但還是不能掉以輕心，仍需嚴守人，事之
　　間的份際，持中正之道，不偏袒，無私心，如金之剛，矢之直，如此
　　才可望公平，公正，而得眾人之敬。

九四爻解：人，四多懼

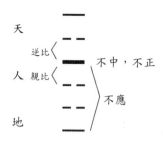

天

逆比
人 親比

地

不中，不正

不應

(1) 不中，不正。

(2) 與六五逆比，得不到六五認同。
    九四與六三親比，兩爻相貫上下，如
    齒之間的骨梗，九四為離火之下爻，
    故為乾胏而不易咬嚼。

(4) 三，四，五為坎，坎為矢，為金矢，
    當獄情難明之時，恰如噬乾胏般，競
    競然，必如金之剛，矢之直，而又堅
    貞正固，方能使人折服。故曰：得金
    矢，利艱貞，吉也。

(5) 初，二，三為震行；二，三，四為艮
    止，故九四與初九不應也。然九四與
    初九之不應，亦表示九四所行之事必
    需保密，未光也。

《象傳》：利艱貞，吉，未光也。

解：所謂利艱貞，則是指九四經辦政刑之事，不能曝光，所以艱難也。
（參5）

同事	主管	高層	基層	不中	不正	動能
○	逆		×	能力有限	才華不足	強

評：下之上，雖可轉險為平，但後續恐無力

論：以此格局，當然要辦艱難的獄政，是有些吃力，但因未光，故也只
    有吃虧之處。社會上，則需先改進專業，再與基層及主管交好，則立
    有進步。

| 六五 | 五爻動，變乾為无妄 |
| 動態 | |

┌錯 兌

離 震 坎 艮 乾 巽

└錯 坤

☲離 → ☵坎₁
☳震 → ☶艮₃
五爻 → ☰乾₅ → ☴巽₂
動 ☳震 → ☶艮₄

兌：口

乾：乾肉 ⎤
震：動 ⎦ 噬乾肉

乾：金 ⎤
坤：黃 ⎦ 黃金

坎：凶 → 厲

《繫辭》：噬乾肉，得黃金；貞厲，無咎。

解：在吃乾肉時，卻吃到黃金做的狩獵用彈丸，其喻獄政治理，由臘，
而肺，而乾肉，象徵層級愈來愈高，六五位尊居中，陰爻柔和，但恐
柔而不斷，故必如黃之中道，金之剛強以折斷獄訟，但又要常存危懼
之心，始能無咎矣！

斷：坎₁ 險 → 巽₂ 謙 ┈ 關鍵 → 莫棄謙成空

偏	艮₃ 反 → 艮₄ 反
吉	乾₅ → 健
	變乾為健，得當也

論：以正確和謙虛的態度，來化解凶險之道，即便位居高位，也必需時
時警惕，提醒自己不可迷失於正道，如此或可扭轉局面，迎來光明新
道。

六五爻解：天，五多功

天　親比 —— 中，不正
逆比
人 —— 不應
地 ——

(1) 中，不正。

(2) 與上九親比，得到上九的支持，噬乾肉之象。

(3) 與九四逆比，九四不服六五之斷訟方法。

(4) 與六二不應，六二為民間執法者，顯然兩者對獄政的審法亦不同。

(5) 然六五居尊，用刑於人，人無不服，但在論斷之時，欲使歸順，其斷必需純乎天理之公而無私，尤宜折中情，理，法而不失其平，故曰：得黃之中，金之剛，黃金也。

(6) 三，四，五為坎為險，貞厲也；二，三，四為艮，止，無咎也，因險而止，故六五與六二不應（此由六五看六二，與六二看六五有所不同）。

《象傳》：貞厲，无咎，得當也。

解：所謂貞厲无咎之說，乃因為六五位中，雖不正但為得中之當位也。
（參4、5、6）

同事	主管	高層	基層	中	不正	動能
逆	○		×	有能力	才華不足	弱

評：下之上，脫險可，後繼無力

論：噬嗑卦為下之上格局，可見獄政之事皆屬隱密，然若在社會上，此格局只屬平常，若要上進，則必需勤奮有加，以勤補拙，是為要務。

六爻動，變震為重震

離 震 坎 艮

$離_1$
$震_1$ → $坎_1$ $艮_3$ ↘
$坎_2$
六爻 ↘ $震_5$ →
動 $震$ $艮_4$

艮：手
震：動
坎：桎梏
坎：耳
離：木，校之象

何校滅耳

。

《繫辭》：何校滅耳，凶。

解：刑具加負在頸部，兩耳都被遮滅，當為凶象。

斷：$坎_1$ 險 → $坎_2$ 險 → 關鍵 → 行伏以剋險

偏凶

$艮_3$ 反 → $艮_4$ 反
$震_5$ → 驚
變震為驚，凶也

論：事情麻煩了，不但險止不了，驚也現身，心裡要有最壞的打算，若
還能補救，則需早些處理，若還能回頭，就應及早回頭，若是集體，
則宜明哲保身。

是以君子慎密而不出也。
虞翻曰：君子謂初。二動，坤為密。故「君子慎密」。體屯盤桓，利居
貞，故「不出也」。子曰：作易者其知盜乎？
虞翻曰：為易者，謂文王。否上之二成困，三暴慢。以陰乘陽，二變入
宮，為萃。五之二奪之，成解。坎為盜。

【易上經】乾坤為首，終為離 首重天地定位

上九爻解：天

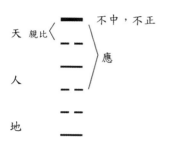

(1) 不中，不正。

(2) 上為極位，當獄之終，有枯惡到底之象，若是犯罪愈重，處刑亦愈重，故有何校滅耳之象。

(3) 然與六五親比，故六五或有包庇之象。

(4) 與六三相應，上九本已不用復事，然若與民間往來，而私下有復事之象，則恐犯六五大忌，故雖與六五親比，但若不知迴避，一旦出事，後果不堪。

(5) 三，四，五為坎，險，不智也，四，五，六為離，明，雖相應，但恐遇險則不明，凶也。

《象傳》：何校滅耳，聰不明也。

解：上九與六三相應，四，五，六為離，目，明也；三，四，五為坎，耳；二，三，四為艮止，故眼止，不明，耳止，不聰也。（參2、5）

同事	主管	高層	基層	不中	不正	動能
○			○	能力有限	才華不足	強

評：中之下，|人和可以脫離困局，後勢看好|

論：正應象傳，聰而不明，雖聰明。但不中，不正，仍屬小聰明，對應社會人士，宜加強專業知識當可在所屬職位上能有所斬獲。

山下有火，火光映山，文采光華，不可失真

賁

山火

動態

既濟

文飾，光明。
《序卦》：物不可以苟合而已，故受之以
《賁》，賁者，飾也。
《雜卦》：《賁》，无色也。

┌→ 錯 巽

艮　離　震　坎

艮：石，地文 ┐
離：日，天文 ┘ 文飾

震：足，行 ┐
艮：止 │ 小利
巽：利 ┘ 有攸往

艮 → 艮₁
離 → 離₃
艮 → 震₂ → 坎
離 → 坎₄ → 離
　　　　　　既濟

《繫辭》曰：賁，亨。小利有攸往。

解：賁，亨通之象，離卦在內，以喻內心光而明之。艮卦為止，艮而止
　　之。故僅可小利，不能建大功業。

斷：艮₁ 止 → 震₂ 行

虛吉

離₃ 明 → 坎₄ 險
文明以止，人文也

論：目前是小功，小利，緣於內心光明，為人處事必需要低調有自知之
　　明，如果超過自己的能力範圍，或走上投機之道，則所面對的必然是
　　驚與險，不可不慎。所謂知足常樂。賁，上卦為艮，故宜小事，不宜
　　大事，論事難如人願也。

【易上經】乾坤為首，終為離 首重天地定位

賁卦爻解

《彖辭》曰：賁，亨；柔來而文剛，故亨。分剛上而文柔，故小利有攸往。天文也；文明以止，人文也。觀乎天文，以察時變；觀乎人文，以化成天下。

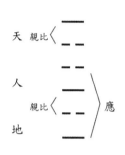

(1) 初九與六四相應，顯然有應對之事，初九為陽，六四為陰，陰陽和合，六四為艮下，為文之始，初九為離下則為明之始。初九為剛，六四為柔，故曰：柔來而文剛，為亨通之象也。

(2) 上九與六五親比，上九為艮山之外沿，郊區也，六五為尊位，若非有利，亦不會前往，剛上而文柔，故曰：小利有攸往。

(3) 九三與六二親比，初、二、三為離，日，為剛；二、三、四為坎，月，為柔，觀日，月之變化，剛柔之交錯，是謂天文，故觀日月天文之代明，而能察四時之變化。

(4) 上卦艮止，下卦離明，文明以止，人文也；觀人文之變化，以教化天下，故曰：觀乎人文，以化成天下。

《象傳》曰：山下有火，賁；君子以明庶政，无敢折獄。

解：賁之象，艮山下有離火，光燄上照，外卦艮止，內卦離明，君子明此道理，以清明管理眾人，三、四、五為震行，故不能輕啟刑獄，上卦為艮，止，也不敢輕易斷止獄事。

比附	相應
○	○

評：各相為政，難避困局

論：九三與六二之親比，因依附在六四與初九之相應中，故沒有作用，而上九與六五之親比，與六四、初九之應斷鍊，故上與下無法一氣呵成，相對人事而言，若因此斷鍊而召致損失，則不可不慎，好在外止內明，應無大礙。

初爻動，變艮為重艮

艮　離　震　坎

震：趾 ⎫
離：麗 ⎬ 賁其趾
艮：止，舍也
坎：車 ⎫
震：行 ⎬ 舍車而徒

艮　震₁
離　坎₃
初　艮　　震₂
爻　　　　坎₄
動　艮₅

《繫辭》曰：賁其趾，舍車而徒。

解：足趾雖已經過文飾，但還是舍坐車而步行，喻視情況而變，不失實
　　也。

斷：震₁ 行 → 震₂ 行

偏
吉

坎₃ 險 → 坎₄ 伏 ⋯ 關鍵 → 莫棄伏成險
艮₅ → 止
變艮為止，舍車而徒

論：驚險的狀況逐漸獲得控制，未來應要從底部做起，所謂行遠必自
　　邇，不可好高騖遠，腳踏實地，一步一腳印，打造堅實的基礎，才是
　　正道。

故「為易者其知盜乎」？
《易》曰：負且乘，致寇至。
孔穎達曰：此又明擬議之道，當量身而行，不可以小處大，以賤貪貴，
故引解六三爻辭以明之矣。
負也者，小人之事也。
虞翻曰：陰稱小人。坤為事。以賤倍貴，違禮悖義，故「小人之事也」。

初九爻解：地

天
人
地 逆比

應

不中，正

(1) 不中，正。

(2) 初九為六爻的最下位，陽爻陽剛，而地位相應於人的足趾之位，故曰賁其趾，也顯現足部對於人體的重要性。

(3) 與六二逆比，故不是去拜訪六二。

(4) 與六四相應，六四在上卦，象徵路遙，乘車前往，路途中或遇狀況，不適合車行，即便已經賁趾，也應視當時情況，該下車步行，就步行，是謂捨車而徒也。

(5) 初、二、三為離，明；二、三、四為坎險、為伏，伏而明險，故捨車而行，為正應也。

《象傳》曰：舍車而徒，義弗乘也。

解：初九與六四相應，初、二、三為離明，二、三、四為坎險，上卦為艮止，故遇險當止則止，舍車而徒，此為義理之必然也。（參4，5）

同事	主管	高層	基層	不中	正	動能
	逆	○		能力有限	有才華	強

評：中之下，絕對有能力脫離險況，後勢看好

論：論：不能因高層照顧而無所謂，那反而會走上貢高的道路，浪費自己的才華和時間。

二爻動，變乾為大畜

艮 離 震 坎 乾 兌

艮 → 震₁
離 → 坎₃ ↘
二 ↘ 艮 → 震₂
動 乾₅ 兌₄

兌：口
離：明，文采 ⎫
震：動 ⎭ 賁其須

《繫辭》曰：賁其須。

解：修整鬍鬚以賁其外表也。

斷：震₁ 行 → 震₂ 行 → 關鍵 → 行正道不可成驚

偏
吉

坎₃ 險 → 兌₄ 悅
乾₅ → 努力
變乾努力，與上興也

論：要衝出逆境，不能偷懶，必須努力經營，不能懈怠，才能有甜美的
果實可享，實務上，若經營事業，不妨尋覓可靠之人合夥為之亦可。

乘也者，君子之器也。

虞翻曰：君子謂五。器，坤也；坤為大車，故「乘君子之器也」。

小人而乘君子之器，盜思奪之矣。

虞翻曰：小人謂三。既違禮倍五，復乘其車。五來之二成坎，坎為盜，

思奪之矣。為易者知盜乎？此之謂也。

【易上經】乾坤為首，終為離 首重天地定位

六二爻解：地，二多譽

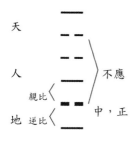

(1) 中，正。

(2) 在地位之上，故曰須。

(3) 與初九逆比，初九雖是陽爻，但相處不佳。

(4) 與六五不應，上無奧援，也無攀高本錢。二、三、四為坎險，三、四、五為震行，行而險故不應也。

(5) 與九三親比，顯然九三為其貴人，六二陰爻，必需陽爻方能有所興倡，如鬚之附於面，故曰賁其須。

《象傳》曰：賁其須，與上興也。

解：賁其須者，須在近，故六二與九三親比，而隨九三之興而興，為與上興也。（參5）

同事	主管	高層	基層	中	正	動能
逆	○	×		有能力	有才華	弱

評：中之下，避險可，毅力為重心

論：有能力，有才華，前途應可期待。但若自以為強，看不起他人，則有礙前程，畢竟成功不是天上掉下來的，有天賦，也必需人和，否則是浪費了天賦能力。

九三		三爻動，變震為頤

艮　離　震　坎　坤

```
☶ 艮        ☳ 震₁
☲ 離  →    ☵ 坎₃           ↘
     三          ☶ 艮    ☷ 坤₂
      爻 ↘                    ↗
       動  ☳ 震₅    ☷ 坤₄
```

離：麗，文彩 ┐
震：動　　　├ 賁如
艮：手　　　┘
坎：水，潤澤 → 濡如

《繫辭》曰：賁如濡如，永貞吉。

解：用潤澤柔膩的文彩來裝飾，其象永恆，貞固，吉祥，喻或保其剛而
　　不溺於陰。

斷：震₁ 行 → 坤₂ 順→ 關鍵 → 莫因順成吝

偏吉	坎₃ 險 → 坤₄ 平
	震₅ → 行

　　變震為行，永貞吉也

論：今人不安的險境或可渡過，其重要的原因則是對事要起而行，或順
　　之，如果還是陷在口舌之爭，則無濟於事。只是要留意，當行動時，
　　是否名如其實，切忌名過於實。

上慢下暴，盜思伐之矣。

虞翻曰：三倍五，上慢乾君，而乘其器。下暴於二，二藏於坤，五來寇
三，以離戈兵，故稱「伐之」。坎為暴也。

【易上經】乾坤為首，終為離 首重天地定位

九三爻解：人，三多凶

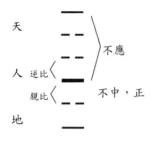

(1) 不中，正。

(2) 九三為陽爻，性剛硬，對文采並不擅長，必需找陰爻幫忙。

(3) 與上九不應，上九亦為陽爻，毫無助益，三、四、五為震，行；四、五、六為艮，止，行而止無益也，故不應。

(4) 與六二親比，故最後得六二之助完成文飾，其結果甚佳，故有賁如，濡如，永貞吉之嘆。

(5) 與六四逆比，或有文飾不實之象。

《象傳》曰：永貞之吉，終莫之陵也。

解：九三的永貞之吉，雖然有些文過於實，但文飾的成效，卻是不可置疑的。二、三、四為坎險，過於實也。（參4，5）

同事	主管	高層	基層	不中	正	動能
○	逆	×		能力有限	有才華	強

評：中之下，心態有問題，但避險可

論：勤奮又有才華，應有大好前程，但在人和上要加油，才能獲得高層賞識，切不可恃才傲物。

335

六四
動態

四爻動，變離為重離

艮　離　震　坎　兌　巽

```
  ☶ 艮      ☳ 震₁
  ☲ 離  →   ☵ 坎₃         ↘
                            ☱ 兌₂
  四       ☲ 離₅    →
  爻
  動       ☲ 離       →    ☴ 巽₄
```

艮：反 ⎤
　　　　⎬ 皤如
巽：白 ⎦

艮：足，馬之足，喻馬 ⎤
　　　　　　　　　　　⎥
巽：白　　　　　　　　⎬ 白馬
　　　　　　　　　　　⎥ 翰如
震：行　　　　　　　　⎦

艮：止，不 ⎤
　　　　　⎬ 匪寇
坎：寇　　⎦

震：長子 ⎤
　　　　⎬ 婚媾
離：中女 ⎦

《繫辭》曰：賁如皤如，白馬翰如，匪寇婚媾。

解：文飾的非常素淨，以素白取代鮮明，座馬也純淨如白，原以為是匪
　　寇，但卻是前來行婚媾之禮的。

斷：震₁ 行 → 兌₂ 悅

偏
吉

坎₃ 險 → 巽₄ 謙 ┅ 關鍵 → 莫棄謙成空

離₅ → 心

變離為心，心正無尤也

論：險成謙，事情之轉換正如同本卦所言，匪寇婚媾，由驚險轉為愉
　　悅，其差別就在心的變化，是故在處理事時，若能保持心清則意明，
　　事必當改善。

【易上經】乾坤為首，終為離　首重天地定位

六四爻解：人，四多懼

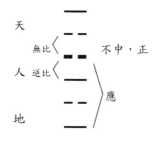

天
人　無比
人　逆比
地

不中，正
應

(1) 不中，正。

(2) 與六五無比，不關六五之事。

(3) 與九三逆比，九三為陽爻，但因為
    逆比，故不是婚媾之人。然因逆
    比，故被疑為寇，二、三、四為
    坎，為寇象。

(4) 與初九相應，初九為陽爻，陰配
    陽，為婚媾之象，且初九舍車而
    徒，其意在此也，故曰白馬翰如，
    匪寇婚媾。

(5) 初、二、三為離明，二、三、四為
    坎險，險已明，故正應。意謂君子
    戒險求和，必待明也。

《象傳》曰：六四，當位疑也。匪寇婚媾，終无尤也。

解：六四為正位，疑者，疑其九三之陽爻，九三為逆比之因也。而與初
　　九當應，故初九為正，終無尤也。（參3，4）

同事	主管	高層	基層	不中	正	動能
逆	✕		○	能力有限	有才華	弱

評：下之上，**避險可，脫險恐不易**

論：自恃才華不願與主管溝通，在事業上會造成傷害。應學習專業技
　　能，一技在身，始能有前景可期，短期或有心喜之事。

<table>
<tr><td>六五
動態</td><td>五爻動，變巽為家人</td></tr>
</table>

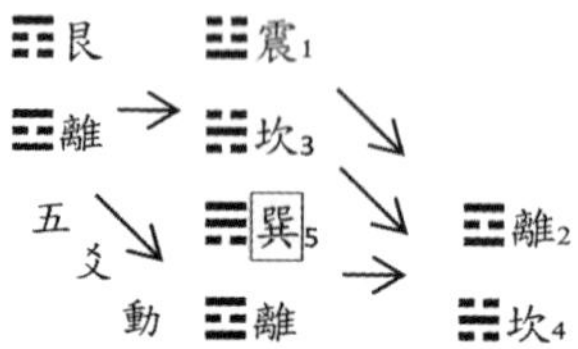

```
                                              ┌→錯 兑
                                        艮 離 震 坎 巽

   ☶艮      ☳震1
   ☲離  →   ☵坎3          ☲離2          艮：山，丘也
   五        ☴巽5  →                    艮：菓蓏        ┐
   爻   →                              震：木，行       ├ 丘園
   動        ☲離           ☵坎4         巽：帛，繩       ┘
                                        兑：折，戔戔之象  ┐
                                        艮：手          ├ 束帛
                                                       戔戔
```

《繫辭》曰：賁于丘園，束帛戔戔，吝，終吉。

解：君主的文采圖示，出現在山野田園之間，以戔戔的一束之帛，去禮
　　請隱居山林高德之賢，以此為禮，有似于吝，然禮薄意重，終為吉
　　象。

斷：震1 行 → 離2 明

<table>
<tr><td>偏
吉</td><td>坎3 險 → 坎4 伏 → 關鍵 → 莫棄伏成險
巽5 → 謙
變巽為謙，束帛戔戔，心意也</td></tr>
</table>

論：在主其事者的謙虛心伏之下，使的原本驚險萬狀的情況獲得了改
　　善，故要招才納賢，本身就要虛心以對，若是不能，則坎伏成險，趾
　　高氣昂，無助於事。

六五爻解：天，五多功

天　親比
　　無比
人
地

中，不正
不應

(1) 中，不正。

(2) 與六四無比，故不關六四之事。

(3) 六二與之不應，二、三、四為坎，險；三、四、五為震，行，故六五來六二處有險，所以不應也。

(4) 然與上九親比，上九位艮之上爻，艮為山，山之外沿，故曰丘園。

(5) 上九陽剛，六五陰柔，剛柔相賁，上九既居山林中，為隱居之賢士，六五前去禮賢，故以束帛戔戔，禮輕人義重，雖吝，終吉也。

《象傳》曰：六五之吉，有喜也。

解：六五的吉象在於招賢納才，賢士亦願為之所用，為國取賢大喜之事也。(參5)

同事	主管	高層	基層	中	不正	動能
×	○		×	有能力	才華不足	弱

評：下之上，恐無力避開險境，需自覺

論：以此格局非要招賢不可，如果真能做到，則其心胸寬大，為國之賢君，但也因為這種格局是否偶一為之，問號也。出社會首重努力、勤奮。

六爻動，變坤為明夷

↱錯 兌

艮 離 震 坎 坤
　　　　　　↳錯 巽

艮　　震₁
離 → 坎₃
六　　坤₅　 → 震₂
爻
動　　離　　　坎₄

巽：白色 ⎤
　　　　⎬白賁
兌：白色 ⎦

《繫辭》曰：白賁，无咎。

解：素白無華的文飾，不為文勝所累是無所咎責的。本卦內三爻以文明
　　為賁，外三爻以篤實為賁，故曰賁無色也。

斷：震₁ 行 → 震₂ 行

偏
吉

坎₃ 險 → 坎₄ 伏 → 關鍵 → 勿棄伏成險

坤₅ → 順

變坤為順，上得志也

論：低調的行為，會使過去的驚險狀況得以改善，換言之，若是姿態過
　　高，盛氣凌人，不懂低頭的道理，往往會召來不必要的困擾，想要求
　　得順遂，何其難哉！

慢藏悔盜，冶容悔淫。

虞翻曰：坎心為悔，坤為藏，兌為見。藏而見，故「慢藏」。三動成乾為
野，坎水為淫；二變藏坤，則五來奪之，故「慢藏悔盜，野容悔淫」。

上九爻解：天

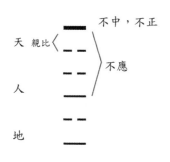

天　親比

人

地

不中，不正

不應

(1) 不中，不正。

(2) 與九三不應，又居山林，故為隱士賢人。上卦艮為山，山林也。

(3) 三、四、五為震，行；四、五、六為艮，止，行而止，顯示上九為獨自於山林中隱居，未與世間人往來。

(4) 與六五親比，六五為君王，且為陰爻，以柔克上九之剛，為求賢之象。

(5) 上九居賁之極，物極則反，有色復返於無色，故曰：白賁。

《象傳》曰：白賁无咎，上得志也。

解：文勝而返於質樸，與六五親比，反得六五之重視，故得遂其志也。

（參4）

同事	主管	高層	基層	不中	不正	動能
○			×	能力不足	才華不足	強

評：下之上，有毅力脫險，但脫困恐不易

論：若在社會上要生存，以此等格局絕非有前景之人，除非自我覺醒，能立刻針對自己本身的問題加以改善，否則，只是自責，恐難有發展。

☶ 山在地上，剝上厚下，小人道長，改邪歸正

剝
山地

剝削，耗蝕，爛

《序卦》：致飾然後亨則盡矣，故受之以
《剝》。剝者剝也
《雜卦》：《剝》爛。

艮　坤
└錯 兌

靜態
純坤

☶艮　→　☶艮₁
☷坤　　　☷坤₃
　　↘　　　↘
　　　☶艮　→　☷坤₂　→　☷坤
　　　☷坤₅　　☷坤₄　　　☷坤
　　　　　　　　　　　　　純坤

艮：山 ┐剝，山石
坤：地 ┘剝落於地
兌，口，折 ┐
坤：順 ├不利有
艮：止 ┘攸往

《繫辭》曰：剝，不利有攸往。

解：剝之時，世道晦闇，不利於有所作為，當儉德避難，以為日後之
　　謀。剝之陰陽消長之象：

☰乾 → ☴姤 → ☶遯 → ☴否 → ☶觀 → ☶剝

一陰初起，陰浸長而剝陽，世道晦闇之象

斷：艮₁ 反 → 坤₂ 順

偏凶

坤₃ 吝 → 坤₄ 平

反成吝，不利有攸往

論：因環境的遷革，而出現困難，必須立刻改進，未來才能平而順，如
　　果放任不管，或成吝，吝，難上加難，那就麻煩了。（右邊的坤₂，坤
　　₄也成吝）。剝，一陽將剝，時運不濟，故凡事不可錯估，可待一陽來
　　復，去舊生新。

剝卦爻解

**《象辭》曰：剝，剝也，柔變剛也。不利有攸往，小人長也。順而止
之，觀象也。君子尚消息盈虛，天行也。**

天 親比

人

地

應

(1) 五陰在下而生，一陽在上將盡，陰柔剝消陽剛，柔變剛矣！

(2) 五陰喻世道晦暗，國運不濟，實不宜有所作為，反為小人之所長，不利君子，故曰：不利有攸往，小人長也。

(3) 上九與六三相應，三、四、五為坤順，四、五、六為艮止，順而止，上九為剝之唯一陽爻，為剛直之君子，觀卦之象，而能體知天道，陰陽消長盈虛的變化，是為天行也。

(4) 但上九又與六五親比，於此體剝，觀卦之象，而為防止下頹而上傾，亦為借由上九與六三之應，加強與民間交流，初、二、三為坤，眾，民之象；坤亦為土，而有剝上以厚下，由下積漸而上，以期能厚植其基礎，扭轉剝之象也。

《象傳》曰：山附地上，剝；上以厚下，安宅。

解：上九艮，與六三坤相應，故山附於地，而上九與六五親比，三、四、五為坤，土，故有山土剝於地之象，而曰剝上以厚下，坤土既厚，利於安宅其上也。

比附	相應
○×	○

評：沒大人當家，難逃困局

論：六五雖與上九親比，但卻是依附在上九與六三相應之中，故無法協助六五上下之交流以致上情不能完整下達，對民間疾苦毫不知情，換言之，若六五有心仍可前來了解，但若無心，則民間只有反抗一途，而剝成矣。故此卦有時運不佳，常遭小人之害，雖然尚稱平平，然若不自知檢討，只有每況愈下。

初六
動態

初爻動，變震為頤

→ 錯 巽

艮　坤　震

艮　坤₁
坤 → 坤₃
初爻 艮 → 坤₂
動 震₅ → 坤₄

巽：木，為牀
震：是，動　　┐剝床以足

《繫辭》曰：剝床以足，蔑貞，凶。

解：支持木牀的四支腳，有剝蝕的現象喻有以邪滅正的兇象出現。

凶

斷：坤₁ 順 → 坤₂ 吝

坤₃ 平 → 坤₄ 吝

震₅ → 驚 ┈ 關鍵 → 找出原因，回歸正常

變震為驚，以滅下也

論：雖然表面看似平靜，但私下暗潮洶湧，驚險的徵兆已然出現，不能
　　因事小而不防，要多方觀察注意。

《易》曰：負且乘，致寇至，盜之招也。

虞翻曰：五來奪三，以離兵伐之，故變寇言戎，以成三惡。二藏坤時，
艮手招盜，故「盜之招」。

大衍之數五十，其用四十有九。

干寶曰：衍，合也。

崔覲曰：案《說卦》云：昔者聖人之作《易》也，幽贊於神明而生蓍，
參天兩地而倚數。既言蓍數，則是說大衍之數也。

344　【易上經】乾坤為首，終為離 首重天地定位

初六爻解：地

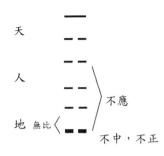

天

人

地　無比

不應

不中，不正

(1) 不中，不正。

(2) 初六陰爻，為地之下，故為足之象，剝床以足也。

(3) 與六二無比，即便近鄰也無法伸出援手。

(4) 與六四不應，六四為上卦之下，已過下卦，故為遠親，但遠親也不應，顯然也無救援之象。

(5) 初、二、三為坤，二、三、四亦為坤，故不應也。

(6) 遠親、近鄰皆避而遠之，其象獨以求生，喻剝床由足滅起。

《象傳》曰：剝床以足，以滅下也。

解：剝床以足，初六不中，不正，無比又不應，陰爻無力，其象為自生自滅，以床而言，要滅，則由初足開始也。而邪滅正，則由基層使之爛矣。（參 3，4，6）

同事	主管	高層	基層	不中	不正	動能
	×	×		能力有限	才華不足	弱

評：下之下，無力脫離困局

論：以此格局，顯然平平的日子也無法持久，以社會觀之，若非有疾，也應是底層無助之人，而得此爻，唯有自求多福，小心應對。

二爻動，變坎為蒙

┌→錯 兌　　　┌→錯 巽
艮　坤　坎　 震

艮　坤₁
坤 → 坤₃
二　　　艮
爻 →　　　→ 坤₂
動　坎₅　　震₄

兌：毀折 ┐
巽：股　 ├ 剝床以辨
震：足，動 ┘

《繫辭》曰：剝床以辨，蔑貞，凶。

解：剝蝕現象，已由床腳向上到了床幹之處，為邪已切近己身而為兌之
　　象也。

斷：坤₁ 順 → 坤₂ 吝

偏
凶

坤₃ 平 → 震₄ 驚
坎₅ → 險 ┈ 關鍵 → 以行伏剋險
變坎為險，蔑貞凶

論：大事不妙，原先平平的狀況，驚險之象卻是一夕盡出，但還有可救
　　之處，如剝床以辨，檢討問題所在，是否對客戶有疏遠，或是冷漠、
　　高傲的現象，若有，即當改進，使坎險成坎伏或可有救。

明倚數之法當參天兩地。參天者，謂從三始，順數而至五、七、九，不
*　取於一也。兩地者，謂從二起，逆數而至十、八、六，不取於四也。*
*　此因天地致上，以配八卦，而取其數也。*

六二爻解：地，二多譽

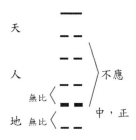

(1) 中，正。

(2) 六二，中且正，為民間領袖，然六五與之不應，顯係已無暇顧之。
二、三、四為坤；三、四、五為坤，互不相應也。

(3) 與初六無比，也顯示自顧不暇，無法與他人互動。

(4) 上與六三無比，故有剝床以辨之現象，上下遠近皆無應，故曰：蔑貞，兇矣！

《象傳》曰：剝床以辨，未有與也。

解：剝床以辨，是指六二無比又無應，故無相與為善的益友。

（參 2，3，4）

同事	主管	高層	基層	中	正	動能
×	×	×		有能力	有才華	弱

評：下之上，有能力無人和，心態要修正

論：雖然是剝床以辨，但也逐步顯示六二是有能力、才華之人，唯恃才傲物，要改進才有前途。

三爻動，變艮為重艮

艮　坤　震　坎

☶艮　☷坤₁
☷坤 → ☷坤₃
三 　 ☶艮
爻 ☶艮₅ ☳震₂
動 　 ☵坎₄

艮：止
坎：險　｝剝之无咎
坤：順　（止險為順）

《繫辭》曰：剝之，无咎。

解：就算被剝蝕也無可追咎之處，喻棄陰邪小人亦無咎矣！

斷：坤₁ 順 → 震₂ 行

坤₃ 平 → 坎₄ 伏 → 關鍵 → 勿棄伏成險

艮₅ → 止

變艮為止，失上下也

論：即便是平平的日子，也因不安的狀況而停止，好在不久之後即可平
　　息，其因在低調以對，迅速檢討原因，改善問題，且不誇大，如果做
　　不到低調，恐怕後果難以收拾。

艮為少陽，其數三。坎為中陽，其數五。震為長陽，其數七。乾為老
陽，其數九。兌為少陰，其數二。離為中陰，其數十。巽為長陰，其數
八。坤為老陰，其數六。八卦之數，總有五十。故云：大衍之數五十
也。

六三爻解：人，三多凶

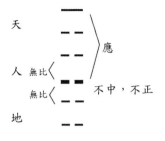

天

人 無比

無比

地

應

不中，不正

(1) 不中，不正。

(2) 與六二、六四無比，互不往來。

(3) 與上九相應，唯一的一支陽爻，陽剛正直的君子，故與其相應，表示六三也想學習做一個君子，而六二、六四為陰爻小人，故即便失去他們做為朋友的機會（無比），也沒有災咎的了。

(4) 三、四、五為坤，順；四、五、六為艮反，止群陰之險，而順陽爻，返險為順。

《象傳》曰：剝之无咎，失上下也。

解：六三之所以剝之無咎，主因是六三失去了上下兩陰爻的依附，而轉與上九陽爻相應。（參4）

同事	主管	高層	基層	不中	不正	動能
×	×	○		能力有限	才華不足	弱

評：下之中，恐難脫困，需靠智慧

論：在周圍都是小人的環境下，能交到好的朋友，若能因此而棄邪歸正，善矣哉。然在社會中這種格局，雖然有高層照應，但自身若不努力，也無法接受更高的職務，故要自我充實。

六四	四爻動,變離為晉
靜態	

艮　坤　離　坎

艮 → 坤₁
坤 → 坤₃
四 → 離₅ → 坎₂
爻動 → 坤 → 艮₄

艮：膚
坤：腹　｝膚之象
坎：凶

《繫辭》曰：剝床以膚,凶。

解：牀的剝蝕已經碰到了皮膚,兇象。喻邪之災已臨矣!

斷：坤₁ 順 → 坎₂ 險 ⟶ 關鍵 → 行伏剋險

凶	坤₃ 平 → 艮₄ 反
	離₅ → 心

變離為心,心險,切近災也

論：事情發展,已進入險象,災難已到了眼前,但要求解,心必需要求
　　止,不可慌亂,針對問題來解決,到此一步,必需有大定力,既然之
　　前沒有發現,若能好好抽絲剝繭一次解決,也未嘗不是好事,也就是
　　坎險化為坎伏。

不取天數一、地數四者,此數八卦之外,大衍所不管也。其用四十有九
者,法長陽七七之數也。六十四卦既法長陰八八之數,故四十九著則法
長陽七七之數焉。蓍圓而神象天,卦方而智象地,陰陽之別也。捨一不
用者,以象太極,虛而不用也。且天地各得其數,以守其位,故太一亦
為一數,而守其位也。

【易上經】乾坤為首,終為離 首重天地定位

六四爻解：人，四多懼

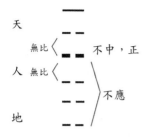

天
人 無比
地

無比 〈
無比 〈 不中，正
〉 不應

(1) 不中，正。

(2) 與六五無比，六三亦無比，可見與鄰不相往來。

(3) 但六四已由下卦床，到了上卦睡在牀上，而四為上卦的始位，艮為膚，故有剝床以膚之象。

(4) 與初六不應，顯然六四，從上到下之基層，都與之無感。無應，而又剝床以膚，災之近身矣，故曰，兇。

(5) 初、二、三為坤；二、三、四亦為坤故不相應也。

《象傳》曰：剝床以膚，切近災也。

解：剝床以膚，六四已脫下卦入上卦，上卦艮為止，三、四、五為坤，順，故順止，災更近矣！（參2，3，4）

同事	主管	高層	基層	不中	正	動能
×	×		×	能力有限	有才華	弱

評：下之中，人和不足，脫險難

論：除非有相當高的才華，也就是一技之長，否則要想更好的機會恐怕不容易，要針對自己的缺失，靜下心來，逐一檢討改進。

六五
被動

五爻動，變巽為觀

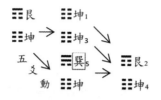

巽：魚 ⎫
巽：繩，利 ⎬ 貫魚
艮：于 ⎭

艮：門，宮室 ⎫
坤：眾人 ⎬ 宮人
兌：少女 ⎭

兌：悅 → 寵

震：行

《繫辭》曰：貫魚，以宮人寵，无不利。

解：嬪妾如魚之串貫，有序前來承歡邀寵，大小雖殊位，寵御則一，故
　　无不利之處。

斷：坤₁ 順 → 艮₂ 反

偏吉

　　坤₃ 平 → 坤₄ 順
　　巽₅ → 謙 → 關鍵 → 莫棄謙成空
變巽為謙，終無大也

論：對人、對物，皆能持謙恭的態度，即便在最不利的環境下，不但未
　　受到排擠，還能由平反順，是平時的努力成果，但如果不能持續，而
　　由謙轉為空，恐後果不同，宜注意之。

【易上經】乾坤為首，終為離 首重天地定位

六五爻解：天，五多功

天 親比 中，不正
無比
人 不應
地

(1) 中，不正。

(2) 與六四無比，也與六二不應，自六五以下，諸陰就如同貫魚一般，分列兩旁，然既是無比又不應，故代表並非主動前來，而是待六五之召也。既召前來，大小雖殊，寵御則一，終無所尤，而無不利也。

(3) 二、三、四為坤，三、四、五亦為坤不應也。

(4) 然與上九親比，上九陽剛正固之君子，能得上九之助，當可破諸邪，亦無不利。貫魚雖曰宮人，亦可暗喻小人，使小人知有君子，不使終為剝也。

《象傳》曰：以宮人寵，終无尤也。

解：以宮人寵，即對宮人的寵御不分大小，如此，終無可怨尤之處。

（參2）

同事	主管	高層	基層	中	不正	動能
×	○		×	有能力	才華不足	弱

評：下之上，可以避險但脫險不易

論：六五尊位，以此格局，顯然有些問題，固必需謙沖以對，招賢納才是為良策。放諸社會，只要能努力、勤奮當可改善目前的環境。

六爻動，變坤為純坤

艮　坤
↳錯兌

艮　坤₁
坤　坤₃
六　坤₅　坤₂
爻　坤　坤₄
動

兌：口，食 ⎤
艮：果　　⎬ 碩果不食
艮：止　　⎦
坤：輿 → 君子得輿
艮：門，屋 ⎤
坤：地　　⎬ 小人剝廬
兌：毀折　⎦

《繫辭》曰：碩果不食，君子得輿，小人剝廬。

解：僅有的碩大果實，喻其珍貴，故不可拿來食用，如君子之德，可得
　　民之大輿，其道興也，然小人之心，卻只思考如何剝君子之廬
　　（舍），其道窮也。

斷：坤₁順 → 坤₂順 ⋯ 關鍵 → 莫因順而成吝

偏吉

　　坤₃平 → 坤₄平
　　坤₅ → 順
變坤為順，君子得輿

論：事情大有轉機，顯示現在的狀況中，已出現順遂，但若要保有順遂
　　之道，則必需心存警惕，切勿自得，反使順成吝，故如何拿捏，得輿
　　或剝廬，心自衡量。

上九爻解：天

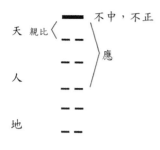

天 親比
人
地

不中，不正
應

(1) 不中，不正。

(2) 上九位於極位，六爻中僅此一陽，故曰：碩果不食。

(3) 與六三相應，六三為上九之民間友人，六三也相當仰慕上九。

(4) 三、四、五為坤，順；四、五、六為艮反，相應反為順也。

(5) 坤為輿，故有得輿之象。喻得民之愛戴。

(6) 然上九應不復視事，應安而居之，如與六三相應，其事不當！

(7) 與六五親比，六五雖與上九感情親密，但六五為陰爻，心胸狹小，若因此而對上九有疑，或對上九不利，而有剝廬（頂）之象。

《象傳》曰：君子得輿，民所載也。小人剝廬，終不可用也。

解：上九與六三相應，三、四、五為坤，為民，為輿，上九為君子，故曰：君子得輿，為民愛戴之結果，然六五有疑，或欲除之，故有剝廬（上九）之可能，上卦為艮為廬，然此不利六五，終不可用也。

（參3，4，5，6，7）

同事	主管	高層	基層	不中	不正	動能
○			○	能力不足	才華不足	強

評：中之下，有能力處理小難

論：雖退休，但人緣很好，而能力和才華退縮亦屬正常，即便對社會中人也是一個不錯的格局，只要肯用心學習，當可更上一層樓。

雷在地中，動以順行，周而復始，生機見旺

坤　　震
↳錯乾　↳錯巽

復

地雷

動態

純坤

循環，往復

《序卦》：物不可以終盡，剝窮上反
下，故受之以《復》。

《雜卦》：《復》反也。

震：行，出 ⎤
巽：入　　 ⎬ 出入无疾
坤：順　　 ⎦

乾：朋 ⎤
坤：順 ⎬ 朋來无咎

坤 → 坤₁
震　　震₃

坤 → 坤₂ → 坤
震　　坤₄　　坤
　　　　　　純坤

乾：數一 ⎤
坤：數八 ⎬ 合十四
巽：數五 ⎦ 對折為七 ⎬ 數

《繫辭》曰：復，亨。出入无疾，朋來无咎。反復其道，七日來復，利
有攸往。

解：復卦，通亨之象。在家或出門都不會有無疾之災，當有朋友前來探
視，也無所咎責之處，來去都有一定的道理，以七日為原則，在相互
剋制下的來往，對雙方都是有利的。

七日卦：（十二辟卦，參爻解）
復☷→臨☷→泰☷→大壯☳→夬☱→乾☰（朋友）→姤☴
復至乾為陰消陽長，至第七卦為姤，陽消陰長，由姤至復
姤☴→遯☶→否☰→觀☴→剝☶→坤☷→復☷，七日來復

斷：坤₁ 順 → 坤₂ 吝

虛
吉

震₃ 行 → 坤₄ 吝

動以順行，出入无疾

論：雖然行而順，但有一絲不安，故未來是否能去除不安，則是要追求
的目標，以避免小事變大事，積小成疾也是很麻煩，去惡入善，一念
之間。

【易上經】乾坤為首，終為離 首重天地定位

復卦爻解

《彖辭》曰：復亨，剛反，動而以順行，是以出入无疾，朋來无咎。反復其道，七日來復，天行也。利有攸往，剛長也。復其見天地之心乎？

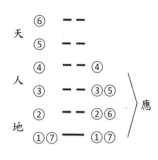

反復其道 天行也	七日來復 反復其道
天道循環 周而復始	利有攸往 七日往返

《象傳》曰：雷在地中，復；先王以至日閉關，商旅不行，后不省方。

(1) 初九為陽爻，一陽反入始位，剛反也。後自內而出，出入無疾也。上卦坤順，下卦震動，行，行而順。

(2) 初九與六四相應，互相往來，故曰：朋來無咎。

(3) 自初九，二，三，四，回三，二，初九，七位也，七日來復，既有一定的限制，於兩方皆有利，故曰：利有攸往。

(4) 自初，二，三，四，五，六，回初，共七位，七日，下卦為震，陽起初九，自下上長，剛長也。周而復始，反復其道，天行也。

(5) 復者，冬至卦，萬物始生。初九一陽，其猶天地之心，故曰：復，其見天地之心乎？

解：雷在地中，奮發而起，為春回大地之象，歷代君王，於冬至日，封閉關津，禁止商旅通行，帝后當日，不省視四方，為維護初長的微陽也。

比附	相應
×	○

評：恐無力改善，但看意願如何

論：全卦只有初九和六四相應，顯然上下無法交流，雖是一陽復始，但其象仍無法更新，只是循序漸進，得此卦或有好運初來，然必需有省，大難剛過，宜留意陷阱暫宜保守。

初九		初爻動，變坤為純坤		坤	震
動態					└→錯 巽

```
☷坤    ☷坤₁
☳震 →  ☷坤₃         ↘            震：行 ┐
初 爻 → ☷坤  ↘  ☷坤₂       巽：進退 ├ 不遠復
動    ☷坤₅   ☷坤₄       坤：順 ┘
```

《繫辭》曰：**不遠復，无祗悔，元吉。**

解：不會到太遠的地方，以人而言，知過即改就不會有太大的悔恨，其
　　象大吉。初九情識之染未深，故尚有天真之性也。

斷：坤₁ 吝 → 坤₂ 順 → 關鍵 → 莫棄順成吝

偏吉	坤₃ 吝 → 坤₄ 平
	坤₅ → 順

變坤為順，以修身也

論：能夠知錯立改，而能避免怨恨之事的發生，也不致於偏離正道太
　　遠，是為大順之道。由於坤之最差為吝，因此即便有錯，也不致於大
　　錯，但還是自我要求比較好。

不取天數一、地數四者，此數八卦之外，大衍所不管也。其用四十有九
者，法長陽七七之數也。六十四卦既法長陰八八之數，故四十九著則法
長陽七七之數焉。著圓而神象天，卦方而智象地，陰陽之別也。捨一不
用者，以象太極，虛而不用也。且天地各得其數，以守其位，故太一亦
為一數，而守其位也。

初九爻解：地

天

人

地 逆比

不中，正

(1) 不中，正。

(2) 初為陽爻，震卦之始，陽剛正直，知過即改。

(3) 與六二逆比，意見不相合，故非出門交友對象，而六二為近鄰，亦不符遠復條件。

(4) 與六四相應，六四為上坤卦之始，而於復卦之中，合於遠復，但又不至於太遠，故此應合於七日來復之象。

(5) 初、二、三為震行，二、三、四為坤順，行而順為正應也。

(6) 故曰：不遠復无祗悔。

《象傳》曰：不遠之復，以修身也。

解：所謂不遠之復，為初九陽剛正直，知過立改，不至於迷途，正是失之不遠，而能復回善道，可以做為修身遷善的法則。參（2，4）

同事	主管	高層	基層	不中	正	動能
	逆	○		能力有限	有才華	強

評：中之下，若無意外可維持平順，但小吝不斷

論：以初出社會而言，此格局相當不錯，也因為是初出，所以在專業上難免需待磨練，然有高層關注，對未來只要知過立改，前途看好。

359

| 六二 | 二爻動，變兌為臨 | ┌→ 錯 艮 |
| 動態 | | 坤 震 兌 |

☷坤　　☷坤₁
☷震　→　☷坤₃
　　　　　　　　　↘
二　　↘　☷坤　　→　☷坤₂
爻　　　　　　　　　☷震₄
動　　☱兌₅

艮：止
震：動，行
坤：順　　　　休復，吉
兌：吉也

《繫辭》曰：休復，吉。

解：休德養息，復回本元正道，是為吉象。

斷：坤₁吝　→　坤₂順

偏吉

坤₃吝　→　震₄行　┅→　關鍵　→　莫行偏而成驚

兌₅→　悅

變兌為悅，順，吉也

論：未來或有讓人喜悅、順遂的事情在等著，但前題是要起而行，而非
　　出張嘴，如果仍是懈怠不前，則該來的不來，反而有反作用，所謂成
　　於行、敗於怠也。

其一不用，將為法象太極，理縱可通。以為非數而成，義則未允，何
則？不可以有對無，五稱五十也。
孔疏釋賴五十，以為萬物之策，凡有萬一千五百二十，其用此策大推演
天地之數，唯用五十策也。又釋其用四十九，則有其一不用，以為策
中，其所撰著者，唯四十有九。其一不用，以其虛無，非所用也，故不
數矣。

【易上經】乾坤為首，終為離 首重天地定位

六二爻解：地，二多譽

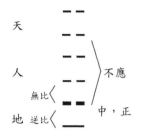

天

人

地

無比

逆比

不應

中，正

(1) 中，正。

(2) 六二柔順，不與人爭。

(3) 與初九逆比，初九雖是陽爻剛正，但六二既中且正，亦是有才之人，故僅止於欣賞而已。

(4) 與六三無比，同性相斥。

(5) 與六五不應，既與初九逆比，六三無比，顯然有無處可去之感，不如休復，以回本元也，故曰：休復吉。

(6) 二到五爻皆為陰爻，亦為休之象。

(7) 二、三、四為坤，三、四、五亦為坤，故不應也。

《象傳》曰：休復之吉，以下仁也。

解：所謂休復之吉象，是六二與初九近鄰，可利用休復之時，向初九學習仁義之道，順便化解兩人間之誤會。（參3）

同事	主管	高層	基層	中	正	動能
逆	×	×		有能力	有才華	弱

評：下之上，人和不足，恐難維持

論：恃才傲物，且又懶散，以致人際關係特差，長此以往，即使有能有才，若無伯樂，恐怕也就沒有發展之地。

六三	三爻動，變離為明夷

動態

⌐錯 巽

坤 震 離 坎

☷坤 　 ☷坤₁
☳震 → ☷坤₃ ↘
三 　 ↘ ☷坤 　 ☳震₂
爻 　 ☷離₅ 　 ☵坎₄
動

震：動，行 ⌉
巽：進退 ├ 頻復屬
坎：險，屬 ⌋

坤：順 ⌉ 无咎
離：明 ⌋

《繫辭》曰：頻復，厲，无咎。

解：過於頻繁之復，就如不停的犯錯，那是危厲的，但只要知錯立改，
　　還是無咎的。

斷：坤₁ 咎 → 震₂ 驚

凶

坤₃ 咎 → 坎₄ 險┄ 關鍵 → 行伏以剋險

離₅ → 心

變離為心，心驚為厲

論：如果因心境的改變，而導致生活起了變化，換來的是不斷的驚又
　　險，那到底甚麼地方出了錯，就是本心，如果能定下來，自我反省，
　　找出缺失，立馬改進，還是可以渡過的。

又引顧歡同王弼所說，而顧歡云：立此二十數以數神，神雖非數而著，
故虛其一數，以明不可言之義也。
案：崔氏探玄：病諸先達，及乎自料，未免小疵。既將八卦陰陽以配五
十之數，餘其天一地四無所稟承，而云八卦之外在衍之所不管者，斯
乃談何容易哉。

六三爻解：人，三多凶

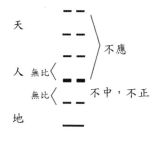

天

人　無比

地

不應

無比　不中，不正

(1) 不中，不正。

(2) 與六二無比，與六四亦無比，左鄰
右舍沒有一個可以學習的對象。

(3) 與上六也不應，連遠親也不能諮
詢，三、四、五為坤，四、五、六
亦為坤，不應也。

(4) 在此狀況下，必然會接二連三出
錯，也是可以預知的，故曰：頻
復，厲。

(5) 但只要自己知道過失之所在，且能
立刻改進，也是无咎的。

《象傳》曰：頻復之厲，義无咎也。

解：頻復之厲，六三不中，不正，無比，無應，無良師益友提之，故若
能知錯即改，在義理上也是無可追咎的。（參 2，3，4，5）

同事	主管	高層	基層	不中	不正	動能
×	×	×		能力有限	才華不足	弱

評：下之下，無力避開險境

論：弱勢，理上已無可追咎之處，不但不追咎還應伸出援手，但若是因
為心態的改變，而陷入一個無法處理的狀況，恐怕要立刻縮手，認賠
殺出，再尋生路。

四爻動，變震為重震

坤　震　坎　艮

::坤　　::坤₁

::震　→　::坤₃　＼

　四爻　　[::震₅]　→　::坎₂

　動　　　::震　　　::艮₄

震：行　→　中行

坤：眾

坎：險　｝獨

艮：止

《繫辭》曰：中行獨復。

解：在群陰之中，獨行中道。

斷：坤₁ 吝 → 坎₂ 險 ⟶ 關鍵 → 行伏剋險

　坤₃ 吝 → 艮₄ 反

　　震₅ → 行

　變震為行，獨復也

論：進入險象，也不時會冒出些令人不安的事情，單打獨鬥，確實要耗
　　費很多心力，一個不小心，問題就來了，但如果能從自己的態度著
　　手，不與人爭，坎險化為坎伏，努力去做，則結果可望不同。

且聖人之言，連環可解，約文申義，須窮指歸。即此間云天數五，地數
五，五位相得而各有合，天數二十有五，地數三十，凡天地之數五十
有五。此所以成變化而行鬼神，是結大衍之前義也。既云五位相得而
各有合，即將五合之數配屬五行也。

六四爻解：人，四多懼

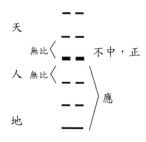

天
　　無比
人　無比
地

不中，正

應

(1) 不中，正。

(2) 與六五無比，與六三亦無比。

(3) 上下皆無比，故有陷入諸陰之象。

(4) 與初九陽爻相應，初、二、三為
　　震，行也；二、三、四為坤，順，
　　故與初九相應當可互動順利。

(5) 初九陽剛正固，君子之象，而六四
　　於群陰之中，獨下應於陽剛，並與
　　之為友，故相對於行為上，有中行
　　獨復之嘆也。

《象傳》曰：中行獨復，以從道也。

解：六四中行獨復之象，下應陽剛，不苟合諸陰，唯道是行也。（參4，
5）

同事	主管	高層	基層	不中	正	動能
×	×		○	能力有限	有才華	弱

評：下之上，恐無毅力避開困局

論：中行獨復志向可嘉，既有此認知，當可逐步改善自己的專業能力，
　　也因有才華，故只要勤奮點，虛心以待，行正道，自可得外援。

五爻動，變坎為屯

坤	震	坎	艮

☷坤　　☷坤₁

☳震　→　☷坤₃

　五　　　☵坎₅　→　☶艮₂

　爻

　動　　☳震　　　☷坤₄

坤：土　　⎤
　　　　　⎬敦
艮：山石　⎦

艮：止　　⎤
　　　　　⎬无悔
坎：凶　　⎥
　　　　　⎥
震：行　　⎦

《繫辭》曰：敦復，无悔。

解：以敦厚之心態與人交往，屏其私，完於初，故無任何可後悔的。

斷：坤₁ 吝 → 艮₂ 反

虛
吉

　　坤₃ 吝 → 坤₄ 順

　　坎₅ → 伏 → 關鍵 → 莫棄伏成險

變坎為伏，敦也

論：要想由吝反順，則首要條件就是以敦厚低調做為待人處事的原則，
　　不可趾高氣昂，一付不可一世，而若能奉行敦厚待人，人也自當回
　　報，千萬不可將坎伏成坎險，則不妙矣！

故云大衍之數五十也，其用四十有九者，更減一以并五，備設六爻之
位，著卦兩兼，終極天地五十五之數也。自然窮理盡性，神妙無方，藏
往知來，以前民用，斯之謂矣。

六五爻解：天，五多功

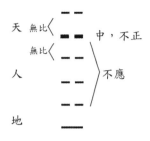

天 無比 〈 ▬ ▬
　　　　　 ▬▬▬　中，不正
　 無比 〈 ▬ ▬
人
　　　　　 ▬ ▬ 〉不應
　　　　　 ▬ ▬
地　　　 ▬▬▬

(1) 中，不正。

(2) 六五位居上卦坤卦之中位，坤為土，為厚，故有敦之象而曰敦復。

(3) 與六四無比，與上六亦無比，故為獨行其是。

(4) 與六二不應，顯然與基層也無交流，唯六五陰爻，又為中位，若能虛心自檢，敦厚為事，或可無悔。

(5) 二、三、四為坤，三、四、五亦為坤不應也。

《象傳》曰：敦復无悔，中以自考也。

解：所謂無悔，乃六五居中位，具有中德，自我而成其敦復，不由于小人之意也。（參 2，3，4）

同事	主管	高層	基層	中	不正	動能
×	×		×	有能力	才華不足	弱

評：下之中，要有毅力低調行事，但不易也

論：六五而有此格局可見其德矣，若能做到敦復，已屬難能可貴，工作上若不能大力改善，恐難立足，宜自悟。

六爻動，變艮為頤

↱ 錯 乾

坤 震 艮 大象 離

```
☷坤    ☷坤₁
☳震 → ☷坤₃              ↘
   六      ☶艮₅ ↘    ☷坤₂
   爻         ↘
   動   ☳震         ☷坤₄
         ↓

☷
☷   → ☲ 大象離
```

坤：冥，迷也 → 迷復

坤：眾 ⎫
震：行 ⎬ 用行師
離：戈兵 ⎭

艮：止 → 敗也

乾：國君

離：數三 ⎫
艮：數七 ⎬ 十年不克征
（三加七為十）⎬
艮：止 ⎭

《繫辭》曰：迷復，凶，有災眚。用行師，終有大敗，以其國君，凶；
　　至于十年，不克征。

解：迷而不能復回，兇之象，若此迷復之時，天災，人禍接連而來，此
　　時再動用到行師，則終必大敗，也因為這種兇象，國君想要出征討
　　伐，十年之內絕不可能。

斷：坤₁ 吝 → 坤₂ 吝

凶　坤₃ 吝 → 坤₄ 吝

　　艮₅ → 止 → 關鍵 → 檢討原因以解吝難

　　變艮為止，十年不克征

論：艱難的狀況出現了，雖然還不到毀折之地，但日子不好過，顯示方
　　向已然偏差，如果仍然執迷不悟，則後果不堪想像。

上六爻解：天

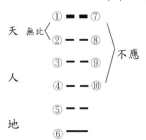

不中，正

天　無比
① ▬▬ ⑦
② ▬▬▬ ⑧
③ ▬▬▬ ⑨　不應
人
④ ▬▬▬ ⑩
⑤ ▬▬
地
⑥ ▬▬▬

十年不克征

(1) 不中，正。

(2) 上六陰爻柔弱，位於上卦的外沿，為復卦之終，最遠乎陽不知所省，故有迷復之象。

(3) 與六五無比，得不到六五支持。

(4) 與六三不應，三、四、五為坤，四、五、六為坤，故不應。顯然上六在基層缺乏支持。

(5) 以此狀況，無比又不應，即使有事要動員部隊，也無從動員，故用行師，只有大敗。不管有無災害，對國君也不利。

(6) 由上六①下，六五、四、三、二、初，再回上六，五、四、三⑩共十位，仍不能相應，故曰：十年不克征矣！

《象傳》曰：迷復之凶，反君道也。

解：此處上六喻君，其位不中，雖正，但無比，無應，不得民心，而有違君之綱常，故有迷復之兇。（參2，3，4）

同事	主管	高層	基層	不中	正	動能
×			×	能力有限	有才華	弱

評：下之中，難脫咎象

論：若以此格局，妄想用行師，必當大敗，即便應用在社會，雖然有才華，但也要有正確的態度，方可獲得眾人的肯定。

☰☳ 雷行天下，動而應天，真誠無妄，匪正有眚

<table>
<tr><td>无妄</td><td rowspan="1">至誠無虛望，無所期望
《序卦》：復則不妄矣，故受之
以《无妄》。
《雜卦》：《无妄》災也。</td><td>┌→ 錯 兌
乾 震 巽 艮 離 坎</td></tr>
</table>

无妄

天雷

動態

未濟

至誠無虛望，無所期望
《序卦》：復則不妄矣，故受之
以《无妄》。
《雜卦》：《无妄》災也。

┌→ 錯 兌
乾 震 巽 艮 離 坎

震：動
乾：健，實　　動而實

兌：毀折→眚，災也

☰乾 → ☰乾1
☷震 → ☷震3　↘
　　↘　　☰乾 ↘ ☴巽2 → ☲離
　　　　☷震 → ☶艮4 → ☵坎
　　　　　　　　　未濟

震：行
巽：入　　不利有攸往
艮：止
坎：險

《繫辭》：无妄，元，亨，利貞。其匪正，有眚，不利有攸往。

解：无妄之象，大而亨通，利守持正固，若不行正道而生妄念，必有災
　　難，不利於有所前往。

斷：乾1 剛 → 巽2 空
　　震3 動 → 艮4 反
　　剛而動、動而健，不宜成剛愎也

虛吉

論：行事過於剛強又燥動，不利事業之發展，如果還是不願修正，那未
　　來必然會反轉，導致一切成空，故眼前之道，必為用謙道來反省，
　　反動為靜，靜下思考週全再行動。无妄以誠為吉，不誠則為凶，諸
　　行若不順，不宜強行，可待時之至，當下宜反躬自省。

无妄爻解

《彖辭》曰：无妄，剛自外來，而為主於內。動而健，剛中而應，大亨以正，天之命也。其匪正有眚，不利有攸往。无妄之往，何之矣？天命不佑，行矣哉？

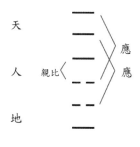

天
人　親比
地

應
應

(1) 坤体之初爻被陽剛取代，而成震卦，震為无妄之內卦，故曰：剛自外來，而為主於內。

(2) 上卦為乾，健；下卦震為動，動而健。九五剛中而正，六二亦中且正，故九五與六二相應，謂之剛中而應。

(3) 九四與六三親比，乾為天，大亨之象，震為威，為正之象，正而通亨，三、四、五為巽，為命，故曰：大亨以正，天之命也。

(4) 六三與上九相應，三、四、五為巽，謙，為空，四、五、六為乾，健，故六三與上九本謙而應，然六三與上九皆不中，不正，若不循正而行，則巽成空，故曰：匪正有眚，不利有攸往。

(5) 乾為天，巽為命，天命；若成巽空，往之既不利，何而往？初、二、三為震行，故曰：天命不佑，行矣哉？

《象傳》：天下雷行，物與无妄。先王以茂對時，育萬物。

解：雷動於天下，萬物亦合於无妄之象聽其自然而生，先王體此理，豐茂天地萬物，而順天應時，使萬事萬物各得其所，各適其時，萬物也得以長育。

比附	相應
○×	○

評：多頭馬車，不利現況

論：六三，九四親比，雖貫上下卦，但隱在六二，九五之應中，作用有限，為雙應格局，顯然相當活躍，這也顯示個性剛強，故行事反而受災，眼前諸願不如意，應知時未至，深為戒慎，免禍上身。

初爻動，變坤為否

┌→ 錯 兑

乾 震 巽 艮 坤

☰乾　☴巽₁
☳震　→ ☶艮₃
　　初爻　→ ☰乾　→ ☴巽₂
　　動　☷坤₅　　☶艮₄

震：足，行，往 ┐
坤：順　　　　├ 往吉
兑：悅　　　　┘

《繫辭》：无妄，往吉。

解：初位為人之初，性本善，初九以陽剛之德，動以天下之道，純乎其
　　純，故曰：无妄，往吉。

斷：巽₁ 空 → 巽₂ 謙 → 關鍵 → 勿棄謙成空

艮₃ 反 → 艮₄ 反
坤₅ → 順

變坤為順，得志也

論：空象已有停止的跡象，若要維持事業的順利，則行謙道還是最重要
　　的原則。做人謙虛不容易，但自大則會招來禍害，故行正道，則可得
　　其志也。

分而為二以象兩，
崔覲曰：四十九數合而未分，是象太極也。今分而為二以象兩儀矣。
掛一以象三，
孔穎達曰：就兩儀之中，分掛其一於最小指間，而配兩儀，以象三才。

初九爻解：地

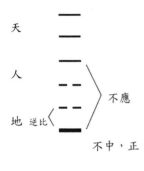

天
人
地 逆比

不應

不中，正

(1) 不中，正。

(2) 六二與之逆比，初九陽剛正固，初二陰柔，志有所不足，故初九與之不合，常有爭執。

(3) 與九四不應，初，二，三為震行，二，三，四為艮，止，行而止也。九四為陽爻，陽對陽過剛，故各自修行。

(4) 雖與九四不應，但君子修德，行之天道，以眾生為志，有何處不可往，故曰往吉。

《象傳》：无妄之往 得志也。

解：初，二，三為震行，二，三，四為艮，止，反，故行而止為不應，但若初九抱无妄之心前往，艮或成反，反成行，其志得以行焉。（參 3、4）

同事	主管	高層	基層	不中	正	動能
	逆	×		能力有限	有才華	強

評：下之上，可脫困但心態要調整

論：初出社會，能有高尚的志向，當是好事，然而首先要生存，志向是理想，現實則是立即要兌現的，切勿持才傲物，應與人和才是。

六二

動態

二爻動，變兌為履

```
     ☰乾        ☴巽₁
     ☳震   →    ☶艮₃
  二          ☰乾   →  ☴巽₂
  爻 →  動     ☱兌₅      ☲離₄
```

┌→ 錯坤

乾 震 巽 艮 兌 離

坤：田
艮：手
震：禾稼
兌：缺，脫

　　　　　　　　不耕獲
　　　　　　　　不菑畬

巽：利
震：行

利有攸往

《繫辭》：**不耕獲，不菑畬，則利有攸往。**

解：不願意開荒墾地。播種下田，那就另外找有利可圖的地方前往。不
　　耕獲，不菑畬，喻不以利為念，而以求志達道為目的。

斷：巽₁ 空 → 巽₂ 謙 → 關鍵 → 切莫棄謙成空

偏吉

　　艮₃ 反 → 離₄ 心
　　兌₅ → 悅

變兌為悅，　利有攸往也

論：欲要利空出脫而獲利，則心境必需低下，不可囂張，如此必可得
　　利，換言之，要虛心學習，三百六十行，行行出狀元，成功與否，就
　　在己心。

揲之以四，以象四時，
崔覲曰：分揲其蓍，皆以四為數，一策一時，故四策，以象四時也。
歸奇於扐以象閏，
虞翻曰：奇所掛一策，扐所揲之餘，不一則二，不三則四也。取奇以歸
扐，扐并合掛左手之小指，為一扐，則以閏月定四時成歲。故「歸奇於
扐，以象閏」者也。

【易上經】乾坤為首，終為離 首重天地定位

六二爻解：地，二多譽

(1) 中，正。

(2) 與初九逆比，初九為地位，田也，與之逆比，即不菑畬之象。

(3) 與六三無比，既不與人相往來，為不耕獲之象。

(4) 上與九五相應，陰陽相合，兩爻皆中且正，故六二宜前往九五處另謀高就，二，三，四為艮反，三，四，五為巽謙，故若以謙遜之態度前往，必得正應也。

(5) 故曰：利有攸往也。為无妄之福。

《象傳》：不耕獲，未富也。

解：不耕獲，不菑畬，就不能從田稼中得富，必需另謀出路。(參4)

同事	主管	高層	基層	中	正	動能
逆	×	○		有能力	有才華	弱

評：中之下，有能力反空為利，但毅力是問題

論：有能力，又有才華，故不甘受限，必然想另創天地，但最大的缺點，就是懶，雖有豪情壯志，但一遇問題就退縮，故而如何針對自己的缺失，要用心想想。

六三	三爻動，變離為同人

動態

<pre>
                                    ┌→錯坤   ┌→錯坎
                              乾 震 巽 艮 離
</pre>

<pre>
  ☰乾   ☴巽₁
  ☳震 → ☶艮₃   ↘
    三 ↘ ☰乾   → ☰乾₂
    爻   ☲離₅   ☴巽₄
    動
</pre>

巽：繩   ⎫
坤：牛   ⎬ 或繫之牛
艮：鼻，手   ⎭

乾：人   ⎫ 行人得
震：行   ⎭

坤：眾，邑人   ⎫ 邑人之災
坎：災   ⎭

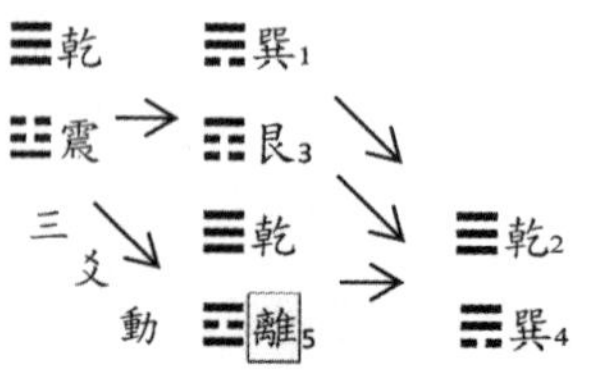

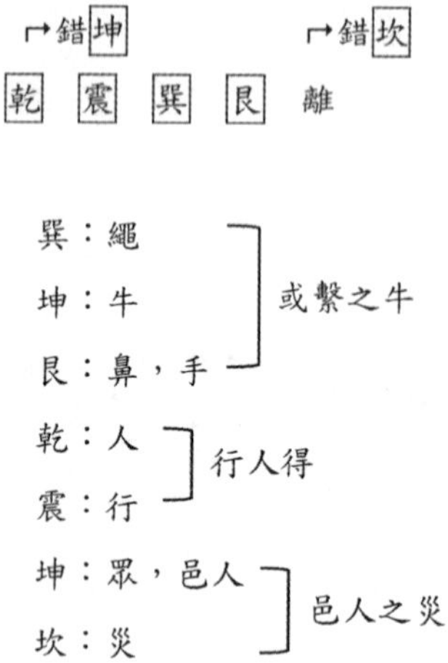

《繫辭》：无妄之災，或繫之牛，行人之得，邑人之災。

解：這真是無妄之災，將牛繫於路邊，過路行人順手牽走，行人得了
　　牛，但當地的邑人，卻要背負偷牛之罪名，是為无妄之災。

斷：巽₁ 空 → 乾₂ 努力

偏凶	艮₃ 反 → 巽₄ 空 → 關鍵 → 以謙制空

離₅ → 心

變離為心，　無妄也

論：雖然一心想要努力，但奈何天不從人願，努力卻成空，要檢討是否
　　受到他人的連累，因為巽亦可成利，若非有此牽連，或可成功，所謂
　　成功在一線之間，不得不慎。

六三爻解：人，三多凶

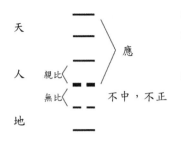

(1) 不中，不正。

(2) 與六二無比，故牛之失與六二無關。

(3) 與上九相應，上九在此則為行人之象。三，四，五為巽，利，四，五，六為乾，首，相應首要目的就是為利，故曰，行人得。

(4) 與九四親比，為鄰人之象，喻為邑人。

(5) 繫牛於路邊，上九牽之，卻使得九四受累，故曰，邑人之災。

《象傳》：行人得牛，邑人災也。

解：行人得了牛，卻是邑人背負偷牛之災，有理說不清（參5）

同事	主管	高層	基層	不中	不正	動能
×	○	○		能力有限	才華不足	弱

評：下之上，**貴人相助，可脫困局，但事後處理不夠積極**

論：得高層護佑，故即便能有所成就，也當瞭解這不是自己的努力所得，一定要深自覺悟，否則一旦換了人，恐一夕之間成空。

四爻動，變巽為益

$$乾 \quad 震 \quad 巽 \quad 艮 \quad 坤$$

乾　　巽₁
震　→　艮₃
四　　　巽₅　　　艮₂
爻　
動　　　震　　　坤₄

震：行，動　╮動則正
乾：正　　　╯可貞

《繫辭》：可貞，无咎。

解：守此貞固，无妄之正道本心，不以私心為行止，則无咎矣。但若妄
　　動，又不免有咎。

斷：巽₁ 空 → 艮₂ 反

偏吉

　　艮₃ 反 → 坤₄ 順
　　巽₅ → 謙 → 關鍵 → 莫棄謙成空
變巽為謙， 可貞也

論：空止，順來，主要是要能行謙道，就是待人，事，物都要有謙虛美
　　德，尤其在社會上工作，不宜存有投機之心，更忌沽名釣譽，若能堅
　　守心志，則成功即在眼前。

五歲再閏，故再扐而後掛。

虞翻曰：謂已一扐，復分掛如初揲之。歸奇於初扐，并掛左手次小指
間，為再扐，則再閏也。又分扐揲之如初，再掛左手第三指間，成一
變，則布掛之一爻。謂已二扐，又加一，為三，並重合前二扐，為五
歲，故「五歲再閏」。再扐而後掛，此參伍以變，據此，為三扐。不言三
閏者，閏歲餘十日，五歲閏六十日盡矣。後扐閏餘分，不得言三扐二
閏。故從言「再扐而後掛」者也。

九四爻解：人，四多懼

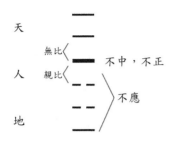

天

人

地

無比

親比

不中，不正

不應

(1) 不中，不正。

(2) 九四陽剛正直，與九五無比不攀權貴，無妄念。

(3) 與初九不應，初，二，三為震，行二，三，四為艮，止，行而止，不做妄動之心。

(4) 但與六三親比，六三陰爻柔順，陰陽相合，守住固有剛實本心。

(5) 不攀權貴，不妄念，不妄動，堅守貞固本心，故曰：可貞，无咎。

《象傳》：可貞，无咎，自有之也。

解：所謂可貞无咎，是貞固，正直，无妄之心，是人原本自有之美德。
（參 2、3、4、5）

同事	主管	高層	基層	不中	不正	動能
○	×		×	能力有限	才華不足	強

評：下之上，有能力脫離困局，但事處之處理不盡人意

論：可貞是發自內心，然若依此評點，在社會要求生存，雖然還好，但要再上一層樓，除非要改掉自身的缺陷，否則只能自我取暖。

| 九五 | 五爻動，變離為噬嗑 |
| 動態 | |

```
☰乾      ☴巽₁
☳震 →   ☶艮₃        ↘
      五       ☲離₅ →  ☵坎₂
      爻 ↘
      動    ☳震      ☶艮₄
```

↱錯 兌

乾　震　巽　艮　離　坎

坎：險 → 疾也

巽：木 ⎱
艮：石 ⎰ 木石之藥

艮：止，不 → 勿藥

兌：悅 ⎱
震：行 ⎰ 行而悅，喜

《繫辭》：无妄之疾，勿藥有喜。

解：无妄這種災疾，它是不當得而得者，是意外之變，終必相濟，自可
　　有圓滿之喜。

斷：巽₁ 空 → 坎₂ 伏 → 關鍵 → 莫棄謙成空

| 吉 | 艮₃ 反 → 艮₄ 反 |

離₅ → 明

變離為心，心明勿藥也

論：心若能安定於潛伏之中，以低調行事，當可使空相消失，此本无妄
　　之災，心定自可醫，但若心不定於伏，而自大傲慢，則坎伏成坎險，
　　不利矣，故慎之。

天數五，地數五，

虞翻曰：天數五，謂一、三、五、七、九。地數五，謂二、四、六、

八、十也。

九五爻解：天，五多功

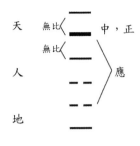

天　無比　　　　中，正
人　無比
地　　　　　　　　應

(1) 中，正。

(2) 九五尊位，陽剛正直，與上九無比，互安其位。

(3) 與六二相應，六二為民間領袖，若六二前往請求援助，結果卻出了問題，那就是无妄之災。

(4) 二，三，四為艮，反，三，四，五為巽，利，故六二與之相應，純為利之所趨，若無利，則不相往來矣。

(5) 好在與九四無比，九四沒有加入戰局，不妄動，因而戰局在可控制之內，故曰：勿藥有喜。

(6) 无妄之疾，因无妄之災而得之疾，九五中且正，剛健，處事不圓滿，而招致誤解，此疾無藥可醫，需反躬自省，以己律人，方可轉疾為喜。

《象傳》：无妄之藥，不可試也。

解：若无妄之災，即便有藥可治，但也不可以輕易嘗試。（參3、5）

同事	主管	高層	基層	中	正	動態
×	×		○	有能力	有才華	強

評：中之上，絕對可脫離困境，勿疑

論：若是君王，實為賢聖君主，即便在社會行走也是主管以上職位，之所以有无妄之災，都是自己搞出來的，所以才說不可試也，如今趕快回頭，不要做超過自己能力的事。

六爻動，變兌為隨

→錯坤

乾 震 巽 艮 兌

```
☰乾      ☴巽₁
☳震 →   ☶艮₃         ↘
六      ☱兌₅ →   ☴巽₂
爻              ↗
動  ☳震         ☶艮₄
```

震：行
兌：毀折   } 行有眚

艮：止
震：行   } 无攸利
坤：順

《繫辭》：无妄，行有眚，无攸利。

解：如果冒然行動，很可能招致无妄災禍，是沒有利，而有害，故要避
　　免發生，宜靜不宜動。

斷：巽₁ 空 → 巽₂ 空 ⇢ 關鍵 → 行謙制空

偏
凶

艮₃ 反 → 艮₄ 反
兌₅ → 折
變兌為折，行有眚

論：不太妙，狀況已由空出現毀折現象，是不是經營出狀況，投資失
　　利，或其他不該做的事，而使自己困在其中，為今之計，就是想方將
　　巽空改變成巽謙，藉由謙道，再改兌折為兌悅，換言之，應學謙之低
　　下，三思而行。

五位相得，而各有合。

虞翻曰：五位謂五行之位。甲乾、乙坤相得，合木，謂天地定位也。丙
艮、丁兌相得，合火，山澤通氣也。戊坎、已離相得，合土，水火相逮
也。庚震、辛巽相得，合金，雷風相薄也。天壬、地癸相得，合水，言
陰陽相薄，而戰於乾。故「五位相得，而各有合。」或以一六合水，二
七合火，三八合木，四九合金，五十合土也。

上九爻解：天

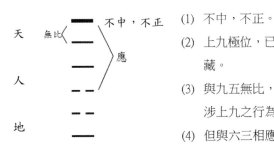

(1) 不中，不正。

(2) 上九極位，已不用事，宜保守退藏。

(3) 與九五無比，換言之，九五並未干涉上九之行為。

(4) 但與六三相應，三，四，五為巽，利，四，五，六為乾，首，如果此相應，是要與六三勾結，而因利，做了不該作的事，導致九五干涉，那就是行有眚，无攸利也。

《象傳》：无妄之行，窮之災也。

解：无妄之行，上九與六三相應，有與六三結黨之象，即使實情不是如此，若遭九五之疑，且上九時位已窮，如此豈不自招災也。（參3、4）

同事	主管	高層	基層	不中	不正	動能
×			○	能力不足	才華不足	強

評：下之上，雖有能力去避空，但處理能力恐不足應付

論：應衡量自己的能力，若不能再擔大任，此時就當心靜，而不要冒然行動。然若在社會，這麼多年的經驗，只有此程度也著實令人擔心。

383

天在山中，健而畜之，小畜蓄養，大畜養德

大畜
山天

畜養，畜止，蘊畜，養賢
《序卦》：有無妄然後可畜，故受之
以《大畜》。

| 動態 |

《雜卦》：《大畜》時也。

| 既濟 |

┌錯 巽

艮 乾 震 兌 坎 離

震：動 ┐
兌：口 ├ 不家食
艮：止，不，家 ┘

震：行 ┐
巽：木，舟 │
兌：澤 ├ 利涉大川
坎：水 ┘

```
☶艮 → ☶艮₁
☰乾    ☰乾₃  ↘
  ↘     ↘    ☵坎
      ☳震₂ → ☲離
☶艮 → ☱兌₄   既濟
☰乾
```

《繫辭》：大畜，利貞。不家食，吉。利涉大川。

解：大畜，利於正道，不以獨善其身，而以兼善天下為志，這樣的吉
　　象，即使涉大川之險，也能得天之助，順利渡過。

斷：艮₁ 止 → 震₂ 行

| 虛吉 |

乾₃ 剛 → 兌₄ 折
剛而止，能止健，大正也。

論：做人做事，不要過於剛強，尤其在領導眾人時，如果能做到接納建
　　言，照顧下屬，那麼未來將是動而悅，皆大歡喜，如果仍然是剛愎自
　　用，恐怕毀折就在眼前。乾為首，為身，艮為止，此象係身心不安，
　　調整自家之性情，去燥就緩。

大畜爻解

《彖辭》曰：大畜，剛健篤實，輝光，日新其德。剛上而尚賢，能止健，大正也，不家食，吉，養賢也。利涉大川，應乎天也。

《象傳》：天在山中，大畜。君子以多識前言往行，以畜其德。

解：天者，一氣也，氣貫於地，地附於天，雲雷由此而出，故曰，天在山中，君子體此天象，體察古聖賢之嘉言善行，以親其用，而涵養其盛德。

比附	相應
○	○

(1) 下卦為乾，乾，剛健也，上卦為艮，為止，艮體靜止而為篤實之象，是曰：剛健篤實。

(2) 三、四、五、六為大象離，離為日，輝光，乾為德，三、四、五為震，行，日行其德，日新其德也。

(3) 六五與九二相應，九二陽剛君子，上與六五君位相應，剛上也。六五君位，求賢若渴，九二為賢，故與九二相應為尚賢也。

(4) 六五位上艮卦之中位，艮為止，九二居下卦乾之中位，為健，六五求九二之賢，九二為六五所畜，故曰：止健，實為畜健。外尚賢，內止健，大畜之正道也。

(5) 六五求才，由上向下，為國畜養賢士，不以一家之私為食，故曰：吉也。

(6) 六五與上九親比，上九喻天，九二與六五相應，二、三、四為兌，澤，大川，三、四、五為震行，故曰：利涉大川，應乎天也。

(7) 初九與六四相應，初九，六四皆得正，六四為諸侯，大臣，能與民間以正相交，亦國之幸也。

評：有能力避開剛愎不使之發生

論：雖然六四與初九之應有危厲之象，但由上九，九五到九二，也形成了上下交流的網路，故而即便有一些干擾，並不會有太多的影響，換言之，眼前縱有困難，也必將達志，不宜過於急燥反誤事。

初爻動，變巽為蠱

　　　　　　　　　　　　　　　　　　　┌錯 巽

　　　　　　　　　　　　　　　艮　乾　震　兌　坤

☶ 艮　　☳ 震₁

☰ 乾 → ☱ 兌₃　　　╲　　　兌：缺　┐
　　　　　　　　　 ╲　　坎：凶　┘ 有屬
初　　 ╲　☶ 艮　 ╲ ☳ 震₂
爻　　　╲　　　　　╲
動　　☴ 巽₅　　☱ 兌₄　　艮：止　┐
　　　　　　　　　　　　　　震：行　┘ 行而止　┐
　　　　　　　　　　　　　　乾：健　　　　　　├ 利己
　　　　　　　　　　　　　　巽：進退 ┐　　　 │
　　　　　　　　　　　　　　艮：止　 ┘ 進退有止

《繫辭》：有屬，利己。

解：明知前往有危險，就應避開，這是有利自己的決定。

　　斷：震₁ 行 → 震₂ 行

　　　　兌₃ 折 → 兌₄ 折

　　　　巽₅ → 空 ⋯ 關鍵 → 以謙剋空

　　　　變巽為空，有屬也

論：前已有空相出現，再往前行，就會遭到毀折，故避開之道就是行
　　謙，化巽空為巽謙，不要硬碰硬，而以謙讓的態度應對，當可化解。

天數二十有五，
虞翻曰：一、三、五、七、九，故二十五也。
地數三十，
虞翻曰：二、四、六、八、十，故三十也。

初九爻解：地

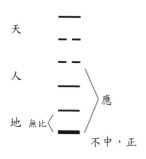

天

人

地 無比

不中，正

(1) 不中，正。

(2) 與九二無比，故其屬不來自
九二。

(3) 與六四相應，六四為陰爻，
或有小人之象，初，二，三
為乾，首，二，三，四為
兌，悅，折，可見若與六四
交往，則或有悅，然亦有危
厲之可能。

(4) 既已知有厲，則應不前往，
以免招禍，故曰，有厲利
己。

《象傳》：有厲，利己，不犯災也。

解：所謂有厲利己，簡單的說，就是明知有險，就不要硬去招惹，以防
災禍也。（參3、4）

同事	主管	高層	基層	不中	正	動能
	×	○		能力有限	有才華	強

評：中之下，有貴人相助，也有毅力當可度過險境

論：一個有才華的人，通常會走上自我為是的心態，一旦有此心態，則
前景就此打住，故時時要提醒自己，以謙待人。

二爻動，變離為賁

錯坤
艮　乾　震　兌　離　坎

艮　　震₁
乾 → 兌₃
二爻　　艮　　震₂
動　離₅　　坎₄

坤：輿也
兌：脫，毀折　} 輿說輹
震：行

《繫辭》：輿說輹。

解：當車在行進中，車輪的軸心脫落，則當即止而不行。

斷：震₁ 行 → 震₂ 行

偏凶

兌₃ 折 → 坎₄ 險 → 關鍵 → 以伏剋險

離₅ → 明

變離為明，明險，輿說輹

論：如果一心想往險處求富貴，則過去的毀折現象不會減輕，故必需回頭檢視，如此前行意義何在，是不是太過輕忽，以至於燥進，應該停下來，考慮考慮才是。

凡天地之數五十有五。

虞翻曰：天二十五，地三十，故五十有五。天地數見地此，故大衍之數略其奇五，而言五十也。

此所以成變化而行鬼神也。

侯果曰：夫通變化，行鬼神，莫近於數，故老聃謂子曰：汝何求道？對曰：吾求諸數。明數之妙通於鬼神矣。

九二爻解：地，二多譽

(1) 中，不正。

(2) 初九，九三皆無比，九二陽爻位中，剛正有貞，即便與左鄰右舍不相往來，也能自我中道行之。

(3) 與六五相應，獲六五青睞，唯因九三於前，或有阻礙，二，三，四為兌，悅或折，三，四，五為震，行，故前行要看結果，是毀折，亦或愉悅而定，故曰，輿說(脫)輹，不宜燥動進取，當止則止。

《象傳》：輿說輹，中无尤也。

解：九二與六五相應，得六五之認同，九二位中，此為具中德之行，无尤也。（參3）

同事	主管	高層	基層	中	不正	動能
×	×	○		有能力	才華不足	強

評：中之下，<u>有毅力也有能力可以判斷，但事後處理要智慧</u>

論：雖然不能行研究工作，但在一般事務執行上，仍然十分勤奮有能力，唯眼界過高，容易與同事處不合，如果能稍稍改善，則對自己的工作大有助益。

三爻動，變兌為損

$$艮\ 乾\ 震\ 兌\ 坤\ \ 大象\ 離$$

艮　　震₁

乾 → 兌₃

三　　艮　　→　坤₂

爻　　　　　　震₄

動　兌₅

艮 ┐
乾 ┘ → 大象離

乾：良馬　┐
震：行，走　├ 良馬逐
兌：折，逐　┘

艮：止 → 利艱貞

離：日　　┐
坤：輿　　├ 日閑輿衛
離：戈兵，衛┘

《繫辭》：良馬逐，利艱貞。日閑輿衛，利有攸往。

解：即使如良馬之被放逐，也需終日乾乾夕若惕，若前遇障礙，當止則
　　止，此意謂知其艱難，不可輕舉妄動，每日閒暇時，操演戰車衛術，
　　是有利於未來建功的機會。

斷：震₁ 行 → 坤₂ 平

兌₃ 折 → 震₄ 行 ┈ 關鍵 → 應行正道，切莫成驚

兌₅ → 悅

變兌為悅，上合志也

論：雖然是平平的過日子，但相較於過去的動而折，現在是愉快多了，
　　此喻是人要知足，平日畜養道德，智慧，充實自我能力，一旦時機一
　　到，必可展露頭角。

九三爻解：人，三多凶

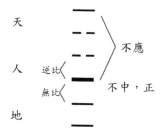

(1) 不中，正。

(2) 九三陽爻，剛直正固。

(3) 與九二無比，沒有牽連，但與六四逆比，互有過節。

(4) 上與上九不應，三，四，五為震，行，四，五，六為艮，止，行而止，上九不接納，然既得罪六四，又得不到奧援，故曰，良馬逐。

(5) 在此艱難時刻，唯有自立自強，以待他日建功之時，故曰，利艱貞，曰閑輿衛，利有攸往。

《象傳》：利有攸往，上合志也。

解：利有攸往，三，四，五為震行，四，五，六為艮止，反，故現為行而止，則必需再等待，待時機到，艮成反，反而行，而得以與上九合之志也。

（參4、5）

同事	主管	高層	基層	不中	正	動能
×	逆	×		能力有限	有才華	強

評：下之上，人和不足，要完全脫離困境不容易

論：恃才傲物，如果此時不能找出自己缺點，而一味想上達，恐怕受害的是自己，早日覺悟為是。

四爻動，變離為大有

艮　乾　震　兌　離
　　　　└錯坤　　└錯坎

艮　震1
乾 → 兌3　↘
四 → 離5　→　兌2
爻　　　　　→
動　乾　　　乾4

坤：牛
艮：少男　　 } 童牛

震：木，行
坎：桎梏　　 } 牿
艮：手

《繫辭》：童牛之牿，元吉。

解：在小牛的頭上，綁上橫木，使小牛不能以觸角傷人，其象大吉。上
　　卦艮為少男，即童男，故曰，童牛

斷：震1 行 → 兌2 悅

偏
吉　　兌3 折 → 乾4 努力 → 關鍵 → 莫成剛愎自用

　　離5 → 心

　　變離為心，有喜也

論：若能同心協力，努力工作，必然可得喜悅的回報，過去的動則毀
　　折，也因同心而得以逐漸化解，然若不能同心，或有心向上，即眼前
　　的榮景可能又被打回原形，兌折，不可不慎。

乾之策二百一十有六，

荀爽曰：陽爻之策，三十有六。乾六爻皆陽，三六一百八十，六六三十
六，合二百一十有六也。陽爻九，合四時，四九三十六，是其義也。

【易上經】乾坤為首，終為離 首重天地定位

六四爻解：人，四多懼

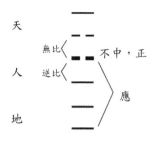

天

人

地

無比
逆比

不中，正

應

(1) 不中，正。

(2) 與六五無比，故六四所做之事，與六五無關。

(3) 然與九三逆比，互有過節，不相往來。

(4) 與初九相應，初九陽爻，剛直且脾氣不是很好，就如童牛一般。

(5) 故六四欲以柔克剛，就像給童牛角上加橫木一樣，約束他的行為，初，二，三為乾，首，二，三，四為兌折，即限制頭部的動作，故曰童牛之牿。

《象傳》：六四元吉，有喜也。

解：六四與初九相應，陰陽和合，或有喜訊也。（參4、5）

同事	主管	高層	基層	不中	正	動能
逆	✕		○	能力有限	有才華	弱

評：下之上，靠自力脫困不易要請朋友幫忙

論：小有才華，故對同事有持小才傲物之感，這是不好的。且職場的知識來自同事的幫忙最多，故需改變自己，多接納別人的意見才是。

六五
動態

五爻動，變巽為小畜

艮 乾 震 兌 巽 離
　　　　↳ 錯 坎

☶ 艮　　☳ 震₁
☰ 乾 → ☱ 兌₃
五　　　☴ 巽₅　　☲ 離₂
爻　　　　　　　　
動　☰ 乾　　☱ 兌₄

乾：公 ⎫
坎：豬 ⎬ 豬豕
震：動 ⎭

巽：木 ⎫
巽：繩 ⎬ 繫於木（杙牙）
艮：手 ⎭

《繫辭》：豬豕之牙，吉。

解：公豬脾氣暴燥，故將之用繩固定在木樁(杙牙)之上，以防豕隻走失。

斷：震₁ 行 → 離₂ 心

偏
吉

兌₃ 折 → 兌₄ 悅
巽₅ → 謙 →關鍵 → 切莫成空
變巽為謙，有慶也

論：待人接物以謙道行之，當可化解毀折的狀況，但在實行謙道之前，
　　首要就是心態的改變，切勿再有自我為大的心態，同時也要常帶笑容
　　來接待眾人，自然可以獲得回報。

坤之策百四十有四，
荀爽曰：陰爻之策，二十有四。坤六爻皆陰，二六一百二十，四六二十
四，合一百四十有四也。陰爻六，合二十四氣，四六二百四十也。
凡三百有六十，當期之日。
陸績曰：日月十二交會，積三百五十四日有奇為一會。今云三百六十當
期，則入十三月六日也。十二月為一期，故云「當期之日」也。

六五爻解：天，五多功

天　親比　　中，不正
　　無比
人　　　　　　應
地

(1) 中，不正。

(2) 與六四無比，故六四不是獝豕之象。

(3) 與上九親比，上九極位，已不復理事，故亦不是獝豕。

(4) 與九二相應，九二陽剛氣盛，符合獝豕之象，二，三，四為兌，折，三，四，五為震行，行動需受限制。

(5) 九二為民間賢才，六五以柔化剛，如獝豕固定在杙牙之上，使其為國君所用，吉也。

《象傳》：六五之吉，有慶也。

解：豬豕之牙，六五與九二相應，六五為國舉賢，有賢才能為國君效力，當然是國家之慶也。（參爻解 4、5）

同事	主管	高層	基層	中	不正	動態
×	○		○	有能力	才華不足	弱

評：中之下，人和，有毅力度過困局，然恆心不足

論：六五為君位，有此評似乎不能算是賢君，但對社會而言，已經不錯，如果動能再加強，就是勤奮一點，當可做為中階以上幹部，前途看好。

上九	六爻動，變坤為泰
動態	

艮　乾　震　兌　坤

```
☶艮      ☳震₁
☰乾  →   ☱兌₃        ☳震₂
   六      ☷坤₅  →    ☱兌₄
   爻
   動    ☰乾
```

乾：天
震：大塗，道 ⎤
震：行　　　　⎬ 何天衢
兌：亨　　　　⎦

《繫辭》：何天之衢，亨。

解：走在皇城的大道上，四通八達，有如國之大道，得以大行，為通亨
　　之象。

斷：震₁ 行 → 震₂ 行 → 關鍵 → 莫行邪道成驚

偏吉	兌₃ 折 → 兌₄ 悅
	坤₅ → 順
	變坤為順，道大行也

論：可見的未來，已經有通亨的前景出現，如今行不但順，而且好消息
　　不斷，如此之際，更應體天心，行正道方可得無憂。然而也必需注
　　意，雖然運道已轉。但必需確實去做，震，行，不要變成震，驚，也
　　就是故態復萌，那就不好了。

【易上經】 乾坤為首，終為離 首重天地定位

上九爻解：天

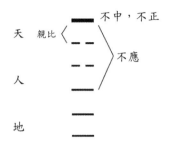

天　親比

人

地

不中，不正

不應

(1)　不中，不正。

(2)　上九為卦之極，有如天也。

(3)　與九三不應，大道之行不是個人之力所能及，而需國君起而傾力相助才可，三，四，五為震，行，四，五，六為艮，止，如果不能得到支持，那就行而止。

(4)　六五親比於上九，六五國君之位，上九陽剛正直，雖久不理政事，但所畜之經驗及德行，足堪六五請益之。

(5)　向上九請益，並將之施行於天下，故曰：何天衢，而為亨通之象。

《象傳》：何天之衢，道大行也。

解：所謂何天之衢之意，是君國大道得以通行於四方，昭於天下也。

（參5）

同事	主管	高層	基層	不中	正	動能
○			×	能力有限	才華不足	強

評：下之上，雖有毅力克服困局，但能力恐不足以應付

論：目前格局僅止於小順，若要能長久，則必需加強專業能力，那評等可望升至中，俱備大順之能力矣！

≡≡ 山下有雷，頤養之道，震養己凶，艮養人吉

頤

養也。

《序卦》：物畜然後可養，故受之以

山雷

《頤》。頤者養也

《雜卦》：《頤》養正也。

```
              ↰錯 兌
          艮  震  坤  離
```

離：目 → 觀頤

動態

兌：口 ⎫
坤：自，我 ⎬ 自求口實
艮：求 ⎭

純坤

```
☶ 艮 → ☶ 艮₁
☳ 震 → ☳ 震₃         ☷ 坤₂ → ☷ 坤
                   ☷ 坤₄   ☷ 坤
        ☶ 艮
        ☳ 震                純坤
```

艮：靜 ⎫ 上靜下動
震：動 ⎬
兌：口 ⎭ 吃食之象

```
艮 ☶ ⎫
震 ☳ ⎬ → ䷝ 大象離
```

《繫辭》：頤：貞吉。觀頤，自求口實。

解：頤，得其貞正則吉，觀其頤養之道，再觀其如何自養身心，故頤養
　　的時機點相當重要，故曰頤之時大矣哉。

斷：艮₁ 止 → 坤₂ 吝

虛吉

　　震₃ 動 → 坤₄ 平
　　動而止，　自求口食

論：現階段每件事似乎都遇到瓶頸，雖然還沒有影響，但如果不加以改
　　進，要進步不容易，若能意識到這樣不行，而想方設法突破，未來才
　　可望進入平順的狀況，否則為坤吝也。

頤卦爻解

《象辭》曰：頤，貞吉，養正則吉也。觀頤，觀其所養也，自求口實，
　　觀其自養也。天地養萬物；聖人養賢，以及萬民；頤之時大矣哉！

【易上經】乾坤為首，終為離 首重天地定位

(1) 頤者，上不動，下動，初至六爻為大象離，離為目，觀；故頤，由上觀下也。

(2) 六五位中，為君，六二中且正，為民，六五若行中道而能養六二之正，則為貞吉也。

(3) 六四與初九相應，六四為陰，然初九陽剛固實，初、二、三為震，行，二、三、四坤，為地，為道，坤以載物，人得以食之，故觀初九如何行頤養之道，而曰：觀頤，自求口實，觀其自養，養其德也。

(4) 六四與初九相應，初、二、三為震，初九一陽復始，而為天地之心；二、三、四為坤，說卦：坤，地，萬物皆致養，故曰：天地養萬物。

(5) 六三與上九相應，六五與上九親比，六五為君，依附上九，請益為政之道，六五之於上九，猶如上九所養，養君之德，故曰：觀其所養也。

(6) 六三與上九相應，六五為君，為聖，三、四、五為坤，為眾，為民，為順，六五與上九親比，上九陽剛固實，賢也，六五上尊賢，下與民相順，故曰：聖人養賢，以及萬民。

(7) 頤養隨時機點不同，而有不同的結果，故頤之時大矣哉！

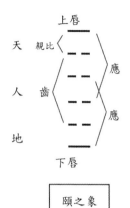

頤之象

天　親比
人　齒
地

上唇
　　應
　　應
下唇

《象傳》：山下有雷，頤，君子以慎言語，節飲食。

解：山止於上，震動於下，是為頤，君子體之以慎言語，以成其德，節飲食，不以養其體，而為養其德也。

比附	相應
○×	○

評：抓不到重點

論：六五與上九親比是依附在六三與上九相應之中，其作用不大，頤為雙應格局，但上下並沒有聯結，無法發揮最大作用，喻事不能百分百交流各行其事，而有行而止之象。按頤之爻，六三，六四不可能親比，故只有想方設法突破一途。

399

| 初九 | 初爻動，變坤為剝 |
| 動態 | |

艮　震　坤　大象離
　↳錯兌

艮　　坤₁
震　→　坤₃　　　↘
初　　　艮　　　→　坤₂
爻　　　　　↘
動　　坤₅　　　坤₄

離：龜
艮：止　〕含爾靈龜
兌：口

坤：我
坤：腹，飽象　〕觀我朵頤
震：動，朵象
離：目

艮
震　〕→　大象離

《繫辭》：含爾靈龜，觀我朵頤，凶。

解：舍棄自己的珍貴食物不吃，卻只對我口中的食物有興趣，這不是正
　　當的行為，故為凶象。

斷：坤₁ 吝 → 坤₂ 吝

偏凶	坤₃ 平 → 坤₄ 平
	坤₅ → 吝 → 關鍵 → 源頭管理以避吝
	變坤為吝，凶也

論：做了不該做的事，而遭遇到困難，現在雖然感覺還平，但已經在改
　　變中，就如同工作愈換愈差，故在之前，就先要考慮清楚，不要吃著
　　碗內看碗外，或者衝動之下就做了。

初九爻解：地

天
人
地 逆比
不中，正

(1) 不中，正。

(2) 與六二逆比，初九陽爻剛實，但六二卻與之不合，若初九是靈龜，那對六二而言，就是舍爾靈龜之象。

(3) 與六四相應，六四在上卦，由上下觀，觀初九是否真具有剛固貞正之象，初，二，三為震，行；二，三，四為坤，順，雖為正應，但六四亦為小人之象，故雖曰觀我朵頤，實由小人之觀而觀之。

(4) 對初九而言，皆為反兆，故曰：凶。

《象傳》：觀我朵頤，亦不足貴也。

解：所謂觀我朵頤者，六四觀初九，六四為陰爻，其道德操守或有不如初九之貴也。（參3）

同事	主管	高層	基層	不中	正	動能
	逆	○		能力有限	有才華	強

評：中之下，經驗不足但有毅力解決

論：以初出社會而言，此評價相當不錯，但也因為此原因，總覺得做一行怨一行，羨慕別人，卻不知，人有機遇，若不能藉此來增加自己的社會經驗，前途恐將受限也。

| 六二 | 二爻動，變兌為損 |
| 動態 | |

艮 震 坤 兌 大象 離

```
☶艮    ☷坤₁
☳震 →  ☷坤₃        ↘
   二   ☶艮    →  ☷坤₂
   爻   ☱兌₅       ☳震₄
   動
```

```
艮
震  →  ⚍  大象離
```

艮：山，丘也 ⎤
坤：地   ⎬ 顛頤
離：目   ⎦ (由地向上看)

坤：眾 ⎤
離：戈兵 ⎬
震：行   ⎬ 征凶
兌：折 ⎦

《繫辭》：顛頤，拂經，于丘頤，征凶。

解：求養於上，有悖於常理，正如山下之人，仰乞食於山上之人，不切
　　實際，而前往只會招到羞辱。(由下上看)

斷：坤₁ 吝 → 坤₂ 吝

偏凶	坤₃ 平 → 震₄ 驚 → 關鍵 → 檢討原因重新再行
	兌₅ → 折
	變兌為折，征凶

論：原本應是向上求發展，卻走了回頭路，導致出現困難，反召險象，
　　換言之，若能力不足而去做了超越自己能力的事，這是不對的，為今
　　之計，暫時舍去現有的規劃，重新擬訂。

六二爻解：地，二多譽

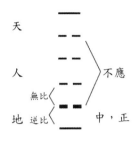

天

人　　　　　　　　　　不應

　　無比

地　逆比　　　　　　中，正

(1) 中，正。

(2) 與六三無比，故頤養與六三無關。

(3) 與初九逆比，顯然初九無心頤養。

(4) 既不能求養於下，故只能求養於上，而曰，顛頤。

(5) 六五與之不應，換言之，六五並不認可六二之才，不願頤養之，六二若貿然前往，必招羞辱，故為拂徑於丘頤，征凶。

(6) 二，三，四為坤，三，四，五亦為坤，故不應也。

《象傳》：六二征凶，行失類也。

解：六二征凶之象，養之道應各從其類，而非一意孤行。因六二與六五不應，六二中且正，六五中不正，行失類也。（參5）

同事	主管	高層	基層	中	正	動能
逆	×	×		有能力	有才華	弱

評：下之上，| 人不和，心態有議，困局為難逃 |

論：有才華，有能力，為何評等如此之低？顯然是個人的思想行為出了差錯，自以為是，不管他人想法，導致不被人接受，宜即自覺自悟才是。

六三
動態

三爻動，變離為賁

艮	震	坤	離	坎

```
☶ 艮        ☷ 坤₁
☳ 震  →     ☷ 坤₃      ↘
     ↘      ☶ 艮        ☳ 震₂
  三        ☲ 離₅       ☵ 坎₄
  爻
  動
```

艮：反，背 → 拂頤

坎：險 → 凶

震：數四
坎：數六 } 十年

震：行，動
艮：不，止 } 勿用

《繫辭》：拂頤，貞凶，十年勿用，无攸利。

解：違背了做為供養的原則，其道已失，這是很不好，且凶險的事，即
使經過十年之久，也不會再被信任而被任用。

斷：坤₁ 吝 → 震₂ 驚

凶

坤₃ 平 → 坎₄ 險 ⇢ 關鍵 → 以伏剋險

離₅ → 心

變離為心，心不明，道大悖也

論：因為心的改變，使得自身所處的環境變為驚又險，於今之道，要檢
討自己，到底在道德行為上，是不是有了錯誤的看法，想法，若是，
則應立即檢討改進，否則放任下去，不可收拾。

二篇之冊，萬有一千五百二十，當萬物之數也。

侯果曰：二篇謂上下經也。共六十四卦，合三百八十四爻，陰陽各半。
則陽爻一百九十二，每爻三十六冊，合六千九百一二冊。陰爻亦一百九
十二，每爻二十四冊，合四千六百八冊。則二篇之冊合萬一千五百二
十，當萬物之數也。

六三爻解：人，三多凶

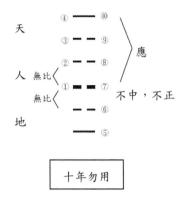

天

人　無比

　　無比

地

④ —— ⑩
③ -- -- ⑨
② -- -- ⑧
① -- -- ⑦
⑥ -- --
⑤ ——

｝應

不中，不正

十年勿用

(1) 不中，不正。

(2) 與六二無比，與六四亦無比，顯然與鄰居沒有往來，互動不佳，而六三為陰爻，心胸狹窄。

(3) 與上九相應，故為上九所欣賞而為客卿，三，四，五為坤，順，故起初與上九相應十分得順，但之後則有變化，四，五，六為艮，反，止，前為順後為止。

(4) 因六三個性狹窄，與群不合，自私自利顯露無遺，故曰拂頤，貞凶。

(5) 由六三上六四，五，六回初九，二，三，四，五，至上九共十位，四，五，六為艮為止，故雖相應但卻不再聘用，十年勿用也。

《象傳》：十年勿用，道大悖也。

解：十年勿用，是這個人的道德品行出了大問題，而被人鄙棄。

（參3、4、5）

同事	主管	高層	基層	不中	不正	動能
×	×	○		能力有限	才華不足	弱

評：下之中，有貴人相助，但事後處理不夠積極

論：以此格局而為客卿，必然出事，即便放至社會，若不能自力自強，也難有大成就，貴於自知，既知缺點，當即改正，否則一旦被判十年勿用，悔之晚矣！

六四
動態

四爻動，變離為噬嗑

艮　震　坤　離　坎
　　└ 錯巽

☶艮　　☷坤₁
☳震 → ☷坤₃　　　↘
　四　☲離₅ → ☵坎₂
　爻　☳震 → ☶艮₄
　動

艮：山
坤：地　　顛頤
離：目　　（由下上看）

艮：虎
離：目　　虎視眈眈
震：行

震：動
離：明　　其欲逐逐
巽：利

《繫辭》：顛頤，吉，虎視眈眈，其欲逐逐，无咎。

解：求養於上，上施養於下為吉。然求養者，並不滿足於現況，甚或有
　　逐逐之欲，但若能求養道之常經，而養德其正，則可无咎矣！(由上看
　　下)

斷：坤₁ 吝 → 坎₂ 伏 → 關鍵 → 勿棄伏成險

偏吉

坤₃ 平 → 艮₄ 反
離₅ → 心
變離為心，上施養也

論：人若心正，事情平且順，人若心邪，平成險，順成止，故在行為，
　　做事上要清楚自身的立場，低調行正道，則可避險，否則險象難逃。

406　【易上經】乾坤為首，終為離 首重天地定位

六四爻解：地，四多懼

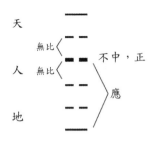

天

人

地

無比

無比

不中，正

應

(1) 不中，正。

(2) 六四與六五無比，與六三也無比，六四為陰爻，其位當諸侯，代表政府單位，故與三，五無關。

(3) 與初九相應，初九為基層，為民，故政府施德政於民。初，二，三為震，行，二，三，四為坤，順，顯然施政頗為順利，而為顛頤。

(4) 然人民仍希望獲得更多，故有虎視眈眈，其欲逐逐之象。

(5) 政府既是施德於民，對人民的渴求，當然无咎。

《象傳》：顛頤之吉，上施光也。

解：顛頤的吉象是因為上位者，施養於下之德政。(參3)

同事	主管	高層	基層	不中	正	動能
×	×		○	能力有限	有才華	弱

評：下之上，要靠朋友，單靠自己無法避險

論：以此評等似乎要養德，有點困難。放諸社會，也為一般般，如果要更上一層樓，勤奮為先，再來改善專業知識，則无咎矣。

407

五爻動，變巽為益

艮　震　坤　巽
↳錯兌

```
☶艮    ☷坤₁
☳震 → ☷坤₃      ↘
  五     ☴巽₅ →  ☶艮₂
  爻             
  動   ☳震        ☷坤₄
```

艮：不 ┐ 拂經
震：動 ┘ （不妄動）

巽：木，舟也 ┐
兌：澤　　　 ├ 不可涉大川
艮：止　　　 ┘

《繫辭》：拂經，居貞吉，不可涉大川。

解：雖違逆受養之道，但若能以貞固之道自居則仍為吉象，但不可不量
　　己之力而濟人之任。猶如不可涉大川之險。

斷：坤₁ 吝 → 艮₂ 反

　　坤₃ 平 → 坤₄ 順
　　巽₅ → 謙 → 關鍵 → 莫棄謙成空
　　變巽為謙，順以從上也

論：眼前雖仍平順，但如果不能量力而為，那麼所努力的一切，仍會成
　　空，不可不慎。要檢討，是否心量過大，不切實際。或是經驗不足，
　　宜暫停觀望，居貞吉也。

是故四營而成易，
荀爽曰：營者，謂七、八、九、六也。
陸績曰：分而為二以象兩，一營也；掛一以象三，二營也；揲之以四以
象四時，三營也；歸奇於扐以象閏，四營也。謂四度營為，方成易之一
爻者也。

六五爻解：天，五多功

天 親比 ———
　　無比 —— —　中，不正
人 　　　—— —
　　　　—— —　不應
地 　　　———

(1) 中，不正。
(2) 五居中尊位，負責保育萬民之責。
(3) 與上九親比，故請益上九，如何滿足民間頤養之事，而有拂經之象。
(4) 與六四無比，也與六二不應，顯然不了解發生了何事，也沒有任何能力和資源，能夠下達於人民，故曰，不可涉大川。
(5) 二，三，四為坤，三，四，五亦為坤，故不應也。
(6) 然經上九教導後，或可逐漸走上正軌，而能得心應手，故曰，居貞吉。

《象傳》：居貞之吉，順以從上也。

解：居貞之吉，六五與上九親比，而得上九指點解決拂徑之亂象，三，四，五為坤，順，故曰順以從上也。（參爻解3、6）

同事	主管	高層	基層	中	不正	動態
×	○		×	有能力	才華有限	弱

評：下之上，可以避困但無力脫困

論：以六五而有此評，似乎低了一點，故而需有量力而為之心態，才能做好事情。一般世人，能有此格局也稍嫌不足，雖有長官照應，但還是要先將懶散的態度修正。

六爻動，變坤為復

良　震　坤
↳錯 兌

艮　　坤₁
震　→　坤₃
六　　　坤₅　　坤₂
爻　　　震　　坤₄
動

坤：順 → 由也
兌：折 → 屬
震：行
坤：順　　行而順，利涉大川

《繫辭》：由頤，屬吉，利涉大川。

解：順從上九的建議，而得以養天下人，但因有僭越六五君權之疑，而
　　有屬象，故必戒屬，以復吉，即便有大川之險，也可安然度過。

斷：坤₁ 吝 → 坤₂ 順 → 關鍵 → 勿使順成吝

坤₃ 平 → 坤₄ 平
坤₅ → 平
變坤為平，大有慶也

論：凡事皆平，只要不做超過本份之事，應該就沒有太大變化，如果做
　　超過，則順成吝，吝者難也，也就是說，會出現很多困難的事，所以
　　要謹慎努力，才可以成功。

十有八變而成卦。
荀爽曰：二揲策掛左手一指間，三指間滿，而成一爻。又六爻，三六十
八，故「十有八變而成卦」也。
八卦而小成，
侯果曰：謂三畫成天地、雷風、日月、山澤之象。此八卦未盡萬物情
理，故曰「小成」也。

上九爻解：天

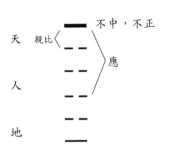

天　親比 不中，不正

人　　　　　應

地

(1) 不中，不正。

(2) 與六五親比，六五陰爻，能力或有
　　不足，但仍為賢君，故親自請益上
　　九。

(3) 與六三相應，顯示上九出馬，了解
　　民情原委，由頤是也。

(4) 三，四，五為坤，順，四，五，六
　　艮，反，反為順，亦即事情圓滿完
　　成，困難也迎刃而解。

(5) 雖然是上九建議，六五採納，然亦
　　或有僭越之象，故曰厲，但上九並
　　沒有因此而行復事，仍一心協助六
　　五，故曰吉，利涉大川。（正常命令
　　應為六五與六二相應，上九與六三
　　非其位也）

《象傳》：由頤厲吉，大有慶也。

解：由頤厲吉，使天下之人得以所養，亦是君上之慶也。（參3、4）

同事	主管	高層	基層	不中	不正	動能
○			○	能力有限	才華不足	強

評：中之下，有人和，有毅力，若無非份之想，可以維持現況

論：人脈相當廣，也就是人際關係不錯，且活動力十足，只要加強專業
　　能力，也可勝任主管級以上工作。

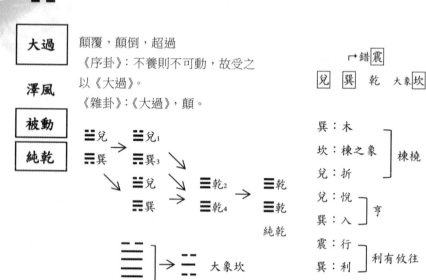

澤在風上，木被澤滅，過大難制，剛柔相濟

大過	顛覆，顛倒，超過
澤風	《序卦》：不養則不可動，故受之以《大過》。
被動	《雜卦》：《大過》，顛。
純乾	

┌→錯 震

兌　巽　乾　大象 坎

巽：木
坎：棟之象　｝棟橈
兌：折

兌：悅　｝亨
巽：入

震：行　｝利有攸往
巽：利

大象坎

《繫辭》：大過，棟橈，利有攸往，亨。

解：樑木彎曲，已不堪支持，是為大過。但若能前往補救，加強樑木的
　　支撐力，則可以免去屋倒傷人，故有亨通之象。

　　斷：兌₁ 折 → 乾₂ 健

凶　巽₃ 空 → 乾₄ 努力

　　空而折，本末弱也

論：現在碰到毀折和空象，過去的努力恐將一夕成空，到了這個階段，
　　如果還不加倍努力以挽救，而任由狀況演變下去，那真無可救藥。但
　　不宜強行己意，以免健成剛愎。

大過爻解

《象辭》曰：大過，大者過也。棟橈，本末弱也，剛過而中，巽而說
行，利有攸行，乃亨，大過之時大矣哉。

天

人

地　親比

應

應

(1) 四陽二陰，陽強，陰弱，所以為大過。中間四陽爻，象徵樑的結實中段。上下兩陰爻為兩端軟弱部份，而有折斷的可能。故此樑成彎曲的形狀，而曰棟橈，本末弱也。

(2) 二、五、為卦中位，三、四為爻之中位，皆為陽爻，故曰：剛過而中，然雖剛，仍有中和之象也。

(3) 九四與初六相應，九三與上六相應，其象為九四，九三前往補救彎曲的兩端，而九二和初六親比，故九二也加入補救行列。

(4) 初六與九四相應，初六為初、二、三巽之下爻，九四為四、五、六兌之下爻，兌為說(悅)，二、三、四為乾，天行健，巽為謙，為入，於內行謙，於外行以和悅之道，則可避免棟橈之險。

(5) 九三與上六相應，三、四、五為乾，健，四、五、六為兌，悅，若能適時以行動化解險象，則事必亨通，故曰：利有攸往，亨。

(6) 處理危機的時機相對重要，而曰：大過之時大矣哉！

《象傳》：澤滅木，大過；君子以獨立不懼，遯世无悶。

解：上卦為兌為澤，下卦為巽為木，澤本可助木之長，如今澤在木上，反而成水淹木，是為大過。君子體木被淹之理，獨立而不懼，不求同俗，而求同理，即便天下非之亦不顧，亦無有所苦悶，以為世之中流砥柱也。

比附	相應
○×	○

評：**努力方向要修正**

論：初六和九二之親比，依附在初六，九四之相應，效用不大，而本卦為雙應格局，可惜自行其是，並沒有達到上下交流的目的，於人而言，也出現現況與理想的分歧，故而如何整合，才是最大的考驗。

初六
靜態

初爻動，變乾為夬

| 兌 | 巽 | 乾 |

☱ 兌	☰ 乾₁
☴ 巽 →	☰ 乾₃ ↘
初 ↘	☱ 兌 ↘	☰ 乾₂
爻 動	☰ 乾₅	☰ 乾₄

巽：白 ⎤
巽：木，草 ⎦ 白茅

兌：悅 → 无咎

《繫辭》：藉用白茅，无咎。

解：借用白茅的柔軟，來承墊物品，不會有損毀的狀況，无可咎也。

斷：乾₁ 健 → 乾₂ 健 ⇢ 關鍵 → 莫成剛愎

偏
吉

乾₃ 努力 → 乾₄ 努力

乾₅ → 健

變乾為健，柔在下也

論：唯有做正確的努力，再努力，才可超越以往，故而行事要有規劃，
　　及堅強的意志以為後盾，而非無目的的努力才有用。需注意的是，切
　　勿因努力成剛愎自用，即後果不堪想像。

引而伸之，觸類而長之，
虞翻曰：引謂庖犧引信三才，兼而兩之以六畫。觸，動也。謂六畫以成
六十四卦，故「引而信之，觸類而長之」。其取類也大，則發揮剛柔而生
爻也。
天下之能事畢矣。
虞翻曰：謂乾以簡能，能說諸心，能研諸侯之慮，故「能事畢」。

初六爻解：地

天

人

地 親比

不中，不正

(1) 不中，不正。

(2) 初六在地之初，故以白茅應之。

(3) 與九二親比，顯然九二經常前來借用。

(4) 與九四相應，初，二，三，為巽，利，二，三，四為乾，健，健而利，故初六相應九四會有很大幫助。

(5) 當初六之位，陰爻本就對事物有謹慎之心，而對九二，九四前來借用曰茅更會慎而又慎，故謂藉用白茅，无咎。然其醉翁之意不在酒也。

《象傳》：藉用白茅，柔在下也。

解：所謂藉用白茅，是因為初六陰爻在下，利上之陽爻前來。（參4，5）

同事	主管	高層	基層	不中	不正	動能
	○	○		能力有限	才華不足	弱

評：下之上，**有貴人相助，但後續力道不足**

論：好的人際關係就成功了一半，但自身的努力也不能少，如果只沉溺於眾人的關懷之中，不能有所覺悟，後果堪憂。

九二	二爻動，變艮為咸
被動	

兌　巽　乾　艮　大象 坎
　　　　↳錯 震

```
☱兌        ☰乾1
☴巽  →    ☰乾3        ↘
二        ☱兌       ☰乾2
爻動  →    ☶艮5  →   ☴巽4
```

```
兌          ⚏
巽      →   ⚏  大象坎
```

坎：水　┐
巽：木　├ 枯楊
兌：折，枯 ┘

乾：老人 ┐
兌：少女 ├ 老夫得女妻
震：行　┘

兌：悅 → 无不利

《繫辭》：枯楊生稊，老夫得其女妻，无不利。

解：枯死的楊柳，再次長出新枝，而年老的老翁，也娶了新妻，沒有甚
　　麼是不利的。喻以壯而輔衰，過而不為過矣。

斷：乾1 健 → 乾2 健 ⇢ 關鍵 →勿成剛愎

偏吉	乾3 努力 → 巽4 利
	艮5 → 止

　　變艮為止，過以相與也

論：努力已有了成果，也可望得利，但要注意的是長期的努力或有剛愎
　　的狀況會發生，這是千萬要注意的地方，否則巽利成巽空，白努力一
　　場。

顯道神德行，

虞翻曰：顯道神德行，乾二五之坤，成離日坎月，日月在天，運行照
物，故「顯道神德行」。默而成，不言而信，存於德行者也。

九二爻解：地，二多譽

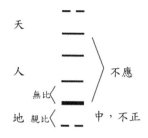

天

人　　　　不應

　無比

地　親比　　中，不正

(1) 中，不正。

(2) 九二陽爻位中，為陽剛信實之君子，具社會地位。

(3) 與九三無比，其女妻與九三無關連。

(4) 與九五亦不應，二，三，四為乾，三，四，五亦為乾，故不應。可見九五對行為不表意見，非常情也。

(5) 與初六親比，初六為陰爻，為近鄰，近水樓台先得月，故有老夫得女妻，枯楊亦能生稊也。

《象傳》：老夫女妻，過以相與也。

解：老夫女妻之象，畢竟不是世道常情，但還是可以互相調和的。

（參4、5）

同事	主管	高層	基層	中	不正	動能
○	×	×		有能力	才華不足	強

評：中之下，有毅力，有能力，但人和不足，對事後處理有影響

論：格局不錯，故枯楊可以生稊。基本上只要人際關係做好，即無大礙，但因才華不足，如果硬是要顯示自己有相當好的創造力，恐怕適得其反。

| 九三 | 三爻動，變坎為困 |
| 靜態 | |

兌　巽　乾　坎　離

```
☱兌          ☰乾₁
☴巽    →    ☰乾₃               ☴巽₂
    三           ☱兌      →     ☲離₄
    爻   →
    動    ☵坎₅
```

坎：棟之象
巽：木　｝棟橈
兌：折

坎：凶　｝凶
兌：折

《繫辭》：棟橈，凶。

解：彎曲的大樑，很容易折斷，凶象。

斷：乾₁ 健 → 巽₂ 空 → 關鍵 → 行謙治空

| 偏凶 | 乾₃ 努力 → 離₄ 心 |
| | 坎₅ → 險 |

變坎為險，凶也

論：心的改變，使得過去的努力成為一場空，且帶來的前景都是險象，
　　要如何輔助，改善，以回到過往的水平，將巽空改為巽謙，就是改變
　　自己的心態，低調虛心待人，則可望立即改變。

是故可與酬酢，可與右神矣。

《九家易》曰：陽往為酬，陰來為酢，陰陽相配，謂之右神也。孔子言
大衍以下，至于能事畢矣。此足以顯明易道，又神易德行，可與經義相
斟酌也。故喻以賓主酬酢之禮，所以助前聖發見其神祕矣。禮飲酒，主
人酌賓，為獻；賓酌主人，為酢；主人飲之，又酌賓，為酬也。先舉為
酢，答報為酬，酬取其報，以象陽唱陰和，變化相配，是助天地明其鬼
神者也。

【易上經】乾坤為首，終為離 首重天地定位

九三爻解：人，三多凶

天

人　　無比

地

應

不中，正

(1) 不中，正。

(2) 九三為陽爻，與九四同為六爻之
中位，剛好是大樑的重心所在。

(3) 與九二，九四皆無比，而九二，
九四陽爻，皆為大樑之象。

(4) 與上六相應，顯然上六經過補
強，其支撐力道與九三相當，但
可惜的是初六未補，以致出現上
實下虛，然下虛則上亦不正也。

(5) 三，四，五為乾，剛，四，五，
六為兌，折，剛而折，即便補
強，亦難逃斷折，故曰：棟橈，
凶。

《象傳》：棟橈之凶，不可以有輔也。

解：大樑彎曲的現象，是沒有任何有效的方法來輔助之。（參4）

同事	主管	高層	基層	不中	正	動能
×	×	○		能力有限	有才華	強

評：中之下，有貴人相助也有能力克服困局，但處理有疑

論：資質其實不錯，然是棟橈，顯然是恃才傲物，卻沒有真正的實力，
或有家族靠山，但若不能培養自己的能力，靠外界還是有窮究的一
天，宜慎思之。

四爻動，變坎為井

┌→錯 艮

兌 巽 乾 坎 離

☱兌　☰乾₁

☴巽 → ☰乾₃

四　　☵坎₅ → ☲離₂
爻

動　☴巽 → ☱兌₄

坎：棟之象 ┐
　　　　　├ 棟隆
乾：剛健 ┘

兌：悅　吉

巽：竹，木 ┐
　　　　　├ 有它
艮：止，反 ┘

《繫辭》：棟隆，吉，有它吝。

解：房屋的主樑必需剛健穩固，本質堅實，不可彎曲下垂，則論吉。但
　　如果用了材質不佳的木頭做樑木，那就吝矣！

斷：乾₁ 健 → 離₂ 心

偏吉

乾₃ 努力 → 兌₄ 悅

坎₅ → 伏 ⋯ 關鍵 → 切莫棄伏成險

變坎為伏，不撓乎下也

論：很努力的工作，心裡雖有喜悅之感，但潛伏的危險，似乎也要顯現
　　出來，此時要檢討的是不是有一方出了差錯，用了不該用的策略或物
　　質，使得品質下降，若能找出原因，趁危險尚未發生時，即予改善。

子曰：知變化之道者，其知神之所為乎？

虞翻曰：在陽稱變，乾五之坤；在陰稱化，坤二之乾。陰陽不測之謂

神，知變化之道者，故知神之所為。諸儒皆上子曰為章首，而荀馬又從

之，甚非者矣。

易有聖人之道四焉：

崔覲曰：聖人德合天地，智周萬物，故能用此易道。大略有四：謂尚

辭、尚變、尚象、尚占也。

九四爻解：人，四多懼

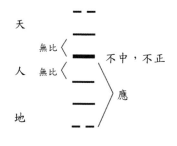

天
人
地

無比
無比
不中，不正
應

(1) 不中，不正。

(2) 與九三無比，九五亦無比，三，四，五三陽爻皆為主樑。

(3) 與初六相應，故初六有所補強，其支撐力與九四相當，上六雖未補強，但上虛下實，也足以承載。

(4) 初，二，三為巽，利，二，三，四，為乾，剛，剛而有利，故曰棟隆，吉。

(5) 但若材質用的不夠堅實，其樑木不能隆（堅實），則巽成空，吝之道，無用矣。

《象傳》：棟隆之吉，不橈乎下也。

解：棟隆的吉象，是大樑材質堅實，不再彎曲向下。(參3)

同事	主管	高層	基層	不中	不正	動能
×	×		○	能力有限	才華不足	強

評：下之上，有毅力行伏，但恐無力去找出問題改善

論：看起來棟隆比棟橈強，但實際評比，卻是棟隆比較低，主要原因是棟隆若選錯材質，根本成廢物。此喻為人必須要有真材實料，而不是虛應其事，故在社會上也必需自我期許，不要自我為大。

421

九五	五爻動，變震為恒	兌 巽 乾 震 大象 坎
動態		

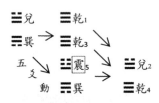

兌　乾₁
巽　→　乾₃
五　　　　震₅　→　兌₂
爻　　　　乾₄
動　巽

巽：木，楊木 ⎤
坎：水　　　 ⎬ 枯楊
兌：折，枯 ⎦

兌
巽 ⎤ → 大象坎

巽：婦 ⎤
乾：老 ⎦ 老婦 ⎤
震：長子，士夫 ⎬ 老婦得
震：行 ⎦ 其士夫

《繫辭》：枯楊生華，老婦得其士夫，无咎，无譽。

解：枯死的柳樹也可以開花，老婦得有士夫為其配偶，這事本就無可
　　咎，也沒有聲譽可言，喻過極之陰，元氣已衰，不是以共有為也。

斷：乾₁ 健 → 兌₂ 折

偏凶	乾₃ 努力 → 乾₄ 努力
	震₅→ 驚 → 關鍵 → 檢討原因，回歸正道
	變震為驚，亦可醜也

論：即使再努力，結果卻是驚與挫折，到底是那個環節出了問題，難道
　　是努力的方向與現況不合，以致所有的努力都白費，應去探究原因，
　　幸好還有心努力，不要輕言放棄，暫時先停，再看，聽

五爻解：天，五多功

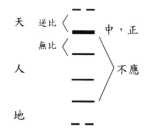

天　逆比
　　　　　　　中，正
人　無比
　　　　　　　不應
地

(1) 中，正。

(2) 與九四無比，故士夫非九四所介紹。

(3) 與九二亦不應，二，三，四為乾，三，四，五為乾，故不相應，由此可知，老婦非民間女子。

(4) 與上六逆比，九五為陽，為士夫，上六為陰為老婦，按說應為士夫娶老婦，但老婦為上六貴人，故成老婦得其士夫之象，故為逆比，與世俗反向之意。

(5) 由九五和上六之關係，此應為政治婚姻，故无咎，也无譽可言。

《象傳》：枯楊生華，何可長也。老婦士夫，亦可醜也。

解：枯楊雖生華，但生氣已散，如何可以長久？老婦匹配士夫，配合非宜，逾越常度，亦可醜也。（參爻解 3、4、5）

同事	主管	高層	基層	中	正	動態
×	逆		×	有能力	有才華	強

評：中之下，人和太差，心態有問題，困局難避

論：此評正適合枯楊生華，反正沒有人際關係放在社會上，一個人見人討厭的，其前途可知，原因即在過於自負。

六爻動，變乾為姤

┌→ 錯 震

兌　巽　乾

```
☱ 兌      ☰ 乾₁
☴ 巽  →   ☰ 乾₃                    ☰ 乾₂
   六      ☰ 乾₅    →    ☰ 乾₂
   爻                           ☰ 乾₄
   動      ☴ 巽
```

兌：澤 ┐
乾：首 │
震：行 ├ 過涉滅頂
兌：毀折 ┘

《繫辭》：過涉滅頂，凶，无咎。

解：過涉深水而有滅頂的凶象，但若能遇險而慎，則可無咎。以陰越
　　陽，好為抗激之事，故有滅頂之凶。

斷：乾₁ 健 → 乾₂ 剛愎 ⇢ 關鍵 → 立即修正為健

偏
凶

乾₃ 努力 → 乾₄ 努力

乾₅ → 剛愎

變乾為剛愎，不可以咎矣

論：努力並沒有間斷，也因努力而得了好的成效，但如今隨著努力所形
　　成個性上的缺點，卻變成乾剛愎自用，這是不知不覺中養成的，故而
　　造成的結果可能自己也不清楚，但不管如何，只要回報時出了問題，
　　就應靜下心來自我檢討，改進，化剛愎為努力。

以言者尚其辭；

虞翻曰：聖人之情，見於辭，繫辭焉，以盡言也。

以動者尚其變；

陸績曰：變謂爻之變化，當議之而後動矣。

以制器者尚其象；

荀爽曰：結繩為網罟，蓋取諸離，此類是也。

上六爻解：天

天　逆比　不中，正

人

地　應

(1) 不中，正。

(2) 與九五逆比，是故，若持強與九五相對抗，勢必如過涉滅頂般的危險，終究九五為君位。

(3) 與九三相應，上六為陰，九三為陽，陰陽相合，爻象三，四，五為乾，剛，四，五，六為兌，悅或折，若是相應取悅，而沒有其他目的，則可去凶无咎，但若取折，即另有圖謀，剛而折，則事大矣。

(4) 由此可知，如何使九五能不起疑心，而至无咎，觀看上六態度。

《象傳》：過涉之凶，不可咎也！

解：過涉之凶，上六與九三相應，上六應已退而休，不應復事，如今與九三相應，上卦兌，可為悅，亦可為折，若一旦是折，則其凶，又向誰去追究？（參2、3、4）

同事	主管	高層	基層	不中	正	動能
逆			○	能力有限	有才華	弱

評：下之上，**雖有群眾力量，但沒有能力也無恒心，難以持續**。

論：有才華顯然有創意，但評等普通，可見是其他方面出了問題，可自我檢查評等表來改善。

坎水相繼，重重險陷，處險之道，有備無患

坎　　陷井，險。
習坎
《序卦》：物不可以終過，故受之以
《坎》。坎者陷也
《雜卦》：《坎》下也。

```
                                    ┌→ 錯 離
                              坎  艮  震  坤
                                    └→ 錯 巽
```

動態

```
坎 → 坎₁
坎    坎₃ ↘
              坎 ↗ 艮₂ → 坤
              坎 ↗ 震₄ → 坤
```

純坤

```
坤：土 → 有孚
巽：繩，繫 ┐
           │ 維心
離：心    ┘
艮：止 ┐
       │ 行有尚
純坤 震：行 ┘
```

《繫辭》：習坎，有孚，維心亨，行有尚。

解：在險象重重的環境中，唯有以誠信之心，來互相聯繫，以理而行
　　之，如此才可望脫出險境。全卦九二，九五分列上下卦之中位，雖
　　險，然剛中有孚。

斷：坎₁ 險 → 艮₂ 反

凶　坎₃ 險 → 震₄ 行

　　　險而又險，　重險也

論：目前是在重重險境中，如果不自知，繼續這樣下去，後果不堪設
　　想，而化解之道，則在於伏，以誠待人，久之必可得到讚賞，而化解
　　險境於無形。

坎卦爻解

《象辭》曰：習坎，重險也，水流而不盈，行險而不失其信。維心亨，
乃以剛中也。行有尚，往有功也，天險不可升也，地險，山川丘陵也。
王公設險，以守其國，險之時用大矣哉。

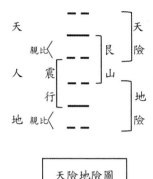

天險地險圖

(1) 坎，水，水流無滯，故不盈，盈為滿。坎中實，信在其中矣！

(2) 二，三，四為震，行，故行險而不失其信。

(3) 九二，九五皆為陽爻，九二，中，不正，九五中且正，故曰，維心亨，乃以剛中也。

(4) 三，四，五為艮山，九五居艮之顛為天險之象，故曰不可升，初六居艮山之下，初，二，三，，坎為川，艮為山，而曰地險，山川丘陵也。

(5) 初六與九二親比，九二為二，三，四行之下位，故九二前來初六處，協助初六治理地險是為行有尚也。

(6) 六四與九五親比，九五為二，三，四震行之上位，故六四前往協助九五設險是為往有功也。

(7) 故因時，地而用，結果不同，險之時用大矣哉。

《象傳》：水洊至，習坎。君子以常德行，習教事。

解：下坎內水方至，上坎外水再接而至，是謂習坎，君子體之，以此做為進德之象，教學治事，亦不厭於習之，常行德，則德可久，教學習事，德亦不倦矣！善用險而不為險所困。

比附	相應
○	×

評：**難以脫險**

論：坎卦只有親比，卻沒有相應，這顯示坎卦只重視近利。對長遠不加一顧，所以上下不相交，政令如何下達，故而是險又險，甚至滅國之象，換至社會人士，若是此等規格，也是很麻煩，故必需自行化解，以化險為宜。

初爻動，變兌為節

坎　艮　震　兌

☵坎　　☶艮₁
☵坎　→　☳震₃　↘
　初　→　☵坎　→　☶艮₂
　爻　　　　　　☳震₄
　動　☱兌₅

震：行
坎：陷　　入于坎窞，凶
兌：毀折

《繫辭》：習坎，入于坎窞，凶。

解：重坎，跌落於深窞之中，凶象。

斷：艮₁ 反 → 艮₂ 反

凶　　震₃ 行 → 震₄ 驚 → 關鍵 → 檢討再行

兌₅ → 折

變兌為折，失道凶也

論：反行為驚，導致毀折在前，象傳所言，失道凶也，是否在做人處事
　　上，出現了嚴重的失誤而不自知，此格局，要想反轉兌折為兌悅，相
　　當不容易，若有此狀況，即應立即暫停，以觀後事，再做決定。

以卜筮者尚其占。

虞翻曰：乾蓍稱筮，動離為龜。龜稱卜，動則玩其占，故「尚其占者」
也。

是故君子將有為也，將有行也，問焉而以言。

虞翻曰：有為謂建侯，有行謂行師也。乾二五之坤成震，有師象。震為
行，為言問。故「有為有行」。凡應九筮之法，則筮之，謂問於著龜，以
言其吉凶。爻象動內，吉凶見外。蓍德圓神，卦德方智。故史擬神智以
斷吉凶也。

初六爻解：地

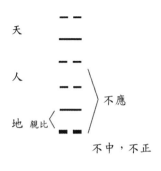

天

人　　　　　　不應

地　親比

不中，不正

(1) 不中，不正。

(2) 初六地位，故有坎窞之象。

(3) 與九二親比，九二為陽剛貞固，初陰柔，而與陽剛君子交往，有心學習君子之德。

(4) 然若退而無心習之，自干墮落，則如掉入深窞之中，恐無有出險之期。

(5) 與六四不應，沒有能給予學習的對象，初，二，三為坎，險，二，三，四為震，行，行而險，故曰凶。

《象傳》： 習坎入坎，失道凶也。

解：習坎而入坎險，初六不中，不正，無道無德，如何可應習坎的凶險。故曰：失道凶也。（參3、4）

同事	主管	高層	基層	不中	不正	動能
	○	×		能力有限	才華不足	弱

評：下之中，難以避開困局

論：除上有主管照應，但還不是高層，一旦主管換人，則失依靠，更麻煩，而此格局就初出社會而言，亦嫌薄弱，但可以理解，如今之計，就是針對缺失改進。

<table>
<tr><td>九二</td><td rowspan="2">二爻動，變坤為比</td></tr>
<tr><td>動態</td></tr>
</table>

┌→錯 巽

| 坎 | 艮 | 震 | 坤 |

☵坎 → ☶艮₁

☵坎 → ☳震₃

　　二爻 ☵坎 → ☶艮₂

　　動 ☷坤₅ → ☷坤₄

坎：險 → 坎有險

坤：小 ┐
巽：利 ├ 求小得
震：行 ┘

《繫辭》：坎有險，求小得。

解：處於險境當中，先求小得安穩，以待出險之期。

斷：艮₁ 反 → 艮₂ 反

| 偏凶 |

震₃ 行 → 坤₄ 吝 ⟶ 關鍵 → 轉吝成平

坤₅ → 吝

變坤為吝，未出中也

論：並不是現況不好，但困難已經出現，如果能轉吝為平，未來仍可能
　　得順，但不宜大事，而宜小事，故關鍵在坤吝。

其受命也如響。

虞翻曰：言神不疾而速，不行而至，不言善應。乾二五之坤成震巽，巽
為命，故「受命」。同聲相應，故如響也。

無有遠近幽深，遂知來物。

虞翻曰：遠，謂天。近，謂地。深，謂陽。陰，謂幽。來物，謂乾坤。
神以知來，感而遂通，謂幽贊神明而生蓍也。

九二爻解：地，二多譽

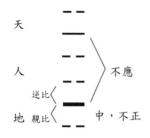

天

人 ⟩不應

逆比

地 親比 中，不正

(1) 中，不正。

(2) 九二陽剛君子，與六三逆比，六三小人之象，故與之有爭執，陷於險境之中，這是可想而知之事，故曰坎有險。

(3) 與九五不應，二，三，四為震，行，三，四，五為艮，止，行而止，故得不到九五的支持。

(4) 與初六親比，初六亦為陰爻，故雖得初六奧援，但僅為小得而已，故曰：求小得。

《象傳》：求小得，未出中也。

解：只求小小的利益，可惜九二陽剛位中，卻無法以中道論理。因與九五不應也。（參 3、4）

同事	主管	高層	基層	中	不正	動能
○	逆	×		有能力	才華不足	強

評：中之下，可以保持平順格局，但注意心態問題

論：基礎不弱，若加以調教，雖然不能擔綱研發大任，但做為管理人員，是堪其用，故，目前雖未被啟用，只要努力改善與高層主管的關係，自然有機會就會被拔擢。

431

<table>
<tr><td>六三</td><td rowspan="2">三爻動，變巽為井</td></tr>
<tr><td>動態</td></tr>
</table>

坎 艮 震 巽 離 兌

坎 艮₁
坎 → 震₃
三爻 坎 → 離₂
動 巽₅ → 兌₄

坎：險 ⎤ 來之坎坎
震：行 ⎦

震：木 ⎤ 枕
艮：止 ⎦

巽：入 ⎤ 入于坎窞
震：行 ⎦

離：心 ⎤ 勿用
兌：折 ⎦

《繫辭》：**來之坎坎，險且枕，入于坎窞，勿用。**

解：來也入坎，去也入坎，面臨乎險，頭枕乎險，上下前後皆是險，就
　　如同摔入坎窞之中，雖有出期之日，用之無功也。

斷：艮₁反 → 離₂心
　　震₃行 → 兌₄折
凶　巽₅ → 空 ┄ 關鍵 → 行謙制空
　　變巽為空，終天功也

論：心折成空，愈陷愈深，主要關鍵在自心，若心已死，則萬念俱灰，
　　若心能想開，則尚有一線希望，然已遇此，故唯有行先止，不可再輕
　　舉妄動，待穩定後，另尋生路。

【易上經】乾坤為首，終為離 首重天地定位

六三爻解：人，三多凶

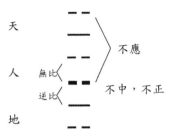

天
人
地

無比
逆比

不應
不中，不正

(1) 不中，不正。

(2) 與六四無比，與近鄰相處，也沒有交集。

(3) 與九二逆比，九二為陽剛君子，尚德之人，六三與之起衝突，顯見為心胸狹窄。

(4) 上六亦與之不應，連遠親亦沒有往來，三，四，五為艮，止，四，五，六，為坎，險，險不止，故不應也。

(5) 位於上坎之下，有入於坎窞之象，亦突顯其心無常德，自陷于險之中，難以與人相合，故曰，勿用。

《象傳》：來之坎坎，終无功也。

解：來之坎坎，六三不中，不正，無道無德，又無應，無比，自陷于險之中，最終無功而返。（參2、3、4、5）

同事	主管	高層	基層	不中	不正	動能
逆	×	×		能力有限	才華不足	弱

評：下之下，難逃困局

論：若論優點，無，但滿是缺點，或曰運勢亦盪到谷底，但否極泰生，動物亦可自行尋找出路，不必灰心，擬定方針，努力實行。

| 六四 | 四爻動，變兌為困 |
| 動態 | |

| 坎 | 艮 | 震 | 兌 | 巽 | 離 |

坎 ⚏　　艮₁ ⚎

坎 ⚏ →　震₃ ⚍

四
爻　兌₅ ⚌ → 巽₂ ⚍
動　坎 ⚏　　離₄ ⚎

坎：水，酒
巽：木
離：中虛，樽象 ⎤
震：竹，簋象 ⎦ 樽酒簋
坤：瓦器 → 缶
艮：門，窗 ⎤
巽：入 ⎥
震：動 ⎥ 納約自牖
艮：手 ⎦
兌：悅 → 无咎

《繫辭》：樽酒，簋貳，用缶，納約自牖，終无咎。

解：當險之時，用一樽酒做主禮，再用簋及缶裝著簡約的食品做副禮，
　　從窗獻納於君王，是不會有災咎的，此喻明信結於君王也。

斷：艮₁ 反 → 巽₂ 謙 ⋯ 關鍵 → 勿棄謙成空

| 偏吉 | 震₃ 行 → 離₄ 心 |
| | 兌₅ → 悅 |

變兌為悅，剛柔際也

論：學習待人接物，以謙誠之心，面載笑容，這樣會令對方感到十分愉
　　悅，這對往後的發展會有很大的助益，切記，不可虛假以待，否則兌
　　成折，就麻煩了。

六四爻解：人，四多懼

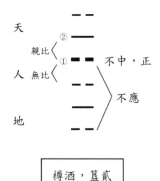

天
人
地

親比 ②
無比 ①

不中，正

不應

樽酒，簋貳

(1) 不中，正。

(2) 與六三無比，得不到六三之助。

(3) 下與初六不應，初，二，三為坎，險，二，三，四為震，行，行而險，故不應也，換言之，亦不相往來。

(4) 與九五親比，九五此處喻為被納供的對象，君王等。

(5) 故曰：樽酒，簋貳，或用缶，納約自牖，終无咎。

(6) 禮輕人義重矣，六四為①，九五為②，故為樽酒，簋貳也。

《象傳》：樽酒簋貳，剛柔際也。（樽：音尊）

解：樽酒簋貳，六四，九五親比，六四為柔，九五為剛，剛柔相濟，雖禮薄也可自通。（參爻解4、5、6）

同事	主管	高層	基層	不中	正	動能
×	○		×	能力有限	有才華	弱

評：下之上，短暫脫險，後續難料

論：有才華，動能弱，所以學習力不足，而導致工作不力，要自我檢討，否則即便有才華，也找不到好出路。

五爻動，變坤為師

坎　艮　震　坤

坎　　艮₁

坎　→　震₃

五
爻　　坤₅　→　坤₂

動　　坎　　　震₄

艮：止，不
震：動，盈象 ┃ 坎不盈
坤：土
艮：小石 ┃ 祗既平

《繫辭》：坎不盈，祗既平，无咎。

解：坎陷裡面的水，沒有滿盈，在水中沈澱的砂石，看起來都很平整，
　　不會有所咎的。喻有為而不能遽出，待時也。

斷：艮₁ 反 → 坤₂ 順

吉　震₃ 行 → 震₄ 行 ⋯ 關鍵 → 勿行偏成驚
　　坤₅ → 平
　　變坤為平，　祗既平無咎

論：在可見的未來，漸漸會平順起來，其關鍵在於行，也就是要行中
　　道，尤其當人面對困難而能心平氣和的解決問題，是不容易的修為，
　　但也顯示出難得的擔當與能力，未來不會有所危害了。

非天下之至精，其孰能與于此。
虞翻曰：至精，謂乾純粹精也。
參伍以變，錯綜其數。
虞翻曰：逆上稱錯。綜，理也。謂五歲再閏，再扐而後掛，以成一爻之
變，而倚六畫之數，卦從下升。故「錯綜其數」，則三天兩地而倚數者
也。

九五爻解：天，五多功

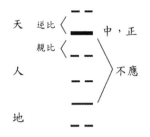

天 逆比 中，正
親比
人 不應
地

(1) 中，正。

(2) 九五尊位，陽剛正固。

(3) 與九二不應，九二為基層，得不到
支持，二，三，四為震，行，四，
五，六為艮，止，行而止，故前去
沒有交集。

(4) 與上六逆比，相處不佳，互看不
順，故埋下伏筆，而曰：坎不盈，
然卻有漏也。

(5) 與六四親比，得六四之助，來對抗
上六，故有祗既平之象。

(6) 九五既中且正，即便有難也无咎。

《象傳》：坎不盈，中未大也。

解：坎不盈之象，代表九五雖位居中，正，但並沒有發揮最大的功效，
因九五與上六逆比，與下不應，政令不出宮廷也，故需排除此難。（參
3、4）

同事	主管	高層	基層	中	正	動態
○	×		×	有能力	有才華	強

評：中之上，**絕對有能力扭轉困局，但心態要調整**

論：九五之評價尚可，也算明白的君主，只是政策遭到上六和九二的反
對，如果能適時修正，則无咎矣，換諸社會，也是主管級人物，相當
優秀，但最怕就是獨行其是，故必需自制。

六爻動，變巽為渙

坎　艮　震
↳錯離　↳錯巽

坎　　　艮₁
坎　→　震₃
　　　　巽₅　→　艮₂
六　　　坎　　　　震₄
爻
動

巽：繩
艮：手
震：動　　　　係用徽纆
坎：黑

坎：叢林（多心）

離：數三
艮：不　　　三歲不得

《繫辭》：係用徽纆，寘于叢棘，三歲不得，凶。

解：用黑索綁住罪犯，又囚之于牢獄之中，即使三年，也得不到赦免，
　　是為凶象。

斷：艮₁ 反 → 艮₂ 反

凶　　震₃ 行 → 震₄ 驚

　　巽₅ → 空 ⋯ 關鍵 → 行謙制空

　　變巽為空，凶三歲也

論：該停止的時候，不知止，不該行的也做了，結果卻是驚恐，而致
　　空歡喜一場，這樣的情形如果不改善，可能後三年都會如此。

通其變，遂成天下之文；

虞翻曰：變而通之，觀變陰陽始立卦。乾坤相親，故「成天地之文」。物

相雜，故曰文。

上六爻解：天

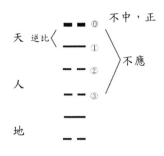

天　逆比{　不中，正

人

地

三歲不得圖

(1) 不中，正。

(2) 上六在坎卦的極位，為陰爻，如小人之象，也因處在天位，故為宮廷內之事。

(3) 與九五逆比，顯然上六出了問題，而一旦九五介入，宮廷內鬥，其象必凶，故有徽纆之象。

(4) 上六與六三不應，但上六到六三經五，四，三，共三位，上卦為坎，叢棘，故曰，置于叢棘，三歲不得。

(5) 三，四，五為艮反，四，五，六為坎險，上六來六三反為險，故不應。

《象傳》：上六失道，凶三歲也。

解：為何會被判三歲，主因上六喪失了君臣份際，而與九五相做對。

（參3、4）

同事	主管	高層	基層	不中	正	動能
逆			×	能力不足	有才華	弱

評：下之中，恐難逃困局

論：雖有才華，但經過了這麼多年的磨練，能力還是不足，那唯一之途，就是認命，然若不認，而去做了法律不允許的事，想翻身難矣！

離火兩明，普照人間，陰陽剛柔，相輔相成

離

重離

靜態

純乾

明，麗，附著

《序卦》：陷必有所麗，故受之以
《離》。離者麗也
《雜卦》：《離者》上也。

┌錯坤

離 兌 巽 乾

離₁ → 離₁

離 → 離₃

兌₂ → 乾

離 → 巽₄ → 乾

巽：入，養
離：大腹
坤：牛

│ 畜牝牛

純乾　兌：悅 → 吉

《繫辭》：**離，利貞，亨，畜牝牛，吉。**

解：離，利於守持正固，亨通之象，如能體牝牛之順馴，而養自身之順
　　德，是為吉象。

斷：離₁ 明 → 兌₂ 折

虛吉

離₃ 心 → 巽₄ 空

心而明，繼明照于四方

論：在社會上，為人處事所帶給人的印象，不但要謙，還要讓人心悅誠
　　服，此由何來，人之心也，心明則如日月照四方，然謙道要守之不
　　易，若謙不成則成空，此時，兌悅成兌折，故必需緊記於心。換言
　　之，若現在只有心明，卻不願去做，那麼只淪於空想而已，毫無助
　　益。離為中女，兩女相繼，慎防色難。

離卦爻解

《象辭》曰：離，麗也。日月麗乎天，百穀草木麗乎土，重明以麗乎正，乃化成天下。柔麗乎中正，故亨，是以畜牝牛吉也。

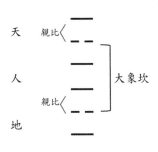

(1) 上九與六五親比，上、五均為天位，二、三、四、五為大象坎，坎為月，離為日，故曰：日月麗乎天，光輝普度也。

(2) 六二與九三親比，六二為地位，二、三、四為巽，為百穀草木，故曰：百穀草木麗乎土，生機渙發之象。

(3) 離為明，上下皆明；六五為上卦明，位中，六二為下卦明，既中且正，故上明以正下明，上下所麗，其道大明，故化成天下而為文明之始也。

(4) 六五，六二皆為柔爻，位中而能守其正道，二、三、四為巽，利，守正得利，為亨通之象。

(5) 六二與九三親比，六五與上九親比，陰附麗於陽，二、三、四為巽，利，順，三、四、五為兌，悅，吉；其如畜牝牛之順馴，而養自身之德，是為吉象。

《象傳》：明兩作，離。大人以繼明照于四方。

解：兩離相重，今日明，明日又明，日新又新。偉大的君王，以繼古聖之明，達事理，辨明暗，使天下之邪正，皆得而見之，明照于四方。

比附	相應
○	×

評：無能力維持現況

論：離卦只有親比，卻無相應，就如同只注重親情卻不顧社會情，以致各自獨立不交流，離雖明，卻有自私自利之感，故而要以謙道為約束，藉由謙道來調和人與人之間的關係。但因為上下不能交流，僅借謙道亦屬薄弱，故建立交流管道為當務之急。

441

初九	初爻動，變艮為旅
被動	

```
     ☲離      ☱兌₁              ┌錯 震
     ☲離  →   ☴巽₃        離  兌  巽  艮
   初 →       ☲離    →  ☱兌₂
   爻                               艮：徑路，交錯  ┐
   動  ☶艮₅       ☴巽₄           震：行          ┘履錯然

                                   兌：悅  ┐
                                   離：明  ├ 敬之无咎
                                   巽：謙  ┘
```

《繫辭》：履錯然，敬之，无咎。

解：東馳西走，而有步履錯亂，此時惟敬以直內，靜而不燥，則无咎
　　矣。

斷：兌₁ 折 → 兌₂ 悅

偏吉	巽₃ 空 → 巽₄ 謙 ⇢ 關鍵 → 勿棄謙成空

　　艮₅ → 止

　　變艮為止，避咎也

論：遇事不順出現急燥不周之象，若不能立即行謙改正，則亂象恐一時
　　難止，但若以謙遜的態度，則可以避開災禍，所以必須小心謹慎以避
　　咎也。

極其數，遂定天下之象。

虞翻曰：數六畫之數。六爻之動，三極之道，故定天下吉凶之象也。非
天下之至變，其孰能與於此。

虞翻曰：謂參伍以變，故能成六爻之義。六爻之義，易以貢也。

初九爻解：地

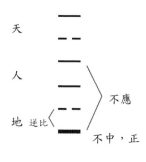

天
人
地　逆比

不應

不中，正

(1) 不中，正。

(2) 初為地位，故有履之象。

(3) 初九陽爻剛正，與九四不應，未得奧援，導致前景不明，而有履錯之象，初，二，三為離，心，二，三，四為巽，空，故九四覺得初九前來無有意義，故不應也。

(4) 與六二逆比，顯然有過節，六二陰爻位中且正，為地方領袖，故現實相處上，不論過節大小，也唯有敬之方能无咎。

(5) 初，二，三為離，火，火就燥，喻事若就急燥而行，必有不周之處，故需於行事之前謹慎以對。

《象傳》：履錯之敬，以避咎也。

解：履錯之敬，主要的目的是在避免獲咎的機會。因初九不中，無應，然又與六二逆比，故避六二也。（參4）

同事	主管	高層	基層	不中	正	動能
	逆	✕		能力有限	有才華	強

評：下之上，心態要改正，否則難以避開困局

論：初出社會，能力不足是正常，但與主管相逆這不是好事，可見持才傲物，而這也是初出社會的通病，故而應優先改善人際關係。

六二	二爻動，變乾為大有

靜態

離　兌　巽　乾

└ 錯坤

☲離　　☱兌₁

☲離　→　☴巽₃

二爻　　↘　☲離　→　☱兌₂

動　　☰乾₅　　☰乾₄

坤：土，黃 → 黃離

兌：悅　┐
　　　　├元吉
離：明　┘

《繫辭》：黃離元吉。

解：若能做到柔麗乎中道，其象大吉。

斷：兌₁折 → 兌₂悅

偏吉	巽₃空 → 乾₄努力　⋯ 關鍵 → 莫努力成剛愎

乾₅ → 努力

變乾為努力，得中道也

論：只是謙虛當不足以保證，還要加上努力，以六二而言，不努力並無
　　太大過失，還不至於退回折與空，但若想創大業，那就在此基礎上好
　　好努力，必有大的回報。

易無思也，無為也，

虞翻曰：天下何思何慮，同歸而殊塗，一致而百慮，故無所為。謂其靜
也專。

寂然不動，

虞翻曰：謂隱藏坤初，幾息矣。專，故不動者也。

感而遂通天下之故。

虞翻曰：感，動也。以陽變陰，通天下之故，謂發揮剛柔而生爻者也。

六二爻解：地，二多譽

天

人

地

親比

逆比

不應

中，正

(1) 中，正。

(2) 六二地位，地為坤，故取坤之意，坤色黃，六二位中且正，故曰黃離。

(3) 然與六五不應，故無賢名上達天聽，二，三，四為巽，空；三，四，五為兌，折，故六二見六五充滿變數不應也。

(4) 與初六逆比，有爭執，但與九三親比，皆為近鄰而有不同待遇，雖是人之常情，但若六二對初九如同對九三一般，必有助六二賢名在外。

(5) 故六二既為民間領袖，宜做到中道之行，故曰黃離元吉。

《象傳》：黃離元吉，得中道也。

解：所謂黃離元吉，是喻六二若能依中道而行，必可大吉。目前雖與六五不應，但或有因行謙道（二、三、四為巽，謙）而與六五相應也。（參3、5）

同事	主管	高層	基層	中	正	動能
逆	○	×		有能力	有才華	弱

評：中之下，可以脫離困局，但後勢看恆心

論：有才華，有能力，絕對會被主管賞識，但若心胸不大，不夠勤奮，那想要再上一層，努力和與人之關係都不可忽略。

九三	三爻動，變震為噬嗑	離 兌 巽 震 坎 艮
動態		

離 ⟶ 兌₁

離 ⟶ 巽₃ ⟶

三 爻 離 ⟶ 坎₂

動 震₅ 艮₄

震：行
離：日 ┐ 日昃之離
兌：西 ┘ （日行過午）

艮：不
震：動，鼓之象 ┐ 不鼓缶
艮：土石 ┐ 缶
離：火 ┘

兌：口 → 嗟之象

兌：口 → 歌之象

《繫辭》：日昃之離，不鼓缶而歌，則不耋之嗟，凶。

解：日已過午，人已逾中年，逐漸老去，此時不敲擊著瓦缶而大聲唱
　　歌，安常以自樂，則只有老大徒嗟嘆而已，其象凶。

斷：	兌₁ 折 → 坎₂ 險 → 關鍵 → 以伏剋險
偏凶	巽₃ 空 → 艮₄ 反
	震₅ → 驚
	變震為驚，何可久也

論：折加險，空未止，所做之事，回報的只有驚字，日落而山之象，能
　　否起死回生？一般而言，是做最壞的打算，最好的準備，面對現實。

九三爻解：人，三多凶

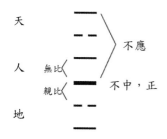

天

人 　無比

　　親比

地

不應

不中，正

(1) 不中，正。

(2) 九三陽爻，陽剛正值，位中卦兌
    (兌為西)之下，故有日昃之象。
    (中卦，三，四，五爻為兌)

(3) 與六二親比，陰陽相合，過午之
    後，與六二鼓缶而歌，安常以自
    樂。

(4) 與九四無比，不相往來。

(5) 與上九不應，三，四，五為兌，
    折，四，五，六為離：心，心已
    折，故不應也。

(6) 既不應，亦無比，只有大耋之嘆
    矣。

(7) 三多凶。

《象傳》： 日昃之離，何可久也。

解：日落西山，人已耋，怎能長久。（參2）

同事	主管	高層	基層	不中	正	動能
○	×	×		能力有限	有才華	強

評：中之下，不是沒有能力避開險境，只是毅力問題

論：雖然是日昃之離，但總力尚存，評比亦不錯，若即此而嗟嘆放棄，
　　有負自己的天賦，由上可知，就是能力稍差，如果能善用動能尋求協
　　助，當可起死回生。

九四	四爻動，變艮為賁

動態

離 兌 巽 艮 震 坎

☲離 → ☱兌₁
☲離 → ☴巽₃
四爻動 → ☶艮₅ → ☳震₂
☲離 → ☵坎₄

離：火，中虛竈之象 → 火突如其來
巽：風
兌：口 ⎫ 焚如
震：木，動 ⎭
坎：險 → 死如
兌：毀折 → 棄如

《繫辭》：突如其來如，焚如，死如，棄如。

解：突然來的大火，燒毀了一切，當物體被燒盡，火也就熄了，焚後只
剩灰燼，就只好棄在原地了。喻敬慎以惜事，始無禍也。（內卦離火
已熄，外卦離火突再燒起，焚如其來如）

斷：兌₁ 折 → 震₂ 驚
巽₃ 空 → 坎₄ 險 → 關鍵 → 行伏以制險
艮₅ → 反
變艮為反，反成驚，無所容也

凶

論：情勢改變非常迅速，不只是折和空相，還再加上驚恐，險象環生，
顯然是突如其來的利空，使現有的生活完全變了樣，也可謂飛來橫
禍，難能預料，那要如何適應呢？坎陷可成坎伏，忍，完全以低調應
對，並尋求協助。

九四爻解：人，四多懼

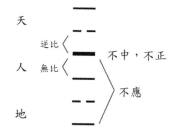

天

人

地

逆比

無比

不中，不正

不應

(1) 不中，不正。

(2) 與九三無比，各顧各。

(3) 與初九不應。初，二，三為離，心；二，三，四為巽，空，心已空，故初九不應。

(4) 與六五逆比，這一下麻煩大了，六五雖居君位，但陰爻心胸狹窄，常有疑人之象，而九四陽爻位不中亦不正，欲與六五抗衡，實為不明智之舉，故有突如其來如，焚如，死如，棄如之結局。

《象傳》：突如其來如，无所容也。

解：突如其來如之意，即君王已無能容忍之處，因九四與六五逆比，常此與君王做對，故被六五無預警追究也。（參4）

同事	主管	高層	基層	不中	不正	動能
×	逆		×	能力不足	才華不足	強

評：下之中，雖有毅力，但難擋險災

論：如果說闖禍，那就因為動能強，除此而外其他全失，這種狀況比下之下還麻煩，一般來說，就是只靠蠻力，不動大腦，若要改善，先從人際關係著手，修心養性再說。

五爻動，變乾為同人

┌錯 坎

離 兌 巽 乾

└錯 震

☲ 離　　☱ 兌₁
☲ 離 → ☴ 巽₃　　　　　　　　☰ 乾₂
五　　　 ☰ 乾₅ →　　　　☴ 巽₄
爻　 動 ☲ 離

離：目
坎：水
乾：首，頭　　｝出涕沱若
兌：口

坎：加憂
震：動，聲　｝戚嗟若吉
兌：吉

《繫辭》曰：出涕沱若，戚嗟若，吉。

解：淚水夾帶涕液，滂沱不絕，憂戚嗟傷，主因是朝中不寧，但最終還
　　是因預先防範，而得終吉。

斷：兌₁ 折 → 乾₂ 努力

偏
吉

巽₃ 空 → 巽₄ 謙 ⋯ 關鍵 → 莫棄謙成空

乾₅ → 努力

變乾努力，離王公也

論：若能實行謙道，也獲得回報，但時日一久，怠懈心就起，此時若懈
　　怠下去，一定會有不好的結果，若巽謙成空就麻煩了，所以，要重新
　　加把力，努力再努力，不使原有之謙道消失，並創新延續生命力。

六五爻解：天，五多功

天　親比
　　逆比　中，不正
人
　　　　　　　不應
地

(1) 中，不正。

(2) 六五為君位，然為陰爻，故有能力不足之象。

(3) 六二不應，即與民間互動不多，二，三、四為巽空，三，四，五為兌，折，空而折，故不能相互往來。

(4) 與九四逆此，九四為諸侯位，代表朝中大臣也對六五不是很滿意，或另有不法之情事，故六五始有出涕沱若之象，悲憤矣！

(5) 然與上九親此，常與上九走動，將此狀況，報與上九，六五陰爻，本就柔弱，心性慈悲，而有戚嗟若之象也

(6) 上九則教導其預防之道，三、四、五為兌，故最終，吉也。

《象傳》曰：六五之吉，離王公也。

解：六五的吉象，是在於能明白九四等王公大臣之所作所為，而有所防範，非出涕沱若的表面之象，其原因為九四與六五逆比。（參4）

同事	主管	高層	基層	中	不正	動態
逆	○		×	有能力	才華不足	弱

評：下之上，有能力改善但無毅力維持

論：以六五之尊評等如此，確實會出涕沱若。出社會到六五這個階段而有此評。如果不勤快一點，恐怕麻煩了。

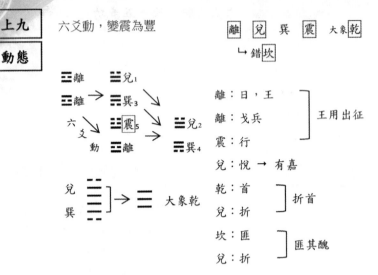

上九
動態

六爻動，變震為豐

離 兌 巽 震 大象乾
　↘錯坎

離→離
離→巽3
六爻→震5→兌2
動　離　巽4
兌1

離：日，王
離：戈兵 ┐ 王用出征
震：行 ┘
兌：悅 → 有嘉

乾：首 ┐ 折首
兌：折 ┘

坎：匪 ┐ 匪其醜
兌：折 ┘

兌
巽 ┐→ 大象乾

《繫辭》曰：王用出征，有嘉。折首，獲匪其醜，无咎。

解：承君之王命出征伐惡，獲君王封賞有嘉。然，王師出征，祇在折取
　　其魁首，而不是濫殺，故而無咎矣

斷：兌1 折 → 兌2 悅
偏吉
　　巽3 空 → 巽4 謙
　　震5 → 行 → 關鍵 → 莫行偏成驚
　　變震為行， 以正邦也

論：用謙和之氣來領導企業，只要能抓住重點，就不會有錯咎，但真正
　　重點是行，因為企業之前就已有倫常，只是有所怠乎，故而重新再次
　　行動，如辦理活動等都是提振士氣的好方法。

上九爻解：天

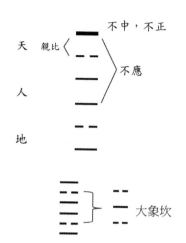

天　親比
人
地

不中，不正

不應

大象坎

(1) 不中，不正。

(2) 與九三不應，三，四，五為兌，折。四，五，六為離，戈兵，雖不應但有折首之象，故九三為討伐之對象，二至五為大象坎，匪，九三居中為匪也。

(3) 與六五親此。故同為皇室宗親家族。

(4) 上九奉六五之命前去征討，並順利折服凶惡首，故有王用出征，有嘉，折首，獲匪其醜。

(5) 但此次出征，只針對九三，並未禍及其他，故無咎矣！

《象傳》曰：王用出征，以正邦也。

解：王師出征伐惡，非窮兵黷武，而是正邦定國，去賊之亂也（參2）

同事	主管	高層	基層	不中	不正	動能
○			×	能力有限	才華不足	強

評：中之下，有毅力行謙，但無能力做後續處理

論：以此評等可知，率兵征伐應是內憂而非外患。行諸社會，若是有行動力的人，必佔優先，然必需配合能力，因為要抓住重點，沒有能力也無法做到，自思之。

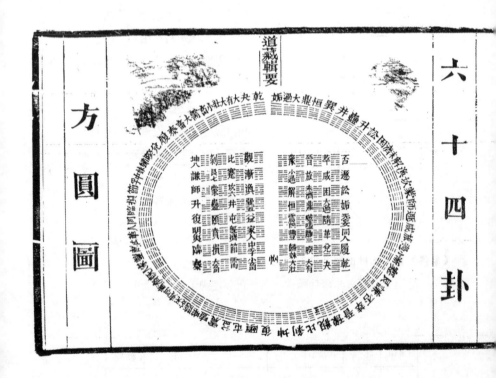

六十四卦方圓圖

道藏輯要

易下經

咸恆為首，終於未濟

首重人倫之常

咸

澤山

靜態

純乾

普遍，交感，速

《序卦》：有天地，然後有萬物。有萬物，然後有男女。有男
　女，然後有夫婦。有夫婦，然後有父子。有父子，然後有君
　臣。有君臣，然後有上下。有上下，然後禮義有所錯。

《雜卦》：咸者，速也。

```
☱兌  →  ☱兌₁
☶艮     ☶艮₃ ↘
  ↘      ☱兌 ↘  ☰乾₂  →  ☰乾
         ☶艮 →  ☴巽₄      ☰乾
                            純乾
```

兌　艮　乾　巽

兌：澤 ⎤
艮：山 ⎦ 咸

艮：少男 ⎤
兌：少女 ⎦ 取女

兌：悅 → 吉也

《繫辭》曰：咸，亨，利貞，取女吉。

解：事物交相感則亨通，利於守持正固，取女子為妻，吉也。

斷：兌₁ 悅　→　乾₂ 努力

艮₃ 止　→　巽₄ 空

止而說，取女吉

吉

論：目前凡事還算順利，但會逐漸走下坡，如果沒有採取更進一步措
　施，兌悅成兌折，即可能巽₄空會發生，如何預防？以守謙道，並努
　力去實行，則可預防毀折，不可不謹慎。需防男女情傷之變。

咸卦爻解

《象辭》曰：咸，感也。柔上而剛下，二氣感應以相與，止而說，男下
女，是以亨利貞，取女吉也。天地感而萬物化生，聖人感人心而天下和
平，觀其所感，而天地萬物之情可見矣。

天
人
地

親比

應
應
應

(1) 九四與初六相應，上卦為兌，少女，陰柔之象，下卦艮為少男，剛健之象，故曰：柔上而剛下；卦由下而上，少男追求少女，而曰：男下女。兌為口，為說，悅，艮為止，止而悅，二、三、四為巽謙，相互尊重，和樂之象。

(2) 九三與六二親比，陰陽和合，由此而聯結六二，九五之應，及九三，上六之應，完成上下交相應，猶如男取女，兩性通婚，是以亨，利貞，取女吉也。

(3) 咸，三陰，三陽交相應。上六與九三相應，上六為下卦坤體上升之一陰，九三為上卦乾体下降之一陽，故曰：二氣感應以相與。

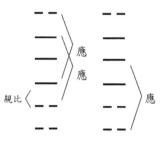

親比

應
應
應

(4) 九三為天德下貫，上六為地德上應，天地交相感，萬物化生矣！九五與六二相應，九五為君，為聖；六二為民間賢達，六二協助九五教化人心，故曰：聖人感人心，而天下和平。

(5) 咸卦，互相感應，其爻上下交相應，比附，故曰：觀其所感，而萬物之情可見矣！

《象傳》曰：山上有澤，咸，君子以虛受人。

解：艮山之上有兌澤，土地受澤之潤，則感乎山，山受乎澤，山澤交感，感而遂通，是為咸。九五與六二相應，三，四，五為乾，首，二，三，四為巽，謙，九五為君子，故九五以行謙於六二之民，上卦為兌，悅，故民為之悅矣。

比附	相應
○	○

評：有能力脫離困局

論：九三與六二親比，使得九三與上六，六二與九五之相應，上下一貫，故為有效比附，也因此，而使上下完整交流，政令得以宣達，有利賢君施政，同樣，對於個人企業，若能做到上下溝通順暢，減少誤會，則事情推動就容易了。夫婦，父子，君臣若上下交流，禮義有所錯矣！

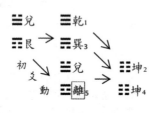

| 初六 | 初爻動，變離為革 |
| 被動 | |

兌　艮　乾　巽　離

艮：指 ┐
震：足 ├ 咸其拇
震：動 ┘

離：心 ┐
巽：入 ├ 志外也
艮：止 ┘

《繫辭》曰：咸其拇。

解：感應到的是大拇指。

斷：乾₁ 努力 → 乾₂ 努力

虛吉

巽₃ 空 → 巽₄ 謙 ┅ 關鍵 → 勿棄謙成空

離₅ → 心

變離為心，志在外也

論：看起來還是很努力，卻只感應到拇指，結果不甚理想，既有離去之
心（志在外），可見目前是做一天和尚，撞一天鐘，但為人之道，還
是要堅持到最後，當然，如果要回頭，那就收回心繼續行謙即可。

非天下之至神，其孰能與於此。

韓康伯曰：非忘象者，則無以制象。非遺數者，則無以極數。至精者無
籌策而不可亂，至變者體一而無不周，至神者寂然而無不應。斯蓋功用
之母，象數所由立。故曰：非至精、至變、至神，則不能與於此也。夫
易，聖人之所以極深而研幾也。

初六爻解：地

天

人

地 無比

應

不中，不正

(1) 不中，不正。

(2) 與六二無比，顯示與近鄰不交往。

(3) 初六為始位，而足趾為人身最下部位，故有拇之象。

(4) 與九四相應，九四陽爻，陰陽相交感，咸也。初，二，三為艮，反；二，三，四為巽，利，故為正應也。

(5) 既與近鄰無往來，又與九四相應，故曰：志在外，非鄰也。

(6) 其意為尚未互相接觸，只有意見之交往也。

《象傳》曰：咸其拇，志在外也。

解：咸其拇，初六與九四相應，九四為外卦初位，故其志在外也。
（參 4，5）

同事	主管	高層	基層	不中	不正	動能
	×	○		能力有限	才華不足	弱

評：下之中，要避開空相不容易

論：如果心已不在，即此格局正如其分，然而以正常來論，此應是與高層有特別關係，但即便如此，更應該好好表現，不要讓長輩蒙羞才是。

二爻動，變巽為大過

```
┌錯 震

兌  艮  乾  巽
```

```
☱兌    ☰乾₁
☶艮 → ☴巽₃
二爻 → ☱兌 → ☰乾₂
動  ☴巽₅    ☰乾₄
```

震：足
震：動   ┐
巽：股肱   ┘ 咸其腓

巽：進退
兌：悅   ┐
艮：止，居 ┘ 居吉

《繫辭》曰：咸其腓，凶，居吉。

解：感應到小腿脛肉，其為妄動而感之，故有凶象，但若能即時安定靜
　　心，而不妄行，則可轉凶為吉。

斷：乾₁ 努力 → 乾₂ 努力

**虛
凶**
　　巽₃ 空 → 乾₄ 剛愎 → 關鍵 → 去剛愎為健
　　巽₅ → 空
　　變巽為空，咸其腓，凶

論：還是非常努力，但無形中已養成剛強的性情，這樣下去，一切都會
　　成空，如今之道就是靜下心來，將剛強的不良習性改過，以退為進，
　　不強求，則可改善。

唯幾也，故能成天下之務；

虞翻曰：務，事也。謂易研幾開物，故「成天下之務」。謂卦者也。唯神
也，故不疾而速，不行而至。

虞翻曰：神，謂易也。謂日月斗在天，日行一度，月行十三度，從天西
轉，故「不疾而速」。

六二爻解：地，二多譽

天

人　　　　　　應

　親比

地　無比　　中，正

(1) 中，正。

(2) 與初六無比，初六若為趾，則六二為趾上之小腿脛肉。

(3) 與九三親比，顯然兩者因地利之便而建立起良好的關係。

(4) 六二與九五相應，九五尊位，陽剛正固，故六二單向求於九五，而有動盪不安之象，此謂咸其腓，凶。

(5) 二，三，四為巽，利，空；三，四，五為乾，首，故兩者相應，有利及空的因素在內。

(6) 幸而九三就近撫慰，六二亦能反省，故有居安化凶為吉之兆。

《象傳》曰：雖凶居吉，順不害也。

解：雖凶居吉，六二與九五相應，故若六二能一心一意順乎九五，而無二心，則不會招來禍害也。（參4，6）

同事	主管	高層	基層	中	正	動能
×	○	○		有能力	有才華	弱

評：中之上，絕對有能力克服困局

論：難得的好評，應該是很聰明的人，但也因此或有自大自滿的可能，好在動能不強，如果適時修正，順乎情，中乎道，不躁進，則不會招來禍害，轉危為安。

| 九三 | 三爻動，變坤為萃 |

| 被動 |

→錯 震

兌 艮 乾 巽 坤

☱兌　☰乾₁

☶艮 → ☴巽₃

三　　☱兌₂ → ☴巽₂

爻動 ☷坤₅　　☶艮₄

巽：股
震：動　　} 咸其股

震：行
艮：手，執　} 執其隨

《繫辭》曰：咸其股，執其隨，往吝。

解：感應到大腿，大腿只能跟隨拇及腓而動，要單獨前往是不可能的。
　　故曰 吝礙難行。喻心中無主也。

斷：乾₁ 努力 → 巽₂ 空 → 關鍵 → 以謙制空

| 虛凶 |

巽₃ 空 → 艮₄ 止

坤₅ → 吝

變坤為吝，往吝

論：謙止，努力成空，為何現在會有如此大的改變，是否跟隨之人不
　　當，或合夥出了問題等等，但因介入太深，一時要轉圜，實在不容
　　易，故暫時採靜而不動，看清楚再決定。

子曰：易有聖人之道四焉者，此之謂也。

侯果曰：言易唯深唯神，蘊此四道。因聖人以章，故曰「聖人之道」
矣。

天一，水甲。地二。火乙。天三，木丙。地四。金丁。天五，土戊。

地六。水己。天七，火庚。地八。木辛。天九，金壬。地十。

土癸。此則大衍之數五十有五。蓍龜所從生，聖人以通神明之德，以類

萬物之情。此上，虞翻義也。

【易下經】咸恆為首，終於未濟 首重人倫之常

九三爻解：人，三多凶

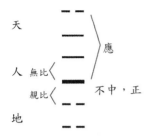

天

人 無比

親比

地

應

不中，正

(1) 不中，正。

(2) 以人象而言，初六為趾，六二為腓，九三則為股，故曰：咸其股。

(3) 與六二親比，六二為腓，既為親比，故兩者必然同時連動，故知九三不可能單獨行動。

(4) 與九四無比，感應不到九四。

(5) 與上六相應，陰陽相感，此為執其隨之象。三、四、五為乾，健，四、五、六為兌，悅，折，故若九三與上六為正相應，則為健而悅。然九三與九四無比，九四卡在九三與上六之應中，而成阻礙，故此時若九三前往上六，並不順利，反有兌成折之可能，此亦符合股是被動，而不能主動之象，故曰：往吝。

(6) 由此可知，若是特定原因，宜執其隨，然即使如此，欲利他，也必先自利，此方為正道

《象傳》曰：咸其股，亦不處也。志在隨人，所執下也。

解：咸其股，九三與上六相應，四、五、六為兌，悅，故隨上六為悅，但若不隨，則為折。故為被動，而不能自處。與六二親比，若志願隨六二，則其志向未免過於低下矣！（參5）

同事	主管	高層	基層	不中	正	動能
○	×	○		能力有限	有才華	強

評：中之上，有能力閃過空相

論：評點很高，只是能力不足，才有執其隨往吝的現象，換言之，專業不足，才任由人使喚，今之重點在積極學習，建立自己的專業能力才可擺脫他人的控制。

| 九四 | 四爻動，變坎為蹇 |

| 被動 |

```
          ┌錯 震
兌 艮 乾 巽 坎 離
          └錯 坤
```

```
▤ 兌      ▤ 乾₁
▤ 艮  →   ▤ 巽₃         ╲
四          ▤ 坎₅   →   ▤ 離₂
爻                      ╲
動  ▤ 艮    ▤ 坎₄
```

離：心
坎：加憂
震：行   ⎫ 憧憧往來
巽：進退

乾：首
坤：眾   ⎫ 朋從爾思
離：心
兌：朋

《繫辭》曰：貞吉，悔亡，憧憧往來，朋從爾思。

解：以貞固之心與友交往，方是吉象，即有悔恨也會消失於無形。雖然
　　交往的朋友類型很多，也很難拿捏判斷，但至少要有選擇的原則才
　　是。

斷：乾₁ 努力 → 離₂ 心

| 偏吉 | 巽₃ 空 → 坎₄ 伏 ⋯ 關鍵 → 莫棄伏成險 |

　　坎₅ → 伏

　　變坎為伏，朋從爾思

論：厚己待人以謙，如今再加上態度低調，不盛氣凌人，故有朋從爾思
　　之象，換言之，心喜交友，但友也需光明正大，否則會讓自己身處險
　　境而不自知，這要特別小心注意。

【易下經】咸恆為首，終於未濟 首重人倫之常

九四爻解：人，四多懼

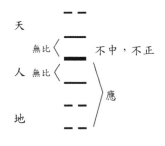

天
人
地

無比 〈 不中，不正
無比 〈
〉 應

(1) 不中，不正。

(2) 九四陽爻，係以貞固之心與友交
往，而有貞吉，悔亡之象。

(3) 雖與九三，九五無比，並不防礙與
之交往，又與初六相應，可見擇友
圈不小，但初六機率最高，故有憧
憬往來之象。

(4) 與初六相應，初，二，三為艮，
反，二，三，四為巽，利，謙，故
交友可能是建立在利或謙的基礎
上，此兩者結果不同，故有朋從爾
思的考量。

(5) 然初六為陰爻，或有小人之象，故
九四若溺於陰私而與之交往，又豈
能正大光明。

《象傳》曰：貞吉悔亡，未感害也。憧憧往來，未光大也。

解：貞吉悔亡，九四陽爻，雖不中，不正，但若以貞固之心與人交往，
人亦未感害也。憧憧往來，九四與初六相應，二，三，四為巽，利，
若為利交往，則未能光明正大。(參 3，4，5)

同事	主管	高層	基層	不中	不正	動能
×	×		○	能力有限	才華不足	強

評：下之上，靠朋友幫忙脫困，但不長久

論：本身的分辨能力不足，導致潛在的風險發生，同理，在工作上也要
小心應對，最好的方法就是補足專業能力，否則恐怕不能勝任工作。

五爻動，變震為小過

兌 艮 乾 巽 震

☱兌 → ☰乾₁
☶艮 → ☴巽₃
　　　　　　　　　　艮：背
五　 ☳震₅ → ☱兌₂　　　震：動　｝咸其脢
爻　　　　　　　　　　兌：折 → 悔
動 ☶艮 → ☴巽₄

《繫辭》曰：咸其脢，无悔。

解：已經感應到背脊肉，此感應是直覺反應，並未發于心，故无有悔
　　恨。

斷：乾₁ 努力 → 兌₂ 折

虛
凶
巽₃ 空 → 巽₄ 空 → 關鍵 → 行謙制空

震₅ → 行

變震為行，志末也

論：多年努力的施行謙道，但到今天遇到了挫折，檢討其原因是否在政
　　策的推動上，過於輕忽，以及思慮不周全所致，而使努力有成空之
　　象，但切記不能使行成驚。

子曰：夫易何為而作也？

虞翻曰：問易何為取天地之數也。

夫易開物成務，

陸績曰：開物謂庖犧引伸八卦，重以為六十四。觸長爻策，至於萬一千

五百二十，以當萬物之數。故曰「開物」。聖人觀象而制網罟之屬，以

成天下之務，故曰「成務」也。

九五爻解：天，五多功

天 逆比 ─ ─
　　　 ─ ─　 中，正
　 無比 ───
　　　 ───
人　　 ───　 應
　　　 ─ ─
地　　 ─ ─

(1) 中，正。

(2) 由拇，腓，股，心，如今到了脢，故曰：咸其脢。

(3) 脢與人身之心，相對，一在前一在背，心為九四，然九四與九五無比，故感應到背，心無感也。

(4) 與上六逆比，上六為首，故背與首是處在敵對狀態。上卦為兌，口，既與之逆比，故有被撥弄是非之象。

(5) 與六二相應，上與上六逆比，下與九四無比，可知由背的感應而做出的行動，皆是沒經過思考的動作，故只能下至六二。

(6) 沒有週全的行動，豈能感人，僅得无悔而已。

(7) 二，三，四為巽，謙；三，四，五為乾，首。故與六二的相應，還是首重謙。

《象傳》曰：咸其脢，志末也。

解：由下而上，上六為末，九五與上六逆比，故咸其脢，即便是逆比，也期與上六相感也。（參4）

同事	主管	高層	基層	中	正	動態
×	逆		○	有能力	有才華	強

評：中之上，絕對有能力守護謙道

論：由評等可知九五應為賢君，但為何會出現挫折感，志末也。就是政策未經詳細思考，而導致雜亂無章，同理，企業的經營階層也當謹慎小心，尤其一個新的政策推出時。

六爻動，變乾為遯

┌錯 震

兌　艮　乾　巽

☱兌　　☰乾₁
☶艮　→　☴巽₃
六　　　☰乾₅　　☰乾₂
爻　　　　　　→　
動　　☶艮　　☴巽₄

兌：口，舌 ┐
乾：首，頭 │
震：動　　 ├ 咸其輔頰舌
艮：止　　 ┘

《繫辭》曰：咸其輔頰舌。

解：感應到臉部和舌部，工於媚悅，失其誠信也。

斷：乾₁ 努力 → 乾₂ 努力

　　巽₃ 空 → 巽₄ 空 → 關鍵 → 行謙制空

　　乾₅ → 剛愎

　　變乾剛愎，騰口說也

論：雖然仍是很努力，但因為謙成空，也就只是嘴上說說而已，實際卻
　　是空話一篇，說得多，做到的少，當然前景就是一片空，要痛下決
　　心，改掉這個毛病，若能說到做到，就沒問題了。

冒天下之道，如斯而已者也。
虞翻曰：以陽闢坤，謂之「開物」。以陰翕乾，謂之「成務」。冒，觸
也。觸類而長之如此也。
是故聖人以通天下之志，
《九家易》曰：凡言是故者，承上之辭也。謂以動者尚其變，變而通
之，以通天下之志也。

上九爻解：天

天　逆比
人
地

不中，正
應

(1) 不中，正。

(2) 與九五逆比，故只能逃避不接觸。

(3) 與九三相應，三，四，五為乾，首；四，五，六為兌，悅。故其相應為正應。

(4) 上六為陰爻，九三陽爻，陰陽相合，故上六只能向九三訴苦。

(5) 既是訴苦，那就是訴說九五的缺失之處，口舌之非也。

(6) 故有咸其輔頰舌之象。

《象傳》曰：咸其輔頰舌，滕口說也。

解：咸其輔頰舌之意，雖或感人以言，然而无有其實。上卦兌為口，下卦為艮，止，上六與九三相應，止於口也。（參3，4，5，6）

同事	主管	高層	基層	不中	正	動能
逆			○	能力不足	有才華	弱

評：下之上，可改善但無力維持

論：上六動能弱正常，但有才華，如果不能安份於事，又與基層互動，這犯了忌諱，如果只是說說也就算了，同樣以這種評等，在這社會上，只要勤快些，就可以獲得欣賞，重要的是，要說到做到。

471

雷在風上，風雷相長，恆守中道，至誠不息

恆	長久，有恆心。

《序卦》：夫婦之道不可以不久也，

雷風 　　故受之以《恆》。恆者，久也。

《雜卦》：恆，久。　　　　　　　　震　巽　兌　乾

動態

純乾

```
震 ─→ 震₁
巽    巽₃ ↘
       ↘
      震 ↘→ 兌₂ ─→ 乾    巽：利
      巽 ──→ 乾₄       乾    震：行  利有攸往
              純乾      兌：悅
```

震：長男 ┐
　　　　├ 夫婦之道
兌：少女 ┘

巽：利 ┐
震：行 ├ 利有攸往
兌：悅 ┘

《繫辭》曰：亨，无咎，利貞，利有攸往。

解：恆之道，亨通之象，恆而能亨，無咎矣，恆而不亨者，為有咎也。

　　恆必利于正，正外無道，故利貞也。如此正，方得利於有所前往。

斷：震₁ 行 → 兌₂ 折

吉	巽₃ 謙 → 乾₄ 努力

　　利有攸往，吉也

論：力行謙道是好事，但並不一定表示就會成功，若只是口說不行，那是
　　無益的。要想有好的回報，就要努力去行，否則只會帶來毀折。恆者，
　　循序漸進，必能得利，震為木，巽亦為木，兩木相依，繁榮之象，事可
　　得吉。

恆卦爻解

《象辭》曰：恆，久也。剛上而柔下，雷風相與，巽而動，剛柔皆應，
恆。恆亨无咎，利貞；久於其道也，天地之道，恆久而不已也。利有攸
往，終則有始也。日月得天，而能久照，四時變化，而能久成，聖人久
於其道，而天下化成；觀其所恆，而天地萬物之情可見矣！

472 【易下經】咸恆為首，終於未濟 首重人倫之常

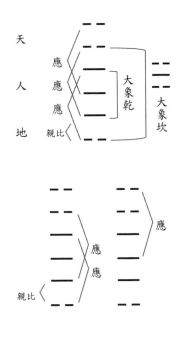

(1) 恒，久也。上卦震，雷，動；下卦巽為風，柔，剛上而柔下，雷風相與，巽而動。

(2) 初六與九四相應，九二與六五相應，九三與上六相應，剛柔皆應也。

(3) 初六與九四相應，初六為上体坤卦下降之一陰，九四為下体乾卦上升之一陽，二、三、四為乾，乾為道，四、五、六為震，行，行貞固之道，故曰：久于其道；是故，天地之道，恒久而不已，而曰：恒，亨，无咎，利貞。

(4) 九二與初六親比，由此串起初六與九四，九二與六五之應，初六為始，六五為終，故曰：利有攸往，終則有始也。

(5) 九三與上六相應，三，四，五為兌，西；四，五，六為震，東，日出於東，落於西。二，三，四為乾天，初，二，三，四，五為大象坎，坎為月，故曰：日月得天而久照，四時變化而能久成。

(6) 六五為君，為聖；九二為民間賢達，皆具中德，九二協助六五化育地方，故曰：聖人久於其道，而天下化成。

(7) 上下相應，比附，久於其道，天下化成，故曰：觀其所恒，而天下萬物之情可見矣。

《象傳》曰：雷風，恒；君子以立不易方。

解：雷風為有恆之象。六五與九二相應，六五位中，九二亦為中位，故君子以中道相交，其志不衰矣。

比附	相應
○	○

評：有能力有毅力遵行謙道

論：三應加親比，雖然上六與九三之應無太大作用，但上下交相應，有利政策推動。但也顯示推行事物宜循序漸進，以成功達志，同時也清楚的顯見，上下交相應，靠的是互相體諒，共同努力，才有結果。

初六	初爻動，變乾為大壯

動態

震　巽　兌　乾

☶艮　☱兌₁
☴巽　→　☰乾₃
　　　　↘
初　　☳震　→　☱兌₂
爻　　　↘　　↗
動　　☰乾₅　☰乾₄

兌：澤 ⎤
震：動 ⎥ 浚恆
巽：入 ⎦

兌：折 → 凶

《繫辭》曰：浚恆，貞凶，无攸利。

解：一開始就急於深求恆久之道，是不知常者也，故有凶險也無有所
　　利。

斷：　兌₁ 折 → 兌₂ 折

偏凶

　　　乾₃ 努力 → 乾₄ 努力
　　　　　乾₅ → 剛愎 → 關鍵 → 棄剛愎為健
　　　變乾剛愎，始求深也

論：努力，再努力，結果卻是事倍功半，甚至面臨毀折的現象，甚麼原
　　因致使？是因為在剛開始，就要求太高，卻不知自己的能力根本無法
　　滿足，為今之計，就是放慢腳步，一步一步來，切莫好高騖遠。

以定天下之業，
《九家易》曰：謂以制器者尚其象也。凡事業之未立，以易道決之，故
言以定天下之業。
以斷天下之疑。
《九家易》曰：謂卜筮者尚其占也。占事知來，故定天下之疑。

【易下經】咸恆為首，終於未濟 首重人倫之常

初六爻解：地

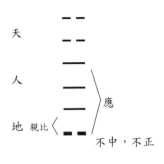

天

人

地 親比

應

不中，不正

(1) 不中，不正。

(2) 初六陰爻，為始位，故有急於求深之象，故曰：浚恆。

(3) 與九二親比，九二剛正，貞固，故得其教化，而與之學習。

(4) 然初六在與九四相應之後，捨九二，而欲前往九四，九四位上卦之下位，初六捨近求遠，不切實際，故曰：貞凶，無攸利。

(5) 初，二，三為巽，利；二，三，四為乾，首，故初六前往九四卻帶有利益交換之嫌，其應虛也。

《象傳》曰：浚恆之凶，始求深也。

解：浚恆之凶，初六與九四相應，三，四，五為兌，折，故前往九四會陷折之中，為始求深，不宜躁進。（參4，5）

同事	主管	高層	基層	不中	不正	動能
	○	○		能力有限	才華不足	弱

評：下之上，**有貴人相助，可助脫困**

論：初出社會就知人際關係的重要，已成功了一半，剩下的就待磨練，但要自知，自己能力和才華都不足，需要加強，而若強行做超越自己能力的事，一旦失敗，後果堪慮。

二爻動，變艮為小過

震　巽　兌　乾　艮

震 兌₁

巽 → 乾₃

二 震 → 兌₂

爻 艮₅ → 巽₄

動

震：動

乾：久，正　〕悔亡（動而正）

《繫辭》曰：悔亡。

解：悔恨消亡，喻事雖變，其心未變也。

斷：兌₁ 折 → 兌₂ 悅

吉　　乾₃ 努力 → 巽₄ 謙 ⋯ 關鍵 → 勿棄謙成空

艮₅ → 止

變艮為止，能久中也

論：因為行謙，而能使因努力而產生的挫折感消失，故巽謙是中道而不
　　偏，若棄謙而致空來，則兌悅成折，悔恨就不可能消亡了。

是故蓍之德圓而神，卦之德方以知，

崔覲曰：蓍之數七七四十九，象陽。圓，其為用也。變通不定，四之以
知來物，是蓍之德圓而神也。卦之數八八六十四，象陰。方，其為用
也。爻位有分，因之以藏往知事，是卦之德方以知也。

六爻之義易以貢。

韓康伯曰：貢，告也。六爻之變易以告吉凶也。

【易下經】咸恆為首，終於未濟 首重人倫之常

九二爻解：地，二多譽

天

人 ⟩應

地 ⟩無比 親比 中，不正

(1) 中，不正。

(2) 與九三無比，比較少往來，沒有太大關聯。

(3) 與六五相應，而有向上發展之機會，六五位中，守中德，九二亦中，而有中道之象，故兩者相應，悔恨且可消亡。

(4) 二，三，四為乾，首；三，四，五為巽，謙。故九二和六五之應，是建立在謙道之上。

(5) 九二與初六親比，故九二可協助六五，將政令下達於民間，亦有悔亡之象。

《象傳》曰：九二悔亡，能久中也。

解：九二悔亡，九二位中，與六五相應，六五亦為中道之主，故能久中而悔亡也。(參3)

同事	主管	高層	基層	中	不正	動能
○	×	○		有能力	才華不足	強

評：中之上，有能力脫離困局，後勢看好

論：中之上的資質，有能力，動能強，可做公司的經理人才，做經理人才必須有規劃未來的能力，不能規劃好了，實施一半落跑，那這問題就大條了。

三爻動，變坎為解

震　巽　兌　乾　坎　離

≣≣震　　≣≣兌₁
≣≣巽　→　≣乾₃
　三　　≣≣震　　→　≣≣坎₂
　爻　　　　　　　　　≣≣離₄
　動　≣≣坎₅

乾：德
震：行　　　⎫
坎：狐疑　　⎬　不恆其德
巽：進退，節之象
坎：加憂，羞之象　⎫
離：心　　　　　⎬　或承之羞
兌：毀折

《繫辭》曰：不恆其德，或承之羞，貞吝。

解：沒有守住該有的中道恆德，就會招來羞辱，也將遭遇艱難的後果。

斷：兌₁ 折 → 坎₂ 險 ⇢ 關鍵 → 以伏剋險

乾₃ 努力 → 離₄ 心

坎₅ → 險

變坎為險，无所容也

論：心若無德，過去再怎麼好光景，也將面臨凶險，為今之計，就是修
　　正自己的心態。將坎₂險降為坎₂伏，就是這樣當可獲得別人的諒解，
　　同時，亦應守持中道，心切勿迷失。

聖人以此先心，
韓康伯曰：洗濯萬物之心者也。
退藏於密，
陸績曰：受蓍龜之報應，決而藏之於心也。

九三爻解：人，三多凶

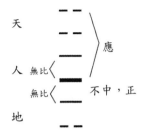

(1) 不中，正。

(2) 與九二無比，又與九四亦無比，九三處於上，下兩陽剛之中，上不在天，下不在地，失去了自己的立場，故曰：不恆其德。

(3) 與上六相應，三，四，五為兌，悅，折；四，五，六為震，行，故九三前往上六是喜悅的，但另一方面，恐怕也種下悔折的後果。

(4) 因為上六陰爻，早不應事，故去求教於上六，就只有或承之羞，貞吝而已。

《象傳》曰：不恆其德，无所容也。

解：不恆其德，九三為陽，位正，應有德，然若無德，則自失立場，三，四，五為兌，折，而有悔折之象，故无所容也。（參 2，3，4）

同事	主管	高層	基層	不中	正	動能
×	×	○		能力有限	有才華	強

評：中之下，有毅力，有貴人可助脫險，但後續不定

論：自視甚高，故心態逐漸趨於高傲，與人交往也以自我利益為主，但能力並不是很好，一旦被人識破，後果不堪，因此，心德很重要，要自我了知，反省為宜。

九四
動態

四爻動，變坤為升

震　巽　兌　乾　坤

☳震　　☱兌₁
☴巽　→　☰乾₃
四　　　☷坤
爻　　　☴巽₅
動　　　　☳震₂
　　　　　☱兌₄

坤：田
巽：禽
兌：折，缺
震：行

田无禽

《繫辭》曰：田无禽。

解：田獵抓不到禽獸，沒有規劃好。喻無才君子也。

斷：兌₁ 折 → 震₂ 驚 → 關鍵 → 檢討原因再出發

偏
凶

乾₃ 努力 → 兌₄ 折
坤₅ → 吝
變坤為吝，田无禽

論：困難出現了，如果不能有效解決，那可能會有很糟的結果，甚至驚
　　折，不可不慎，如何防範於未然，如何規劃，尤其是規劃，若有疏忽
　　之處，應每日或隨時檢討，偏離正軌，及時修正。

吉凶與民同患。
虞翻曰：聖人謂庖犧。以蓍神知來，故以「先心」。陽動入巽，巽為退
伏，坤為闔戶，故藏密。謂齊於巽以神明其德。陽吉陰凶，坤為民，故
「吉凶與民同患」。謂作易者有憂患也。

九四爻解：人，四多懼

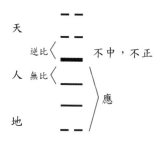

天

人

地

逆比 不中，不正

無比

應

(1) 不中，不正。

(2) 與九三無比，沒有往來。

(3) 與六五逆比，六五為尊位，又為陰爻，心胸狹窄，得罪六五，日子不好過。

(4) 與初六相應，初、二、三為巽，巽為雞，禽獸之象，故九四至初六處田獵，卻沒有規劃好，致一無所獲。

(5) 初，二，三為巽，利；二，三，四為乾，首，故九四與初六相應，首要為利之所趨，應不久也。

(6) 九四位於九五之下，不能分君之憂，致使一事無成，如田獵般无禽

《象傳》曰：久非其位，安得禽也。

解：九四不中，不正，故非其位，三，四，五為兌折，而陷毀折之地，安可得下卦巽之禽也。（參4，5，6）

同事	主管	高層	基層	不中	不正	動能
✕	逆		○	能力有限	才華不足	強

評：下之上，有毅力，但恐無能力，必須靠友人幫忙

論：以此能力，要做好規劃，確實很難，但幸而動能強，肯吃苦，若是好好與主管，同事學習，或皇天不負苦心人，而有出頭之日。

481

六五	五爻動，變兌為大過
靜態	

┌→錯 坤

震	巽	兌	乾

兌震巽 → 兌₁乾₃兌₅巽 → 乾₂乾₄ 乾

五爻動

兌：少女 ⎫ 恆其德
震：長男 ⎭ （夫婦之象）
坤：女→婦人
乾：夫子 ⎫ 夫子凶
兌：折 ⎭

《繫辭》曰：恆其德，貞，婦人吉，夫子凶。

解：守住該有的中道美德，這是正固的，有如婦人，以柔順為美德，是
　　為吉。但對男子而言，若以柔順而非制義為美德，即是凶，而不是
　　吉。

斷：兌₁ 折 → 乾₂ 剛愎 → 關鍵 → 轉剛愎為健

偏凶

　　乾₃ 努力 → 乾₄ 努力
　　兌₅ → 折
　　變兌為折，夫子凶

論：當有了自以為是的剛愎態度後，是會造成事業毀滅的，不可不慎。
　　那要如何改變呢？去掉剛愎，繼續努力即可。

神以知來，知以藏往，
虞翻曰：乾神知來，坤知藏往。來謂出見，往謂藏密也。
其孰能與於此哉！
虞翻曰：誰乎能為此哉？謂古之聰明睿知之君也。

六五爻解：天，五多功

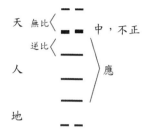

天 無比 ⟨ ▬▬ 中，不正
　逆比 ⟨ ▬▬▬
人 ▬▬▬ ⟩ 應
地 ▬▬

(1) 中，不正。

(2) 與上六無比，很少互動。

(3) 六五為君位，本來就有中道之象，故曰：恆其德。

(4) 與九四逆比，站在六五之立場，能壓制九四，六五為陰爻，故曰：婦人吉。

(5) 與九二相應，二，三，四為乾，男子；三，四，五為兌，悅，顯示九二順從六五。

(6) 但對九二而言，則為夫子凶之象。

(7) 本卦為靜態卦，故以敘理為主。

《象傳》曰：婦人貞吉，從一而終也。夫子制義，從婦凶也。

解：婦人，夫死不再改嫁，從一而終，為貞吉之象，然男子則需剛強果斷裁度事理，若是像婦人那般柔順性格，則反為凶矣！（參5，6）

同事	主管	高層	基層	中	不正	動態
逆	✕		○	有能力	才華不足	弱

評：下之上，有能力，也有友人幫忙，但還是要靠自己

論：如此格局，非賢君也，放諸社會，只要改善動能，再修正人際關係自有大回報，如果恃才傲物，剛愎自用，後果不堪。

六爻動，變離為鼎

震　巽　兌　乾　離

```
☳震      ☱兌₁
☴巽  →  ☰乾₃          ☱兌₂
   六      ☲離₅   →    ☰乾₄
六爻
   動      ☴巽          ☰乾₄
```

震：動
巽：入
乾：首　　震恆凶
離：心
兌：折

《繫辭》曰：振恆，凶。

解：領導人動搖，或人心動搖，恆不久，故凶（振同震）。喻違時昧勢不
　　知常也。

斷：兌₁ 折 → 兌₂ 折

偏
凶

乾₃ 努力 → 乾₄ 剛愎 → 關鍵 → 轉剛愎為健

離₅ → 心

變離為心，心不正，凶也

論：心態已經在改變中，逐漸朝剛愎自用傾斜，這是很不利的現象，顯
　　然對初衷已經動搖，人心常會因環境而改變，這本身就是個變數，只
　　能要求自己，若偏離了中道，適時拉回，即便發生了，也要剎車回
　　轉。

古之聰明睿知神武而不殺者夫！
虞翻曰：謂大人也。庖犧在乾五。動而之坤，與天地合聰明。在坎則
聰。在離則明。神武謂乾。睿知謂坤。乾坤坎離，反復不衰，故「而不
殺者夫」！

上六爻解：天

(1) 不中，正。

(2) 與六五無比，對六五沒有信心。

(3) 上六極位，極而不休為反轉之象，故與九三相應，然若強要投入用事，實力必然不足，反而有凶。

(4) 三，四，五為兌，悅，折；四，五，六為震，行，上六請九三協助是很愉快，但其中也隱含了毀折存在，不可不慎。

(5) 上六若不安位，勢必引起六五之疑，以致引發宮廷內亂，而造成局勢動盪，故曰：振恒，凶。

《象傳》曰：振恆在上，大无功也。

解：如果在上位的領導人，不能固守其恆，以致恆極必反，无益于國家，故曰：大无功也。（參3）

同事	主管	高層	基層	不中	正	動能
×			○	能力有限	有才華	弱

評：下之上，雖有友人幫忙，但想不易脫困，問題在自心

論：上六與六五之評相當，然上六已是退休，故對六五不是很有心，此評放在社會上，雖然不是很差但也不很好，也就是不勤快，如果能稍加改善，則評等可望提升。

≡≡ 天在山上，山不過天，退而自保，待機而發

遯

天山

被動

純乾

退避，退隱，遁（遯音遁）

《序卦》：物不可以久居其所，故受之以《遯》，遯
者，退也。

《雜卦》：遯，退也。

┌錯 **震**

乾 艮 巽

≡乾 → ≡乾₁
∷艮 → ≡艮₃
　　　≡乾 → ≡乾₂ → ≡乾
　　　∷艮 → ∷巽₄ → ≡乾
　　　　　　　　　純乾

乾：君子 ┐
艮：止，門 │ 遯
震：行 │
巽：進退 ┘

《繫辭》：遯亨，小利貞。

解：認清事情，不必利己，暫宜退守，為亨通之象。遇小人當道，則堅
　　守正道，勿為小人包圍所動，是為小利貞。

斷：乾₁ 努力 → 乾₂ 努力

虛吉

艮₃ 止 → 巽₄ 空

小利貞

論：現在努力正在退止之中，當然一旦停止努力，則過去的成果也必然
　　消失，故不但不能停止，還要更謙虛，即便環境惡劣，只要堅守正
　　道，不同流合汙。低調以對，自然先惡後通。遯，諸事不順，然在
　　艱難之中而得遯卦，或有消(遁)散之吉也。

遯卦爻解

**《象辭》曰：遯亨，遯而亨也。剛當位而應，與時行也。小利貞，浸而
長也。遯之時義大矣哉！**

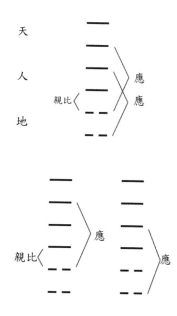

天

人

地

親比

應

應

親比

應

應

《象傳》：天下有山，遯；君
子以遠小人，不惡而嚴。

(1) 上卦為乾天，下卦艮山，山雖高，天更高而遠山，為遯也。

(2) 九五與六二相應，九五陽剛，中且正，故曰：剛當位而應。六二則有小人之象。

(3) 六二與九三親比，顯示小人有向上漸長之象。九五與六二之應，三，四，五為乾剛，健；初，二，三為艮，反，止，雖應，但亦有陽剛漸止之意，然九五中正得當，尚有機微可見，故曰：與時行也。

(4) 九四與初六相應，初，二，三為艮，止，三，四，五為巽，利，空；此應原本對雙方有利，初，二為陰，三，四為陽，陰陽已是平分秋色，然九三與六二親比，陰隱約佔上風，巽利漸成巽空，故曰：浸而長。

(5) 唯上九堅守正道，守正不阿，而曰：小利貞。

(6) 故遯，因時之不同，而有進退之擇，如何把握時機才是大矣哉！

解：天下有山，天雖無意絕於山，但山自不可能平乎天，是為遯，天為君
子，山為小人，故君子體象，君子無心逼小人，而小人自遠於君子，以
山自絕於天也，故君子不惡面，然面自威嚴。

比附	相應
○×	○

評：有能力改善，但後續仍須努力

論：九三與六二雖親比，但其意為借六二上交九五，故在六二與九五之
應中純為私利，此應無助上下交流。另為雙應格局，但並無連結之
處，各行其事，各結其黨，身在這種環境之下，一是不惹麻煩，二是
退隱，雖是二陰當道，然上之九五仍有正固之一面，故而不宜引退，
也不宜高調以對，一切以謙道為準則。

初六	初爻動，變離為同人	┌錯 震

乾　艮　巽　離

```
☰ 乾        ☰ 乾₁
☶ 艮  →   ☴ 巽₃              艮：止，勿也  ┐
   初      ☰ 乾     ☰ 乾₂    巽：入            ├ 勿用，有攸往
   爻      ☲ 離₅  →  ☴ 巽₄   震：行，往也  ┘
   動
```

《繫辭》：遯尾，厲，勿用有攸往。

斷：當遯之時，卻處於遯之尾，落于後而不能提早因應，這是危厲之
　　象。然時既不可為，則宜退避，不宜前往。

凶	斷：乾₁ 努力 → 乾₂ 努力
	巽₃ 空 → 巽₄ 空 → 關鍵 → 行謙制空
	離₅ → 心
	變離為心，厲

論：人若無心，則任何努力都無法挽救，也會使自己的努力成為白費氣
　　力，或者工作場合發生兩派互鬥，也不需要去選邊站，一旦站錯邊，
　　後果也不堪承受。故此時，只能按兵不動，靜待轉折。

是以明於天之道，而察於民之故，
虞翻曰：乾五之坤，以離日照天，故「明天之道」。以坎月照坤，故「察
民之故」。坤為民。
是興神物以前民用。
陸績曰：神物，蓍也。聖人興蓍以別吉凶，先民而用之，民皆從焉，故
曰「以前民用」也。
聖人以此齋戒，
韓康伯曰：洗心曰「齋」。防患曰「戒」。

【易下經】咸恆為首，終於未濟 首重人倫之常

初六爻解：地

天
人
地 無比
不中，不正
應

(1) 不中，不正。

(2) 初六為始位，為遯象之始，而初爻相
對於上九為尾，故曰：遯尾。

(3) 與六二無比，六二位階不高，故無法
提前得知遯難，無所助益。

(4) 與九四相應，九四近九五，當有遯難
之時，可由九四處得知，而有相對應
之先機。

(5) 初、二、三為艮止，二、三、四為巽
利，故隨九四當止則止為利，若執意
前往，則巽成空，落入遯尾之屬也。

《象傳》：遯尾之屬，不往何災也。

解：若知遯尾之屬，則不前往，又有何災可屬。（參4）

同事	主管	高層	基層	不中	不正	動能
	×	○		能力有限	才華不足	弱

評：下之中，雖有貴人，但無力改變困局

論：應有自知之明，剛出社會，能力不足，是正常，但若無心在工作崗
位上，什麼事也做不成，但此心態會影響一生，所謂當一天和尚敲一
天鐘，只有有心努力，才會成功。

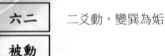

六二

被動

二爻動，變巽為姤

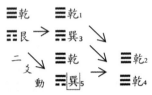

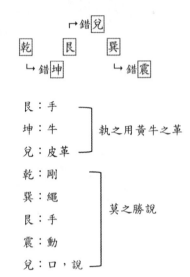

艮：手
坤：牛 ｝ 執之用黃牛之革
兌：皮革

乾：剛
巽：繩
艮：手 ｝ 莫之勝說
震：動
兌：口，說

《繫辭》：執之用黃牛之革，莫之勝說。

解：態度的堅持，就如用黃牛的皮革，加以執縛之，堅固到不可出脫。
　　喻收斂于內，不形于外。

斷：乾₁ 努力 → 乾₂ 努力

吉

巽₃ 空 → 乾₄ 努力
巽₅ → 謙 ⋯ 關鍵 → 切莫棄謙成空
變巽為謙，固志也

論：努力加倍，更加的謙虛有禮，隨著事業擴大，更加不能自滿。因為
　　若當事業逐日擴大，卻丟掉了謙的美德，即巽謙就成了巽空，兩者一
　　線之隔不能不小心。

六二爻解：地，二多譽

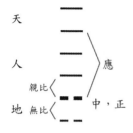

天
人
　　親比
地　無比

應
中，正

(1) 中，正。

(2) 與初六無比，各自結交。

(3) 與九三親比，象徵與基層官員有良好的關係，親密到執之用黃牛之革。

(4) 與九五相應，九五為君位，六二為民間領袖，故六二借與九五之應，反應民間問題，故曰：莫之勝說。

(5) 二、三、四為巽利，空；三、四、五為乾，首，故九五與六二之相交，以利為首要，一旦利消失，兩者之應恐也不存在。

《象傳》：執用黃牛，固志也。

解：堅持用黃牛之革，主要是表達固守六二，中且正之志也。（參3，4）

同事	主管	高層	基層	中	正	動能
×	○	○		有能力	有才華	弱

評：中之上，**絕對有能力行中道**

論：若論民間人士，這個評點非常高，也就是說，六二能力非常強，但以爻而言，六二陰爻，居中正之位，而為君子，有能力，才華，若能勤奮些，則幾無缺點矣！

九三
被動

三爻動，變坤為否

⌐→錯震

乾 艮 巽 坤

≡乾　　≡乾₁
☷艮 → ≡巽₃
　　　↘
三　　≡乾
爻　　☷坤₅ → ☶艮₄
動

≡巽₂

巽：木，繩 ⎫
坤：小人 ⎬ 係遯
震：行 ⎫
艮：止 ⎬ 畜臣妾
兌：妾 ⎭
兌：折 → 屬

《繫辭》：係遯，有疾厲，畜臣妾吉。

解：懷祿循私而不忍去，固利欲纏之而得困，禍伏于此，不如退居家室
　　反致吉。

偏凶

斷：乾₁ 努力 → 巽₂ 空 → 關鍵 → 行謙以制空
　　巽₃ 空 → 艮₄ 反
　　坤₅ → 吝
　　變坤為吝， 有疾厲

論：事情碰到難關，也不像過去那股努力，也不再謙虛自處，主要是太
　　過自滿，因為目前看起來還算小難，但忽略了小難，就可能成為大
　　難，處事當用智慧，而非意識，這是必須徹底了解的。

以神明其德夫。

陸績曰：聖人以蓍能逆知吉凶，除害就利，清潔其身，故曰「以此齋
戒」也。吉而後行，舉不違失其德，富盛見稱神明，故曰「神明其德」
也。

九三爻解：人，三多凶

天

人　無比

地　親比　不應　不中，正

(1) 不中，正。

(2) 與六二親比，六二為民間領袖，與之親比，或有利可得，但六二為陰爻，心胸並不開闊，一旦有變，恐對自己不利，故曰：係遯，有疾厲。

(3) 與上九不應，顯然上九鐵面無私，九三有事時，不會徇私。

(4) 三，四，五為乾；四，五，六亦為乾，故不應也。

(5) 與九四無比，若九三有事，上九追究，九四亦不會幫忙脫困，故而不如歸家，畜臣妾也。

《象傳》：係遯之厲，有疾憊也。畜臣妾吉，不可大事也。

解：係遯的危厲之象，是疾乎六二親比之私。畜臣妾吉，九三與上九不應，上九喻國之大事，故不可大事也。（參 2，3）

同事	主管	高層	基層	不中	正	動能
○	×	×		能力有限	有才華	強

評：中之下，有能力化解困局，但後續處理靠智慧

論：動能強有才華，通常會陷入恃才傲物，故必須要自我反省，重建人際關係是重點。

九四
靜態

四爻動，變巽為漸

┌錯 坤
乾 艮 巽 離 坎

```
☰乾      ☰乾₁
☶艮  →  ☴巽₃    ↘
  四   ↘ ☴巽₅  →  ☲離₂
  爻      ☶艮  →  ☵坎₄
  動
```

乾：好 → 好遯

乾：君子 ┐
艮：止   ├ 君子吉
巽：入 ┘ （當止則止）

坤：小人 ┐
坎：凶   ├ 小人否
巽：入 ┘

《繫辭》：**好遯，君子吉，小人否。**

解：君子勝人欲之私，只知遯，不知好，小人徇私忘友，只知好，不知
　　遯，故君子吉，小人否，謂之好遯。

斷：乾₁ 努力 → 離₂ 心

虛 吉

巽₃ 空 → 坎₄ 伏 → 關鍵 → 勿棄伏成險

巽₅ ⋯ 謙

變巽為謙，君子好遯

論：過去努力沒有結果，如今欲東山再起，唯有低下姿態力行謙道，以
　　博眾人肯定，如果，拉不下身段則巽成空，坎成險，那就回不來了。

是故闔戶謂之坤，

虞翻曰：闔，閉翕也。謂從巽之坤，坤柔象夜，故以閉戶者也。

闢戶謂之乾，

虞翻曰：闢，開也。謂從震之乾，乾剛象晝，故以開戶也。

一闔一闢謂之變，

虞翻曰：陽變闔陰，陰變闢陽，剛柔相推，而生變化也。

九四爻解：人，四多懼

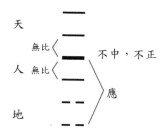

天

人

地

無比

無比

不中，不正

應

(1) 不中，不正。

(2) 與九三無比，與九五亦無比，九四陽爻君子，不拉幫結派，潔身自愛，謂之好遯君子吉。

(3) 與初六相應，若無法守正，或轉與初六結幫，反受初六小人影響，心態轉變而成小人心。初、二、三為艮，反；二，三，四，為巽，利，九四，初六相應反為利所牽，不得不衡量也，故曰小人否。

《象傳》：君子好遯，小人否也。

解：君子剛貞，當知遯時，心于其亦遯之，小人卻好而不知遯，而為利之所牽。（參2，3）

同事	主管	高層	基層	不中	不正	動能
×	×		×	能力有限	才華不足	強

評：下之中，有毅力但無人和難脫險

論：動能強，與人不合，自我為是這是自我封閉的徵兆，若不能自覺自悟，恐難與社會相融而自毀前程。

| 九五 | 五爻動，變離為旅 | 乾　艮　巽　離　兌 |
| 靜態 | | |

```
☰乾 →  ☰乾₁         乾：嘉  ┐
☶艮    ☴巽₃    ↘      離：麗  │
   五爻  ☲離₅  →  ☱兌₂   兌：悅  ├ 嘉遯
   動    ☶艮  →  ☴巽₄   巽：入  ┘
```

《繫辭》：嘉遯，貞吉。

解：完美的遯跡，貞固吉祥。喻與時偕行，善用其機也。

斷：乾₁ 努力 → 兌₂ 悅

| 吉 | 巽₃ 空 → 巽₄ 謙 → 關鍵 → 莫棄謙成空 |

　　離₅ → 心

　　變離為心，　以正志也

論：當用謙虛，正固的心態處理事情，則會得到眾人的尊敬，給予愉悅
　　的回報，換言之，在處理的時機與做法，如能既中且正，大公無私，
　　言行一致，是很不容易的一件事，切記，巽謙不可成巽₄空，那凡事就
　　由悅轉為折了。

往來不窮謂之通。

荀爽曰：謂一冬一夏，陰陽相變易也。十二消息，陰陽往來無窮已，故
「通」也。

見乃謂之象，形乃謂之器，

荀爽曰：謂日月星辰，光見在天而成象也。萬物生長，在地成形，可以
為器用者也。

496　【易下經】咸恆為首，終於未濟 首重人倫之常

九五爻解:天,五多功

(1) 中,正。

(2) 九五君位,陽剛正直。

(3) 與上六無比,亦與九四無比,顯示九五具獨立思考,不受他人之影響,而具君王之智慧。

(4) 與六二相應,六二為民間領袖,位中且正,轉達民間意見,協助九五。二、三、四為巽,謙,三、四、五為乾,健,謙而健,九五以謙待六二,六二以乾健回應九五,正應也。

(5) 九五陽剛,六二陰柔,一剛一柔,皆具中正之德,陰陽相配,合作無間;當六二協助九五,任務圓滿,功成身退,九五褒嘉六二,表正其忠,以成六二賢人之美,是為九五當遯之時,顯其治遯之才,而為嘉遯,貞吉也。

《象傳》:嘉遯貞吉,以正志也。

解:嘉遯貞吉,是九五展現其魄力,貫徹其心志也。九五中且正,故有此象也。(參4,5)

同事	主管	高層	基層	中	正	動態
×	×		○	有能力	有才華	強

評:中之上,**絕對有能力維持正道**

論:賢明君王,故有相當之聰明才智來領導政府,並能做出最好的安排,然在社會上,當然也是難得的領袖。

| 上九 | 六爻動，變兌為咸 | 乾 艮 巽 兌 |

靜態

兌：悅
艮：止　　肥遯
巽：入

《繫辭》：肥遯，无不利。

解：無所窒礙的遯跡，超然自得無所不利。

斷：乾₁ 努力 → 乾₂ 努力

虛吉

巽₃ 空 → 巽₄ 謙 ⋯ 關鍵 → 莫棄謙成空

兌₅ → 悅

變兌為悅，無不利也

論：努力而得到有利的回報，心情是很愉快的，但要做到，在心態上就
需保持無窒礙，若是一直猶疑不決，就會錯失良機，如巽謙成巽空，
那就功虧一簣。

制而用之謂之法，

荀爽曰：謂觀象於天，觀形於地，制而用之，可以為法。

利用出入，民咸用之謂之神。

陸績曰：聖人制器以周民用，用之不遺，故曰「利用出入」也。民皆用
之，而不知所由來，故謂之「神」也。

是故易有太極，是生兩儀，

干寶曰：發初言「是故」，總眾篇之義也。虞翻曰：太極，太一也。分為
天地，故「生兩儀」也。

上九爻解：天

天　無比 ── 不中，不正
人

地

(1) 不中，不正。
(2) 與九五無比，不問國事。
(3) 與九三不應，不拉幫結派，三，四，五為乾，四，五，六為乾，不應也。
(4) 上九陽爻剛正，爻位在上卦的外沿，去陰最遠，而無所係應，故而無疑二陰之浸長，此心已超然物外，故有肥遯之象。
(5) 下卦為艮，止，無所疑也。

《象傳》：肥遯，无不利；无所疑也。

解：肥遯，无不利，其意為不疑二陰之浸長，獨自逍遙於物外也。

同事	主管	高層	基層	不中	不正	動能
×			×	能力不足	才華不足	強

評：下之中，**雖有毅力，但也只能維持而已**

論：上和初兩爻本就有所缺憾，若不加努力，除對自身的競爭力有傷外，也不容易得到雇主的賞識，自求多福，努力學習，切勿猶疑。

兩儀生四象，
虞翻曰：四象，四時也。兩儀，謂乾坤也。乾二五之坤，成坎、離、震、兌。震春兌秋，坎冬離夏。故「兩儀生四象」。歸妹卦備，故《象》獨稱天地之大義也。

≣ 雷奮天上，其勢壯盛，公而理直，以正剋邪

大壯	強大，壯大，壯盛。
雷天	《序卦》：物不可以終遯，故受之以大壯。
動態	《雜卦》：《大壯》止也。
純乾	

震　乾　兌

乾：剛，天　┐
　　　　　　├ 大壯
震：動，雷　┘

≣震 → ≣震₁
≣乾 → ≣乾₃ ↘
↘ ≣震 → ≣兌₂ → ≣乾
≣乾 → ≣乾₄ → ≣乾
　　　　　　　　純乾

《繫辭》：大壯，利貞。

解：大者既壯，不宜持壯而妄動，宜貞固守正而為之誡。

斷：震₁ 動 → 兌₂ 折

虛吉	乾₃ 剛 → 乾₄ 剛愎
	剛以動，不宜過剛也

論：凡事若能依禮而行，則雖剛而無咎，利貞矣！但若過剛則成剛愎自用，不利形勢反而造成毀折，此為一線之隔，必須特別小心，總而言之，大壯，欲治人者，必先自治。此卦過於剛猛，求財不易，而行事宜先調，不宜妄進。

大壯爻解

《象辭》曰：大壯，大者壯也。剛以動，故壯。大壯利貞；大者正也。正大而天地之情可見矣！

天
人
地

應
應

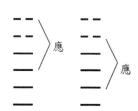

應
應

(1) 九三與上六相應，三，四，五，六陰陽各半，不存在陰爻浸長之象。

(2) 故，四陽盛長，其象為大，下為乾，剛，上為震，動，剛以動；陽氣由下震奮而出，其象壯也，故曰：大壯。

(3) 九二與六五相應，二與五皆位中，九二協助六五，陰陽和合，共創新局，而曰：利貞。

(4) 九二與六五相應，二，三，四為乾，天，三，四，五為兌，少女，剛鹵之地，乾陽明為正，大壯為大，是大者正也，若能理解天地萬物之所以能成其大，必也由正，故曰：正大而天地之情可見矣。

(5) 然九二與六五位中，但不正，故而留下過剛的伏筆。

《象傳》：雷在天上，大壯；君子以非禮勿履。

解：雷聲響徹天上，以聲勢而見其壯，君子體此，非合於禮，合於正，則弗履，以克勝其私也。

比附	相應
×	○

評：有能力脫離困局，但無後繼之力

論：雖為二應規格，但沒有親比，可將之相應相連，換言之，各自為政，無法達到上下交流，對君王統治造成傷害，更埋下政爭的影子，對社會而言，有如人之血氣方壯，而有妄進之情形，對公司治理而言，多頭馬車宜慎防令之混亂。都必須及早預防，化解雜亂無章的現象。

初九	初爻動，變巽為恆	震 乾 兌 巽
動態		

☳ 震　　☱ 兌₁

☰ 乾　→　☰ 乾₃

　初爻　　　　☳ 震　　　　☱ 兌₂

　　動　　☴ 巽₅　→　☰ 乾₄

震：足，趾之象 → 壯於趾

震：行 ⎤

兌：毀折 ⎦ 征凶

乾：中實 → 有孚

《繫辭》：壯于趾，征凶，有孚。

解：壯於腳趾，其力不足，若一昧逞強行動，即便有自信，其結果也是
　　凶象

斷：兌₁ 折 → 兌₂ 折

偏凶	乾₃ 剛愎 → 乾₄ 剛愎
	巽₅ → 空 → 關鍵 → 行謙制空
	變巽為空，征凶

論：努力，不但得不到喜悅之情，反而可能招致挫折的發生，因為利空
　　已經出現，要立即停止，檢討原因，找出問題加以改善，注意行謙以
　　制空，使兌折再次轉為兌悅。

四象生八卦，

虞翻曰：乾二五之坤，則生震坎艮。坤二五之乾，則生巽離兌。故「四
象生八卦」。乾坤生春，艮兌生夏，震巽生秋，坎離生冬者也。

八卦定吉凶，

虞翻曰：陽生則吉，陰生則凶。謂方以類聚，物以群分，吉凶生矣。已
言於上，故不言生，而獨言定吉凶也。

初九爻解：地

天

人

地　無比

不應

不中，正

(1) 不中，正。

(2) 與九二無比，初九自信其陽剛正德，故不與九二交往，而初為始位，故曰：壯于趾。

(3) 與九四不應，初，二，三為乾；二，三，四亦為乾，故不應也。是故初九若一昧逞強向前，只會遭拒，故曰：征凶。

(4) 初、二、三為乾，乾中實，有孚之象，自信也。

《象傳》：壯于趾，其孚窮也。

解：壯于趾，初九與九四不應，三，四，五為兌，折，故初九若強行前往九四，其結果可能是孚而折，窮矣！（參3，4）

同事	主管	高層	基層	不中	正	動能
	×	×		能力有限	有才華	強

評：下之上，**有毅力避開困局，但心態有問題，後續有難**

論：初生之犢不畏虎，自以為有才華就可到處亂跑，真有機會得到想要的職位，卻拿不出一點能力，反而遭到打擊，故剛出社會，應謙虛一點，畢竟社會不像學校，是實務而非理論之處。

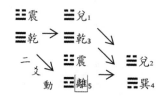

九二
動態

二爻動，變離為豐

震 乾 兌 離 巽

離：明
震：動 ｝動而明
兌：悅
巽：入 ｝入而悅 ｝貞吉

《繫辭》：貞吉。

解：大壯之道，貞固守正始得吉也。

斷：兌₁ 折 → 兌₂ 悅

偏吉

乾₃ 剛愎 → 巽₄ 謙 ┅ 關鍵 → 莫棄謙成空

離₅ → 心

變離為心，以中也

論：大壯之道在正，故若心正，再加努力謙虛待人，必然心想事成。最怕的是放棄行謙，則巽成空，故要自我期許，堅持方向，秉持中道，絕不半途而廢。

吉凶生大業。
荀爽曰：一消一息，萬物豐殖，富有之謂大業。
是故法象莫大乎天地，
翟元曰：見象立法，莫過天地也。
變通莫大乎四時，
荀爽曰：四時相變，終而復始也。

九二爻解：地，二多譽

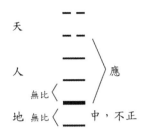

天

人　　　　　　　　　　　　應

　　無比

地　無比　　中，不正

(1) 中，不正。

(2) 陽爻中位，居中而不過於剛（不正）。

(3) 與初九無比，與九三無比，獨具才華，自修自立。

(4) 與六五相應，陰陽和合以剛履柔，則能消融戾氣，故曰：貞吉。二，三，四為乾，健；三，四，五為兌，悅，故此應為喜悅之應，有利於兩爻合作。

(5) 唯九二雖中，但位不正，六五亦為中而不正，既不正，為大壯之正，埋下陰影。

《象傳》：九二貞吉，以中也。

解：九二之所以貞吉，以其位中，行中道也。（參2，4，5）

同事	主管	高層	基層	中	不正	動能
×	×	○		有能力	才華不足	強

評：中之下，可以持續現況，但要有恆心行正道

論：以中之下評等，相對而言，已屬不錯，可望得到基層管理階層之位，唯一就是與周遭同事相處不洽，有些眼睛長在頭上，然而事情是要大家合作才有成績，單打獨鬥會有誤事的時候。

三爻動，變兌為歸妹

┌錯 坤

震 乾 兌 坎 離

└錯 巽

震　　　兌₁
乾　→　乾₃　　　　　坎₂
三爻　　　震　　　　　　離₄
　動　　　兌₅

坤：小人　┐
震：行　　├ 小人用壯
坎：凶，壯也 ┘

乾：君子　┐
震：行　　├ 君子用罔
離：罔，明 ┘

兌：羊　　　　　┐
震：竹，藩之象　├ 羝羊觸藩
巽：繩→羸之象　┘

《繫辭》：小人用壯，君子用罔，貞厲。羝羊觸藩，羸其角。

解：小人用蠻橫的手段，君子則以義理為先，然持橫而行，終不免凶
　　厲，羝羊持其強壯，用角去藩籬，導致羊角卡在藩籬之外，反為藩籬
　　所困。

斷：兌₁ 折 → 坎₂ 險 ⋯ 關鍵 → 行伏以剋險

偏
凶

乾₃ 剛愎 → 離₄ 心
兌₅ → 折
變兌為折，貞厲

論：毀折的現象已經發生了，這時候心要堅強，切不可跟著慌亂，否則
　　一旦心慌亂，則局面會更加危險，要把持住，找出解決之道。

九三爻解：人，三多凶

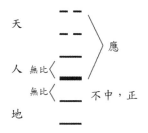

天

人　無比

　　無比

地

應

不中，正

(1) 不中，正。

(2) 與九二無比，與九四亦無比，陽剛君
子，原本應為夕惕若，但一旦過剛，則
會陷入自愎，而有用壯之行徑，故曰：
小人用壯，君子用罔，一線之隔。

(3) 與上六相應，借上六之力，突破九四之
藩籬，可惜上六已退而無能力協助，反
陷入九二，九四之藩籬中，而羸其角。

(4) 三，四，五為兌，悅，折；四，五，六
為震行，原為行而悅，九三見上六是很
高興的，故為正應，但若悅後成折，則
雖見面卻無結果。

《象傳》：小人用壯，君子罔也。

解：用壯者，小人之行為也；而君子只會用義理來解決問題，君子，小
人，本一線之隔，結果則有貞或厲之不同也。(參2)

同事	主管	高層	基層	不中	正	動能
×	×	○		能力有限	有才華	強

評：中之下，有毅力，有貴人可以破險，但處理不善

論：若恃才傲物，但能力不足，就有些像小人用壯，行事會出現硬拗的
情形，但如果能力俱足了，就是君子行罔，可以說出理論了。

四爻動，變坤為泰

震 乾 兌 坤

☳震	☱兌₁		艮：止
☰乾 →	☰乾₃		兌：附決
四	☷坤₅ →	☳震₂	震：行，藩籬
爻	☰乾 →	☱兌₄	震：行，大塗
動			坤：輿

藩決不羸

《繫辭》：貞吉悔亡，藩決不羸，壯于大輿之輹。

解：真固吉祥，縱有悔恨也可消亡，藩籬已撤，直可前進，其勢之壯，
　　有如大車的輹軸那股堅牢。

斷：兌₁ 折 → 震₂ 行 → 關鍵 → 切實去做莫成驚

虛
吉

乾₃ 剛愎 → 兌₄ 悅

坤₅ → 順

變坤為順，尚往也

論：經過不停的努力，順利的影子已在前面浮現，前途暢行無阻，故而
　　只要行動就可得到喜悅的回報，但要注意的是震，行，也就是要切實
　　的做，不可以看到順利了，就偷懶，那行變驚，就麻煩了。

懸象著明莫大乎日月，

虞翻曰：謂日月懸天，成八卦象。三日暮，震象出庚；八日，兌象見
　　丁；十五日，乾象盈甲；十七日旦，巽象退辛；二十三日，艮象消
　　丙；三十日，坤象滅乙。晦夕朔旦，坎象流戊。日中則離，離象就
　　已，戊已土位，象見於中，日月相推，而明生焉。故「懸象著明，莫
　　大乎日月」者也。

九四爻解：人，四多懼

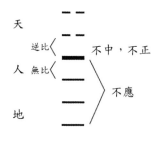

天

逆比　　不中，不正

人　無比

地　　　　　不應

(1) 不中，不正。

(2) 與九三無比又與初九不應，九四
為群陽之首，力足以對抗陰邪，
然如今與下卦群陽已脫離，不受
群陽的約束，故有藩決不羸之
象。

(3) 初，二，三為乾；二，三，四亦
為乾，不應也。

(4) 與六五逆比，既然敢於向六五相
爭，頗有實力，雖然落於與六五
敵對的局面，但已有壯于大輿之
輹。

(5) 然六五仍為君位，未來若受制於
六五，也只有貞吉，悔亡矣。

《象傳》：藩決不羸，尚往也。

解：所謂藩決不羸之象，九四為群陽之首，雖與六五逆比，但仍可前往
上諫六五也。(參2，4)

同事	主管	高層	基層	不中	不正	動能
×	逆		×	能力不足	才華有限	強

評：下之中，人和不足，縱有毅力，想難維持好運

論：坦白說，以這種格局要與六五抗衡，是沒有本錢的，打腫臉稱胖子
而已，放諸社會，如果不上進，好好培養人際關係，增加能力只靠勤
勞一項，實難立足。

五爻動，變兌為夬

震 乾 兌

☳震　☱兌₁
☰乾　→　☰乾₃
　　　　　↘
五　　　☱兌₅　→　☰乾₂
爻　　　↘
動　　　☰乾　　　☰乾₄

兌：羊
震：大塗，田畔，場 ⎫
震：行　　　　　　 ⎬ 喪羊于易
　　　　　　　　　 ⎭

《繫辭》：喪羊于易，无悔。

解：在田畔裡走失了羊，無所悔恨。

斷：兌₁ 折 → 乾₂ 努力

乾₃ 剛愎 → 乾₄ 剛愎 →關鍵 → 轉剛愎為健

兌₅ →折

變兌為折，位不當也

論：毀折的狀況出現，但還是只有努力再努力，雖然不一定能挽回頹
勢，但沒有喪志，就有成功的時候。現階段就是要檢討原因，尤其在
處理事情時，是否無法掌握局面，卻硬要去做，導致無可挽回。關鍵
在乾剛愎，這是努力的後遺症，要改過，用努力取代就好。

崇高莫大乎富貴；

虞翻曰：謂乾正位於五，五貴坤富，以乾通坤，故高大富貴也。

備物致用，立成器以為天下利，莫大乎聖人；

虞翻曰：神農黃帝堯舜也。民多否閉，取乾之坤，謂之「備物」。以坤之
乾，謂之「致用」。乾為物，坤為器用。否四之初，耕稼之利；否五之
初，市井之利；否四之二，舟楫之利；否上之初，牛馬之利。謂十三蓋
取以利天下。通其變，使民不倦，神而化之，使民宜之，聖人作而萬物
睹，故「莫大乎聖人」者也。

六五爻解：天，五多功

(1) 中，不正。

(2) 與上六無比，沒有交流。

(3) 與九二相應，陰陽相合，欲借九二之力治理群陽，二，三，四為乾；三，四，五為兌，悅，无悔之象，故與九二相應，而得九二強力相助。

(4) 與九四逆比，雖然與九二聯合，但仍不敵九四之陽剛，而與九四產生爭執，故曰喪羊于易。三，四，五為兌，羊也。

(5) 六五陰爻，陰象柔弱，而九二亦處不當之位，既然相應，共抗九四，也就无悔了。

《象傳》：喪羊于易，位不當也。

解：喪羊于易之說，顯示六五以柔居剛五之位，不當也。（參4，5）

同事	主管	高層	基層	中	不正	動態
逆	×		○	有能力	才華不足	弱

評：下之上，有能力，有友人，協助避險，但毅力不足

論：以此評等，當不是賢君之位，故有喪羊于易之說，在當今社會，有六五之位，若是動能不足，也就是不勤快，恐怕也無法勝任，故而第一個要加強的就是動能，身先士卒當可改善大眾的觀感。

上六	六爻動，變離為大有
動態	

```
┏錯巽┓    ┏錯坎┓
震 乾 兌 離
```

```
☳震    ☱兌₁
☰乾 →  ☰乾₃  ↘
   六     ☲離₅  →  ☱兌₂
   爻  ↗  ☰乾  →  ☰乾₄
   動
```

兌：羊
震：藩籬 ⎰ 羊觸藩
震：行
巽：進退不果 → 不能退，不能遂
坎：艱 ⎰ 艱則吉
兌：吉

《繫辭》：羝羊觸藩，不能退，不能遂，无攸利，艱則吉。

解：羊用角去牴觸藩籬，角被卡住，不能進，也不能退。這是件无攸利
　　的事，然此亦喻，唯有在艱困中能自守中道，才能獲得吉祥。

斷：兌₁ 折 → 兌₂ 折

偏凶	乾₃ 剛愎 → 乾₄ 剛愎 ⋯ 關鍵 → 轉剛愎為健
	離₅ → 心
	變離為心，心不明，不祥也

論：能否有和悅的努力成果，其關鍵就在一心，心的改變會牽動現實的
　　改變，不可不慎，一旦出現毀折現象，應先冷靜，思考脫困方法，只
　　要有心，還是可以解決的。

探賾索隱，鈎深致遠，以定天下之吉凶，成天下之娓娓者，莫善乎蓍
龜。
虞翻曰：探，取。賾，初也。初隱未見，故「探賾索隱」。則幽贊神明而
生蓍，初深，故曰「鈎深」。致遠謂乾。乾為蓍，乾五之坤。大有離為
龜。乾生，知吉。坤殺，知凶。故「定天下之吉凶」，「莫善於蓍龜」
也。

【易下經】咸恆為首，終於未濟 首重人倫之常

上六爻解：天

(1) 不中，正。

(2) 上六為卦之極，沒有再進的可能，進無可進也。

(3) 與六五無比，很少交流。

(4) 然上六為陰爻，該退而不退，晦而不明，又與九三相應，欲與九三合而破六五之藩籬。

(5) 三，四，五為兌，悅，折；四，五，六為震，行，若兩爻合而悅還好，若有變，兌成折，那就不妙。

(6) 然六五還是君位，得不到六五的認可，故成進退失據，而有羝羊觸藩，不能退，不能遂之象。

(7) 唯有認清局勢，切斷邪念，艱困自守才能吉也。

《象傳》：不能退，不能遂，不祥也。艱則吉，咎不長也。

解：不能退，不能遂，是不能度勢而行，待機而進，至於艱則吉，是謂若能知過改正，雖有咎，也不會太長久的。（參6，7）

同事	主管	高層	基層	不中	正	動能
×			○	能力不足	有才華	弱

評：下之上，有友人幫助，避險可，脫險不易

論：已屆退休，縱有才華，實無必要去做能力不足的事，即便在社會，雖然能生存，但還是要去用心學習才可得成果。

火在地上，日出於地，出暗進明，自昭明德

晉
火地

靜態

未濟

上進。
《序卦》：物不可以終壯，故受之以《晉》。晉者，進也。
《雜卦》：《晉》，晝也。

┌→錯 乾
離 坤 坎 艮

☲離 → ☲離₁
☷坤 → ☷坤₃
　　　↘ ☲離 → ☵坎₂ → ☲離
　　　　 ☷坤 → ☶艮₄ → ☵坎
　　　　　　　　　未濟

艮：多 ┐
乾：馬 ├ 錫馬蕃庶
坤：眾 ┘
離：目 ┐
離：數三 ├ 晝日三接
艮：手，接 ┘

《繫辭》：晉：康侯用錫馬蕃庶，晝日三接。（蕃音凡）

解：晉卦，對安定國家的功臣，封以侯之位，再賜與眾多的駿馬，一天
　　三次接見，以示尊重之意。

斷：離₁ 心 → 坎₂ 險
　　坤₃ 順 → 艮₄ 反
偏
吉　　晝日三接，順也

論：現在是心想事成，一切順利，所以必需低調自我節制，努力維持現
　　狀，不可出錯。因為若不能守成，那接下來就是險境，所謂花無三日
　　好，地無三里平，若能好好照料花，也許可以維持很長時間，否則一
　　旦花謝，再回頭已難。

晉卦爻解

《象辭》曰：晉，進也。明出地上，順而麗乎大明，柔進而上行。是以
康侯用錫馬蕃庶，晝日三接也。

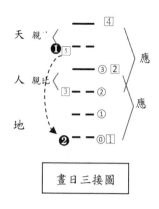

畫日三接圖

(1) 九四為諸侯位，康侯之象。

(2) 下卦坤為地，順，上卦為離，明，麗，明出地上，順而麗乎大明。

(3) 初六與九四相應，初六為陰爻，位卑，在初，二，三坤之下位，為地，九四位四，五，六離之下位為明，故初六有明出地上之象；而初六柔爻，既有明出地上向上之心，故曰：柔進而上行。

(4) 坤為眾，故初六或有利眾人之功，或有從軍之戰功；九四與六三親比，九四告知六三，六三與上九相應，故六三向上九反應。

(5) 上九與六五親比，上九再將輿情告知六五，六五了解後，故有錫馬蕃庶，畫日三接，晉侯也。

《象傳》：明出地上，晉；君子以自昭明德。

解：晉卦，日出地上，前進而明，君子體之，以之自強，以明至善之德也。上卦離，明，下卦坤，善，明而善也。

(1) 本卦上下交流網路：初六→九四相應→六三親比→上九相應→六五親比

(2) 當初六建立功業，其回報路線：[1]初六→[2]九四→[3]六三→[4]上九→[5]六五

(3) 當六五得知後，下達晉侯令：❶六五→❷初六

(4) 畫日三接：⓪初六→①六二→②六三→③九四，康侯

比附	相應
○	○

評：可以脫險，但會有後遺症

論：上下相應，親比，完整交流網路，顯見少有之上下和合。於社會而言，若能建立如此完美之系統，且皆不為己，而無私舉才，那就是成功的企業，同理，若人能達此境界，當然無往不利，然心不可變，變則險矣！

初六

動態

初爻動，變震為噬嗑

離 坤 坎 艮 震
　　　　　　⎿錯 巽

```
☲離    ☵坎₁
☷坤 →  ☶艮₃      →    ☵坎₂
  初爻   ☲離    →    ☶艮₄
    動   ☳震₅
```

震：行
巽：進退不得　⎱ 晉如，摧如
艮：止

坎：加憂，孤疑不決 → 罔孚

《繫辭》：晉如，摧如，貞吉。罔孚，裕无咎。

解：前進或後退，只要依循正道，就可貞固吉祥，即使對方失信，也不
　　必急於求信，惟寬裕處之，以免再次失道，如此可以無咎矣！

斷：坎₁ 險 → 坎₂ 伏 → 關鍵 → 勿棄伏成險

虛吉

艮₃ 反 → 艮₄ 反

震₅ → 行

變震為行，獨行正也

論：要想險象消除，首先就是起而行，放低身段，以寬宏大量之態度去
　　包容別人，不要計較別人的批評，有錯即改，積極進取，努力朝目標
　　而去，唯不可行邪道，也不可偷懶。

是故天生神物，聖人則之；
孔穎達曰：謂成蓍龜，聖人法則之，以為卜筮者也。
天地變化，聖人效之；
陸績曰：天有晝夜四時變化之道，聖人設三百八十四爻以效之矣。

初六爻解：地

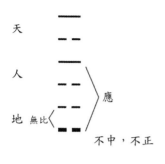

天

人

地　無比

無比

不中，不正

應

(1) 不中，不正。

(2) 與六二無比，初六象徵初出社會，毫無資源與人際關係，必須固守正道，故曰：晉如，摧如。

(3) 與九四相應，九四陽剛君子，諸侯位，為有實權之人。

(4) 初、二、三為坤孚，二，三，四為艮，止，反，罔孚也，雖相應，但其應卻是有變。

(5) 故初六前往九四，有無助益要看初六的態度。

(6) 然初六初出社會，仍待磨練，故云裕無咎。為貞吉之象。

《象傳》：晉如，摧如；獨行正也；裕无咎；未受命也。

解：晉如摧如之象，喻初六初出社會必須謹守正道，始能與九四相應。

　　裕無咎，既初出社會尚未受命，任職也（參2，3，4，5，6）

同事	主管	高層	基層	不中	不正	動能
	×	○		能力有限	才華不足	弱

評：下之中，雖有貴人相助，但脫險不易

論：以初出社會而言，評等不高，好在有高層相挺，可以比旁人順利，故不辜負高層好意，要努力去學。

| 六二 | 二爻動，變坎為未濟 |
| 靜態 | |

離　坤　坎　艮
└→ 錯 乾

離 → 坎₁
坤 → 艮₃
二爻動 → 離 → 坎₂
坎₅ → 離₄

離：心　┐
艮：止　├ 晉如愁如
坎：加憂　┘

乾：介福之象　┐
艮：手　├ 受茲介福
坤：受之象　┘

乾：王　┐ 于其王母
坤：母　┘

《繫辭》：晉如，愁如，貞吉。受茲介福，于其王母。

解：意欲進取，卻又愁沒有資源，但只要能固守中道，自然吉祥，然久
　　必彰之，而得王母(祖母)福祉也。

斷：坎₁ 險 → 坎₂ 伏 ⋯ 關鍵 → 莫棄伏成三險

| 偏 |
| 吉 |

艮₃ 反 → 離₄ 心
坎₅ → 伏
變坎為伏， 以中正也

論：欲得平順之日，就必需低調以行，而且不能偷懶。不可以拖拖拉
　　拉，因為前險尚未脫離，若後險再來，後果不堪。

天垂象，見吉凶，聖人象之；
宋衷曰：天垂陰陽之象，以見吉凶。謂日月薄蝕，五星亂行，聖人象
之。亦著九六爻位得失示人，所以有吉凶之占也。

518　【易下經】咸恆為首，終於未濟　首重人倫之常

六二爻解：地，二多譽

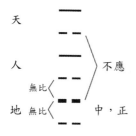

(1) 中，正。

(2) 與初六無比，與六三亦無比，然六二位中且正，才華洋溢又固守中道，卻難與左鄰右舍建立良好關係，故曰：晉如，愁如。然若能自慎，即貞吉也。

(3) 與六五不應，二，三，四為艮止。三，四，五為坎險，險不能止，故不應也。

(4) 既然近鄰都不願幫忙，只能以自身條件來贏取自身利益，然六五似乎沒有注意到，故只能期望受茲介福，于其王母（初、二、三為坤，母也）。

《象傳》：受茲介福，以中正也。

解：六二之所以能受茲介福，也是因為六二位中且正，又能固守中道也。

（參2，4）

同事	主管	高層	基層	中	正	動能
×	×	×		有能力	有才華	弱

評：下之上，不易脫險，但需智慧

論：有能力，有才華卻沒有開拓力，可見是持才傲物，這種個性若不能改進，只有獨立創業，要過團體生活也不易，除非自我覺悟。

三爻動，變艮為旅

離 坤 坎 艮 兑 巽

↳錯 震

三離 → 坎₁   坤：眾，信也 ┐
坤 → 艮₃   震：行   ├ 眾允
三爻動 離 → 兑₂   離：明 ┘
艮₅ → 巽₄   兑：折 ┐
                艮：止 ┘ 悔亡

《繫辭》：眾允，悔亡。

解：為眾人所信任，即便有悔恨，也可以消亡。

斷：坎₁ 險 → 兑₂ 悅

艮₃ 反 → 巽₄ 謙 → 關鍵 → 莫棄謙成空

偏
吉

艮₅ → 止

變艮為止，悔亡，上行也

論：過去已成過去，未來將是令人愉悅的日子。但愉悅是建立在謙虛的
態度上，能得到眾人的信任，是一件不容易的事，故自身的道德操守
要經得起考驗，尤其是謙虛，不可以假裝，而要從內心發出，否則巽
謙成巽空，就沒救了。

河出圖，洛出書，聖人則之。

鄭玄曰：《春秋緯》云：河以通乾，出天苞。洛以流坤，吐地符。河龍圖
發，洛龜書成，「河圖」有九篇，「洛書」有六篇也。

侯果曰：聖人法「河圖」、「洛書」，制歷象以示天下也。

六三爻解：人，三多凶

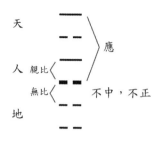

天

人　親比

　　無比

地

(1) 不中，不正。

(2) 與六二無比，得不到六二的信任。

(3) 與九四親比，又得上九相應，顯然自身的行為已獲得上面的賞識，也得到上面的信任，故曰：眾允。

(4) 三，四，五為坎，伏。四，五，六為離，心，心能伏，低下又能誠信以對，故得到上九的相應。

(5) 過去的懷才不遇，如今能得眾人信任，當然悔亡。

《象傳》：眾允之，志上行也。

解：六三與上九相應，初，二，三為坤，為眾，為信，故若得大眾之信孚，則可上行與上九相應也。（參3，4）

同事	主管	高層	基層	不中	不正	動能
✕	○	○		能力有限	才華不足	弱

評：下之上，靠貴人協助，不實在，後續處理不會很好

論：以此評等，而能得眾人之信任，實在有些懷疑，除非真的是展露謙虛的美德。因為以此要求，想要在社會上尋一長久的工作，恐怕有些難處，然若是裙帶關係就不同了，不過即便如此，自己也要反省，如何增加自身的能力，才是正道。

四爻動，變艮為剝　　　　　離 坤 坎 艮

≡≡離　　≡≡坎₁

≡≡坤　→　≡≡艮₃

四　　　　≡≡艮₅　　≡≡坤₂

爻　　　　≡≡坤　　　≡≡坤₄

動

坤：地　　　┐

艮：鼠之象　├ 鼫鼠

坎：險→貞厲

《繫辭》：晉如鼫鼠，貞厲。

解：要上進，切不可學鼠輩般的患得患失，這是無益卻有厲。

斷：坎₁ 險 → 坤₂ 吝 ⟶ 關鍵 → 解吝成順

艮₃ 反 → 坤₄ 吝

艮₅ → 止

變艮為止， 貞厲，位不當也

論：險象或有轉換的跡象，但前面還是充滿困難，故而不能有怠忽心
態，如果能平安度過此一階段，則坤吝成坤順，運道勢必反轉，故再
有困難也要咬牙撐過。

易有四象，所以示也；

侯果曰：四象，謂上文神物也、變化也、垂象也、圖書也，四者治人之
洪範。易有此象，所以示人也。

繫辭焉，所以告也；

虞翻曰：謂系《象》、《象》之辭，八卦以象告也。

定之以吉凶，所以斷也。

虞翻曰：繫辭焉以斷其吉凶，八卦定吉凶，以斷天下之疑也。

九四爻解：人，四多懼

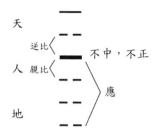

天
逆比
人　親比　　　不中，不正
　　　　　　　　應
地

(1) 不中，不正。

(2) 與初六相應，又與六三親比，顯然與基層的關係良好，也有一定的能力，但六三與初六皆為陰爻，有陰邪之象。

(3) 初，二，三為坤，順，二，三，四為艮，反。故九四與初六相應有助解決困難。

(4) 但與六五卻是逆比，就是關係不佳。九四原是陽剛正固，又能照顧下屬，六五為陰爻，心胸狹窄，不易接納建言。

(5) 當此之時，若九四不能正固，反為得位，而學鼠輩般貪而畏人，那不但無益且為有害，故曰：晉如鼫鼠，貞厲。

《象傳》：鼫鼠貞厲，位不當也。

解：鼫鼠貞厲之象，謂六五，九四之位不當而為逆比也。(參4，5)

同事	主管	高層	基層	不中	不正	動能
○	逆		○	能力有限	才華不足	強

評：中之下，有毅力可望避開困局，但處理有問題

論：此評屬中等，故有一定的智慧，但因能力不足，而限制了向上發展的條件，既然動能強，就應好好發揮毅力，主動學習，不計艱難，必有令人驚喜的一天。

五爻動，變乾為否

離　坤　坎　艮　巽
　　　　　　　↳錯 震

☲離　　☵坎₁
☷坤 → ☶艮₃
　五　　☰乾₅ → ☴巽₂
　爻　　☷坤 → ☶艮₄
　動

坎：加憂，恤之象
艮：止，勿也　　　　　勿恤

震：行　　　　　　往吉，无不利
離：明

《繫辭》：悔亡，失得勿恤，往吉，无不利。

解：悔恨可以消亡，而心則不累于得失，持此以往，吉而无不利也。

斷：坎₁ 險 → 巽₂ 謙 ⋯ 關鍵 → 莫棄謙成空

偏吉

艮₃ 反 → 艮₄ 反
乾₅ → 努力
變乾努力，往有慶也

論：努力向上，心持謙道，當可反轉之前的劣勢。不要有患得患失的心
　　理，只要能堅守原則，抱必勝的決心，或可達到目標，無往而不利。

《易》曰：自天右之，吉無不利。
侯果曰：此引大有上九辭以證之義也。大有上九履信思順，自天右之，
言人能依四象所示，繫辭所告，又能思順，則天及人皆共右之，吉無不
利者也。
子曰：右者，助也。
虞翻曰：大有兌為口，口助稱右。

【易下經】咸恆為首，終於未濟 首重人倫之常

六五爻解：天，五多功

天　親比　　中，不正
　　逆比
人　　　　　不應
地

(1) 中，不正。
(2) 與六二不應，二，三，四為艮，止。三，四，五為坎，險，故若六五到基層也得不到支持。
(3) 與九四逆比，朝中大臣或有建議，卻與之不合，常起爭執。
(4) 然六五位居尊位，即使有不順，也應抱持悔亡，失得勿恤之心，廓然大度才是。
(5) 與上九親比，故應常去請益上九，這對治國有很大助益，故曰：往吉，无不利也。
(6) 四，五，六為離，明，五居離之中位，明而無悔也。

《象傳》：失得勿恤，往有慶也。

解：具失得勿恤之心，則必然無往不利，此即為六五與上九親比，六五往有慶也。(參5)

同事	主管	高層	基層	中	不正	動能
逆	○		×	有能力	才華不足	弱

評：下之上，**有能力，但無恒心**

論：對君王而言，不及格，除非要養成廓然大度，否則以陰爻居尊位，恐不得民心。而在社會上，此評還可以，雖然不理想，但有能力就已經不錯，假以時日，勤勞些，或有向上發展的機會。

六爻動，變震為豫

離 坤 坎 艮 震
　　　↳錯乾

離　　坎₁
坤 → 艮₃　　↘
六　　震₅　　　↘　　坎₂
爻↘　　　　↘
動　坤　　　　艮₄

乾：首，角→晉其角
坤：邑
震：行　　　　　　　維用伐邑
坤：師，眾
離：戈兵
坎：弓

《繫辭》：晉其角，維用伐邑，厲，吉无咎，貞吝。

解：剛爻極位已達角尖。欲進而無前。而若存私心，繫戀其私，欲以伐
　　邑為之，是為危厲之象，然若能以理代之，雖危厲亦吉，然不免於可
　　羞也。

斷：坎₁ 險 → 坎₂ 險 → 關鍵 → 以伏剋險

　　艮₃ 反 → 艮₄ 反
　　震₅→ 驚
　　變震為驚， 道未光也

論：險未除，卻又加了驚字，而成驚險連連，這多是私心作祟，不能以
　　公事為重，才造成了內外困頓，為今之計適可而止，也不要鑽牛角
　　尖，想方設法逃避，沒有必要。

天之所助者順也，
虞翻曰：大有五以陰順上，故為「天國者順也」。

上九爻解：天

天　親比　{　不中，不正

人

地　　　　　}　應

(1) 不中，不正

(2) 上九陽剛極位，如首之角，故曰晉其角

(3) 與六三相應，原本上九已不用事，然若有私心，而欲有所不當，則或引起動盪，而有維用伐邑、厲之象

(4) 三、四、五為坎伏，險，四、五、六為離、心，上九與六三相應，六三心伏故應，但若不幸而成心險，即就有吝之象

(5) 與六五親比，即與六五親比，更需體諒六五，而提供治國之道，不應有其他私心才是，如此為吉無咎矣！

《象傳》：維用伐邑，道未光也。

解：若其有維用伐邑之事，是因其道未能光明正大。（參3、4）

同事	主管	高層	基層	不中	不正	動能
○			○	能力有限	才華不足	強

評：中之下，有毅力脫困但處理不好

論：退休不問事，有此能量，顯然會出事，最大問題所在是動能，也就是人老心不老，但既已不用事，就靜心安養即可，否則能力不足，不可能成事，換諸社會，只要加強專業能力，就有經理以上資格，努力。

地在火上，日返於地，光明雖掩，大義無虧

| 明夷 |
| 地火 |
| 動態 |
| 既濟 |

《明夷》，傷害、誅滅、夷為破。
《序卦》：進必有所傷，故受之以《明夷》，
夷者，傷也。
《雜卦》：《明夷》，誅也。

坤　離　震　坎

震：返也
坤：地 ⎤ 日返於地
離：日

坎：艱 ⎤ 利艱貞
離：明

坤 → 坤₁
離 → 離₃

坤 → 震₂
離 → 坎₄ → 坎 / 離
既濟

《繫辭》：明夷：利艱貞。
解：黑暗的時刻，利於艱難中守其正貞，以自晦其明也。

斷：坤₁ 吝 → 震₂ 行

| 虛 |
| 凶 |

離₃ 心 → 坎₄ 悅
心而吝，蒙大難也

論：遭遇到困難，必需小心應付，韜光養晦，即便處困之中，也必需守
　　正道，不可因利招禍，若能度過此一困局，終可出人頭地而得喜果，
　　此一期間，善用自身智慧，自我進修，以為日後脫困之準備。夷為
　　破，小心意外之災疾，然暗而後明，故為始困後發，待時也。

明夷爻解

《象辭》曰：明入地中，明夷。內文明而外柔順，以蒙大難，文王以
　　之。利艱貞，晦其明也，內難而能正其志，箕子以之。

【易下經】咸恆為首，終於未濟 首重人倫之常

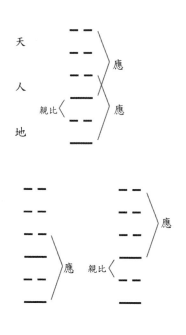

天
人
地

親比

應
應

應
應
親比

(1) 外卦為坤，地，順，內卦為離，明，明入地中。內文明，外柔順。然坤卦為三陰爻，明入地中，其象闇暗。

(2) 初九與六四相應，初九陽爻，賢能之士，六四為上坤卦之始，亦為明夷之始。二，三，四為坎，難，伏；初，二，三為離，明，心；明知有難，仍以忍讓(伏)之心來蒙受，初九為文王，而曰：以蒙大難，文王以之。

(3) 九三與上六相應，上六為坤之極，為明夷之末，九三陽爻，賢能之士，受制於上坤闇暗。

(4) 六二與九三親比，二，三，四為坎，難，因九三與上六相應而為內難，三，四，五為震，行，初，二，三為離，明，故行險以利艱貞，明險以晦其明，內難以正其志，此為箕子也。（箕子是紂王的父輩，商朝的賢臣）

《象傳》：明入地中，明夷；君子以莅眾，用晦而明。

解：初九與六四相應，九三與上六相應，初九，九三皆是離，明，六四與上六為坤地，故為明入地中。初九，九三為君子，上卦坤為眾，莅眾也。下卦為離，明，二，三，四為坎，險，晦，君子明晦而避之。

比附	相應
○×	○

評：前途不定，困局難以避免

論：六二與九三親比，雖可延伸上九，與九三之應，但此連結並無效果，故有比附但無作用，本卦為二應格局，顯然上下並無法溝通，各自為政不利君王，放諸社會，也說明一個企業若上下各自為政，那員工也可能各自為主，對企業的前景是很大的傷害。

初九
動態

初爻動，變艮為謙

坤　離　震　坎　艮
　　　　　　　　↳錯 兌

☷坤　　→　☳震₁
☲離　　　　☵坎₃　　↘
　初　　　　☷坤　　→　☳震₂
　爻　↘　　　　　↘
　動　☶艮₅　→　☵坎₄

離：雉，飛鳥 ┓
艮：不，垂 　┛ 垂其翼

坎：險 　┓
震：行 　┣ 君子于行
艮：不 　┛

兌：口 　┓
離：大腹 ┣ 三日不食
離：數三 ┛

兌：口 ┓
坎：怨 ┛ 有言

《繫辭》：**明夷于飛，垂其翼。君子于行，三日不食，有攸往，主人有言。**

解：飛鳥當傷其翼，則垂其翼，以示其傷也。君子為躲避切身之害，離
　　家遠行，行程中為趕路，甚至有三天都不能進食，但到了目的地，主
　　人家卻有煩言

斷：震₁ 行 → 震₂ 行

偏凶

坎₃ 悅 → 坎₄ 險 → 關鍵 → 　以伏制險
艮₅ → 止
變艮為止，為行，義不食也

論：或有止象出現，好好把握轉機，但行為必須低調，或者在處理時，
　　該請託的，不能因自己的尊嚴會傷到，而不願開口，否則坎險不消，
　　事情永遠解決不了。

初九爻解：地

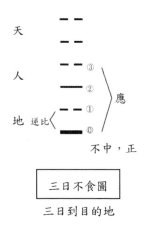

天

人

地 逆比

③
②
①
⓪

} 應

不中，正

三日不食圖

三日到目的地

(1) 不中，正

(2) 初九陽剛正直之君子

(3) 與六二逆比，發生衝突

(4) 與六四相應，初、二、三為離，心，二、三、四為坎、伏，故初九到六四處要低調

(5) 既與六二衝突，不得已投奔六四，故而有明夷于飛，垂其翼之象。

(6) 投奔到六四，旅途期間為趕路，三日不能進食，故曰君子于行，三日不食。

(7) 但到了目的地，是為有攸往，然主人家得知可能要長住時，卻有了煩言，是曰：主人有言。

(8) 初九至六二，六二至九三，九三至六四，六四為目的地，三日不食也。

《象傳》：君子于行，義不食也。

解：君子于行，只能見機而作，不食可也 (參 6)

同事	主管	高層	基層	不中	正	動能
	逆	○		能力不足	有才華	強

評：中之下，有貴人相助可以暫時避險，但後續有疑

論：初爻能有如此評等，前途有亮，如果能加強專業能力，又有高層力挺，未來必是管理及研發人才，前途看好。

六二

二爻動，變乾為泰

動態

坤 離 震 坎 乾 兌
　　　└ 錯 巽

☷坤　　☳震₁
☲離 → ☵坎₃
二　　　☷坤　　☳震₂
爻　　　☰乾₅ → ☱兌₄
動

巽：股
坎：險，傷 ⎤
兌：左 ⎦ 夷于左股

乾：馬
震：行 ⎤ 用拯馬壯
坤：順 ⎦

《繫辭》：明夷，夷于左股，用拯馬壯，吉。

解：傷在左股，可以用健壯的馬匹以救之出險境，是吉祥的。

斷：震₁ 行 → 震₂ 行 → 關鍵 → 莫行偏成驚

偏吉

坎₃ 悅 → 兌₄ 悅
乾₅ → 努力
變乾努力，　用拯馬壯

論：要克服驚和險，只有努力的去做。有計劃，用對方法，穩穩的前
　　進，必然能轉危為安，得到喜悅的成果。

人所助者信也。

虞翻曰：信，謂二也。乾為人，為信，庸言之信也。

履信思乎順，有以尚賢也。

虞翻曰：大有五應二而順上，故「履信思順」。比坤為順，坎為思。乾為
賢人，坤伏乾下，故「有以尚賢者」也。

【易下經】咸恆為首，終於未濟 首重人倫之常

六二爻解：地，二多譽

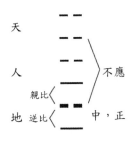

天

人　　　　　　　　　　　不應

　　親比

地　逆比　　　　中，正

(1) 中，正。

(2) 與初九逆比，有爭執，故曰：夷於左股。

(3) 與六五不應，二，三，四為坎險，三，四，五為震行，故六二前往六五行有險，不應也，這也表示六二得不到六五的支援。

(4) 與九三親比，九三為陽剛君子，見此象，見義勇為，前來協助六二，故曰：用拯馬壯，吉。

(5) 此亦喻六二欲效力六五，卻動則掣肘，如夷於左股也。

《象傳》：六二之吉，順以則也。

解：六二之吉，為六二既中且正，故能順於局勢，做出合乎義理之法則。（參2，4）

同事	主管	高層	基層	中	正	動能
逆	○	×		有能力	有才華	弱

評：中之下，有能力脫困，但缺乏恒心

論：因為有能力又有才華，相當不錯的人才，雖然沒有高層護佑，但也能得到主管的賞識，如果能加強動能，勤快一些，絕對有利在工作上的表現。

九三	三爻動，變震為復

動態

坤 離 震 坎
└ 錯 乾

☷坤　☷震₁
☲離 → ☵坎₃
　　　 ☷坤
三爻
動　 ☳震₅ → ☷坤₂
　　　 → ☷坤₄

坤：眾　　　　　　　⎤
離：弋兵，南方　　　⎟ 南狩
震：行　　　　　　　⎟
坎：弓　　　　　　　⎦

坎：險，惡之象　　　⎤
乾：首　　　　　　　⎟ 大首
震：大塗　　　　　　⎦
震：動→疾

《繫辭》：明夷于南狩，得其大首，不可疾貞。

解：準備討伐，誅除元首之惡，為民除害。但越境遠征的大業，事先要
　　準備，不可以急奏功的。

吉	斷：震₁ 行 → 坤₂ 平

　　　坎₃ 悅 → 坤₄ 順
　　　震₅ → 行 ⟶ 關鍵 → 行正莫成驚
　　　變震為行，乃大得也

論：雖然是考驗不斷，但若能以平常之心，隨順而行，終是可以化解
　　的。但關鍵在行，如果知其理卻不行，或行而不堅定，要度過驚與險
　　是不容易的，故不可以不詳定計劃，魯莽而行。

九三爻解：人，三多凶

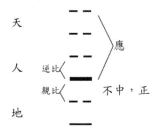

天

人   逆比

地   親比   不中，正

應

(1) 不中，正。

(2) 與六二親比，故南狩對象不是六二。初，二，三為離，南，既然六二不是南狩對象，故此行動只是借南狩之名。

(3) 與六四逆比，有爭執，但六四不合乎大首條件，距離太近。

(4) 與上六相應，上六符合大首，也符合南狩的距離，故上六為討伐的對象。但要討伐上六，必需六五領軍才是，除非上六惡行重大，而由九三代天起義，為民除害，故曰：明夷於南狩，得其大首。

(5) 三，四，五為震，行，四，五，六為坤，順，靜中求謀，故要去伐上六，必需準備，而曰不可疾貞，且需通報六五，以免傷六五君之明也。

《象傳》：南狩之志，乃大得也。

解：南狩的志向，若是除殘去暴，而非以暴制暴，必大得民心。（參4）

同事	主管	高層	基層	不中	正	動能
○	逆	○		能力有限	有才華	強

評：中之上，**絕對有能力度過難關**

論：有這樣高的評等，才能擔任代天起義南狩的重任。而在現實生活中，已是決策之人，唯一有差的是能力不足，故只要多多學習，尤其又有才華，兩相配合，如魚得水。

六四	四爻動，變震為豐

動態

坤　離　震　坎　兌　巽
　　　　　↳錯艮

```
☷坤      ☳震₁
☲離 →   ☵坎₃
四       ☳震₅  →  ☱兌₂
爻動  →  ☲離  →  ☴巽₄
```

坤：腹
兌：左 ⎫
巽：入 ⎬ 入于左腹，獲
離：心 ⎭ 明夷之心

艮：門 ⎫
震：行 ⎬ 出門庭

《繫辭》：入于左腹，獲明夷之心，于出門庭。

解：入於心腹之交，得知其暴虐的心意，於是出門庭而遯去。

斷：震₁ 行 → 兌₂ 折

偏凶	坎₃ 悅 → 巽₄ 空 → 關鍵 → 行謙制空

震₅ → 驚

變震為驚，獲心意也

論：行成折，悅成空，可見環境之惡劣，解決之道為巽空轉成巽謙，以
　　行謙道來避開險境，此時震驚可化成震行，而兌折則可成兌悅矣！然
　　說者易，行者難，要有恒心。

是以自天右之，吉無不利也。
崔覲曰：言上九履五厭孚，履人事以信也。比五而不應三，思天道之順
　　也。崇四匪彭，明辯於五，又以尚賢也。以自天右之，吉無不利，重引
　　易文，以證成其義。

536 【易下經】咸恒為首，終於未濟 首重人倫之常

六四爻解：人，四多懼

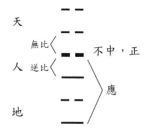

天

人

地

無比

逆比

不中，正

應

(1) 不中，正。

(2) 與九三逆比，互有爭執，不相往來。

(3) 與六五無比，六四近六五上位，最知道六五心意，然卻與其無比，顯示對六五施政不置可否，但並未與六五起爭執，只是觀察，故曰：入於左股。

(4) 與初九相應，若一旦了知六五心懷不當，而現殘暴之心意，唯有逃往郊區，躲避災難，而曰：獲明夷之心，于出門庭。

(5) 初，二，三為離，明，二，三，四為坎，險，伏，故遇險則需伏而明。

《象傳》：入于左腹，獲心意也。

解：所謂入于左腹，是已入知其心意，知其不可輔也。(參 3)

同事	主管	高層	基層	不中	正	動能
逆	×		○	能力有限	有才華	弱

評：下之上，恐難避開險境，只能暫時躲過

論：普通而已，唯有才華，然此為天賦，若依此而不願去學習，則在職場中不易生存，除非有旁人無法相比的才華。只是人活到老，學到老，尤其是對自己有利的，多學必有後用。

六五	五爻動，變坎為既濟
動態	

坤　離　震　坎

離：明　⎤
坤：德也　⎬ 箕子之明
震：行　⎦

《繫辭》：箕子之明夷，利貞。

解：居在闇之地，近闇之君，卻保有柔中之德，自隱其明，而正其志，
　　乃貞之至也。

斷：震₁ 行 → 離₂ 心

虛吉	坎₃ 悅 → 坎₄ 伏 ┈ 關鍵 → 莫棄伏成險

坎₅ → 伏

變坎為伏，明不可息也

論：要明白現實的環境，不利之險仍會持續左右，故而行事低調，不可
　　囂張，所謂君子固窮，雖經無數艱難，不改其志，以待通達之日。然
　　若不低調行事，坎伏或成坎險，則非常不利矣！

子曰：書不盡言，言不盡意。
虞翻曰：謂書易之動，九六之變，不足以盡易之所言。言之則不足以盡
庖犧之意也。
然則聖人之意，其不可見乎？
侯果曰：設疑而問也。欲明立象可以盡聖人言意也。

【易下經】咸恆為首，終於未濟 首重人倫之常

六五爻解：天，五多功

天 無比 ⟨ 中，不正
人 無比 ⟩ 不應
地

(1) 中，不正。

(2) 與上六無比，六四亦無比，也與六二不應。

(3) 二，三，四為坎，險，三，四，五為震，行，六五前來六二處將遇險，故不應也。

(4) 既與近鄰無交流，與遠親也不往來，然而不是不願往來，不願交流，是因環境因素，處於闇暗之時，故曰：箕子明夷。(六五為箕子)

(5) 然六五位中，自能獨行其正道，而曰：利貞。

《象傳》：箕子之貞，明不可息也。

解：箕子之貞固自守，三，四，五為震，行。二，三，四為坎，險。
  初，二，三為離，明，故箕子為身處險而明險，而又能貞固自守，故
  曰：明不可息也。（參4，5）

同事	主管	高層	基層	中	不正	動態
×	×		×	有能力	才華有限	弱

評：評：下之中，**恐難避開險境，只能看處理的程度**

論：若論隱其明，以評等而言，確實有做到。然以社會而言，到了六五
  階段，評等如此之低，不是好現象，即使對應坎伏，雖言低調而行，
  卻不是鼓勵切斷人際關係，兩者之義要分清楚。

六爻動，變艮為賁

坤　離　震　坎　艮
　↳錯乾　　↳錯巽

☷坤　　☳震₁
☲離　→　☵坎₃
　　　　　↘
六　　　☶艮₅　→　☳震₂
爻　　　↓　　　　↘
動　　☲離　　　　☵坎₄

離：明
坤：黑　｝不明晦

乾：天
坤：地
震：行　｝初登于天
巽：入　　後登于地

《繫辭》：不明晦，初登于天，後入于地。

解：自識不明之晦，初如日升於天，光耀四方，後如日落於地，晦而不
　　明，自失其則，世之衰也

斷：震₁ 行 → 震₂ 行

坎₃ 悅 → 坎₄ 險 ⇢ 關鍵 → 行伏剋險
艮₅ → 止
變艮為止，　失則也

論：驚險的狀況沒有改變，也沒有改善的跡象，要檢討自己是不是失去
　　了為人的準則，而招致新的反彈。

子曰：聖人立象以盡意，
崔覲曰：言伏羲仰觀俯察，而立八卦之象，以盡其意。
設卦以盡情偽，
崔覲曰：設卦謂因而重之為六十四。卦之情偽，盡在其中矣。
繫辭焉以盡其言，
崔覲曰：文王作卦爻之辭，以繫伏羲立卦之象。象即盡意，故辭亦盡言
也。

上六爻解：天

天 無比 { 不中，正

人

地 } 應

(1) 不中，正

(2) 上六位卦之極，有天之象，故曰初登于天

(3) 上六陰爻，無動能，昏闇之至，故曰不明晦

(4) 與六五無比，暗藏迫害六五之心

(5) 與九三相應，三、四、五為行，四、五、六為坤，順，暗，先前相應為順，後為暗

(6) 然而上六位極之至，卻不能明德于天下，昏闇無能，又欲與基層勾結，終至自傷而墜於地，故曰，後入于地也。

《象傳》：初登于天，照四國也。後入于地，失則也。

解：初登于天，如日居天上，能照四方，喻上六初得高位之象；後入于地，乃昏闇至極，已失行為準則所致。（參6）

同事	主管	高層	基層	不中	正	動能
✕			○	能力不足	有才華	弱

評：下之上，要靠智慧來避險，只是暫時而已。

論：雖然是驚險格局，但在爻解的狀況而言，並非太差，因為有才華，只就這項就有機會反轉，如果能積極一點，就可望再上一層樓，短期災難，若能好好處理還有機會。

541

風在火上，火熾生風，有家之道，嚴正有方

| 家人 | 家人之間，朋友之間相處之道。 | 巽 離 坎 |

家人之間，朋友之間相處之道。
《序卦》：傷於外者必反於家，故受之
以《家人》。
《雜卦》：《家人》，內也。

風火

靜態

既濟

巽 → 巽₁
離 → 離₃

巽 → 離₂ → 坎
離 → 坎₄ → 離
　　　　　　　既濟

巽：長女
坎：中男　　家人
離：中女

離：明　　利女貞
巽：謙

《繫辭》：家人，利女貞。

解：家人卦，利於女子守貞自固，即利於先正其內也。國之本在家，家
　　之本則起化于女，所謂，齊家為明德也。

斷：巽₁ 謙 → 離₂ 心

離₃ 心 → 坎₄ 險

吉

利女貞，天下定矣，唯防家內口舌爭論。

論：謙虛明禮，是現在的狀況，如果能持續下去，正家而天下定矣！但
　　若改變了這個狀況，不再提倡謙虛明禮，那後果就是人心變險惡，家
　　不再是家，國不再是國，豈可不慎哉！兩女在側，謹防色難。創業之
　　初，宜請家人協助。

家人爻解

《象辭》曰：家人，女正位乎內，男正位乎外，男女正，天地之大義
　　也。家人有嚴君焉，父母之謂也。父父，子子，兄兄，弟弟，夫夫，
　　婦婦，而家道正；正家而天下定矣。

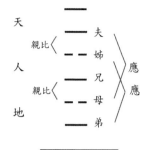

天
人
地

親比〈
親比〈

夫
姉
兄
母
弟

〉應
〉應

家人圖

九五中且正，為夫
嚴君也

六二中且正，為母
慈母也

《象傳》：風自火出，家
人；君子以言有物，而行
有恒。

解：離火在內，巽風在外，風出于火，教化出于家，故曰家人。君子體
之，必不虛言，言而有物，所行必有恒常之道，修身齊家，正家而天
下定矣！

(1) 六二位內卦離，中且正，六二為陰，
女子，故女正乎內；九五居外卦巽，
中且正，九五陽爻，男子，為男正乎
外。男女既正，男為天，女為地，故
曰：天地之大義也。

(2) 家人，四陽二陰，陰者女子，故先正
其內，必先正女子，故曰：利女貞。

(3) 九五與六二相應，故九五為夫，為
父，六二為妻，為母。

(4) 九五與六四親比，四，五，六為巽，
為長女，而九五為六四之父。

(5) 初九與六四相應，六四為長女，初為
始，故初九為六四之幼弟。

(6) 九三與六二親比，六二為母，故九三
為子，九三在初九之上而為兄。

(7) 六四在九三之上，故為姉也。

(8) 九五為夫，為父，六二為妻，為母，
六四為姉，九三為兄，初九為弟，
上，下，應，比，故家道正，天下定
矣！

比附	相應
○	○

評：有能力避開困局

論：上下交相應，若能守此道，則天下定矣！然當今守此家人義者少，
反而家內不治，口舌不絕，衍生到社會，必然是人心不古，反而婦女
成家中支柱，故曰利女貞。同樣，出社會也必需謹守企業文化，否則
不易融入，慎思。

初九	初爻動，變艮為漸

靜態

巽　離　坎　艮

```
☴巽      ☲離₁
☲離  →  ☵坎₃
初       ☴巽        ☲離₂
爻  →    ☶艮₅   →   ☵坎₄
動
```

艮：家門 ⎫
離：志也 ⎬ 閑有家
艮：止 ⎭

離：明 → 悔亡

坎：加憂 → 意外

《繫辭》：閑有家，悔亡。

解：家庭欲保幸福，避免發生意外，平日即需做好預防措施，悔恨必然
　　消亡。

斷：離₁ 心 → 離₂ 心

偏吉

坎₃ 險 → 坎₄ 伏 ⋯ 關鍵 → 勿棄伏成險

艮₅ → 止

變艮為止，悔亡

論：經過了適當調理後，才使得自身的心境明朗而能止險，同時了解家
　　人間的相處也需要互相尊重，低調以對，不可以高傲，自以為是，在
　　社會待人處事也是一個道理，而要止險，必行伏也。

變而通之以盡利，

陸績曰：變三百八十四爻，使相交通，以盡天下之利。

鼓之舞之以盡神。

虞翻曰：神，易也。陽息震為鼓，陰消巽為舞，故「鼓之舞之以盡神」。

荀爽曰：鼓者，動也，舞者，行也。謂三百八十四爻，動行相反其卦，
　　　　所以盡易之神也。

初九爻解：地

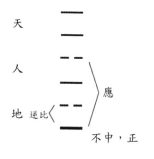

天

人

地 逆比

應

不中，正

(1) 不中，正。

(2) 與六二逆比，顯示六二與初九常
起爭執。

(3) 與六四相應，請六四前來，協助
解決，初，二、三為離，明，
二、三、四為坎、伏、險，故六
四前來也是以低調相對，否則還
是回歸原樣。

(4) 六四處三、四、五離卦之中位，
從理而明，協助初九，二、三、
四為坎險，初九得以避險，致使
爭執消彌於無形，故曰：閑有
家，悔亡。

(5) 初當有家之始，以正家道倫理
也。

《象傳》：閑有家，志未變也。

解：家中有爭執，提早預防並解決之，使不會發生意外的事。與六四相
應，六四為朝臣，故初九未來或有志於從國之事，當亦不改其治家治
國守正之理。（參2，3，4）

同事	主管	高層	基層	不中	正	動能
	逆	○		能力有限	有才華	強

評：中之下，可以脫離險境，但後續要處理好

論：初出社會，具備的條件相當不錯，能力不足是可以訓練的，只要假
以時日，努力肯學必然會成功，唯切勿恃才傲物。

六二	二爻動，變乾為小畜
被動	

┌ 錯震

巽　離　坎　乾　兌

└ 錯坤

震：行 ┐
巽：謙 ├ 無攸遂
坤：順 ┘

兌：口 ┐
離：火 ├ 中饋
坎：水，飲食之象 ┘

≡≡巽　≡離1
≡離　→　≡≡坎3
　二　　≡巽
　爻　　≡乾5
　動

≡離2
≡兌4

《繫辭》：无攸遂，在中饋，貞吉。

解：以謙柔的態度，不獨斷獨行，在家中主持膳食內事，其象為貞正而
　　吉祥，六二位正，喻女之貞靜者也。

斷：離1 心 → 離2 心

吉

　　坎3 險 → 兌4 悅
　　乾5 → 努力 ⋯ 關鍵 → 勿成剛愎
　　變乾努力，在中饋

論：因為心而造成的險惡，也因為心的改變，成為愉悅有朝氣，再加上
　　努力，整個大環境都有了改變，而關健在於乾，努力，但努力也要有
　　正確的方向，待人謙和，態度柔順為首要之條件。

乾坤其易之縕邪？
虞翻曰：縕藏也。易麗乾藏坤，故為「易之縕」也。

六二爻解：地，二多譽

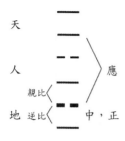

天

人　　　　　　　　應

　　親比

地　逆比　　中，正

(1) 中，正。

(2) 與九五相應，九五陽爻剛正，六二陰爻柔順，陰陽相合，夫妻之象，九五為夫，六二為妻。

(3) 與九三親比，九三為陽爻，二，三，四為坎，坎為中男，六二之子。

(4) 與初九逆比，初九亦是陽爻，但既是逆比，故無緣成夫妻。

(5) 二，三，四為坎，伏，三，四，五為離，心，故六二與九五互相尊重以待，為夫妻之象。

(6) 六二陰爻中且正，其象為賢淑貞靜，主持家務，克守本份，故曰：無攸遂，在中饋，貞吉。

《象傳》：六二之吉，順以巽也

解：六二之吉，六二與九五相應，四，五，六為巽，謙，故六二與九五之應，為順從謙道而得吉。（參2，5）

同事	主管	高層	基層	中	正	動能
逆	○	○		有能力	有才華	弱

評：中之上，**絕對有能力脫險，後勢看好**

論：賢妻良母之型，故有中饋之象，即使在社會上也是有實權的決策人物，唯一的缺點就是安於現狀，然決策者，決不可以安於現狀，必需突破，不能怠惰。

九三	三爻動，變震為益	┌ 錯 乾
動態		巽 離 坎 震 艮 坤
		└ 錯 兌

巽 → 離₁
離 → 坎₃
　　　↘
三　↘ 巽 → 艮₂
爻　　震₅ → 坤₄
動

乾：父，長者　┐
兌：口　　　　│
震：動怒也　　├ 家人嗃嗃
坎：悔　　　　┘
坤：婦女　　　┐
兌：少女　　　│
艮：少男　　　├ 婦子嘻嘻
兌：口　　　　┘

《繫辭》：家人嗃嗃，悔，厲，吉；婦子嘻嘻，終吝。

解：家主治家過於嚴厲，故而有悔厲之時，但家道嚴肅，倫序整齊，也
　　是吉祥的。如果家人婦子嘻笑無度，反失處家之節，而終至於吝也。

偏吉	段：離₁ 心 → 艮₂ 反
	坎₃ 險 → 坤₄ 平
	震₅ 行 ⋯ 關鍵 → 切莫行偏成驚
	變震為行，　嗃嗃也

論：險境逐漸遠去，但只是平順而已，還是需要努力的去做該做的事。
　　制定規範，嚴守紀律，才能維持目前的平順，否則震行成震驚，不利
　　矣！

乾坤成列，而易立乎其中矣。
侯果曰：縕，淵奧也。六子因之而生，故云「立乎其中矣」。

九三爻解：人，三多凶

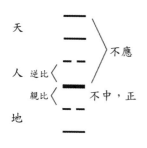

(1) 九三與六二親比，九三陽剛，六二陰柔，陰陽和合，故，九三為夫，六二為妻。

(2) 九三與上九不應，九三至上九為處家之象。

<狀況一：六二妻不干涉>

(3) 九三位三，四，五離之下位，離為明，九三以明治家，有原則，故治家嚴厲，此時，六四與之逆比，顯然家人常與之對抗，而曰：家人嗃嗃。然四，五，六為巽、利，雖有悔厲之象，其結果對家庭還是有利的。

<狀況二：六二妻介入>

(4) 此時，九三位初、二、三離之上位，又位在，二、三、四坎，險之中位，其勢已衰，離為中女，坎為中男，六二為妻而有溺愛子女之象，故婦子嘻嘻，以致九三無從以明治家，四、五、六為巽空，終有吝也。

《象傳》：家人嗃嗃，未失也；婦子嘻嘻，失家節也。

解：家人嗃嗃，雖過於嚴厲，還未失常道，婦子嘻嘻，則是失去處家的節制了。（參2，3）

同事	主管	高層	基層	不中	正	動能
○	逆	×		能力有限	有才華	強

評：中之下，有能力，有智慧可以脫險，但處理要小心

論：有才華又肯做事，缺點是能力不足，如果以此幹勁，再針對專業多加研究，必然可發揮潛在的能力，但要行的正確才是。

四爻動，變乾為同人

巽　離　坎　乾

三巽 　　三離₁
三離 →　三坎₃
四爻 →　三乾₅ →　三乾₂
動　　　三離 →　三巽

乾：金　┐
巽：利　├富家
離：麗，喜也 →大吉

《繫辭》：富家，大吉。

解：父慈子孝，兄友弟恭，夫婦有德，長幼有序，不渝于內，有制乎
　　外，家道祥和而為富家之象，大吉也。

斷：離₁ 心 → 乾₂ 努力

偏
吉

坎₃ 險 → 巽₄ 謙 ┄ 關鍵 → 勿棄謙成空

乾₅ → 努力

變乾為努力，富家也

論：要走出心險，首要改變態度，以謙遜為主，再配以努力，必然可以
　　翻轉現實，此即巽謙也。如果不能做到巽謙，巽謙成巽空，則對前途
　　不利，不可不慎。

乾坤毀，則無以見易。

荀爽曰：毀乾坤之體，則無以見陰陽之交易也。

易不可見，則乾坤或幾乎息矣。

侯果曰：乾坤者，動用之物也。物既動用，則不能毀息矣。夫動極復
靜，靜極復動，雖天地至此，不違變化也。

六四爻解：人，四多懼

(1) 不中，正。

(2) 六四為四，五，六巽之下位，巽為長女，亦為女中之長，即為主婦。

(3) 與九五親比，而與九三逆比，故九五為六四之夫。

(4) 下與初九相應，上與九五親比，故初九間接與九五有關連。

(5) 初，二，三為離，心，二，三，四為坎，伏，故初九協助六四為真心以待。

(6) 由上可知，初九為六四與九五之子。

(7) 九五既為夫，九五為尊位，陽剛有實，家庭環境優渥，六四妻從夫貴，為賢慧主婦，而曰：柔得其正。上卦為巽，為利，能開財之源，故曰，富家大吉。

《象傳》：富家大吉，順在位也。

解：富家大吉，六四與九五親比，六四位正，四，五，六為巽，利市三倍，故曰：順在位也。（參6）

同事	主管	高層	基層	不中	正	動能
逆	○		○	能力有限	有才華	弱

評：中之下，有友人幫忙，但要完善渡險，還要有智慧

論：能當富家之人，其評等當然也不低，以此觀之，有才華是其中一大特色，如果有才華，又能與人和睦相處，倘能於幕後運籌帷幄，也可致富於千里之外。

五爻動，變艮為賁

巽　離　坎　艮　震

☴ 巽	☲ 離₁
☲ 離 →	☵ 坎₃
五	艮₅
爻	☷ 震₂
動 ☲ 離	☵ 坎₄

離：王
震：行　　王假有家
艮：門、家

艮：止、不
坎：加憂　　勿恤

《繫辭》：王假有家，勿恤，吉

解：受王道的感格，建立幸福的家庭，不用憂恤，吉也。

斷：離₁ 心 → 震₂ 行

吉　坎₃ 險 → 坎₄ 伏 ⤳ 關鍵 → 莫棄伏成險

艮₅ → 止

變艮為止， 勿恤也

論：雖然險止，但為人處事，還是要低調以對，否則坎伏再成坎險，則
一切又回歸原點。低調行事，只是解決現階段的問題，並沒有立即轉
順的可能，故必需要要有長期抗戰的覺悟。

是故形而上者謂之道，形而下者謂之器；

崔覲曰：此結上文，兼明易之形器變通之事業也。凡天地萬物，皆有形
質。就形質之中，有體有用體者，即形質也。用者，即形質上之妙用
也。言有妙理之用以扶其體，則是道也。其體比用，若之於物，則是
體為形之下，謂之為器也。假令天地圓蓋方軫為體為器，以萬物資始資
生為用為道；動物以形軀為體為器，以靈識為用為道；植物以枝幹為器
為體，以生性為道為用。

九五爻解:天,五多功

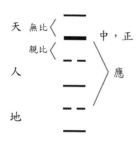

天　無比　〈
　　親比　〈
人
地

中,正

應

(1) 中,正。

(2) 與上九無比,尊而敬之。

(3) 與六四親比,九五為君位,王之象,六四為其妻,夫妻恩愛。

(4) 與六二相應,九五以王者之象,使之受到影嚮,也建立幸福的家庭,故曰:王假有家。

(5) 二,三,四為坎,伏,三,四,五為,離,明,故九五影嚮六二是在不知不覺中讓其明白。

(6) 九五能建立自己的家庭,也能感動他人建立幸福的家庭,故曰:勿恤,吉也。

(7) 五以巽之中,而應離二之中,剛柔並濟,自能恭己而治家也。

《象傳》:王假有家,交相愛也。

解:王假有家之象,為家人皆交愛其德,幸福美滿。(參3)

同事	主管	高層	基層	中	正	動能
○	×		○	有能力	有才華	強

評:上之下,可以平安度過險境

論:賢明君王格局,故能帶動民間建立幸福家庭。若在社會上,有此格局,必然是做決策之人,且位階很高,雖然短暫或遇困難,但相信以其智慧必能解決,不必過於憂心。

| 上九 | 六爻動，變坎為既濟 | 巽 離 坎 |
| 靜態 | | |

```
    ☴巽        ☲離₁
    ☲離  →   ☵坎₃              坎：孚之象  ┐
  六         ┌→ ☵坎₅   →  ☲離₂    巽：入    ├ 有孚威如
  爻  ┌→ ☲離       ☵坎₄    離：明  ┘
  動
```

《繫辭》：有孚，威如，終吉。

解：家主必要反求諸己，自省修身，不失威儀，至誠而不至乖離，終得
　　其吉也。

斷：離₁ 心 → 離₂ 心

| 虛吉 | 坎₃ 險 → 坎₄ 伏 ⋯ 關鍵 → 莫棄伏成險 |

　　坎₅ → 伏

　　變坎為伏， 反身也

論：心要伏，態度也要伏，低調對自己也好，對他人也好。這是改善現
　　階段遭遇險境的最佳方法，如此不但可以擴展自己的事業，也能保守
　　自固。

化而裁之謂之變，

翟元曰：化變則柔而則之，故「謂之變」也。

推而行之謂之通；

翟元曰：推行陰陽，故謂之通也。

上九爻解：天

天 無比 不中，不正

人 不應

地

(1) 不中，不正
(2) 與九五無比，不干涉國家之事
(3) 與九三不應，安享餘年，不投入基層之爭。三、四、五為離、心，四，五，六為巽空，心已空，故不貪戀也
(4) 上九極位，誠信自守，修身養性，故曰：有孚威如終吉
(5) 上九處家道之成，久而易怠，故反修其身而終勉之

《象傳》：威如之吉，反身之謂也。

解：威如的吉象，是建立在能反躬自省，貞固自持，而博得眾人尊敬。
（參4）

同事	主管	高層	基層	不中	不正	動能
×			×	能力有限	才華不足	強

評：下之中，**有力無能，難脫險境**

論：以此評等要起而能用，則必須努力再努力，除非想退休，否則最少要先補足專業能力，能有專業能力，再加勤奮，自可立足職場

睽

火澤

靜態

未濟

乖違，乖離，叛，逆行

《序卦》：家道窮必乖，故受之以
《睽》。睽者，乖也

《雜卦》：《睽》，外也。

離　兌　坎

離：明，喜
兌：悅　　　　　　 } 小事吉

離：中女
兌：少女
離：目，不對眼　　　 } 睽　兩女不合
坎：陷

未濟

離 → 離₁
兌 → 兌₃
離 → 坎₂ → 離
兌 → 離₄ → 坎

《繫辭》：睽，小事吉。

解：事有乖離之時，必有所變。只宜視大為小事，而不宜遽合以圖大
　　事，故曰：小其事，則吉也。

斷：離₁ 心 → 坎₂ 伏

虛凶　兌₃ 折 → 離₄ 明

志不同行

論：眼前事並不順心，所以每天還是要小心行事，很可能因涉入大事而
　　至險象出現，屆時悔折難逃，不可不注意。但若能低調行之，則反可
　　麗乎明也。兩女乖離，不利女子。而若乖違不同心，則事難成；但離
　　為明，故可從中學習而終得吉。

睽卦爻解

《象辭》曰：睽，火動而上，澤動而下；二女同居，其志不同行；說而
麗乎明，柔進而上行，得中而應乎剛；是以小事吉。天地睽，而其事同
也；男女睽，而其志通也；萬物睽，而其事類也；睽之時用大矣哉！

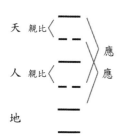

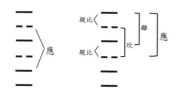

《象傳》：上火下澤，睽；君
子以同而異。

解：睽卦，離火上升，火動
　　而上，兌澤下降，澤動
　　而下，水火乖離，君子
　　體之，了知同其理而異
　　其事，以求同而和異也。

(1) 下卦為兌，口，說。上卦為離，
　　明，說而麗乎明。
(2) 六三與九四親比，六三為兌
　　（初，二，三），少女。
(3) 六五與上九親比，六五為離
　　（四，五，六），中女。
(4) 六三與上九相應（如子圖），故
　　二女未婚配之前，必住同一屋簷
　　下。三，四，五為坎險，四，
　　五，六為離明，雖明但險，二女
　　同居，其志不同行，為乖違之
　　象，故曰：睽。
(5) 六三與上九相應，六三柔爻，故
　　曰：柔進而上行。九二與六五相
　　應，九二，六五皆位中，九二為
　　剛爻，故曰：得中而應乎剛。
(6) 人情乖違之時，還能柔進而上
　　行，故可以小事，而為吉。
(7) 睽，天地雖異位，化育之功相
　　同，男女內外位不同，倡隨之情
　　卻相通，萬物貴賤雖殊，應求之
　　事則相類，不同時機，不同的運
　　用，睽之時用大以哉！

比附	相應
○	○

評：關係良好應可避開困局

論：睽卦，上下相交應，比附，雖處乖違，不礙政令之通達。睽之象，
　　應是短暫現象，整個格局還是向前行。工作上，若是如此規模企業，
　　在內服務，一定很愉快，所以，不需事事計較而起糾紛，以免自己受
　　累。

初爻動，變坎為未濟

離　兑　坎
　└ 錯艮

```
☲離    ☵坎₁
☱兑 → ☲離₃        ☵坎₂
  初爻           →
    動  ☵坎₅  →  ☲離₄
```

坎：亟心之馬 ⎫
兑：脱　　　⎬ 喪馬勿逐自復
艮：止，反　⎭

坎：險，惡人 ⎫
離：目，見　⎬ 見惡人
　　　　　　 ⎭

《繫辭》：悔亡，喪馬勿逐，自復；見惡人无咎。

解：悔恨消亡，喪失了馬匹，不用追逐過急，老馬識途，自會回來，即
　　使見惡人也不必拒之，只見不交往，不會有甚麼咎處。

斷：坎₁ 伏 → 坎₂ 伏 ⇢ 關鍵 → 莫棄伏成險

　離₃ 明 → 離₄ 明

　坎₅ → 伏

　變坎為伏　辟咎也

論：不管發生甚麼事，總是以低姿勢來應對，切勿心高氣傲，那麼再艱
　　難的事都可以化解，勿逐自復就是提醒不要自以為是。

舉而措之天下之民，謂之事業。

陸績曰：變通盡利，觀象制器，舉而措之於天下，民咸用之以為事業。

《九家易》曰：謂聖人畫卦，為萬民事業之象，故天下之民尊之，得為
事業矣。

初九爻解：地

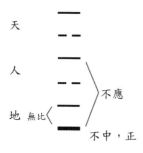

天

人

地 無比

不應

不中，正

(1) 不中，正。

(2) 與九四不應，得不到九四的奧援，初，二，三為兌，折，二，三，四為離，心，初九前往九四，心折而返，故曰：悔亡。

(3) 然若有心要爭取九四，那就必需耐心等待。

(4) 然初，二，三既是兌折，見面必為不善，而有惡人之象。

(5) 三，四，五為坎為馬，與九四不應，喪馬之象，而坎為伏，故宜耐心等待也。

(6) 與九二無比，又與九四不應，故曰：無咎矣！

《象傳》：見惡人，以辟咎也。

解：見惡人，與九四不應，故九四為惡人，三，四，五為坎險，前去亦是為避九四之險也。（參 2，3，4）

同事	主管	高層	基層	不中	正	動能
	×	×		能力有限	有才華	強

評：下之上，有毅力，有智慧避開險境，但後續處理要用心

論：勤勞又有才華，若肯加學習，前途必然光明，但最大的缺失則在人際關係，切不可因有才華而自我澎脹，心高氣傲，初入社會或有此問題，宜避之。

二爻動，變震為噬嗑

離 兌 坎 震 艮

離	坎₁	
兌 → 離₃		
二	離₃	坎₂
爻		
動	震₅ →	艮₄

震：行
離：目，見
艮：徑路，巷之象
離：王之象
兌：悅→無咎

遇主于巷

《繫辭》：遇主于巷，无咎。

解：當睽之時，在巷弄內與君主相見，也沒有可咎之處。此喻其道可
　　疑，其心不疑也。

斷：坎₁ 伏 → 坎₂ 伏 ┄ 關鍵 → 勿棄伏成險

離₃ 明 → 艮₄ 反
震₅ → 行
變震為行，　行未失道也

論：險象有轉弱的跡象，燥動的心也安靜下來，之後要做的就是行。好
　　好的規劃未來的策略，或請教賢人，總要見機行事，勇往直前，但切
　　忌剛復自用，坎伏是也。

是故夫象，聖人有以見天下之賾，
崔覲曰：此重明易之縕，更引易象及辭以釋之。言伏羲見天下深賾，即
易之縕者也。
而擬諸其形容，象其物宜，是故謂之象。
陸績曰：此明說立象盡意，設卦盡情偽之意也。

九二爻解：地，二多譽

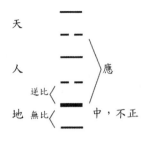

(1) 中，不正。

(2) 九二陽剛正固，與初九無比，往來不多。

(3) 與六三逆比，常因事起爭執，六三陰爻，心胸比較狹窄，埋下後患。

(4) 與六五相應，六五陰爻主弱，當睽之時，國勢陷入乖違，九二既為豪傑之士，遇六五君王於此動蕩之際，君擇臣，臣亦擇君，故有遇主于巷之說，顯示六五擇賢之渴也。

(5) 二，三，四為離，明，三，四，五為坎，險，伏，九二前往六五，明知有險，也要低調前往幫忙。

《象傳》：遇主于巷，未失道也。

解：遇主于巷，本是意外，九二剛且中，只要不失正道就可以了。（參4）

同事	主管	高層	基層	中	不正	動能
×	逆	○		有能力	才華不足	強

評：中之下，有能力脫離險境，心態收斂為宜

論：雖不是大賢之人，但較一般，也已經強很多了。主要就是有能力，又肯吃苦耐勞，事業上，至少也是小主管級人物，如果人緣能再好一點，那更有利，為人處事低調以對為佳。

| 六三 | 三爻動，變乾為大有 |

| 靜態 |

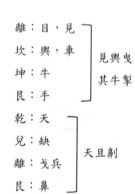

離：目，見
坎：輿，車   見輿曳
坤：牛   其牛掣
艮：手

乾：天
兌：缺   天且劓
離：戈兵
艮：鼻

《繫辭》：見輿曳，其牛掣，其人天且劓，无初有終。

解：車子後面被拉住，不能前進，但前面卻有牛拉車欲向前行，互相牽
　　制而不能動彈。猶如一個人，額頭被黥，鼻子受劓刑，然起初或有暌
　　難，但終或得合也。

斷：坎₁ 伏 → 兌₂ 折

離₃ 明 → 乾₄ 努力

乾₅ → 剛愎 → 關鍵 → 棄剛愎為健

變乾剛愎，　位不當也

論：雖然努力想脫出困局，但卻陷入剛愎自用之境，而致毀折發生。然
　　若能知自我之缺陷，適時修正，化剛愎為努力，可望使兌折成兌悅，
　　雖偏凶，但終為吉也。

六三爻解：人，三多凶

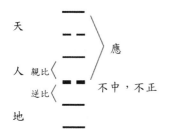

天

人　親比

　　逆比

地

應

不中，不正

(1) 不中，不正。

(2) 與九二逆比，互有爭執，被九二牽制，故曰：見輿曳。

(3) 與九四親比，九四奧援六三，故曰：其牛掣。

(4) 雖然獲得九四支持，但與九二的爭執，其凶險有如其人天且劓。

(5) 得上九相應，才解除了這個僵局，故曰：无初有終。

(6) 三，四，五為坎險，无初。四，五，六為離明，有終，故六三請上九主持公道，是險成明，无初有終也。

《象傳》：見輿曳，位不當也。无初有終，遇剛也。

解：見輿曳之象，為六三處於兩陽剛之中，互有拉扯，且不中不正，其位不當。无初有終，則是遇到了上九剛爻而終結了此事。（參 2，6）

同事	主管	高層	基層	不中	不正	動能
逆	○	○		能力有限	才華不足	弱

評：下之上，有貴人相助，但處理結果不好

論：雖有高層照應，但本身能力，才華不足也都是事實，如果不願高層失望，則必需打起精神，努力，再努力的工作，學習，才是反轉的契機。

563

九四

動態

四爻動，變艮為損

離 兌 坎 艮 坤 震
　　↳ 錯 乾

震：行也，遇 ⎤
乾：原，初　　⎦ 遇元夫

坤：土，信孚 ⎤
震：動　　　　⎦ 交孚

坎：險 ⎤
兌：悅 ⎦ 屬无咎

```
☲離     ☵坎₁
☱兌 →   ☲離₃
四        ☶艮₅    →  ☷坤₂
爻        ☱兌        ☳震₄
動
```

《繫辭》：睽孤，遇元夫，交孚，屬无咎。

解：當睽難之時，能遇到同德之人，而與之誠信交往，雖然外在環境不
　　佳，而有危屬之象，但所遇非小人，故可无咎矣！

斷：坎₁ 伏 → 坤₂ 平

偏吉

離₃ 明 → 震₄ 行 ⋯ 關鍵 → 莫行偏成驚

艮₅ → 止

　　變艮為止，交孚志行也

論：前險出現止相，未來可望平平而行，不能說很順利，但若要逐漸轉
　　佳，還是不能離開中道，做人要有原則，信用，千萬不可投機取巧，
　　否則震行再成震驚，則不妙矣！

聖人有以見天下之動，而觀其會通，以行其典禮，

侯果曰：典禮有時而用，有時而去，故曰「觀其會通」也。

繫辭焉以斷其吉凶，是故謂之爻。

崔覲曰：言文王見天下之動，所以繫象而為其辭，謂之為爻。

【易下經】咸恆為首，終於未濟 首重人倫之常

九四爻解：人，四多懼

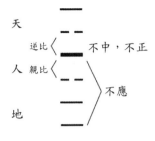

天
　逆比〈 　不中，不正
人　親比〈
　　　　　〉不應
地

(1) 不中，不正。

(2) 與六三親比，兩者關係很好，但六三為陰爻，故不為元夫。(元為大，陽也)

(3) 與六五逆比，六五君位，與君王產生爭執，即使六三支持，但無助於六五的壓迫，故有睽孤的感覺，九四位坎險之中，亦有孤之象（三、四、五為坎）。

(4) 初九與之不應，在遭到六五的阻擋後，只有向下尋求初九的奧援，故曰：遇元夫。(初為始之意，即元也)

(5) 但初九或與九四無互信之基礎，故若以誠，交孚，假以時日，或可同德而信之，然必危心以處之，方可無咎，故曰，交孚，厲，无咎。

(6) 初，二，三為巽，空，二，三，四為離，心，二者原本無心交流，故必需假以時日，培養交孚也。

《象傳》：交孚无咎，志行也。

解：交孚无咎之象，是有同德之志行，故自有朋友可交。(參5)

同事	主管	高層	基層	不中	不正	動能
○	逆		×	能力有限	才華不足	強

評：下之上，有毅力脫險，但無智慧處理

論：要下定決心，努力學習，待人以誠，自可修補人際關係，也可為自己開拓前程。

六五	五爻動，變乾為履
被動	

離 兑 坎 乾 巽
　└錯艮　└錯震

☲離　　☵坎₁
☱兑 → ☲離₃
　　　↘
五　　☰乾₅ → ☴巽₂
爻
動　☱兑 → ☲離₄

坎：加憂→悔象

兑：口
乾：宗
坎：病　　　┐厥宗噬膚
艮：膚
震：行→往

《繫辭》曰：悔亡，厥宗噬膚，往何咎。

解：悔恨消亡，君臣有如同宗之親，噬膚之象，而能化睽為合，放手前
　　往，又有何可咎之處（厥宗見同人，噬膚見噬嗑）。

斷：坎₁伏　→　巽₂謙　→　關鍵　→　莫棄謙成空

偏 吉	離₃明 → 離₄心

　　乾₅　→　健

　　變乾為健，　行有慶也

論：心存謙虛，努力行事，必可化險為夷，而能獲得朋友的幫助，然彼
　　此必需以誠信相交才可。其中以巽謙為重，若不能行謙道，而成巽
　　空，則努力沒有回報，故必需放在心上不可或歇。

極天下之賾者存乎卦，
陸績曰：言卦象極盡天下之深情也。
鼓天下之動者存乎辭；
宋衷曰：欲知天下之動者，在於六爻之辭也。
化而裁之存乎變，推而行之存乎通；
崔覲曰：言易道陳陰陽變化之事耐用裁成之，存乎其變。

六五爻解：天，五多功

天　親比
　　逆比
人
地

中，不正
應

(1) 中，不正。

(2) 與九四逆比。當人情乖違之時，高居尊位，本就難免遇到不合心意之事，但若能虛心以待，自可悔恨消亡。

(3) 與九二相應，九二賢士，六五，九二陰陽相濟，若能得九二之協力相助，不難化睽為合，故曰：厥宗噬膚。

(4) 二，三，四為離，明，三，四，五為坎，險，伏，故九二協助六五是明白其中的險象，而低調以應。

(5) 與上九親比，常去請益，故曰：往何咎。

《象傳》曰：厥宗噬膚，往有慶也。

解：厥宗噬膚，剛柔相濟，往必有所益而得慶也。（參3）

同事	主管	高層	基層	中	不正	動能
✕	○		○	有能力	才華不足	弱

評：下之上，有能力也有人和，可脫離險境但後續要有恆心

論：以此評等，如何可以往何咎。相對六五，似乎低了點。但到社會上，欲要更上一層樓，還是需要努力，再努力，不可懈怠。

567

上九	六爻動，變震為歸妹
動態	

離　兌　坎　震

```
☲離      ☵坎₁
☱兌 →  ☲離₃  ↘
  六爻    ☳震₅  ↘  ☵坎₂
    動   ☱兌      ↘  ☲離₄
```

坎：豕，水 ⎤
離：目，見 ⎦ 見豕負塗

坎：伏，隱伏 → 鬼之象

坎：弓 ⎤
震：動，開 ⎦ 先張之弧

兌：脫 ⎤
坎：弓 ⎦ 後說之弧

震：長男 ⎤
兌：少女 ⎦ 匪寇婚媾

坎：雨 ⎤
兌：悅 ⎦ 遇雨則吉

《繫辭》曰：睽孤，見豕負塗，載鬼一車，先張之弧，後說之弧，匪寇婚媾，往遇雨則吉。

解：因疑而孤。看見像是背負泥土的野豕，又像載著一車的鬼物，故而張弓欲射，後又脫弓而進于前，原來不是匪寇，而是婚媾姻親。前往與之遇合，此時天降甘霖，吉祥之兆也。

斷：坎₁ 伏 → 坎₂ 伏 → 關鍵 → 勿棄伏成險

偏吉	離₃ 明 → 離₄ 明
	震₅ → 行
	變震為行，　往遇雨則吉

論：低調的進行工作，而且訂定明確的目標，努力向前，前景自然明朗。

上九爻解：天

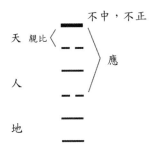

(1) 不中，不正。

(2) 上九，睽卦的極位，其象乖違孤立，
故曰：睽孤。

(3) 與六三相應，六三為陰爻，故雖相
應，仍不免多所猜疑，故有見豕負
塗，見鬼一事。

(4) 三，四，五為坎，險，伏，四，五，
六為離，明，故上九與六三低調相
應，也是考慮可能有相當的風險性。

(5) 上九其位不正，雖是陽剛君子，但因
不用事，又有睽孤之象，故而有先張
之弧，後說之弧的動作出現。

(6) 與九五親比，也因上九與六三之應，
而被六五所疑，經上九說明（上卦為
離，明）之後，卻是匪寇婚媾之象，
終是遇雨則吉也。

《象傳》曰：遇雨之吉，群疑亡也。

解：所謂遇雨之吉，是指之前的猜疑，至此已完全澄清。（參6）

同事	主管	高層	基層	不中	不正	動能
○			○	能力不足	才華有限	強

評：中之下，有毅力也有友人助力，但注意處理手段

論：以上九的原則，這是一個很高的評等，代表雖退，但也受到重視。
然從不好的方向來看，久之後難免會被六五誤會，可是，只要心懷中
道，猜忌自然消亡。放諸社會，雖然能力，才華均不足，但人緣極
好，如果能加強專業，自可創造自己的前途。

水在山上，易流難蓄，險難當前，反身修德

蹇

水山

靜態

既濟

跛，難

《序卦》：乖必有難，故受之《蹇》。蹇者，難也。

《雜卦》：《蹇》，難也。

坎　艮　離

└→錯 兌

```
☵ 坎 → ☵ 坎₁
☶ 艮    ☶ 艮₃
              ☲ 離₂ → ☵ 坎
        ☵ 坎         ☲ 離
        ☶ 艮 → ☵ 坎₄
                      既濟
```

離：南方 ┐
兌：西方 ├ 利西南
兌：悅 ┘

坎：險，北方 ┐
艮：止，東北方 ├ 不利東北

離：目，見→見大人

《繫辭》曰：利西南，不利東北；利見大人，貞吉。

解：蹇，利西南方，不利東北方。利於得見有德的賢人，是為貞固吉祥之兆。

斷：坎₁ 險 → 離₂ 心

虛凶

　　艮₃ 止 → 坎₄ 伏

　　險在前也，見險知止

蹇卦爻解

《象辭》曰：蹇，難也，險在前也。見險而能止，知矣哉！蹇利西南，往得中也；不利東北，其道窮也。利見大人，往有功也。當位貞吉，以正邦也。蹇之時用大矣哉！

論：高山險阻，很難越過，計處皆空，賴所皆違，而陷入困境。但若能見險則止，不再深入險境，則未來才有機會脫險。但脫險則需靠心要低調，換言之，如果現在做不到心伏，就不可能脫離險境，故曰：君子以反身修德也。蹇，艮為足，不利足之象；艮為止，身心或不順，亦宜早日調養之。

【易下經】咸恆為首，終於未濟 首重人倫之常

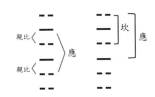

文王後天圖

(1) 上卦為坎險，下卦為艮止，見險而止，知矣哉。

(2) 九五與六二相應，六二居地位，地為坤，西南方，西南得朋，二、三、四為坎、險、伏，三、四、五為離、心，心伏可脫險，而離亦為南，故曰：利西南。九五位中，九三與六二親比，六二與九五相應，九五與六四親比，故往得中也。

(3) 九三與上六相應，九三為下卦艮之上爻，艮為東北方，四，五，六為坎，險，東北有險，故曰，不利東北。與上六相應，上六位極位，而曰：其道窮也。

(4) 六二既與九五相應，故曰：利見大人，往有功也。

(5) 爻位自二以上，奇藕各得其正，相應，比附，故曰：當位貞吉以正。

《象傳》曰：山上有水，蹇；君子以反身修德。

解：山上有水，為山所困，行而難，蹇。君子体此，若遇困難，唯有反省自身，進德修業，則誠能感物，而明信義於天下，家邦必達矣！

比附	相應
○	○

評：有能力也有人和可脫離困局

論：蹇卦由上到下，皆能串達，上下交相進，按說對國事之推動，亦能有上策下達之利，足以定邦治國，消彌患難，然若其中有一環不能做到貞正，則必使整個系統大亂，故君子必反身修德，其理在此。比諸社會，如果個人不知謙虛低調，一樣會給自己招來禍患。

571

初六	初爻動，變離為既濟

| 靜態 | |

坎　艮　離

```
☵ 坎       ☲ 離1
☶ 艮  →   ☵ 坎3              坎：險→往蹇
初  ↘     ☵ 坎  →  ☲ 離2     艮：止，反 ┐
爻        ☲ 離  →  ☵ 坎4     離：明      ├ 來譽
動        　離5             　          ┘
```

《繫辭》曰：往蹇，來譽。

解：蹇難發生時，冒然前往無益於事，不如退轉，妥善策略，一舉消滅
　　蹇難，反可得美譽也。（蹇音簡）

斷：離1 心 → 離2 心

虛吉	坎3 伏 → 坎4 伏 ⋯ 關鍵 → 莫棄伏成險

　　離5 → 明

　　變離為明，來譽

論：不是只有低調，還要去追尋問題的所在，並抓住最好的時機反轉，
　　故如何住，如何往是智者的行為。處於艱困之時，不燥進，不喪志，
　　一旦機會到來，一蹴而及。關鍵在坎伏，若仍不知伏潛，一昧高調，
　　伏成險。

神而明之，存乎其人；
荀爽曰：苟非其人，道不虛行也。
崔覲曰：言易神無不通，明無不照，能達此理者，存乎其人。謂文王述
　　《易》之聖人。

【易下經】咸恆為首，終於未濟 首重人倫之常

初六爻解：地

天

人

地 無比

不應

不中，不正

(1) 不中，不正。

(2) 初六陰爻無動能，與六二無比，初六為始位，故無後退之路，即使有難也必需面對而曰：往蹇。

(3) 與六四不應，前景不明，在此情況下，又毫無任何資源，不如退回妥善對策。

(4) 初，二，三為艮，止，二，三，四為坎，險，故前往六四有險，不如不去。

(5) 既然退回，就必需等待時機，方能於事有濟，故曰：來譽。

《象傳》曰：往蹇來譽，宜待也

解：往蹇，來譽，言必需審度時機，才能平息蹇難。初六與六四之應，二，三，四為坎險，故必需待時也。（參 3，4，5）

同事	主管	高層	基層	不中	不正	動能
	×	×		能力有限	才華不足	弱

評：下之下，無能力避險

論：以此評等如果只是等待，也等不出所以然，所以，必需明白自己問題之所在，不在外，而在自身，自身要先準備好，一旦有機會，才能奮起，如果一蹶不振，有機會也等於沒機會。針對缺失，好好改進。

二爻動，變巽為井

坎 艮 離 巽 兌
　　　　　↳ 錯 震

坎　　→　離₁
艮　　　　坎₃　↘
　　　↘　　　↘
二　　　坎　　　　離₂
爻　　　　　　　↘
動　　　巽₅　　　兌₄

離：日，王也
外卦坎：王之蹇　⎫
內卦坎：臣之蹇　⎬ 王臣蹇蹇
　　　　　　　　⎭

震：動　⎫ 動而止，
艮：止　⎬ 匪躬之故
　　　　⎭

《繫辭》曰：王臣蹇蹇，匪躬之故。

解：當國家蹇難之時，主憂臣辱，故君臣攜手，不避艱危，奔走匡濟國
　　難，並非是為了自身的利益。

斷：離₁ 心　→　離₂ 心

　　坎₃ 伏　→　兌₄ 折
　　巽₅ →　空　⇢　關鍵　⇢　行謙制空
　　變巽為空，蹇蹇也

論：雖然平日低調，但逢蹇難，致有毀折和空相出現，然若能行謙，上
　　下通力合作，則可望排除萬難，此反為另一個新的契機，但切勿棄
　　謙，而要行謙。

默而成之，不言而信，存乎德行。

《九家易》曰：默而成謂陰陽相處也；不言而信謂陰陽相應也。德者有
實，行者相應也。崔覲曰：言伏羲成六十四卦，不有言述，而以卦象明
之。而人信之，在乎合天地之德，聖人之行也。

六二爻解：地，二多譽

天

人　　　　　　應

　親比
地　無比　　中，正

(1) 中，正。

(2) 與初六無比，沒有太多交往，也幫不上忙。

(3) 與九五相應，九五位中且正，為賢明君王。二，五陰陽相應，為王臣之象，兩爻皆在中位，奇耦各正其位，象徵公正無私，共赴國難，故曰：王臣蹇蹇。

(4) 二，三，四為坎，伏，三，四，五為離，心，故六二與九五之應，是六二誠心與九五相合。

(5) 六二與九三親比，六二拜託九三，共為國難而協助九五，畢竟九三亦為陽剛君子，故謂匪躬之故。

《象傳》曰：王臣蹇蹇，終无尤也。

解：王臣蹇蹇之象意謂，即使力雖不濟，但心意已決，有何過尤可言？

　（參3）

同事	主管	高層	基層	中	正	動能
×	○	○		有能力	有才華	弱

評：中之上，**絕對有能力脫險，後勢看好**

論：以此評等，對六二而言，相當相當強，故即便有難，亦有智慧化解。此格局在社會上，已經是決策人物，若能再勤快一點，應該就是企業負責人的等級，所以，無可挑惕。

| 九三 | 三爻動，變坤為比 |
| 靜態 | |

坎 艮 離 坤

```
☵坎        ☲離₁
☶艮  →  ☵坎₃              坎：險→往蹇
  三  →  ☵坎   →  ☶艮₂     坤：順
  爻                        艮：止，反  ⎤ 止險為順，來反
  動  ☷坤₅  →  ☷坤₄        坎：險      ⎦
```

《繫辭》曰：往蹇來反。

解：往前去會遇到蹇難，不如先穩下來，商量對策後再說。

	斷：離₁ 心 → 艮₂ 反
虛凶	坎₃ 伏 → 坤₄ 吝→ 關鍵 → 棄吝成順
	坤₅ → 吝
	變坤為吝，往蹇

論：當走上困吝之時，暫時先停一下腳步，檢討自己的心境，反覆思
　　考，確定對策，繼續前行，因為脫離困境不是易事，需要耐心，如果
　　因一時的自滿，反阻礙了前程，故宜慎之。

八卦成列，象在其中矣。

虞翻曰：象謂三才成八卦之象。乾坤列東，艮兌列南，震巽列西，坎離
在中，故「八卦成列」，則「象在其中」。天垂象，見吉凶，聖人象之
是也。

因而重之，爻在其中矣。

虞翻曰：謂參重三才為六爻，發揮剛柔，則「爻在其中」。六畫稱爻。
六爻之動，三極之道也。

【易下經】咸恆為首，終於未濟 首重人倫之常

九三爻解：人，三多凶

天
人　逆比
親比　　不中，正
地

(1) 不中，正。
(2) 與六四逆比，有過節，四、五、六為坎，險，往前即遭遇蹇難，故曰：往蹇。
(3) 與六二親比，故回頭與六二商議，而曰來反。
(4) 與上六相應，商議的結果，懇請上六出面，主持公道解決紛爭。三，四，五為離，心，四，五，六為坎，伏，很低調，謙虛的有請上

《象傳》曰：往蹇來反，內喜之也。

解：往蹇來反之象，為九三回頭向六二求教，九三，六二同在艮卦之中，故曰：內喜也。（參3）

同事	主管	高層	基層	不中	正	動能
○	逆	○		能力有限	有才華	強

評：中之上，絕對有能力克服困境

論：又是決策者的格局，唯不足者，有些持才傲物，故看主管不順，也對專業知識掉以輕心，這兩者皆不利前途發展，評等雖高，但若不能改善，前景到此。

六四	四爻動，變兌為咸
被動	

坎 艮 離 兌 乾 巽
↳ 錯 震

```
  ☵坎      ☲離₁
  ☶艮  →  ☵坎₃
四          ☱兌₅  →  ☰乾₂
爻動      ☶艮  →  ☴巽₄
```

震：行 ⎫
坎：蹇 ⎬ 往蹇
　　　⎭

艮：反 ⎫
巽：入 ⎬
兌：折 ⎬ 來連
離：明 ⎭

《繫辭》曰：往蹇來連。

解：當蹇之時，往（前）有難，向下（來）亦有難，唯有親近賢能，始克撥亂反正也。（連為難之意）

斷：離₁ 心 → 乾₂ 努力

偏吉	坎₃ 伏 → 巽₄ 謙 → 關鍵 → 勿棄謙成空
	兌₅ → 悅

變兌為悅，當位實也

論：碰到困難之事，除了努力，想方設法來解決，還要對人謙遜為上，這樣才能獲得別人的支持和幫助，也能使自己的困境得到舒解，最終才有令人喜悅的回報。但也要知道，如果相反，那努力會成巽空，兌悅成兌折，小心為上。

六四爻解：人，四多懼

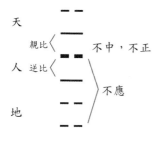

天
親比
人 逆比
地

不中，不正

不應

(1) 不中，不正

(2) 四、五、六為坎，險，故六四往
(上)將遇坎險，故謂：往蹇也。

(3) 與九三逆比，有過節，不利六
四，二、三、四為坎，險，故向
下(來)亦遇逆比之險。

(4) 與初六不應，得不到基層之助，
初、二、三為艮，止，二、三、
四為坎，險，故六四前來，不受
歡迎。

(5) 逆比又不應，故謂之來連也，由
此可知，連亦難也

(6) 然與九五親比，獲九五信任，故
若能得九五之助，上險，下險，
當可化解之。

《象傳》曰：往蹇來連，當位實也。

解：往蹇，來連之象，唯有九五能與之解決，九五君位，剛實有力也。
（參6）

同事	主管	高層	基層	不中	正	動能
逆	○		×	能力有限	有才華	弱

評：下之上，有智慧行謙道，但恐無力行謙道

論：如果能把握才華這個重點，再加強本身的學習力，並以謙虛的態度
求教於人，前途可望翻轉。

九五	五爻動，變坤為謙	坎 艮 離 坤 震
動態		

坎 離₁

艮 → 坎₃

　五爻動 坤₅ → 震₂

　艮 → 坎₄

坎：險，難 → 大蹇

坤：眾，朋友 ⎤
震：行　　 ⎦ 朋來

《繫辭》曰：大蹇朋來。

解：君王有難，需要大家共同來獻策解決。（此處大蹇非指國家之難，而
　　是君王個人的困難）

斷：離₁ 心 → 震₂ 行

吉	坎₃ 伏 → 坎₄ 伏 … 關鍵 → 莫棄伏成險

　　坤₅ → 平

　　變坤為平，朋來

論：雖然前面已非大險，但在行動上還是需要十分低調，畢竟還是有
　　險，不如讓它悄悄的落幕，以免出現後遺症。需注意，莫讓坎伏成坎
　　險反不妙矣！

剛柔相推，變在其中矣。
虞翻曰：謂十二消息。九六相變，剛柔相推，而生變化，故「變在其中
矣」。
繫辭焉而命之，動在其中矣。
虞翻曰：謂繫象象九六之辭，故「動在其中」。鼓天下之動者，存乎辭
者也。

九五爻解：天，五多功

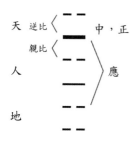

天　逆比
　　親比
人
地

中，正
應

(1) 中，正。

(2) 九五既中且正，為聖明賢君。

(3) 與上六逆比，因故起了嚴重衝突，故曰：大蹇。

(4) 為了彌平此一爭執，故需各方提出意見策略。

(5) 與六四親比，也與六二相應，六四，六二皆願鼎力相助，共同協助君王化解蹇難，故曰：朋來。

(6) 二，三，四為坎，伏，三，四，五為離，心，故六二低調前往九五處，獻策協助解決君難。

《象傳》曰：大蹇朋來，以中節也。

解：大蹇朋來之象，九五賢明君王，執中道，守正節，故賢能之士樂於為之所效命。（參 5，6）

同事	主管	高層	基層	中	正	動能
○	×		○	有能力	有才華	強

評：上之下，|毫無疑問可執行|

論：難得的賢明君王，以此格局，當得賢人之助而順利解決問題。即使在現代社會，也是公司創始人的格局，總裁之流，且為成功的企業家。故有此格局之人，行事一定低調，謙虛，若缺其一，就不成此格局，故企業總裁可參考之。

| 上六 | 六爻動，變巽為漸 |
| 被動 | |

坎　艮　離　巽
　　　　　↳錯 震

震：行　⎱
坎：蹇　⎰ 往蹇

艮：反　⎱
震：行　⎰ 來碩

巽：利　⎱
離：目，見 ⎰ 利見大人

《繫辭》曰：往蹇來碩，吉；利見大人

解：往前會遇到災難，回頭來尋找碩學之士，解決蹇難，這是吉祥的，
　　也利於見到賢明君王。

　　斷：離₁ 心 → 離₂ 心

偏	坎₃ 伏 → 坎₄ 伏 → 關鍵 → 莫棄伏成險
吉	巽₅ → 謙
	變巽為謙，來碩

論：在謙虛的態度下，得以克服眼前的險難，但如果不能持續，認為已
　　完全掌握，那之後很可能坎成險，所以不能懈怠。

吉凶悔吝者，生乎動者也。
虞翻曰：動，謂爻也。爻者，效天下之動者也。爻象動內，吉凶見外。
吉凶生而悔吝著，故「生乎動」也。
剛柔者，立本者也。
虞翻曰：乾剛坤柔，為六子父母。乾天稱父，坤地稱母；本天親上，本
地親下，故「立本者也」。

【易下經】咸恆為首，終於未濟 首重人倫之常

上六爻解：天

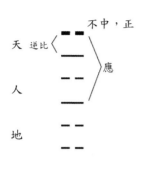

天 逆比

人

地

不中，正

應

(1) 不中，正。

(2) 與九五發生嚴重爭執，上六陰爻，本無太大能力，又居蹇之極，即使有難欲往，亦無可往，故曰：往蹇。

(3) 但因與九五不合，為解決此一問題，需尋找賢能之士提供策略。

(4) 與九三正應，九三為陽剛君子，協助上六修復與九五之關係，謂之來碩。三，四，五為離，心，四，五，六為坎，伏，故九三也是低調前往上六處。

(5) 上六與九五既然能和好，九三亦趁此勢拜見九五天子，而曰：利見大人也。

《象傳》曰：往蹇來碩，志在內也。利見大人，以從貴也。

解：往蹇來碩之象，是志在向內求賢人。而利見大人，則是所求賢才，借上九之勢拜見君王大人，是謂從貴也。（參4，5）

同事	主管	高層	基層	不中	正	動能
	逆		○	能力有限	有才華	弱

評：下之上，有友人幫忙打氣，但毅力不足

論：就是有才華，才會與九五起衝突，這在社會上，就是持才傲物。但若能了知自己的缺陷所在，努力去做，並徹底改變習性，前途可期。

雷在水上，雷雨交作，解脫險難，去腐生新

解

雷水

緩和，解濟。

《序卦》：物不可以終難，故受
　　之以《解》。解者，緩也。

《雜卦》：《解》，緩也。

| 震 | 坎 | 離 |

↳錯巽

動態

未濟

☳震 → ☳震₁
☵坎 → ☵坎₃

☳震 → ☵坎₂ → ☲離
☵坎 → ☲離₄ → ☵坎

未濟

震：東
坎：北　} 東北險
坎：險

震：行　} 有攸往
離：明

巽 } 西南得朋之象
離 }（文王圖）

《繫辭》曰：利西南，无所往，其來復吉。有攸往，夙吉。

解：因東北有險，而利於西南方，故當前往西南。但若東北險已解，則
　　大局已定，更何所往，唯有回歸正常。如果有需要前往，也當早日規
　　劃，方能畢其功而為吉象。

斷：震₁ 行 → 坎₂ 險

吉

坎₃ 伏 → 離₄ 心

其來復吉，伏也

論：要解過去及眼前之難，唯有行伏，低調
　　面對，以展現誠意。其因為困難雖去，
　　其根尚存，務去其根方止。事宜早日規
　　劃進行，遲則難調，若心疑而不快，險
　　即再來，不可不慎。

解卦爻解

《象辭》曰：解，險以動，動而免乎險，解。解利西南，往得眾也。其
　　來復吉，乃得中也。有攸往夙吉，往有功也。天地解，而雷雨作，雷雨
　　作，而百果草木皆甲坼，解之時大矣哉！

【易下經】咸恆為首，終於未濟 首重人倫之常

天

人 親比

地 親比

應

應

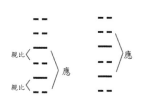

親比

親比

應

應

南
離
巽　　　坤
西南得朋
東 震 東北喪朋 兌 西
艮　　　乾
坎
北

文王後天圖

(1) 上卦震，動。下卦坎，險，險以動，險在前以止，險在下則動而避之，解之道。

(2) 九四與初六相應，初六居地位，地為坤，西南方，西南得朋，初，二、三為坎、險、伏，二、三、四為離、心，心伏則險可避，離亦為南，故曰：利西南，九二與初六親比，初六與九四相應，九四與六三親比，故往得眾也。(參文王圖)

(3) 六五與九二相應，六五為震，東。九二為坎，險，北，故東北有險。然六二與九五皆得中，既相應，則東北之險已解，既解，當回復常道，故曰：其來復吉，乃得中也。

(4) 六三與九四親比，初六亦與九二親比，故六五→九二→初六→九四→六三，上下相應，比附，共同來協助六五，故曰：有攸往，往有功也。

(5) 震為雷，坎為雨，雷雨交作，六五、九二相應，陰陽二氣，得以調和，百果草木得以生發，故曰：解之時大矣哉！

《象傳》曰：雷雨作，解；君子以赦過宥罪。

解：雷雨交作，天地之氣得以調和，君子体之，無心失理的錯不追究，有心為惡的罪犯，矜其無知，也從輕發落。

比附	相應
○	○

評：只要下定決心即可脫離險境

論：解卦由六五到初六，上下交相應，故可知，政令得以下達，甚或調節天地之氣，而得以解脫之前的險難。行諸社會，主政者應該明白，難雖可化解，但僅為脫難，而喜未至，欲害之者猶在，若不明白解之時，則難亦難除矣也

初六	初爻動，變兌為歸妹
動態	

震　坎　離　兌
　　　　　↳錯艮

::: 震　　::: 坎₁
::: 坎　→　::: 離₃
初爻　　　::: 震　　::: 坎₂
動　　　　::: 兌₅　::: 離₄

震：行
兌：悅　　　无咎
坎：險
艮：止

《繫辭》曰：无咎。

解：無可追咎，沒有過失。當解之時，既不燥動，也不因循，守份安
　　常，故曰：無咎。

斷：坎₁ 險 → 坎₂ 伏 ⋯ 關鍵 → 莫棄伏成險

偏吉

　　　離₃ 心 → 離₄ 心
　　　　兌₅ → 悅
　　變兌為悅，无咎矣！

論：如果低調行事，且自心也能認同，就是說心，口，身能合一，則會
　　迎來喜悅的結果。不過需要注意的是，坎伏，不可再次自我膨脹反致
　　坎險，而生兌折，宜慎之。

變通者，趨時者也。
虞翻曰：變通配四時，故趨時者也。
吉凶者，貞勝者也。
虞翻曰：變通配四時，故趨時者也。
吉凶者，貞勝者也。
虞翻曰：貞，正也。勝，滅也。陽生則吉，陰消則凶者也。
天地之道，貞觀者也。陸績曰：言天地正，可以觀瞻為道也。

初六爻解：地

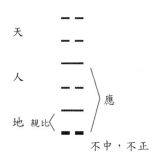

天

人 應

地 親比

不中，不正

(1) 不中，不正
(2) 與九二親比，九二陽剛君子，為虛心求教於九二之象。
(3) 與九四相應，九四亦為陽剛正固之君子，初，二，三為坎，伏，二，三，四為離，心，故初六是很謙虛的向九四請益。
(4) 解卦只有兩陽爻，九二，九四，卻皆與初六相應，比附，故初六求道心切由此可見。但初位畢竟要學習的很多，只是值世難剛解，宜安份守常，故曰：無咎。

《象傳》曰：剛柔之際，義无咎也。

解：初之柔，九四之剛，交相互用，不過剛，不過柔，無獲咎之理。

（參3，4）

同事	主管	高層	基層	不中	不正	動能
	○	○		能力有限	才華不足	弱

評：下之上，不是很有利現況之改善

論：人際關係不錯，但其他條件不足，若能自知，虛心求教，勤奮學習，憑良好的關係，自有人舖路，前途看好。

日月之道，貞明者也。

荀爽曰：離為日。日中之時，正當離位，然後明也。月者，坎也。坎正位衝離，衝為十五日，月當日衝，正值坎位。亦大圓明。故曰「日月之道，貞明者也。」言日月正當其位，乃大明也。

| 九二 | 二爻動，變坤為豫 |
| 動態 | |

```
☳震   ☵坎₁
☵坎 → ☲離₃        ↘
 二 ↘   ☳震  →  ☵坎₂
   爻動 ☷坤₅  →  ☶艮₄
```

| | 震 坎 離 坤 艮 |

坎：弓
震：行　⎱田獵
坤：田

坎：狐　⎱三狐
離：數三

坤：黃　⎱黃矢
坎：矢

《繫辭》曰：田獲三狐，得黃矢，貞吉。

解：田獵時捕獲三隻狐狸，意外得到黃金色的箭矢，此為貞固吉祥之
　　兆。（獲三狐，喻去陰邪，得黃矢，黃為中，得中道也）

斷：坎₁ 險 → 坎₂ 伏 → 關鍵 → 莫棄伏成險
　　離₃ 心 → 艮₄ 反
| 吉 |
　　坤₅ → 順
　　變坤為順，貞吉

論：做大事者，心要止要定，態度要卑下，要能堅守中道，不行邪道，
　　如此才能事事皆順，尤其坎伏特別留意，能順是因伏，若伏成險則不
　　順矣！

天下之動，貞夫一者也。
虞翻曰：一謂乾元。萬物之動，各資天一陽氣以生，故「天下之動，貞
夫一者也。」

【易下經】咸恆為首，終於未濟 首重人倫之常

九二爻解：地，二多譽

三狐圖

(1) 中，不正。

(2) 與初六親比，初六陰爻，其象為田，故曰：田獵。

(3) 與六三逆比，六三陰爻，喻為狐，與六五相應，故其數為六二→六三→九四→六五，三位，三狐也。

(4) 九二剛直正固，與六五君位相應，協助六五制勝奸邪，世難自解矣，故曰：得黃矢，得中道矣！

(5) 二、三、四為離心，三、四、五為坎、伏，故九二協助六五，非常用心且低調。

《象傳》曰：九二貞吉，得中道也。

解：九二之所以貞吉，為居中而得中庸之道（參4）

同事	主管	高層	基層	中	不正	動能
○	逆	○		有能力	才華不足	強

評：中之上，有利現況之改善

論：令人驚豔，以九二程度即得如此高的評等！對其未來有相當看好的本錢，但也因為到二爻之位就有如此的評價，能再上增的空間不多，只能自省其身，不要出現自滿而盛氣凌人之象即可。

三爻動，變巽為恆

震 坎 離 巽 兌 乾

震 → 坎₁
坎 → 離₃ ↘
三 爻 → 震 → 兌₂
動 巽₅ → 乾₄

離：虛之象
坎：輿，乘之象　　}　負且乘
震：行
坎：盜寇
震：玉，寶物

《繫辭》曰：負且乘，致寇至，貞吝。

解：車上載著貨品，招搖過市，得意至極，必然招致盜寇前來奪取，其
　　喻乘君子之器而心懷小人之心，終為可吝也。

斷：坎₁ 險 → 兌₂ 折

凶　離₃ 心 → 乾₄ 努力
　　巽₅ → 空 ⟶ 關鍵 → 行謙以制空
　　變巽為空，致寇至

論：雖然很努力去做，但得到的回報卻是一場空跟挫折，原因何在？方
　　向錯誤，如果一心想成功，卻不走正道，偏走邪道，投機，那雖然努
　　力，卻只有空一場。不如轉空為謙，以謙道來修正方向，或可轉變結
　　局。

夫乾，確然示人易矣。
虞翻曰：陽在初弗用，確然無為，潛龍時也。不易世，不成名，故「示
人易」者也。
夫坤，隤然示人簡矣。
虞翻曰：隤，安。簡，閱也。坤以簡能閱內萬物，故「示人簡」者也。

六三爻解：人，三多凶

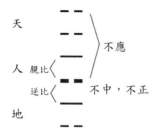

天
人　親比
　　逆比
地

不應
不中，不正

(1) 不中，不正。
(2) 六三與九四親比，為六三負九四，媚上也。
(3) 六三與九二逆比，為六三乘於九二之上，驕下象，故曰：負且乘，小人之象。
(4) 與上六不應，上六喻為寇，雖不相應，但若過於招搖，則難免又前來奪取。三，四，五為坎，盜，四，五，六為震，行，故招盜來。
(5) 六三不中不正，陰爻居於兩陽爻之間，若不能從中學得君子之道，其行就貞吝了。

《象傳》曰：負且乘，亦可醜也，自我致戎，又誰咎也。

解：負且乘為小人之象，其行為也太醜陋了，兵戎之患，自我招致，又能怪誰呢？（參2，3，4）

同事	主管	高層	基層	不中	不正	動能
逆	○	×		能力有限	才華不足	弱

評：下之中，恐無能力改變困局

論：可嘆如此評等，只宜自守，實不宜招搖過市，條件不足卻有虛榮之心，這是要深切檢討的，但話雖如此，卻也提供了向上空間，如果能虛心求教，不貪圖投機，遠離邪道，機會永在。

四爻動，變坤為師

震　坎　離　坤

☳震　　☵坎₁

☵坎　→　☲離₃

四　　　☷坤　　　→　☷坤₂

爻　　　　　　　　↘

動　　☵坎₅　　　→　☳震₄

震：足→拇之象

坤：眾，朋　⎫

坎：信，孚　⎬　朋至斯孚

震：行　　　⎭

《繫辭》曰：解而拇，朋至斯孚。

解：解開被束縛的腳拇指，如擺脫小人的糾纏，其他朋友也因此孚信之
　　象，而皆前來。解難濟艱，非一人所能解，必借朋友之助始可圓滿。

斷：坎₁ 險 → 坤₂ 順

　離₃ 心 → 震₄ 行 ⤳ 關鍵 → 切莫行險成驚

　坤₅ → 平

　變坤為平，朋至斯孚

論：要想脫險就要去做該做的事，身體力行，則未來將可由險而順，若
　　只是心想而不動手，一事無成。

爻也者，效此者也。

虞翻曰：效法之謂坤，謂效三才以為六畫。

象也者，象此者也。

虞翻曰：成象之謂乾，謂聖人則天之象，分為三才也。

爻象動乎內，吉凶見乎外，

虞翻曰：內初。外，上也。陽象動內，則吉內外，陰爻動內，則凶見外
也。

九四爻解：人，四多懼

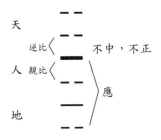

天

人

地

逆比 — 不中，不正

親比

應

(1) 不中，不正。
(2) 九四位震之下位，震為足，故九四為拇，故曰：解而拇。
(3) 九四與六三親比，六三為負且乘之小人，若與六三交往，其他友人安得而至。
(4) 與六五逆比，若是能解去六三小人，則不惟六五，初六亦前來相應，故曰：朋至斯孚。
(5) 九四與初六相應，陰陽相合，亦為朋之象。
(6) 初，二，三為坎，伏，二，三，四為離，心，故初六前往九四為低調前往也。

《象傳》曰：解而拇，未當位也。

解：解而拇，九四以陽居陰，不中，不正，故為未當位也。（參 2）

同事	主管	高層	基層	不中	不正	動能
○	逆		○	能力有限	才華不足	強

評：中之下，<mark>只要努力，可望脫險，但後續仍需觀查</mark>

論：能廣交朋友，顯示有一定的人緣，所以才有中等的評價，但不應以此為滿，至少在擔更高的任務時，能力還是需要，故加強專業能力刻不容緩。

<table>
<tr><td>六五
動態</td><td>五爻動，變兌為困</td></tr>
</table>

震　坎　離　兌　巽

震：行 ┐
巽：繩、繫 ├ 維有解，吉
兌：悅 ┘

坎：小人 ┐
坎：孚之象 ┘ 有孚于小人

《繫辭》曰：君子維有解，吉；有孚于小人。

解：君子用事，唯有摒棄陰柔小人，而近賢人，吉象，然于事又能孚信
　　於小人，則小人自退矣！

斷：坎₁ 險 → 巽₂ 謙 → 關鍵 → 莫棄謙成空

<table>
<tr><td>偏
吉</td><td>離₃ 心 → 離₄ 心
兌₅ → 悅
變兌為悅，小人退也</td></tr>
</table>

論：險成謙，悅自來也。一心謙順行中道，不改初衷，而得到眾人的信
　　任，同時也讓敵手心服口服，愉悅的結果自然而來，但同時也要小
　　心，不論任何理由，不能讓兌悅成兌折。關鍵則在巽謙，若放棄行
　　謙，則謙成空，兌成折。

功業見乎變，
荀爽曰：陰陽相變，功業乃成者也。
聖人之情見乎辭。
崔覲曰：言文王作卦爻之辭，所以明聖人之情陳於易象。

594 【易下經】咸恆為首，終於未濟 首重人倫之常

六五爻解：天，五多功

天　無比
　　　　逆比
人
地

中，不正

應

(1) 中，不正。
(2) 六五尊位，以柔居中，象徵不剛愎自用。柔居尊故曰君子
(3) 與上六無比，沒有互動。
(4) 與九四逆比，因九四雖是陽爻，但與六三親比，故九三有交小人之疑慮。
(5) 與九二相應，五，二兩爻，陰陽和合，君臣協力，上下一心，共同解決九四之悖逆問題，而曰：君子唯有解。
(6) 二，三，四為離，心，三，四，五為坎，伏，故九二低調協助六五完成任務。
(7) 至此，九四知所進退，而令六三退去，留下有孚於小人之象。

《象傳》曰：君子有解，小人退也。

解：君子有解，小人自願退卻也。（參4，5，7）

同事	主管	高層	基層	中	不正	動態
逆	✕		○	有能力	才華不足	弱

評：下之上，不利現況改變，改變自己為要

論：格局不佳，故有君子之解。工作上，若要向上更進一步，則需好好逼迫自己多努力一點，遠離小人，邪道，以誠信待人，如此方可得長官支持，自然可上一層樓。

上六	六爻動，變離為未濟
動態	

震　坎　離
↳錯巽

震：隼 ┐
　　　├ 射隼
坎：弓 ┘

巽：高 ┐
　　　├ 于高墉之上
震：行 ┘

巽：命 → 受六五之命

《繫辭》曰：公用射隼于高墉之上，獲之，无不利。

解：王公在高牆之上，用弓矢射擊惡隼，一箭即獲，無所不利，喻解奸
　　邪之難也。

盧吉	斷：坎1 險 → 坎2 伏　→　關鍵　→　莫棄伏成險
	離3 心 → 離4 心
	離5 → 明
	變離為明，解悖也

論：局勢已經明朗，但做人做事還是要低調以對，以免招來不必要的麻
　　煩，故關鍵仍是在坎伏。由此可知，自大的人，似乎在社會上都容易
　　受到另眼相看，有此習慣的人，應該自我克制。

天地之大德曰生，

孔穎達曰：自此以下，欲明聖人同天地之德，廣生萬物之意也。言天地
之盛德，常生萬物，而不有生，是其大德也。

上六爻解：天

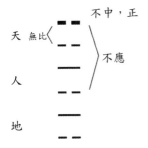

天　無比

人

地

不中，正

不應

(1) 不中，正。

(2) 與六五無比，沒有互動，只有受命。

(3) 與六三不應，上六亢極之位，故動而慎之。三，四，五為坎險，四，五，六為震行，上六來六三有風險，故不應也，喻六三為公欲射之隼也。

(4) 在君臣一體之下，小人悖逆之大患解之已盡，故有射隼於高墉之說。

(5) 小人既去，旡不利也。

(6) 四，五，六為震，動，三，四，五為坎，弓，上六至高點，以弓下射，此象為公用射隼於高墉之上。

《象傳》曰：公用射隼，以解悖也。

解：公用射隼，是要解除六三之悖逆也。(參3，4)

同事	主管	高層	基層	不中	正	動能
×			×	能力有限	有才華	弱

評：下之中，**要努力，否則脫困不易**

論：工作上除非準備退休，否則這種格局還是要自我了知，具才華但其他欠缺，然若能定下心來，努力學習，成果自然會看到。

山在澤上，損澤益山，損下益上，均衡為宜

|損| 減損，節約

山澤

《序卦》：緩必有所失，故受之以《損》。
《雜卦》：《損》《益》，盛衰之始也。

艮 兌 坤 震
└ 錯 巽

震：行 ┐
坤：孚 ┘ 有孚

艮：男居上 ┐ 可貞
兌：女居下 ┘ （男女正位）

震：行 ┐
巽：利 ┘ 利有攸往

兌：口，數二 ┐
艮：廟 │
震：竹器 │ 二簋可用
震：長子→享 ┘

動態

純坤

```
艮 → 艮₁
兌 → 兌₃ ↘
      艮 ↘
      兌 → 坤₂ → 坤
           震₄   坤
                純坤
```

《繫辭》：有孚，元吉，无咎，可貞，利有攸往。曷之用，二簋可用享。

解：損卦，減損之道，必需要有誠意，結果才能大吉，也沒有可咎之
　　處，也可以貞固自守。利前往而有所作為，何以見得？雖減損，而心
　　誠更勝以往，僅用二簋菲薄的祭品，便可以祭祀神明祖先。

斷：艮₁ 止 → 坤₂ 吝
　　兌₃ 悅 → 震₄ 行
　　損，有孚，元吉。

|偏吉|

論：毀折已止，喜悅隨之而來，但此為有
　　孚，即有誠才可得到的結果，如道德
　　經所言，損之又損，以至於無為。然
　　若不能做到誠字，則未來反成行而吝
　　矣！損卦，若能損己利人，先苦後
　　悅；而艮為止，故事宜緩而調和之。

損卦爻解

《象辭》曰：損，損下益上，其道上行。損而有孚，元吉，无咎，可
貞，利有攸往。曷之用？二簋可用享；二簋應有時。損剛益柔有時，損
益盈虛，與時偕行。

598 【易下經】咸恆為首，終於未濟 首重人倫之常

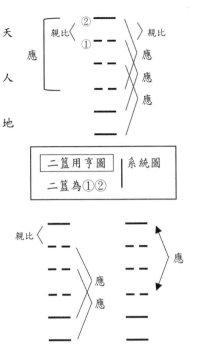

天
人
地

二簋用亨圖　系統圖
二簋為①②

親比

應
應

《象傳》：山下有澤，損；君子以
懲忿窒欲。

解：艮山之下有兌澤，損兌澤以增
　　高艮山，損之象。君子体之，
　　戒私忿，窒塞邪欲，忿與欲為
　　君子修身所當損者。

系統爻解

(1) 損兌澤以益艮山，為損深益高，是為損。

(2) 上九與六三相應，上九為下卦乾体上升之一
　　陽，六三為上卦坤体下降之一陰，為損下体乾
　　陽，以益上体坤陰，是為損下益上，故曰：其
　　道上行。

(3) 九二與六五相應，二，三，四為震，行。三，
　　四，五為坤，信，孚，故九二與六五之應為有
　　孚，元吉。

(4) 上九與六五親比，陰陽和合，連結九二與六
　　五，及上九與六三之應，故曰：无咎，可貞。

(5) 六五為明君，故九二前往六五為利有攸往。

(6) 初九與六四相應，九二與六五相應，為剛柔相
　　應，亦有以剛益柔之象，而六三與上九之應，
　　則為視時地之不同，適時做調節，故曰：損益
　　盈虛，與時偕行。

(7) 當損之時，二簋的祭品也不為薄，故曰：二簋
　　應有時。

(8) 損，六三與上九之損下益上，其象如政府財政
　　困難，故加稅來支應。

二簋用亨：上九與六三相應，四，五，六為艮，
廟，故有祭祀之象。六五與上九親比，上九意喻神
明，祖先，六五為主祭者，而用二簋為禮（薄
禮）。六五→上九為二位，故曰：二簋可用亨。

比附	相應
○○	○

評：有利未來平順而行

論：上下交相應，君臣互有信，當可止損。但要進一步，則需上下同
　　心，戒除私欲，同以國家利益為上，始可成之。企業亦復如此，先求
　　止損，再求改善，個人亦如。但在止損之後，更不可懈怠，力求上進
　　才是。

| 初九 | 初爻動，變坎為蒙 | 艮 兌 坤 坎 震 |

初爻動，變坎為蒙

動態

☶艮 → ☷坤₁
☱兌 → ☳震₃ ⟍ ☷坤₂
初爻 → ☶艮 → ☳震₄
動 ☵坎₅ → ☳震₄

震：行，往 ⎤
坤：順 ⎬ 已事遄往
艮：止 ⎦
坎：險，損 → 酌損之
兌：无咎

《繫辭》：已事遄往，无咎，酌損之。

斷：停下手邊的事，即刻前往幫忙，助人之事是無可追咎的，但因為助
　　人，自己也會有一定程度的損失，也是要有所斟酌的。

斷：坤₁ 咎 → 坤₂ 咎

偏凶
震₃ 行 → 震₄ 行 → 關鍵 → 莫行偏成驚
坎₅ → 險
變坎為險，酌損之

論：事已變的有些棘手，因為險象已出，此時必需以防堵，避免險境擴
　　大；故在行動或政策上，要特別注意，心態上更要秉正，切勿偷機取
　　巧，以防震行成震驚，而成反效果。

聖人之大寶曰位。
崔覲曰：言聖人行易之道，當須法天地之大德，寶萬乘之天位。謂以道
濟天下為寶，而不有位，是其大寶也。
何以守位曰仁，
宋衷曰：守位當得士大夫公侯，有其仁賢，兼濟天下。

初九爻解:地

天

人

地 無比

應

不中,正

(1) 不中,正
(2) 初為卦之始,故必是損己利他
(3) 與九二無比,故不是利九二。
(4) 與六四相應,故利者為六四,對象既確定,當前往接應,故曰,已事遄往。
(5) 初、二、三為兌悅,二、三、四為震行,初九很高興去幫忙六四。
(6) 但六四為二、三、四震行之上爻,相對初九為遠方,故初九前去或有損及自身之事須斟酌,故曰:酌損之。
(7) 初九居兌之初,為損下益上失得者,若過損,兌成折而失,故雖曰酌損,不得不慎。

《象傳》:已事遄往,尚合志也。

解:六四為陰爻,當需初九陽剛之增益,故初九前往,也合乎陰陽合志,知時效忠之象(參4,6,7)

同事	主管	高層	基層	不中	正	動能
	×	○		能力有限	有才華	強

評:中之下,雖有利現況但力道不足,自身要努力

論:初位而有此評等,未來前途看好,然卻有恃才傲物的可能,故必須要壓制自己的心思,學會以謙待人,損己利人否則前程亦會受損。

二爻動，變震為頤

艮　兌　坤　震
　　　　　　↳錯巽

☶艮　　☷坤₁
☱兌 → ☳震₃　　＼
　　　　　　　＼
二　　　☶艮　　→　☷坤₂
爻　　　☳震₅　→　☷坤₄
動

坤：順 → 利貞
坤：眾　　　　⎫
兌：毀折　　　⎬ 征凶
震：行，征　　⎭
兌：毀折　　　⎫
艮：止，不　　⎬ 弗損益之
巽：利　　　　⎭

《繫辭》：利貞，征凶，弗損，益之。

解：利於貞固自守，冒然前往有兇象。要做到不損己而又能利益他人。

斷：坤₁ 吝 → 坤₂ 吝

　　震₃ 行 → 坤₄ 吝

　　震₅ → 驚 → 關鍵 → 檢討原因回歸正道

　　變震為驚，　征凶

論：已經有令人不安的狀況出現，也愈來愈不順利，某些時後還會發生
　　難以解釋的困難，為今之計，就是暫停，先排除困難之所在，再慢慢
　　尋求恢復。

何以聚人曰財。

陸績曰：人非財不聚，故聖人觀象制器，備物盡利，以業萬民而聚之
也。蓋取聚人之本矣。

理財正辭，禁人為非曰義。

荀爽曰：尊卑貴賤，衣食有差，謂之「理財」。名實相應，萬事得正，
謂之「正辭」。咸得其宜，故謂之「義」也。

九二爻解：地，二多譽

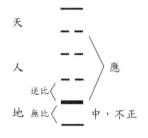

(1) 中，不正

(2) 與初九無比，九二為陽爻，初九亦為陽爻，雖不常往來，但皆為貞固自守之君子，故曰：利貞。

(3) 與六三逆比，互有爭執，六三陰爻，心胸狹窄，不宜冒然前往，故曰：征凶。

(4) 與六五相應，陰陽和合，九二剛爻中位，六五亦尊位，故前往可利人而不損己，故曰：弗損益之。

(5) 二，三，四為震，行。三，四，五為坤，順，故前往有利九二。

《象傳》：九二利貞，中以為志也。

解：九二之謂利貞，蓋因九二為下卦之中位，具中德，而德以中為美，能守中道之志也。（參4、5）

同事	主管	高層	基層	中	不正	動能
×	逆	○		有能力	才華不足	強

評：中之下，有利現況，力道不足，自覺才是

論：動能強，可做管理工作，又有高層力挺，前途光明，但切勿陷入自我為是，宜尊重他人，有時損一些自己的利益，卻能換得他人的回報，反利前程也。

603

三爻動，變乾為大畜

艮　兌　坤　震　乾

☶艮　　☷坤₁

☱兌　→　☳震₃

三爻　　　　☶艮　　　→　☳震₂

動　　　☰乾₅　　　　☱兌₄

乾：數一
兌：數二 ｝數三 ｝三人行
震：行
兌：毀，折損
乾：數一 ｝損一人
乾：數一
兌：悅
坤：眾，友 ｝一人行，則得其友

《繫辭》：**三人行，則損一人；一人行，則得其友。**

解：三人同行，意見不合，故而會導致一人離開，而若只是一個人出
　　行，則因無疑慮，反而會交得朋友。

斷：坤₁ 吝 → 震₂ 驚 → 關鍵 → 立即改善，去驚成正行

凶　　震₃ 行 → 兌₄ 折

　　乾₅ → 剛

　　變乾為剛，　三則疑也

論：雖然很努力，但毀折和不安還是發生，要檢討原因，當機立斷，該
　　斷即斷，該忍則忍，原則以單獨而非合夥為主。

古者庖犧氏之王天下也，

虞翻曰：庖犧，太昊氏，以木德王天下。位乎乾五，五動見離，離生
木，故知火化。炮啖犧牲，號庖犧氏也。

仰則觀象於天，

荀爽曰：震巽為雷風，離坎為日月也。

六三爻解：人，三多凶，不中，不正

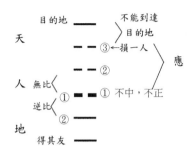

上九為目的地

（二）、 一人行 目的地：上九。

若六三一人出行，於途中或可結交
不相識之九二為友(與九二逆比)，
故曰：一人行，得其友。

（一）、 三人行 ，目的地：上九

(1) 與上九相應，上九為此行目地的
地。三，四，五為坤，友，順。
四，五，六為艮止，反。三，
四，五為三人，三人止，無法順
利到目的地。

(2) 九二與之逆比，平日無互動，故
此行不會約九二參加。

(3) 然六三與六四無比，故只是平日
不太有交流，但並未起爭執，故
六四參加此行。

(4) 參加者三人，六三，六四，六
五。

(5) 但三人行，一旦發生意見不合，
六五即退出，故曰：三人行損一
人。

(6) 六五至上九處為空數，顯然三人
行不能到達上九目的地。

《象傳》：一人行，三則疑也。

解：一個人獨行則得良友相伴，但若三個人同行，會因意見相左，而發
生內疑。（參爻解圖）

同事	主管	高層	基層	不中	不正	動能
逆	×	○		能力有限	才華不足	弱

評：評：下之中，要完全改善不容易，難

論：以此格局，坦白說，不可能不起內疑。在工作上，若期望能有多大
的回報，恐不易得，如果能自我覺悟，自我進修，勤奮努力，未來才
有希望。

六四	四爻動，變離為睽

動態

艮　兌　坤　震　離　坎

```
☶艮    ☷坤₁
☱兌 →  ☳震₃      ↘
  四   ☲離₅  →  ☵坎₂
    爻動  ☱兌  →  ☲離₄
```

坎：病 ┐
兌：折 ┘ 損其疾

離：心 ┐
兌：喜 │
震：行 │ 使遄有喜
坤：順 ┘

《繫辭》：損其疾，使遄有喜，无咎。

解：能迅速的減損疾病，使之好轉，則心中自然充滿喜悅，而無所可咎
　　之處。

斷：坤₁ 吝 → 坎₂ 伏 → 關鍵 → 莫棄伏成險

偏吉

　　震₃ 行 → 離₄ 心
　　離₅ → 心
　　變離為心，有喜也

論：身處吝難，解決之道就是坎伏，力行低調行事，就好比患病，若能
　　安靜保養，就會好轉的快。故而調整心態，切莫因吝或順，而高調行
　　之，則伏成險矣！

俯則觀象於地，
《九家易》曰：艮兌為山澤也。地有水火五行八卦之形者也。
觀鳥獸之文，
荀爽曰：乾為馬，坤為牛，震為龍，巽為雞之屬是也。

六四爻解：人，四多懼

天

人

地

無比

無比

不中，正

應

(1) 不中，正。

(2) 與六五無比，與初九相應，六五位在六四與初九相應之外，故不是其疾。

(3) 與六三無比，六三位六四與初九相應之內，猶人體之內疾，故為六四之疾。

(4) 六四陰爻本就虛弱不振，故曰：有疾。

(5) 初，二，三為兌，悅。二，三，四為震，行，故六四請初九前來幫忙，初九陽剛正固，與六四陰陽合壁，共抗六四之疾六三，其行也悅，故曰：損其疾，使遄有喜。

《象傳》：損其疾，亦可喜也。

解：損其疾之意為，疾病已去，這是件可喜之事。（參2，5）

同事	主管	高層	基層	不中	正	動能
×	×		○	能力有限	有才華	弱

評：評：下之上，有改善空間，端看自己

論：雖有才華，但個性鬆懶，不願積極而起，其智慧雖獲大眾欣賞，然而無助於工作，所以，心態要改變，好好檢討自己，如何更進一步，以發揮自己的才華。

<table>
<tr><td>六五</td><td rowspan="2">五爻動，變巽為中孚</td><td colspan="5">艮　兌　坤　震　巽　大象離</td></tr>
<tr><td>動態</td></tr>
</table>

```
☶艮      ☷坤₁            巽：利 → 或益之
☱兌 →   ☳震₃            兌：數二 ┐
      ↘                 坤：數八 ┘ 數十 ┐
   五  ☴巽₅ ↘ ☶艮₂         離：龜          ├ 十朋之龜
   爻動                  兌：朋          ┘
     ☱兌 → ☳震₄
                        艮：止，弗 ┐
                        震：行    ┘ 弗克違

☵ ┐
  ├ → ☲ 大象離        朋：以串為單位的貨貝
☲ ┘
```

《繫辭》：或益之，十朋之龜弗克違，元吉。

解：當損之時，君王尋求世間賢達，天下賢士也感六五之誠，而全心全
　　力貢獻一己之力，協助君王毫不遲疑，故賢士之全心全力投入，對君
　　王而言，其心猶如十朋之龜般的貴重，其象亦為大吉也。

斷：坤₁ 吝 → 艮₂ 止

<table>
<tr><td rowspan="4">偏吉</td></tr>
<tr><td>震₃ 行 → 震₄ 行</td></tr>
<tr><td>巽₅ → 謙 ⋯ 關鍵 → 莫棄謙成空</td></tr>
<tr><td>變巽為謙，自上佑也</td></tr>
</table>

論：因為以謙遜處事，即便有驚也無險，同時也是因為謙遜，而得到許
　　多人的助益，反而在止驚之後，有意想不到的好運，所以，重點在巽
　　謙，如果不守，巽謙成巽空。

六五爻解：天，五多功

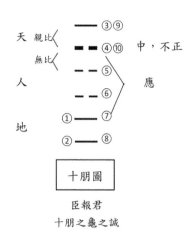

天　親比
　　無比
人
地

十朋圖

臣報君
十朋之龜之誠

中，不正

應

(1) 中，不正。

(2) 與六四無比，沒有太多交往。

(3) 與上九親比，上九會適時給六五建言，或其他助益，六五也虛心接受，故曰：或益之。

(4) 與九二正應，當損之時，六五聽從上九建言，以下求賢達，而九二感六五之誠，應六五之召，願全心全力協助六五，九二無私之心，對六五而言，其猶十朋之龜般之貴重也。

(5) 二，三，四為震，行。三，四，五為坤，順，故九二前往六五亦十分順利，而九二也願為六五賢君效力，故為弗克違也。

(6) 十朋之數，九二(1)→初九→上九→六五→六四→六三→九二→初九→上九→六五(10)

(7) 由九二到六五，受益者，六五也。

《象傳》：六五元吉，自上佑也。

解：六五能虛心用賢，具中德而合乎天之德，聽從上九之議，故曰：自天佑也。（參3）

同事	主管	高層	基層	中	不正	動態
×	○		○	有能力	才華不足	弱

評：中之下，有利現況改變，唯需持之以恒

論：以六五之格局，稍低些，但還好，只要能夠多用心工作，期未來能得十朋之龜，則安矣！故工作上要勤奮努力，未來才有機會。

六爻動，變坤為臨

艮　兌　坤　震
↳錯 巽

艮 ⮕ 坤₁
兌 → 震₃　　　　坤₂
　六　　　坤₅　　震₄
　爻
　動　　兌

艮：止 ⎤
巽：利 ⎦ 弗損益之

坤：順 ⎤
震：行 ⎬ 利有攸往
巽：利 ⎦

艮：門，家 ⎤
兌：悅 ⎬ 得臣无家
坤：眾，家人 ⎦

《繫辭》：弗損益之，无咎，貞吉，有攸往，得臣无家。

解：不用損下而能自益，其益更大，不但無咎，反而事事皆吉。利於賢
　　人前往，君王也可以得到以國為家的棟樑大臣。

斷：坤₁ 吝 → 坤₂ 順

震₃ 行 → 震₄ 行 → 關鍵 → 莫行偏成驚

偏
吉

坤₅→ 順

變坤為順，大得志也

論：更加的順利，探其原因，可能是重視員工的福利，而使員工向心力
　　大增，故而獲得員工全力支持。對個人而言，過去的已成過去，未來
　　會有更好的開始，可是要注意震行，不可行邪道而成驚，也就是說，
　　即使在順境中，也一定要行正道，不可節外生枝。

上九爻解：天

天　親比
人
地

不中，不正

應

(1) 不中，不正。
(2) 上九陽爻極之位，損之極反益矣！陽爻本就充實，不必損人而能自益，故曰，弗損益之。
(3) 六五與上九親比，六五常為國事前往請益，上九則協助九五解決損之道。
(4) 與六三相應，六三為下卦兌之上位，兌為悅，故不再損下以益上，民皆悅矣！
(5) 既悅，則有利九二，初九賢達之人前往報效國家，故曰：利有攸往。
(6) 三，四，五為坤，眾。四，五，六為艮，家，眾臣以國為家，故曰：得臣无家。

《象傳》：弗損益之，大得志也。

解：不再損下益上，賢人皆前往，乃是大得志之象也。（參4，5）

同事	主管	高層	基層	不中	不正	動能
○			○	能力有限	才華不足	強

評：中之下，**有利現況，唯自身需多努力**

論：上九原應退休，如今有此評等，若是要重新復事，定然有宮廷之鬥，好在上九只是協助六五完成損之大業，而无咎矣！工作上前途定然看好，因為才華不足，故不會持才傲物，若能加強能力，則大吉也。

風在雷上，風雷相益，損上益下，貴乎務實

益

增加，受益。

《序卦》：損而不已，必益，故受之以《益》。

《雜卦》：《損》《益》，盛衰之始也。

風雷

動態

純坤

☴巽 → ☴巽₁
☳震 → ☳震₃
　　　 → ☴巽 → ☶艮₂ → ☷坤
　　　 → ☳震 → ☷坤₄ → ☷坤
　　　　　　　　　　 純坤

┌→錯 兌

巽　震　艮　坤

巽：利 ┐
震：行，往 ┘ 利有攸往

震：木 ┐
巽：木，船之象 ┘ 利涉大川
兌：澤

《繫辭》：利有攸往，利涉大川。

解：益，有利於前往，即使前有大川之險，也能順利涉越。(益：上震下巽，震為陽木，巽為陰木，木道之行，生生不窮)

偏吉

斷：巽₁ 利 → 艮₂ 反
　　震₃ 行 → 坤₄ 吝
　　利有攸往，利也。

論：　現在所進行的任何動作，都是以利為出發點，原本應是見善則遷，有過則改，但因為利益當頭，就忽略了。故在行為上要留意，一旦因利而出了錯，才是真正困難的開始。風雷之動，其勢益烈，亦喻人心不寧，因災而損亡，雖利涉大川，亦宜慎之。小心意外之災。

益卦爻解

《象辭》曰：益，損上益下，民說无疆，自上下下，其道大光。利有攸往，中正有慶。利涉大川，木道乃行。益動而巽，日進无疆。天施地生，其益无方。凡益之道，與時偕行。

【易下經】咸恆為首，終於未濟 首重人倫之常

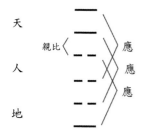

天
　　　　　　　　　應
人　親比　　　　　應
　　　　　　　　　應
地

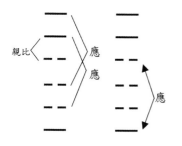

親比　　　　　應
　　　　　　　應
　　　　　　　　　　應

┌─────────┐
│ 天施地生 │
└─────────┘

初九：上卦乾體
　　　　下降之一陽
六四：下卦坤體
　　　　上揚之一陰

(1) 初九與六四相應，初九為上卦乾体下降之一陽，六四為下卦坤体上升之一陰，乾陽自上而下，損上益下。二、三、四為坤，為眾，為民，初、二、三為震，行，行而順，故曰：損上益下，民說(悅)无疆。

(2) 九五與六二相應，六四與初九相應，九五與六四親比，故六二→九五→六四→初九，自上下下，政令貫徹，其道大光也。

(3) 九五與六二相應，五，二皆中且正，故曰：中正有慶，利有攸往。上卦九五巽為木，為舟，下卦六二震為行，故六二往九五處，利涉大川，木道乃行。

(4) 九五與六四親比，四，五，六為巽，為利，下卦為震，動，故曰：益動而巽，日進无疆。

(5) 初九為上卦下行之一陽，其象為天，天道下降資起始；六四為下卦坤体上升之一陰，其象為地，地道上行資其生，故曰：天施地生，其義无方。

(6) 六二與九五相應，六三與上九相應，皆為剛柔相濟，亦有損上益下之象，其象如政府之固定開支；而初九與六四之之損上益下，則視時地之需求而配合，故曰：與時偕行。

(7) 益，損上益下，其象如政府若財政充裕，則擇機退稅於民。

《象傳》：風雷，益；君子以見善則遷，有過則改。

解：風雷相伴，其勢增益。君子體之，見善則遷，則過益寡。有過則改，善益增。去人欲，存天理也。

比附	相應
○	○

評：困難期不致太長

論：上下交相應，本為吉之道，目前也是如此。但此卦為風雷相交生萬物，風雷相交其勢甚烈，故一旦不注意，就可能導致身心受創，甚至損亡。而見善則遷，有過則改，可為座右銘。

613

| 初九 | 初爻動，變坤為觀 | 巽 震 艮 坤 |

| 動態 |

巽 艮₁
震 → 坤₃ ↘
　初　　　　　巽　　艮₂
　爻　動　坤₅ → 坤₄
　動

巽：利
坤：用　　利用為大作
震：動作

《繫辭》：利用為大作，元吉，无咎。

解：當機會來臨時，要抓住時機，大大作為一番，然必須做到圓滿無
　　缺，才算大吉，而可不被所咎。

斷：艮₁ 反 → 艮₂ 反

| 偏吉 | 坤₃ 吝 → 坤₄ 順 ⋯ 關鍵 → 莫因久順成吝 |

　　坤₅ → 順

　　變坤為順，利用為大作

論：困難逐漸遠離，也有跡象顯示平順逐漸到來，這時要抓住機會好好
　　努力，但必須盡心盡力，切勿馬馬虎虎而再度丟失機會。

近取諸身，

荀爽曰：乾為首，坤為腹，震為足，巽為股也。

遠取諸物，

荀爽曰：乾為金玉，坤為布釜之類是也。

於是始作八卦，

虞翻曰：謂庖犧觀鳥獸之文，則天八卦效之。易有太極，是生兩儀，兩
*　　儀生四象，四象生八卦。八卦乃四象所生，非庖犧之所造也。*

初九爻解：地

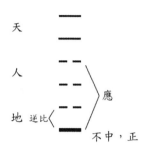

天
人
地　逆比
應
不中，正

(1) 不中，正

(2) 初九益卦之始，亦為損上益下得益者，有利未來發展。

(3) 但與六二逆比，六二與之爭執，常阻礙初九。

(4) 與六四相應，初九為陽爻，陽剛正直，六四近君位，故有此機會，藉六四之便可大作一番，故曰：利用為大作

(5) 初、二、三為震行，二、三、四為坤，順，故初九前往六四，是行而順也。

(6) 同時為擺脫六二糾纏，則必須盡力圓滿事業，做到元吉，無咎矣！

《象傳》：元吉无咎，下不厚事也。

解：所謂元吉無咎，初九為下位，原本不可以任厚事，故必做到圓滿無缺，方能無咎。（參 4，6）

同事	主管	高層	基層	不中	正	動能
	逆	○		能力有限	有才華	強

評：中之下，有利現況改變，然處理不佳

論：初出社會有此評等，難怪有利用為大作之機會，但初九必竟是初出社會，雖有才華但能力不足，需自衡量能否擔任超越自己能力之事，成功則己，不成，恐有誤前途。

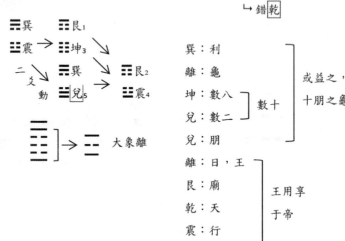

| 六二 | 二爻動，變兌為中孚 |
| 動態 | |

巽　震　艮　坤　兌　大象兌
　　　　　　　　↳錯乾

巽：利
離：龜
坤：數八
兌：數二 → 數十
兌：朋 ⎫ 或益之，
　　　　⎬ 十朋之龜
離：日，王
艮：廟
乾：天 → 王用享于帝
震：行
震：帝

《繫辭》：或益之，十朋之龜弗克違，永貞吉。王用享于帝，吉。

解：得君王以十朋之龜的重禮寵益之，則必事君如事天，貞固以對。一
　　心事君而無所違逆，此為吉也。喻臣事君之忠，有如君王祭祀天帝般
　　的誠。

斷：艮₁ 反 → 艮₂ 反

偏吉	坤₃ 吝 → 震₄ 行 ⋯ 關鍵 →起而行莫成驚
	兌₅ → 悅
	變兌為悅，永貞吉

論：要改善現有的環境，必需要心甘情願的實地而行，不可坐而行，要
　　起而行，切記，勿使震行成震驚，此時做多少，折多少，不可不慎。

六二爻解：地，二多譽

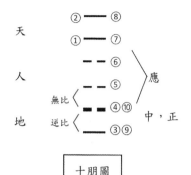

天

人

地

②　——　⑧
①　——　⑦
　　－－　⑥
　　－－　⑤
無比　－－　④⑩
逆比　——　③⑨

）應

中，正

十朋圖

君求賢
十朋之龜之誠

(1)　中，正。

(2)　與初九逆比，與其不合，又與六三無比，亦不相往來，然六二既中且正，自亨其道，故並不影響六二之賢名。

(3)　與九五相應，九五為賢明君王，六二既中且正，民間賢士，得君王十朋之龜重禮，禮聘為國之大臣，故事君如事天。當益之時，損上益下，受益者，六二也。

(4)　二、三、四為坤，順，三、四、五為艮為廟，祭之象，而有王用亨於帝之象，喻六二事君如祀天也。

(5)　由九五，上九，到初九，六二，六三，六四，九五，上九，再到初九，六二剛好十位，十朋之數，表九五之心也。

《象傳》：或益之，自外來也。

解：或益之，上卦巽為利，故由上卦九五而來之益，是謂之自外來也。

（參3，4）

同事	主管	高層	基層	中	正	動能
逆	×	○		有能力	有才華	弱

評：中之下，有利改變，人際關係改善為先

論：好運從天而降，但六二有能力也有才華足可擔負此任務，然人際關係要改善，個性也要改變，如此，大器可成，然若不改，即使有一些成就，也會日益衰頹。

617

六三	三爻動，變離為家人
動態	

巽 震 艮 坤 離 坎
　　↳ 錯 兌

```
☴ 巽        ☶ 艮₁
☳ 震  →     ☷ 坤₃          ☲ 離₂
  三            ☴ 巽   →      ☵ 坎₄
  爻  ↘
  動         ☲ 離₅
```

坎：凶 ⎫
　　　　⎬ 凶事
坤：事 ⎭

坤：信，孚，眾 ⎫
　　　　　　　⎬ 有孚中行
震：行，中行 ⎭

震：玉，符節，喻圭也 ⎫
　　　　　　　　　　⎬ 告公用圭
兌：口 ⎭

《繫辭》：益之用凶事，无咎。有孚中行，告公用圭。

解：損上益下，用之於挽凶平險之事，無可追咎。而心有誠，行中道，
　　就像持圭器，稟告王公那般的誠敬。

斷：艮₁ 反 → 離₂ 心

凶　坤₃ 吝 → 坎₄ 險 → 關鍵 → 以伏剋險

　　離₅ → 心

　　變離為心，益用凶事

論：一旦出現鬆懈的現象，險象就逐漸出現，而一旦發生，過去的困難
　　就更難處理，不能大意，要改善，要使坎險成坎伏，也就是待人處事
　　的態度要改。

故曰：象者，像此者也。則大人造爻象以象天卦可知也。而讀易者，咸
　　　以為庖犧之時，天未有八卦，恐失之矣。天垂象，示吉凶，聖人象
　　　之，則天已有八卦之象。

618　【易下經】咸恆為首，終於未濟 首重人倫之常

六三爻解：人，三多凶

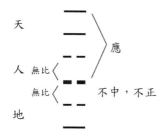

(1) 不中，不正。

(2) 三多凶，故爻位當凶之地，而曰：用凶事。

(3) 與六二，六四均無比，顯示二，四皆無法伸出援手，無益於六三。

(4) 六三位當上下卦交接之際，有承轉之象，常遇非常之事。二，三，四為坤，孚之象，六三居中，故有孚中行。

(5) 與上九相應，故六三據實稟告主公，而得即時之救助，故曰：告公用圭。三，四，五為艮，反。四，五，六為巽，利，故六三前往上九處，為得利之象。

《象傳》：益用凶事，固有之也。

解：損上益下，用在救凶險之事，這本來就是王公該做的事。(參5)

同事	主管	高層	基層	不中	不正	動能
×	×	○		能力有限	才華不足	弱

評：下之中，不利未來情事，無力改變困境

論：高層力挺，顯然有關係存在，然其他能力，才華，均不足，嚴重的是動能弱，故知者應有自知之明，起碼努力一點，也可改善觀感。

四爻動，變乾為无妄

巽　震　艮　坤　乾
　　　　　↳錯　兌

☴巽　　☶艮₁
☳震　→　☷坤₃　↘
四　　　☰乾　→　☴巽₂
　爻　　☳震　→　☶艮₄
　動

震：行 → 中行
坤：眾
兌：口　　　　｝告公從
巽：風，從
震：行，遷
坤：國土　　　｝遷國
坤：眾

《繫辭》：中行，告公從。利用為依遷國。

解：中道而行，則無偏私，依此而公告於眾，當為眾所樂從。也以此中
　　道，做為君臣之間的相互依從，他如遷建國都之大事，也必以此為
　　依。

斷：艮₁ 反 → 巽₂ 謙 ⇢ 關鍵 → 莫棄謙成空

偏
吉

坤₃ 吝 → 艮₄ 反
乾₅→ 努力
變乾努力，以益志也

論：改變當前的困境，除檢討以往，對以後也要做有計畫的改變，定好
　　方向就努力去實施，心有謙虛，不唱高調，如此自可扭轉過去的困
　　難，要留意的是巽謙，如果不做，成巽空，即使努力也成空一場。

六四爻解：人，四多懼

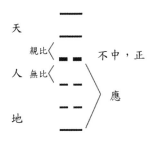

天

人

地

親比

無比

不中，正

應

(1) 不中，正。

(2) 與六三無比，無往來。

(3) 與初六相應，又與九五親比，也獲得九五信任，四又位於六爻之中位，而有中行之象，故其言告於眾，當可為眾所從，曰：告公從。

(4) 初，二，三為震，行。二，三，四為坤，順，故六四前來初九，十分順利。

(5) 因與九五親比，故六四行中道，依附九五，利用此君臣相得的關係，而有利用依遷國之象。

(6) 二，三，四為坤，坤為眾，為地，為國，故有遷國之象。

(7) 六四本位不中，然處六爻之三，四位，為六爻之中，故取象為中行也。

《象傳》：告公從，以益志也。

解：告公從，以施益下為志也。（參3）

同事	主管	高層	基層	不中	正	動能
×	○		○	能力有限	有才華	弱

評：中之下，**對未來抱持樂觀**

論：有才華，這是重點，加上人際關係也不差，如果能勤勞，努力學習，則對未來會更有利。但才華不等於持才傲物，這也必需小心，不要陷入自大之境。

九五	五爻動，變艮為頤
動態	

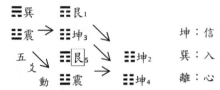 

巽　震　艮　坤　大象離
↳錯乾

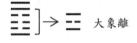

巽₁
震 → 坤₃
五爻動 艮₅ → 坤₂
震 → 坤₄

坤：信，孚
巽：入　　　有孚惠心
離：心

兌：口
艮：止　　　勿問
震：動

坤：我　　　惠我德
乾：德

大象離

《繫辭》：有孚惠心，勿問元吉。有孚惠我德。

解：有誠意，也有心施惠天下，這是毫無疑問的，此為大吉之事。群眾
　　也會實心實意的憶念我的德惠。

斷：艮₁ 反 → 坤₂ 平

吉

坤₃ 吝 → 坤₄ 順 →關鍵→ 莫因久順成吝

艮₅ → 止

變艮為止， 大得志也

論：困難已經反轉，未來可望平順，於此之際，應當檢討原因，以為日
　　後之參考。既然困難已過，要留意不可以再犯同樣的錯悟，尤其不能
　　讓坤吝回來，切記。

【易下經】咸恆為首，終於未濟 首重人倫之常

九五爻解：天，五多功

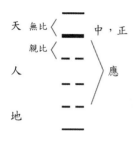

天 無比 中，正
親比
人 應
地

(1) 中，正。
(2) 與上九無比，上九不干涉。
(3) 九五尊位，既中且正，為賢明君王。
(4) 與六二相應，六二為全民象徵，顯示九五施惠全民的決心，故謂：有孚惠心，勿問，元吉。
(5) 二，三，四為坤，順。三，四，五為艮，反，故九五施惠六二，結果順利。
(6) 與六四親比，諸侯，大臣也因此德而有感激之心，故曰：有孚，惠我德。
(7) 二，三，四為坤，孚，九五有孚於六二。

《象傳》：有孚惠心，勿問之矣。惠我德，大得志也。

解：有施惠人民的決心，這是不容疑問的。至於諸侯，大臣感戴我德，則是我之施惠使其志得以大行的結果。

同事	主管	高層	基層	中	正	動態
○	×		○	有能力	有才華	強

評：上之下，未來大吉也
論：九五明君難得，即使在社會上，也是公司創辦人或總裁之位，到上之評等，其實也無所挑剔。

以通神明之德，

荀爽曰：乾坤為天地，離坎為日月，震巽為雷風，艮兌為山澤，此皆神明之德也。

上九	六爻動，變坎為屯	震 巽 艮 坤 坎
動態		└→ 錯 離

```
☴ 巽       ☶ 艮₁
☳ 震  →   ☷ 坤₃   ↘
    六  ↗  ☵ 坎₅  →  ☶ 艮₂
    爻      ☳ 震   →  ☷ 坤₄
    動
```

艮：止 ⎤
巽：利 ⎦ 莫益之

坎：盜 ⎤
震：行 ⎥
艮：手 ⎬ 或擊之
離：戈兵 ⎦

巽：進退不果 ⎤
離：心 ⎦ 立心勿恆

《繫辭》：莫益之，或擊之，立心勿恆，凶。

解：不損己利人，反而損人利己，以致無人相助，甚至反過來打擊，是
　　因為益民之心不能恒而久所致，故有凶象。

斷：艮₁ 反 → 艮₂ 反

偏凶	坤₃ 吝 → 坤₄ 吝
	坎₅ → 險 ⋯ 關鍵 → 以伏剋險
	變坎為險，　立心勿恆，凶

論：困難沒有解決，反而多了凶險。不能不好好檢討，到底是沒有恒
　　心，還是策略錯悟，亦或姿態過高，如今解決之道就是坎險改為坎
　　伏，以低調來檢討，應對，或可改善。

上九爻解：天

天　無比
人
地

不中，不正

應

(1) 不中，不正。

(2) 與九五無比，此為上九個人決定，不與九五交流。

(3) 上九極位，物極必反，故有莫益之之象。

(4) 與六三相應，六三有難，上九不但不伸援手，還趁機取利，而遭到六三之反擊，故有或擊之之象。

(5) 三，四，五為艮，反。四，五，六為巽，利，空。故上九與六三之交往是為利，一旦無利則擊之，利成空也。

(6) 益卦本應損上益下，上九位居上位，陽爻本是剛實，如今不思施惠於民，棄其心志不顧，故有立心勿恒，凶之象也。

《象傳》：莫益之，偏辭也。或擊之，自外來也。

解：莫益之其義為，心已偏私，只求利，或擊之者，二，三，四為坤，為民，為眾。打擊之力來自民間，而非內也。（參 3，4）

同事	主管	高層	基層	不中	不正	動能
✕			○	能力不足	才華不足	強

評：下之上，**對未來不是很有利**

論：退而不休，卻想向民間伸手，名不正，言不順，當然會招擊。職場上也有類似心理因素，不能因有強的動能，認定學習力也會強，故而加強心理建設為首要。

澤在天上，澤水成雨，決除邪惡，過剛則凶

夬
澤天

決，排除。

《序卦》：益而不已，必決，故受之以《夬》，夬者，決也。

《雜卦》：《夬》，決也，剛決柔也。

```
      ┌┐ 錯 艮
   兌  乾
      └→ 錯 坤
```

靜態

純乾

```
☱ 兌      ☱ 兌₁
☰ 乾  →   ☰ 乾₃
                    ↘
          ☱ 兌₂      ☰ 乾
          ☰ 乾₄  →   ☰ 乾
                      純乾
```

```
兌：口       ┐
乾：王       ├ 揚於王庭
艮：門庭     ┘

坤：孚       ┐
兌：口，折   ┘ 孚號有屬

坤：眾、邑   ┐
兌：口       ┘ 告自邑
```

《繫辭》：揚于王庭，孚號，有屬，告自邑，不利即戎，利有攸往。

解：小人得志，放肆於君王之側，君子明知有危屬，也應捨去與小人之
　　交誼，並告諸大眾，合大眾之力，共同前往，以理清君側，但若動到
　　兵戎，則危而不利矣！

斷：兌₁ 折 → 乾₂ 努力

凶

乾₃ 剛 → 乾₄ 健

孚號有屬，　為折

論：眼前的毀折不斷，究其原因應是過於剛強所使然，如果態度不改，
　　狀況不會改善，若有心檢討，就將剛強之心換為健，深思熟慮，聽取
　　建言，確定方向，努力行事，當可扭轉敗象。

【易下經】咸恆為首，終於未濟 首重人倫之常

夬卦爻解

《彖辭》曰：夬，決也，剛決柔也。健而說，決而和，揚于王庭，柔乘五剛也。孚號有厲，其危乃光也。告自邑，不利即戎，所尚乃窮也。利有攸往，剛長乃終也。

天　逆比
　　　　　　　　　　　　　　　　　　應
人

地

(1) 上卦為兌，說，悅，和也，兌為柔爻；下卦為乾，健，決也，乾為剛爻。故曰：剛決柔，健而說，決而和。

(2) 上六為陰爻，小人之象，在九五君側，由爻象中可知，上六並未獲九五完全信任，因九五與上六並未親比，且上六為皇親之流，故曰：揚於王庭。初至五皆為剛爻，故為柔乘五剛。

(3) 上六與九三相應，九三為賢達君子，若與上六深交自會得厲，故曰孚號，有厲。然若能求得出險之道，則其危乃光也。

(4) 上六既為皇親，故不宜擅自動用武力，而是聯合大眾，共同至君王前，揭發上六之陰謀，若動用武力，恐遭反撲。

(5) 故曰：不利即戎，若所尚剛武決之，則其行反窮矣！是曰：所尚乃窮。五剛並進，以決柔，利有攸往；陽剛至九五乃終，剛長乃終也。

《象傳》：澤上于天，夬；君子以施祿及下，居德則忌。

解：上卦兌為澤，下卦乾為天，澤上乎天，澤滿必決，是為夬；君子體之，若志得意滿，必致覆敗，不若施其祿澤於天下，反可積其德，然行德而不居德，居德則其德夬也，德之所忌也。此喻為官者應以德為立身之道。

比附	相應
×	○

評：個性使然，改進恐不易

論：只有上六與九三相應，其他無比也無應，以此狀況，上下根本沒有交流，施政也無法下達，不是一個賢明君王。放諸企業及個人，就代表企業是獨裁體制，而個人則為剛愎自用，都不是好事。

| 初九 | 初爻動，變巽為大過 | 兌 乾 巽 |
| 被動 | | └→錯 震 |

震：足→趾之象

乾：壯，勝

巽：入　　　往不勝

震：行

《繫辭》：壯于前趾，往不勝為咎。

解：力量只到腳趾那麼大，以此淺薄之力，欲前往，不但不能致勝，還
　　會招咎。

斷：乾₁ 努力 → 乾₂ 努力

| 偏 | 乾₃ 健 → 乾₄ 剛愎 |
| 凶 | 巽₅ → 空 ⇢ 關鍵 → 行謙制空 |

　　變巽為空，往不勝

論：健成剛愎，自我為是，故而招來困難，也使過去的成果成為一場
　　空，不得不慎，為今之計，巽空要改成巽謙，也就是執行謙道，以謙
　　遜待人才有希望。

以類萬物之情。

《九家易》曰：六十四卦，凡有萬一千五百二十策，策類一物，故曰
「類萬物之情」。以此知庖犧重為六十四卦明矣。

作結繩而為罟，以田以漁，蓋取諸離。

虞翻曰：離為目，巽為繩。目之重者唯罟，故結繩為罟。坤二五之乾成
離。巽為魚。坤二稱田，以罟取獸曰田。故「取諸離」也。

初九爻解：地

天

人

地 無比

不應

不中，正

(1) 不中，正

(2) 初九為陽剛君子，初為地位，故喻為人之趾，而曰壯於前趾。

(3) 與九二無比，又與九四不應，無比又無應，象徵勢弱，無奧援

(4) 初、二、三為乾，二、三、四為乾，故不應也。

(5) 以此之勢前往，不但無益且受害，故曰：往不勝為咎。

《象傳》：不勝而往，咎也。

解：明知不能勝任而前往，反受其咎（參3）

同事	主管	高層	基層	不中	正	動能
	×	×		能力有限	有才華	強

評：下之上，<u>不利未來，需改過</u>

論：有才華，動能強，人際差，顯然恃才傲物，這種個性若不改過，對前程絕對不利。除非，有相當高的天分，能自立自強，故是否能如此唯有自知。

庖犧氏沒，神農氏作。

虞翻曰：沒，終。作，起也。神農以火德繼庖犧王。火生土，故知土則利民播種，號神農氏也。

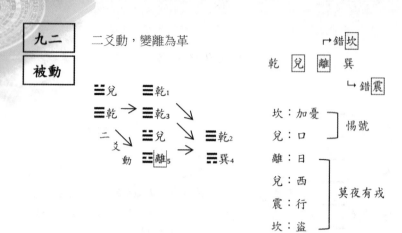

| 九二 |
| 被動 |

二爻動，變離為革

乾　兌　離　巽

坎：加憂
兌：口
}悐號

離：日
兌：西
震：行
坎：盜
}莫夜有戎

《繫辭》：悐號，莫夜有戎，勿恤。

解：互相警惕呼號，即使深夜出現戰事，也不必憂慮，有備無患也。

斷：乾₁ 努力 → 乾₂ 努力

| 偏吉 |

乾₃ 健 → 巽₄ 謙 ┄ 關鍵 → 勿棄謙成空

離₅ → 心

變離為心， 得中道也

論：除努力外，還要能守謙道，凡事謹慎，這樣才可以在競爭的環境中
　　脫穎而出。

斲木為耜，揉木為耒，耒耨之利，以教天下，蓋取諸益。
虞翻曰：否四之初也。巽為木，為入；艮為手；乾為金。手持金以入
木，故「斲木為耜」。耜止所蹈，因名曰耜。艮為小木，手以橈之，故
「揉木為耒」。耒耜，耕器也。巽為號令，乾為天，故「以教天下」。
坤為田，巽為股，進退。震足動耜，艮手持耒，進退田中，耕之象也。
益萬物者莫若雷風，故法風雷而作耒耜。

630　【易下經】咸恒為首，終於未濟 首重人倫之常

九二爻解：地，二多譽

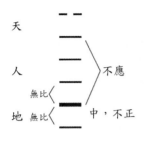

天

人　　　　　　　　不應

地　無比　　　中，不正
　　無比

(1) 中，不正。

(2) 九二與初九無比，與九三亦無比，又與九五不應，一切皆需靠己之力，故曰：惕號。

(3) 二，三，四為乾。三，四，五亦為乾，不應也。

(4) 然九二乃陽剛君子，雖不正，但仍處中位，故有相當之能力，即使在夜晚也有所警戒。而如此嚴密的戒備，自然會在莫夜有戎之下，勿恤也。

《象傳》：莫夜有戎，得中道也。

解：有戎勿恤，是因為九二位居中位，得乎中道而不逞剛強。(參 4)

同事	主管	高層	基層	中	不正	動能
×	×	×		有能力	才華不足	強

評：下之上，**不利未來，然有改善空間**

論：雖然有能力，動能也強，但人際關係甚差，即便對現在而言也不利，更何況未來。這不是持才傲物而是有剛愎個性，若不改進，很難有更好的成績。

九三		三爻動，變兌為重兌
被動	

┌ 錯 坎

兌　乾　巽　離

└ 錯 震

兌　　　乾1
乾　→　乾3
三爻　　兌　→　巽2
　　動　兌5　離4

乾：首，頭部　┐
坎：凶　　　　┘ 壯于頄

乾：君子　┐
兌：夬　　├ 君子夬夬
離：心　　┘

震：行　　　┐
兌：澤，雨　┘ 獨行，遇雨

坎：水　┐
兌：折　┘ 若濡，有慍

《繫辭》：壯于頄，有凶。君子夬夬，獨行，遇雨，若濡，有慍，无咎。

解：壯見于面，此為事未成，反而見露，必有凶象。而君子決小人之
　　心，堅定不移。如獨行遇雨，有所濕濡，或生出慍怒之心，然必委曲
　　其心，以成其謀，此是無可追咎的。

斷：乾1 努力 → 巽2 空 → 關鍵 → 行謙制空

偏凶	乾3 健 → 離4 心
	兌5 → 折

　　變兌為折，壯于頄 ，有凶

論：毀折之象已經出現，不管有多想要翻轉，但最後還是無法做到。警
　　覺性不夠，過於大意，都已成過去。如今之計，老實行謙來反轉巽
　　空，或有所助益。

九三爻解：人，三多凶

天

人 無比

　無比

地

應

不中，正

(1) 不中，正。

(2) 九三位下卦乾之首位，乾為健，壯，
故曰：壯于頄。

(3) 九三為陽剛君子，與九二，九四無
比，但也顯示九三之處事或有暇。

(4) 與上六相應，上六陰爻，心量狹窄，
雖相應，卻容不下九三。

(5) 三，四，五為乾，努力。四，五，六
為兌，悅，折。九三前往上六是為討
上六之歡，結果不如所願，由悅轉
折，故有凶象。

(6) 但九三在無奧援之下，奮力向前，上
卦兌為澤，有雨澤之象，故曰：君子
夬夬，獨行遇雨，若濡，若慍，无咎
也。

(7) 故九三與上六相應，其為無德而有私
相之應也。

《象傳》：君子夬夬，終无咎也。

解：君子夬夬，是說九三與上六相應，或有令人起疑之處（上卦兌折，
疑也）但終究還是還其公道，而無所咎矣！（參4，5，6）

同事	主管	高層	基層	不中	正	動能
×	×	○		能力有限	有才華	強

評：中之下，對未來的發展，或有能力改善

論：有才華，動能強，只要不陷入唯我獨尊的心態，即便有短期不順，
應該會自我修正，唯在專業能力和人際關係上要加強。

九四	四爻動，變坎為需
靜態	

兌 乾 坎 離
↳ 錯艮

```
☱兌    ☰乾₁
☰乾 →  ☰乾₃        ↘
  四   ☵坎₅    →   ☲離₂
   爻          ↗
    動  ☰乾      ☱兌₄
```

兌：毀，折 ┐
坎：臀　　├ 臀无膚
乾：骨　　┘

艮：手 ┐
兌：羊 ├ 牽羊悔亡
坎：凶 ┘

離：心，信 ┐
艮：不　　　│
兌：口，言　├ 聞言不信
艮：不　　　│
坎：耳　　　┘

《繫辭》：臀无膚，其行次且。牽羊悔亡，聞言不信。

解：臀部沒有皮膚，行走進退無據，衹好如牽羊那樣，緩步慢行。即使
　　有危險，也可以消亡，只恐無人會信君子之言。

斷：乾₁ 努力 → 離₂ 心
　　乾₃ 健 → 兌₄ 折
凶　坎₅ → 險⋯ 關鍵 → 以伏剋險
　　變坎為險， 其行次且

論：風險已經出現，導致心態跟著改變，如果不能立即改善，最後恐走
　　上毀折之路。要改善，只有從心著手，方法則是將坎險化為坎伏，降
　　低自己身段，以獲得他人信任。

九四爻解：人，四多懼

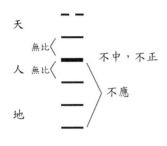

天
人　無比
地

無比
不中，不正
不應

(1) 不中，不正。

(2) 人身之初為趾，而四之部位為臀。九四，不中，不正，故有臀無膚，導致其行次且之象。

(3) 與九五無比，九三亦無比，顯然無其他奧援。

(4) 原預率下三陽(羊喻陽)，以決上九之陰，然位不中，不正，且與初九不相應，故即使有此言，也無人會信，只能默默獨行，是曰：牽羊悔亡，聞言不信。

(5) 初，二，三為乾，二，三，四亦為乾，故不應也。

(6) 上下皆無比，進不前，止又不安，不果於決也。

《象傳》：其行次且，位不當也。聞言不信，聰不明也。

解：其行次且，九四奇居藕位，不中，不正。聞言不信，九四既無比又無應，上卦兌為口，為折，講者講不明，聽者亦聽不明也。（參2，4）

同事	主管	高層	基層	不中	不正	動能
×	×		×	能力有限	才華不足	強

評：下之中，恐無能力改變未來

論：人際關係若放棄，這不是好現象，不應喪志灰心，只要繼續努力，學習知識，改變自己的態度，仍然有翻轉的機會，切不可就此放逐自己。

五爻動，變震為大壯

┌►錯巽

兌　乾　震

☱兌　　☰乾₁
☰乾 → ☰乾₃　　　　　　　　➘
　　　　　　　　　　　 ☱兌₂
五 ↘ ☳震₅ → 　　　☱兌₂
爻 　　　　　　 ☰乾
動 ☰乾　　　　　☰乾₄

巽：三月花草，莧陸　┐莧陸夬夬
兌：毀，折　　　　　┘

震：行　　　　　　　┐中行无咎
兌：悅　　　　　　　┘

《繫辭》：莧陸夬夬，中行无咎。

解：拔莧陸小草要連根一起拔除，其決心必需如此。只要能行中道，無
　　私，就無可追咎。

偏
吉

斷：乾₁ 努力 → 兌₂ 悅

乾₃ 健 → 乾₄ 努力

震₅ → 行 → 關鍵 → 行正道莫成驚

變震為行，中行無咎

論：要維持先前的成果，就要很愉悅的努力去做該做的事，不要抱怨。
　　因為一旦抱怨，震行成震驚，那就麻煩了。既然已經明白，唯有努力
　　才有明天，大家通力合作，共創未來才是。

日中為市，致天下之民，聚天下之貨，交易而退，各得其所，蓋取諸噬
嗑。
翟元曰：否五之初也。離象正上，故稱「日中」也。艮為徑路。震為
足，又為大塗。否乾為天。故致天下之民象也。坎水艮山，群珍所出，
聚天下貨之象也。震升坎降，交易而退，各得其所，噬嗑食也。市井交
易，飲食之道，故取諸此也。

九五爻解：天，五多功

天　逆比　中，正
　　無比
人　　　　不應
地

(1) 中，正。
(2) 九五陽爻，賢明君王。
(3) 與九四無比，又與九二不應，故九五或有剛愎自用之心。
(4) 二，三，四為乾，三，四，五為乾，故不應也。
(5) 與上六逆比，上六陰爻，為皇室成員，亦有小人之象，其與九五常起爭執。
(6) 為此，九五以中道行之，不顧私情，而決心除去上六，故曰：莧陸夬夬，中行无咎。

《象傳》：中行无咎，中未光也。

解：中行无咎，九五若不依中道而行，則行事未必能光明正大。(參5，6)

同事	主管	高層	基層	中	正	動態
×	逆		×	有能力	有才華	強

評：中之下，對未來有信心，但無法有效領導而有變數

論：該有的優點都有，有能力，有才華，動能強。理應有一番局面出來，但可惜的是人際關係太差，如果能改善其一，則對前景有相當大的助益。

| 上六 | 六爻動，變乾為純乾 |
| 靜態 | |

┌→ 錯 艮
兌 乾

≡兌　≡乾₁
≡乾 → ≡乾₃　　　　≡乾₂
六　　 ≡乾₅ →　≡乾₂
爻　　 ≡乾　　　　≡乾₄
動

兌：口
艮：止　　无號
兌：毀折 → 凶

《繫辭》：无號，終有凶。

解：無處可號泣求情，最終還是難逃凶險。上六以一陰處於極位，其勢
　　將盡矣！

斷：乾₁ 努力 → 乾₂ 努力
| 偏凶 | 乾₃ 健 → 乾₄ 剛愎 → 關鍵 → 棄剛愎為努力
乾₅ → 剛愎
變乾為剛愎，　終有凶 |

論：剛愎自用的心態顯現，一旦出現，恐怕再多的努力，也將毀在獨斷
　　獨行的意識型態上，不能接受他人意見，也導致無法溝通，這樣的結
　　果要解開，唯有當事人要自己覺悟才可以。

神農氏沒，黃帝、堯、舜氏作，通其變，使民不倦；
虞翻曰。變而通之以盡利，謂作舟楫服牛乘馬之類，故「使民不倦」
也。
神而化之，使民宜之。
虞翻曰：神謂乾。乾動之坤，化成萬物，以利天下。坤為民也。象其物
宜。故「使民宜之」也。

【易下經】咸恆為首，終於未濟 首重人倫之常

上六爻解：天

天　逆比〈　不中，正

地

人　　　　　　　　應

(1) 不中，正。

(2) 與九五逆比，常有爭執，不聽號令，自行其是之事。

(3) 與九三相應，故當九五要決心處理上六時，上六也只能向九三求援，但九三終未伸出援手，故曰：无號。

(4) 三，四，五為乾，健。四，五，六為兌，悅，折。平日九三前往上六處，都很愉快，但一旦有事，悅成折，當即遠離是非之地也。

(5) 上六為終位，原應保持退藏，如今卻與九五抗衡，其象終必又凶。

《象傳》：无號之凶，終不可長也。

解：无號之凶，上六與九五逆比，不聽號令，終不可能長久得九五之忍。（參3，4，5）

同事	主管	高層	基層	不中	正	動能
逆			○	能力有限	有才華	弱

評：下之上，**要翻轉不容易，但還有一線希望**

論：持才傲物，又不知進修，故常起衝突，即使朋友也多有面無心，唯有自己在困難中省悟，立改其行，方有機會。

☰ 天在風上，風行天下，包容化合，相生相成

| 姤 |

遇、緣

《序卦》：決必有所遇，故受之以

天風

《姤》。《姤》者，遇也

《雜卦》：《姤》，遇也，柔遇剛也。

┌錯 震

乾　巽

└錯 坤

| 被動 |

| 純乾 |

☰乾　→　☰乾₁
☴巽　→　☴巽₃
　　　　☰乾　→　☰乾₂　→　☰乾
　　　　☴巽　→　☰乾₄　　　☰乾
　　　　　　　　　純乾

巽：長女　┐
　　　　　┘女壯
乾：剛

震：行，娶之象　┐
　　　　　　　　┘勿用取女
坤：女

《繫辭》：女壯，勿用取女。

解：姤，遇也，遇正則陽長，遇不正則陽消。女子若過於剛強，陰長陽
　　消，是不適合迎娶的。

斷：乾₁ 剛　→　乾₂ 健

| 凶 |　巽₃ 空　→　乾₄ 努力

　　過剛，勿用取女

論：個性過於剛強而致剛愎自用，如果這樣做下去，一定是一切成空，
　　人生也毫無意義。為何不將剛轉為健，空轉為努力，以求出一番局
　　面，這是人要思考的，切莫被自己個性所害。姤，於事或有思慮不周
　　之處，巽為風，風無定向，故有意外之驚，亦有意外之喜，如事或不
　　成，亦或因得人助而大成，故宜定性而不宜剛。

【易下經】咸恆為首，終於未濟 首重人倫之常

姤卦爻解

《彖辭》曰：姤，遇也，柔遇剛也。勿用取女，不可與長也。天地相遇，品物咸章也。剛遇中正，天下大行也。姤之時義大矣哉！

天

人 　　　　　　 應

地 親比

(1) 二至六皆剛爻，僅初為陰爻，故曰：柔遇剛也。

(2) 九二與初六親比，又與九四相應，故初六或與九二，九五同時交往中。

(3) 與九四相應，初六陰爻為巽卦之始，為長女，若一女與二男交往，則或有女德不貞，而不能從一而終之象，故曰：女壯，勿用取女，不可與長也。此為私遇。

(4) 九二位中，九五中且正，皆為剛爻，上卦乾為天，下卦巽為利，利於天下，故曰：剛遇中正，天下大行也。此為正遇。

(5) 故私遇不可有，正遇不可無，然若初六能行正道，轉私遇為正遇，則天(九四，陽)地(初六，陰)陰陽相合，而品物得以章明矣！

(6) 因時不同，而有不同的際遇，故姤之時義大矣哉。

《象傳》：天下有風，姤；后以施命誥四方。

解：風行天下，物莫不與之。君后體之，用文誥命令，來曉諭四方，興利除害也。

比附	相應
○×	○

評：要改變個性很難

論：初六與九二之親比，是在初六與九四之應中，並沒發揮力量，故雖有比但無用，僅剩相應，上下無法交流，顯然不利格局。巽風又為物之聚散無定之象，故而思慮不定，事倍功半，必需要有大決心，始能徹底改變。

初爻動，變乾為純乾

乾 ↳ 錯坤　　巽 ↳ 錯震

三乾　三乾₁
三巽 → 三乾₃　　↘
初　　　　　　　 → 三乾₂
爻　　↘ 三乾　　三乾₄
動　　　三乾₅

坤：大輿
乾：金　　　　　　　繫于金柅
巽：木，繩
震：行 → 往
巽：進退不決　　　　躑躅
震：行

《繫辭》：**繫于金柅，貞吉，有攸往，見凶，贏豕孚躑躅。**

解：用繩子繫緊大車的輪軸剎車器，以免大車滑動發生危險，這樣做是
　　貞固，吉祥的，就如同小豕見了大豕就不肯安定下來，跟前跟後，而
　　可能導致險象出現，金柅比喻君子，贏豕喻小人也。

斷：　乾₁ 健 → 乾₂ 健 ┈ 關鍵 → 勿成剛愎自用

偏吉　乾₃ 努力 → 乾₄ 努力
　　　乾₅ → 健

　　變乾為健，繫于金柅，貞吉

論：雖然穩健的努力很好，但某些時刻必須展現果決力，不能任由事情
　　惡化下去，這也是健之一環，但有時會被忽略，果決是一時，而非剛
　　愎是長久，兩者要區分清楚。

易窮則變，變則通，通則久，是以「自天右之，吉無不利」也。
陸績曰：陰窮則變為陽，陽窮則變為陰，天之道也。庖犧作網罟，教民
取禽獸，以充民食。民眾獸少，其道窮，則神農教播殖以變之。此窮變
之大要也。窮則變，變則通，與天終始，故可久。民得其用，故無所不
利也。

初六爻解：地

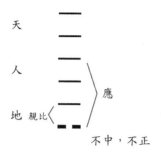

天

人

地 親比

應

不中，不正

(1) 不中，不正

(2) 與九二親比，九二為陽剛君子，陰陽相合，此時若能貞靜自持，偏安於室，則論吉，故曰：繫于金柅，貞吉。

(3) 與九四相應，但若見九四，或生愛慕之情，故獨前往相見，那是不合禮儀的，故曰：有攸往，見凶

(4) 初、二、三為巽，利，空，二、三、四為乾，首，初六前往九四為有利之象，但一旦事有反轉，則成空矣！

(5) 初六為始生之一陰，戀九二又戀九四，就如羸豕蹢躅，立見其凶，故初六可喻為小人也。

《象傳》：繫于金柅，柔道牽也。

解：繫于金柅，是曰初六陰柔，只得牽於九二之剛。（參2）

同事	主管	高層	基層	不中	不正	動能
	○	○		能力有限	才華不足	弱

評：下之上，以此格局要改變，需經過一番調適

論：人際關係很好，這對初出者而言，有利於未來，但其它太弱，必須時間磨練，然若懶於現況，則不妙矣！

九二	二爻動，變艮為遯
被動	

```
乾   ↱錯震
乾 巽 艮
   ↳錯坤   ↳錯兌
```

```
☰乾   ☰乾₁
☴巽 → ☰乾₃        ☰乾₂
  二        ☰乾     ☴巽₄
  爻
  動 ☶艮₅      ☴巽
```

巽：魚 ⎤
艮：手 ⎬ 包有魚
震：動，包 ⎦

巽：酸味 ⎤
坤：眾，客 ⎬ 不利賓
兌：毀，折 ⎦

《繫辭》：包有魚，无咎，不利賓。

解：將魚包裹起來送客，這是無可追咎的。但若魚不新鮮，而有異味，
　　這樣送客，對客人是不尊敬，客人也不能忍受。

斷：乾₁ 健 → 乾₂ 努力

偏凶	乾₃ 努力 → 巽₄ 空 → 關鍵 → 行謙制空
	艮₅ → 止

　　變艮為止，不利貞

論：並沒有改變努力的態度，但卻獲得了空的回報。檢討原因，主要在
　　艮止，也就是失去了中心思想，不能滿足客體的需求，要特別注意改
　　善。

黃帝、堯、舜垂衣裳而天下治，蓋取諸乾坤。
《九家易》曰：黃帝以上，羽皮革木，以御寒暑。至乎黃帝，始制衣
裳，垂示天下。衣取象乾，居上覆物。裳取象坤，在下含物也。虞翻
曰：乾為治，在上為衣。坤下為裳。乾坤萬物之縕，故以象衣裳。乾為
明君，坤為順臣，百官以治，萬民以察，故「天下治」。蓋取諸此也。

九二爻解：地，二多譽

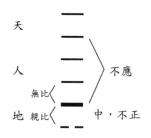

天

人　　　　　　　不應

　　無比

地　親比　　　中，不正

(1) 中，不正。
(2) 九二剛爻中位，剛正不偏。
(3) 與九三無比，互不交流。與初六親比，初六為陰爻，心胸狹窄，與之親比，顯示九二有包容之雅量，而有包有魚，无咎之象。
(4) 與九五不應，對九二而言，九五為客體，不相應，故曰：不利賓。
(5) 二，三，四為乾，三，四五亦為乾，故不應也。

《象傳》：包有魚，義不及賓也。

解：包有魚，指在義理上，不應波及到賓客，而讓賓客忍受不新鮮的禮物。(參5)

同事	主管	高層	基層	中	不正	動能
○	×	×		有能力	才華不足	強

評：中之下，雖然出了問題，有信心改善

論：人際關係稍差，若能調節自己的心態，就可以輕鬆的改進，但這還要看改過之後的心態是否正確，如果偏離了中道，於事無補。

$$乾 \rightarrow 乾_1$$
$$巽 \rightarrow 乾_3$$
$$三爻 \rightarrow 乾 \rightarrow 巽_2$$
$$動 \rightarrow 坎_5 \rightarrow 離_4$$

巽：股
乾：骨　　臀無膚
坎：膚

震：行　　其行次且
巽：進退

坎：險 → 屬

《繫辭》：臀无膚，其行次且，屬，无大咎。

解：臀部沒有皮膚，所以行路困難，有危屬之象，但無大咎。

斷：乾₁ 健 → 巽₂ 空 ⋯ 關鍵 → 行謙制空

偏凶	乾₃ 努力 → 離₄ 心
	坎₅ → 險

變坎為險，　其行次且

論：險象環生，如果自己的心思沒有放在工作上，而是跑到別的地方，當然正事就只有空的份。險境要改善，唯有一條路，就用巽謙取代巽空，用謙遜的態度去應對已經發生的事。

刳木為舟，剡木為楫，舟楫之利，以濟不通，致遠以利天下，蓋取諸渙。

《九家易》曰：木在水上，流行若風，舟楫之象也。此本否卦九四之二。刳，除也。巽為長，為木，艮為手；乾為金；艮手持金，故「刳木為舟，剡木為楫」也。乾為遠天，故「濟不通，致遠以利天下」矣。法渙而作舟楫，蓋取斯義也。

九三爻解：人，三多凶

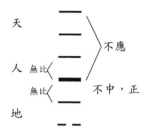

(1) 不中，正。

(2) 與九二無比，與九四亦無比，九三陽爻，雖然剛貞正固，但位不中，又無法得到近鄰奧援，故有臀無膚之象。

(3) 與上九不應，即便想去尋求上九的支持，也得不到，故有其行次且，厲之象。

(4) 三，四，五為乾，四，五，六亦為乾，故不應。

(5) 然九三陽爻正固，道雖危，但得位，若能安份自守，雖厲，無大咎矣！

《象傳》：其行次且，行未牽也。

解：其行次且，是因為九三上下皆無比，無應，沒有可牽拖而造成的現象。（參3）

同事	主管	高層	基層	不中	正	動能
×	×	×		能力有限	有才華	強

評：下之上，還有一點毅力想改善，但很吃力

論：持才傲物，要在社會上有大成就，一，就是自己有獨特的才華，不靠他人。二，就是改變自己，放低身段，若能做到，前途無量。

四爻動，變巽為重巽

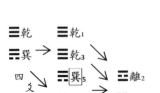

巽：魚
艮：手   包无魚
艮：止

坎：凶
巽：入   起凶
震：行

《繫辭》：包无魚，起凶。

解：當沒有魚可以包給賓客做禮物，代表家道中落，有凶象也。而既失
　　其所，應以靜為宜。

斷：乾₁ 健 → 離₂ 心

偏
凶

　　乾₃ 努力 → 兌₄ 折
　　巽₅ → 空 ⇢ 關鍵 → 行謙制空
　　變巽為空，　起凶也

論：空心，當沒有心思投注在工作上，以致於事業完全毀折。當然原因
　　很多，然而若不能及時回頭，則時不我予也。關鍵在巽空，若能體
　　會，則將巽空修正為巽謙，好好低頭懺悔，或可有救。

服牛乘馬，引重致遠，以利天下，蓋取諸隨。

虞翻曰：否上之初也。否乾為馬，為遠；坤為牛，為重。坤初之上，為
　　引重。乾上之初，為「致遠」。艮為背，巽為股，在馬上，故「乘
　　馬」。巽為繩，繩束縛物，在牛背上，故「服牛」。出否之隨，引重致
　　遠，以利天下，故「取諸隨」。

九四爻解：人，四多懼

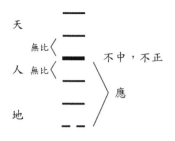

(1) 不中，不正。

(2) 與九三無比，也與九五無比，得不到他們的支援。

(3) 與初六相應，原本是初六應九四，而由九四包容之，但現在是九四應下初六，主客異位，反而由初六決定是否得以包容，這反成凶象，故曰：包無魚，起凶。

(4) 初，二，三為巽，利，空。三，四，五為乾，首，九四前來初六是為求利，故初六掌凶殺大權，其結果卻是一場空。

《象傳》：无魚之凶，遠民也。

解：无魚所以為凶象，是因為九四已遠離民眾，故凡事皆凶。（參3）

同事	主管	高層	基層	不中	不正	動能
×	×		○	能力有限	才華不足	強

評：下之上，能力恐不足以扭轉毀折

論：雖然動能強，但還是不努力，如果不能覺悟，自己又沒有才華，想要脫離社會獨居，是不可能的事，所以，認清現實，腳踏實地才是根本之道。

重門擊柝，以待暴客，

干寶曰：卒虣之客，為奸寇也。

五爻動，變離為鼎

乾　巽　離　兌
　　　↳錯 震

☰乾　　☰乾₁
☴巽 → ☰乾₃
　　五　　↘☲離₅ → ☱兌₂
　　爻　　↘　　　　☰乾₄
　　動　☴巽

巽：木，杞象　⎤
乾：瓜，果　　⎦ 以杞包瓜

兌：口　　　　⎤
離：明，文采　⎦ 含章

震：行

巽：命 ⎤
乾：天 ⎦ 有隕自天

《繫辭》：以杞包瓜，含章，有隕自天。

解：用杞葉包瓜果，喻美在其中。而君王秉中正之德，施命於四方，以
　　福利天下眾生，故其命，猶如自天而降也。

斷：乾₁ 健 → 兌₂ 悅

偏
吉

乾₃ 努力 → 乾₄ 努力 → 關鍵 → 莫成剛愎

離₅ → 心

變離為心，志不舍命也

論：心態改變，務實以對，努力工作，自然會有令人喜悅的回報。但要
　　注意一點，即乾努力不可成乾剛愎，千萬留意。

蓋取諸豫。
《九家易》曰：下有艮象。從外示之，震復為艮。兩艮對合，重門之象
　　也。柝者，兩木相擊以行夜也。艮為手，為小木，為止持；震為足，
　　又是木，為行；坤為夜。即手持柝木夜行，擊門之象也。

九五爻解：天，五多功

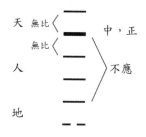

天 無比 〈 ＝＝＝
　　　　　　　　 中，正
　 無比 〈 ＝＝＝
人　　　　　　 〉 不應
　　　＝＝＝

地　　＝＝

(1) 中，正。

(2) 與上九無比，與九四亦無比，九五陽剛賢明君主，行事果斷，所發之命令，無不合中道而行，故曰：以杞包瓜，含章。

(3) 與九二不應，九二為民，九五君位，君本居九重，難與民相遇，唯有秉中正之德，推行仁政以利天下眾生，福祉百姓，故其令有如天之明命，不可有絲毫不正，故曰：有隕自天。

(4) 二，三，四為乾，三，四，五亦為乾，故不應也。

(5) 雖不應，但政令不得不推廣，若有不合民心之政策，則需調整才是。

《象傳》：九五含章，中正也。有隕自天，志不舍命也。

解：九五含章，是九五位既中且正。而有隕自天，其心志不違所發之誥命，而施與四方，四方亦不違其命也。（參 2，3）

同事	主管	高層	基層	中	正	動態
×	×		×	有能力	有才華	強

評：中之下，確實有做到努力以對，但心態有問題

論：有能力，有才華，動能強，但其他都有待改善。以此評等，不算很賢明，如果能再親民一點，則非賢君莫屬。職場上亦可擔得主管之位，也有非常大的潛力，只是過於傲慢，有礙前途。

上九	六爻動，變兌為大過	
被動		

┌→ 錯 震
乾 巽 兌
└→ 錯 艮

≡ 乾 　 ≡ 乾₁
☰ 巽 →　☰ 乾₃ ↘
　六 　 ≡ 兌₅ →　≡ 乾₂
　爻 　 ☰ 巽 →　≡ 乾₄
　動

乾：首，為頭 ┐
艮：山，凸起 ├ 姤其角
震：行 ┘

艮：止 ┐
兌：折 ┘ 无咎

《繫辭》：姤其角，吝，无咎。

解：相遇在頂角之上，其事艱難行，亦無可追咎之處。

斷：乾₁ 健 → 乾₂ 剛愎 → 關鍵 → 棄剛愎為努力

凶

乾₃ 努力 → 乾₄ 努力

兌₅ → 折

變兌為折，上窮吝也

論：同樣是努力，沒有改變，但卻發生了毀折的現象，檢討原因，決策
　　過程出了問題，或者事業走入死角，需要另行開發，這些都要考慮，
　　切忌剛愎自用。

坎為盜，虎水虎長無常，故「以待虎客」。既有不虞之備，故「取諸
豫」矣。斷木為杵，闕地為臼。臼杵之利，萬民以濟，蓋取諸小過。
虞翻曰：晉上之三也。艮為小木。上來之三，斷艮，故「斷木為杵」。
　　坤為地，艮手持木，以闕坤三，故「闕地為臼」。艮止於下，臼之象
　　也。震動而上，杵之象也。震出巽入，艮手持杵，出入臼中，舂之象
　　也，故「取諸小過」。

上九爻解：天

天　無比

人

地

不中，不正

不應

(1) 不中，不正。

(2) 與九五無比，上九陽剛正固，久不用事。

(3) 剛爻首位，故以角取象，而曰：姤其角。

(4) 爻位至上至極，故有窮吝之象。

(5) 與九三不應，安份自守，不再有視事之情，故曰：无咎。三，四，五為乾，四，五，六亦為乾，故不應也。

《象傳》：姤其角，上窮吝也。

解：姤其角者，上位至極，而有入角無處可發揮，既無比又無應，窮吝之象也。（參3，4，5）

同事	主管	高層	基層	不中	不正	動能
×			×	能力有限	才華不足	強

評：評：下之中，無力扭轉毀折現象

論：以此格局為適合退休之模式，安份守己，頤養天年。工作上想要出人頭地難以哉！當然，若只是為生活，而沒有其他追求，靠勞力亦可，然若要再上一層，則需要更多的動能去學習專業，以及建立良好的人際關係。

≣ 澤在地上 澤地蓄水 我順彼聚 有孚乃終

萃

澤地

被動

未濟

叢，聚（萃：音翠）

《序卦》：物相遇而後聚，故受之以《萃》。

《萃》者，聚也

《雜卦》：《萃》，聚也。

┌錯 震
兌 坤 巽 艮 坎 離
└錯 乾

```
☱兌  →  ☱兌₁
☷坤     ☷坤₃  ↘
               ☴巽₂  →  ☲離
☱兌  →  ☱兌   ↗          ☵坎
☷坤     ☶艮₄             未濟
```

乾：君，王 ┐
震：行   │ 王假有廟
艮：廟   ┘

乾：大人 ┐
離：目   ┘ 利見大人

兌：羊 ┐
坤：牛 │ 大牲
坎：豬 ┘

震：行 ┐
巽：利 ┘ 利有攸往

《繫辭》：亨。王假有廟，利見大人，亨，利貞。
用大牲吉，利有攸往。

解：萃，聚，亨通之象。君王到宗廟祭祀祖先，以求獲福。也利於君王
　　及諸大臣借此祭祀聚會，這是亨通而且利貞之象。用豐厚的大禮來祭
　　祀，是吉祥的，也利於前往作一番事業。

斷：兌₁ 悅 → 巽₂ 空

偏
吉

　　坤₃ 順 → 艮₄ 反

　　悅以順，利見大人

論：眼前現象是和順而且令人喜悅，要保持下去。然而世上並非千日
　　好，如果因故而改變，恐怕接下來的是空亡的後果，故而要時時警惕
　　在心。萃為聚，故有聚財之象，亦有老友相聚之義，然兌為口，或與
　　人爭論，而阻前程，不可不慎。

【易下經】咸恆為首，終於未濟 首重人倫之常

萃卦爻解

《彖辭》曰：萃，聚也；順以說，剛中而應，故聚也。王假有廟，致孝享也。利見大人，亨，聚以正也。用大牲吉，利有攸往，順天命也。觀其所聚，而天地萬物之情可見矣。

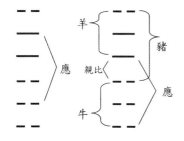

《象傳》：澤上於地，萃；君子以除戎器，戒不虞。

解：水澤潤於大地，所以生萬物而為萃。君子體之，眾若萃，必有爭奪之事，故君子除兵器，是戒備可能發生之事件。

(1) 上卦為兌，說，下卦坤，為順，順以說。九五陽剛與六二相應，九五，六二皆位中，故曰：剛中而應，聚也。

(2) 二，三，四為艮，廟。九五與六二相應，為王假有廟祭祖，致孝亨也。

(3) 九五與六二位皆正，二，三，四為艮，反，四，五，六為巽，謙，故六二前往九五，為以謙道相應，而曰：聚以正也。

(4) 初六與九四相應，初，二，三為坤，牛；六三與九四親比，四，五，六為兌，羊；三，四，五，六為大象坎，坎為豬，牛，羊，豬為祭祀用之大牲，以大牲吉。

(5) 初六與九四相應，初，二，三為坤，順，二，三，四為艮，廟；故借祭祀，初六，六三透過九四而能順利見諸大臣及君王之虔誠之心，此為正，為公，以正相聚，而曰：利有攸往，順天命也。

(6) 九五與六二相應，九四與初六相應，九四與六三親比，觀其所聚，陽倡陰和，天地化生，萬物之情可見矣。

比附	相應
○×	○

評：要保持現有的狀況，恐先排除雜音

論：有比附，但是依附在初六與九四之應，不是有助六二與九五之應，故對政令下達並無助益。對企業而言，也是不利，至於個人，顯然有外界之干擾，必需克服，否則也是不利。

初六　|　初爻動，變震為隨

動態

兌 坤 巽 艮 震

```
☱兌        ☴巽₁
☷坤  →   ☶艮₃      ↘
初        ☱兌   →   ☴巽₂
爻動      ☳震₅  →   ☶艮₄
```

坤：孚
巽：進退 　}　有孚不終
艮：止，不

坤：迷
震：行
艮：不 　}　乃亂
巽：進退

兌：口 → 號

乾：數一
艮：手
兌：悅 　}　一握為笑，往无咎
震：行

《繫辭》：有孚不終，乃亂乃萃，若號，一握為笑，勿恤，往无咎。

解：對誠信不能守之以終，故相聚時表現混亂，心虛。即便如此，也不
　　影響與他人之交往，一旦有人相呼應，相對一握而笑，仍可成為好
　　友；然若能改變自身對孚信的態度，不論與何人交往，都無需憂恤，
　　有孚前往，不會獲咎的。

斷：巽₁ 空 → 巽₂ 謙 → 關鍵 → 莫棄謙成空

虛吉

　　艮₃ 反 → 艮₄ 反
　　震₅ → 行
　　變震為行，往天咎

論：若要擺脫空相，就必須誠實的去行謙道，而不是只說不練，如果因
　　此而獲得人們的信任，一定可反轉運勢。

【易下經】咸恆為首，終於未濟 首重人倫之常

初六爻解：地

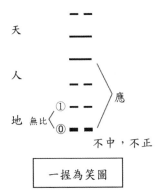

天

人

地 無比

① 應

⓪

不中，不正

一握為笑圖

(1) 不中，不正。

(2) 與九四相應，初、二、三為坤，孚之象，故與九四相交以孚為重；初六位不中，不正，又為陰爻，對守孚本就有瑕疵，九四雖亦不中，不正，但陽爻剛性，相當重視孚之道，故兩者之應，因初六有孚不終，而致順轉吝，是謂：乃亂。

(3) 與六二無比，原本六二與初六並無深交，但當六二前來邀約時，兩人一握而笑，成為好友，而曰：乃萃，若號，一握為笑。原欲與九四相交，最終卻與六二成好友，故其志已亂矣！

(4) 初、二、三為坤，順，二、三、四為艮，反，故面對九四，初六雖有孚不終，但若致最大歉意，則前往也無需憂恤，往无咎矣！

《象傳》：乃亂乃萃，其志亂也。

解：乃亂乃萃，言初六不守信孚之道，故方寸已亂矣（參5）

同事	主管	高層	基層	不中	不正	動能
	×	○		能力有限	才華不足	弱

評：下之中，雖說行謙或可反轉運勢，但恐不易行之

論：與高層有良好關係，但本身能力，人際等都有問題，如果要更上一層樓，勢必要努力，如果不努力，即使後台再硬，要走長的路，難矣哉！

六二

被動

二爻動，變坎為困

┌→錯 震

兌 坤 巽 艮 離 坎

☱兌　☴巽₁

☷坤 → ☶艮₃

二 ↘　☱兌 → ☴巽₂

爻　↘　☵坎₅ → ☲離₄

動

震：行，引 ┐

艮：手　　│

巽：繩　　├ 引吉

兌：悅　　┘

坤：孚　　┐

離：禮，夏祭　│

坎：隱伏，神之象　├ 孚乃利

乾：天　　│　　用禴

艮：廟　　│

兌：無咎　┘

《繫辭》：引吉，无咎，孚乃利用禴。

解：互相牽引，是吉而无咎的。因為有誠心，故夏祭時，用薄禮即可。

　　所謂互相牽引，喻集賢廣益也。

斷：巽₁ 空 → 巽₂ 謙

偏吉

艮₃ 反 → 離₄ 心

坎₅ → 伏 → 關鍵 → 莫棄伏成險

變坎為伏，引吉，无咎

論：心懷謙虛之道，行事低調，不高傲，能忍辱，自然可得吉象。重要

　　的是坎伏，千萬不可讓坎伏成坎險，所以，做人的態度很重要。

六二爻解：地，二多譽

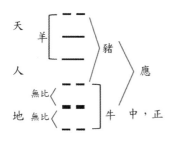

(1) 中，正。

(2) 與初六無比，亦與六三無比，互不牽引。

(3) 與九五相應，故被九五所吸引，而曰：引吉。

(4) 九五為陽剛尊位，六二誠信無邪。，二，五皆同德，故正應是繫於誠信，而不繫於利，故有孚利用禴，薄禮即可。

(5) 二，三，四為艮，止，反。三，四，五為巽，謙，利。證明六二，九五之相交不(止)為利，是相互(反)被彼此的謙虛之道所吸引。

(6) 艮為廟，初、二、三為坤，牛；四、五、六為兌，羊；三、四、五、六為大象坎，坎為豬，豬，牛，羊為祭祀品，故有禴之象。

《象傳》：引吉无咎，中未變也。

解：引吉无咎，為二，五本有中德，不因牽引而有所改變。(參3)

同事	主管	高層	基層	中	正	動能
×	×	○		有能力	有才華	弱

評：中之下，**有信心可轉危為安，但能否恒，則有疑**

論：有能力，又有才華，是研發人才。若能主動配合，則前途無量。然而擺在前面的是個性鬆散，若不願配合，那即使再有才華，也無法成大器，智者應自知。

六三
被動

三爻動，變艮為咸

兌 ☱　巽₁ ☴
坤 ☷ → 艮₃ ☶
三爻動　兌 ☱　乾₂ ☰
　　　　艮₅ ☶　巽₄ ☴

兌 坤 巽 艮 乾
　↳錯 震

兌：口→嗟如
巽：利
艮：止，不　} 无攸利
兌：悅
坤：順　} 往无咎
震：行

《繫辭》：萃如，嗟如，无攸利，往无咎，小吝。

解：欲前去相聚，卻無由可往，只能嗟嘆，一無所利。但即使前往，也不會有獲咎之理，免不了就是小吝而已。此喻才德不足，人莫與之萃。

斷：巽₁ 空 → 乾₂ 努力

凶　艮₃ 反 → 巽₄ 空 ⇢ 關鍵 → 行謙以制空
　　艮₅ → 止
　　變艮為止， 无攸利也

論：雖然想要反轉空相，也很努力，可是還是擺脫不了惡運。巽空是關鍵，若能將巽空修正為巽謙，也就是恪守謙道，或許可扭轉空相。

本無乾象，故不言以利天下也。
弦木為弧，剡木為矢；弧矢之利，以威天下，蓋取諸睽。
虞翻曰：無妄五之二也。巽為繩，為木；坎為弧；離為矢，故「弦木為弧」。乾為金，艮為小木。五之二，以金剡艮，故「剡木為矢」。

六三爻解：人，三多凶

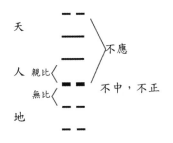

天

人　親比

地

不應

不中，不正

(1) 不中，不正。

(2) 與六二無比，不相往來。

(3) 與上六不應，欲前往，卻得不到回應，故有萃如，嗟如，无攸利之象。

(4) 三，四，五為巽，空，利。四，五，六為兌折，故六三前往上六處，無利反折，不應也。

(5) 與九四親比，既然不能去上六，那就去九四，雖然有些遺憾，但往无咎，小吝也。

《象傳》：往无咎，上巽也。

解：无咎之意為，三，四，五爻為巽，巽為利，九四位巽之中，是故，前往九四為利而無心也。（參4）

同事	主管	高層	基層	不中	不正	動能
×	○	×		能力有限	才華不足	弱

評：下之中，**即使再努力，恐怕也難反轉，另謀他途**

論：主管相挺，但主管也可能有變，故此格局，著實令人擔心，而當事者也應有自知之明，要改善，也要從專業能力做起，有了能力，再圖謀反轉。

四爻動，變坎為比

☱兌 ☴巽 ☷坤 ☶艮 ☵坎

☱兌　　☴巽₁

☷坤　→　☶艮₃

四　　　☵坎₅　　☶艮₂

　爻　　☷坤　　　☷坤₄
　　動

兌：悅
巽：入　⎤
坤：眾　⎦ 大吉
坤：順
艮：止　⎤
坎：險　⎦ 無咎

《繫辭》：大吉，无咎。

解：大為吉祥，无可追究之處。喻處事應貞以事上，義以對下，自得其
　　吉也。

斷：巽₁ 空 → 艮₂ 反

　　艮₃ 反 → 坤₄ 順

　　坎₅ → 伏 → 關鍵 → 勿棄伏成險

　　變坎為伏，　大吉

論：若低調不高傲，則可止住空相而反轉順利。關鍵在坎伏，此時切不
　　可旁若無人，而應低下求教。若伏成險則不妙，故以忍為戒。

乾為威，五之二，故「以威天下」。弓發矢應，而坎雨集，故「取諸
睽」也。
上古穴居而野處，後世聖人易之以宮室，上棟下宇，以待風雨，蓋取諸
大壯。
虞翻曰：無妄，兩象易也。無妄乾在上，故稱「上古」。艮為穴居，乾
　　為野，巽為處，無妄乾人在路，故「穴居野處」。

九四爻解：人，四多懼

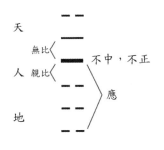

天 無比 <
人 親比 <
　　　　不中，不正
地 　　　　應

(1) 不中，不正。

(2) 與九五無比，雖近九五之君，但並無衝突發生，各安其位。

(3) 九四乃陽剛君子，與六三親近，又與初六相應。然並未因與眾陰相聚而改其志，一言一行堪為眾陰表率，故曰：大吉无咎。

(4) 初，二，三為坤，順。二，三，四為艮，反，故九四交往初六，凡事順利。

《象傳》：大吉无咎，位不當也。

解：大吉无咎之意，指九四位不當，既不中，也不正。大吉亦成不吉矣！唯若能做到公公正正，斯可无咎矣！(參3)

同事	主管	高層	基層	不中	不正	動能
○	×		○	能力有限	才華不足	強

評：中之下，要改變現況應該有此毅力，然需要觀察後續

論：人際關係尚可，但專業知識不足是最大隱憂。但既然很努力，那跟主管互相合作應該不是問題，如果能進一步，前景可期。

五爻動，變震為豫

兌 坤 巽 艮 震 坎

```
☱兌      ☴巽₁
☷坤 →    ☶艮₃          ╮
    五爻  ☳震₅ → ☵坎₂   │
    動   ☷坤     ☶艮₄
```

震：行
兌：口，號召   ╮ 萃有位
坤：眾   ╯

艮：止，不   ╮
坤：孚   │ 匪孚
坎：加憂，陷也 ╯

《繫辭》曰：萃有位，无咎。匪孚，元永貞，悔亡。

解：正位之君，號召眾人團結，這是無可追咎的，但終不是以真誠之心
　　前來萃聚。如是，君王則當省思自反以修元，永，貞三德，修德聚
　　人，終能為群眾所服，而無悔恨之心。

斷：巽₁ 空 → 坎₂ 伏 → 關鍵 → 勿棄伏成險

吉　　艮₃ 反 → 艮₄ 反
　　　　震₅ → 行

　　變震為行，元永貞也

論：要突破空相，唯有低調忍而行事，才有可能。關鍵在坎伏，如果仍
　　然是趾高氣昂，不可一世，那要反轉，幾乎不可能，這點要牢記在
　　心。

震為後世，乾為聖人，後世聖人，謂黃帝也。艮為宮室，變成大壯，乾
　　人入宮，故「易以宮室」。艮為待，巽為風，兌為雨，乾為高，巽為
　　長木，反在上，為棟。震陽動起，故「上棟」。

九五爻解：天，五多功

天 逆比〈
　　無比〈
　　　　　中，正
人
　　　　　應
地

(1) 中，正。

(2) 與上六逆比，有爭執且不易解決。

(3) 與九二相應，故以君王身份向下號召民眾，而曰：萃有位，无咎。
二，三，四為艮，反。三，四，五為巽，謙，以謙道號召群眾，群眾當然受其指揮。

(4) 但與九四無比，即使九四參與，恐也不是真心，故曰：非孚。

(5) 九五尊位，陽剛賢明君王，上有上六逆比，下有九四無比，此時必需自我反省，而有元，永，貞，並做到悔亡方可。

《象傳》曰：萃有位，志未光也。

解：所謂萃有位，以九五之位，當然可以號召群眾，但若徒以九五之位，而德未足，即便有心團結群眾，亦未能光大其志也。(參 3，4，5)

同事	主管	高層	基層	中	正	動態
×	逆		○	有能力	有才華	強

評：中之上，**絕對有能力，有毅力反轉空相**

論：賢明君王之才，即使在民間也是總經理以上，如果能和老板良性溝通，那前途一片光明。總之，處高位應虛懷若谷，不必太過計較。

六爻動，變乾為否

兌　坤　巽　艮　乾
└錯震

☱兌　　☴巽₁
☷坤 → ☶艮₃
六　　　☰乾₅ → ☴巽₂
爻動　　☷坤　　☶艮₄

震：動
兌：口　｝齎咨
艮：手

艮：鼻
兌：澤，水　｝涕洟

《繫辭》曰：齎咨涕洟，无咎。

解：：咨嗟，嘆息涕淚俱下，只冀求和，无所追咎，上六當萃反之時，
　　故有孤立之危

斷：巽₁ 空 → 巽₂ 空 ⟶ 關鍵 → 行謙以制空

凶　艮₃ 反 → 艮₄ 反
　　乾₅ → 努力
　　變乾為努力，　但未安上也

論：雖然很努力的想尋求反轉，但終究沒有成功，關鍵在巽空，如果能
　　用巽謙以心誠的方式尋求，或有成功的機會，但切記，是真誠，而非
　　假意，或有前科，想都不易成功。

*下宇，謂屋邊也。兌澤動下，為下宇。無妄之大壯，巽風不見。兌雨隔
震，與乾絕體。故「上棟下宇，以待風雨」，蓋「取諸大壯」者也。
古之葬者，厚衣之以薪，葬之中野，不封不樹，喪期無數，後世聖人易
之以棺槨，蓋取諸大過。*

上六爻解：天

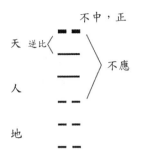

(1) 不中，正。

(2) 與九五逆比，起了衝突，上六為皇室宗親，不服九五，上六又為陰爻心胸狹窄，有報復之心。

(3) 與六三不應，尋六三求援，六三不理會，三、四、五為巽、空，四、五、六為兌、折，當然六三不應。

(4) 既與九五爭執，又無能力與之抗衡，故只有相求九五，而有齎咨、涕洟之象。

(5) 既是宗親，故而最終九五還是選擇原諒，无咎。

《象傳》曰：齎咨涕洟，未安上也。

解：齎咨涕洟，是未安其位，故哀求九五原諒。(參4)

同事	主管	高層	基層	不中	正	動能
逆			×	能力有限	有才華	弱

評：下之中，要反轉空象，很難，另尋它途

論：若是安分頤養，或者合于評等，但若要與人衝突，難矣哉！同樣在工作上，光有才華還不夠，必須人際的配合，對工作的認識等等，都需要去經營。

667

升

地風

動態

既濟

長、高、升，上進。

《序卦》：聚而上者謂之升，故受之以《升》。

《雜卦》：《升》者，不來也。

坤 巽 震 兌 坎 離

↳錯乾

巽：木
坤：地 } 升

離：目
乾：大人
巽：入 } 用見大人

震：行
離：戈兵
離：南方 } 南征吉

坤 → 坤₁
巽 → 巽₃ ↘
坤 → 震₂ ↘
巽 → 兌₄ → 坎
離
既濟

《繫辭》升之亨，用見大人，勿恤，南征吉。

解：進升，大為亨泰。能為大人所用，不必心有憂恤。往南行是吉利
　　的。其喻為量進而不失時。

斷：坤₁ 順 → 震₂ 行

吉

　　巽₃ 謙 → 兌₄ 折

　　君子以順德，積小以高大

論：現在因行謙道而事事順利，但要小心，一旦不行謙道，面臨的可能
　　是毀折，兩方的差異很大。而事先的提醒，就代表未來有可能發生，
　　不能不謹慎。升之巽有猶疑不決之義，故決斷力不足，此為缺憾之
　　處。

升卦爻解

《象辭》曰：柔以時升，巽而順，剛中而應，是以大亨。用見大人，勿
恤；有慶也。南征吉，志行也。

【易下經】咸恆為首，終於未濟 首重人倫之常

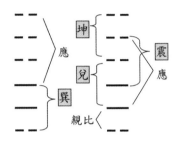

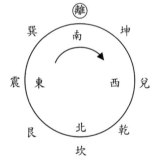

由巽過離到坤為升

南征吉圖

文王圓圖

(1) 下卦巽木，上卦坤地，木從地出而長，故曰：升，亨。

(2) 九三與上六相應，三、四、五為震，行，升；四、五、六為坤，柔，故曰：柔以時升，其升必繫時也。上卦坤，下卦為巽，巽為謙，行謙，其道自順，故曰：巽而順也。

(3) 九二與六五相應，九二剛爻中位，六五位中，故曰：剛中而應。二、三、四為兌，悅，亨之象，三、四、五為震，行(升)，行而亨，是謂大亨。

(4) 九二與六五相應，六五為君，大人，召見九二賢人。六五用賢，二、三、四為兌，悅，故九二勿恤(憂)。而下得上之賞識為有慶，故曰：用見大人，勿恤，有慶。

(5) 六五與九二相應，九二與初六親比，上下交相應，有利六五政令推動，上得下而志行，君王之升也。

(6) 三、四、五為震，初、二、三為巽，四、五、六為坤，二、三、四為兌，符合文王圖，自巽東南，過離南，至坤西南，西南得朋，南征吉也。

《象傳》曰：地中生木，升；君子以順德，積小以高大。

解：木由地向上生長，為升。君子體之，當敬以直內，義以方外，日積月累，積小德以成大德也。

比附	相應
○	○

評：**有能力持續行謙道**

論：上下交相應，顯示君王有能力推動政務。如同企業，若能上下同心，則可平安順利。人亦同，登高必自卑，行遠必自邇，靜待其時而進，疑而勿恤，有恆必得。但需慎防人心之變。

初爻動，變乾為泰

坤　巽　震　兌　乾

▦坤　　▦震₁

▦巽　→　▦兌₃

　初　＼　▦坤　　▦震₂

　爻　↘　▦乾₅　→　▦兌₄
　動

坤：孚，信允也

巽：木，高　　　允升

震：行

兌：悅 → 吉

《繫辭》曰：允升，大吉。

解：允諾協助遷升，大吉之象

斷：震₁ 行 → 震₂ 行 → 關鍵 → 行有目標勿成險

　兌₃ 折 → 兌₄ 悅

　乾₅ → 努力

　變乾為努力，上合志也

論：起而行，而非坐而行，故只要好好的規劃工作，得到上級賞識，回
　　報也是會令人鼓舞的，關鍵在震₂ 行，不是無目地的努力，而是有計
　　畫、有方向、有方法，也不是為我為是的剛愎自用，這尤其要避免。

虞翻曰：中孚，上下易象也。本無乾象，故不言上古。大過乾在中，故
　　但言古者。巽為薪，艮為厚，乾為衣，為野，乾象在中，故「厚衣之
　　以薪」。葬之中野，穿土稱封。封，古窆字也。聚土為樹，中孚無坤
　　坎象，故「不封不樹」。坤為喪期，謂從斬衰至緦麻。日月之期數，
　　無坎離日月坤象，故「喪期無數」。

初六爻解：地

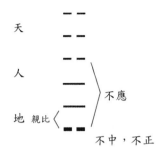

(1) 不中，不正
(2) 初為地位，樹之芽，欲出地面而長，故有升象。
(3) 與六四不應，初六初出社會，只能從基層做起，不可能一蹴而及。
(4) 初、二、三為巽利，二、三、四為兌折，故提升初六沒有任何有利之處。
(5) 與九二親比，九二為陽剛君子，見初六小子，努力應事，故在工作上予以小提升，故曰允升，能升級，必然是大吉的，初、二、三為巽，謙，有謙之德也

《象傳》曰：允升大吉，上合志也。

解：允升大吉，是與九二其志相合也。（參5）

同事	主管	高層	基層	不中	不正	動能
	○	×		能力有限	才華不足	弱

評：下之中，<u>基本能力不足，只能小提升</u>

論：以初六而言，也確實弱了一點，如果只靠上級私人力量提升，自己卻不願努力學習專業技術，恐怕也只能到此，總而言之前途在自己

巽為木，為入處；兌為口；乾為人；木而有口，乾人入處，棺斂之象。
中孚艮為山丘，巽木在裏，棺藏山陵，椁之象也，故「取諸大過」。

九二
動態

二爻動，變艮為謙

坤 巽 震 兌 艮 坎

↳錯 離

☷坤　　☳震₁
☴巽　→　☱兌₃
二　　　☷坤　　　☳震₂
爻　　　☶艮₅　→　☵坎₄
動

震：行
坤：孚
艮：廟　　孚乃利用禴
兌：悅
離：夏祭

《繫辭》曰：孚乃利用禴，无咎。

解：心有誠，即便是薄禮，於夏祭時祭祀祖先，神明，也都是无咎的。
　　喻為不應以虛文事上司，而應以孚為之。

斷：震₁ 行 → 震₂ 行

吉

兌₃ 折 → 坎₄ 伏 ⟶ 關鍵 → 勿棄伏成險
艮₅ → 止
變艮為止，有喜也

論：要想改善現在的環境，而不想讓事情惡化，就必需潛伏而行，也就
　　是低調，要忍，不可再眼高於頂，否則坎伏成坎險，那就不妙了。

上古結繩而治，後世聖人易之以書契。百官以治，萬民以察，蓋取諸
夬。
《九家易》曰：古者無文字，其有約誓之事，事大大其繩，事小小其
*　　繩，結之多少，隨物眾寡，各執以相考，亦足以相治也。夬本坤世，*
*　　下有伏坤，書之象也。上又見乾，契之象也。以乾照坤，察之象也。*

672　**【易下經】**咸恆為首，終於未濟 首重人倫之常

九二爻解：地，二多譽

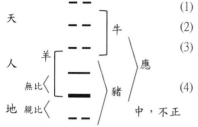

天

人

地

牛

羊

無比

親比

應

豬

中，不正

(1) 中，不正。

(2) 與九三無比，少互動。

(3) 與初六親比，初六全力支持九二，希冀得以升官。

(4) 與六五相應，六五為君，九二民間賢士，君求賢前來襄助國事，六五，九二均為中位，具中德之孚，初、二、三、四為大象坎，坎為伏，鬼神之象，故以利用禴之說，來表兩者間之孚信，如祭祀鬼神般的誠信也。

(5) 二、三、四為兌，悅，三、四、五為震，行，故九二前往六五處，結果十分圓滿。

(6) 四、五、六為坤，牛；二、三、四為兌，羊；初、二、三、四為大象坎，坎為牛，祭祀之品，為禴之象。

《象傳》曰：九二之孚，有喜也。

解：以九二之誠信，君王必信任之，故喜得升官也。（參4）

同事	主管	高層	基層	中	不正	動能
○	×	○		有能力	才華不足	強

評：中之上，有能力，也有毅力防止事件惡化

論：九二就有中上評等，可見其能力非同小可。雖然不是研發人才，但可為優秀的管理人，如果能和頂頭上司相處融洽，前途無亮。

九三	三爻動，變坎為師
動態	

坤 巽 震 兌 坎

```
☷坤          ☳震₁
☴巽   →   ☱兌₃
 三       ☷坤      ☷坤₂
  爻   →              →   ☳震₄
   動   ☵坎₅      ☳震₄
```

巽：空，虛象
震：動
坤：土，邑之象 ┤ 升虛邑

《繫辭》曰：升虛邑。

解：雖然獲得晉升，卻是一個有名無實的官位。

斷：震₁ 行 → 坤₂ 平

偏吉	兌₃ 折 → 震₄ 行→ 關鍵 → 勿行偏成驚
	坎₅ → 伏
	變坎為伏，無所疑也

論：若能低調行事，凡事忍讓，必可脫離毀折之地。所得或許只是平平
　　無奇，但還是要珍惜，千萬不可行邪道，致使震行成震驚，則坎成
　　險，反走入險道矣！

夬者，決也。取百官以書治職萬民，以契明其事。契，刻也。大壯進而
成夬，金決竹木，為書契象，故法夬而作書契矣。
虞翻曰：履上下象易也。乾象在上，故復言上古。巽為繩，離為罔罟，
　　乾為治，故「結繩以治」。後世聖人，謂黃帝、堯、舜也。夬旁通
　　剝，剝坤為書，兌為契，故「易之以書契」。乾為百。剝艮為官，坤
　　為眾臣，為萬民，為迷暗。乾為治。

九三爻解：人，三多凶

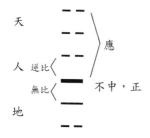

天

人 逆比

　　無比　不中，正

地

(1) 不中，正。

(2) 與九二無比，不交流。

(3) 與上六相應，故上六提拔九三而
　　曰：升。三，四，五為震，行。
　　四，五，六為坤，順，故九三前往
　　上六處，順利之行。

(4) 與六四逆比，雖然上六提拔九三，
　　但非九五君位之令，而六四持續與
　　之相爭，故九三最終只得升一個虛
　　邑。

(5) 四，五，六為坤，坤六斷，亦有虛
　　邑之象。

(6) 而九三之陽有助上六之陰，故升
　　之。

《象傳》曰：升虛邑，无所疑也。

解：升虛邑，這是沒有甚麼可懷疑之處，權力來源不同的結果。(參 4)

同事	主管	高層	基層	不中	正	動能
×	逆	○		能力有限	有才華	強

評：中之下，有能力改變現況，但僅限現況而已

論：評等不錯，有才華，又努力，但有點剛強個性，然能力不足。以此
　　觀之，維持個人生計沒有問題，但要再上一層，就比較麻煩，因個性
　　問題。

675

六四	四爻動，變震為恒
動態	

坤 巽 震 兌 乾
└錯 艮

```
☷坤      ☳震₁
☴巽  →   ☱兌₃
     ╲   ╱
四 ☷ 震₅  →  ☱兌₂
爻  ╱   ╲
動 ☴巽    ☰乾₄
```

乾：君王 ⎫
兌：西 ⎬ 王用亨于岐山
艮：山 ⎭

震：行 ⎫ 吉无咎
坤：順 ⎭

《繫辭》曰：王用亨于岐山，吉无咎。

解：陪同君王到岐山去山祭，這是吉祥無可追咎的。其喻心懷誠敬事上
也。（岐山在華西）

斷：震₁ 行 → 兌₂ 悅

虛吉	兌₃ 折 → 乾₄ 努力
	震₅ → 行 ⇢ 關鍵 → 勿偏成驚
	變震為行，順事也

論：用努力來對抗毀折，有計劃，有策略，有方向的來努力，必然可獲
　　得很好的回報。唯震行不可成震驚，亦即不能走偏，慎之。

夬反剝，以乾照坤。故「百官以治，萬民以察」。故「取諸夬」。大
壯、大過、夬，此三蓋取直兩象，上下相易，故俱言易之。大壯本無
妄。夬本履卦。乾角俱在上，故言上古。中孚本無乾象，大過乾不在
上，故但言古者。大過亦言後世聖人易之，明上古時也。

【易下經】咸恆為首，終於未濟 首重人倫之常

六四爻解：人，四多懼

天
人
地

無比
逆比

不中，正

不應

(1) 不中，正。
(2) 與九三逆比，九三為陽剛君子，與君子交惡，故六四非賢人也。
(3) 與六五無比，故六五對六四沒有太多的印象。
(4) 與初六不應，基層評價不高，初，二，三為巽，空。二，三，四為兌，折，故六四前來初六反遭到毀折之象，故不應也。
(5) 而六四僅能奉六五之令，執行任務而已。故有用亨于岐山，吉，无咎。

《象傳》曰：王用亨于岐山，順事也。

解：王用亨於岐山，對君王而言，是為正順之事，上卦坤為順，六五居中，三，四，五為震行，五在上為順而行，故為正順也。（參 3，5）

同事	主管	高層	基層	不中	正	動能
逆	×		×	能力不足	有才華	弱

評：下之中，沒有能力改善

論：有才華，但動能弱，則才華亦有限。如此格局，能陪同君王去祭山，可以滿足了，要想得到其他好處，不可能。工作上亦同，如果不能振作，只認定自己有才華，就可以吃四方，難矣哉！

五爻動，變坎為井

坤 巽 震 兌 坎 離

☷坤　　☳震₁
☴巽　→　☱兌₃　　↘
　　　　　　　　　↘
五　　　☵坎₅　　☲離₂
爻
動　　　☴巽　　　☱兌₄

巽：高
震：行，動
坎：通　　　　　升階
坤：土，階象

《繫辭》曰：貞吉，升階。

解：提升君子，賢人官階，是貞固吉祥的。升有序，治道則可次第而舉
　　矣！

斷：震₁ 行 → 離₂ 心

偏吉

兌₃ 折 → 兌₄ 悅

坎₅ → 伏 ⋯ 關鍵 → 勿棄伏成險

變坎為伏，大得志也

論：若能懂的忍字，低下身段，則必可讓自己得到好的回報。凡事皆是
　　心的作用最大，心若伏，身段自然柔軟，所以坎伏是六五的重點，切
　　不可高傲而使坎伏成坎險。

是故易者，象也。
干寶曰：言是故，又總結上義也。
虞翻曰：易謂日月，在天成八卦象，縣象著明，莫大日月是也。
象也者，象也。
崔覲曰：上明取象以制器之義，故以此重釋於象。言易者象於萬物。

六五爻解：天，五多功

(1) 中，不正。

(2) 與上六無比，不交往。

(3) 與六四無比，互動不多。

(4) 與九二相應，九二陽剛健實之君子，六五得之，予以晉升，輔佐君王，故曰：貞，吉，升階。

(5) 二、三、四為兌，悅。三、四、五為震，行，故六五得九二之助，十分愉悅，正應也。

(6) 故六五之升，升于治國之道。

《象傳》曰：貞吉升階，大得志也。

解：貞吉升階，顯示六五提升君子賢人是為己所用，而使己之志得以大行。(參4，6)

同事	主管	高層	基層	中	不正	動態
×	×		○	有能力	才華不足	弱

評：下之上，要反轉毀折之象，不容易

論：以六五格局，下之上的評等過低，顯然不是一個賢明君主，所以也不用期待會有多大的政績。工作上，動能弱是致命點，先要從此點改善，若能取得同仁的認同，自然人際關係也會改善，加油。

| 上六 | 六爻動，變艮為蠱 | 坤 巽 震 兌 艮 |
| 動態 | | |

```
☷坤    ☳震1
☴巽 →  ☱兌3
       ☶艮5 →  ☳震2
六爻 →
   動  ☴巽 →  ☱兌4
```

```
坤：陰 → 冥升
巽：利 ⎤
震：行 ⎬ 利于不息
艮：止 ⎦
```

《繫辭》曰：冥升，利于不息之貞。

解：不按牌理的升遷，如果沒有涉及人欲利益的話，還算正道之貞。

斷：震1 行 → 震2 行 → 關鍵 → 勿偏成驚

偏吉	兌3 折 → 兌4 悅
	艮5 → 止
	變艮為止，不息之貞

論：毀折已經停止，取代的是喜悅。換言之，精確的行動已經成功的阻
　　止了災難，今後要注意的是，不能走偏路，而讓震行成震驚，故，即
　　使成功，也不能鬆懈。

象者，形象之象也。

象者，材也。

虞翻曰：象說三才，則三分天象。以為三才，謂天地人之道也。

爻也者，效天下之動者也。

虞翻曰：動，發也。謂兩三才為六畫，則發揮剛柔而生爻也。

是故吉凶生，而悔吝著也。

虞翻曰：爻象動內，則吉凶見外；吉凶悔吝者，生乎動者也，故曰
「著」。

【易下經】咸恆為首，終於未濟 首重人倫之常

上六爻解：天

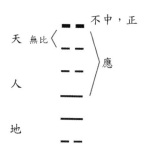

(1) 不中，正。

(2) 上六原已退居幕後，不再復事。

(3) 與六五無比，六五不願干涉上六。

(4) 與九三相應，上六既已不問世事，按理也不應在人事上主導，但如今提拔九三，雖然九三是陽剛正固的君子，但如此提拔，也已破壞了体制，而有冥升之說。然因不為人欲，私利，而是為國舉才，故而還算利于不息之貞也。

(5) 三，四，五為震行，四，五，六為坤順，故上六提拔九三結果十分順利。

《象傳》曰：冥升在上，消不富也。

解：若是由上六所提升，則此提升也只是虛而不實，沒有實權，故為不富也。（參4）

同事	主管	高層	基層	不中	正	動能
	×		○	能力有限	有才華	弱

評：下之上，雖然扭轉困局，但無力持續

論：工作上要加把勁，維持一般尚可，但要前進，就非努力再努力方可，因為有才華，學起來也快，只要有心，應該不難。

　澤在水上，澤中無水，艱難困窮，守時待運

困

澤水

被動

未濟

困難、困苦、窮困。

《序卦》：升而不已必困，故受之以《困》。

《雜卦》：困者，相遇（糾纏不得出險）

兌　坎　巽　　離
　↳錯艮　↳錯震

☱兌　→　☱兌₁
☵坎　　　☵坎₃　↘
　　↘　　　　　☱兌₂　→　☲離
　　　　　☵坎　☲離₄　　☵坎
　　　　　　　　　　　　未濟

坎：險
離：日
兌：暗　　困（日落）
震：行

兌：口
坎：耳　　有言不信
艮：不　　（有耳不聽）

《繫辭》曰：亨，貞，大人吉，无咎，有言不信。

解：當困之時，若能自亨其道，吉而无咎矣！若不能實踐躬行自亨其
　　道，唯欲以言求免，人必不信也。

斷：兌₁折　→　巽₂謙

凶　坎₃險　→　離₄心

　　有言不信，困也

論：當前是處於苦中作樂之境，為困窮而不能達志，徒勞而已。如果不
　　能想方設法脫困，則險象一日不除。故當困之時，需能自亨其道，也
　　就是發自內心，放空自己，力行謙道，以實際行動改變眾人看法，轉
　　困為吉。困，不宜燥進，有謂吃得苦中苦，方為人上人，或困之後反
　　得吉也。

困卦爻解

《彖辭》曰：困，剛掩也。險以說，困而不失其所，亨；其唯君子乎？
貞大人吉，以剛中也。有言不信，尚口乃窮也。

天　　　　　　大
　　　　　　　象
人　親比　　　坎
　　　　　　　應
地　親比

(1) 九二陽剛為陰柔六三所蔽，九五陽剛則被上
　　六陰爻所掩，為困之象，故曰：剛掩也。
(2) 下卦坎，險，上卦兌，說，而曰：險以說。
(3) 九二與初六親比，九二位中，為君子，具中
　　德，初、二、三為坎險，困，九二君子居困
　　之所。
(4) 初六與九四相應，九四與六三親比，故九
　　二，初六，九四，六三互應，比附，二、
　　三、四為離明，故曰：明而不失其所，亨，
　　其為君子乎？
(5) 九五中且正，剛中也，大人吉之象，三、
　　四、五、六為大象坎，坎為險，窮，又為
　　耳，四、五、六為兌，口，折，有言不信。
　　無比又無應，尚口窮也。
(6) 居困之時，即為大人吉之象，其辯亦無補於
　　事，唯守貞以待時也。

《象傳》曰：澤无水，
困；君子以致命遂志。

解：澤為儲水之處，澤無水，是水下漏，而上枯矣！困也。君子體之，
　　在困境中，即使逆命於天，也要遂我之志，成就一個中道。

比附	相應
○×	○

評：心有餘，力不足恐難扭轉困局

論：雖有親比，但都附屬初六與九四之應內，無法完成上下之相交流，
　　且九五亦無任何應，比，可見已被孤立，政令無法下達。比之企業，
　　若是此格局，只恐日漸下滑，企業必需自我檢討，個人亦同，如何振
　　衰起敝才是正道。

| 初六 | 初爻動，變兌為重兌 |
| 被動 | |

兌　坎　巽　離
　　↳錯艮　↳錯震

兌　巽₁
坎 → 離₃
　　　　　　　↘
初　離　　離₂ → 巽₂
爻　　　　↘
動　兌₅ → 離₄

巽：股　⎫
　　　　⎬ 臀之象
坎：陷　⎭

巽：木　⎫
　　　　⎬ 株木
坎：陷　⎭

坎：伏　⎫
震：行　⎪
　　　　⎬ 入于幽谷
巽：入　⎪
兌：谷　⎭

離：數三　⎫
　　　　　⎬ 三歲不覿
離：目　　⎪
艮：止　　⎭

《繫辭》曰：臀困于株木，入于幽谷，三歲不覿。

解：如臀部困在樹根之中，又如身困幽谷之中，三年不見天日。

斷：巽₁ 謙 → 巽₂ 空 → 關鍵 → 行謙以制空

偏凶	離₃ 心 → 離₄ 心
	兌₅ → 折
	變兌為折，三歲不覿

論：空心兼毀折，其象不妙，應該審度時勢或先停，或另擇他就，要解
　　此困局，唯有再行謙，方能使折消失。

初六爻解：地

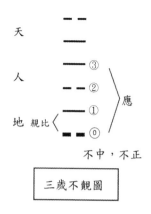

天

人

地 親比

不中，不正

三歲不覿圖

(1) 不中，不正。

(2) 初六為始位，以人之坐取象，則為臀部。

(3) 與九二親比，九二為下卦坎之中位，坎險，而初六陰爻，中為斷，如困于株木。

(4) 與九四相應，九四為上卦兌之始，兌為悅，故等待九四的救援，初六到九四共三爻，為三歲之象，也就是要等三年，故曰：困於幽谷，三歲不覿。

(5) 初、二、三為坎伏，二、三、四為離心，故初六要以低調堅忍之心來等待九四之救援。

(6) 初至二、二至三、三至四共三位，三歲也。

《象傳》曰：入于幽谷，幽不明也。

解：入于幽谷，謂初六上逢兌折，下陷坎險，故其象幽暗不明也，二、三、四為離明。（參 3，4，5）

同事	主管	高層	基層	不中	不正	動能
	○	○		能力有限	才華不足	弱

評：下之上，遇毀折恐難逃脫，唯有自己救自己

論：人際關係不錯，工作上人際關係佔很重要的部份，但其他卻都不及格，故有難時可擋一陣子，卻擋不了一生，所以自己要覺悟，利用好的關係來增強自己的能力才是正途。

九二	二爻動，變坤為萃

被動

兌　坎　巽　離　坤
　　　　　↳錯 震

$$☱ 兌 \quad ☴ 巽_1$$
$$☵ 坎 → ☲ 離_3$$
$$二 \quad ☱ 兌 → ☴ 巽_2$$
$$爻 \quad ☷ 坤_5 → ☶ 艮_4$$
$$動$$

坎：水，酒食 ⎤
坎：陷，困 ⎦ 困于酒食

坤：布帶 ⎤
坤：文采 ⎬ 朱紱
離：紅 ⎦

巽：入 ⎤
震：行 ⎦ 方來

兌：巫 → 享祀

離：戈，兵 ⎤
坤：眾 ⎮
震：行 ⎬ 征凶
坎：險 ⎦

《繫辭》曰：困于酒食，朱紱方來，利用享祀，征凶，无咎。

解：困於酒食之鄉，不改其志，即使有高官厚祿，也不動其心。有如以
　　祭祀神明般的誠心，按耐於中，不急於出仕，伺機而動，庶可无咎
　　矣！

斷：巽_1 謙 → 巽_2 謙 → 關鍵 → 莫棄謙成空

偏吉

離_3 心 → 艮_4 反
坤_5 → 平
變坤為平，有慶也

論：運道已逐漸轉為平順，已經有一線曙光，結果也對自己有利。這個
　　方向應該不會改變，行謙而非棄謙，則對自己更有利。

【易下經】咸恆為首，終於未濟 首重人倫之常

九二爻解：地，二多譽

(1) 中，不正。

(2) 下卦為坎，九二又於坎卦之中位，坎為水，為酒。與初六親比，每日與初六浸於酒食之中，故曰：困於酒食。

(3) 與九五不應，故即使有高官厚祿之消息，也都真假難分，故九二也不在這上面動心。雖然如此，仍以祭祀神明般的誠心祝福九五。故曰：朱紱。方來，利用亨祀

(4) 二，三，四為離，心。三，四，五為巽，利，空，而六三又與九二逆比，於其中作梗，故若九二前往九五是為利，則九五應不會與之相應，是為一場空。故曰：征凶，只有困於酒食以待機，無咎也。

《象傳》曰：困于酒食，中有慶也。

解：能困於酒食而无咎者，主要是九二剛爻居中位，自亨其道，故有朱紱方來之福慶也。（參3）

同事	主管	高層	基層	中	不正	動能
○	逆	×		有能力	才華不足	強

評：中之下，有能力持續行謙道

論：依格局，為管理人才。但人際關係若能加強，對自己的事業一定加分。動能強也可能固執，要注意。

三爻動，變巽為大過

兌　坎　巽　離　乾
　　　↳錯艮　↳錯震

```
☱兌    ☴巽₁
☵坎 → ☲離₃　↘
三      ☱兌　↘ ☰乾₂
爻  ↘  ☴巽₅ ↗ ☰乾₄
 動
```

乾：剛　┐
艮：石　┘困于石

坎：蒺藜　　　┐
巽：入，進退　┘據于蒺藜

巽：入　┐
震：行　├ 入于其宮
艮：宮　┘

兌：妻　　┐
艮：不　　├ 不見其妻
離：目，見┘

《繫辭》曰：困于石，據于蒺藜，入于其宮，不見其妻，凶。

解：困在碎裂的石堆之中，又如倚在多刺的蒺藜之上，不知何可。回到
　　家中，也見不到妻子，凶象。喻無法脫困也。

斷：巽₁ 謙 → 乾₂ 努力

偏凶

離₃ 心 → 乾₄ 剛愎

巽₅ → 空 → 關鍵 → 行謙制空

變巽為空，不見其妻

論：不斷的努力，換來的是一場空，原本空相出來，努力是正確的，如
　　果小心應對，或有轉機。然而心若行剛愎之性，則無救矣！故關鍵在
　　巽空，若成巽謙，則為正道。

【易下經】咸恆為首，終於未濟 首重人倫之常

六三爻解：人，三多凶

天
人　親比
地
逆比

不應

不中，不正

(1) 不中，不正。

(2) 與上六不應，四，五，六為兌，為山崩碎裂之地，為折，困在碎石之中。三，四，五為巽，空，故上六見之也無能為力。

(3) 與九二逆比，相處不好，時常起衝突。九二為下卦坎之中，坎為險，為蒺藜。有如倚在多刺的蒺藜之上，不知何處。

(4) 與九四親比，六三位二，三，四離之中位，離為中女，妻之象，九四與其親比，故九四為夫。

(5) 離亦為目，見。三，四，五為巽，空，故九四回家，竟然見不到妻子(六三)，而曰：入其宮，不見其妻。四，五，六為兌，折，不見為凶象也。

《象傳》曰：據于蒺藜，乘剛也。入于其宮，不見其妻，不祥也。

解：據于蒺藜，九二與六三逆比，柔乘剛也，入于其宮不見其妻，其象不祥也（參3，5）

同事	主管	高層	基層	不中	不正	動能
逆	○	×		能力有限	才華不足	弱

評：下之中，努力再多，想也挽回不了頹勢，可換方向看看

論：靠主管的幫忙也不是長久之計，若真無其他一技之長，最起碼也要勤快點，來爭取大家的好感，或許能夠有好的結果。

四爻動，變坎為重坎

兌 坎 巽 離 艮 震

```
☱兌        ☴巽₁
☵坎  →    ☲離₃          ☶艮₂
四         ☵坎₅         
爻  動      ☵坎          ☳震₄
```

震：行
巽：進退   } 來徐徐
艮：不止

坎：車
兌：金   } 金車

《繫辭》曰：來徐徐，困于金車，吝，有終。

解：乘坐著豪華的車子，緩緩的在道路上前進。由於速度慢，人在車中
　　就像被困的一般，雖然不舒服，有吝象，但終有到達目的地的時候。

斷：巽₁ 謙 → 艮₂ 反

偏
吉

離₃ 心 → 震₄ 行

坎₅ → 伏 ⋯ 關鍵 → 莫棄伏成險

變坎為伏，有與也

論：如果態度能保持低調，應該有止驚的機會。也就是目前即使還有一
　　點不順，但只要不高傲行事，凡事忍讓，困當可消除。唯若坎伏成坎
　　險，也就意謂棄伏，事難辦矣！

陽卦多陰，陰卦多是，其故何也？

崔心曰：此明卦象陰陽與德行也。陰卦多陰，謂震、坎、艮，一陽而二
陰。陰卦多陽，謂巽、離、兌，一陰而二陽也。

陽卦奇，陰卦耦，其德行何也？

虞翻曰：陽卦一陽，故「奇」。陰卦二陽，故「耦」。謂德行何可者
也。

【易下經】咸恆為首，終於未濟 首重人倫之常

九四爻解：人，四多懼

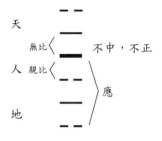

天

人

地

無比　不中，不正

親比

應

(1) 不中，不正。

(2) 與九五無比，互動少。

(3) 與六三親比，六三為初、二、三坎之上位，坎為車；九四為四、五、六兌之下位，兌五行為金，故曰金車。與六三親比，六三在九四與初六相應之內，故為乘坐金車之象。

(4) 與初六相應，初，二，三為坎，伏。故九四低調前來初六，而為來徐徐。二，三，四為離，離為心，坎為險，其象為心困於內，故曰：困於金車。

(5) 然三，四，五離亦為明，終有明，而曰：吝，有終。

《象傳》曰：來徐徐，志在下也。雖不當位，有與也。

解：來徐徐，九四與初六相應，其志是建立與基層的關係。雖九四不中，不正，位不當。但九四與九五相近，若能得民之好感，而名聲上揚九五，未來或有展其抱負之機會。（參3，4，5）

同事	主管	高層	基層	不中	不正	動能
○	×		○	能力有限	才華不足	強

評：中之下，有毅力行忍伏

論：評等不低，但顯然不是靠能力，而是靠毅力。故若不加強其他能力，恐怕未來難脫困局。

九五	五爻動，變震為解

| 動態 | |

兌
坎 →
　　五
　　爻
　　動

巽₁
離₃
震
坎₅

坎₂
離₄

兌：缺，折
艮：鼻
震：足
離：戈兵 ⎦ 劓刖

坎：困
離：赤
巽：繩，紱 ⎦ 困于赤紱

兌：口
震：動 ⎦ 徐有說

艮：廟、祠
艮：手
震：動 ⎦ 祭祀

《繫辭》曰：劓刖，困于赤紱，乃徐有說，利用祭祀。

解：實施截鼻去足之刑，而導致眾叛親離，使君受困其中。只有慢慢的
　　行中道來解脫困局，並以祭祀的機會，誠心向祖先，神明，祝禱求
　　福，並告於天下中道之行矣！

斷：巽₁ 謙 → 坎₂ 險 → 關鍵 → 以伏剋險

偏凶	離₃ 心 → 離₄ 心

　　　　震₅ → 驚
　　　　變震為驚，困于赤紱

論：不安的狀況已經悄悄出現，若不能明白現實環境的變化，而不知悔
　　改，凶險會更勝於不安。要如何改進？坎險改為坎伏，低調忍也。

九五爻解：天，五多功

天　逆比〈
　　無比〈

人

地

中，正

不應

(1) 中，正。

(2) 九五剛爻中且正，應具中德之道，但為君王，以致有刑人之實。

(3) 與上六逆比，故刑之對象為上六，其刑為劓刖。

(4) 此一刑案，卻造成君臣之間的不合，故與九四無比，而有困於赤紱之謂。

(5) 與九二不應，此案在民間也有不良反應。喜九五還算聖明，故有乃徐有說，利用祭祀之動作化解。

(6) 二，三，四為離，心。三，四，五為巽，空，故九五前來九二，主要是欲受民之福，民卻不應也。

《象傳》曰：劓刖，志未得也。乃徐有說，以中直也。利用祭祀，受福也。

解：劓刖，是九五受上六牽制，故志未得也。乃徐有說，九五位中，故行中德以解之。利用祭祀，希望百姓得以理解。（參 4，5）

同事	主管	高層	基層	中	正	動態
×	逆		×	有能力	有才華	強

評：中之下，若能改過，或可脫險

論：有能力，有才華，但卻陷入持才傲物，剛愎自用，此由人際關係惡劣，可以看的出來，如果不修正，只會令人厭煩，而沒有助益。

上六	六爻動，變乾為訟
被動	

兌　坎　巽　　離　乾
　↳錯艮　　↳錯震

巽：藤，莒　⎫
艮：果，蔬　⎬ 困于葛藟
坎：叢林　　⎪
坎：陷　　　⎭

巽：進退　⎫ 臲卼
坎：險　　⎭

震：行動　⎫ 動悔
兌：折　　⎭

《繫辭》曰：困于葛藟，于臲卼，曰動悔。有悔，征吉。

解：　被蔓生的葛藟所困，喻被危險動盪的情勢所困。所以才說動輒得
　　　咎，而悔之。既然有所悔悟，那就以退為進，去除陰邪之疾。故惟征
　　　則吉也。上六處困之極，窮當思變。

斷：巽₁ 謙 → 巽₂ 謙 ⟶ 關鍵 → 行謙制空

慮吉	離₃ 心 → 離₄ 心
	乾₅ → 健
	變乾為健，吉行也

論：已經提示要用努力來克服空想，既然如此，態度很重要。唯有行謙
　　一途，才可得吉，注意的是，不可讓巽謙再轉為巽空。

上六爻解：天

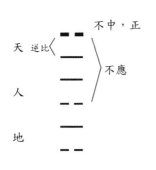

天　逆比
人
地

不中，正

不應

(1) 不中，正。

(2) 上六六極之位，已不用事，自當保守為宜。

(3) 但卻與九五逆比，對九五不滿，而處處有所爭執。

(4) 與六三不應，既與九五不合，故向下尋求支持，但遭六三拒絕，陷入困境。而有困於葛藟，于臲卼之象（動盪不安）。

(5) 一旦九五追究，則只有動悔，有悔也。

(6) 三，四，五為巽，空，利。四，五，六，為兌，折，悅，故當上六前來六三，不會受到歡迎，而為空為折。

(7) 但當上六有悔之時，而前來六三尋求支持，則巽空成巽利，兌成悅，此時為征吉也。

《象傳》曰：困于葛藟，未當也。動悔，有悔吉，行也。

解：困于葛藟，謂處事或有不當。動悔，有悔，謂自我反省，有錯則尋求解決之道，這才是正確選擇。（參4，5，6，7）

同事	主管	高層	基層	不中	正	動能
逆			×	能力不足	有才華	弱

評：下之中，要扭轉困局不容易，另尋他途

論：僅是有才華就想作怪，未免自大了一些。若在企業中，只剩這一點，恐難立足，要自我覺悟，不要自以為是，否則前途堪憂。

≣ 木在水下，木桶汲水，養而不窮，節財備用

井	節，通。

水風

被動

既濟

《序卦》：困乎上者必反下，故受之以《井》。

《雜卦》：《井》通也。

坎　巽　離　兌
　　↳錯震　↳錯艮

震：動，改
巽：邑
艮：不，止　　改邑
巽：木　　　　不改井
兌：口　　井
坎：水

既濟　巽：繩 → 綆

兌：折，贏
離：瓶　　贏其瓶

震：行 → 往來井井

≣坎 → ≣坎1
≣巽 → ≣巽3
　　≣坎 → ≣離2
　　≣巽5 → ≣兌4 → ≣坎 / ≣離

《繫辭》曰：改邑不改井，无喪无得，往來井井。汔至，亦未繘井，贏其瓶，凶。

解：井，即使郡邑有遷改，井的位置不會變動。因井乃泉脈，本無得喪之理，往來用之者，亦未因之而水竭。如果汲水時，水瓶尚未出井口，瓶就碰破了，這是凶兆。井，見用于人，而不求自用，井凶，非井之凶也。

斷：坎1 險 → 離2 心

凶	巽3 空 → 兌4 悅

贏其瓶，凶也

論：眼前所遭遇的是險和空，若能找出方法改善，那結果可望是喜悅和順利，關鍵在心，心若能明，思路必清，也能順利找到活路，慎思之。井，井有節，節財也。井字古為法，刑法之意，故慎防訟也。上卦坎，遲滯，驚，故事或有遲，居或有憂，宜慎之。

井卦爻解

《象辭》曰：巽乎水而上水，井；井養而不窮也。改邑不改井，乃以剛中也。汔至亦未繘井，未有功也。羸其瓶，是以凶也。

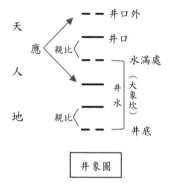

井象圖

(1) 上卦為坎，水，下卦為巽，為入，入水而提水，井也。井水養萬物，卻不會因此而窮盡。

(2) 初六為地，陰爻象井，九二與之親比，故曰：改邑不改井。

(3) 下卦為巽為邑，九二剛中，剛健固實，為不變之象，剛中也。

(4) 井在地，初爻也，其水乃泉脈，故无喪无得。

(5) 九三與上六相應，上六為井口外，九三為下卦巽，巽為繩，以繩繫瓶，下至坎之下汲水。

(6) 九五與六四親比，汲水需脫離至上六井口外，才算完成，故若雖至，而未繘井，是未有功。然若未出井口，即羸其瓶，則凶也。

《象傳》曰：木上有水，井；君子以勞民勸相。

解：木桶入于水中，汲水而上，是為井象。君子體之，善用民意，勸勉輸導，使之相生相養。

比附	相應
○×	○

評：要改善現況，能力不足，需擇賢就教之，然慎之

論：雖有親比，但與上六，九三之應無關，且九五亦無相應。代表上意不能下達，甚至出不了宮門，對國家是重大傷害。而對個人，如果視野不能擴大，同樣在遇到困難時，也將無法調適。故需虛心領受眾人的建議。

初六	初爻動，變乾為需

被動

坎 巽 離 兌 乾
　　↳錯震　↳錯坤

坎
巽 → 離₁
　　　兌₃
初
爻 　　坎 → 離₂
動 　　乾₅ → 兌₄

坎：井 ┐
坤：土 ├ 井泥
坎：水 ┘

兌：口 ┐
巽：臭 ├ 不食
震：動 ┘

巽：雞 → 禽

《繫辭》曰：井泥不食，舊井无禽。

解：井底只有污泥，不可飲用；舊井因久已無水，故禽鳥等也不會前來
　　顧而飲之。此喻既無養人之德，也不足以為世所用。

斷：離₁ 心 → 離₂ 心

凶	兌₃ 悅 → 兌₄ 折

　　乾₅ → 剛愎 → 關鍵 → 化剛愎為努力
　　變乾為剛愎，時舍也

論：順遂的狀況太久，而有了自大的心態，也逐漸養成剛愎的個性；這
　　樣一來，事業也將走上毀折的道路。若能思之，則從源頭做起，去掉
　　不該有的心態，亦即去剛愎而取努力，則可望改善，但要有恒心才
　　是。

陽一君而二民，君子之道也。陰二君而一民，小人之道也。
韓康伯曰：陽，君道也。陰，臣道也。君以無為統眾無為，則一也。

初六爻解：地

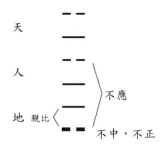

天

人

地 親比

不應

不中，不正

(1) 不中，不正。

(2) 初六為地，象徵井底。

(3) 與六四不應，初、二、三、四為坎，坎為水，既不應，代表無水，故井底無水，只剩泥，井泥不食。

(4) 與九二親比，九二陽剛君子，不會輕易離開，一定協助初六，直至舊井无禽為止。

(5) 初，二，三為巽空；二，三，四為兌，折，故六四與初六之間只有空和毀折，不能應也。

《象傳》曰：井泥不食，下也。舊井无禽，時舍也。

解：井泥不食，陰濁在下也；舊井无禽，為時代所舍棄。（參3，4）

同事	主管	高層	基層	不中	不正	動能
	○	×		能力有限	才華不足	弱

評：下之中，心有餘，力不足

論：只有主管可以依靠，自己要撿討，何以至此；先調整心態，次則充實專業能力，只要這兩項做到，其他不成問題；但要有恒心，不可半途而廢。

九二
被動

二爻動，變艮為蹇

坎 巽 離 兌 艮
   └錯 震

☵坎　☲離₁
☴巽 → ☱兌₃　　↘
　二爻 ↘ ☵坎 → ☲離₂
　動 ☶艮₅ → ☵坎₄

坎：井
震：動
巽：小魚，鮒　　┐
艮：谷　　　　　├ 井谷射鮒
坎：弓，射　　　┘

兌：毀折　┐
巽：入　　├ 甕敝漏
艮：甕　　┘

《繫辭》曰：井谷射鮒，甕敝漏。

解：井裏的水位僅夠泥中的鮒生存，不能汲水而用；有如取水的甕破
　　裂，漏水故不能用。其喻為有養人之德，但汲引無人，而不能澤物。

斷：離₁ 心 → 離₂ 心

| 偏 |
| 凶 |

兌₃ 悅 → 坎₄ 險 → 關鍵 → 以伏剋險
艮₅ 止
變艮為止，甕敝漏

論：運道已反，未來將有凶險發生，不可不知，要自我撿討；何至如
　　此？心的改變是最大因素，要解除困局，也要從心開始，慎思之。關
　　鍵在坎險，若能使坎險成坎伏，心伏能忍，則一切伏矣！

臣以有事代終有事，則二也。故陽爻畫一，以明君道必一。陰爻畫兩，
　　以明臣體必二。斯陰陽之數，君臣之辯也。以一為君，君之德也。二
　　居君位，非其道也。故陽卦曰：君子之道也；陰卦曰：小人之道也。

【易下經】咸恆為首，終於未濟 首重人倫之常

九二爻解：地，二多譽

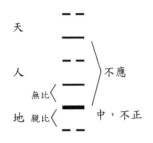

(1) 中，不正。

(2) 與九三無比，互動不多。

(3) 與初六親比，九二剛健固實，故協助初六不遺餘力，然心有餘，力不足，如井水不足，僅能下注於井鮒之所在，卻不能汲水而用，故曰：井谷射鮒。

(4) 與九五不應，得不到援助，如甕敝漏，毫無用處。

(5) 二，三，四為兌折；三，四，五為離心，九二和九五為心折之應，故不應也。

《象傳》曰：井谷射鮒，无與也。

解：井谷射鮒，二，三，四為兌折，若參與也為折，無益，故無與也。（二為井谷，鮒在之處）（參4，5）

同事	主管	高層	基層	中	不正	動能
○	×	×		有能力	才華不足	強

評：中之下，**有毅力，或可反轉**

論：才華是天所賜，強求不得，但能力則是後天可培養；故有能力，又努力，只要人際關係改善，即便有困難，亦可有反轉的機會，不必氣餒。

701

九三	三爻動，變坎為重坎
被動	

```
                              ┌→ 錯 震
                           坎 巽 離 兌 艮 坤

☵坎    ☲離₁         坎：井 ┐
☴巽 →  ☱兌₃         艮：止 ├ 井渫不食
 三  ↘  ☵坎    ☶艮₂   兌：口 ┘
 爻  ↘  ☵坎₅ → ☷坤₄
 動                   坎：加憂 ┐
                      離：心  ┴ 心惻

                      離：王 ┐
                      離：明 ├ 王明
                      震：行 ┘
```

《繫辭》曰：井渫不食，為我心惻，可用汲，王明，並受其福。

解：井已經浚治完成，可汲水，卻無人汲用；行人見此，亦心有惻然
　　焉。若能得聖明之君以汲引之，則能成井養之功，並受其福也。喻其
　　德雖足以澤民，但遭時之不濟，不能見用于明主。

斷：離₁ 心 → 艮₂ 反

偏凶	兌₃ 悅 → 坤₄ 平
	坎₅ → 險 → 關鍵 → 以伏剋險

　　變坎為險，為我心惻

論：雖然險象已出，但還算平靜，此險不是很嚴重，但如果不處理，而
　　使險升級，那就更不好解決；解之道，將坎險轉成坎伏，不能大張旗
　　鼓，而是私下調查。

九三爻解：人，三多凶

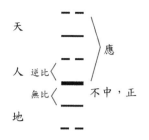

天
人　逆比
地
　　　無比
　　　　　不中，正
應

(1) 不中，正。

(2) 與九二無比，喻九三已脫離底部。

(3) 而九三為下卦的上位，象徵井水已高於井底，業已浚治備用。

(4) 與六四逆比，六四阻擾九三，其象猶如阻擾，不讓將水汲取上來，以供人食用，故曰：井渫不食。

(5) 二，三，四為兌，折；三，四，五為離，心，心折，而曰：為我心惻。

(6) 與上六相應，九三尋求上六解決與六四之爭，得上六應允；上六為天位，其象為王，故曰：可用汲，王明並受其福。（此王非九五，而為上六）

(7) 三，四，五為離，心；四，五，六為坎伏，九三低調前往上六處，而結果為喜悅，圓滿。

《象傳》曰：井渫不食，行惻也。求王明，受福也。

解：井渫不食，行人也惻然，喻上求賢明君王以受其福，然賢明君王不易遭逢，只有求上六，卻無法求九五之明主，故有悵惻之心也。（參5，6）

同事	主管	高層	基層	不中	正	動能
×	逆	○		能力有限	有才華	強

評：中之下，有能力克服眼前困難

論：若能與主管改善關係，自然可請其協助完成專業能力之培養，對前程相當有利，然需看個人之意願矣！

六四	四爻動，變兌為大過

| 被動 |

坎　巽　離　兌　乾
↳錯震　↳錯艮

☵坎　　☲離₁
☴巽　→　☱兌₃
四　　☱兌₅　→　☰乾₂
爻
動　☴巽　　☰乾₄

乾：剛，物，礱石
艮：木，石
震：動，修
艮：手　　　　} 井礱
坎：井
兌：悅 → 无咎

《繫辭》曰：井礱，无咎。

解：用磚修治砌井，是无可追咎的。其喻君子修身，自可見於世也。

斷：離₁ 心 → 乾₂ 健 ⋯ 關鍵 → 勿由健轉剛愎

| 偏吉 |

兌₃ 悅 → 乾₄ 努力
兌₅ → 悅
變兌為悅，無咎

論：趁著心情大好之際，努力再努力決不懈怠，但要注意在努力過程中
　　千萬不要出現 乾₂ 剛愎之情事，這是非常重要的，一旦出現即努力的
　　成果必會招來下一個挫折

《易》曰：憧憧往來，朋從爾思。
翟元曰：此咸之九四辭也。咸之為卦，三君三民，四獨遠陰，思慮之爻
也。韓康伯曰：天下之動，必歸於一，思以求朋未能，寂寂以感物，不
思而至也。

六四爻解：人，四多懼

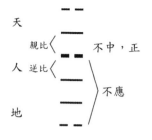

(1) 不中，正。

(2) 與九三逆比，九三為陽剛君子，由此可知，六四心胸狹窄。

(3) 與初六不應，早已脫離井底，此象為基層不相挺。初，二，三為巽，空；二，三，四為兌，折，六四前來初六，必然是空，折，故不應也。

(4) 六四與九五親比，可見九五對六四有所信任，但九五為陽剛聖明之主，見六四處理九三及初六的態度，亦不得不加以規勸，故有井甃之象。

《象傳》曰：井甃无咎，修井也。

解：井甃。因為是整修舊井以為可用，故无所可咎。（參 4）

同事	主管	高層	基層	不中	正	動能
逆	○		×	能力有限	有才華	弱

評：下之上，缺乏後續之力，成果有限

論：有才華，但動能弱，能力又不足，顯然是一頭熱；然沒有恒心，也沒有好的人際關係，恐怕在職場上難獲認同，三思之。

五爻動，變坤為升

坎 巽 離 兌 坤 震
└ 錯乾

☵坎　　☲離₁
☴巽　→　☱兌₃
　　　　　☷坤
五爻　　　→　☳震₂
動　☴巽₅　→　☱兌₄

坎：井
乾：寒，潔
坎：水，泉　　　井冽寒泉
坎：北

兌：口
震：動　　食

《繫辭》曰：井冽，寒泉，食

解：井水如甘泉般潔，清，甘甜，可供生食；只是冬天飲寒泉，冷暖自
　　知也。此喻淵泉之德，食養之體已立矣！

斷：離₁ 心 → 震₂ 行 → 關鍵 → 莫行偏成驚

吉　兌₃ 悅 → 兌₄ 悅
　　坤₅ → 順
　　變坤為順，中，正也

論：前景順利，任何事都是令人愉快的，然若兌悅成兌折，則大事反
　　轉，故在順利時不可得意忘形，凡事不可能一順到底，還是要謹慎；
　　關鍵在震行，切勿走偏，致使震行成震驚。

子曰：天下何思何慮？天下同歸而殊塗，一致而百慮。
韓康伯曰：夫少則得，多則惑。塗雖殊，其歸則同。慮雖百，其致不
二。苟識其要，不在博求。一以貫之，不慮而盡矣。

九五爻解：天，五多功

天　逆比
　　親比
人
地

中，正
不應

(1) 中，正。

(2) 九五尊位，居中，正之位,故具陽剛之德。

(3) 九五位上卦坎之中，故有井洌，甘泉之象。

(4) 與上六逆比，與上六不合，常有爭執。

(5) 與九二不應，無法得到基層認同。二，三，四為兌，折；三，四，五為離，心，故九五前來九二為心折，不應也。

(6) 與六四親比，故只有與六四分寒泉而享之，故曰：食。二，三，四為兌，口，食也。

(7) 九五顯然是位尊而孤，所幸九五是陽剛中正，若能體寒泉之意，立井德，則井養之功可建天德之道也。

《象傳》曰：寒泉之食，中正也。

解：寒泉之食，王道也，中正者，建天德，九五也。(參7)

同事	主管	高層	基層	中	正	動態
○	逆		×	有能力	有才華	強

評：中之上，所行之事皆能如願

論：中之上，賢明君王之象，如能再關心一下百姓，當可更令百姓擁戴。企業主或領導者亦同，當以員工為主；然事雖順利，仍有一個逆數，這就是變數所在，宜慎之。

六爻動，變巽為重巽

坎　巽　離　兌
　↳錯震　↳錯艮

☵坎　　☲離₁
☴巽　→　☱兌₃
六　　　☴巽₅　→　☲離₂
爻
動　　　☴巽　　　☱兌₄

巽：繩，編 ⎤
坎：井　　｜
艮：止，不 ⎬ 井收勿幕
兌：口　　｜
震：收　　⎦

巽：謙　　　⎤
兌：悅，吉　⎬ 有孚元吉
坎：孚之相　⎦

《繫辭》曰：井收勿幕，有孚元吉。

解：井口不加幕掩之，可隨時供人汲用；而泉水无喪无得，其象不竭，
　　如人之誠信。故勿幕，有孚澤及于人，大吉也。喻若能博施不匱，民
　　則受其利也。

斷：離₁ 心 → 離₂ 心

偏
吉

　　兌₃ 悅 → 兌₄ 悅
　　巽₅→ 謙 → 關鍵 → 勿棄謙成空
　　變巽為謙，大成也。

論：要維持愉悅的心情，那就必需配以謙道，謙是眾人的美德，沒有
　　謙，則難以維持長久的友誼，就如兌，悅，若無謙道，則可能成為
　　兌，折，毀折，一切就白費了，不得不三思。

上六爻解：天

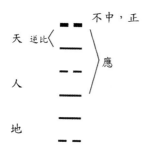

(1) 不中，正。

(2) 為終位，井象已成，故曰：井收。

(3) 上六亢極之位，陰爻柔順，保守，
    應不用事才是。

(4) 但與九五逆比，逆有勿之象，故
    曰：勿幕。

(5) 與九三相應，九三為陽爻，賢人君
    子，三，四，五為離，心；四，
    五，六為坎伏，忍，故上六以誠心
    舉薦九三，然卻與九五發生爭執，
    但上六係為國舉才，非為私利，故
    即使有爭執也是有孚，而得九五之
    諒解，故曰：元吉也。

《象傳》曰：元吉在上，大成也。

解：井卦至上位，井養之功告成，故有元吉之象。（參 5）

同事	主管	高層	基層	不中	正	動能
逆			○	能力有限	有才華	弱

評：下之上，沒有恒心

論：有才華加上基層支持，應可有番作為，但動能弱是最大缺點；應自
    我檢討，如何努力來學習，才可以提升自己的價值。

709

☱ 澤在火上，水火相對，推陳出新，替天行道

革

澤火

被動

純乾

革新，改變。

《序卦》：井道不可不革，故受之以《革》。

《雜卦》：《革》，去故也。

┌→ 錯 坎

兌　離　乾　巽

└→ 錯 震

震：行

離：日（己日）　┐ 己日

坎：孚　　　　　┘ 乃孚

兌：悅　┐ 悅而明，革也

離：明　┘

元：開始，大

亨：亨通

利：和

貞：正

己：天干之六，為土為信

《繫辭》：革，己日乃孚，元亨利貞，悔亡。

解：改革需待時機成熟然後行之，才能信孚於眾，除弊去害；大亨之道，利於正，貞於正，當可悔而亡矣！故改革的時機非常重要。

斷：兌₁ 悅 → 乾₂ 努力

吉　離₃ 心 → 巽₄ 空

革而當，其悔乃亡

論：目前的狀況並不是很好，所以才需要改革，如果不能改過，則未來會每況愈下，故而改革勢在必行。改革成功，眾人悅矣，若不成功，或不改革，努力成一場空，不可不慎。革者，革命也，除舊迎新，風險甚大，不可不評估；而兩女相依，宜遠離情色場所，男女之情亦需謹慎處之。

【易下經】咸恆為首，終於未濟 首重人倫之常

革卦爻解

《彖辭》曰：革，水火相息，二女同居，其志不相得，曰革。巳日乃孚；革而信也。文明以說，大亨以正，革而當，其悔乃亡。天地革而四時成，湯武革命，順乎天而應乎人，革之時大矣哉！

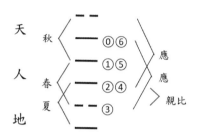

二、三、四、五、六爻為大象坎，為冬，孚也。

十天干，己居六：經過六次慎重的考慮，待機也

《象傳》：澤中有火，革；君子以治歷明時。

解：兌澤之中有離火，水旺火息，火旺水乾，相互變革；君子體之，從而修治曆法，以明四時的節序。

比附	相應
○	○

評：**改革可望成功**

(1) 革卦，下卦離火，上卦兌澤，澤中有火，故曰：水火相息。

(2) 初、二、三為離，離為中女，四、五、六為兌，兌為少女，六二與九三親比，九三與上六相應，由此關連可知中女和少女同居，而為一家人，但因少女在上，中女在下，於勢不順，必生變革，故曰其志不相得，此謂之革也。

(3) 二、三、四、五、六為大象坎，坎為孚之象，己日為十天干第六位，已過中，且之後為庚辛，含更新之意；既過中，則革之時機已至，九五與六二相應，由九五至九四，三、二，回三，四、五，共六位，亦合己之日，故曰：己日乃孚，孚為信，得民之信，而曰：革而信之。(九五為湯武)

(4) 九五與六二相應，九五為兌，說；六二為離，明，六二與九五皆中且正，故為文明以說，大亨以正，既正，則革而當，其悔乃亡。

(5) 三、四、五為乾，為天，乾之德，元、亨、利、貞；故春夏秋冬四時之更迭，亦為天地之變革，而曰：天地革，四時成。

(6) 九五為湯武，九五為三、四、五乾天之上爻，與六二相應，六二為民，故曰：湯武革命，順乎天而應乎人。

(7) 故改革的時機非常重要，而曰：革之時大矣哉！

論：九五和六二相應，六二和九三親比，九三與上六相應，上下交相應，有利政令下達，也有利改革成功。故在企業中，若能有此決心，再加上下系統完整，必定能完成改革的目的，個人亦同。

初九	初爻動，變艮為咸	↳錯震
被動		兌 離 乾 巽 艮
		↳錯坤

兌 → 乾₁
離 → 巽₃
　初　　　　　→ 乾₂
　爻　　兌₅
　動　艮₅ → 巽₄

兌：悅
坤：黃，牛
離：牡牛　　　罩用
艮：止，固定　黃牛之革
艮：手
震：動

《繫辭》：罩用黃牛之革。

斷：用黃牛的皮做成皮帶，將物品束縛起來。諭改革雖動，但事未可成
　　否。

斷：乾₁ 努力 → 乾₂ 努力

偏凶 巽₃ 空 → 巽₄ 空 → 關鍵 → 行謙以制空

巽₅ → 反

變艮為反，不可以有為也

論：反向不順的狀況出現，而後果就是努力還是一場空；要反省，檢
　　討，解決的方法，就是轉巽空為巽謙，用謙道來改正自身的缺點，或
　　可挽救。

天下何思何慮？

虞翻曰：易無思也。既濟定，六位得正，故「何思何慮」。

日往則月來，

虞翻曰：謂咸初往之四，與五成離，故「日往」。與二成坎，故「月
來」。之外「日往」，在內「月來」，此就爻之正者也。

初九爻解：地

天

人

地 逆比

不應

不中，正

(1) 不中，正。

(2) 初為地，改革之始；初九陽剛固實，有爆發力，然卻有燥動之象。

(3) 與六二逆比，六二對初九的改革持反對意見，改革並未獲得主管認同。

(4) 與九四不應，初九的意見，也未獲得高層的回應。初，二，三為離，心；二，三，四為巽，利，空，初九所提之案，被認為是圖利自己，故此提案成空。

(5) 由此可知，改革之始，若環境未成熟，不宜輕率從事，故有鞏用黃牛之革，以待時機也。

《象傳》：鞏用黃牛，不可以有為也。

解：鞏用黃牛意謂，不宜輕率妄動。（參 5）

同事	主管	高層	基層	不中	正	動能
	逆	×		能力有限	有才華	強

評：下之上，<u>持才傲物不足取</u>

論：不服他人，自以為是；也因為有才華，才會提出不成熟的案件，故而應有自知之明，先充實專業知識，再提出改革，或可不會有脫離現實的情形出現。

　初爻動，變乾為夬

被動

兌　離　乾　巽

↳ 錯 震

☱ 兌 → ☰ 乾₁
☲ 離 → ☴ 巽₃
　　　↘ ☱ 兌 → ☰ 乾₂
二爻
動 → ☰ 乾₅ → ☰ 乾₄

巳：十天干之六，為土，信 ┐
　　　　　　　　　　　　　├ 巳日
離：日 ┘

乾：健 ┐
兌：悅 │
離：戈兵 ├ 征吉，无咎
震：行 │
巽：入 ┘

《繫辭》：巳日乃革之，征吉，无咎。

解：時機已經成熟，可以進行改革了，无可追咎。

斷：乾₁ 努力 → 乾₂ 健 → 關鍵 → 勿轉為剛愎

吉

巽₃ 空 → 乾₄ 努力

乾₅ → 努力

變震為努力， 征吉

論：經過不斷的努力，而有了成果。但要注意的是，雖然努力是好事，
　　但在過程中很容易有剛愎自用的狀況，這點要切實謹慎，以避免後遺
　　症的發生。

月往則日來，

虞翻曰：初變之四，與上成坎，故「月往」。四變之初，與三成離。故
「日來」者也。

日月相推而明生焉。

虞翻曰：既濟體兩離坎象，故明生焉。

【易下經】咸恆為首，終於未濟 首重人倫之常

六二爻解：地，二多譽

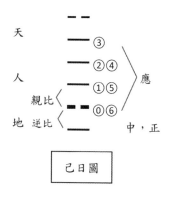

天

人

親比

地 逆比

③

②④

①⑤

⓪⑥

應

中，正

己日圖

(1) 中，正。

(2) 與初九逆比，兩者改革態度不同。

(3) 與九三親比，獲得九三支持改革的方向及作法，而改革之日為己日，即六二（0）至九三，九四，九五，回九四，九三，六二（6），共六位，經過六度的徵詢及考量，決定改革，故曰，己日乃革之。

(4) 己居十天干之六，其意為時機成熟。己之後為庚辛，取更新之意也。

(5) 與九五相應，九五亦全力協助改革，故謂：征吉，无咎。

(6) 二，三，四為巽，入，利；三，四，五為乾，健，故六二前往九五為健而有利，可以從事改革大業也。

(7) 此處之改革，係由下而上，由民間發起。

《象傳》：己日革之，行有嘉也。

解：己日革之說，乃上下互有信孚，共同理念，故改革之行是被稱讚的。（參5）

同事	主管	高層	基層	中	正	動能
逆	○	○		有能力	有才華	弱

評：中之上，有能力達到目標

論：可挑惕之處只有動能稍弱，如果能加強，則創業絕對可能，即以目前而言，也足以擔任總經理之職，如果是經營家族企業，更可以轉型光大。

| 九三 | 初爻動，變震為隨 |
| 動態 | |

兌 離 乾 巽 震 艮
　↳ 錯 坎

三 兌 → 三 乾₁
三 離 → 三 巽₃ ↘
　初 → 三 兌 → 三 巽₂
爻 動 → 三 震₅ → 三 艮₄

震：行，征 ⎤
坎：凶　　 ⎦ 征凶

兌：口，言 ⎤
離：數三　 ⎮
巽：利　　 ⎮ 革言三就
坎：孚　　 ⎮ 有孚
乾：大人　 ⎦

《繫辭》：征凶，貞厲，革言三就，有孚。

解：若是輕舉妄動，不加思索的去進行改革，那不但有危險，而且改革
　　之業也會陷入危屬之中；唯有再三就教於大人，聽取各方意見，審慎
　　從事，方能信乎於眾人，獲得成功。

斷：乾₁ 努力 → 巽₂ 空 → 關鍵 → 以謙制空

偏凶	巽₃ 空 → 艮₄ 反
	震₅ → 驚
	變震為驚，徒凶貞勵

論：不安的現象出現，如果不能謙虛以對，解決問題，恐怕努力會成
　　空，不得不謹慎為之。

九三爻解：人，三多凶

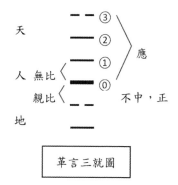

革言三就圖

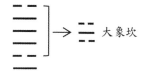

大象坎

(1) 不中，正。

(2) 與六二親比，獲得基層大力支持。

(3) 與九四無比，九三為陽剛君子，其象過剛，若冒然前往，卻無法得到認同，勢必功虧一匱；故曰：征凶，貞厲。

(4) 與上六相應，九三到上六共三爻；故欲得九五，上六支持，必需革言三就，二，三，四，五，六為大象坎，坎為孚，有孚也。

(5) 上六為兌，口，聽取革言也。

(6) 三、四、五為乾，健，四、五、六為兌，悅，故九三前往上六是愉悅之途，然兌亦可為折，若上六不同意，則悅成折，凶矣！

《象傳》：革言三就，又何之矣。

解：所謂革言三就，若只博採眾議，而不能實際行動，又何去何從矣！（參4）

同事	主管	高層	基層	不中	正	動能
○	×	○		能力有限	有才華	強

評：中之上，**有能力度過難關論**

論：對自己才華相當有信心，人際關係也不錯，不會發生恃才傲物的情事；以此格局，足可擔任研發主管，若再努力專業部份，總經理級以上非其莫屬。

717

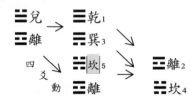

| 九四 | 四爻動，變坎為既濟 |

被動

兌　離　乾　巽　坎
　　　　　　　└ 錯 震

四
爻
動

兌 → 乾₁
離　　巽₃
　　　坎₅ → 離₂
　　　離　　　坎₄

坎：孚 → 有孚
巽：命
震：行，改 ⎫
兌：悅　　　⎬ 改命吉

《繫辭》：悔亡，有孚改命，吉。

解：改革正當，可免於後悔；但要改革現況，必需要有誠心，有毅力，
　　才能信孚於眾，甚至改變原先的命令，也都可以順利而吉也。

斷：乾₁ 努力 → 離₂ 心

虛
吉

巽₃ 空 → 坎₄ 伏 → 關鍵 → 莫棄伏成險
坎₅ → 伏
變坎為伏，改命吉

論：險象已經出現，如果不設法解決，必會招來麻煩，低調，忍讓，只
　　要誠心對待眾人，相信可以改變；但若還是高調，則坎伏成坎險，險
　　上加險難翻身，不可不慎。

寒往則暑來，
虞翻曰：乾為寒，坤為暑，謂陰息陽消，從姤至否，故寒往暑生為也。
暑往則寒來，
虞翻曰：陰詘陽信，從復至泰，故暑往寒來也。
寒暑相推而歲成焉。
崔覲曰：言日月寒暑。往來雖多，而明生歲成，相推則一，何思何慮於
其間哉！

【易下經】咸恆為首，終於未濟 首重人倫之常

九四爻解：人，四多懼

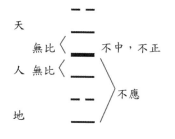

天
　無比 〈 不中，不正
人 無比 〈
地 　　　 〉 不應

(1) 不中，不正。

(2) 九四為陽剛固實之君子，為當朝大臣。

(3) 與九五無比，與君王互動不多。

(4) 與九三無比，又與初九不應，顯然也得不到基層的支持力量。
初，二，三為離，心；二，三，四為巽，空，九四前來初九是一場空，故不應也。

(5) 故按爻象，九四似乎不得人緣，故要改革，首先就是要從自己的信孚開始，若能獲得大眾的信任，才有改命的機會，故曰：悔亡，有孚，改命吉。

《象傳》：改命之吉，信志也。

解：改命的吉象，要大家能相信他有這個志向和能力。（參5）

同事	主管	高層	基層	不中	不正	動能
×	×		×	能力不足	才華有限	強

評：下之中，能力不足

論：以此格局要大眾信任，恐怕不容易。工作上，自己也要有自知之明，如果只是動動口，而不確實去做，恐怕會被淘汰，今之道，先建立好人際關係。

九五	五爻動，變震為豐

動態

```
┌→錯 艮
兌  離  乾  巽  震
        └→錯 坎
```

乾：大人
艮：虎
震：行
巽：西，秋
（仲秋之後
獸毛蛻變）
離：文采
坎：孚

} 大人虎變

《繫辭》：大人虎變，未占有孚。

解：君王的改革若能像猛虎般的有威嚴，而其德亦如其文之彪炳，則宇
內或將為之一新，即使不用占卜，也知其德之孚眾望矣！

斷：乾₁ 努力 → 兌₂ 悅

吉

斷：乾₁ 努力 → 兌₂ 悅
巽₃ 空 → 巽₄ 謙
震₅→ 行 ⋯ 關鍵 → 要行謙勿棄謙
變震為行，未占有孚

論：強調行的重要，換言之，不只是努力，心有謙道，而是要謙其行，
則行而悅矣！如果不能落實行謙，甚或棄謙，則巽謙成巽空，危矣
哉！

九五爻解：天，五多功

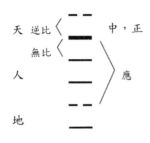

天 逆比
無比
人
地
中，正
應

(1) 中，正。

(2) 與九四無比，故不採納九四意見。

(3) 與上六逆比，九五和上六因改革之道意見不同，而有爭執。

(4) 與六二相應，既然與上六不合，就直接訴諸民意，故曰：虎變。二，三，四為巽，謙；三，四，五為乾，健，故九五是帶著謙虛的語氣來訴諸民眾，並努力向民眾說明。

(5) 而六二全力支持九五的改革，故曰：未占有孚。

《象傳》：大人虎變，其文炳也。

解：大人虎變，下卦離，文采也；故改正朔，易服色，制禮作樂，炳乎其有文采也。（參4）

同事	主管	高層	基層	中	正	動態
×	逆		○	有能力	有才華	強

評：中之上，有毅力行謙

論：明君格局。以工作而言，能有此評等，前途一片光明；但需留意，切勿走入剛愎及恃才傲物，宜自我克制。

六爻動，變乾為同人

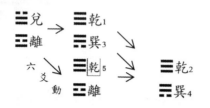

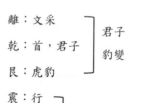

離：文采 ⎫
乾：首，君子 ⎬ 君子
艮：虎豹 ⎭ 豹變

震：行 ⎫
坎：凶 ⎬ 征凶

坤：小人，平民 ⎫
離：明 ⎪
乾：首，面 ⎬ 小人
坎：水 ⎭ 革面

《繫辭》：君子豹變，小人革面，征凶，居貞吉。

解：改革成功，君子承其革後大業，修禮備樂，以成其文，猶如豹文之
　　細密；至于小人，也在革後改變作風，革新洗面。然若不守改革之
　　命，而別有所往，其象凶；若能守其文革之命，則正而吉也。

斷：乾1 努力 → 乾2 努力 → 關鍵 → 莫成剛愎

偏吉

　　巽3 空 → 巽4 謙
　　乾5→ 努力
　　變乾為努力，順以從君也

論：從當下起，就只有努力再努力，秉持謙和之心，為自己的前途，盡
　　最大的努力；當然重點還是千萬不可將努力變成剛愎，所以，努力是
　　要有計劃，有重點，而非自我為是。

【易下經】咸恆為首，終於未濟 首重人倫之常

上六爻解：天

天　逆比
　　　無比
人
地

不中，正

應

(1) 不中，正。

(2) 上為終位象徵改革成功，氣象一新。

(3) 九三相應，九三陽剛君子，改革成功，也必然要盡一己之力，以成其文采，故曰：君子豹變。

(4) 與九五逆比，上六為陰爻，有小人之象，雖與九五不同調，但既已改革完成，不得不同意，故有小人革面。

(5) 如果不守改革之命，而去要求九三之支持，九三已是豹變君子，若冒然前來九三處，結果定然是否定，故曰：征凶。故此，不若安份則正而吉也。

《象傳》：君子豹變，其文蔚也。小人革面，順以從君也。

解：君子豹變，為其冠裳一變，人物亦一新也。小人革面，則為順從君王之改革而處也。(參3，4，5)

(6) 三，四，五為乾，首，四，五，六為兌，悅，折；上六帶著喜悅之情前來會九三，但見面未必為悅，卻可能為折，結果不佳。

同事	主管	高層	基層	不中	正	動能
逆			○	能力不足	有才華	弱

評：下之上，努力，但恐不持久

論：有才華，動能弱，所以不會持才傲物，也因有才華，只要能夠勤勞一點，則學習專業知識並不困難，總而言之，看能否覺悟罷了。

以木入火，燃炊烹飪，革故取新，養士尊賢

鼎

火風

靜態

純乾

食器，革新。
《序卦》：革物者莫若鼎，故受之
以《鼎》。
《雜卦》：《鼎》，取新也。

離	巽	兌	乾

乾：金
兌：澤
巽：木，入
離：火

鼎（煮食）

離
巽
→
離₁
巽₃
→
離
巽
→
兌₂
乾₄
→
乾
乾

純乾

《繫辭》：鼎：元吉，亨。

解：鼎卦，大吉，大亨。

斷：離₁ 心 → 兌₂ 折

吉　巽₃ 謙 → 乾₄ 努力

君子以正位凝命。

解：心中懷謙，只要努力，方向正確，有計劃，都可以成功而得悅，事
　　業大有可為，然主要是行謙所得，如果不再守謙道，則兌成折，而使
　　努力成空，故不宜輕言棄謙也。鼎，事有可為，宜積極而進，兌為
　　口，故需防口舌之爭。

鼎卦爻解

《象辭》曰：鼎，象也。以木巽火，亨飪也。聖人亨以享上帝，而大亨
以養聖賢。巽而耳目聰明，柔進而上行，得中而應乎剛，是以元亨。

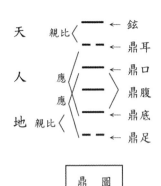

天　　親比 { ← 鉉

← 鼎耳

　　　應 { ← 鼎口

鼎腹

人　　　應 {

← 鼎底

地　　親比 { ← 鼎足

鼎　圖

→ 大象坎，耳

《象傳》：木上有火，鼎；君
子以正位凝命。

解：巽木上有離火，以鼎烹
　　飪之象；君子體之，安於
　　正位，凝天之命，協乎上
　　下；鼎，宗廟之寶器也。

(1) 上為離火，下為巽木，燃炊之象。

(2) 九二與初六親比，初六陰爻，鼎之足，
　　九二為鼎底。

(3) 初六與九四相應，故初六到九四為一
　　體，以鼎象而言，二，三，四，三奇爻
　　為鼎腹；以爻象而言，初六與九四相應
　　而近六五，故有柔進而上行。

(4) 九二與六五相應，以鼎象而言，此又為
　　一體，六五則為鼎之耳；以爻象而言，
　　九二與六五位居中位，其象為德位兼
　　重，故曰：得中而應乎剛。

(5) 六五與上九親比，鼎象，六五為耳，上
　　九為貫穿兩耳之鉉，以爻象而言，上九
　　與六五親比，六五與九二相應，九二與
　　初六親比，初六與九四相應，上下一
　　心，元亨之象也。

(6) 六五與上九親比，六五為聖，上九喻上
　　帝，為亨以享上帝。又與九二相應，九
　　二陽剛得正，為賢，故謂：大亨以養聖
　　賢。

(7) 上卦為離，為目，為明；初，二，三，
　　四，五為大象坎，坎為耳，巽而耳目聰
　　明。

比附	相應
○	○

評：**絕對有能力，心存謙則健而得悅**

論：完美的上下一條心。比諸時運，萬事不宜延滯，日日大進，事有可
　　為；切記，心存謙道，起而行，切莫坐而待。

| 初六 | 初爻動，變乾為大有 |
| 被動 | |

```
                                    ┌→錯 坎
                           離  巽  兌  乾
                                    └→錯 震
```

```
☲離  →  ☱兌₁
☴巽     ☰乾₃              ↘
                  ☲離₅        ↘      ☱兌₂
初       →  ☴乾₅    ↗        ☰乾₄
爻
動
```

乾：首 ┐
震：足 ├ 鼎顛趾
兌：折 ┘

巽：長女，居下位→妾

震：長子，由巽而出→妾之子

震：動 ┐
巽：利 ├ 利出否
坎：宿食，腐食 ┘

《繫辭》：鼎顛趾，利出否，得妾以其子，无咎。

解：洗鼎之時，將鼎傾倒，以利於倒出腐穢的食物。為了傳宗接代而娶
　　妾生子，這是无可追咎的。(顛趾如迎新得妾之象，出否則為妾生子)

斷：兌₁ 折 → 兌₂ 悅

| 偏吉 | 乾₃ 努力 → 乾₄ 健 → 關鍵 → 莫成剛愎 |
| | 乾₅ → 努力 |

　　變乾為努力，以從貴也

論：面對毀折，要更努力，不可懈怠。關鍵在乾健，天行健，但若成為
　　剛愎則毀矣！此時兌成折，故必需自我警惕，努力是正確的，但切不
　　可走入歧途。

初六爻解：地

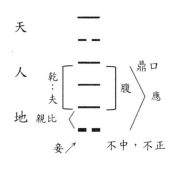

(1) 不中，不正。

(2) 初為足趾之象，故為鼎足也。

(3) 與九四相應，初六為鼎足，二，三，四為鼎腹，九四為鼎口，故此象有如將鼎顛倒，倒出腐食，以利加入新鮮之食材。從人事角度，有除舊佈新之象。

(4) 與九二親比，九二為二，三，四乾之初位，有夫象，故為初六之夫，初，二，三為巽，巽為長女。

(5) 然初六本屬位卑低下之位，故非為妻而為妾也，而謂：得妾以其子，无咎。

(6) 倒出腐食，以鮮易腐，如得妾而能獲子，故无咎矣！

《象傳》：鼎顛趾，未悖也。利出否，以從貴也。

解：鼎顛趾之象，並未背離常理；利出否者，出其舊否，另從以珍羞貴物也。（參3）

同事	主管	高層	基層	不中	不正	動能
	○	○		能力有限	才華不足	弱

評：下之上，有人緣，但無毅力

論：裙帶關係或可解釋，但若一昧只靠關係，而不下定決心努力，恐怕也難獲得高層的肯定；故而唯有堅定意志，努力調整自己的心態才是。

| 九二 | 初爻動，變艮為旅 |
| 被動 | |

→錯 坎　　　　　→錯 坤
離　巽　兌　乾　艮
→錯 震

離 → 兌₁
巽 → 乾₃
二 → 離 → 兌₂
爻 動 艮₅ 巽₄

離：火
巽：風　　鼎有實
艮：果蓏

坎：疾
坤：我　　我仇有疾
艮：不　　不我能即
震：行

《繫辭》：鼎有實，我仇有疾，不我能即，吉。

解：鼎有實，為物在其中，意喻九二剛中有實德，故當我的伙伴有疾，
　　不能棄他而去，如此才不會失德而有所怨尤也。

斷：兌₁ 折 → 兌₂ 悅

吉　乾₃ 努力 → 巽₄ 謙 ⋯ 關鍵 → 勿棄謙成空

　　艮₅ → 止

　　變艮為止，終無尤也

論：毀折已有止住之象，說明行謙道已有成果，當持續行之。因為一旦
　　停止，謙成空，兌成折，比之前還麻煩，切記，勿怠之。

往者詘也，
荀爽曰：陰氣往，則萬物詘者也。
來者信也，
荀爽曰：陽氣來，則萬物信者也。

九二爻解：地，二多譽

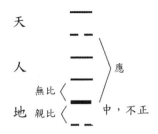

(1) 中，不正。

(2) 與九三無比，少互動。

(3) 與初六親比，初六為我仇，即伙伴，配偶等，有疾，初，二，三為巽，風疾。

(4) 與六五相應，三，四兩爻相當於鼎中之物，故曰：鼎有實。二，三，四為乾健，三，四，五為兌悅，故只要努力不懈，一定會有好的回報。

(5) 九二為陽，六五為陰，故六五有意於九二，但九二為陽剛君子，即便初六有疾在身，也不能拋棄而前往六五處，故曰：不我能即，為吉祥之兆。

《象傳》：鼎有實，慎所之也。我仇有疾，終无尤也。

解：鼎有實之謂為，要謹慎決定，是否能前往。我仇有疾，最終不會有所怨尤也。

同事	主管	高層	基層	中	不正	動能
○	×	○		有能力	才華不足	強

評：中之上，有能力克服困境，後勢看好

論：九二就有如此高的評等，少年得志。才華是天生的，所以不用苛求，有能力又肯吃苦，是管理人才，有小病不礙，但要提醒的是，不要剛愎自用。

九三

被動

三爻動，變坎為未濟

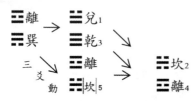

坎：耳
乾：革　┤鼎耳革

震：行
坎：險，塞　┤其行塞

離：雉
坎：膏象
兌：口，食　┤雉膏不食
艮：不

坤：方
坎：雨，水　┤方雨虧悔

《繫辭》：鼎耳革，其行塞，雉膏不食，方雨虧悔，終吉。

解：在烹飪時，鼎的雙耳毀傷，以致無法移動，故鼎中即便有美味如雉
　　膏般的食物，也不能取出食用，只能用水來降低鼎的溫度，終可移
　　動，而順利取出食用，故結果是吉祥的。

斷：兌₁ 折 → 坎₂ 險 → 關鍵 → 以伏剋險

偏
凶

　　乾₃ 努力 → 離₄ 心
　　坎₅ → 險
　　變坎為險，失其義也

論：毀折再加險，前景堪憂，如今之計，應放下身段，學習忍讓，態度
　　低調，切莫與人相爭，以伏剋險也。

九三爻解：人，三多凶

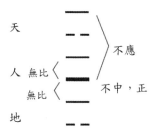

(1) 不中，正。

(2) 與上九不應，相當於鼎耳被革，故其行塞也。

(3) 與九四無比，與九二亦無比，故為獨行。而九三陽剛君子，為能自固，以待時機，其象如雉膏不食。

(4) 若他日能獲得上九提攜，則可脫困，故有方雨虧悔之象。

(5) 三，四，五為兌，折，悅；四，五，六為離，心，故九三前往上九，目前不是時候，需待他日，或則為悅矣！

《象傳》：鼎耳革，失其義也。

解：鼎耳革者，失去鼎的作用了。（參2）

同事	主管	高層	基層	不中	正	動能
×	×	×		能力有限	有才華	強

評：下之上，有毅力，但難避險之發生

論：有才華，動能強，但人際關係太差，顯然是持才傲物，欲自行創業，能力又不足，只有靠自己覺悟，別無他法。

九四	四爻動，變艮為蠱

動態

離 巽 兌 乾 艮 震
└ 錯 坎　└ 錯 坤

離 → 兌₁
巽 → 乾₃ ↘
　　↘ 艮₅ → 坎₂
四爻動 巽 → 離₄

兌：折 ┐
震：足 ┘ 鼎折足

震：動 ┐
艮：反，背 ┘ 覆公餗

坎：水 ┐
坤：漿 ┘ 形渥

《繫辭》：鼎折足，覆公餗，其形渥，凶。

解：鼎的足折毀，鼎內珍膳都倒了出來，鼎上也霑濡了羹糝，這是凶
　　象。喻負重責大任，卻無自立之才。

斷：兌₁ 折 → 震₂ 驚 → 關鍵 → 以行正避之

偏凶	乾₃ 努力 → 兌₄ 折

　　　　艮₅ → 止

　　　　變艮為止，鼎折足

論：狀況比過去還差，雖然努力，卻日益毀折，實在難以接受。現在只
　　有從震驚著手，使驚成行，也就是針對問題解決，切勿拖延，或可補
　　救。

詘信相感則利生焉。

虞翻曰：感，咸象，故「相感」。天地感而萬物化生，聖人感人心而天
下和平，故「利生」。利生謂陽出震，陰伏藏。

尺蠖之詘，以求信也。

荀爽曰：以喻陰陽氣屈以求信也。

【易下經】咸恆為首，終於未濟 首重人倫之常

九四爻解：人，四多懼

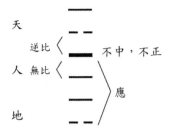

天

人

地

逆比

無比

不中，不正

應

(1) 不中，不正。

(2) 與初六相應，初六陰爻，為鼎之足，亦為陰人之象，故有鼎折足。

(3) 初，二，三為巽，利，空；二，三，四為乾首，九四前來初六，專門是為利而來，若無利則不來，故此應亦有折足之象。

(4) 與六五逆比，不得六五信任，恐有凶災，而六五為鼎之耳，若逆即無法得撐，故覆公餗之象，此為失六五之期許也。

(5) 與九三無比，九三為鼎腹，故曰：其形渥也。

《象傳》：覆公餗，信如何也。

解：覆公餗者，已得不到君王信任，還有何可言之。（參 4）

同事	主管	高層	基層	不中	不正	動能
×	逆		○	能力有限	才華不足	強

評：下之上，雖有毅力避困，但不容易

論：個性有些剛硬，因與基層相應，顯然基層還信任，故若能再做一些人際關係，應該反轉比較容易。

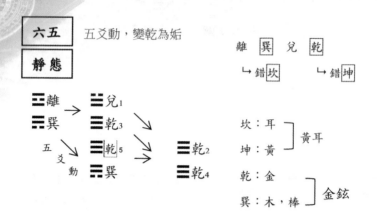

六五

五爻動，變乾為姤

靜態

《繫辭》：鼎黃耳，金鉉，利貞。

解：黃色的鼎耳，配以金器做的鉉，其象利於貞常，因此鼎之命永凝
　　也。

斷：兌₁ 折 → 乾₂ 努力

偏吉

乾₃ 努力 → 乾₄ 健 → 關鍵 → 莫成剛愎

乾₅ → 努力

變乾為努力，中以為實也

論：為了擴大事業的版圖，雖然已經努力，但在擴大的當下，天行健，
　　故更要加倍努力，必需提醒的是，健不可成剛愎，這點要特別注意。

龍蛇之蟄，以存身也。
侯果曰：不詘則不信，不蟄則無存，則屈蟄相感而後利生矣。以況無思
得一，則萬物歸思矣。
精義入神，以致用也。
姚信曰：陽稱精，陰為義。入在初也。陰陽在初，深不可測，故謂之
「神」。變為姤復，故曰「致用也」。

六五爻解：天，五多功

天　親比〈　中，不正
　　逆比〈
人　　　　　　　　　　〉應
地

(1) 中，不正。

(2) 與九四逆比，六五君位，對九四相當不爽，故有逆比之象；然對鼎而言，六五已脫離鼎腹為耳，而六五為君位，為黃，故曰黃耳。

(3) 與上九親比，六五常到上九處請益，由此可知，上九為皇室，皇家以金取象，對鼎而言，上九為鉉，故曰：金鉉。

(4) 與九二相應，九二為鼎底，陽剛正固，故六五之應，其象為向下為國舉才，而君臣上下一心，其道昌矣！

(5) 六五君位，故有養賢之道，其象利貞也。

(6) 二，三，四為乾，大人；三，四，五為兌，悅，故六五前來九二尋賢，可得而悅。

《象傳》：鼎黃耳，中以為實也。

解：鼎黃耳者，土為五行之中，為黃，六五虛爻但君位，故為黃耳，象徵能虛心接納賢才，故非虛而為實德也。（參4）

同事	主管	高層	基層	中	不正	動態
逆	○		○	有能力	才華有限	弱

評：中之下，有能力脫困，但後續力道有限

論：對六五而言，並不是賢明君王之才，只是一般而已。現實工作上，或可得主管之職，但要再向上發展，則必需勤勞，努了一點。

735

《繫辭》：鼎玉鉉，大吉，无不利。

解：鼎器配玉做的鉉，玉鉉雖不實用，然象徵鼎之功能已成，可以養
　　人，此為大吉，而無所不利。喻道得而大典成矣！

斷：兌₁ 折 → 兌₂ 悅

偏吉　乾₃ 努力 → 乾₄ 健 ⇢ 關鍵 → 健莫成剛愎
　　　震₅ → 行
　　　變震為行，大吉无不利

論：用心，用力，起而行，效法天之行健，而得到愉悅的回報；此處行
　　為有計劃，有策略的行動，但同時，乾最易犯的就是剛愎，一旦成鋼
　　愎，兌成折，毀矣！

利用安身，以崇德也。
《九家易》曰：利用，陰道用也。謂姤時也。陰升上究，則乾伏坤中，
詘以求信，陽當復升。安身，隱處也。時既潛藏。故利用安身，以崇其
德。崇德，體卑而德高也。
過此以往，未之或知也。
荀爽曰：出乾之外，無有知之。

上九爻解：天

天　親比
人
地

不中，不正
不應

(1) 不中，不正。

(2) 雖是陽剛君子，然已不用事，於鼎則為鉉之象。

(3) 與九三不應，三，四，五為兌，折，四，五；六為離，心，心折，不應也。故上九既已不用事，則安份自修，不再心有旁騖；兌為折，亦為悅，若守君子之道則悅矣！

(4) 與六五親比，六五常至上九處請益，上九陽爻耦位，剛中透柔，擔任六五剛柔調節之推手，其如玉鉉之象，故曰：鼎玉鉉，大吉，无不利也。

《象傳》：玉鉉在上，剛柔節也。

解：上九陽居耦位，剛而能節六五之柔，如玉之質地，剛硬而溫潤，若用之得當，凡事大吉，此為玉鉉在上之意也。

同事	主管	高層	基層	不中	不正	動能
○			×	能力有限	才華不足	強

評：下之上，有毅力想創新，但能力不足

論：雖然很努力也很勤奮，但沒有其他配套，也難有所作為，故而自省，自悟最重要，而了解局面後，如何做，才是重點。

震

重震

動態

未濟

動，動盪，激發。
《序卦》：主器者莫若長子，故受之以《震》，震者，動也。
《雜卦》：《震》，起也。

震　坎　艮　離
　　　　　↳錯|兌

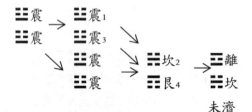

未濟

震：百之數，其算如下
離：數三，加艮數七，等於十。
震：數四，加坎數六，等於十
兩者相乘，等於百也。

震：行，起 ⎤
艮：止，虎 ⎦ 震來虩虩

兌：悅 ⎤
兌：口，言 ⎦ 笑言啞啞

離：心 ⎤
震：驚 ⎬ 震驚百里
震：百 ⎦

艮：手，不 ⎤
坎：匕 ⎥ 不喪匕鬯
震：鬯，長子 ⎦

虩虩 → 恐懼，音係係

《繫辭》：亨。震來虩虩，笑言啞啞。震驚百里，不喪匕鬯。

（鬯：讀作唱，祭祀之酒）

解：震，亨通之道。當震來時，若能虩虩而無慢易之心，則可以由戒懼
　　而改安定；其一言一笑，亦皆啞啞自如，即便有非常之變，其象如雷
　　之震驚百里，也能鎮靜自如。雷之威震雖大而遠，然主祭者自不喪匕
　　鬯之禮。

斷：震₁ 行 → 坎₂ 險

虛
吉

震₃ 動 → 艮₄ 反
震來虩虩，恐致福也

論：動而行，可為奮發振作之時，然必
需時時保有恐懼修省之心思，以防險難
發生。震，聲聞百里，卻是耳聞，眼則
未見，故事與所聞常有出入之處，宜明
辨。

震卦爻解

《彖辭》曰：震，亨。震來虩虩，恐
致福也。笑言啞啞，後有則也。震驚
百里，驚遠而懼邇也。出可以守宗廟
社稷，以為祭主也。

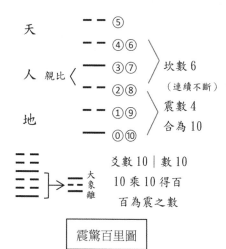

震驚百里圖

說明：由初起，二→三→四→五→六，
回五→四→三→二→初，共十位。
震坎相連於六三，顯示震雷相連不斷。

(1) 九四與六三親比，聯結上下兩
卦，為重震之象，亦融各爻為一
體。

(2) 九四與六三親比，二，三，四為
艮，艮為虎；初，二，三為
震，，故曰：震來虩虩。三，
四，五為坎險，艮為止，故常懷
恐懼之心，可以止險為福，故
曰：致福也。

(3) 九四與六三親比，陰陽和合，謹
守規則，而有笑言啞啞之象。

(4) 九四與六三親比，初，二，三，
四為大象離，離為心，心懼之，
而曰懼邇，上卦之震，驚遠也。

(5) 震之數為百，故曰：震驚百里。

(6) 九四與六三親比，三、四、五為
坎，七也，二、三、四為艮，艮
為不，不喪匕鬯；震為長子，祭
主之象，艮為宗廟，故曰：出可
以守宗廟社稷，以為祭主也。

《象傳》：洊雷，震；君子以恐懼脩省。

解：震卦上下皆震而為重雷。君子體會重重雷擊之象，以戒慎恐懼，修
省其身，察過欲，不敢有所懈怠。

比附	相應
○×	×

評：要主動改變現況，恐不可能

論：雖然有親比，但為無用之比；又無應，所以上下不能交流，對任何
方面皆無利只有自己覺悟。（說明：由初起，二，三，四，五，六，
回五，四，三，二，初，共十位。震坎相連於六三，顯示震雷相連不
斷）

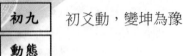

初爻動，變坤為豫

震 坎 艮 坤
↳錯 離

巽震 → 坎₁
巽震 → 艮₃
　初　　艮震 → 坎₂
　爻
　動　艮坤₅ → 艮₄

震：驚，起 ⎫
艮：虎　　⎬ 震來虩虩
兌：口，悅 ⎫
離：心　　⎬ 笑言啞啞

《繫辭》：震來虩虩，後笑言啞啞，吉。

解：驚恐之來，出於倉促之間，致恐懼失措；然驚恐過後，也恢復如
　　常，言笑自然，是為吉象。

斷：坎₁ 險 → 巽₂ 伏 → 關鍵 → 勿棄伏成險

偏吉 　艮₃ 反 → 艮₄ 反
　　　　艮₃ 坤₅ → 平
　　變坤為平，恐致福也

論：雖然已經有困難的現象出現，但只要維持先前的低調去解決，就不
　　會有太大的問題；千萬不要讓坎伏成坎險，則小事成大事，對自己反
　　不利。

窮神知化，德之盛也。

侯果曰：夫精義入神，利用崇德，亦一致之道極矣。過斯以往，則未之
能知也。若窮於神理，通於變化，則德之盛者能矣。

《易》曰：困于石，據于蒺藜，入于其宮，不見其妻，凶。

孔穎達曰：上章先言利用安身，可以崇德。若身危辱，何崇之有？

子曰：非所困而困焉，名必辱。

虞翻曰：困本咸。咸三入宮，以陽之陰，則二制坤，故以次咸。為四所
困，四失位惡人，故「非所困而困焉」。陽稱名，陰為辱，以陽之陰
下，故「名必辱」也。

【易下經】咸恆為首，終於未濟 首重人倫之常

初九爻解：地

天

人

地　逆比

不應

不中，正

(1)　不中，正。

(2)　初為始位，具剛健之德。

(3)　與六二逆比，有爭執過節，或有威脅之事，故曰，震來虩虩。

(4)　與九四不應，九四不協助解決，故而唯有靠自己，初，二，三為震，驚；三，四，五為艮，止，初六前往九四必受驚，故不應也。

(5)　回頭若能與六二化解心結，而得六二之首肯，則其後為笑言啞啞之象。

(6)　雙方能化解，放下恩怨，當然為吉象也。

《象傳》：震來虩虩，恐致福也。笑言啞啞，後有則也。

解：震來虩虩之象，一旦雙方化解，福氣自然而來。笑言啞啞之謂，雖然化解，但該有的原則，還是要保有。

同事	主管	高層	基層	不中	正	動能
	逆	×		能力有限	有才華	強

評：下之上，雖有毅力解決困難，但心態要改變

論：動能強，又有才華，然人際關係不佳，顯然是持才傲物，如果不能及時做改變，恐怕對未來相當有傷，宜自悟。

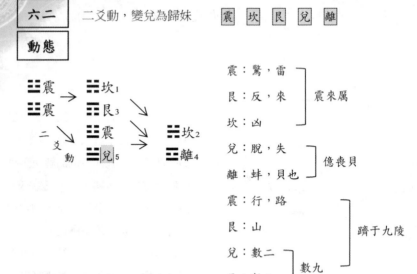

六二	二爻動，變兌為歸妹	震 坎 艮 兌 離

動態

震 → 坎₁
震 → 艮₃

二爻 → 震
動 → 兌₅ → 坎₂
離₄

震：驚，雷 ⎤
艮：反，來 ⎬ 震來厲
坎：凶 ⎦

兌：脫，失 ⎤
離：蚌，貝也 ⎬ 億喪貝

震：行，路 ⎤
艮：山 ⎬ 躋于九陵
兌：數二 ⎤
艮：數七 ⎬ 數九

艮：止 ⎤
震：行 ⎬ 勿逐

艮：數七 ⎤
離：日 ⎬ 七日得
震：往 ⎦

《繫辭》：震來厲，億喪貝，躋于九陵，勿逐，七日得。

解：震發於當下，來勢甚厲。喪失大量財物是意料中事，只能躲入群山
　　之中避險，所喪失的財物，不必追逐，到第七日自然失而復得。

斷：　坎₁ 險 → 坎₂ 險 ⟶ 關鍵 → 以伏剋險

偏凶	艮₃ 反 → 離₄ 心

兌₅ → 折

變兌為折，震來厲

論：毀折的狀況出現，而在險象未除，信心又喪失之下，要躲過此劫，
　　恐非易事，唯有用心定，態度低調，行事忍讓，時間到了，或可化
　　解。

【易下經】咸恆為首，終於未濟 首重人倫之常

六二爻解：地，二多譽

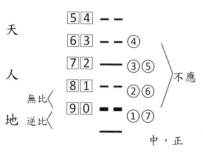

```
天        5 4 ▬ ▬
          6 3 ▬ ▬ ④
人        7 2 ▬▬▬ ③⑤  ⎫
          8 1 ▬ ▬ ②⑥  ⎬ 不應
無比 ⎰    9 0 ▬ ▬ ①⑦  ⎭
地 逆比 ⎱
                ▬▬▬
                   中，正
```

```
┌──────────┬──────────┐
│  九 陵   │  七 日 得 │
└──────────┴──────────┘
    山 連 山
```

(1) 中，正。

(2) 與初九逆比，兩人有爭執，其象如震來厲。

(3) 與六五不應，有難而無法向六五申訴，只能入山避險，財物損失則不計矣！故曰：億喪貝，躋于九陵。

(4) 二，三，四為艮止，三，四五為坎險，故六二前往六五，險不止，只得放棄。

(5) 與六三無比，自家財物也無法交付他人保管，只能逃命第一，但七日之後，一旦災難過了，財物也當尋回。

(6) 陵為山，向上也，由六二(0)起，至三，四，五，六，回六，五，四，三，六二，共九位，九陵也。

(7) 七日，則由六二至三，四，五回四，三，六二，共七位，七日得也。

《象傳》：震來厲，乘剛也。

解：震來厲之象，為六二駕乘初九陽剛之上，逆比也。（參2）

同事	主管	高層	基層	中	正	動能
逆	×	×		有能力	有才華	弱

評：下之上，有能力解決此難，然缺毅力

論：有才華，有能力，但人際關係不好，顯然持才傲物；動能不足，不夠力，然若能自覺改進，則前途大有可為。

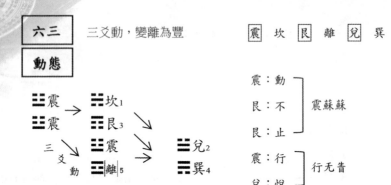

| 六三 | 三爻動，變離為豐 | 震 坎 艮 離 兌 巽 |

動態

震 → 坎₁
震 → 艮₃ ↘
三爻動 → 震 → 兌₂
離₅ → 巽₄

震：動 ┐
艮：不 ├ 震蘇蘇
艮：止 ┘

震：行 ┐
兌：悅 ┘ 行无眚

《繫辭》：震蘇蘇，震行无眚。

解：上下兩震，其象震不停；若能奮發有為，奮勉力行，則可無災眚
　　也。

凶

斷：坎₁ 險 → 兌₂ 折
　　艮₃ 反 → 巽₄ 空 → 關鍵 → 行謙制空
　　離₅ → 心
　　變離為心，位不當也

論：雖然低調可以免去災難，但若自心不認同，也就是心口不如一，那
　　就會招來更大的毀折，不可不慎；而解決之道，則在將巽空成巽謙，
　　以謙道配合自心，使心口合一也。

非所據而據焉，身必危。

虞翻曰：謂據二，二失位，故「非所據而據焉」。二變時，坤為身，二
折坤體，故「身必危」。

既辱且危，死其將至，妻其可得見邪。

《易》曰：公用射隼于高墉之上，獲之無不利。

孔穎達曰：前章先須安身，可以崇德。胡此明藏器於身，待時而動，是
有利也。故引解之上六以證之矣。

六三爻解：人，三多凶

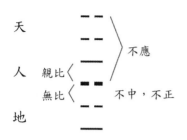

(1) 不中，不正。

(2) 與六二無比，六二無意協助。

(3) 六三為下卦震之上位，但上臨外卦震，故下卦震已蘇，上卦震緊接而來。

(4) 與上六不應，上六無法助六三脫離坎險，曰：震蘇蘇也。三，四，五為坎險，四，五，六為震行，六三前往上六，行而險，故不能前往。

(5) 與九四親比，九四陽剛正固，故六三若能借九四之力，勉力而行，學習中道，則曰：震行無眚。

《象傳》：震蘇蘇，位不當也。

解：震蘇蘇之象，為六三不中，不正也。（參3）

同事	主管	高層	基層	不中	不正	動能
×	○	×		能力有限	才華不足	弱

評：下之中，無心也無能避開險境

論：只有主管力挺，這不可靠，而其他沒有任何一項及格，這令人十分擔心；身為當事人，也應當自我了知，最起碼做好人際關係才是。

四爻動，變坤為復

震 坎 艮 坤

震：動
坎：水 ┐
　　　├ 泥
坤：土 ┘

震遂泥

☳震 → ☵坎₁
☳震 → ☶艮₃
　　　　　↘
四 → ☷坤₅ → ☷坤₂
爻　　☳震 → ☷坤₄
動

《繫辭》：震遂泥。

解：沈溺於險境，而不能奮發向上。

斷：坎₁ 險 → 坤₂ 吝 → 關鍵 → 轉吝成平

偏凶

艮₃ 反 → 坤₄ 吝

坤₅ → 吝

變坤為吝，未克也

論：三吝齊發，雖然不是立即因險而毀折，但也代表沈溺於中而難于拔
　　出，甚至有僅求自保之象。解決之道，就只能希望坤吝能改善為坤
　　平，先求平，再求順，但這要毅力，也要有自知之明。

子曰：隼者，禽也。

虞翻曰：離為隼，故稱「禽」。言其行野容如禽獸焉。

弓矢者，器也。

虞翻曰：離為矢，坎為弓，坤為器。

射之者，人也。

虞翻曰：人，賢人也。謂乾三。伏陽出而成乾，故曰「射之者人」。人
則人，三應上，故上令三出而射隼也。

九四爻解：人，四多懼

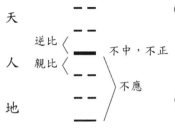

天
　　　逆比
人　　　親比
　　　　　　　　　　不中，不正
地　　　　　　　　　不應

(1) 不中，不正。

(2) 與初九不應，得不到基層支持；初，二，三為震行，二，三，四為艮止，基層根本不希望九四前來。

(3) 與六三親比，六三為陰爻，陰人象，三，四，五為坎險，故兩爻交往，或有破壞陽爻剛正形象。

(4) 與六五逆比，若不能自守中道，又與君王唱反調，未光也。

(5) 二，三，五，六皆陰爻，又居坎險之中，故曰：震遂泥也。

《象傳》：震遂泥，未光也。

解：震遂泥，是九四與六五逆比，又與六三親比，二，三，四，五皆陰爻，陷於諸陰之中，故其道未光也。（參 4，5）

同事	主管	高層	基層	不中	不正	動能
○	×		×	能力有限	才華不足	強

評：下之上，有毅力度過難關，但無力檢討反省

論：肯努力，但不知道方向，也無貴人幫忙，如今之道，先從做人的態度改起，當獲得眾人的肯定時，就是成功的開始。

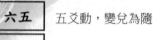

六五 動態　五爻動，變兌為隨

震 坎 艮 兌 巽

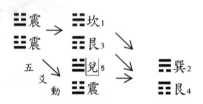

震：往 ⎤
艮：反，來 ⎥ 往來屬
坎：險 ⎥
兌：折 ⎦

艮：不 ⎤
兌：喪失 ⎥ 億（大）
震：長子，大也 ⎦ 无喪

《繫辭》：震往來屬，億无喪，有事。

解：當震之時，行動往來皆有危屬之象，但六五德中，才雖不足以濟
　　變，猶可以自守，喪失不大，即便有困擾之事，也可以補救。

斷：坎₁ 險 → 巽₂ 謙 ⋯ 關鍵 → 勿棄謙成空

虛吉　艮₃ 反 → 艮₄ 反
　　　兌₅ → 悅
　　　變兌為悅，大无喪也

論：狀況不利，仍處在危險之中，但已見曙光，此由自身之德而出，故
　　若行謙道，或可化解此難。

君子藏器於身，待時而動，何不利之有？

虞翻曰：三伏陽，為君子。二變時，坤為身，為藏器，為藏弓矢，以待
　　　　射隼。艮為待，為時。三待五來之二，弓張矢發，動出成乾，貫隼入
　　　　大過死，兩坎象壞，故「何不利之有」。

動而不括，是以出而有獲，語成器而後動者也。

虞翻曰：括，作也。震為語，乾五之坤二成坎弓，離矢動以貫隼，故
　　　　「語成器而後動者也」。

　【易下經】咸恆為首，終於未濟 首重人倫之常

六五爻解：天，五多功

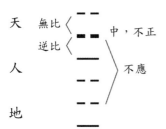

天　無比
　　逆比
人
　　　　　中，不正
地　　　　　不應

(1) 中，不正。

(2) 六五陰爻無力，然為君位，位中，故具中德。

(3) 與六二不應，基層有疑，二，三，四為艮止，三，四，五為坎險，即六五若前來六二，會遇險，然對六二而言，六二若前往六五，亦可能遭險，故六二有疑，不應也。

(4) 與九四逆比，朝中大臣與之不合。

(5) 既無基層之力，又與大臣不合，其象如震，往來皆屬矣！

(6) 與上六無比，上六沒有意見。

(7) 然六五仍具中德，故若以中道行之，猶可以自守，无喪有事也。

《象傳》：震往來厲，危行也。其事在中，大无喪也。

解：往來厲，上為震，下為震，一來一往皆厲；所行雖危厲，然九五位中，猶能以中德來處理事情，故大無所喪也。（參2，5，7）

同事	主管	高層	基層	中	不正	動能
逆	×		×	有能力	才華不足	弱

評：下之中，恐無反轉力道可施

論：六五之位，評等如此，顯然不是明君，既不是明君，基層當然不挺。反諸社會，有此評，即便有能力，也需同事之助，才可能在職場中生存，自省之。

上六　六爻動，變離為噬嗑

動態

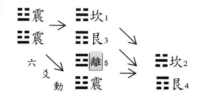

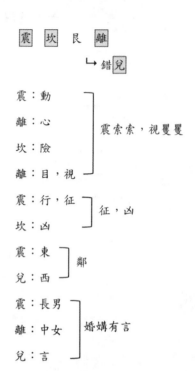

《繫辭》：震索索，視矍矍，征凶。震不于其躬，于其鄰，无咎。婚媾有言。

解：遇到震動變故，內心不安，慌亂顯露於外，這種情況下，要決定大
　　事，難保不犯錯。若能在災害已在鄰居發生時，即刻做防範，則可以
　　無咎；尤其在婚媾典禮上發生這種臨時狀況，而未做準備，是會被責
　　備的。

斷：坎₁ 險 → 坎₂ 險

偏凶　艮₃ 反 → 艮₄ 反

　　離₅ → 心 ⇥ 關鍵 → 心定不疑

　　變離為心，征兇

論：過於大意，自得意滿，而疏於防範；來之凶險，不可以再放任下
　　去，立即調整心態，針對原因改善，行事不可猶疑不決。

上六爻解：天

(1) 不中，正。

(2) 上為極位，當震發生時，震上加震，故有震索索之象。而上也代表年事已高，遇事慌亂是正常現象，而曰：視矍矍。

(3) 與六三不應，三，四，五為坎險，四，五，六為震行，行而險，故上六前來六三有險，而曰：征凶。

(4) 但上六若能做到，震不于其躬于其鄰，當然無咎；然若做不到，上六之鄰為六五，六五為君位，且又與上六無比，故而上六根本上是被動，被六五相責也無話可說，其象如婚媾有言也。

《象傳》：震索索，中未得也。雖凶无咎，畏鄰戒也。

解：震索索之象，為上六中心已亂，不能平常心用事，上六正但不中，中未得也；雖凶无咎，則言禍患及其鄰時，即應知所戒備，若未戒備，恐遭六五之申戒，此謂：畏鄰戒也。（參4）

同事	主管	高層	基層	不中	正	動能
×			×	能力不足	有才華	弱

評：下之中，遇險難防

論：工作上，除非退休，否則雖有才華，但又不是很高的才華，並不能獨當一面，還是要靠眾人的幫助及自己的勤奮，才可立足於社會，唯心明也。

山上有山，兩山並峙，安份守常，行止得宜

艮

止，靜，修持，限制。

重艮

《序卦》：物不可以終動，止之，
故受之以《艮》。；艮者，止也。

動態

《雜卦》：《艮》，止也。

既濟

| 艮 | 震 | 坎 | 離 |

↳錯 兌

兌：折 ⎤
艮：止，背 ⎦ 艮其背

震：行 ⎤
艮：門庭 ⎦ 行其庭

艮：止 ⎤
離：目 ⎬ 不見其人
坎：伏 ⎦

艮 → 艮₁
艮 → 艮₃ ↘
　　　　艮 ↘ 震₂ → 坎
　　　　艮 → 坎₄ → 離
　　　　　　　　　　既濟

《繫辭》：艮：艮其背，不獲其身，行其庭，不見其人，无咎。

解：止于其背，行走在人後，只看見他的背，看不見他的前身；行走在
　　庭院中，看不見背後的人，也是無可追咎的。

斷：艮₁ 反 → 震₂ 行

偏凶

艮₃ 止 → 坎₄ 伏

上下敵應，不相與也

論：若是所有的事都陷在進退不決，前一秒不要，後一秒又要，那只有
　　被迫停止；如果都沒有辦法定案，時間一長，就會出現驚險的狀況，
　　故必需學習低調，立刻採取動作，方可扭轉。

艮卦爻解

《彖辭》曰：艮，止也。時止則止，時行則行，動靜不失其時，其道光明。艮其止，止其所也。上下敵應，不相與也。是以不獲其身，行其庭不見其人，无咎也。

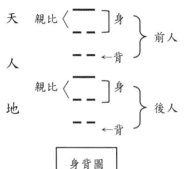

身背圖

上卦：不見後之人背

下卦：不見前之人身

(1) 艮為止，故當止之時則止，三、四、五為震行，當行之時則行；止為靜，行為動，動極而靜，靜極而動，為天地運行之道；三、四、五、六為大象離，離為明，故曰：動靜不失其時，其道光明，不欺也。

(2) 六二與九三親比，以身的方向來說，六二與九三親比同於前，而初六於後而為背矣！

(3) 六五與上九親比，故六四亦為背。

(4) 以上下卦而言，初六，六四皆為背，身對背，故身皆不得相見也，為上下敵應也。

(5) 對下卦而言，下卦是行在上卦之背，故見不到上卦之身，故曰：艮其背，不獲其身。

(6) 以上卦而言，為行在下卦之前，故見不到下卦之人，是謂，行其庭，不見其人。

《象傳》：兼山，艮；君子以思不出其位。

解：內一山，外一山，兩重山，故曰兼山；君子體之，兼山並立，各有定位，以安份，安常，凡所思所想，皆不離其本位。

比附	相應
○×	○

評：無力改善進退不決的狀況

論：雖有兩個親比，但對大局並無助益，上下無交流，政策不出宮門，國家勢必陷入混亂。反諸企業亦然，若無法改善，恐將陷入大規模險境；個人亦同，故必需有一定的決斷力才是。

初六	初爻動，變離為賁	艮　震　坎　離
動態		

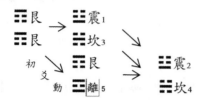

震：動
震：足，趾　⎱
艮：止　　　⎰　艮其趾

艮：止　⎱
坎：險　⎰　无咎

《繫辭》：艮其趾，无咎，利永貞。

解：止在腳趾，那是無咎的，利於永恒貞固。此喻心內無欲，靜而得其
　　止。

斷：震₁ 行 → 震₂ 行

〔虛吉〕　坎₃ 伏 → 坎₄ 伏→ 關鍵 → 勿棄伏成險

　　離₅ → 心

　　變離為心，利永貞也。

論：雖然目前局勢不利，但改善的重點已經指點出來，關鍵在心態；如
　　果在行為上採取低調，忍讓，則可望度過難關，故千萬莫棄伏成險，
　　不可懈怠，要有恒心，毅力去實行。

子曰：小人不恥不仁，不畏不義，

虞翻曰：謂否也。以坤滅乾，為不仁不義。坤為恥，為義。乾為仁，為
艮者也。

不見利不動，不威不懲。

虞翻曰：否乾為威，為利。巽為近利。謂否五之初，成噬嗑市。離日見
乾，為見利；震為動，故「不見利不動」。五之初，以乾威坤，故「不
威不懲」。震為懲也。

初六爻解：地

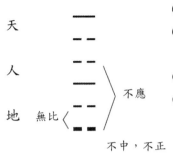

天

人

地　　無比

不應

不中，不正

(1) 不中，不正。

(2) 初六為始位，以身而言，為足趾之象，故曰：艮其趾也。

(3) 與六二無比，很少交流。

(4) 與六四不應，沒有仰賴六四的協助，初，二，三為艮止，二，三，四為坎險，故初六前往六四可能不利。

(5) 不應，亦無比，初六陰爻，無可為之才，故需知止而足；因居卑下之位，也不得不止，此時，若不輕舉冒進，也可无咎，而利永貞也。

《象傳》：艮其趾，未失正也。

解：艮其趾者，初六爻位雖不中不正，但若未逾越本份，還是不失其正當性也。（參5）

同事	主管	高層	基層	不中	不正	動能
	×	×		能力有限	才華不足	弱

評：下之下，無能力改善，需待時也

論：即使是初出社會，評等也未免過低，若不自知，恐在社會中難以立足；首要之務，就是改善動能，其次人際關係，此二項若能改善，則可望立足矣！

六二
動態

二爻動，變巽為蠱

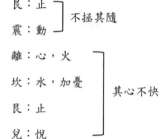

艮　震　坎　巽　兌
↳錯離

艮：止　┐
震：行　├ 艮其腓
巽：股　┘

艮：止　┐
震：動　┘ 不拯其隨

離：心，火　┐
坎：水，加憂　│
艮：止　├ 其心不快
兌：悅　┘

《繫辭》：艮其腓，不拯其隨，其心不快。

解：止在小腿，當止之時，卻不能讓跟隨在後面的也同時止住，故而感
　　到心中不愉快。

斷：震₁ 行 → 震₂ 行 ⟶ 關鍵 → 行謙切莫成驚

偏
凶

坎₃ 伏 → 兌₄ 折
巽₅ → 空
變巽為空，其心不快

論：空相已出，若不能立即做出反應，改善，則任何行動，決策都可能
　　是壓倒駱駝的最後一根草，不可不慎；而改善之道，就是將巽空成巽
　　謙，行謙道去兌折。

六二爻解：地，二多譽

(1) 中，正。

(2) 二在初上，於人為小腿肌肉，在走動時，小腿肌肉會隨走勢而顫動，但不走時就可以靜止下來。

(3) 六二爻位中且正，足以折中制衡，當止則止，故曰：艮其腓。

(4) 與初六無比，跟趾沒有關聯。

(5) 與九三親比，兩者關係良好，但九三為陽剛，雖正但不中，有剛愎自用之象，故無法令其隨之而止，而曰：不拯其隨。

(6) 與六五不應，求助六五，沒有回音，故曰：其心不快。二，三，四為坎險，三，四，五為艮止，故六二前往六五有險，不應也。

《象傳》：不拯其隨，未退聽也。

解：不拯其隨，是謂九三不願退而聽從之勸也。九三位二、三、四坎之中位，坎為耳，聽也。（參5，6）

同事	主管	高層	基層	中	正	動能
✕	○	✕		有能力	有才華	弱

評：中之下，**有能力改善，但無毅力**

論：六二有此評等算是不錯，前程可期；只是要小心，切勿走上剛愎之路，因動能弱，反而剛愎不成，卻錯誤百出。

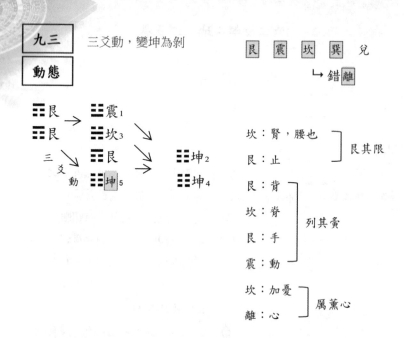

| 九三 | 三爻動，變坤為剝 |
| 動態 | |

艮　震　坎　巽　兌
　　　↳ 錯 離

艮 → 震₁
艮 → 坎₃
　　　＼
三 ＼ 艮 ＼ → 坤₂
爻 ＼ 坤₅ → 坤₄
動

坎：腎，腰也 ⎤
　　　　　　⎬ 艮其限
艮：止　　　⎦

艮：背 ⎤
坎：脊 ⎥
　　 ⎬ 列其夤
艮：手 ⎥
震：動 ⎦

坎：加憂 ⎤
　　　　⎬ 屬薰心
離：心　⎦

《繫辭》：艮其限，列其夤，屬薰心。

解：止在腰部，若將腰部束縛起來，不讓曲伸，而成不當止而止，故上
　　下不能連屬，區分成兩塊，以致身體不能動，是使心常不安，危厲之
　　象。

斷：震₁ 行 → 坤₂ 吝 ⟶ 關鍵 → 去吝成平

| 偏凶 | 坎₃ 伏 → 坤₄ 吝 |
| | 坤₅ → 吝 |

　　　變坤為吝，危熏心也

論：三個困難加身，顯然不是很好過，但坤亦有轉寰的空間，如果能解
　　決一個問題，或減緩其中一個衝擊，就可以逐漸平息。所以，要靜下
　　心，不要有屬薰心的狀況，也就是看開點。

九三爻解：人，三多凶

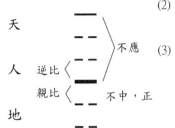

(1) 不中，正。

(2) 九三位於人象腰部，故曰：艮其限，限，腰也。

(3) 與六二親比，雖然六二可幫忙，但六四逆比，換言之，六四找麻煩，一來一往之間，六二即便有意，也對抗不了六四，故曰：列其夤。

(4) 與上九不應，唯一可制服六四者，上九也，但上九不回應，可見事態嚴重，故有厲薰心之象。三、四、五、六為大象離，離為心，二、三、四為坎，屬也。

(5) 三，四，五為震行，四，五，六為艮止，故上九根本不讓九三前往申訴。

(6) 六四位卦之中位，逆比之意，即限制腰之動作。

《象傳》：艮其限，危薰心也。

解：艮其限者，不當止之處強要止，且執著於一而不知變通，既有爭執，心必不安，所以危厲而薰心也。（參3、4）

同事	主管	高層	基層	不中	正	動能
○	逆	×		能力有限	有才華	強

評：中之下，可以度過難關，但要繞遠路

論：有才華，動能強，故有持才傲物之象，但因能力不足，而有所限制；有才華，所以解決問題也有自己的看法，故而主管和高層並不太欣賞，多溝通應該是重點。

759

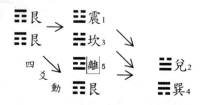

六四　四爻動，變離為旅

動態　　　　　艮 震 坎 離 兌 巽

艮 → 震₁
艮 　 坎₃
　　　 離₅ → 兌₂
四爻動 艮 　 巽₄

離：大腹
艮：止 ｝艮其身
震：行
兌：悅 ｝无咎

《繫辭》：艮其身，无咎。

解：讓身體休止，安靜韜晦，無從獲咎。六四已脫離下艮，可望獲得舒
　　解。

斷：震₁ 行 → 兌₂ 悅

盧吉

坎₃ 伏 → 巽₄ 謙 → 關鍵 → 勿棄謙成空
離₅ → 心
變離為心，止諸躬也

論：有誠心行謙道，則可望脫離驚險而得喜悅。但要留意的是巽謙，若
　　謙不成，反成空，也就是努力得到空一場，故，既下定決心要走出一
　　條路，就不要改變方向。

小懲而大誡，此小人之福也。

虞翻曰：艮為小。乾為大。五下威初，坤殺不行，震懼虩虩，故「小懲
大誡」。坤為小人，乾為福。以陽下陰，民說無疆，故「小人福也」。
《易》曰：「屢校滅趾，无咎」。此之謂也。
侯果曰：噬嗑初九爻辭也。校者，以木夾足止行也。此明小人因小刑而
大誡。乃福也。

六四爻解：人，四多懼

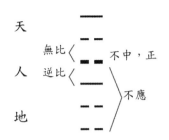

天

人　無比〈

地

（圖中標示）
不中，正
逆比〈
不應

(1) 不中，正。
(2) 六四脫離下艮，已過腰部，為身之象。
(3) 與六五無比，六五亦不太重視六四。
(4) 與九三逆比，常有爭執，九三為腰部，既逆比，代表腰有問題，故只能好好休息靜養，故曰：艮其身。
(5) 與初六不應，顯然只有腰部有問題，其他尚可，故曰：无咎也。
(6) 初，二，三為艮止，二，三四為坎險，六四前來初六會遇險，故不應也。

《象傳》：艮其身，止諸躬也。

解：艮其身之象，休止其身，而不能有任何的動作。（參4）

同事	主管	高層	基層	不中	正	動能
逆	×		×	能力有限	有才華	弱

評：下之中，短期或得悅，但無力行謙

論：有些眼高手低，如果不能自我了知，則職場易遭到排擠，也不受同事的歡迎，進而形成孤立；沒其他方法，自我覺悟，再重新啟動，方可解決。

| 六五 | 五爻動，變巽為漸 |
| 動態 | |

```
┌→錯兌
艮 震 坎 巽 離
```

```
☶艮 → ☳震₁
☶艮    ☵坎₃
           ↘
五 爻 → ☴巽₅ → ☲離₂
動    ☶艮   → ☵坎₄
```

兌：口，舌 → 輔之象

震：動 ⎫
艮：止 ⎬ 言有序
兌：口，言 ⎭

《繫辭》：艮其輔，言有序，悔亡。

解：止在臉部，口舌。言不妄發，發必當有理，是為言有序，失言之悔
　　亦可消亡矣！其喻得中而不偏。

斷：震₁ 行 → 離₂ 心

| 偏 | 坎₃ 伏 → 坎₄ 伏 → 關鍵 → 莫棄伏成險 |
| 吉 | 巽₅ → 謙 |

　　　變巽為謙，言有序

論：指出一條明路，行謙，但行謙不是只有口上說，而是要從心做起，
　　並要配合忍讓，如果嘴上說，但心態仍高傲，那就破了謙，而一切成
　　空。

善不積，不足以成名。

虞翻曰：乾為積善，陽稱名。

惡不積，不足以滅身。

虞翻曰：坤為積惡，為身。以乾滅坤，故「滅身」者也。

小人以小善為無益而弗為也，

虞翻曰：小善謂復初。

六五爻解：天，五多功

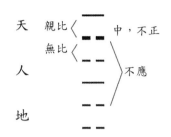

天　親比〈　中，不正

人　無比〈　　　〉不應

地

(1) 中，不正。

(2) 六五為人身為輔，臉面之象，當言之時，臉面亦動，故曰：艮其輔。

(3) 與六四無比，很少採納六四的建言。

(4) 與上九親比，常至上九處請益，與上九討論國事，當言則言，當止則止，言而有序，不信口妄發，故曰：言有序。

(5) 與六二不應，與基層互動不多，但與基層交流時，必需以誠信相待，不可言而無信，如此才不會讓基層悔恨，而曰：悔亡。

(6) 二，三，四為坎險，三，四，五為震行，如果不能體基層之苦，則前來亦無所益。

《象傳》：艮其輔，以中正也。

解：艮其輔之象，為六五君位，居中但不正，故必需在言語上特別小心，庶幾不失其正也。（參4，5）

同事	主管	高層	基層	中	不正	動態
×	○		×	有能力	才華不足	弱

評：下之上，雖有心行謙，但無恒心

論：尊位有此評，顯然不是明君。但若能艮其輔以中正，庶幾有所助益；工作上，首要還是要改善自己的態度，勤勞為上，只要能做到努力，就有利前途。

| 艮 | 震 | 坎 | 坤 | 離 |

動態

坤：厚
艮：山　}敦艮
震：行

《繫辭》：敦艮，吉。

解：時止則止，貞固不變，敦厚篤實，于行之吉象，而為道之凝也。

斷：震₁ 行 → 震₂ 行

偏吉

坎₃ 伏 → 坎₄ 伏 → 關鍵 → 勿棄伏成險

坤₅ → 順

變坤為順，厚終也

論：低調行事，不要招搖，自然萬事順利。總而言之，以敦厚篤實，來
　　面對驚和險，老實做人，必有回報；唯留意坎伏，不要成坎險，此處
　　就是強調伏和忍。

以小惡為無傷而弗去也，

虞翻曰：小惡謂姤初。

故惡積而不弇，

虞翻曰：謂陰息姤至遁，子弒其父，故「惡積而不可弇」。

罪大而不可解。

虞翻曰：陰息遁成否，以臣弒君，故「罪大而不可解」也。

《易》曰：何校滅耳，凶。

《九家易》曰：噬嗑上九爻辭也。陰息初升五，所在失正，積惡而罪

*　　大，故為上所滅。*

上九爻解：天

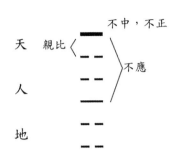

(1) 不中，不正。

(2) 與九三不應，雖居上位，且陽爻剛健篤實，但並不搞小圈圈，安於現況，時止而止。

(3) 與六五親比，毫無保留協助六五治理國家，貞固不變。

(4) 上九止於艮卦的終止，兩艮相重，敦厚篤實之象，故曰：敦艮，吉也。

(5) 三，四，五為震行，四，五，六為艮止，故上九前來九三是不被允許的，不應也。

《象傳》：敦艮之吉，以厚終也。

解：敦艮之吉，謂敦厚篤實，至終不變。（參4，5）

同事	主管	高層	基層	不中	不正	動能
○		×		能力有限	才華不足	強

評：下之上，有毅力剋險，然後續無力

論：以上六而有此評，可見人老心不老。工作上，不突出，若要前進，勢必要再努力，如專業能力等，如能下定決心，有恒心，一定會有所成就，就看個人願不願意低下身段請教前賢。

漸

風山

靜態

既濟

漸進，歸。
《序卦》：物不可以終止，故受之以《漸》。漸者，進也。
《雜卦》：《漸》，女歸，待男行也。

| 巽 | 艮 | 離 | 坎 |

巽：謙卑
艮：止 ｝ 不喪匕鬯

巽：入
艮：家室 ｝ 女歸
坎：中男 （出嫁曰歸）
離：中女

巽 ─→ 巽₁
艮 　　 艮₃ ↘
　　　 巽 ─→ 離₂ ─→ 坎
　　　 艮 　　 坎₄ 　　 離

既濟

《繫辭》：漸：女歸吉，利貞。

解：嫁娶雙方，古需循納采，問名，納吉，納征，請期，親迎六禮，循序漸進，是以漸者莫如女歸，其象吉也，然戒之以利貞，必要貞固自守也。

斷：巽₁ 謙 → 離₂ 心
　　艮₃ 止 → 坎₄ 險
　　往有功也

偏吉

論：目前處理事皆需以行謙為首，而漸乃進；也就是按順序，而得漸次向吉之果，不燥進也，這是謙道的重點。然若不行謙道，也就是心中不再有謙道時，必然會得來險境，不可不慎。漸為女歸，故宜避免男女之情難，巽為利，艮為止，故有財損之可能。

漸卦爻解

《彖辭》曰：漸之進也，女歸吉也。進得位，往有功也。進以正，可以
正邦也。其位，剛，得中也。止而巽，動不窮也。

(1) 六二與九五相應，二，三，四，五，奇耦爻各得其正位，由二至五，循序漸進之象，而曰：進得位，往有功也。

(2) 六二與九三親比，二，三，四為坎，中男。

(3) 六四與九五親比，三，四，五為離，中女。

(4) 六二與九五相應，陰陽正位，二，五皆位中且正，故曰：進以正，可以正邦。九五為陽，為剛，而曰：剛得中也。

(5) 坎，離二卦皆在六二與九五相應之內，中男，中女，婚媾之象，故有女歸吉，利貞也。

(6) 上卦為巽，下卦為艮：巽為入，艮為止，深入而知止，故為動而不困窮也。

《象傳》：山上有木，漸；君子以居賢德，善俗。

解：艮為山，巽為木，木在山上，必需漸次而長，是為漸。君子體之，
擇居處于賢德善俗之地，則耳濡目染，以漸而自成有道之士矣！

比附	相應
○×	○

評：有能力謹守謙道，但不時有雜音

論：六二與九三，六四與九五之親比，是在九五與六二相應之中，藉此
二親比，形成一個內循環，雖然不礙政令下達，但並未真正包容全
部；故此對企業而言，有搞小圈圈的疑慮，不值得鼓勵。

| 初六 | 初爻動，變離為家人 |
| 被動 | |

```
☴ 巽  →  ☲ 離₁
☶ 艮     ☵ 坎₃
       初        ↘
       爻  ☴ 巽  →  ☲ 離₂
       動  ☲ 離₅     ☵ 坎₄
```

```
                ┌→ 錯 兌
         巽  艮  離  坎
                └→ 錯 震
```

離：雉，飛鳥 ┐
兌：澤（干之象）├ 鴻漸于干
震：行 ┘

艮：少男 ┐
坎：險 ├ 小子屬有言
兌：託 ┘

《繫辭》：鴻漸于干，小子屬，有言，无咎。

解：鴻雁漸近棲息於澤水邊，其象如少年新進，不免有受謗言中傷的危
　　屬，但只要循中道而行自无咎也。

斷：離₁ 心 → 離₂ 心

| 虛吉 | 坎₃ 險 → 坎₄ 伏 → 關鍵 → 勿棄伏成險 |
| | 離₅ → 明 |

變離為明，有言無咎

論：前景可望突破而明朗，但關鍵在自己的心，一定要保持低調，不可
　　目無他人，也就是坎伏，如果坎伏成坎險，那就不是明而是暗了，故
　　要特別留意自己的言行舉止。

初六爻解：地

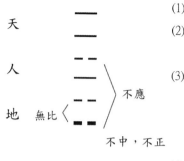

天

人

地　無比

不應

不中，不正

(1) 不中，不正。

(2) 初為始位，取象自水涯而向平原高地漸近。

(3) 與六二無比，二，三，四為坎，坎為水，水邊，若言無比，即為近水邊，而非入于水，故曰：鴻漸于干。

(4) 與六四不應，初位為卑，下卦為艮，而為小子象；少年新進，尚待磨練，故未得長官青睞，甚至還有責罵流言，故曰：小子厲，有言。

(5) 初，二，三為艮止，二，三，四為坎險，故初六前往六四有險，故不能前往，而曰：无咎。

《象傳》：小子之厲，義无咎也。

解：小子之所以有危厲之象，為入世不深，但只要循義理而進，自可無從獲咎。（參 4）

同事	主管	高層	基層	不中	不正	動能
	×	×		能力有限	才華不足	弱

評：下之下，無能力，亦無毅力來改善困境

論：下之下，幾乎沒有出過社會，如果是在職場，那真要好好檢討是何原因所造成，如果還是矇矇矓矓，恐怕不適合此工作，應另尋他途。

六二　　二爻動，變巽為重巽

被動

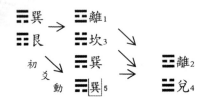

巽　艮　離　坎　兌
　↳ 錯 震

艮：石，磐也 ┐
離：鴻　　　 │
震：行　　　 ├ 鴻漸于磐
兌：澤　　　 ┘

兌：口　　　 ┐
坎：水，飲食 ├ 飲食衎衎
兌：悅　　　 ┘

《繫辭》：鴻漸于磐，飲食衎衎，吉。

　　解：鴻雁漸近，棲息于江邊的磐石之上，和樂自食也。

　　斷：離₁ 心 → 離₂ 心

吉　　坎₃ 險 → 兌₄ 悅

　　　巽₅ → 謙 → 關鍵 → 勿棄謙成空

　　　變巽為謙，不素飽

論：要克服險難，就是要行謙道，如果能心存謙道，必然對萬事萬物感
　　恩，自然會有喜悅之感；但千萬不可因行謙道而覺的委曲，則兌悅成
　　兌折，後果不堪想像。

　　子曰：危者，安其位者也。
　　崔覲曰：言有危之慮，則能安其位不失也。
　　亡者，保其存者也。
　　崔覲曰：言有亡之慮，則能保其存者也。
　　亂者，有其治者也。
　　崔覲曰：言有防亂之慮，則能有其治者也。

六二爻解：地，二多譽

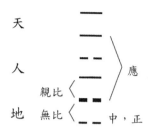

天

人 ‧ 應

親比

地 無比 ‧ 中，正

(1) 中，正。

(2) 與初六無比，已脫離初六，其象為脫離水邊，下卦艮為磐，故曰：鴻漸于磐。

(3) 與九三親比，君子進仕，脫離小人身份，取得一定地位，二，三，四為坎，坎為飲食，故曰：飲食衎衎。

(4) 與九五相應，獲得上級長官認同，地位鞏固，有如磐石之安，吉也。

(5) 二，三，四為坎伏，三，四，五為離心，故六二低調前往九五之約，九五為君，六二為民間賢士，兩者相交流，亦是為國舉才也。

《象傳》：飲食衎衎，不素飽也。

解：飲食衎衎之意，非徒飲食而已，而應有其他之為也。（參 4，5）

同事	主管	高層	基層	中	正	動能
×	○	○		有能力	有才華	弱

評：中之上，絕對有能力脫困

論：二爻就有此評等，可見六二確是賢達之人；以此評，實無可挑剔之處，即于企業，也是總經理之職，唯若動能能再加強一些更好。

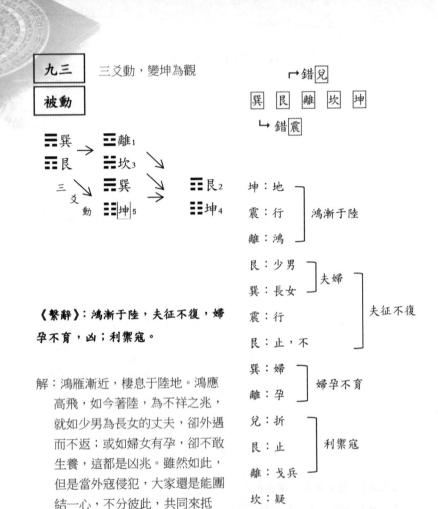

| 九三 | 三爻動，變坤為觀 |
| 被動 | |

巽 艮 離 坎 坤

↱錯兌
↳錯震

坤：地 ⎫
震：行 ⎬ 鴻漸于陸
離：鴻 ⎭

艮：少男 ⎫
巽：長女 ⎬ 夫婦 ⎫
震：行 ⎬ 夫征不復
艮：止，不 ⎭

巽：婦 ⎫
離：孕 ⎬ 婦孕不育

兌：折 ⎫
艮：止 ⎬ 利禦寇
離：戈兵 ⎭
坎：疑

《繫辭》：鴻漸于陸，夫征不復，婦孕不育，凶；利禦寇。

解：鴻雁漸近，棲息于陸地。鴻應高飛，如今著陸，為不祥之兆，就如少男為長女的丈夫，卻外遇而不返；或如婦女有孕，卻不敢生養，這都是凶兆。雖然如此，但是當外寇侵犯，大家還是能團結一心，不分彼此，共同來抵禦。

斷：離₁ 心 → 艮₂ 反

| 偏 凶 | 坎₃ 險 → 坤₄ 吝 → 關鍵 → 轉吝為平 |
| | 坤₅ → 吝 |

變坤為吝，凶也

論：心險不除，困難又現，現階段要將眼前的困難先解決，否則險境不除。故而不可進退不決，針對問題，拿出魄力。

九三爻解：人，三多凶

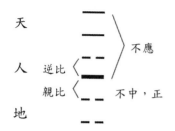

天
人 　逆比
　　親比
地

不應

不中，正

(1) 不中，正。

(2) 與六二親比，六二為磐，再進為陸，故曰：鴻漸于陸。

(3) 與六四逆比，九三位艮之上位，艮為少男，六四位巽之下位，巽為長女，故九三與六四原為夫婦，但兩者不合，而有逆比之象。

(4) 九三與六二親比，顯然九三背棄六四而至六二處，是為外遇不正，故不復返六四也。

(5) 然六二為二，三，四坎之下，坎為孕，同時又在艮之內，艮為止，故曰：婦孕不育。

(6) 與上九不應，三，四，五為離，戈兵；四，五，六為巽，為入，戈兵介入，有寇之象，故當上九前來九三訊問時，六二，九三，六四都能團結一致，協助九三，如抵禦外寇般。

《象傳》：夫征不復，離群醜也。婦孕不育，失其道也。利用禦寇，順相保也。

解：夫征不復，是想逃避正妻；婦孕不育，則是六二為外遇，已失其道；利用禦寇，則是為共同利益，保護九三也。（參3，4，5，6）

同事	主管	高層	基層	不中	正	動能
○	逆	×		能力有限	有才華	強

評：中之下，有毅力克服難關，但還需能力

論：有才華，動能強，持才傲物，但與同事關係好，可見還不是很嚴重；有才華，若是肯學習，速度會更快，就看願不願意。

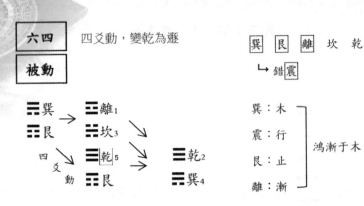

	四爻動，變乾為遯	巽 艮 離 坎 乾
六四		↳ 錯震
被動		

巽 → 離₁
艮 → 坎₃
四爻動 乾₅ → 乾₂
艮 → 巽₄

巽：木
震：行
艮：止　　鴻漸于木
離：漸

巽：木，桷　　得其桷
艮：止

《繫辭》：鴻漸于木，或得其桷，无咎。

解：鴻雁棲息于樹木上，但鴻為連足，故或棲於樹之木椏之上，是无可
　　追咎的。

斷：離₁ 心 → 乾₂ 健 → 關鍵 → 勿成剛愎

偏吉　　坎₃ 險 → 巽₄ 謙

乾₅ → 努力

變乾為努力，順以巽也

論：眼前指出一條路，可以脫離險境，就是學天之行健，努力行謙道，
　　以誠待人，當可脫險也。而關鍵在乾健，切莫成剛愎，切記。

是故君子安而不忘危，
虞翻曰：君子，大人。謂否五也。否坤為安。危，謂上也。
存而不忘亡，
荀爽曰：謂除戎器，戒不虞也。
治而不忘亂，
荀爽曰：謂思患而逆防之。

六四爻解：人，四多懼

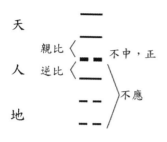

天

人

地

親比

逆比

不中，正

不應

(1) 不中，正。

(2) 與九三逆比，九三為陸地，故遠於陸地也。

(3) 與初六不應，初六為干，既遠於陸地，更遠離於水邊；上卦為巽，木，故曰：鴻漸于木。初，二，三為艮止，二，三，四為坎，水，故六四遠離水邊。

(4) 與九五親比，九五為巽木之中位，而有桷之象，故曰：得其桷。

(5) 因與九五親比，九五為君位，其意為上附九五，故亦无咎矣！

《象傳》：或得其桷，順以巽也。

解：或得其桷之意，六四位巽之下，巽為柔順謙遜，故曰：順以巽也。

（參4，5）

同事	主管	高層	基層	不中	正	動能
逆	○		×	能力不足	有才華	弱

評：下之上，能否有恒心，恐有疑也

論：有才華，人際關係不是很好，有一點持才傲物，但動能弱，故此傲物反有傷自己，雖然頤養自身還可以，但前途就是這樣，如果想更進一步，先調整心態為宜。

九五	五爻動，變艮為重艮
動態	

巽　艮　離　坎　震

巽 → 離₁

艮 → 坎₃

五爻動 → 艮₅ → 震₂

艮 → 坎₄

震：行 ⎤
艮：山 ⎬ 鴻漸于陵
離：漸 ⎦

離：中女 ⎤
坎：中男 ⎬ 夫婦

離：數三 ⎤
離：孕 ⎬ 三歲不孕
艮：不 ⎦

《繫辭》曰：鴻漸于陵，婦三歲不孕，終莫之勝，吉。

解：鴻雁漸飛近于山陵，然此去鴻雁取澤而棲之天性遠矣，有如夫妻結
　　婚三年卻不孕，即使這樣，也沒有辦法離間他們。

斷：離₁ 心 → 震₂ 行 ⇢ 關鍵 → 行伏莫成驚

吉	坎₃ 險 → 坎₄ 伏
	艮₅ → 止

　　變艮為止，得所願也

論：險有止住的跡象，要擺脫險象，唯一之道就是低調去做該做的事，
　　關鍵就在震行，如果凡事不能忍讓，則行成驚；一念之間，天差地
　　別，不能不慎重其事。

九五爻解：天，五多功

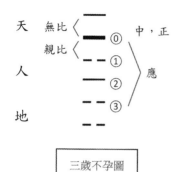

天　無比 ⟨　中，正
人　親比 ⟨　⓪
　　　　　　①　⟩應
　　　　　　②
地　　　　　③

三歲不孕圖

(1) 中，正。

(2) 九五與上九無比，上九為卦之極位，故有陵之象，因無比，故鴻雁尚未入陵，但已近矣，故曰：鴻漸于陵。然鴻雁當棲於澤之邊，而近于陵，是去其天性遠矣！

(3) 九五與六二相應，五，二皆為中，正之位，而諭夫婦生子之象，九五至六二，相隔三位，故有三歲不孕之說。

(4) 二，三，四為坎，歲；三，四，五為離，數三，三歲也。

(5) 與六四親比，九五為陽，為夫，六四為陰，為妻；外人欲借三歲不孕之事離間他們，即使這樣，也無法撼動二人之感情，故曰：莫之勝，吉也。

(6) 與上九無比，上九諭為長輩，外人，從旁關心也。

《象傳》曰：終莫之勝，吉；得所願也。

解：終莫之勝，吉，指的是九五，六四親比，名正言順必然得其所願也。（參5）

同事	主管	高層	基層	中	正	動態
○	×		○	有能力	有才華	強

評：上之中，有能力，有恒心度過困局

論：九五絕對是明君，無庸置疑。工作上，亦是創始人或董事長之流，沒有可挑剔之處，只是要提醒，不可自滿。

上九

被動

上爻動，變坎為蹇

巽　艮　離　坎
└錯震

巽
艮
六爻動 → 離₁ / 坎₃ / 坎₅ / 艮 → 離₂ / 坎₄

離：鴻
坎：北
坎：水
艮：山
震：行
} 鴻漸于陸（山+水）

離：鳥
離：文采
} 羽

兌：折→取其羽

震：動→儀之象

《繫辭》曰：鴻漸于陸，其羽可用為儀，吉。

解：北歸之鴻雁，棲息在歸途的艮山坎水（下卦艮為山，六爻變巽成坎，坎為水，艮山之上的坎水），鴻的羽毛，可用為禮儀及儀舞之用，為吉之象。

斷：離₁ 心 → 離₂ 心

坎₃ 險 → 坎₄ 伏 → 關鍵 → 勿棄伏成險

坎₅ → 伏

變坎為伏，不可亂也

論：前面還是險，為何如此，就是目前雖是險境，但心態卻未改善，仍然是高傲，所以若要脫離險境，必需姿態要低，如果不以為意，則坎伏成坎險，屆時三個險，如何堪受，要三思。

上九爻解：天

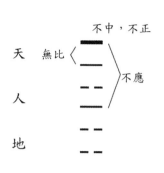

天　無比 ⟨　不中，不正

人　　　　⟩不應

地

(1) 不中，不正。

(2) 與九五無比，鴻雁離開高陵，返回北方。

(3) 與九三不應，九三鴻漸于陸，上九與九三不應，顯然上九之陸與九三之陸不同，而為北歸之陸，故亦曰：鴻漸于陸。

(4) 三，四，五為離明，四，五，六為巽，進退不決，顯示上九之鴻，要去九三之陸是猶疑不決，亦証明兩者之陸不同也。

(5) 上九亢極之位，陽爻剛正固守，不拉幫結派，亦與九五無求，為超然之象。

(6) 上九極位，上無可上，不如歸去，故曰：鴻漸於陸。既歸，留風範於世，受人敬仰，猶如鴻雁雖歸，留羽以為儀用也。

《象傳》曰：其羽可用為儀，吉；不可亂也。

解：其羽可用為儀，鴻飛之時，成配者以次在後，孤而無位者在前，其如儀舞般序不可亂也，君子体之，不論身在何處，其志不可亂也。

（參5）

同事	主管	高層	基層	不中	不正	動能
×			×	能力有限	才華不足	強

評：下之上，**有毅力無能力，避險，有疑**

論：鴻雁北歸，顯示上九已無視事。之於工作，除非退休，否則只有努力是不夠的，先要建立人際關係，若人際關係不好，其餘免談。

779

雷在澤上，終返于澤，男女婚配，天地大義

歸妹

女子出嫁，始配。
《序卦》：進必有所歸，故受
之以《歸妹》。
《歸妹》，女之終也。

```
            ┌→錯 巽
    震   兌   坎   離
            └→錯 艮
```

雷澤

兌：少女 ┐
　　　　 ├ 歸妹
震：長男 ┘

動態

震：行 ┐
　　　　├ 征凶
坎：凶 ┘

未濟

艮：止，無 ┐
震：行 　　├ 無攸利
巽：利 　　┘

```
☳震 →  ☳震₁
☱兌    ☱兌₃ →
              ☵坎₂ → ☲離
        ☳震 → ☲離₄    ☵坎
        ☱兌
              未濟
```

《繫辭》曰：歸妹，征凶，无攸利。

解：女嫁男婚，人道之常，然必需合於禮數，若配位不當，那就對雙方
　　都不利了。

斷：震₁ 行 → 坎₂ 險

偏吉

兌₃ 悅 → 離₄ 心
悅而行，人之終始也

論：現在看起來都還不錯，但隱藏在背後的是險境，如果心態改變了，
　　險象就出來了，所以在處理事情必需要體認，隨時警惕，不可鬆懈。
　　歸妹，兌為折，事常有不測，又為少女，慎防男女糾紛，又為口，則
　　為口舌之禍，行事若能謹慎，當可大事化小。

歸妹卦爻解

《象辭》曰：歸妹，天地之大義也。天地不交，而萬物不興，歸妹人之
終始也。說以動，所歸妹也。征凶，位不當也。无攸利，柔乘剛也。

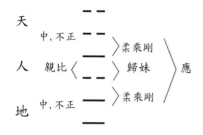

天　中,不正

人　親比

地　中,不正

柔乘剛
歸妹
柔乘剛　〉應

歸妹圖

所有事皆發生在九二
與六五之相應之內

《象傳》曰：澤上有雷,歸妹；君
子以永終知敝。

解：澤上有雷,兌為悅,為折,雷
　　為動,動而悅,為歸妹也。然
　　世無永終之悅,必有敝壞(折)之
　　時,夫婦相處,生息續嗣,應
　　尋可久可繼之道,而避永終之
　　折,故君子體之,欲善其終,
　　必慎其始

比附	相應
○×	○

評：短時間不會有險,但之後險象一定會來

(1)　六三與九四親比,六三為下卦兌之上爻,兌
　　為少女,九四為上卦震之下爻,震為長男,
　　陰陽和合,柔承剛,女隨男,為歸妹之象。

(2)　六五與九二相應,二、三、四為離,離為
　　日,南,夏；三、四、五為坎,坎為月,
　　北,冬。震為東,日出,為春；兌為西,月
　　升,為秋；日出月升；東,西,南,北四方
　　相應；春,夏,秋,冬,四時相正,故曰：
　　天地之大義也。

(3)　然六五與九二位雖中,但不正,天地若交而
　　不正,則萬物必不興也。故男女陰陽交感,
　　為人之始,但既交,則必正,方可終而興,
　　不可不慎。

(4)　上卦為震,震為動,下卦兌,為說,為悅,
　　婦具悅從其夫之德,斯為歸妹之要義。

(5)　二、三、四為離,心,中女,三、四、五為
　　坎,伏,險,中男,故若男女配位不當,不
　　能相互忍讓,反不利雙方,故九二與六五之
　　應,反成征凶,而曰：位不當也。

(6)　六三陰乘於九二陽之上,六五陰亦乘於九四
　　陽之上,皆為柔乘剛,故六三雖與九四親
　　比,但卻無法改變這種現象,致六五與九二
　　之應,並沒有發生太大效果,而曰：无攸
　　利。

(7)　柔乘剛,猶女淩男,非歸妹之道。

論：六三與九四親比,依附在九二和六五之應內,沒有作用,也沒有其
　　他親比連結九二和六五,故政令雖可下達,但並不能完善,短期或不
　　會出錯,長期一定會有事,不可不防。

初九	初爻動，變坎為解	震 兌 坎 離

動態

☳ 震 → ☵ 坎₁
☱ 兌　　☲ 離₂₃　　　↘
　　　　　　　　　　　　☵ 坎₂
初爻動　☳ 震　　☳ 震　　☲ 離₄
　　　　☵ 坎₅

震：長子，兄 ⎤
離：中女　　　⎬ 歸妹以娣
兌：少女，妾 ⎦

震：足，行 ⎤
兌：折　　　⎬ 跛能履
坎：曳　　　⎦

震：行 → 征

《繫辭》曰：歸妹以娣，跛能履，征吉。

解：古時女子出嫁，其妹可陪嫁，稱為娣，妾也。此象如同跛者雖跛，
　　但不礙行走，若娣能隨從正室，而不專成，則長幼有序，雖危而安。

斷：坎₁ 險 → 坎₂ 伏 → 關鍵 → 勿棄伏成險

偏吉

離₃ 心 → 離₄ 心
坎₅ → 伏
變坎為伏，跛能屨

論：要想脫離困局，除了低調還要能忍，只是必需明白，低調是由內心
　　發出，而不是表面功夫，如果坎伏成坎險，則三險齊發，不宜也。

是以身安而國家可保也。
虞翻曰：坤為身。謂否反成泰，君位定於內，而臣忠於外，故「身安而
國家可保也」。
《易》曰：其亡！其亡！
荀爽曰：存不忘亡也。

初九爻解：地

天
人
地　無比
不應
不中，正

(1) 不中，正。

(2) 初九位卑，於歸之象為娣，故曰：歸妹以娣。

(3) 初九陽剛，位正，於女子則有賢正之德，雖不中，但亦能相助其君，唯為妾，故曰：跛，德助其君，曰：履。

(4) 與九二無比，無征吉之象，故九二不為夫也。

(5) 九四為初九之對應，符合征之象，故為夫也。二、三、四為離，心，初、二、三為兌，悅，折，雖不應，若初九以心相待九四，則仍為吉，故曰：征吉；若無心，則為毀折之始。

《象傳》曰：歸妹以娣，以恆也。跛能履吉，相承也。

解：歸妹以娣，即使為娣，也要有恆常之心相待其君；跛能履，雖為娣，也要相與承助其君，始為吉之道。（參3，4，5）

同事	主管	高層	基層	不中	正	動能
	×	×		能力有限	有才華	強

評：下之上，有毅力，但無力保持戰果

論：有才華，動能又強，持才傲物，具反叛個性，所以人際關系不佳。尤其能力不足，單打獨鬥也沒份，故應自我反省，如何融入人群才是重點。

783

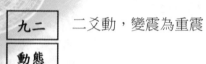 二爻動，變震為重震

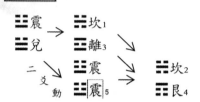

離：目，視 ┐
兌：折，缺 ├ 眇能視
震：行 ┘

坎：伏，幽之象 ┐
兌：悅 │
震：行，道 ├ 利幽人之貞
巽：利 ┘

《繫辭》曰：眇能視，利幽人之貞。

解：雖盲一目，但還是能看，那就睜一隻眼，閉一隻眼，這樣有利於夫
妻之間的貞固自守。另喻九二為賢德之才若遇非其君，只宜隱居求志
也。

斷：坎₁ 險 → 坎₂ 伏 → 關鍵 → 勿棄伏成險

偏吉　　離₃ 心 → 艮₄ 反

震₅ → 行

變震為行，未變常也

論：身在險中，首先心要定下來，不可妄動，其次在行為上低調一點，
不要太過計較，如此可獲平安，關鍵在坎伏，若不伏，成險，則險就
止不住了。

【易下經】咸恆為首，終於未濟 首重人倫之常

九二爻解：地，二多譽

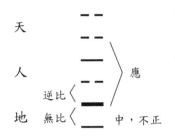

天

人　　　　　　　　　　　應

　　　逆比

地　　無比　　　中，不正

(1)　中，不正。

(2)　與初九無比，甚少往來。

(3)　與六三逆比，六三為其正室，亦常爭吵，不相容。

(4)　與六五相應，這就是與六三逆比的原因；二，三，四為離，為目，既如此，九二唯有睜一隻眼，閉一隻眼，故曰：眇能視。

(5)　雖與六五相應，然九二並沒有因此而棄妻妾於不顧，三，四，五為坎，為伏，只有低調以求家和，故曰：利幽人之道。

《象傳》曰：利幽人之貞，未變常也。

解：利幽人之貞，其象為九二與六五相交，短暫可容忍，並不是永久的常態。（參4，5）

同事	主管	高層	基層	中	不正	動能
×	**逆**	○		有能力	才華不足	強

評：中之下，有能力克服目前的困局，但人和要注意

論：有可能是裙帶關係，但即便如此，為長久計，還是要改善人際關係，以為更進一步舖路。

六三	三爻動，變乾為大壯	震 兌 坎 離 乾
動態		

震 → 坎₁
兌 → 離₃
　　↘
三爻動 → 震 → 兌₂
　　乾₅ → 乾₄

兌：少女 ┐
兌：折　├ 歸妹以須
乾：剛強 ┘

震：反 ┐
震：行 ├ 反歸以娣
兌：娣 ┘

《繫辭》曰：歸妹以須，反歸以娣。

解：女子過於剛強，行為不當(須，鬚，男子象)，只能退婚，原為正室，
　　退婚改嫁他人為妾室。此喻無德，故違世而遭終棄也。

斷：坎₁ 險 → 兌₂ 折

凶　離₃ 心 → 乾₄ 剛愎 → 關鍵 → 去剛愎成健

　　坎₅ → 剛

　　變乾為剛，未當也

論：雖然很努力，但換得的是毀折；換言之，努力並沒有改變險境，也
　　只能認命，但重點在乾愎是也，故如何改變自己的個性，去除剛愎才
　　是努力的對象。

系于包桑。

荀爽曰：桑者，上玄下黃。乾坤相包以正，故「不可忘也」。

子曰：德薄而位尊，

虞翻曰：鼎四也。則離九四，凶惡小人，故「德薄」。四在乾位，故
「位尊」。

知少而謀大，

虞翻曰：兌為小知，乾為大謀，四在乾體，故「謀大」矣。

六三爻解：人，三多凶

天

人　　親比

地

不應

不中，不正

(1) 不中，不正。

(2) 六三與九二逆比，兩者不相合，故雖是歸妹以須，終則不合，離異也。

(3) 與上六不應，上六為其長輩，求之調節，沒有應允。三，四，五為坎險，四，五，六為震行，六三前往上六有被上六責罵之象，也不會成事。

(4) 與九四親比，既然離異，則另尋夫家，做為妾室，故曰：反歸以娣。

(5) 三，四，五為坎，陷，四，五，六為震行，行為不當也。

《象傳》曰：歸妹以須，未當也。

解：歸妹以須，為六三位不中，不正，象徵男女婚配不當，而成怨偶。

（參1，2）

同事	主管	高層	基層	不中	不正	動能
逆	○	×		能力有限	才華不足	弱

評：下之中，努力難成，另覓他途

論：只有單靠主管提攜，即使如此，也應了解，這不是常態，必需自我奮發，加強人與人之間的關係，再努力學習，自可改善，否則，難以哉！

九四	四爻動，變坤為臨	┌→錯 巽
動態		震　兌　坎　離　坤

$$震 \rightarrow 坎_1$$
$$兌 \rightarrow 離_3$$
$$\underset{動}{四爻} \begin{array}{c}坤_5 \\ 乾\end{array} \rightarrow \begin{array}{c}坤_2 \\ 震_4\end{array}$$

巽：進退，不果 ┐
坤：女子　　　　│
坎：月，陰　　　├ 歸妹愆期
離：日，陽　　　┘

震：行，春 ┐
兌：秋　　　├ 遲歸有時
坎：曳　　　┘（秋去春來）

《繫辭》曰：歸妹愆期，遲歸有時。

解：女子婚嫁過期，並非不嫁，而是待適當的時間。又喻，君子抱道自
　　守，即便有遲歸之遇，卻無愆期之失。

斷：坎₁ 險 → 坤₂ 順

偏吉	離₃ 心 → 震₄ 行 → 關鍵 → 行正不可成驚
	艮₃ 坤₅ → 平

斷：坎$_1$ 險 → 坤$_2$ 順
離$_3$ 心 → 震$_4$ 行 → 關鍵 → 行正不可成驚
艮$_3$ 坤$_5$ → 平
變坤為平，遲歸有時

論：險象有平息的現象，也就是沒有那麼嚴重；未來或有行而順的機
　　會，這時的態度，應該是有待而行，不應草率從事，尤其要注意，震
　　行，若不走正道，行成驚，結果就不妙了。

九四爻解：人，四多懼

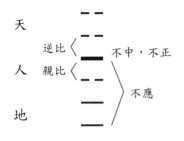

天

人　逆比〈

　　親比〈　　不中，不正

地　　　　　　　　　　不應

(1) 不中，不正。

(2) 與六五逆比，常起爭執，陰陽不相合，猶如歸妹愆期。

(3) 與六三親比，既與六五逆比，不如回頭與六三結親，以致有所延誤，故曰：遲歸。

(4) 與初九不應，初，二，三為兌，為秋；二，三，四為離，為夏，秋去夏來，時不對矣！

(5) 上卦為震，春，下卦為兌，秋，故秋去春來，符合時令，故曰：有時。雖遲歸，終有時也。

《象傳》曰：愆期之志，有待而行也。

解：事有其時，愆期之心志，是有待其人其時，而後嫁之，慎重其事也。（參2，3）

同事	主管	高層	基層	不中	不正	動能
○	×		×	能力不足	才華不足	強

評：下之上，**有毅力，然需待時也**

論：此評並未突出，也就是說，以此評等必有其缺憾，要負責一個小組都有問題，然而動能強，代表有毅力，如果能下決心，增強專業能力，必可輕鬆而上。

六五	五爻動，變兌為重兌
動態	

震　兌　坎　離　巽

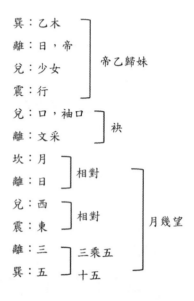

震 → 坎₁

兌 → 離₃

五爻動 → 兌₅　兌 → 巽₂　離₄

巽：乙木 ⎫
離：日，帝 ⎬ 帝乙歸妹
兌：少女 ⎪
震：行 ⎭

兌：口，袖口 ⎫ 袂
離：文采 ⎭

坎：月 ⎫ 相對
離：日 ⎭

兌：西 ⎫ 相對
震：東 ⎭ 月幾望

離：三 ⎫ 三乘五
巽：五 ⎭ 十五

《繫辭》曰：帝乙歸妹，其君之袂，不如其娣之袂良，月幾望，吉。

解：帝乙嫁妹，帝乙妹衣袖的文采裝飾，還不如帝乙娣妾的衣袖裝飾
　　好。而選擇月近十五，月圓之日出嫁，是吉象的。

斷：	坎₁ 險 → 巽₂ 謙 → 關鍵 → 勿棄謙成空
偏吉	離₃ 心 → 離₄ 心
	艮₃ 兌₅ → 悅

　　　變兌為悅，貴以中行也

論：如果心有謙道，又能切實而行，不但能扭轉險象，更能帶來愉悅的
　　成果，何樂而不為？重點在巽謙，不要成巽空，否則一場空，何苦來
　　哉！

六五爻解：天，五多功

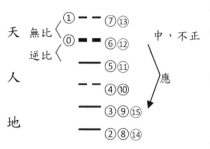

月幾望圖

(1) 中，不正。

(2) 與上六無比，六五婚嫁，上六不能做主。

(3) 與九四逆比，九四為陽爻，但不是六五對象，故六五與九四對不上眼。

(4) 與九二相應，故六五下嫁之對象為九二。

(5) 三，四，五為坎，坎為月，由六五至上六，回初九，二，三，四，五，六，初九，二，三，四，五，六，初九至九二，為十五，月幾望也。

(6) 二，三，四為離心，三，四，五為坎伏，故六五下嫁九二，心伏也，諸事亦低調而行，故有君袂不如娣袂，此為吉象也。

《象傳》曰：帝乙歸妹，不如其娣之袂良也。其位在中，以貴行也。

解：帝乙歸妹，不如其娣之袂良也。顯示帝乙之妹不重衣飾，也不以富貴驕人，而是重人品，因其六五位中，故貴在行中德也。（參6）

同事	主管	高層	基層	中	不正	動態
逆	×		○	有能力	才華不足	弱

評：下之上，<u>能否脫離險境，觀其毅力</u>

論：以六五格局，似乎不足。工作上努立，顯然不夠，故即便有機會，恐怕也不會被列為優先考慮對象，其因在看起來努力，但並不真實，有恒才是重點。

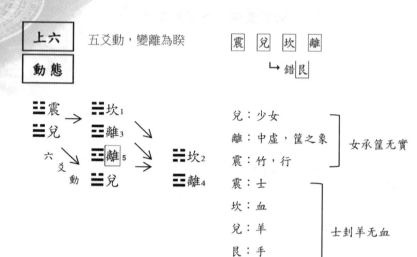

上六 | 五爻動，變離为睽

動態

震　兌　坎　離

　　↳錯 艮

震 → 坎₁

兌　　離₃　　　↘

六　　　離₅　　　↘　　坎₂

爻　　　兌　　　　　離₄

動

兌：少女

離：中虛，筐之象 ┐

震：竹，行　　　 ┘ 女承筐无實

震：士 ┐

坎：血

兌：羊

艮：手

離：戈兵，刀 ┘ 士刲羊无血

《繫辭》曰：**女承筐无實，士刲羊无血，无攸利。**

解：女子所持者，是中空無實的筐，男子宰羊，羊卻無血，這是無所利
　　的，此喻上無實德，大義已虧。

斷：坎₁ 險 → 坎₂ 險 → 關鍵 → 以伏剋險

凶　離₃ 心 → 離₄ 心

　　離₅ → 心

　　變離為心，上六无實

論：走上險路，不在外險，而是心險；走偏了正道，如果不改善，只有
　　一路險下去，那要如何改善呢？若坎險能成坎伏，伏者何也？誠懇且
　　低姿態，忍讓對人，人必回之，則可解險矣！

上六爻解：天

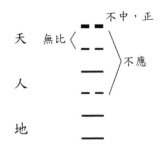

天　無比
人
地

不中，正
不應

(1) 不中，正。

(2) 與六三不應，此段婚配，得不到基層祝福，為承筐无實之象。

(3) 三，四，五為坎險，四，五，六為震行，故上六前來六三，是不被祝福的。

(4) 與六五無比，四，五，六為震，為士，下卦兌為羊，故為士刲羊无血。

(5) 三，四，五為坎血，四，五，六為艮止，无血。

(6) 上六居外卦之終，終則過時，无應則无配，故歸妹終不成也。

《象傳》曰：上六无實，承虛筐也。

解：上六耦爻，有底而中虛，故所承者為虛筐，喻事無成也。（參2，6）

同事	主管	高層	基層	不中	正	動能
×			×	能力有限	有才華	弱

評：下之中，無力擺脫困境，認清現實

論：小有才華，然動能弱，能力不足，若不願意學習，誤認自己很行，那後果不勘。故先要衡量，除才華外，還有甚麼，認清後，才有可能改變自己。

雷在火上，雷電交作，其勢憾天，盛極衰始

豐

雷火

動態

純乾

多，大。
《序卦》：得其所歸者必大，故
受之以《豐》。豐者，大也
《雜卦》：《豐》，多故也。

震　離　兌　巽　乾
┌錯 艮
└錯 坎

乾：王 ┐
震：行 ┘ 王假之

艮：不，勿 ┐
坎：加憂 ├ 勿憂宜日中
離：日 ┘

震 → 震₁
離 → 離₃
震 → 兌₂ → 乾
離 → 巽₄ → 乾
純乾

《繫辭》曰：豐：亨，王假之，勿憂，宜日中。

解：豐，亨通之象，非王不足以致豐，豐則可憂；而於日中，亦不免於
　　昃，盛極而衰，徒憂而已。若欲後事之常盈，則事先必有所規劃，殊
　　可無憂矣！

盧吉

斷：震₁動 → 震₂折
　　離₃明 → 巽₄空
　　心而行，明以動，豐也

論：只要心行正道，不走偏路，自然能久盛不衰；但若走上邪路，只為
　　求名利，那也自然會招來毀折，而至所努力的一切都成空；所以，要
　　自我警惕，不可行一時之便。豐有坎象，坎為險，為加憂，為伏，故
　　有憂隱伏在內，不宜躁進。

豐卦爻解

《彖辭》曰：豐，大也。明以動，故丰。王假之，尚大也。勿憂宜日中，宜照天下也。日中則昃，月盈則食，天地盈虛，與時消息，而況人於人乎？況於鬼神乎？

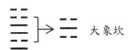

《象傳》曰：雷電皆至，豐；君子以折獄致刑。

(1) 上六與九三相應，上六（王）前來九三，曰：王假之（假：至）。上卦為震，動；下卦為離，明，明而動，是為豐大，故王假之，尚大也。

(2) 六二與九三親比，六二協助九三，而上六也答應助九三一臂之力，故曰：勿憂。

(3) 初，二，三為離，離為日，二，三，四為巽，巽為利，宜也；六二位中，具中德，故曰：宜日中，宜照天下也。

(4) 四，五，六為震，東，日出於東；三，四，五為兌，兌為西，日落於西，二，三，四，五為大象坎，坎為險，為昃之象，而曰：日中則昃。

(5) 二，三，四，五為大象坎，坎為下弦月，上卦為震行，故曰：月盈則食。

(6) 日既有昃則為虛，月盈雖滿亦有食，日升月降，自然之道，故曰：天地盈虛與時消息(盈為消之始，虛為息之始)，天地尚有盈虛，何況人能永豐，鬼神能永恒乎？

解：上雷下電，雷電皆至，聲勢浩大，是為豐。君子體之，效法電之明（離為明），以折斷訟獄，是非曲直，必得其情而判之。效法雷之威（震為雷），以致其刑，輕重大小，必當其罪。

比附	相應
○	○

評：要改善現況，有能力，但方向要對，不要錯

論：上六與九三相應，九三與六二親比，乍看上下交流，但卻是上六而非六五；故此交流顯然錯了方向，不是沒有用，然效果不大。甚或氣勢驚人，雷電皆至，卻有盛為衰之始，百事宜退，不宜大進。

| 初九 | 初爻動，變艮為小過 | 震 離 兌 巽 艮 |

動態

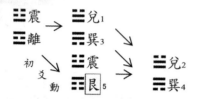

震 → 兌₁
離 → 巽₃ ↘
初爻動 ↘ 震 → 兌₂
艮₅ → 巽₄

離：數三 ⎤
艮：數七 ⎦ 為十 ⎤
離：日 ⎦ 旬
震：行 ⎤
離：王，主 ⎦ 遇其配主
震：行 ⎤
兌：悅 ⎦ 往有尚

《繫辭》曰：遇其配主，雖旬无咎，往有尚。

解：遇見能相配合的長官，若配合得宜，互相信任，所約定之事，即使
經過十日之久才實現，也不會被咎，故若前往與之配合，或可大有作
為，而事功成矣！

斷：兌₁ 折 → 兌₂ 悅

偏吉　巽₃ 空 → 巽₄ 謙 ┈ 關鍵 → 莫棄謙成空
艮₅ → 止
變艮為止，往有尚

論：毀折和空相已經有止之象，如果能行謙道，自然可得喜悅的回報，
但要注意，巽謙還是有可能成巽空，如果停止行謙道的話；是故，不
可懈怠。

力少而任重，
虞翻曰：五至初，體大過，本末弱，故「力少」也。乾為仁，故「任
重」。以為己任，不亦重乎。
鮮不及矣。
虞翻曰：鮮，少也。及，及于刑矣。

初九爻解：地

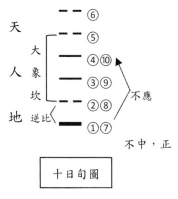

天

大　象

人　　坎

地　逆比

不應

不中，正

十日旬圖

(1) 不中，正。

(2) 與六二逆比，常起爭執，不相往來。

(3) 與九四不應，原本請九四幫忙化解六二爭執，但九四沒有答應。

(4) 初，二，三為離，心；二，三，四為巽，空，利。在商請九四時，九四未幫忙是空相，但同樣的，初九也發覺九四在其他面相或許對之有利，如九四近九五，故此為巽利，而有遇其配主之象。

(5) 九四為陽剛君子，有孚，故相約十日，一旬之後再見，往有尚也。

(6) 由初六（1），經二，三，四，五，六，回初，二，三，四（10）剛好十日，回應九四之約，故曰：雖旬无咎。

(7) 二，三，四，五為大象坎，坎為災，過旬災也。

《象傳》曰：雖旬无咎，過旬災也。

解：在十日之內完成約定，是不被追咎的，但過了十日，誠信受損，就不可怪配主之災咎了。

同事	主管	高層	基層	不中	正	動能
	逆	×		能力有限	有才華	強

評：下之上，有毅力克服困難，但無能力完成

論：持才傲物，但能力不足，最後是自己吃虧，不能成大事；若有心，就應放下身段，以謙為之則，自可受人接納。

六二

動態

二爻動，變乾為大壯

震　離　兌　巽　乾
　↳錯坎

巽：陰柔之木，茅草 → 豐其蔀
離：日 ⎤
離：見 ⎥ 日中見斗
震：斗星 ⎦

坎：疾 ⎤
震：往 ⎦ 往得疑疾

坎：孚 ⎤
兌：悅 ⎦ 有孚發若，吉

《繫辭》曰：豐其蔀，日中見斗，往得疑疾，有孚發若，吉。

解：用茅草覆蓋的屋頂，中午陽光照射下來，從茅草縫中，看到點點日
　　光，排列如北斗星，日中見斗也。此為假象，喻人昏闇，如往而從
　　之，必見疑疾，有何益處，唯有積誠信以感發之，是為吉象（由下往
　　上）。

斷：兌1 折 → 兌2 悅

偏
吉

　　巽3 空 → 乾4 努力 → 關鍵 → 莫成剛愎
　　乾5 → 努力
　　變乾為努力，有孚發若

論：要脫離毀折，只有一條路，就是努力，再努力，才有可能得到應有
　　的回報，但必需注意的是，努力要有方向，不是亂槍打鳥，若努力的
　　方向不合正道，或成剛愎，則兌悅成兌折，又何苦。

六二爻解：地，二多譽

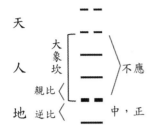

(1) 中，正。

(2) 與初九逆比，互有爭執，不相往來。

(3) 二，三，四為巽，陰柔之木，茅草，以之利用為豐其節。初，二，三為離，為日，為見；六二為中位，日中之象，陰爻則有幽暗之象，上卦震為斗星，故曰：日中見斗。

(4) 與六五不應，二，三，四為巽空，三，四，五為兌折，故六二前往六五，有毀折之象，故曰：往得疑疾。

(5) 與九三親比，二，三，四，五為大象坎，為孚象，二，三，四為巽利，發之象，故為有孚發若，正己，吉也。

《象傳》曰：有孚發若，信以發志也。

解：有孚發若之意為，六二位中且正，行中德，保誠信，故得以完成自己的心志。（參 5）

同事	主管	高層	基層	中	正	動能
逆	○	×		有能力	有才華	弱

評：中之下，**有能力脫困，無恒心維持**

論：有能力，有才華，為難得的人才，唯動能弱，這就是不能成功的問題所在，但任管理一職，還是可以，若欲再高一層，勤奮，努力就不可缺了。

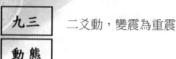

二爻動，變震為重震

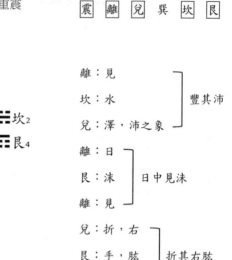

震　離　兌　巽　坎　艮

震　　　　兌₁
離　　　　巽₃
　二　　　震
　爻　　　震₅
　動　　　　　　　坎₂
　　　　　　　　　艮₄

離：見　　┐
坎：水　　├ 豐其沛
兌：澤，沛之象 ┘

離：日　┐
艮：沫　├ 日中見沫
離：見　┘

兌：折，右 ┐
艮：手，肱 ├ 折其右肱
震：動　　┘

《繫辭》曰：豐其沛，日中見沫，折其右肱，无咎。

解：細雨絲絲不斷，不見日，但見雨沫。就如同將有用之人，置於無用
　　之處，卻不知此人是得力幫手，但若能以德來做用與不用的標準，則
　　可無此困擾，也無可追咎矣！

斷：兌₁ 折 → 坎₂ 險 → 關鍵 → 以伏剋險

　虛凶　巽₃ 空 → 艮₄ 反
　　　　震₅ → 驚

　　　變震為驚，折其右肱

論：空雖止，驚和險卻出現，似乎不利的因素全在，但還是有一線生
　　機，即是坎險，若心志堅定，將坎險成坎伏，用忍讓的態度來對應，
　　則險或可不見，毀折也可能消失。

九三爻解：人，三多凶

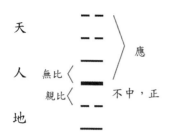

天
人 　無比
地 　親比

應
不中，正

(1) 不中，正。

(2) 與六二親比，下卦為離，為日，為見；三，四，五為兌，為澤，沛，故曰：豐其沛。日中見沬，沬為小，故喻小事宜也。

(3) 與九四無比，失去九四的幫忙。

(4) 與上六相應，三，四，五為兌，為悅，折；上六陰爻，陰人之象，雖相應，四、五、六為震行，行而悅。但並沒有助益，因二、三、四、五為坎險，險伏其內而成兌折，故有折其右肱之象。

(5) 二，三，四爻為巽利，故九三之不為所用，非九三之錯，而是利之不足，故曰：无咎。

《象傳》曰：豐其沛，不可大事也。折其右肱，終不可用也。

解：豐其沛之象，是不可能成就大事。折其右肱之意，為至終也無法擔當重任了。(參2、4、5)

同事	主管	高層	基層	不中	正	動能
○	×	○		能力有限	有才華	強

評：中之上，無庸置疑，可以度過難關

論：以中之上資質，只要再加強專業能力，定是總經理以上職務，所有困境，都是短時間效應，必可輕鬆以對，但最忌持才傲物。

| 九四 | 四爻動，變坤為明夷 | 震 離 兌 巽 坤 坎 |
| 動態 | | |

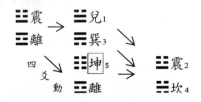

```
☳震  →  ☱兌₁
☲離  →  ☴巽₃
         ☷坤₅  →  ☳震₂
四爻動    ☲離     ☵坎₄
```

巽：陰柔之本，茅草 ⎤
坎：草　　　　　　　⎦ 豐其蔀

離：日　　⎤
離：見　　⎬ 日中見斗
震：斗星　⎦

震：行，遇也 ⎤
離：日，主　 ⎦ 遇其夷主

《繫辭》曰：豐其蔀，日中見斗，遇其夷主，吉。

解：用茅草覆蓋屋頂，中午陽光從屋頂茅草縫中照射下來，好像看見類
　　似北斗星的光點，有如運道低迷時，能遇到同德相輔之人是吉祥的
　　（由上往下）。

斷：兌₁ 折 → 震₂ 行

| 虛吉 | 巽₃ 空 → 坎₄ 伏 ⋯ 關鍵 → 莫棄伏成險 |
| | 艮₃ 坤₅ → 平 |

　　　變坤為平，遇其夷主吉

論：毀折的現象似乎有所平抑，歸功在低調，忍讓的態度，在艱難中，
　　如果還是自認不是己錯，堅持原先的政策，則坎伏成坎險，就不可能
　　改變現況，畢竟是禍福自召。

九四爻解：人，四多懼

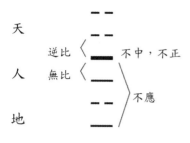

天

人　逆比〈
　　無比〈　　不中，不正

地

不中，不正

不應

(1) 不中，不正。

(2) 二，三，四為巽，巽為陰木，為茅草，以之利用豐蔀。

(3) 初，二，三為離，為日，為見；上卦震為斗星，九四為六卦之中位，故曰日中見斗，諭處幽闇之地。

(4) 與六五逆比，獲罪於六五，其象幽闇也。

(5) 與初九不應，初，二，三為離，心；二，三，四為巽，空，故九四前來初九亦是一場空也。

(6) 與九三無比，平日不太接觸，但九三陽剛中正，與九四同為人位，其位相近，而為其同德之人，若於此陰闇之時，能得九三之助，亦為吉祥之道，故九三為其夷主是也。

《象傳》曰：豐其蔀，位不當也。日中見斗，幽不明也。遇其夷主，吉；行也。

解：豐其蔀，是言九四，不中不正，其位不當。日中見斗，諭處幽闇不明之地。遇其夷主，若能遇見同德之人，與之相輔交往也是吉祥的。（參3，4，6）

同事	主管	高層	基層	不中	不正	動能
×	逆		×	能力有限	才華不足	強

評：下之中，有毅力但不知道如何改善困局

論：此評與初出社會相同，只剩熱情，其他都不顧；這種現象，說明在思慮上有所偏見，也就是反社會人格，若為真，則只能離群獨居，否則一定要改變自己。

六五	五爻動，變兌為革
動態	

震　離　兌　巽　乾

↳ 錯 艮

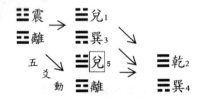

震：行，動
艮：止，反　} 來章
離：章，明　（明以動）

兌：悅
巽：入　} 有慶譽
乾：慶

《繫辭》曰：來章，有慶譽，吉。

解：有賢明之才者，若能求而為我所用，則明動相資，而成豐大之業，
　　必獲福慶佳譽，此為吉象。

斷：兌1 折 → 乾2 努力

偏凶	巽3 空 → 巽4 謙 → 關鍵 → 勿棄謙成空
	艮3 兌5 → 悅

變兌為悅，有慶也

論：如果能以謙和的態度去努力，就一定會有好的回報，而化解毀折空
　　相，關鍵則在巽謙，若不行謙，謙成空，則努力亦成空，此道理不可
　　不知。

《易》曰：鼎折足，覆公餗，其刑渥，凶。言不勝其任也。

孔穎達曰：言不能安身，智小謀大，而遇禍也。故引鼎九四以證之矣。

子曰：知幾其神乎。

虞翻曰：幾，謂陽也。陽在復初稱幾，此謂豫四也。惡鼎四折足，故以
　　此次言豫四知幾，而反復初也。

六五爻解：天，五多功

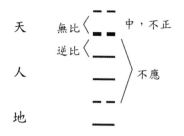

天　無比〈 中，不正
人　逆比〈 ＼不應
地

(1) 中，不正。
(2) 六五為君位，若能虛心禮下，則可成就君王招賢納才的美譽，故曰：來章。
(3) 與上六無比，上六不參與。
(4) 與九四逆比，即與朝臣不合，常不尊重朝臣的建議。
(5) 與六二不應，六二中且正，是民間賢士，二、三、四為巽，巽為空，為利；三、四、五為兌，兌為折，為悅，故六五前來六二原本是一場空，但若六五能改變態度，聽取九四建言，再禮賢下士，以求六二為之所用，則曰：有慶譽，吉也。

《象傳》曰：六五之吉，有慶也。

解：六五之吉，為六五若有意願，能禮賢下士，而招募賢士，則為國家之慶也。（參 2，5）

同事	主管	高層	基層	中	不正	動態
逆	×		×	有能力	才華不足	弱

評：　下之中，**招賢恐淪為表象，無能力實施**

論：六五而有此評，絕非明君。工作上，有此評，恐也非好事，要立足社會也不容易，僅靠一點能力，到處得罪人，只能說，每況愈下，若要改善，也只有自覺自悟。

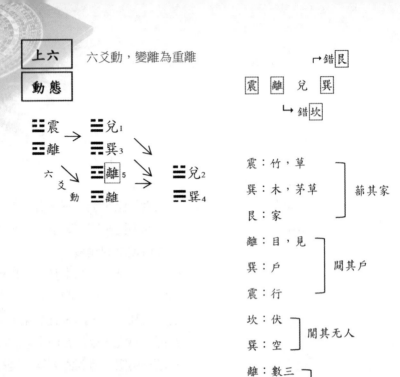

| 上六 | 六爻動，變離為重離 |
| 動態 | |

震：竹，草
巽：木，茅草   ⎱ 蔀其家
艮：家

離：目，見
巽：戶   ⎱ 闚其戶
震：行

坎：伏   ⎱ 闃其无人
巽：空

離：數三
艮：不   ⎱ 三歲不覿
離：見

《繫辭》曰：豐其屋，蔀其家，闚其戶，闃其无人，三歲不覿，凶。

解：當富貴之時，增建住屋，然當中落時，家中長滿青草，偷闚其戶，
　　卻是門庭寂靜無人；以致於三年之久，猶未見有人煙，其象凶也。

斷：兌₁ 折 → 兌₂ 折

偏凶	巽₃ 空 → 巽₄ 空 ⋯ 關鍵 → 以謙制空
	離₅ → 心
	變離為心，自藏也

論：當自己的內心也毀折成空，則一切似乎無可救藥，這是徹底瓦解，
　　極其凶。然又何苦，運道之變，不在他人，而在自身，若能將巽空改
　　為巽謙，力行謙道，時日一久，必得眾人之信，反轉有望。

上六爻解：天

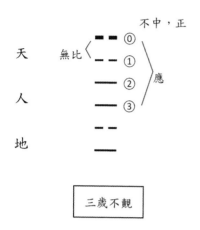

天

　　無比

人

地

三歲不覿

(1) 不中，正。

(2) 上六為卦之極，承平既久，奢侈日盛，故有豐其屋之象。

(3) 與九三相應，在民間搞小圈圈，三，四，五為兌，悅；四，五，六為震，行，故上六前來九三是受歡迎的。

(4) 與六五無比，六五不再支持上六，故豐極而反，而有蔀其家，闚其戶，闃其无人之象。

(5) 上六到五，四，三相應處，共三位，故三歲不覿也。

《象傳》曰：豐其屋，天際翔也。闚其戶，闃其无人，自藏也。

解：豐其屋之意，為其時之勢，位炙可熱。闚其戶，闃其无人，則為家道中落，若之光彩氣燄不期掩藏，而自藏也。（參2，4）

同事	主管	高層	基層	不中	正	動能
×			○	能力不足	有才華	弱

評：下之上，小事可解，大事難矣哉

論：評等尚可，除非大事，否則還是可以自我處理，千萬不要自喪其氣；有才華就多發揮，再輔以學習專業，自然可以度過難關。

䷷ 火在山上，火勢難止，寄寓於外，內靜外明

旅

火山

被動

純乾

過往，暫寄
《序卦》：窮大者必失其居，故受之以《旅》。
《雜卦》：親寡《旅》也。（親友寡情）

離　艮　兌　巽　乾
　　　　↳ 錯 震

震：行
巽：入
艮：家，旅舍
兌：悅
離：文采，風景

｝旅

離 → 離₁
艮 → 艮₃
　　離 → 兌₂ → 乾
　　艮 → 巽₄ → 乾
　　　　　　　　純乾

《繫辭》曰：小亨，旅貞吉。

解：旅，小亨通之象。在旅途之中遵行正道，正理，則吉而亨也。

斷：離₁ 明 → 兌₂ 折
　　艮₃ 正 → 巽₄ 空

虛吉

止而麗乎明，小亨也

論：做人做事，應以明為主，也就是遵行正道，正理，如此才能得到正面的喜悅。若是不行正，而走偏，則離明成兌折，謙成空，悔之晚矣！旅為虛吉，因為寄寓於外，而如過客，故事有停滯之象，對事業前途大傷，為先吉後憂也。

旅卦爻解

《彖辭》曰：旅，小亨，柔得中乎外，而順乎剛，止而麗乎明，是以小亨，旅貞吉也。旅之時義大矣哉！

天　親比〈

人

地　親比〈　　〉應

(1) 六五與上九親比，六二與九三親比，六二，六五皆陰爻中位，故曰：柔得中乎，六五位上卦，為外。

(2) 九四與初六相應，剛柔相合，故外而順乎剛。

(3) 初六為艮之下爻，為止；九四為離之下爻，明也，故曰：止而麗乎明。

(4) 九四與初六相應，初六前往九四尋求幫助，二，三，四為巽，為利，有利也。

(5) 六二與九三親比，初，二，三為艮，旅舍之象。

(6) 故初六至九四途中，借住六二與九三合開之旅舍，而有小亨，旅貞吉之象。

(7) 旅，因時，因地而有不同之適應方式，故曰：旅之時義大以哉！

《象傳》曰：山上有火，旅；君子以明慎用刑，而不留獄。

解：離火在艮山之上，山之不動猶舍館；火動而不止，有如行旅之人。君子體旅之象，明判罪之輕重，而慎其刑，當罪即罪，當寬宥即寬宥，勿枉勿蹤，絕不積而不決，留而不斷。

比附	相應
○×	○

評：要改正偏頗之心態，有機會，但不會全部消除

論：九五與上六之親比，屬無效之親比；六二與九三之親比，依附在初六和九四之相應中效果也不大，而初六是和九四相應，故無法上承六五之意，導致上意難下達。反諸企業和個人，其象就是大腦和手腳不能併用，必需立即改進，否則後果不堪。

| 初六 | 初爻動，變離為重離 |
| 被動 | |

離　艮　兌　巽

　↳錯坎　　↳錯震

```
☲離  →  ☱兌₁
☶艮     ☴巽₃
  初       ↘       ↘
  爻  →  ☲離  →  ☱兌₂
  動     ☲離₅     ☴巽₄
```

震：行 ⎤
離：陰小 ⎥
艮：小石 ⎥ 旅瑣瑣
兌：折 ⎦

離：心 ⎤
艮：山 ⎥ 斯其所取災
坎：災 ⎦

《繫辭》曰：旅瑣瑣，斯其所取災。

解：旅途之中，計較財利得失之毫末，則易招人輕侮，而自取災咎也。

凶	斷：兌₁ 折 → 兌₂ 折
	巽₃ 空 → 巽₄ 空 ⇢ 關鍵 → 行謙破空
	艮₃ 離₅ → 心
	變離為心，志窮災也

論：毀折的傷害已經傷到自心，如果不能振作，則毀上加毀，所以要認
　　清現實，千萬不可自暴自棄；改善之道，首重心，心從何改，巽空成
　　巽謙，即自我心開始實行謙道，以誠待人，自然會感化人，讓人認同

君子上交不諂，下交不瀆，

虞翻曰：豫上，謂四也。四失位諂瀆。上謂交五，五貴；震為笑言，笑
言且諂也，故「上交不諂」。下謂交三，坎為瀆，故「下交不瀆」。欲
其復初得正元吉，故「其知幾乎」。其知幾乎？

侯果曰：上謂五侯，下謂凡庶。君子上交不至諂媚，下交不至瀆慢。

初六爻解：地

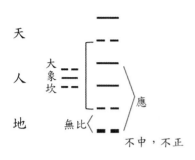

(1) 不中，不正。

(2) 與九四相應，故初六前往拜訪九四，而有旅之象。初，二，三為艮，艮為山，故為一趟過山之旅；二，三，四為巽，利，此次拜訪有利於初六。

(3) 初六陰爻在下，本就有猥鄙陰小之象，二，三，四為巽利，善於計較小利，故曰：瑣瑣。下卦艮為小石，小石有屑之象，故曰：瑣瑣屑屑也。

(4) 二，三，四，五為大象坎，六二為坎之下位，六二與初六無比，坎為災，故有斯其所取災象；此災非六二所為，自招也。

《象傳》曰：旅瑣瑣，志窮災也。

解：旅瑣瑣之象，心志窮促，自招災也。（參3，4）

同事	主管	高層	基層	不中	不正	動能
	×	○		能力有限	才華不足	弱

評：下之中，若不自我覺悟，難逃困

論：高層相挺，即使如此，若不能加強自身能力，也無法在工作上能有長久之策，卻反有所取災之象，必需覺悟，靠人不如靠己。

六二	二爻動，變巽為鼎	離 艮 兌 巽 乾
被動		↳ 錯 震

```
☲ 離  →  ☱ 兌₁
☶ 艮     ☴ 巽₃  ↘
   二    ☲ 離   ↘   ☱ 兌₂
   爻動  ☴ 巽₅ →   ☰ 乾₄
```

震：行 ⎤
艮：家，旅舍 ⎦ 旅即次

巽：利，資 ⎤
離：大腹 ⎦ 懷其資

巽：入，得 ⎤
艮：少男 ⎬ 得童僕貞
兌：悅，貞吉之象 ⎦

《繫辭》曰：旅即次，懷其資，得童僕貞。

解：就居旅舍，身懷資財，也得到忠誠隨從的童僕，是為正固之象。

斷： 兌₁ 折 → 兌₂ 悅

偏吉	巽₃ 空 → 乾₄ 努力

　　　巽₅ → 謙 → 關鍵 → 勿棄謙成空

　　變巽為謙，得童僕貞

論：只要抱持謙遜的態度，努力工作，一定會得到喜悅的回報，但問題
　　點為巽謙，謙為前題，若不行謙，再努力也沒有好的回報。

幾者，動之微，吉之先見者也。
虞翻曰：陽見初成震，故「動之微」。復初元吉，吉之先見者也。
君子見幾而作，不俟終日。《易》曰：介于石，不終日，貞吉。介如石
焉，寧用終日，斷可識矣。
孔穎達曰：前章言精義入神，此明知幾入神之事，故引豫之六二以證
之。

【易下經】咸恆為首，終於未濟 首重人倫之常

六二爻解：地，二多譽

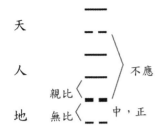

天
人
地
親比
無比
中，正
不應

(1) 中，正。

(2) 與初六無比，沒有交流。

(3) 與六五不應，此次出旅目標為六五，但六五不應，顯然六五不知六二前往，而埋下變數；既出旅，故有旅其次。

(4) 二，三，四為巽，空，利；三，四，五為兌，折，故六二前往是為自己私利，但到位時，六五事先不知，反成一場空，故有折之象。

(5) 與九三親比，故九三為童僕；二，三，四為巽財，上卦為離，大腹，懷之象，故曰：得童懷資。

《象傳》曰：得童僕貞，終无尤也。

解：得童僕貞，其意為終無可抱怨的了。（參5）

同事	主管	高層	基層	中	正	動能
×	○	×		有能力	有才華	弱

評：中之下，**有能力改變現況，但缺恒心**

論：已有一定水準，可為管理人才，若能勤勞點，前途無可限量，且並未因有能力，有才華而持才傲物，這是最大優點，但千萬不可心存自滿。

九三

三爻動，變坤為晉

離 艮 兌 巽 乾 坤
　　　　↳錯 震

被動

☲離　→　☱兌₁
☶艮　　　☴巽₃
　　三　　☲離　→　☵坎₂
　　爻動　☷坤₅　　☶艮₄

震：行 ⎫
離：火 ⎬ 旅焚其次
艮：旅舍 ⎭

艮：少男，童僕 ⎫
兌：折 ⎪
坤：喪 ⎬ 喪其童僕，貞厲
坎：厲 ⎭

《繫辭》曰：旅焚其次，喪其童僕，貞厲。

解：旅途之中，所居之旅舍，被火燒了，童僕也因故而離開，狀況危
　　厲。

斷：兌₁ 折 → 坎₂ 險 ⇢ 關鍵 → 以伏剋險

偏凶

　　巽₃ 空 → 艮₄ 反
　　坤₅ → 吝
　　變坤為吝，貞厲

論：遇到困難，險象環生，必需防範或有更大的凶險發生。關鍵在於坎
　　險，解決之道，就是讓坎險成坎伏，此時應放低姿態，不能在人前顯
　　耀，忍字當頭，低調尋求幫忙，當可解決問題。

九三爻解：人，三多凶

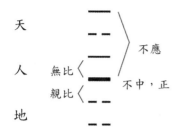

天

人　無比

地　親比

不應

不中，正

(1) 不中，正。

(2) 與上九不應，九三旅程目標為上
九。三，四，五為兌折，四，五，
六為離心，故九三前往上九，結果
不是很好。

(3) 與九四無比，九四在九三到上九的
旅程之中，為住宿的旅舍。

(4) 與九二親比，初，二，三為艮，童
僕。

(5) 三，四，五爻為兌折，上卦為離，
離為火，既與九四無比，故有旅焚
其次之象。

(6) 初，二，三為艮，童僕，三，四，
五為兌折，故曰：喪其童僕。

《象傳》曰：旅焚其次，亦以傷矣。以旅與下，其義喪也。

解：旅焚其次，是件令人傷感的事。然若在旅程當中，照顧自己的童僕
也因故離開，這一定是九三在待人道義上有所喪失之處。

同事	主管	高層	基層	不中	正	動能
○	✕	✕		能力有限	有才華	強

評：中之下，當有毅力解決困難

論：有才華，動能強，小有持才傲物，故對人有點趾高氣昂之象，但這
是致命的缺點，會影響人際關係，一定要自己注意。

九四

動態

四爻動，變艮為重艮

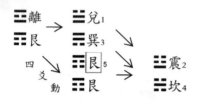

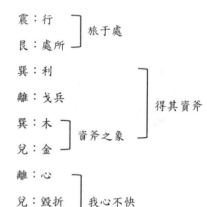

| | | | | | |
|離|艮|兌|巽|震|坎|

震：行 ┐
艮：處所 ┘ 旅于處

巽：利
離：戈兵
巽：木 ┐
兌：金 ┘ 資斧之象 ┘ 得其資斧

離：心 ┐
兌：毀折 ┘ 我心不快
坎：加憂 ┘

《繫辭》曰：旅于處，得其資斧，我心不快。

解：旅行到了目的地，也得到了主人家相贈的金錢補貼，但卻因故不能
　　接待，使我感到不太愉快。九四奇爻耦位，居非正，志不合於同人，
　　故無有同德之助也。

斷：兌₁ 折 → 震₂ 行

偏凶　巽₃ 空 → 坎₄ 險 → 關鍵 → 行伏剋險

　　艮₅ → 止

　　變艮為止，我心不快

論：前途並不順遂，多有所挫折，逢此之境，唯有低調應對，切莫高調
　　行事反遭人嫌，如果不能自我克制，則震行也成震驚，更不利現況
　　矣！

九四爻解：人，四多懼

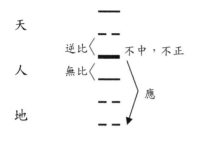

天

人   逆比 ┥ 不中，不正

地   無比 ┥ 應

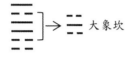 → 大象坎

(1) 不中，不正。

(2) 與初六相應，故九四目的地為初六，且已到達，而有旅于處之象。

(3) 初，二，三為艮止，二，三，四為巽入，為旅已止，入於處，目的地到達。

(4) 與九三無比，九三不是目的地，只是中途旅舍。

(5) 與六五逆比，獲罪六五君王，只有遠離避難（二，三，四，五為大象坎，坎為難），故雖到初六目的地，但初，二，三為艮，止，反，卻因坎難初六無法接待，只得回返，故九四我心不快。但二，三，四為巽，為利，故有得初六資斧之助。

《象傳》曰：旅于處，未得位也。得其資斧，心未快也。

解：九四之位，不中不正，未得位也。得其資斧，但未得其安排居所，故心有不快也。（參5）

同事	主管	高層	基層	不中	不正	動能
×	逆		○	能力有限	才華不足	強

評：下之上，雖想改變，但無能力

論：動能強，顯然不易被現實所困，但若其他條件不改善，要想全力突破，也恐不易，宜自我修正。

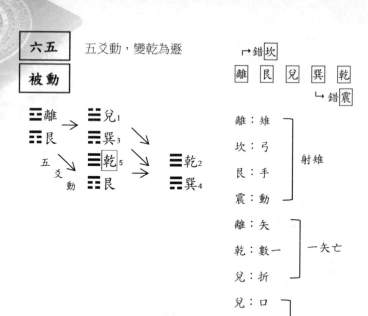

六五	五爻動，變乾為遯

離：雉
坎：弓
艮：手 ⎫ 射雉
震：動

離：矢
乾：數一 ⎫ 一矢亡
兌：折

兌：口
乾：譽 ⎫ 終以譽命
巽：命

《繫辭》曰：射雉一矢亡，終以譽命。

解：射取雉雞，不論射中與否，必然會喪失一支箭。雖然有失，但最後
　　還是得到了下之美譽及上之明命，所得甚多矣！

斷：兌₁ 折 → 乾₂ 健

偏吉	巽₃ 空 → 巽₄ 謙 → 關鍵 → 勿棄謙成空

　　乾₅ → 努力

　　變乾為努力，止逮也

論：靠著行謙道及努力，終可扭轉困局。但要注意的是巽謙，若不能持
　　之以恒，中途而廢，則謙成空，一切努力白費工夫。

【易下經】咸恆為首，終於未濟 首重人倫之常

六五爻解：天，五多功

天　親比 ⟨⓪⟩ 中，不正
人　逆比 ⟨①⟩
地　　　　　 不應

一矢亡

逆比也

(1) 中，不正。

(2) 與六二不應，得不到民間支持；二，三，四為巽空，三，四，五為兌折，故六五前來六二，是空及折之旅，不相應也。

(3) 與九四逆比，九四為諸侯大臣位，與之不合，三，四，五為兌折，其關係如射雉，去而無回，一矢亡。

(4) 六五到九四為一爻之位，故為一矢也。

(5) 與上九親比，雖然與民間及諸侯關係不佳，但得到上九支持，故終以譽命也。

《象傳》曰：終以譽命，上逮也。

解：終以譽命之，為此譽命是與上九共享也。（參5）

同事	主管	高層	基層	中	不正	動態
逆	○		×	有能力	才華不足	弱

評：下之上，**有能無恒**

論：有能力，如果再多勤快一點，勤能補拙，也可化解困局。故在事業上，不宜懈怠放鬆，未來自有可期之日。

| 上九 | 六爻動，變震為小過 |
| 動態 | |

離　艮　兑　巽　震

≡離　→　☱兑₁
☶艮　→　☴巽₃
　　　☳震₅　→　☱兑₂
　六　　　　
　爻　☶艮　→　☴巽₄
　動

離：鳥
離：火　　　　　　　⎫
巽：木　　　　　　　⎬　鳥焚其巢
震：筐，巢之象　　　⎭

兑：口
震：動，鳴也，笑　　⎫　先笑後號咷
巽：號咷　　　　　　⎭

離：牛
震：行，大塗　　　⎫　喪牛于易
乾：易　　　　　　⎭

《繫辭》曰：鳥焚其巢，旅人先笑後號咷。喪牛于易，凶。

解：在樹上的鳥巢被火焚了，旅人起初因旅而樂在其中，後因災眚而號
　　咷，欲上無地，欲行無資，就如同牛走失在郊外，前途茫茫，其象，
　　凶。

斷：兑₁ 折 → 兑₂ 折

| 偏凶 | 巽₃ 空 → 巽₄ 空 → 關鍵 → 以謙制空 |
| | 震₅ → 驚 |

變震為驚，喪牛于易

論：之前的折與空，還沒解決，後面又緊接著震驚之事發生，真不知如
　　何處理。慌亂之中，總要有頭緒，先定下來，行謙道，反省諸身，再
　　做出發；必然可挽回一部分頹勢，切記，謙亦可成空。（如果放棄
　　謙，巽成空）

上九爻解：天

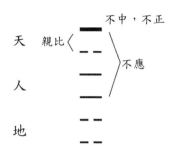

天 親比

人

地

(1) 不中，不正。

(2) 上九居全卦之終，高高在上，其象如巢。

(3) 與九三不應，不與民間接觸，也得不到支持，故有鳥焚其巢之象。上卦為離，火焚也。

(4) 六五與上九親比，六五全力支持上九，故有旅人先笑。

(5) 二，三，四為兌為折；四，五，六為離，為牛，喪牛於易而號咷，此為上九與九三不相應的結果，其象凶也。

《象傳》曰：以旅在上，其義焚也。喪牛于易，終莫之聞也。

解：上九為旅卦之終，若只是高高在上，則會招致鳥焚的後果。牛喪於易，喻悲慘的後果，終不會有人聞問的。（參3，5）

同事	主管	高層	基層	不中	不正	動能
○			×	能力有限	才華不足	強

評：下之上，有毅力改善困局，但期望不要太高

論：比較弱的部份是基層及能力不足，這兩項若能改善，萬事搞定，或者其中一項先可改善，總而言之，只要有毅力，就可做到，只是需要時間而已。

巽

重巽

被動

既濟

入，謙卑

《序卦》：旅而无所容，故受之以《巽》。巽》者，入也。

《雜卦》：《巽》伏也。

巽 離 兌 坎

└ 錯 震

震：往 ⎤
巽：利 ⎦ 利有攸往

離：目，見 ⎤
巽：利 ⎥ 利見大人
兌：悅 ⎦

☴巽 → ☴巽₁
☴巽 → ☴巽₃
☴巽 → ☲離₂ → ☵坎
☴巽 → ☱兌₄ → ☲離

既濟

《繫辭》：巽：小亨，利攸往，利見大人。

解：巽，小亨通之象，有利於前往，也利於見到大德之人。

斷：巽₁ 入 → 離₂ 心

虛吉

巽₃ 謙 → 兌₄ 折

謙以入，小亨也

論：現在雖然是行謙道，但只是形於外而無內，外表聽命，心內又是另一番景色，這樣雖可保現在的局面，然在未來卻可能有毀折之象，因為沒有誠心的謙道，是不能持久的，自己要好好檢討。巽為進退，順以入，故與人相處，要明進退之道，始可順利完成。

君子知微知章，知柔知剛，

姚信曰：此謂豫卦也。二下交初，故曰「知微」。上交於三，故曰「知章」。體坤處和，故曰「知柔」。與四同功，故曰「知剛」。

巽卦爻解

《彖辭》曰：重巽以申命，剛巽乎中正而志行。柔皆順乎剛，是以小亨，利有攸往，利見大人。

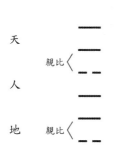

天

人

地

親比

親比

(1) 一陰伏於二陽之下，象徵伏處待時，祇能小得亨通。

(2) 巽為命，上下皆巽，叮嚀重覆命令也

(3) 初與九二親比，六四與九五親比，象徵初，四兩柔爻皆順於二，五兩剛爻之下。九五剛爻，位中且正，故曰：志行；柔皆順乎剛，而上下一體，服從命令，利有攸往也。

(4) 六四與九五親比，九五為大人，故有利見大人之象。

《象傳》：隨風，巽；君子以申命行事。

解：巽為風，兩風相隨，君子體之，故曉喻于行事之先，而行事則踐于申命之後，反復申明也。

比附	相應
○×	×

評：要達到巽謙內外皆依止，恐不容易

論：初六，九二和六四，九五兩親比，是屬於無用親比，因為沒有任何相應，這兩個親比淪為單打獨鬥，無法發揮政令下達之功效，這種狀態，對國家，對企業，乃至個人，都不是好事，且暗喻德有餘，而才不足，應自我反省改進。

初爻動，變乾為小畜

巽　離　兌　乾
　↳錯震

震：行 ⎤
巽：進退 ⎦ 進退

巽：利
乾：剛武
離：心 ⎰ 利武人之貞
兌：悅

《繫辭》：進退，利武人之貞。

斷：凡事莫之適從，不能當機立斷，苟能如武人之貞，則可矯柔懦之偏，不至
　　於因循誤事，猶疑不決。故武人之貞，其利在武之斷，以壯其銳之氣。

斷：離1 心 → 離2 心

虛吉　兌3 折 → 兌4 悅
　　　乾5 → 健 → 關鍵 → 莫成剛愎
　　　變乾為健，利武人之貞

論：改變現況，以獲得心悅的回報，只行謙道尚不足，必需果斷行事，切不可
　　猶疑不決，而致誤事。關鍵在乾健，不可成乾剛愎，否則兌成折；故果斷不
　　等於剛愎，要分清楚。

萬夫之望。
荀爽曰：聖人作萬物睹。
子曰：顏氏之子，其殆庶幾乎。
虞翻曰：幾者，神妙也。顏子知微，故「殆庶幾」。孔子曰：回也其庶幾乎。
有不善未嘗不知，
虞翻曰：復以自知。老子曰：自知者明。

初六爻解：地

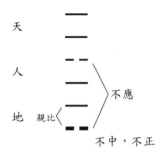

(1) 不中，不正。

(2) 與六四不應，故欲前往六四，又猶
    疑不決，故曰：進退。初，二，三
    為巽，巽為進退，空；二，三，四
    為兌，折，故前往六四，不利現
    況。

(3) 與九二親比，九二陽剛實健，為武
    人之象，初，二，三為巽，利，故
    曰：利武人之貞，學習九二的優
    點。

(4) 初六地位，耦爻奇位，本具猶疑之
    情。

《象傳》：進退，志疑也。利武人之貞，志治也。

解：進退者，以陰爻居巽下，是非莫從，故為意志不堅之象。而所謂利武人之
　　貞者，為意志堅定，治而不亂也。（參2、3）

下屬	主管	高層	基層	不中	不正	動能
	○	×		能力有限	才華不足	弱

評：下之中，要果敢堅定，不猶疑，恐非易事

論：初出社會，不難理解，但動能弱是最大缺點；初出道就偷懶，不利發展，
　　故應列為首要改進之事，否則難以立足，更遑論其他。

| 九二 | 二爻動，變艮為漸 |
| 被動 | |

巽　離　兑　艮　坎
　　↳錯 震

```
☴巽      ☲離₁
☴巽  →   ☱兑₃              ↘
  二  ↘   ☴巽      ☲離₂
  爻      ☶艮₅  →   ☵坎₄
  動
```

巽：木牀
坎：伏　　｝巽在床下

兑：巫
艮：廟　　｝用史巫

兑：口
兑：歌　　｝紛若
震：動

《繫辭》：巽在床下，用史巫紛若，吉，无咎。

解：躲在床底下，不敢面對，則只能用好言好語相勸，以矯其柔懦之偏，此為
　　吉，无可追咎之處，其利在誠。(史：掌卜筮吉凶。巫：掌祓禳除害；粉為
　　頻繁，史巫粉若諭謹慎也)

	斷：離₁心 → 離₂心
偏	兑₃折 → 坎₄伏 → 關鍵 →莫棄伏成險
吉	艮₅ → 止
	變艮為止，　得中也

論：要想改善目前的困局，首要心伏，就是心要定，為人忍讓，低調不喧嘩，
　　以免遭到有心人的破壞，所以關鍵就在坎伏，若做不到，伏成險。

【易下經】咸恆為首，終於未濟 首重人倫之常

九二爻解：地，二多譽

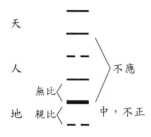

天

人　　　　　〉不應

　　無比〈

地　親比〈　　中，不正

(1) 中，不正

(2) 初，二，三為巽，為床，初六為床
腳，九三為床面，則九二居中為床
下，故曰：巽在床下。

(3) 與九五不應，九五不支持。二，
三，四為兌折，三，四，五為離
心，九二前往九五，不適宜。

(4) 與九三無比，九三不在床下，故兩
相沒有關連

(5) 與初六親比，初六陰爻，又位下卦
巽之下爻，巽為空，不如意，故九
二與以開導，而有史巫紛若之象，
以喚回初六之信心，故曰：吉，无
咎。

《象傳》：紛若之吉，得中也。

解：九二為陽剛君子，又處中位，處事得其中道，故有紛若之吉也。(紛為頻
繁，若語助辭)(參5)

下屬	主管	高層	基層	中	不正	動能
○	×	×		有能力	才華不足	強

評：中之下，**有能力，有毅力脫困，但無人相助**

論：評等不錯，已有主管資格，但仍需努力，以改善人際關係，尤其頂頭上
司，這樣必然有所助益。人在江湖，不得不低頭，但還是要秉中道而行。

三爻動，變坎為渙

巽　離　兌　坎　艮　震

兌：數二
離：數三　｝頻巽
震：動
坎：險→吝

《繫辭》：頻巽，吝。

解：當巽之時，不容不巽，然屢巽屢失，過謙則自陷困吝。

斷：離1 心 → 艮2 反

偏凶

兌3 折 → 震4 驚

坎5 → 險 → 關鍵 → 以伏剋險

變坎為險，志窮也

論：未來若不能好好處理，恐將陷入驚險之地，必需重提自信心。改善之道，
就是將坎險化為坎伏，在險境中找出一條道路，切實遵行，終將有所改變。

知之未嘗復行也。

虞翻曰：謂顏回不遷怒，不貳過。克己復理，天下歸仁。

《易》曰：不遠復，無祗悔，元吉。

侯果曰：復初九爻辭。殆，近也。庶，冀也。此明知微之難。則知微者唯聖人
耳。

九三爻解：人，三多凶

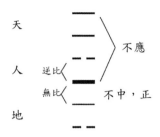

天

人　逆比

地

不應

無比　　　不中，正

(1) 不中，正。

(2) 九三處內卦之極，居外卦之下，內外皆巽。

(3) 與九二無比，二，三，四為兌，數二。

(4) 與上九不應，上九不支援，也不幫忙；三，四，五為離心，四，五，六為巽空，上九心空，視而不見。

(5) 與六四逆比，常起衝突，然九二不理，上九又不幫忙，故九三只有道歉。

(6) 三，四，五為離，離數三，兌數二，故一而再，再而三道歉，頻巽也。

(7) 三多凶。

《象傳》：頻巽之吝，志窮也。

解：九三為剛爻，剛位，乘剛又必需巽，則是失卻自信，二，三，四為兌折，故志窮也。

下屬	主管	高層	基層	不中	正	動能
×	逆	×		能力有限	有才華	強

評：下之上，**有毅力，但無能維持**

論：即便能力不足，但已顯現持才傲物之個性，如果不能改善，對前途會有很大影響，要有自知之明，如何去除持才傲物，巽也。

六四
被動

四爻動，變乾為姤

```
        ┌►錯 震
巽  離  兌  乾
        └►錯 坤
```

```
☴ 巽      ☲ 離₁
☴ 巽  →   ☱ 兌₃
   四      ☰ 乾₅  →  ☰ 乾₂
   爻              →  ☰ 乾₄
   動      ☴ 巽
```

坤：田　┐
離：戈兵　├ 田獵
震：行　┘

數：三　┐
離：雉　│
兌：羊　├ 三品
巽：雞　┘

《繫辭》：悔亡，田獲三品。

解：悔恨可以消亡，獲君王連升三品官階。(田獵喻功業也)

斷：離₁ 心 → 乾₂ 健 → 關鍵 → 莫成剛愎

偏吉

兌₃ 折 → 乾₄ 努力

乾₅ → 努力

變乾努力，有功也

論：天行健，故君子若努力不輟，自然會得更好的回報，也延續已得的成果，
　　但要注意的是，不要因健而成剛愎，剛愎自用就會毀了成果，銘記在心。

天地絪縕，萬物化醇。

孔穎達曰：以前章利用安身以崇德也。安身之道，在於得一。若已能得一，則
可以安身。故此章明得一之事也。絪縕，氣附著之義。言天地無心，自然得
一。唯二氣絪縕，共相和會，感應變化，而有精醇之生，萬物自化。若天地有
心為一，則不能使萬物化醇者也。

六四爻解：人，四多懼

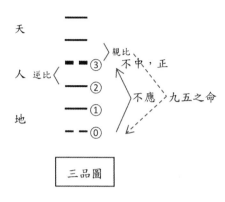

三品圖

(1) 不中，正。

(2) 與九三逆比，有爭執，不往來。

(3) 與初六不應，初，二， 三為巽空，二， 三， 四為兌折，故六四前來初六不宜。

(4) 與九五親比，九五為君，獲君王賞識，而有田獲三品之賜，三，四，五為離，數三。

(5) 因與初六不應，但與九五親比，故由九五直接下令，由初，至二，三， 四共 三位，連升三級，悔亡也

《象傳》：田獲三品，有功也。

解：：因田獲而連升三級，為建功立業所得也。(參 4，5)

下屬	主管	高層	基層	不中	正	動能
逆	○		×	能力有限	有才華	弱

評：下之上，可以努力，但無法做到健

論：雖然有才華，但動能弱，故要再往上，恐怕要多費點功夫，不能懈怠，尤其專業部份，不可因有才華就無所謂，反更要借助自己的才華，行事半功倍之實才是。

男女構精，萬物化生。

干寶曰：男女猶陰陽也。故「萬物化生」。不言陰陽，而言男女者，以指釋損卦六三之辭，主於人事也。

九五	五爻動，變艮為蠱
動態	

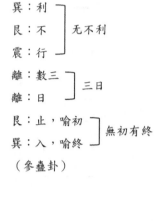

巽　離　兌　艮　震

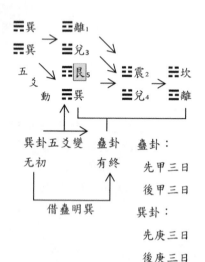

巽卦五爻變　蠱卦　蠱卦：
无初　　有終　先甲三日
　　　　　　　後甲三日
借蠱明巽　　巽卦：
　　　　　　　先庚三日
　　　　　　　後庚三日

巽：利 ⎤
艮：不 ⎬ 无不利
震：行 ⎦

離：數三 ⎤
離：日　 ⎬ 三日

艮：止，喻初 ⎤
　　　　　　 ⎬ 無初有終
巽：入，喻終 ⎦

（參蠱卦）

《繫辭》：貞吉，悔亡，无不利。无初有終，先庚三日，後庚三日，吉。

解：貞固吉祥，悔恨消亡，沒有不利的；沒有開始，但卻有結果。當政策成形
　　前，要再三傾聽人民的意見，不厭其煩，而政策內容，也以求得與民相應；
　　一旦下達，也當揆度民情，以貫徹執行。

丁　戊　己　庚　辛　壬　癸　甲　乙　丙　丁
　　　　　更新　先甲三日　　後甲三日　叮嚀
叮嚀　先庚三日　後庚三日　揆度

兩者不同處：
先甲三日，取更新
先庚三日，取叮嚀

斷：離₁ 心 → 震₂ 行 → 關鍵 → 勿行偏成驚

吉

兌₃ 折 → 兌₄ 悅
艮₅ → 止
變艮為止，　位正中也

論：毀折已止，未來將會是行而悅；做事也當順順利利，但千萬不可令震行成
　　震驚，就是做事要有策略，不可盲動，瞎動，導致結果不可收拾。

832　**【易下經】** 咸恆為首，終於未濟 首重人倫之常

九五爻解：天，五多功

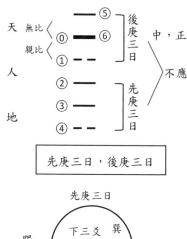

先庚三日，後庚三日

《象傳》：九五之吉，位正中也。

解：九五之吉，為其位剛健中正。

(1) 中，正。

(2) 九五剛爻中且正，象徵貞吉。

(3) 與上九無比，四，五，六為巽，利，雖無比，但亦悔亡而無不利。

(4) 九五與九二不應，顯然民間不滿意現況，亟需改革；二，三，四為兌，折，三，四，五為離，心，九二心折故不應也；既不應，則為无初之象。

(5) 與六四親比，六四位三，四，五離心之中位，二，三，四為兌口，為言，故九五用心傾聽六四之建言，經六四說明，始知應改革的方向。

(6) 九五位中且正，為聖明之君，先庚三日，為向下傾聽民意，後庚三日，揆度改革政策之擬定及實施，以符合人民之期待，是為有終而吉也。

(7) 故由九五，經四，三，二，初，為先庚三日，為丁，聽民之叮嚀，由初回上九，至九五，交由九五決定，為後庚三日，揆度命令並下達執行之。

下屬	主管	高層	基層	中	正	動能
○	×		×	有能力	有才華	強

評：中之上，有能力，有毅力止住困境

論：賢明之君，。放諸社會，亦應是決策人士，但有一個缺點，小心，不可陷入剛愎自用的陷阱。

| 上九 | 六爻動，變坎為井 |
| 被動 | |

巽　離　兌　坎
↳錯 震

☴巽	☲離₁	
☴巽 →	☱兌₃ →	☲離₂
六 ↘	☵坎₅ →	
爻		☱兌₄
動 ☴巽		

巽：木牀 ⎫
坎：伏　⎬ 巽在床下
震：動　⎭

兌：折，失 ⎫
巽：利　　⎪
離：戈兵，斧 ⎬ 喪其資斧
坎：盜　　⎭

《繫辭》：巽在床下，喪其資斧，貞凶。

解：躲在床下，失去自信之象。有如失去了資財，以及防身的利斧，然雖剛亦
　　凶，此喻有過謙而不知止。

斷：離₁ 心 → 離₂ 心

| 凶 | 兌₃ 折 → 兌₄ 折 |

坎₅ → 險 ⋯ 關鍵 → 以伏剋險
變坎為險，上窮也

論：已經很艱困了，又再更險，恐怕這次難以善了。如何改善？既然是坎惹的
　　禍，那就用坎伏來解決，換言之，雖然險象已成，最好是大化小，這中間就
　　含了伏象在內，唯有調節自己的心態來配合，如此而已。

《易》曰：三人行，則損一人。一人行，則得其友。言致一也。
侯果曰：損六三爻辭也。《象》云：一人行，三則疑，是眾不如寡，三不及
　一。此明物情相感，當上法絪縕、化醇、致一之道，則無患累者也。

上九爻解：天

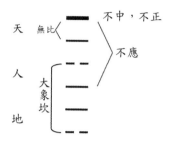

天　無比　不中，不正

　　　　　不應

人　大象
　　坎

地

(1) 不中，不正。
(2) 上九位巽之極，極而反。
(3) 與九五無比，不協調。
(4) 轉而尋求九三幫忙，九三亦不應；極
　　位，卻得不到協助，以上求下，反落
　　巽在床下的困境。
(5) 三，四，五為離，斧；四，五，六為
　　巽，資財，上九前來九三尋求協助，
　　不但不應，還喪失了資財與刀斧。
(6) 初，二，三，四為大象坎，貞凶也。

《象傳》：巽在床下，上窮也。喪其資斧，正乎凶也。

解：巽在床下，上九極位，其勢已窮。喪其資斧，正是凶象之始也。
　　（參 2，5，6）

下屬	主管	高層	基層	不中	不正	動能
×			×	能力有限	才華不足	強

評：下之中，**雖有毅力，但能力有限，脫困不易**

論：若是退休，安份自處，則不會節外生枝。即便在社會，動能強，但其他不
　　可取，或可見此人心態已有問題，除非自省，重新回歸人群社會，否則只是
　　麻煩一個。

☱ 澤上加澤，兩澤相依，活水交流，有喜有折

兌

重兌

靜態

未濟

喜悅，說也
《序卦》：入而後說（悅）之，故受之
以《兌》，《兌》者，說也。
《雜卦》：《兌》見也。

兌　巽　離　坎

巽：利
離：明　｝有孚
兌：悅

☱兌 → ☱兌₁
☱兌 → ☱兌₃ ↘
☱兌 → ☱兌 → ☳巽₂ → ☲離
☱兌 → ☲離₄ → ☵坎
　　　　　　　　　未濟

《繫辭》：亨，利貞。

解：兌，亨通之象，利於貞固之道。

斷：兌₁ 悅 → 巽₂ 空

虛吉

兌₃ 說 → 離₄ 心

說而悅，利貞也。

論：現在是喜悅之情見於外，一切順遂，但世無千日好，在順遂之時，必需守
　　貞固之道，不要鬆懈，一旦鬆懈，空相就介入了；是故，關鍵在巽，若有空
　　相出現，立刻要行謙道，此為自保之道也。兌為少女，兩女在前，謹防情色
　　之關，兌為口，若只是動口，而疏於動手，則難得事之要領，而若守貞則
　　吉，否則兌為折，凶矣！

836　【易下經】咸恆為首，終於未濟 首重人倫之常

兌卦爻解

《彖辭》曰：說也。剛中而柔外，說以利貞，是以順乎天，而應乎人。說以先民，民忘其勞；說以犯難，民忘其死；說之大，民勸矣哉！

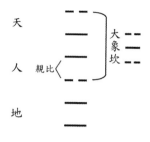

(1) 一陰在二陽之上，陽剛而陰柔；爻位在上為外，在下為內，九二，九五皆剛爻位中，故曰：剛中而柔外，。兌為口，說，說以利貞。

(2) 九四，六三親比，三，四，五爻為巽，順也；九五喻天，曰順乎天。二，三，四為離，心，九二為民，曰應乎民心，故曰：順乎天，而應乎人。

(3) 三，四，五，六為大象坎，為險，為勞，為難；而兌為說，故曰：說以先民，民忘其勞，說以犯難，民忘其死。

(4) 六三與九四親比，上悅（說），下亦悅（說），因民之自勸說，其說大用也。

《象傳》：麗澤，兌，君子以朋友講習。

解：兌為麗，為澤，兩澤相依，類聚相從，故君子體之，朋友之間，從容論說，而講習道義，故所知益精，得能互相感通，亦如兩澤相依也。

比附	相應
○×	×

評：**眼前的喜悅，順利，恐不長久**

論：雖有六三與九四親比，但無濟於事，無法達到上下交流之功，對政令無法下達；於企業，個人，若只重眼前之利，而不能有效策劃，當為爾後所困，不得不防。

初九	初爻動，變坎為困
被動	

兌　巽　離　坎
　　　　　↳錯震

☱兌　　☴巽₁
☱兌　→　☲離
初　　☱兌　→　☴巽₂
爻
動　　☵坎₅　→　☲離₄

兌：悅
離：善　}和兌
震：行

《繫辭》：和兌，吉。

解：初為兌之始，以發自中道的和悅之情是為吉象。

斷：巽₁ 空 → 巽₂ 謙 ⋯ 關鍵 → 勿棄謙成空

偏吉	離₃ 心 → 離₄ 心
	坎₅ → 伏

變坎為伏，行未疑也

論：要化解空相，低調和行謙道是最好的方法，此為守貞之道。但要小心，既
　　然行謙，切不可心不行，致謙又成空，反再次領受困苦，需自思之。

子曰：君子安其身而後動，
崔覲曰：君子將動有所為，必自揣安危之理，在於已身，然後動也。
易其心而後語，
崔覲曰：君子恕已及物，若於事心難，不可出語，必和易其心而後言。

初九爻解：地

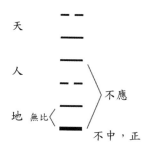

天

人

地　無比

不應

不中，正

(1) 不中，正
(2) 初九以陽爻居兌體而處最下，故為陽剛不卑之象。
(3) 與九四不應，沒有往來，初，二，三為兌折，二，三，四為離心，心折不宜往來。
(4) 與九二無比，甚少互動。
(5) 既然與九四不應，又與九二無比，顯然有自傲之象，然若要與人相處於世，唯有待人和悅才是正道。

《象傳》：和兌之吉，行未疑也。

解：所謂的和兌，是行為要出自身心之誠，不能讓他人懷疑動機何在。(參5)

下屬	主管	高層	基層	不中	正	動能
	×	×		能力有限	有才華	強

評：下之上，有毅力改善困局，然心態不正

論：動能強，有才華，然人際關係不好，是剛愎之象；但能力又不足，故事難成，才有和兌之說，此為針對問題來解決，但能否被接受，恐當事人才心知肚明。

　　定其交而後求。

崔覲曰：先定其交，知其才行，若好施與吝，然後可以事求之。

| 九二 | 二爻動，變震為隨 | 兌 巽 離 震 艮 |
| 動態 | | └→ 錯 坎 |

☱兌　　☴巽₁
☱兌 →　☲離
　　　　☱兌 →　☴巽₂
二爻　　☳震₅ →　☶艮₄
動

震：行
離：心，志
兌：悅　　孚兌
坎：孚

《繫辭》：孚兌，吉，悔亡。

解：待人以誠信和悅之道，是為吉象，即使偶有悔恨，也可消亡。

斷：巽₁ 空 → 巽₂ 謙 → 關鍵 →勿棄謙成空

| 偏吉 | 離₃ 心 → 艮₄ 止 |

震₅ → 行

變震為行，信志也

論：行事要脫離困苦，則必需先心定而行謙道，心定於誠，則無悔恨在，此時
　　行謙自可由心發；但要留意，反撲亦在，倘若心不誠，謙道亦不成，巽謙反
　　成巽空，又回到原點，處境或更糟。

君子脩此三者，故全也。
虞翻曰：謂否上之初，損上益下，其道大光。自上下下，民說無疆，故「全
也」。
危以動，則民不與也。
虞翻曰：謂否上九，高而無們，故「危」。坤民否閉，故「弗與也」。
懼以語，則民不應也。
虞翻曰：否上窮災，故「懼」。來下之初成益，故「民不應」。坤為民，震為
應也。

【易下經】咸恆為首，終於未濟 首重人倫之常

九二爻解：地，二多譽

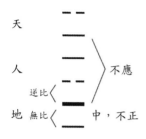

天

人

　　　　　逆比
地　無比

不應

中，不正

(1) 中，不正。

(2) 九二中位剛爻，剛中為孚象，孚兌。陽居陰位，陰為悔，悔亡。

(3) 與初九無比，少往來。

(4) 與六三逆比，有爭執，故有求九五。

(5) 與九五不應，尋求九五幫忙遭拒，二，三，四為離心，三，四，五為巽空，故不應也。

(6) 與初九無比，六三逆比，九五不應，顯然人和不足，但九二剛爻中位，貞固自守，若能行孚兌，自可獲得眾人肯定。

《象傳》：孚兌之吉，信志也。

解：孚兌的吉象是建立在信之志上。（參6）

下屬	主管	高層	基層	中	不正	動能
×	逆	×		有能力	才華不足	強

評：下之上，有能力，有毅力行謙道，人和不足，效果有疑

論：人際關係太差，顯然自傲，如果不能改善，對未來會是障礙。工作上，或有不錯表現，只是難與同事相處，爭執也不斷，若不能自知，獨木不能成舟，恐難有上進機會。

六三	三爻動，變乾為夬	兌 巽 離 乾
被動		└→ 錯 震

$$\begin{array}{l} \text{兌} \quad \text{巽}_1 \\ \text{兌} \rightarrow \text{離}_3 \\ \text{三爻} \quad \text{兌} \rightarrow \text{乾}_2 \\ \text{動} \quad \text{乾}_5 \rightarrow \text{乾}_4 \end{array}$$

兌：悅
巽：來 ⎤
震：行 ⎦ 來兌
兌：折 → 凶

《繫辭》：來兌，凶。

解：來而求取人悅，是口卑以求悅，而不知有禮義之道，故為凶。

斷：巽₁ 空 → 乾₂ 努力

凶	離₃ 心 → 乾₄ 剛愎 ⋯ 關鍵 → 棄剛愎成健

乾₅ → 剛

變乾為剛，位不當也

論：十分努力做事，但卻走上了剛愎之道，這是毀滅自我，故努力是正確，但
　　最後失敗卻不自知，關鍵就在努力成剛愎，此兩者很容易混淆，難以區分，
　　唯宜多注意外人之反應，並應定時聽取建言。

無交而求，則民不與也。
虞翻曰：上來之初，故「交」。坤民否閉，故「不與」。震為交。
莫之與，則傷之者至矣。
虞翻曰：上不之初，否消滅乾，則體剝傷；臣弒君，子弒父，故「傷之者至
矣」。
《易》曰：莫益之，或擊之，立心勿恆，凶。
侯果曰：益上九爻辭也。此明先安身易心，則群善自應。若危動懼語，則物所
不與，故「凶」也。

六三爻解：人，三多凶

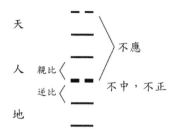

天
人　親比
　　逆比
地

不應
不中，不正

(1) 不中，不正。

(2) 與九四親比，但與上六不應，三，
四，五為巽空，四，五，六為兌
折，故六三前往上六空且折，無效
也。

(3) 與九二逆比，由上至下，為來，是
為取悅於九二，以求化解爭執，故
曰：來兌。

(4) 二，三，四為離心，三，四，五為
巽空，故即使九四願介入調節，也
是一場空。

(5) 顯然九二不為所動，並沒有化解成
功，故曰：凶。

《象傳》：來兌之凶，位不當也。

解：來兌之凶，意謂六三爻位不中不正也。（參1，2，3）

下屬	主管	高層	基層	不中	不正	動能
逆	○	×		能力有限	才華不足	弱

評：下之中，無力扭轉困局

論：只靠主管提攜，其他都不合格，這種狀況唯有當事人可解。首要就是增加
動能，勤快；其次增加自我的能力，這兩樣若能做到，即可反轉困局。

四爻動，變坎為節

兌 巽 離 坎 艮 震

巽：利市三倍 ⎤
震：行   ⎬ 商兌
兌：說   ⎦

巽：進退 ⎤
     ⎬ 未寧
坎：險 ⎦

坎：疾 ⎤
艮：止 ⎟
離：喜 ⎬ 介疾有喜
兌：悅 ⎦

《繫辭》：商兌，未寧，介疾有喜。

解：自我衡量審度，若不能心有所安，則需介然守正，或能不受疾惡柔邪之
　　害，是為可喜之象。

斷：巽₁ 空 → 艮₂ 反

偏
吉

　　離₃ 心 → 震₄ 行

　　坎₅ → 伏 → 關鍵 → 勿棄伏成險

　　變坎為伏，有慶也

論：狀況發生，要低調立刻解決，反空為行，當機立判後果，而採取正確措
　　施。若不能做到，致坎伏成坎險，結果就完全相反。

子曰：乾坤其易之門邪。

荀爽曰：陰陽相易，出於乾坤，故曰「門」。

乾，陽物也。坤，陰物也。

荀爽曰：陽物，天。陰物，地也。

九四爻解：人，四多懼

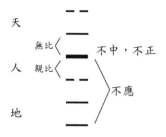

天

人

地

無比

親比

不中，不正

不應

(1) 不中，不正。

(2) 與九五無比，九五不信任九四。

(3) 與初九不應，沒有得到基層支持；初，二，三為兌折，二，三，四為離心，心折，故不應也。

(4) 與六三親比，六三為陰人，二，三，四為離心，三，四，五為巽利，故與六三有利益糾葛，而有商兌未寧之象。

(5) 如能介然公正，或得九五之信任，故曰：介然有喜，然由爻象而言，不容易。

《象傳》：九四之喜，有慶也。

解：九四若有喜，是來自與君王相悅，而有福慶也。（參 5）

下屬	主管	高層	基層	不中	不正	動能
○	×		×	能力有限	才華不足	強

評：下之上，有毅力解決問題，無能力處理後續

論：動能強，有足夠毅力去學習，來提高自我的社會地位；人際關係也要關住，不能與人結怨，這對前途都有影響。

五爻動，變震為歸妹

兌　巽　離　震　坎

```
☱兌    ☴巽₁
☱兌 → ☲離₃          ↘
  五爻↘ ☳震₅ → ☵坎₂
    動 ☱兌 → ☲離₄
```

離：心
坎：孚之象　　　孚于剝
兌：折，剝
震：行
坎：屬

《繫辭》：孚于剝，有厲。

解：因為信任，反受到傷害，這是危厲之象。（其意為不可以與小人為謀，始免被剝）

斷：巽₁ 空 → 坎₂ 險 →關鍵 → 以伏剋險

虛凶

離₃ 心 → 離₄ 心

震₅ → 驚

變震為驚，有厲

論：又驚又險，使的心情大受影響，也許一厥不振，但實情並沒有如此絕望。因為坎險可化成坎伏，以低調、恬掂吃三碗公的精神來化解，前題是心要定。

陰陽合德，而剛柔有體。

虞翻曰：合德謂天地雜，保大和，日月戰。乾剛以體天，坤柔以體地也。

以體天地之撰，

《九家易》曰：撰，數也。萬物形體，皆受天地之數也。謂九，天數；六，地數也。剛柔得以為體矣。

以通神明之德。

《九家易》曰：隱藏謂之神，著見謂之明。陰陽交通，乃謂之德。

九五爻解：天，五多功

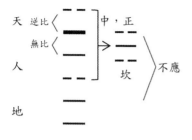

天　逆比
　　無比
人

地

中，正
坎

不應

(1) 中，正。
(2) 與九二不應，基層不挺。二，三，四為離心，三，四，五為巽空，基層心已空，沒感覺，故不應。
(3) 與九四無比，三，四，五為巽利，沒有利害關係。
(4) 與上六逆比，九五君位，陽剛固實，上六陰爻，陰人之象，本是九五之親，之所以逆比，應是九五信任上六，卻遭到傷害結果，故有孚于剝，有厲之象。
(5) 三，四，五，六為大象坎，坎，厲也。

《象傳》：孚于剝，位正當也。

解：雖然是孚于剝，但因九五中且正，其勢是建立在君王的權力之上。（參4）

下屬	主管	高層	基層	中	正	動能
×	逆		×	有能力	有才華	強

評：中之下，有能力及毅力扭轉困局，但心態要修正

論：標準持才傲物，或有剛愎自用，有很不錯的天份，為管理，研發人才，但若不能正常與人交往，或者因此而受到困局，即怨天尤人，反而有不好的評價，是故，心態要先修正。至於為君，此評不算賢君，普通。

上六	六爻動，變乾為履
被動	

```
           ☱兌      ☴巽₁           ↦錯 震
           ☱兌  →   ☲離₃        兌 巽 離 乾
      六    ☰乾₅  →  ☵坎₂           ↳錯 艮
      爻    ☱兌      ☲離₄
      動
```

```
巽：繩 ┐
艮：手 │ 孚于剝
震：行 ┘
```

《繫辭》：引兌。

解：以巧言引人入和兌之境，而為其所剝。

	斷：巽₁ 空 → 巽₂ 空 → 關鍵 → 行謙制空
凶	離₃ 心 → 離₄ 心
	乾₅ → 剛
	變乾為剛，未光也

論：自以為是，過於剛愎，而使的一切努力成空，於此之際，除檢討外，更應
　　以謙道為主，用虛心取代剛愎之心，則可望有所改善。

其稱名也，雜而不越。
《九家易》曰：陰陽，雜也。名謂卦名。陰陽雖錯，而卦象各有次序，不相踰
越。
於稽其類，其衰世之意邪？
侯果曰：於，嗟也。稽，考也。易象考其事類，但以吉凶得失為主，則非淳古
之時也。故云「衰世之意」耳。言邪，示疑，不欲切指也。

【易下經】咸恆為首，終於未濟 首重人倫之常

上六爻解：天

天　逆比　不中，正

人

地

(1) 不中，正。

(2) 與九五逆比，九五對其行徑相當不以為然，常起爭執。

(3) 與六三不應，基層無感。

(4) 三，四，五為巽，利，空；四，五，六為兌，悅，折，故上六之行徑，可以悅而利，也可能成空而折，全在自身的決定。

(5) 上六陰柔，有窮悅之巧，而令人不覺入其陷也，故曰：引兌。

《象傳》：上六引兌，未光也。

解：上六引兌之象，顯見上六行事未能光明正大。(參 4，5)

下屬	主管	高層	基層	不中	正	動能
逆			×	能力有限	有才華	弱

評：下之中，無力扭轉局勢

論：若以上六退休，此評正常。但對社會人士而言，要努力的項目很多，很難在短時間內突破，所以首要目標就是改善動能，勤快，努力第一，若無法做到，也就無法進行下一步，自我衡量，前途是自己的。

風行水上，披離解散，散而後聚，順天應人

渙	
風水	
動態	
純乾	

散開。

《序卦》：說而後散之，故受之以《渙》，《渙》者，離也。

《雜卦》：《渙》，離也。

```
☴巽      ☴巽₁
☵坎  →   ☵坎₃  ↘
              ☴巽  ↘   ☶艮₂    ☰乾
              ☵坎  →   ☳震₄  → ☰乾
                                純乾
```

巽 坎 艮 震 乾

坎：伏，鬼神
乾：王
巽：入   ┐
艮：廟   ┘ 王假有廟

震：行
坎：小   ┐
巽：木，舟   ┘ 利涉大川

《繫辭》：渙，亨。王假有廟，利涉大川，利貞。

解：渙，亨通之象，如君王至宗廟祭祀，其至誠足以感聚天下人之心，雖有大川之難當前，也涉水而過，不畏艱難，利於貞固也。

斷：巽₁ 謙 → 艮₂ 反

坎₃ 伏 → 震₄ 驚

伏而謙，王假有廟

偏吉

論：平日即以謙遜之道，為處事待人之指針，故而沒有太大過失；如果能持之以恒，那對前途更是有利。只是人並沒辦法做到一成不變，在順遂一段時間後，必然會在不知不覺中有所改變，甚至高傲自滿，這些一旦出現，震驚就來了，後果不可不預防。上卦為巽，進退不果，下卦坎，險，雖遇險，卻逢渙而散，故身心可安，財物卻難安，宜防不測之災。

【易下經】咸恆為首，終於未濟 首重人倫之常

渙卦爻解

《象辭》曰：渙，亨。剛來而不窮，柔得位乎外而上同。王假有廟，王乃在中也。利涉大川，乘木有功也。

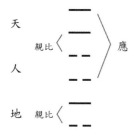

天
人 親比〈
地 親比〈
〉應

(1) 上九與六三相應，上九陽剛，四、五、六為巽、入。三、四、五為艮、止，盡(窮)。內具濟渙之才而不窮。

(2) 六四與九五親比，六四柔爻位正，居外卦巽之下，二、三、四震，行之上，內卦為坎，困，行而不困於內，協助九五抗渙，內外同心，剛柔而不悖，柔得位乎外，而上同九五，是為亨也。

(3) 九五位六三與上九相應之中，三、四、五為艮，廟。與六四親比，二、三、四為震，行，假；九五為王，中且正，故曰：王假有廟，王乃在中。上九喻天，四、五、六為巽，利，有利君王祭享天帝也。

《象傳》：風行水上，渙；先王以享于帝立廟。

解：巽風在坎水之上，行進時，水波四散，為渙也。先王體之，為求合天之渙，故立宗廟，以祀祖考，祭享天帝，此皆為聚己之精神，以聚民之散，合其渙之道也。

(4) 九二與初六親比，九二位下卦坎之中位，坎為水，為川，二、三、四為震，行；上卦巽為木，為舟，初六則喻為渙散在外之子民，欲聚之於宗廟，即便如大川之隔，也必乘舟前往，不畏艱險而利貞也。

比附	相應
○×	○

評：難持之以恒行謙道

論：初六與九二親比，因無有相應，故此親比無益，六四與九五親比，則是依附在六三與上九相應之中，亦無助益。六三與上九相應，無比附接應，故雖有比附，相應，都是各自為政，根本無法有效推行政令，處處露出散漫之象，若是企業，乃及個人，有此現象，要成功，難矣！

851

初爻動，變兌為中孚

巽　坎　艮　震　兌

巽：入
坎：馬　┐用拯馬壯
震：行　┘
兌：悅 → 吉

《繫辭》：初六：用拯馬壯，吉。

解：用健壯的馬，前來支援拯救，因而渡過危機，是為吉象。

斷：艮₁ 反 → 艮₂ 反

虛吉

震₃ 驚 → 震₄ 行 ⟶ 關鍵 → 勿行偏成驚
兌₅ → 悅
變兌為悅，順也

論：事有轉變的跡象，只要行的正，自然有貴人幫忙，可是一旦走偏了，立刻
　　回到原點。所以，在事業上不可偷機取巧，而應腳踏實地，會比較順利。

夫易章往而察來，而微顯闡幽，開而當名，
虞翻曰：神以知來，知以藏往。微者顯之，謂從復成乾，是察來也。闡者幽
之，謂從姤之坤，是章往也。陽息出初，故「開而當名」。
辯物，正言，斷辭，則備矣。
干寶曰：辯物，類也。正言，言正義也。斷辭，斷吉凶也。如此，則備於經
矣。
其稱名也小，
虞翻曰：謂乾坤與六子俱名八卦，而小成，故小復。小而辯於物者矣。

初六爻解：地

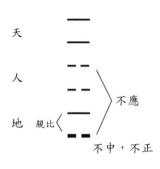

天

人

地　親比

不應

不中，不正

(1) 不中，不正。

(2) 初六坎位，坎為馬，故曰：馬壯。

(3) 與六四不應，初，二，三為坎險，二，三，四為震行，故初六前往六四會遇險，不應也。

(4) 與九二親比，得九二大力協助，九二並親自前來支援，在坎險的環境下，初六得以順利渡過危機，故曰：用拯馬壯，吉。

《象傳》：初六之吉，順也。

解：初六之所以為吉象，是因為順從九二也。(參4)

下屬	主管	高層	基層	不中	不正	動能
	○	×		能力有限	才華不足	弱

評：下之中，即使有貴人相助，也是短暫

論：即便初出社會，評等也低了一點，但尚可原諒；不過，既然出社會，首要就是親奮努力，不可懈怠，前面也有很多待學習之處，不過，若能獲得長官之重視，那只要用心，一定有所成就。

其取類也大。

虞翻曰：謂乾陽也，為天，為父，觸類而長之，故「大」也。

853

二爻動，變坤為觀

巽 坎 艮 震 坤

☴巽　☶艮₁
☵坎 → ☳震₃　↘
二爻 ↘　☴巽　→　☶艮₂
　動　☷坤₅　→　☷坤₄

坎：馬 ⎤
震：行 ⎦ 奔

震：木 ⎤
巽：木 ⎦ 机（木無枝） ⎤
　　　　　　　　　　　⎥ 机
艮：手，肱 ⎤　　　　　⎥
艮：止，手 ⎦ 憑机　　⎦

坤：順 → 亡

《繫辭》：渙奔其机，悔亡。

解：當逢渙散的局面，要心有主見，一旦有需要，能立即奔赴前往，以遂其挽
　　救渙散的心願，也可使悔恨消亡。

斷：艮₁ 反 → 艮₂ 反

偏吉

　　震₃ 驚 → 坤₄ 順 → 關鍵 → 勿因順成咎
　　坤₅ → 平
　　變坤為平，得願也

論：困境或逐漸平息，而未來也當迎接順遂的開始；但要注意的是，順的反面
　　為驚，如果不好好策劃，行中正，而導致反轉，實為不智之舉，謹慎小心。

其旨遠，其辭文，
虞翻曰：遠，謂乾。文，謂坤也。
其言曲而中，其事肆而隱，
虞翻曰：曲，詘。肆，直也。陽曲初，震為言，故「其言曲而中」。坤為事，
隱未見，故「肆而隱」也。

【易下經】咸恆為首，終於未濟 首重人倫之常

九二爻解：地，二多譽

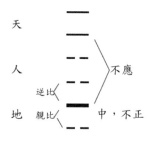

天

人 　　　　　　　　　　不應

　逆比

地 　親比　　　　中，不正

(1) 中，不正。

(2) 三，四，五爻為艮止，二，三，四為震行，前往逢艮而止，故九二與九五不應。

(3) 與六三逆比，六三阻擾九二前往九五，再加上九五不應，故雖有欲奔其機之象，但難如願。

(4) 與初六親比，獲得初六全力支援，但僅得一悔亡而已。

《象傳》：渙奔其机，得愿也。

解：若能奔其機，則是遂九二濟渙之願也。(參 3)

下屬	主管	高層	基層	中	不正	動能
○	逆	×		有能力	才華不足	強

評：中之下，**有能力，有毅力克服困境**

論：評等不低，人際關係加強即可，這是向上行的障礙，必需克服，否則總有人扯後腿，然若一旦克服，這些人反成助力，再加上有能力，又努力，前景光明。

因貳以濟民行，以明失得之報。

虞翻曰：二，謂乾與坤也。坤為民，乾為行。行得，則乾報以吉。行失，則坤報以凶也。

易之興也，其於中古乎？

虞翻曰：興易者，謂庖犧也。文王書經，系庖犧於乾五。乾為古，五在乾中，故興於中古。繫以黃帝、堯、舜為後世聖人。庖犧為中古，則庖犧以前為上古。

六三		三爻動，變巽為重巽		巽 坎 艮 震 離 兌
動態				

艮：手 ⎤
坎：折 ⎦ 行禮之象 ⎤
震：行 ⎦ 躬也

坎：悔 ⎤
艮：止，无 ⎦ 无悔

《繫辭》：渙其躬，无悔。

解：當渙至本身時，只有向外求援，而無可悔也。

斷：

虛吉

艮₁ 反 → 離₂ 心
震₃ 驚 → 兌₄ 悅
巽₅ → 謙⋯ 關鍵 → 勿棄謙成空
變巽為謙，志在外也

論：因為行使謙道，而導致不安之象消失，令人喜悅之情出現，一片祥和。但要留意，兌悅不可轉成兌折，如果心不誠，謙道亦不成，則必遭反撲，比不安更糟，不可不慎。

作易者，其有憂患乎？
虞翻曰：謂成患百姓未知興利遠害，不行禮義，茹毛飲血，衣食不足。庖犧則天八卦，通為六十四，以德化之，吉凶與民同患，故有憂患。
是故履，德之基也。
侯果曰：履，禮。蹈禮不倦，德之基也。自下九卦，是復道之最，故特言矣。
謙，德之柄也。
干寶曰：柄，所以持物。謙，所以持禮者也。

六三爻解：人，三多凶

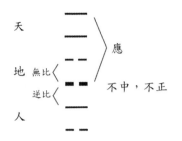

天

地　無比

逆比

人

應

不中，不正

(1) 不中，不正。

(2) 與九二逆比，初，二，三為坎，九二，六三分別為坎之二，三爻，坎為險，故與九二之逆比，已是重大到危險之地，故只有向外尋求幫助，曰：渙其躬。

(3) 與六四無比，沒有交往。

(4) 與上九相應，四，五，六為巽，利；利於六三前往。

(5) 三，四，五為艮，為止，無悔也。故六三與上九之應對六三有利也。

《象傳》：渙其躬，志在外也。

解：渙其躬之象，為與上九相應，上九位外卦，故曰：志在外也。(參 2，4，5)

下屬	主管	高層	基層	不中	不正	動能
逆	×	○		能力有限	才華不足	弱

評：下之中，恐無行使謙道的恒心

論：高層相挺，或有裙帶關係，即便如此，也不能因為有人罩就鬆懈，這不是應該做的事，還是要為自己長久的利益著想，立即改正態度，積極用事才對。

四爻動，變乾為訟

巽　坎　艮　震　乾　離

```
☴巽      ☶艮₁
☵坎  →  ☳震₃        ↘
   四      ☰乾₅  →  ☴巽₂
   爻      ↘
   動  ☵坎     ☲離₄
```

坎：小人，群之象 ┐
艮：止　　　　　│
震：行　　　　　├ 渙其群，吉
離：喜　　　　　┘

艮：山丘　　　　┐
離：心，思　　　├ 渙其丘
艮：止，非也　　┘ 匪夷所思

《繫辭》：渙其群，元吉。渙其丘，匪夷所思。

解：能渙小人之私群，而成天下之公道，是為元吉。若能並其根而渙之，則非
　　平常思慮之人所能及，非才智出眾之人方可能為之。

斷：艮₁ 反 → 巽₂ 謙 ⇢ 關鍵 → 勿棄謙成空

震₃ 驚 → 離₄ 心
乾₅ → 努力
變乾努力，　光大也

論：心懷謙道而又努力，當可獲得最大回報，而能化解困難。然需注意的是，
　　關鍵在巽謙，若一旦失謙，巽謙即巽成空，一切回到原點，君子不為也。

復，德之本也。
虞翻曰：復初乾之元，故「德之本也」。
恒，德之固也。
虞翻曰：立不易方，守德之堅固。
損，德之修也。
荀爽曰：徵忿窒欲，所以修德。

六四爻解：人，四多懼

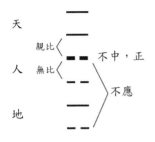

天

人

地

親比

無比

不中，正

不應

(1) 不中，正。

(2) 與初六不應，二，三，四為震行，初，二，三為坎險，行而險，不應也。

(3) 與六三無比，無比亦無應，單打獨鬥，六三，初六皆為陰爻，喻小人之象，故若能以一人之力，而渙群小，當為元吉也。

(4) 下卦為坎，小人，亦為險象，三，四，五為艮，為止，制止小人，故渙其群雖吉，但亦險也。

(5) 與九五親比，得君王信任，大權在握，若能將天下眾邪一併渙之，三，四，五為艮，丘，喻眾也，故曰：渙其丘，匪夷所思，非一般人所能及也。

《象傳》：渙其群，元吉，光大也。

解：渙其群小，光明正大，大善大吉。（參3）

下屬	主管	高層	基層	不中	正	動能
×	○		×	能力有限	有才華	弱

評：下之上，恐無能力，恒心保持戰果

論：做一般工作應無問題，但有才華，故只要努力，當更有成就才是；故成功與否，就在一念之間，若能借主管之力，努力學習專業，必有成功的一天。

859

九五	五爻動，變艮為蒙	┌錯 乾
動態		巽　坎　艮　震　坤
		└錯 兌

三 巽　　三 艮₁
三 坎 → 三 震₃
　　　　　　　　　→ 三 坤₂
　五 　　三 艮₅
　爻 　　　　　　→ 三 震₄
　　動　　三 坎

乾：王
巽：風，號
兌：口　　　　⎤ 渙汗其大號
坎：水，汗　　⎦

坤：國
乾：王　　　　⎤
震：行　　　　⎬ 王居
艮：居之象　　⎦

《繫辭》：渙汗其大號，渙王居，无咎。

解：當渙之時，君王以居正位，行中德，發號施令於天下，濟民之難，安眾之心，這是无可追咎的。

	斷：艮₁ 反 → 坤₂ 平
吉	震₃ 驚 → 震₄ 行 ⇢ 關鍵 → 勿行偏成驚
	艮₅ → 止

變艮為止，正位也

論：運途由驚逐漸轉為平，雖尚未達到順的階段，但已經脫離，然而後面仍需努力，不可懈怠，關鍵在行，，行中道，若不行中道，即打回原形，慎之。

益，德之裕也。

荀爽曰：見善則遷，有過則改，德之優裕也。

困，德之辯也。

鄭玄曰：辯，別也。遭困之時，君子固窮，小人窮則濫，德於是別也。

【易下經】咸恆為首，終於未濟 首重人倫之常

九五爻解：天，五多功

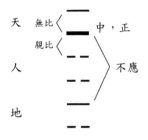

天　無比 ⟨　　　中，正

親比 ⟨

人　　　　　　　⟩ 不應

地

(1) 中，正。

(2) 九五剛正固實，居帝王之尊，故有號令天下之權。

(3) 與上九無比，不用請益，自做主即可。

(4) 與六四親比，經由六四之協助，四，五，六為巽，為命，故曰：渙汗其大號，發號施命於天下。

(5) 與九二不應，與基層互動少，三，四，五為艮，止，反；由上而下，二，三，四為震行，故當渙時，王居其位，命令直接由上下發，基層聽令即可，故曰：渙，王居无咎。

《象傳》：王居无咎，正位也。

解：王居无咎之象，為九五既中且正，故位居正位號令天下也。(參 4，5)

下屬	主管	高層	基層	中	正	動能
○	×		×	有能力	有才華	強

評：中之上，有毅力，有能力，可望解困

論：雖稱不上賢君，但為明君或可，因為動能強，有能力，有才華，三者合一，最怕就是剛愎自用，故必需小心。於社會上，亦是總經理或研發主管，但切記，遠離剛愎。

六爻動，變坎重坎

巽 坎 艮 震

巽：風，散
坎：水，血　　　渙其血

坎：伏
震：行　　　去逖出
坎：險

《繫辭》：渙其血，去逖出，无咎（逖音替）

解：當渙之時，干戈擾攘，生民塗炭，只有向遠方竄伏而去以避之，這是无可
　　追咎的。

斷：艮₁ 反 → 艮₂ 反

偏吉

震₃ 驚 → 震₄ 行
坎₅ → 伏 ⋯ 關鍵 → 勿棄伏成險
變坎為伏，遠害也

論：前景面臨險象，即使是事先已知，但該避而未避，這不是正道，故必以低
　　調，凡事忍讓而行事，事先預防才是正確的方向，千萬不可高調，則伏變
　　險，反遭害也。

井，德之地也。

姚信曰：井差而不窮，德居地也。

巽，德之制也。

虞翻曰：巽風為號令，所以制下，故曰「德之制也」。

履和而至，

虞翻曰：謙與履通，謙坤柔和，故「履和而至」。禮之用，和為貴者也。

【易下經】咸恆為首，終於未濟 首重人倫之常

上九爻解：天

天 無比
地
人

不中，不正

應

(1) 不中，不正。
(2) 下卦為坎，為 血，上卦為巽，為風，為入；入于血，而有渙其血之象。
(3) 與六三相應，三，四，五為艮，為反；由上而下，向下，喻為遠方竄伏而去，六三位下卦坎，為伏，故有去逃出之象。
(4) 上九與九五無比，雖無不合，但因與六三相應，有搞小圈圈之疑，故有血光之災，為去逃出之因。
(5) 三，四，五艮反，四，五，六巽利，上九與六三之應，是為利而應，難免遭疑。

《象傳》：渙其血，遠害也。

解：渙其血之象，為遠離因與六三相應而召至之災害也。(參3，4，5)

下屬	主管	高層	基層	不中	不正	動能
×			○	能力有限	才華不足	強

評：下之上，**潛伏過關，後續力道不足**

論：上九應屆退休，不再復事，而今與六三相應，又為私利，難免有渙其血，去逃出之象。至於工作，雖勤勞又有基層實力，只要再多努力學習，至少可跳升一級，但千萬別在基層中搞小圈圈，這是不宜的。

節　水在澤上，水無窮，澤有限，以有限畜無限

節

水澤

動態

純坤

有限度，節制。

《序卦》：物不可以終離，故受之以
《節》。

《雜卦》：《節》，止也。

坎　兌　艮　震　坤

坎：水，大水 ⎫
兌：澤，小水 ⎪
艮：止，畜水 ⎬ 節
震：動，水流 ⎪
坎：困，苦 → 苦節 ⎭

坎 → 坎₁
兌 → 兌₃ ↘
　　　　　↘ 坎 ↘ 艮₂ → 坤
　　　　　　 兌 → 震₄ → 坤
　　　　　　　　　　　　純坤

《繫辭》：節亨。苦節，不可貞。

解：節，亨通之象，但若節制成苦，而不合中道，則不可固守以為常；故，節
　　者，節而不可過，以得中為宜。

斷：坎₁伏 → 艮₂反

偏吉

兌₃悅 → 震₄驚

悅而伏，若節不可貞

論：若能有所伏而節，則悅自出，也會有所回報。但若節制過頭，反招致反
　　撲，則成驚之象，不可不注意，目前只要不成苦節，應無大礙。節，前有
　　險，必節止，故若得志之時，需知當止則止，不得志之時，也必需衡度己
　　才，否則難防意外。

節卦爻解

《彖辭》曰：節，亨，剛柔分，而剛得中。苦節不可貞，其道窮也。說以行險，當位以節，中正以通。天地節而四時成，節以制度，不傷財，不害民。

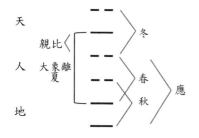

《象傳》：澤上有水，節；君子以制數度，議德行。

解：澤上有水，其容有限，必得節制之，君子體此象，制度禮數，以節民於中道，議其德，而導之，使民節身於中也。

論：九五與六四親比，六四與初九相應，形成申訴管道，為有用之比附與相應，但正常命令應由九五至九二，故命令道不可由此。對企業而言，開大門，走大路，絕不可借由某人之嘴下達政令，應公開透明，才是正道。

(1) 下卦兌，一陰二陽，上卦坎，一陽二陰，陽剛柔下，上下平分，剛柔分也。

(2) 二，五中位，皆為剛爻，故為剛得中也。

(3) 上卦坎險，下卦兌口，二，三，四爻為震行，故曰：說以行險。

(4) 九五與六四親比，六四與初九相應，九五當位，上下親比，正應而為通，故曰：當位以節，中正以通。

(5) 因九五與六四親比，六四與初九相應，故若政令借由六四而下，不合常理；而基層聲音若經由六四反應，並非不可行，二，三，四為震行，三，四，五為艮止，然由下而上，亦可能因六四之變數，不能真正反應民情，反致民生苦節之情，而曰：不可貞。唯有節以合理之制度，方可不傷財，不害民。

(6) 二，三，四為震，春，二，三，四，五為大象離，夏，初，二，三為兌，秋，四，五，六為坎，冬，故天地自我節，而四時成矣！

(7) 九五中且正，為聖明之君，四，五，六為坎，孚之象，初，二，三為兌，口；以誠信建立制度與民說明白，二，三，四為艮，止，不傷財，不害民也。

比附	相應
○	○

評：只要適時節制，不會出現驚險的狀況

初爻動，變坎為重坎

坎　兌　艮　震

☵ 坎	☶ 艮₁	
☱ 兌 →	☳ 震₃ ↘	
初 爻 ↘	☵ 坎 ↘	☶ 艮₂
動	☵ 坎₅ →	☳ 震₄

艮：門，戶 ⎤
艮：止，不 ⎥
艮：庭 ⎥ 不出戶庭
震：行，出 ⎦

震：行 ⎤ 无咎
兌：悅 ⎦

《繫辭》：不出戶庭，无咎。

解：閉戶不出，不跨出戶庭，无可追咎之處。此喻既無能開拓，就只能守住現
　　況。

斷：艮₁ 反 → 艮₂ 反

震₃ 驚 → 震₄ 行 ⋯ 關鍵 → 行正勿成驚
坎₅ → 伏
變坎為伏，知通塞也

論：為解決驚的情況，唯有忍讓，行事儘量低調，以避免麻煩產生。尤其事業
　　不順，或事業大順時都適用，但同樣，關鍵在行，如果潛伏一段時日後，忍
　　不住，又開始高調而行，則震行成震驚，絕對有大事會發生。

謙尊而光，
荀爽曰：自上下下，其道大光也。
復小而辨於物。虞翻曰：陽始見，故「小」。乾，陽物。坤，陰物。以乾居
坤，故稱別物。
恒雜而不厭，
荀爽曰：夫婦雖錯居，不厭之道也。

初九爻解：地

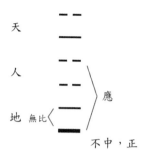

(1) 不中，正。

(2) 初九陽剛得正，居節之初。

(3) 與九二無比，與鄰居不相往來，故有蔽塞，閉戶不出之象。

(4) 與六四相應，初，二，三為兌，悅，折；二，三，四為震，行，故初九前往六四，應是很愉快的事，但六四為上卦坎之下位，為險之初，且兌為澤，故前往的途中，也有澤水之險，導致兌悅成兌折，故要考慮清楚。

(5) 既如此，不如暫時不出門庭，亦无咎也。

《象傳》：不出戶庭，知通塞也。

解：不出戶庭，乃是能掌握時局，通則可出，塞則不出，有如水庫調節水量，當蓄則蓄，當宣則宣，庶可无咎矣！(參3，4)

下屬	主管	高層	基層	不中	正	動能
	×	○		能力有限	有才華	強

評：：中之下，有毅力度過難關，後續發展看能耐

論：初位就有此評，前景可期，但要注意的是，不可持才傲物，太過招搖反遭惡之相向。有機會，就要好好加強自身的專業能力，這才是正道。

九二	二爻動，變震為屯	坎　兌　艮　震　坤
動態		

坎 → 艮₁
兌 → 震₃
二爻 → 坎 → 艮₂
動 → 震₅ → 坤₄

艮：門 ⎤
艮：止 ⎬ 不出門庭
震：行 ⎦

震：行 ⎤
坎：險 ⎬ 不利賓

《繫辭》：不出門庭，凶。

解：若不跨離開出門庭，反而有不利之事發生。喻得位而過怯也。

斷：艮₁ 反 → 艮₂ 反

偏凶

震₃ 驚 → 坤₄ 吝

震₅ → 驚　→　關鍵　→　行正破驚

變震為驚，失時極也

論：若能好好面對驚之象，行中道，則可望出現扭轉的格局，事亦或有改善空
　　間，最怕就是不願面對現實，若延誤時機，恐有難上身。關鍵則在行，千萬
　　莫行邪道。

損先難而後易，
虞翻曰：損初之上，失正，故「先難」。終反成益，得位於初故「後易」。易
其心而後語。
益長裕而不設，
虞翻曰：謂天施地生，其益無方。凡益之道，與時偕行，故「不設」也。
困窮而通，
虞翻曰：陽窮否上，變之坤二，成坎。坎為通，故「困窮而通」也。

　【易下經】咸恆為首，終於未濟 首重人倫之常

九二爻解：地，二多譽

天

人　　　　　不應

逆比　　中，不正

地　無比

(1) 中，不正。

(2) 與初九無比，得不到初九支援，而初九為戶，九二為門。

(3) 與六三逆比，有嚴重爭執，此逆比發生在九二與九五應之中，故涉及本身之事，初，二，三為兌折，故必需離開，若不離開，可能會有風險。

(4) 與九五不應，請九五協調，二，三，四為震，行；三，四，五為艮，止，門，故出門請九五協調，但九五並未答應，故九二前往也是被九五所止。

(5) 九二位兌澤之中位，顯示水量已增，若蓄而不洩，則最終潰堤，故即使出門不一定有成，也必需前往一探。

《象傳》：不出門庭，失時極也。

解：不出門庭凶之象，九二與六三逆比，六三喻時運，若九二不出門庭，則不知時運吉凶，故曰：失時極也。(參3)

下屬	主管	高層	基層	中	不正	動能
×	逆	×		有能力	才華不足	強

評：下之上，**一己之力，恐難解決現實問題**

論：動能強，又有能力，但人際關係不好，顯示有些自傲，不是持才傲物，而是自以為是，這樣的狀況，當然不利前途，故需跨出門庭，多結交朋友，搞好人際關係，自有人助也。

六三	三爻動，變乾為需
動態	

坎 兌 艮 震 乾 離

☵坎　　☶艮₁
☱兌 → ☳震₃
三　　　☵坎　　　⚏離₂
爻　　　☰乾₅ →　⚍兌₄
動

震：動，聲 ⎤
兌：口　　⎥
　　　　　⎬ 嗟若
坎：憂　　⎥
坎：涕淚 ⎦

《繫辭》：不節若，則嗟若，无咎。

解：若不知節制，恐造成遺憾，自取窮困，唯嗟嘆而已，又將何咎哉。

斷：艮₁ 反 → 離₂ 心 → 關鍵 → 心定而明

凶	震₃ 驚 → 兌₄ 折

乾₅ → 剛愎

變乾剛愎，不節若

論：剛愎自用，終究還是心折，沒有預料中的好；但雖是折，也只有努力去
　　做，如果方向正確，假以時日，應可改善。關鍵在心，若心能定，循正確之
　　道前進，則可止折成悅，唯要有恒。

井居其所而遷，
韓康伯曰：改邑不改井，井所居不移，而能遷其施也。
巽稱而隱。
崔覲曰：言巽申命行事，是稱揚也。陰助德化，是微隱也。自此以下，明九卦
德之體者也。
履以和行，
虞翻曰：禮之用，和為貴，謙震為行，故「以和行」也。

六三爻解：人，三多凶

(1) 不中，不正。

(2) 與九二逆比，有爭執，故必需請人協調，而有不節若之象。

(3) 與六四無比，得不到支援。

(4) 與上六不應，有困難，請上六協助，亦得不到回應；有難而找無人，故只有嗟若矣！

(5) 三，四，五為艮，反；四，五，六為坎，險，故六三前往尋求上六支持，恐反遭不當之事。

(6) 六三在兌澤之上位，顯示水位已滿，即將潰堤而出，必需立刻調節，六三非正亦不中，不能起調節作用，勢必發生潰堤之事。

《象傳》：不節之嗟，又誰咎也。

解：不能即時制止，而形成困吝的嗟若，又能追究誰的過錯呢？(參 2，3，4)

下屬	主管	高層	基層	不中	不正	動能
逆	×	×		能力有限	才華不足	弱

評：下之下，根本無力止驚，只有自覺

論：沒有任何可以立足的條件，換言之，很多錯是自找的，跟任何人無關，故要解決問題，就要自我覺悟方可，沒有其他辦法，也沒人可以幫忙。

四爻動，變兌為重兌

坎　兌　艮　震　巽　離

☵坎　　☶艮₁
☱兌　→　☳震₃
　　　　　　　　☴巽₂
四爻　☱兌₅
　動　☱兌　　☲離₄

兌：悅
震：行　　　安節
離：明，王也

《繫辭》：安節，亨。

解：安然奉行節制之道，該節而節，這是亨通之象，為臣之道也。

斷：艮₁ 反 → 巽₂ 謙 → 關鍵 → 勿棄謙成空

　　震₃ 驚 → 離₄ 心
　　兌₅ → 悅
　　變兌為悅，承上道也

論：心若改變，而能奉行謙道，自然可以得到愉悅的回報，而消除了過往的驚
　　險。但必需了解，水能載舟，亦能覆舟，若不再行謙道，巽謙成巽空，一切
　　化為烏有，何苦來哉。

謙以制禮，
虞翻曰：陰稱禮，謙三以一陽制五陰，萬民服，故「以制禮」也。
復以自知，
虞翻曰：有不善未嘗不知，故「自知」也。
恒以一德，
虞翻曰：恒德之固，立不易方，從一而終，故「一德」者也。
損以遠害，
虞翻曰：坤為害，泰以初止坤上，故「遠害」。乾為遠。

六四爻解：人，四多懼

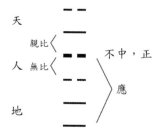

天
　親比
人　無比　不中，正
　　　　　應
地

(1) 不中，正。

(2) 與六三無比，沒有關連。

(3) 與初六相應，得基層之助，但因六四與六三無比，故在實力上打了折扣。

(4) 初，二，三為兌悅，二，三，四為震行，故六四前來初九，行而悅，相應而有安節之象。

(5) 與九五親比，獲得九五高度信任，故雖然與初九相應，但只要順從九五的領導，一切安於節制，則自然亨通無阻。

(6) 九五與六四親比，六四與初九相應，由上而下之節也。

《象傳》：安節之亨，承上道也。

解：安節之亨，是承順九五之節道。(參 5)

下屬	主管	高層	基層	不中	正	動能
×	○		○	能力有限	有才華	弱

評：中之下，可以度過困局，但恐無力維持

論：人際關係還可以，但也因人際關係，才可以推升地位，只不過，僅靠此不足以支撐未來，一定要自我檢討；既有才華，至少已具相當智慧，只要稍加努力，前程似錦。

五爻動，變坤為臨

坎　　　艮₁

兌　→　震₃

　　　　坤₅　　　　坤₂

五　　　　　　　　　　震₄
爻
動　　　兌　→　震₄

坤：土，味甘

兌：口　　　　　　　甘節

坎：水，甘味

震：行　　　　　　　往有尚

坤：順

《繫辭》：甘節，吉；往有尚。

解：甘於節制之道，是為吉象。立法于今，通之於天 下，而可以垂範于後世，
　　此為君道也。

斷：艮₁ 反 → 坤₂ 順

吉

　　震₃ 驚 → 震₄ 行 → 關鍵 → 行正勿成驚

　　坤₅ → 平

　　變坤為平，往有尚

論：今人不安的狀況已經逐漸平息，未來只要能行中道，不妄為，則自然順
　　利；但若行不正，走邪道，一切又回原狀，正道，邪道只在一念之間，若為
　　求富貴，而走險路，得不償失。

益以興利，
荀爽曰：天施地生，其益無方，故「興利」也。
困以寡怨，
虞翻曰：坤為怨，否弒父與君，乾來下，折坤二，故「寡怨」。坎水性通，故
不怨也。
井以辨義，
虞翻曰：坤為義，以乾別坤，故辨義也。

九五爻解：天，五多功

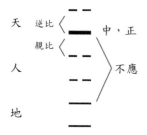

天　逆比
　　親比
人
地

中，正
不應

(1) 中，正。
(2) 五為尊位，為坎之中流，故有甘節之象。
(3) 與九二不應，民間或有雜音。二，三，四為震行，三，四，五為艮止，行而止，故九五不會前來九二，不應也。
(4) 與六四親比，六四為諸侯，大臣；得六四全力支持，君臣一體，故曰：甘節，吉也。
(5) 與上六逆比，發生嚴重衝突，但若九五能與上六和合，化干戈為玉帛，則往有尚也。

《象傳》：甘節之吉，居位中也。

解：：甘節之吉，其原因為九五位中且正也。(參1，3，4)

下層	主管	高層	基層	中	正	動能
○	×		×	有能力	有才華	強

評：中之上，解決困境，維持平順，力足以逮之

論：明君，雖然與基層交流比較弱，但在其他方面都表現不錯，然唯有一點，年青時代或可，老年之後，剛愎自用必需避免；對企業和個人而言，順久必出事，自心也當明此道理。

六爻動，變巽為中孚

坎 兌 艮 震 巽

坎 坎
兌 → 艮₁
六 震₃
爻 → 巽₅ → 艮₂
動 兌 → 震₄

坎：險
艮：反
震：行
巽：進退不決

⎱苦節

《繫辭》：苦節，貞凶，悔亡。

解：堅守困苦勤勞的節制，非天理人情之安，而為凶象；然苦節終究是禮上得
　　失，而非事之得失，故一旦修正，仍可悔恨消亡。

斷：艮₁ 反 → 艮₂ 反

凶　震₃ 驚 → 震₄ 驚
　　巽₅ → 空 → 關鍵 → 行謙制空
　　變巽為空，其道窮也

論：驚未止，空相反來，驚上加驚，不妙矣！唯一可解決之道，就是將巽空修
　　正為巽謙，也就是行謙遜之道，以安然處之，有謂安貧樂道是也，定下心
　　來，擬定策略，謀求解決。

巽以行權。
《九家易》曰：巽象號令，又為近利。人君政教、進退、釋利而為權也。
易之為書也不可遠，
侯果曰：居則觀象，動則玩占，故「不可遠」也。
為道也屢遷，
虞翻曰：遷，徙也。日月周流，上下無常，故「屢遷」也。

上六爻解：天

天　逆比　不中，正

人

地

不應

(1) 不中，正。

(2) 上六位坎卦之上位，坎為水，其象水流至極，處止而不動，止水味苦，故苦節也。

(3) 與九五逆比，嚴重爭執。然與六三不應，也因與六三基層沒有往來，故無進一步之利害關係，免於九五之追殺。然與九五起爭執，為禮之不當，其象凶，而曰：苦節，貞凶。

(4) 然若上六能與九五和合，畢竟此事為禮之不當，而非有與六三勾結，並無事之得失，九五若能原諒上六，自然悔亡矣！

(5) 三，四，五為艮反，四，五，六為坎險，上六至六三處反有險，故不應也。

《象傳》：苦節貞凶，其道窮也。

解：苦節貞凶之象，為上六之道已困窮矣！(參2，3，4)

下屬	主管	高層	基層	不中	正	動能
逆			×	能力有限	有才華	弱

評：下之中，**脫離困局不易，靠智慧**

論：只有才華，而沒有能力和毅力，實不應再起風浪。對企業，個人亦同，欲上進，必需加強自身的條件，才有再起的機會，否則，以此格局，要談復出，不易也。

澤上有風，風憾水受，信發于中，孚乃化方

中孚	誠信，信實，中道

《序卦》：節而信之，故受之以《中孚》。

《雜卦》：《中孚》，信也。

風澤

動態

純坤

☴巽 → ☴巽₁

☱兌 → ☱兌₃

☴巽

☱兌

→ ☶艮₂

☳震₄

→ ☷坤

☷坤

純坤

巽 兌 艮 震 坤

坤：孚 ┐
巽：魚 ┘ 中孚，豚魚

巽：木，舟
兌：澤 ┐ 利涉大川
震：行 ┘

《繫辭》：中孚，豚魚吉，利涉大川，利貞。

解：中孚，信而有實，豚魚生於大澤之中，當欲起風，必躍出水面而拜，若其信如豚魚，則吉，也利於渡越大川之險。

斷：巽₁ 謙 → 艮₂ 反

偏吉	兌₃ 悅 → 震₄ 驚

悅而謙，孚乃化邦也

論：因為謙遜，所以獲得眾人信孚，自己也享受眾人所給之福報；但要小心，千萬不可自滿，否則一旦疏於誠信，其後果就是悅變驚，也可能一夕反轉，而掉落谷底。中孚，得此卦者，誠於中則吉，心有邪念則凶，故宜從善之人，從善之事，則災消福至。

【易下經】咸恆為首，終於未濟 首重人倫之常

中孚卦爻解

《彖辭》曰：中孚，柔在內而剛得中。說而巽，孚，乃化邦也。豚魚吉，信及豚魚也。利涉大川，乘木舟虛也。中孚以利貞，乃應乎天也。

《象傳》：澤上有風，中孚；君子以議獄緩死。

解：兌澤上有巽風，風吹澤面，毫無阻礙，均勻周到，是謂中孚。君子體此，議獄，罪當死者，乃緩其死，是欲求其生也。而以至誠溢于於用刑之間。

(1) 三，四兩柔爻，夾在上下兩陽之內，為柔在內也。

(2) 九二，九五分屬上，下兩卦之中位，陽為剛，故曰：剛得中也。而陽中實為孚之象，五為君，二為邦，孚乃化邦也。

(3) 六四與九五親比，六四效忠九五，四，五，六為巽，魚，其如豚魚之信，故曰：豚魚之吉。六四既有豚魚之信，又與初九相應，初九為民，故豚魚之信推及於民，而曰：信及豚魚也。

(4) 初九與六四相應，六三與上九相應，上卦為巽木，舟也，下卦為兌澤，大川象，故初九前往六四，六三前往上九，均需乘木舟而涉澤水大川也。

(5) 九五與六四親比，六四與初九相應，故初九借六四而直達九五天聽，是曰：中孚以利貞，應乎天也。

比附	相應
○	○

評：有信心能維持謙道，但若有變，溝通比較困難

論：九五和六四親比，六四與初九相應，故下情可上達，但這是下對上，而不是上對下，故信孚就很重要。同樣，企業也有內部之命令和反應的管道，兩者不同，但都要上下有信，才可以讓企業及個人運作順利。

初九
動態

初爻動，變坎為渙

巽　兌　艮　震　坎
　　　　　　　↳錯 離

☴巽　　☶艮₁
☱兌　→　☳震₃　↘
　初　　　　　　　☶艮₂
　爻　　☴巽　↗
　動　　☵坎₅　→　☳震₄

兌：悅　　　┐
離：心，喜　┘虛吉

艮：止，不　┐
兌：悅　　　│
坎：險　　　├ 有它不燕
震：行，動　┘

《繫辭》：**虞吉，有它不燕。**

解：當中孚之初，能安於誠信之心，而不改變，是吉祥的。但一旦改變，而有
　　他求，則難以安寧矣！

斷：艮₁ 反 → 艮₂ 反

偏
吉

震₃ 驚 → 震₄ 行 → 關鍵 → 勿行偏成驚

坎₅ → 伏

變坎為伏，志未變也

論：如果能低調，以誠信做為行事的座右銘，當可化解驚險，但關鍵在行，雖
　　然口上說行謙，但做又是另一回事，這樣誠信不能一貫，必然再次遭到險象
　　的回擊，故要小心，不要讓坎伏成坎險。

變動不居，周流六虛，

虞翻曰：變，易。動，行。六虛，六位也。日月周流，終則復始，

上下無常，剛柔相易，

虞翻曰：剛柔者，晝夜之象也。在天稱上，入地為下，故「上下無常」也。

【易下經】咸恆為首，終於未濟 首重人倫之常

初九爻解：地

天
人
地 　無比
　　　應
　　不中，正

(1) 不中，正。

(2) 初爻剛正，為人性之初，真實無妄。

(3) 與九二無比，故初九第一關即是九二，若逢九二凡事都不予協助，卻仍能保有其真誠之心，未來必感得九二，而有喜悅的回報，故曰：虞吉；初，二，三為兌，為悅。

(4) 與六四相應，六四為巽，為利，為空；二，三，四為震行，為前往，此行若只是為私利前往，雖為正應，但也可能所得是一場空，而為有他不燕之象也。

《象傳》：初九虞吉，志未變也。

解：初九虞吉之象，為遭遇九二之不合作，卻仍能保有真誠之心，其志未變也。(參3)

下屬	主管	高層	基層	不中	正	動能
	×	○		能力有限	有才華	強

評：中之下，有毅力改變困局，但後續進展緩慢

論：有才華，有動能，初出社會有此評等，雖然或有群帶關係，但也不可忽視他的能力。唯專業不足，這點要加強，若有能力，又有才華，動能又強，前途看好。

九二	二爻動，變震為益	巽 兌 艮 震 坤 大象離
動態		

☴巽　　☶艮₁
☱兌 → ☳震₃　　↘
　　二爻 ↘　☴巽 → ☶艮₂
　　　動　☳震₅ → ☷坤₄

☲ → ☲ 大象離

震：鳴　⎤
離：鶴　｜
兌：口　｜　鳴鶴在陰
坤：陰　⎦

巽：長女　⎤
兌：少女　｜
震：長男　｜　其子和之
艮：少男　｜
坤：母　　⎦

坤：身，我也　⎤
震：酒杯，爵也　⎦　我有好爵
巽：繩，繫　⎤
兌：口　　　⎦　靡之

《繫辭》：鳴鶴在陰，其子和之，我有好爵，吾與爾靡之。

解：鶴鳥在僻陰之處鳴唱，其子應聲相和；我有一壺好酒，願與你共飲作樂。
　　然應和之乎，唯德是與。

斷：艮₁ 反 → 艮₂ 反

偏吉	震₃ 驚 → 坤₄ 順
	震₅ → 行 → 關鍵 → 勿行偏成驚
	變震為行，中心願也

論：驚成順，故只要行正道，遠離邪道，則之前的不安，自會消失。而關鍵在
　　震行，如果之後得順，飽暖思淫欲，又偏向邪道，則行成驚，坤順成吝，更
　　難過矣！

九二爻解：地，二多譽

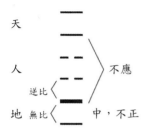

天
人
　　逆比
地　無比　　中，不正

(1) 中，不正。
(2) 與九五不應，二，三，四為震行，故九二欲前往，但，三，四，五為艮止，九五不准，故只有鳴鶴在陰，獨悲也。
(3) 與初九無比，初九為子，初，二，三為兌，兌為口，故雖不知九二何故，但仍可和之。
(4) 與六三逆比，有爭執，此時九二欲與六三和解，故而有吾有好爵，願與爾靡之，一飲化干戈也。

《象傳》：其子和之，中心願也。

解：能得其子相和，實為九二中心所願。(參3)

下屬	主管	高層	基層	中	不正	動能
×	逆	×		有能力	才華不足	強

評：下之上，有毅力突破困境，但無能力延續成果

論：動能強，又有能力，最主要是人際關係太差，顯然人格出了問題，有自我澎脹之現象，不過，只要能自知，改變態度，多與人交流，自有貴人相助。

不可為典要，唯變所適。

侯果曰：謂六爻剛柔相易，遠近恆，唯變所適，非有典要。

六三	三爻動，變乾為小畜
動態	

巽 兌 艮 震 乾 **離**

☴巽　　☶艮₁
☱兌 → ☳震₃
三 ↘ ☴巽 → ☲離₂
爻 ↘ ☰乾₅ → ☱兌₄
動

離：心，喻魔 → 得敵
震：鼓，行 ⎤
艮：止，罷之象 ⎦ 或鼓或罷
兌：口，泣之象 ⎤
兌：口，歌之象 ⎥ 或泣或歌
巽：進退，或也 ⎦

《繫辭》：得敵，或鼓或罷，或泣或歌。

解：面對敵應，不知要鼓而進，或是罷而休，進退失據；又或泣而悲，喜而
　　歌，不知所措，顯然心中已無所主，不知如何處理。

斷：艮₁ 反 → 離₂ 心 → 關鍵 → 心定於明

凶

震₃ 驚 → 兌₄ 折
艮₅ → 剛愎
變乾為剛愎，位不當也

論：雖然很努力，但心不定，使得努力成毀折；欲要挽救，唯有將心改變，心
　　先定，有策略，自然可化解，切莫像現在，舉止行為不知所措，前後表現不
　　一致，這樣是不對的，再努力，也無功。

其出入以度，外內使知懼。
虞翻曰：出乾為外，入坤為內，日行一度，故「出入以度」。出陽知生，入陽
懼死，使知懼也。
又明於憂患與故。
虞翻曰：神以知來，故明憂患。知以藏往，故知事故。作易者其有憂患乎？

六三爻解：人，三多凶

天
人
地

無比
逆比

應

不中，不正

(1) 不中，不正。

(2) 中孚，孚信於中，六三不中，不正，故心中無孚。

(3) 與九二逆比，起衝突，九二陽剛君子，位中，行中德，重誠信；故面對九二時，六三不知如何應對，而出現進退失據，不知所措的不當心態，此非中孚之象。

(4) 求諸六四，六四無法解決問題，得不到任何助益。

(5) 上求上九，上九有意願協助，三、四、五為艮，止，反，四、五、六為巽，利，有利上九願來，無利恐止，亦非中孚之道。

(6) 故六三心態必須改變，應守中孚之道，當可與九二和解。

《象傳》：可鼓或罷，位不當也。

解：或歌，或罷之象，顯示六三爻位不中不正所致。(參1，5，6)

下屬	主管	高層	基層	不中	不正	動能
逆	×	○		能力有限	才華不足	弱

評：下之中，毅力不足，心態不正，恐難反轉

論：若能從心出發，努力學習，或有機會站穩腳步，否則只靠裙帶，並不能保住自己的位置，這點必需自我覺悟，天下事，不是哭鬧就可以解決。

四爻動，變乾為履

巽 兌 艮 震 乾 離

↳錯 坎

☴巽　☶艮₁

☱兌 → ☳震₃　　　　☴巽₂

　　　　↘

四　 ☰乾₅ → ☴巽₂

爻　　　　　　↗　☲離₄

動　☱兌

坎：月

艮：數七

巽：數五　　十五

離：數三

乾：馬

兌：失　　　　馬匹亡

震：行，走

月幾望

《繫辭》：月幾望，馬匹亡，无咎。

解：十五月圓為團結之時，卻因私欲，導致如馬匹般四散，以致消亡；然若能
　　摒除私欲，回歸團結，則无咎矣！

斷：艮₁ 反 → 巽₂ 謙 → 關鍵 → 勿棄謙成空

偏
吉

震₃ 驚 → 離₄ 心

乾₅ → 努力

變乾努力，絕類上也

論：心存謙道而努力，要脫離困境不難，但要留意的是心，誠心，而非假心；
　　若是虛假，一旦被戳破，巽謙就變巽空，努力成一場空，不能不慎也。

無有師保，如臨父母。

虞翻曰：臨，見也。言陰陽施行，以生萬物，無有師保生成之者。萬物出生，
皆如父母。孔子曰：父母之道天地，乾為父，坤為母。

初帥其辭，而揆其方，

虞翻曰：初，始下也。帥，正也。謂修辭立誠。方，謂坤也。以乾通坤。故
「初帥其辭，而揆其方」。

六四爻解：人，四多懼

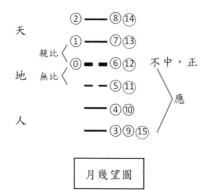

天
親比
地
無比
人

月幾望圖

(1) 不中，正。

(2) 與六三無比，交往不深。

(3) 與初九相應，初，二，三為兌悅，二，三，四為震行，行而悅；故六四與初九十分相合，而為其私黨之象。

(4) 初，二，三為兌，西，月之象，二，三，四為震，東，日之象，日月相對，月幾望，相會也。

(5) 六四經九五，上六，回初九，二，三，四，五，六，再回初九，二，三，四，五，六再至初九，共十五，相應也，亦為望之數。

(6) 與九五親比，九五君位，十分信任六四，但六四又有結黨之嫌。

(7) 故要全心全力效忠君王，就必需摒除私黨，否則一旦追究，就會出現馬匹亡之兆。

(8) 然若已摒除私黨，則无咎矣！

《象傳》：馬匹亡，絕類上也。

解：馬匹亡之象，是摒除與朋黨的私交，而一心對九五效忠。(參 7)

下屬	主管	高層	基層	不中	正	動能
×	○		○	能力不足	有才華	強

評：中之下，有能力脫離困局，但需友人幫忙

論：此評對六四不利，九五與六四親比，六四與初九相應，此為單向，故有結黨之象。但對一般人此評等不錯，只要努力，必然會更上一層樓。

九五	五爻動，變艮為損	巽 兌 艮 震 坤
動態		

巽　　艮₁
兌 →　震₃
五　　艮₅　　→　坤₂
爻　　　　→
動　　兌　　　→　震₄

坤：孚，眾 ⎫
巽：健，牽 ⎬ 有孚攣如
艮：手 ⎪
震：行 ⎭

《繫辭》曰：九五：有孚攣如，无咎。

解：以誠心結合人心，無從獲咎矣！

斷：艮₁ 反 → 坤₂ 順

吉

震₃ 驚 → 震₄ 行 → 關鍵

艮₅ → 止

變艮為止， 位正當也

論：不安的狀況逐漸消止，行事也順利起來，這是建立在誠信的基礎上，如果
　　行事不是如此，則震行又成震驚，坤順成坤吝，比先前還要麻煩，不可不
　　慎。

既有典常。苟非其人，道不虛行。
崔覲曰：言易道深遠，若非其聖人，則不能明其道。故知易道不虛而自行，必
文王然後能弘也。
易之為書也，
干寶曰：重發易者，別殊旨也。
原始要終，以為質也。
虞翻曰：質，本也。以乾原始，以坤要終，謂原始及終，以知死生之說。

九五爻解：天，五多功

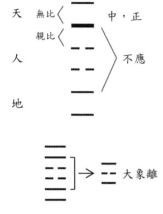

天　無比〈
　　親比〈
人
地

中，正
不應

大象離

(1) 中，正。

(2) 與上九無比，沒有關連。

(3) 與九二不應，九二為基層，二，三，四為震行，三，四，五為艮止，行而止，故九五目前不會前來九二。

(4) 與六四親比，九五君位，陽剛正固；二，三，四，五為大象離，為心，心誠，故九五以孚信于天下，而以德稱位，君臣上下一心，如拘攣之固，故曰：有孚攣如。

(5) 九二為兌，兌為悅，雖九五與之不應，也並無不悅，故无咎也。

《象傳》曰：有孚攣如，位正當也。

解：有孚攣如，謂九五位中且正，正當位也。(參 4)

下屬	主管	高層	基層	中	正	動能
○	×		×	有能力	有才華	強

評：中之上，**有能力也有毅力，可度過難關**

論：九五為明君，然與民間交流不順，對政令下達及民情掌握，一旦時間過久，更相疏離，這不是好現象。反諸企業及個人，如果不能掌握消費者的習性，開始或許為獨家，但一段時間後，若不進步，勢必遭到淘汰。

上九	六爻動，變坎為節	巽 兌 艮 震 坎
動態		

☴巽　☶艮1
☱兌 → ☳震3
　六　　☵坎5 → ☶艮2
　爻　　　　→
　動　☱兌 → ☳震4

震：動
巽：雞
兌：口
巽：高，登天之象

翰音登
于天

《繫辭》曰：翰音登于天，貞凶。

解：雞啼聲高亢，可登于天，然卻是聲聞過情，不合其理，不得其機；此喻，
　　若不能得中孚之道，亦凶也。

斷：艮1 反 → 艮2 反

偏凶	震3 驚 → 震4 驚

坎5 險 → 關鍵→ 以伏剋險
變坎為險，何可長也

論：過去雖驚還可行，如今險象已生，前景勘慮，應著手進行改善之道；除研
　　究對策外，坎險若能使之成坎伏，就是低調以誠待之，則由基點改善起，對
　　解決問題有大益。

六爻相雜，唯其時物也。
虞翻曰：陰陽錯居稱雜。時陽則陽，時陰則陰，故「唯其時物」。
其初難知，其上易知，本末也。
侯果曰：本末，初上也。初則事微，故「難知」。上則事彰，故「易知」。
初辭擬之，卒成之終。
干寶曰：初擬議之，故「難知」。卒終成之，故「易知」。本末勢然也。

上九爻解：天

天　無比　　　　不中，不正
人
地

(1) 不中，不正。
(2) 上九為極位，故有登天之象。
(3) 與六三相應，搞小圈圈，這對上九而
    言，無疑是致命傷，且三，四，五
    艮，為止，為反；四，五，六為巽，
    為利，是有利前往，無利則止。
(4) 對六三而言，上九有上應於天之象，
    故曰：翰音登于天。
(5) 與九五無比，九五既不能信任上九，
    上九又搞小圈圈圖利，故有貞凶之
    象。
(6) 上九位不中，不正，又位中孚之極，
    卻欲行私，致有翰音登於天，犯九五
    之忌，實為不智之舉。

《象傳》曰：翰音登于天，何可長也。

解：翰音登於天之象，喻六三與上九之應，上九如翰音登於天，而上九已是極
　　位，又何可長也。(參 3，4，5，6)

下屬	主管	高層	基層	不中	不正	動能
×			○	能力有限	才華不足	強

評：下之上，有毅力，無策略，蠻幹無益

論：退休不復視事，卻仍在搞一些對外活動，這不是好事。然對社會而言，有
　　動能，就大有機會，只要心態正確，願意努力向前，盡心學習，可創人生第
　　二春。

小過	過，錯	震 艮 兌 巽 乾
雷山	《序卦》：有其信者必行之，故受之以《小過》。	
動態	《雜卦》：《小過》，過也。	巽：入 ⎤ 亨
純乾		兌：悅 ⎦

≡≡震 → ≡≡震₁
≡≡艮 → ≡≡艮₃ ↘
↘ ≡≡震 → ≡≡兌₂ → ≡乾
≡≡艮 → ≡≡巽₄ ≡乾
純乾

巽：雞，鳥象 ⎤
兌：口 ⎦ ⎤
震：音 ⎥ 遺音 ⎥ 飛鳥遺音
艮：止 ⎦ ⎦
震：行，飛

《繫辭》曰：亨，利貞，可小事，不可大事。飛鳥遺之音，不宜上，宜下，大吉。

解：小過，亨通之象，利於守持正固，可以施行能力以內的事，而不宜做超過自己本身能力的事。飛鳥之遺音，人得而聽之，則鳥之遺音，宜在下不在上；此喻即便是小事，亦需謙退居下，方得大吉。

斷：震₁ 行 → 兌₂ 折

| 虛吉 | 艮₃ 止 → 巽₄ 空 → 關鍵 → 行謙制空 |
| | 止而行，可小事，不可大事 |

論：現階段還是處在不太安的狀況，如果不改善，則只能行日常小事，大事則無信心，但若能行謙道，則自可得喜悅的回報，否則，空及毀折之象出現矣！

小過爻解

《彖辭》曰：小過，小者過而亨也。過以利貞，與時行也。柔得中，是以小事吉也。剛失位而不中，是以不可大事也。有飛鳥之象焉，有飛鳥遺之音，不宜上宜下，大吉；上逆而下順也。

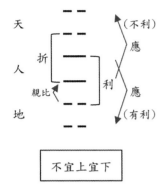

不宜上宜下

《象傳》曰：山上有雷，小過；君子以行過乎恭，喪過乎哀，用過乎儉。

解：山上有雷，聲受群山阻隔而音量減少，是為小過。君子體之，以行是否過於謙恭，遇喪是否過於哀傷，用是否過於節儉，在過與不及之間，做個取捨。

(1) 二陽四陰，有過於偏差而為小過之象，故行小事則亨也；但若能與時偕行，隨時修正，即使事有逾越，亦可得利貞也。

(2) 二，五爻皆為耦爻，為柔得中，以小事吉，而剛爻失位，故不得大事也。

(3) 六二與九三親比，九三與上六相應，二，三，四為巽，雞，鳥之象，其音接替而上，故有飛鳥遺音，接替而上之謂。

(4) 三，四，五為兌，折，向上有毀折之象，故不宜也。

(5) 九四與初六相應，二，三，四為巽，為利；初，二，三為艮，反，向下反而有利，故曰：不宜上宜下，上逆而下順也，大吉。

比附	相應
○	○

評：小事或可改善，行謙則有疑也

論：雖然有比，有應，但缺乏中心之應，顯示命令發佈有多頭馬車之象，若遇大事不利。反之企業與個人亦同，雖然管道很多，皆是無關痛癢，只能成就小事，故必需自覺，也必要做大改革，以適應當前之所需。

初爻動，變離為豐

☳震　　☱兌₁

☶艮 → ☴巽₃

初　　☳震 → ☱兌₂

爻

動　☲離₅ → ☴巽₄

離：雉，飛鳥　┐

震：行，飛　　├ 飛鳥以凶

兌：折　　　　┘

《繫辭》曰：飛鳥以凶。

解：飛鳥惟知飛于上，而不知遺其音于下，凶也。此喻不宜燥進。

斷：兌₁ 折 → 兌₂ 折

凶　巽₃ 空 → 巽₄ 空 ⇢ 關鍵 → 行謙制空

離₅ → 心

變離為心，飛鳥以凶

論：當不再行謙道，而自以為是時，後果就是空加毀折，其勢更猛，故自心要
　　如何拿捏，不可不慎；關鍵在巽空，若能轉空為謙，則一切可望改善。

若夫雜物撰德，辨是與非，則非其中爻不備。

虞翻曰：撰德，謂乾辯別也。是，謂陽。非，謂陰也。中，正。乾六爻，二、
四、上，非正。坤六爻，初、三、五，非正。故「雜物」。因而重之，爻在其
中，故「非其中」。則爻辭不備。道有變動，故曰爻也。

噫，亦要存亡吉凶，則居可知矣。

虞翻曰：謂知存、知亡、要終者也。居乾吉，則存，居坤凶，則亡。故曰「居
可知矣」。

初六爻解：地

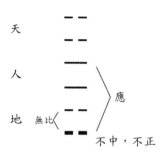

天

人

地　無比

應

不中，不正

(1) 不中，不正。

(2) 初六陰柔在下，陰居陽而不在其位，當過之時，宜安而居之。

(3) 與六二無比，沒有關連。

(4) 與九四相應，初，二，三為艮，為止，為反；二，三，四為巽，為利，為空。故與九四有利害關係，有利相應，無利則為空。

(5) 故初六前往，若只為利而行，則不知或有空之害，；有如飛鳥只知飛于上，卻不知其音應向下，故曰：飛鳥以凶。

《象傳》曰：飛鳥以凶，不可如何也。

解：飛鳥以凶之象，喻初六與九四相應，雖有利，亦有害，若只見利，結果卻是空，那就不知何了。

下屬	主管	高層	基層	不中	不正	動能
	×	○		能力有限	才華不足	弱

評：下之中，無法避開困局

論：初出社會，此評尚可原諒，但若動能不能加強，只知偷懶，那就不可原諒，即使有高層相護，也當有所回報，最起碼，要努力學習才是。

六二	二爻動，變巽為恆

震 艮 兌 巽 乾 大象 坎
　　　　　　　　　　　↳錯 坤

動態

震 → 兌₁
艮 → 巽₃
二爻 → 震 → 兌₂
動 → 巽₅ → 乾₄

艮：過　┐
震：行　│ 過其祖
乾：祖　├
坤：妣　┘ 遇其妣

震：行　┐
乾：君　├ 不及其君
艮：止　┘

巽：入　→ 遇其臣

《繫辭》曰：過其祖，遇其妣；不及其君，遇其臣；无咎。

解：避開祖父，而與祖母相見，是為避開祖父之訓。欲見君王，先與君王之臣子相見，此為禮數，无可追咎之處。

斷：兌₁ 折 → 兌₂ 悅

偏吉

巽₃ 空 → 乾₄ 努力

巽₅ → 謙 ⋯ 關鍵 → 勿棄謙成空

變巽為謙，臣不可過也

論：行謙，努力工作，則可得愉悅之回報，就如同面見君王，按禮數當可無咎般，行謙就是關鍵，若棄之不用，謙成空，之前的努力就白費了。

二與四同功，

韓康伯曰：同陰功也。

而異位，

崔覲曰：二，士、大夫位，卑；四，孤、公、牧伯位，尊，故有異也。

【易下經】咸恆為首，終於未濟 首重人倫之常

六二爻解：地，二多譽

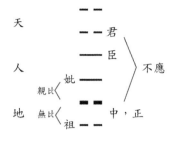

天 ── 君

人 ── 臣

⎱ 不應

姊

親比

地 無比 ⎱ 祖 中，正

| 過其祖 | 不及其君 |
| 遇其姊 | 遇其臣 |

(1) 中，正。

(2) 與初六無比，初為始位，故曰：祖。

(3) 與九三親比，九三為姊，既為親比，故直接遇其姊，而不與無比之祖父相見。於內為言過，故為過其祖，遇其姊也。

(4) 與六五不應，六五為君位，二，三，四為巽，入，空；三，四，五為兌，悅，為見其君，先見其臣，九四為臣，是禮之數，並無利害之相與，相見只是人情之悅；然既不應，故不入，不及其君也。結局為空一場，既無所損失，亦无咎矣！

(5) 小過宜小，故遇姊，遇臣，為適「遇」也。

《象傳》曰：不及其君，臣不可過也。

解：不及其君，六二欲面見君王六五，不可直接越過臣九四，此為禮也。(參 4)

同事	主管	高層	基層	中	正	動能
×	○	×		有能力	有才華	弱

評：中之下，**剛愎之象，要修正**

論：有能力，有才華，再加上主管賞識，或有剛愎之性，然動能弱，故只是短期現象，當可自我修正，如果爾後能多與同仁相交往，可望消除剛愎之性。

九三	三爻動，變坤為豫
動態	

震 艮 兌 巽 坤 坎
　　　　　　　↳ 錯 離

震 ⮕ 艮　　兌₁
　　　　　巽₃ ⮕
三爻動 ⮕ 震　坎₂
　　　坤₅ ⮕ 艮₄

震：行
艮：止，弗也 ⎱ 弗過防之
坎：加憂，防 ⎰
巽：或
兌：毀折 ⎱ 從或戕之
離：兵戈 ⎰

《繫辭》曰：弗過防之，從或戕之，凶。

解：當防則防，以防被加害；若不防，反而去順從，則有反招戕害的凶險、

斷：兌₁ 折 → 坎₂ 險⤑ 關鍵 → 行伏制險

虛凶	巽₃ 空 → 艮₄ 反
	坤₅ → 吝

　　變坤成吝，從或伐之，凶

論：已經入險，故不得不防，關鍵在坎險，若能將險以伏，低調，忍讓來度
　　過，當可化解險所帶來的損害。

其善不同，二多譽，四多懼，近也。

韓康伯曰：二處中和，故「多譽」也。四近於君，故「多懼」也。

柔之為道，不利遠者。

崔覲曰：此言二四皆陰位。陰之為道，近比承陽，故「不利遠」矣。

其要無咎，其用柔中也。

崔覲曰：言二是陰遠陽，雖則不利，其要或有無咎者。以二柔居中，異於四
也。

【易下經】咸恆為首，終於未濟 首重人倫之常

九三爻解：人，三多凶

(1) 不中，正。
(2) 與九四無比，九四不協助。
(3) 與六二親比，六二全力支援，即便九三有難，亦協助防之，故曰：弗過防之。
(4) 與上六相應，四，五，六為震行，故上六答應九三予以協助。
(5) 然，三，四，五為兌，悅，折，結果若為悅，則正應之；但也不得不防止上六從或戕之，而為折。
(6) 因九三陽剛，自持甚高，上六陰爻小人象，且上六位高，一旦翻臉，必有戕之險，凶也。

《象傳》曰：從或戕之，凶如何也。

解：從或戕之，九三與上六相應，原本是悅，終成折，為凶，又如何處理？(參 5，6)

下屬	主管	高層	基層	不中	正	動能
○	×	○		能力有限	有才華	強

評：中之上，有能力克服困境

論：評等甚佳，是故，所遇之險，在自己和朋友的協助之下，當可順利過關，無可挑惕之處，唯一就是專業知識再加強，當會更好。

九四	四爻動，變坤為謙
動態	

震 艮 兌 巽 坤 坎

```
☳震    ☱兌₁
☶艮 →  ☴巽₃         ↘
       ☷坤₅ →  ☳震₂
四爻  →
  動  ☶艮 →  ☵坎₄
```

艮：止，弗 ⎤
震：行   ⎬ 弗過遇之
巽：入   ⎦

震：往 ⎤
坎：險，屬 ⎬ 往屬

《繫辭》曰：无咎，弗過遇之。往屬必戒，勿用永貞。

解：不想碰到卻碰到，這是无可追咎的；但若刻意要前往與之相隨，則必有危屬之事，當所深戒。與之相隨，亦不可過久，並要隨時守持正固，不放鬆。

斷：兌₁ 折 → 震₂ 行

偏吉	巽₃ 空 → 坎₄ 伏 ⟶ 關鍵 → 勿棄伏成險
	坤₅ → 平

變坤為平，勿用永貞

論：在面臨險境時，必需要忍，不隨意起個性，如此，才可將險象壓制，如果高調行之，則伏成險，震成驚，不利矣！

三與五同功而異位，

崔覲曰：三，諸侯之位。五，天子之位。同有理人之功，而君臣之位異者也。三多凶，五多功，貴賤之等也。

崔覲覲曰：三處下卦之極，居上卦之下，為一國之君，有威權之重，而上承天子，若無含章之美，則必致凶。五既居中不偏，貴乘天位，以道濟物，廣被震中，故「多功」也。

九四爻解：人，四多懼

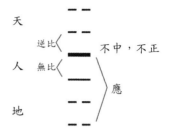

天

逆比

人 無比

地

不中，不正

應

(1) 不中，不正。

(2) 與九三無比，不能協助。

(3) 與初六相應，二，三，四為巽利，
初，二，三為艮反，止；故九四與
初六相應，是建立在互利的基礎
上，無利則不應，故曰：弗過遇
之。

(4) 與六五逆比，六五君位，與君王起
衝突，則先決條件為永貞，而此時
環境也相當險峻，最遭的是與基層
又有利益關係，故自身必要有警
覺，與六五爭執，絕對是往厲必
戒，勿用也。

《象傳》曰：弗過遇之，位不當也。往厲必戒，終不可長也。

解：弗過遇之，為九四不中，不正，故曰：剛失位而不中也。往厲必戒，與六
五相抗衡，怎可能長久如此。(參 3，4)

下屬	主管	高層	基層	不中	不正	動能
×	逆		○	能力有限	才華不足	強

評：下之上，有毅力，但無能力，心有餘力不足

論：才華是天生，故不必在意，但後天的知識卻是可以學習的。再者，不要跟
頂頭上司相抗衡，學習做人的要訣，如此，當可有一番新氣象。

六五
動態

五爻動，變兌為咸

┌錯 坤

震 艮 兌 巽 乾 大象 坎

震　　兌₁
艮　→　巽₃
五　　兌₅　→　乾₂
爻　動　艮　　巽₄

→ 大象坎

艮：不
兌：西　　　密雲不雨
坎：雨，雲

巽：繩，來
坤：我　　　自我西郊
兌：西
乾：郊

乾：公
坎：戈
巽：繩　　　公弋取彼
艮：穴　　　在穴
坎：伏，隱藏
震：行

《繫辭》曰：密雲不雨，自我西郊，公弋取彼在穴。

解：濃密的雲集結而未下雨，其因為此雲係由西向東，故尚不雨。王公欲用弓
　　弋射取棲宿在穴中之鳥，是乘其不備而取之，小人之行為也。

斷：兌₁ 折 → 乾₂ 努力

凶

巽₃ 空 → 巽₄ 空 → 關鍵 → 行謙制空

兌₅ → 折

變兌為折，公弋取彼在穴

論：努力，但還是躲不過空跟折，但要曉得，巽空是關鍵，如能改正為巽謙，
　　以謙虛之心，檢討原因，或更能找到原因。

六五爻解：天，五多功

天　無比
　　逆比　　中，不正
人　　　　　　不應
地

(1) 中，不正。
(2) 與上六無比，上六極位，且為陰爻，故有密雲之象。
(3) 與六二不應，三，四，五為兌，西；二，三，四為巽，東，自西而東，自我西郊，不應，不雨也。
(4) 與九四逆比，爭執不已，互不相讓，為解決此事，唯有取彼在穴一途；六五為君，九四為臣，三，四，五為兌，折，君取臣也。然如此一來，只治於近，而不及於遠之六二，此為小道也，只彰顯沒有能力除暴勘亂。

《象傳》曰：密雲不雨，已上也。

解：密雲不雨，既已高高在上，必需低下，以化解與九四之爭方是正道。(參 2，4)

下屬	主管	高層	基層	中	不正	動能
逆	×		×	有能力	才華有限	弱

評：下之中，無法避開困境

論：六五而有此評，昏君也。在企業中，高層若有此評，應該會被請離才是；個人而言，為求生存，必需有所改進，最快的方法，一是改善人際關係，一是工作勤奮，只要做到其一，就可改變現況。

上六
動態

六爻動，變離為旅

$$震\quad 艮\quad 兌\quad 巽\quad 離$$

震 → 兌₁
艮 → 巽₃
六爻 → 離₅ → 兌₂
動 → 艮 → 巽₄

艮：止
震：行　〕弗遇過之
巽：入

震：行，飛
離：雉，鳥　〕飛鳥離之
兌：折 → 災眚

《繫辭》曰：弗遇過之，飛鳥離之，凶，是謂災眚。

解：處事違背常理，有過而不知其限，有如飛鳥，高飛而不知下，終力盡被捕殺，凶象；這稱為災眚。(外來之禍為災，自作之禍為眚)

斷：兌₁ 折 → 兌₂ 折

偏凶

巽₃ 空 → 巽₄ 空 … 關鍵 → 行謙制空
離₅ → 心
變離為心，已亢也

論：心態若不改變，空和毀折會接棒而來，內憂外患，禍不單行；故解決之道，將巽空用巽謙來化，行謙以制空相，則有機會平反。

其柔危，其剛勝邪？

侯果曰：三五陽位，陰柔處之，則多凶危。剛正居之，則勝其任。言邪者，不定之辭也。或有柔居而吉者，得其時也。剛居而凶者，失其應也。

易之為書也，廣大悉備。

荀爽曰：以陰易陽，謂之廣。以陽易陰，謂之大。易與天地準，固悉備也。

【易下經】咸恆為首，終於未濟 首重人倫之常

上六爻解：天

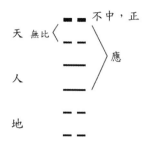

(1) 不中，正。

(2) 上六處極位，用已窮時，位已盡，若好高騖遠，則不切實際。

(3) 與六五無比，甚少交流。

(4) 與九三相應，雖已退，心不死，故有弗遇，過之之象。

(5) 三，四，五為兌，兌為悅，為折；四，五，六為行，起初，或有行而悅，但之後，卻可能成為行而折，故有飛鳥離之，凶象。

(6) 若六五追究其與九三之交往，則後果或可不堪，是謂災眚。

《象傳》曰：弗遇過之，已亢也。

解：弗遇過之是謂，上六卦之極，卻又與九三相勾連，過於高亢矣！(參 2，4)

下屬	主管	高層	基層	不中	正	動能
×			○	能力不足	有才華	弱

評：下之上，要完全避開災眚，難

論：有才華，不甘寂寞，惹出麻煩；但對社會人士而言，有才華，代表有智慧，故若能導入正途，好好加強專業知識，再創事業高峰，亦未可知。

有天道焉，有人道焉。有地道焉。

崔覲曰：言易之為書明三才，廣無不被，大無不包。悉備有萬物之象者也。

䷾ 水在火上，水火相交，各得其用，相濟有成

既濟	過渡，定
水火	《序卦》：有過物者必濟，故受之以《既濟》。
靜態	《雜卦》：《既濟》，定也。
既濟	

坎　離

離：明 ⎤ 初吉終亂
坎：險 ⎦ （先明後險）

```
☵坎      ☵坎₁
☲離  →   ☲離₃  ↘
              ☵坎   ↘   ☲離₂   →   ☵坎
              ☲離  →    ☵坎₄  →   ☲離
                                   既濟
```

《繫辭》曰：既濟，亨，小利貞，初吉終亂。

解：既濟，小亨通也。利於堅貞正固，上卦為坎險，險難當前，其進亦不易，故初期吉象，之後鬆弛怠惰，導致亂象叢生。水在火上為既濟，火熾水溢，溢而火滅，反成未濟，喻盛極反失亂矣！

斷：坎₁ 伏 → 離₂ 心
【吉】離₃ 明 → 坎₄ 險
　　　明而伏，柔得中矣

論：事雖已濟，仍需慎防後續之變，故小心謹慎，不敢高調行事，這是正確的態度。然若因事濟而生自滿，卻置後事于怠慢，則必然是險在心中生，吉反成凶矣，不可不慎。事雖已濟，仍需慎防後續之變，故小心謹慎，不宜高調行事，如此可確保後之吉。然若因事濟而生自滿，卻置後事於怠慢，則必然是險在心中生，反為凶矣！

【易下經】咸恆為首，終於未濟 首重人倫之常

既濟卦爻解

《彖辭》曰：既濟，亨，小者亨也。利貞，剛柔正而位當也。初吉，柔得中也。終止則亂，其道窮也。

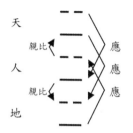

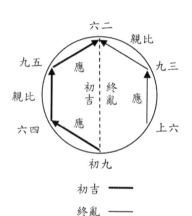

初吉 ——

終亂 ——

(1) 水火相交，可成烹飪功用，亦為吉也。

(2) 初九與六四相應，六二與九五相應，九三與上六相應，三剛、三柔，各得其正，故有利貞之象。

(3) 九五剛爻，中且正；六二柔爻，中且正，皆為得中道之象，故曰：剛柔正而當位，柔得中也。

(4) 六二與九五相應，九五與六四親比，六四與初九相應，君臣上下一心，為民打拼，故為初吉也。

(5) 上六與九三相應，九三與六二親比，上六本無權勢，卻大搞小圈圈，六二又與九五相應，故六二一面接受九五指揮，一面又與上六相連繫，埋下混亂種子，故曰：終止則亂，其道窮也。

《象傳》曰：水在火上，既濟；君子以思患而預防之。

解：水在火上，是為既濟，但水亦能剋火，為終亂之象。君子體之，平日即應思災患之將至，而需事先預防之。

比附	相應
○	○

評：有能力維持現況，但終必亂之

論：三親比，三相應，導致指揮混亂，若戰時必敗無疑。放諸企業，若是多頭馬車，各吹各號，中央不能有效統治，再大企業亦不堪，，個人亦然，若不能有效統一目標，則無可適從，終必一事無成。

初九	初爻動，變艮為蹇
靜態	

坎　離　艮

坎：輿，曳 ⎫
離：輪　　⎬ 曳其輪
艮：手，止 ⎭

坎：狐 ⎫
坎：濡，水 ⎬ 濡其尾
初爻：尾 ⎭

《繫辭》曰：曳其輪，濡其尾，无咎。

解：牽曳車輪，不使之前進，尾巴沾溼，就無法渡河；但只要小心，不輕舉妄
　　動，這些還是可以避免的，若能謹慎從事，也就無從獲咎了。

斷：離₁ 心 → 離₂ 明

偏吉	坎₃ 險 → 坎₄ 伏 → 關鍵 → 勿棄伏成險

　　　艮₅ → 止

　　變艮為止，義無咎矣

論：若要脫離險境，心一定要明，姿態一定要軟，要處處忍讓，切不可高調以
　　對，因為若坎伏成坎險，心再明，也沒有辦法挽救，需慎之。

兼三才而兩之，故六。六者，非它也。三才之道也。

*崔覲曰：言重卦六爻，亦兼天地人道，兩爻為一才，六爻為三才，則是兼三才
而兩之，故六。六者，即三才之道也。*

道有變動，故曰爻。

*陸績曰：天道有晝夜、日月之變。地道有剛柔、燥濕之變，人道有行止、動
靜、吉凶、善惡之變。聖人設爻以效三者之變動，故謂之「爻」者也。*

908　【易下經】咸恆為首，終於未濟 首重人倫之常

初九爻解:地

天

人

地 逆比

應

不中,正

(1) 不中,正。
(2) 初九剛爻,意志自始即堅定不移。
(3) 與六二逆比,爭執不合,二,三,四為坎,為輪;六二位此坎之下爻,有被拉住之象,故曰:曳其輪,不讓其前進。
(4) 與六四相應,六四位四,五,六坎卦之下爻,為尾,坎為水,故有濡其尾之象。
(5) 初,二,三為離明,二,三,四為坎伏,故初九與六四相應,伏而明,謹慎小心之意。

《象傳》曰:曳其輪,義无咎也。

解:曳其輪,與六二逆比,故六二處處牽制初九,在義理上,並沒有因牽制而會被追咎的。(參3)

下屬	主管	高層	基層	不中	正	動能
	逆	○		能力有限	有才華	強

評::中之下, 有毅力克服困境,能力有疑

論:初出社會即有此評,顯然潛力無窮。如果能加強專業,而不致走上持才傲物,則前景非常亮麗,但若後繼無力,甚至搞到人際關係不好,則初吉,終亂矣!

六二
靜態

二爻動，變乾為需

坎　離　乾　兌

```
☵坎      ☲離₁
☲離  →  ☵坎₃      ↘
   二↗    ↘         ☲離₂
   爻      ☵坎      ☱兌₄
   動  ☰乾₅  →
```

離：中女，婦
坎：輿，大車
離：中虛，茀之象　〉婦喪其茀
坎：盜

乾：數一　〉七日得
坎：數六

《繫辭》曰：婦喪其茀，勿逐，七日得。

解：婦人遺失了車蔽(遮擋車門用)，不用急於追尋，七日後自會失而復得，只
　　待時之至。喻失而復得賢才也。

吉

斷：離₁ 心 → 離₂ 心
　　坎₃ 險 → 兌₄ 悅
　　乾₅ → 健 → 關鍵→勿成剛愎
　　變乾為健，以中道也

論：只要努力，加上對人對事，均能以正道相待，自然轉危為安。當然，關鍵
　　在乾努力，如果努力成剛愎，則兌悅成兌折，比險還糟，不得不防。

爻有等，故曰物。
干寶曰：等，群也。爻中之義，群物交集，五星四氣，六親九族，福德刑殺，
眾形萬類，皆來發於爻，故總謂之物也。象頤中有物曰噬嗑，是其義也。
物相雜，故曰文。
虞翻曰：乾陽物，坤陰物。純乾純坤之時，未有文章。陽物入坤，陰物入乾，
更相雜成六十四爻，乃有文章，故曰「文」。

　【易下經】咸恆為首，終於未濟 首重人倫之常

六二爻解：地，二多譽

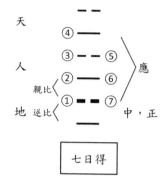

天

④ ——
③ -- -- ⑤
人 ② -- -- ⑥ 〉應
親比〈 ① -- -- ⑦
地 逆比〈 中，正

七日得

(1) 中，正。

(2) 與初九逆比，不合而有爭執，故有婦喪其茀之象。

(3) 六二中且正，本為民間賢士，然因與初九逆比，雖曰喪茀，二，三，四為坎，陷，卻因此事而前途受限。

(4) 與九五相應，九五中且正，居三，四，五離，明之上位，故為賢明君王，六二既為賢士，九五本有意延攬，然因逆比之後果，致有所延遲。

(5) 與九三親比，三，四，五離，明，九三居離之下，九五居離之上，故經九三之澄清，此事終明也(七日)。二，三，四為坎伏，六二低調前往九五 (勿逐)，至終，九五(得)六二賢才也。

(6) 由六二(1)，三，四，五，回四，三，二(7)，共七位，七日可得也。

《象傳》曰：七日得，以中道也。

解：七日得之象，為六二中位，象徵中道，二，五相應，亦均以中道相應，故以六二之德，必為九五所用也。(參3)

下屬	主管	高層	基層	中	正	動能
逆	○	○		有能力	有才華	弱

評：中之上，**有能力脫困**

論：有才華，有能力，原本應會恃才傲物，但動能弱，加上人際關係還可以，只有小部份的自滿現 象，但跟基層相逆，若要更上一層，這是最大缺點，要改進。

911

三爻動，變震為屯

坎　離　震　艮　坤

坎
離 → 離1

震
離 → 坎3

三
爻 坎
動 震5 → 艮2 → 坤4

離：王
震：行　} 高宗伐鬼方
坤：鬼方

離：數三
坎：弓，伏也 } 三年克之

坤：小人
艮：止 } 小人勿用

《繫辭》曰：高宗伐鬼方，三年克之，小人勿用。

解：高宗討伐鬼方，經過三年時間始克之；既克，則應檢討，討伐期間的功過
　　得失，不力者，即不再予以任用。

斷：離1 心 → 艮2 反

虛
凶
坎3 險 → 坤4 吝 → 關鍵 → 改吝成平

震5 → 行

變震為行，小人勿用

論：經過一段時間的改善，脫離了困吝，要訣就是起而行，如此才能脫吝成平
　　順，否則徒勞無功，然行要行正道，切勿行邪道。

文不當，故吉凶生焉。

干寶曰：其辭為文也。動作云為，必考其事，今與爻以相稱也。事不稱義，雖
有吉凶，則非今日之吉凶也。

易之興也，其當殷之末世，周之盛德邪？當文王與紂之事邪？

虞翻曰：謂文王書《易》六爻之闕也。末世，乾上。盛德，乾三也。文王三分
天下而有其二，以服事殷，周德其可謂至德矣，故「周之盛德」。紂窮否上，
知存而不知亡，知得而不知喪，終以焚死，故「殷之末世」也。而馬、荀、鄭
君從俗，以文王為中古，失之遠矣。

九三爻解：人，三多凶

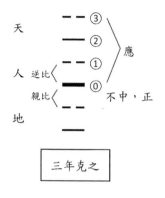

天

人　逆比

親比

地

不中，正

三年克之

(1) 不中，正。

(2) 九三與上六相應，上六陰爻位坎之上，四，五，六為坎，坎為伏，有鬼之意，故有伐鬼方之象。

(3) 由九三，至六四，九五，上六，其間為三，三年也，以三年時間始克之。

(4) 六四與九三逆比，凡事陽奉陰違，但六四在九三與上六相應之中，故為伐鬼方之一員，六四陰爻而為小象。

(5) 與六二親比，照顧九四有加，但並未參與此役。

(6) 三年既克鬼方，論功行賞，六四自然不予重用，故曰：小人勿用。

《象傳》曰：三年克之，憊也。

解：伐鬼方，卻需三年之久，過憊而財亦匱乏矣！

下屬	主管	高層	基層	不中	正	動能
○	逆	○		能力不足	有才華	強

評：中之上，絕對有能力克服困局

論：評等甚佳，表示高宗有能力討伐鬼方，也有能力治理。反諸社會，若有此評等，則是上軌道之公司，若是個人則亦無可挑剔之處，唯若能加強專業，對前途更有利。

六四	四爻動，變兌為革
被動	

```
┌→錯 震
坎  離  兌  乾  巽
            └→錯 坤
```

☵坎   ☲離1
☲離 → ☵坎3
　　↘
四　　☱兌5　→　☰乾2
　↗　　↘
爻　　☲離　→　☴巽4
動

乾：衣之象 ┐
坤：帛　　│
兌：毀折　├ 繻有衣袽
坎：水，漏 ┘

離：日　┐
震：行　├ 終日戒
坎：險　┘

《繫辭》曰：繻有衣袽，終日戒。

解：即便華服已經裂壞，但濟道將革之際，也不敢穿在身上，只敢穿蔽衣，然
　　終日仍戒懼不安，只為有戒無患也。

斷：離1 心 → 乾2 努力

偏 凶	坎3 險 → 巽4 空 → 關鍵 → 行謙剋空

　　兌5 → 折

　　變兌為折，有所疑也

論：即便努力，結果還是空，也挽救不了毀折的命運，這種狀況雖然關鍵在巽
　　空，但只能說，這個時候行謙道，或可減少損失，但要完全避開，不可能。

是故其辭危，

虞翻曰：危，謂乾三。夕惕若厲，故「辭危」也。

危者使平，

陸績曰：文王在紂世，有危亡之患，故於易辭多趨危亡。本自免濟，建成王
業，故易爻辭危者使平，以象其事。

六四爻解：人，四多懼

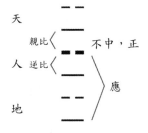

天

親比

人 逆比

地

不中，正

應

(1) 不中，正。

(2) 與九三逆比，九三為陽剛君子，六四與之不合，二，三，四為坎，為險，兩者相爭，有風險存在。

(3) 與九五親比，九五十分信任六四，但六四與初九基層往來，對九五而言，有建立六四自己勢力的疑慮，再加上九三之密告，為破九五之疑，只能穿蔽衣，而有繻有衣袽之象。

(4) 與初九相應，初，二，三為離日，二，三，四為坎險，故六四與初九皆戒懼不安，是謂終日戒也。

《象傳》曰：終日戒，有所疑也。

解：終日戒，六四與初九相應，而被九五所知而疑，故日日小心，是為有所疑也。(參3，4)

下屬	主管	高層	基層	不中	正	動能
逆	O		O	能力不足	有才華	弱

評：中之下，有能力渡過困境，但毅力不足

論：有才華，人際關係也不錯，這種情況最適合學習，多努力學習專業，再配上自己的智慧，可在職場中創立一片天。

五爻動，變坤為明夷

坎　離　坤　震

```
☵坎      ☲離₁
☲離  →  ☵坎₃                      ☲震₂
      五        ☷坤₅              ☵坎₄
      爻
      動  ☲離      ☵坎₄
```

離：戈兵 ┐
坎：血　 │
坤：牛　 ├ 東鄰殺牛
震：東，行┘

離：夏季，禴 ┐
坎：月，　　 │
　　日東月西，西鄰 ├ 西鄰之
坎：伏，鬼神　　　 │ 禴祭
震：行　　　　　　 ┘

《繫辭》曰：東鄰殺牛，不如西鄰之禴祭，實受其福。

解：東鄰殺牛祭祀鬼神，不如西鄰之節約而虔誠的夏祭，反能實受其福。

斷：離₁ 心 → 震₂ 行

吉　坎₃ 險 → 坎₄ 伏 ⋯ 關鍵 → 勿棄伏成險

　　坤₅ → 順

　　變坤為順，實受其福

論：低調而息行，終於脫離困局，帶來平順。但同樣的，關鍵在坎伏，如果順
　　利後，自我澎脹，卻使坎伏成坎險，那震成驚，坤成吝，後果自負了。

易者使傾。

陸績曰：易，平易也。紂安其位，自謂平易，而反傾覆，故易爻辭「易者使
傾」，以象其事。

其道甚大，百物不廢。

虞翻曰：大，謂乾道。乾三爻，三十六物，故「百物不廢」。略其奇八，與大
衍之五十同義。

九五爻解：天，五多功

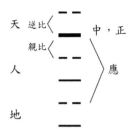

天　逆比　中，正
　　親比
人　　　　應
地

(1) 中，正。
(2) 與上六逆比，不合，常有爭執，上六為極位，故而舖張，而有東鄰殺牛祭祀，九五不參與。
(3) 與六四親比，六四為臣位，財力不足，故簡約而虔誠辦理，而有西鄰之禴祭(夏祭)，但九五會參與。
(4) 與六二相應，二，三，四為坎，鬼神；三，四，五為離，禴，故百性實受禴祭之福也。

《象傳》曰：東鄰殺牛，不如西鄰之時也；實受其福，吉大來也。

解：東鄰殺牛，喻上六也，既與九五不合，卻又大肆舖張，而六四與九五親比，也只有簡單的禴祭，當既濟之終，卻不當奢盛，故東鄰不如西鄰之時也。實受其福，則是六二與九五相應，故六二得受禴祭之福，其吉來自九五也。(參3，4)

下屬	主管	高層	基層	中	正	動能
○	逆		○	有能力	有才華	強

評：上之下，|絕對能避開困境|

論：難得賢明君主(此處九五是文王)，在歷史上也不多見。其於企業，則為成功的開創者，而個人，至少為企業高層，天下沒有完美的事，也無完美的人，此格局，完全無可挑剔。

六爻動，變巽為家人

坎　離　巽

巽：入
坎：水　　濡其首屬
坎：險

坎　離₁
離　→　坎₃
六　　　　　巽₅　→　離₂
爻　　坎₄
動　離　→　坎₄

《繫辭》曰：濡其首，屬。

解：若要強涉水而濡其頭，濡其身，其屬可知。既濟者，初得吉，終得亂也。

斷：離₁ 心 → 離₂ 心

偏凶

坎₃ 險 → 坎₄ 險
巽₅→ 空→ 關鍵 → 以謙制空
變巽為空，屬也

論：之前的險象未除，現在又多了一個空相，也就是再努力，也得不到應有的回報，其屬可知。關鍵在巽空，若能扭轉成巽謙，以謙道來對付空相，則反轉可期。

懼以終始，其要無咎，此之謂易之道也。
虞翻曰：乾稱易道，終日乾乾，故「無咎」。危者使平，易者使傾，惡盈福謙，故「易之道」者也。
夫乾，天下之至健也，德行恒易以知險。
虞翻曰：險，謂坎也。謂乾二、五之坤，成坎離，日月麗天，天險不可升，故「知險者」也。

【易下經】咸恆為首，終於未濟 首重人倫之常

上六爻解：天

天　逆比

不中，正

人

地

應

(1) 不中，正。

(2) 上六為全卦之極，為首之象。

(3) 與九三相應，上六本就不復視事，如今與九三相應，埋下不安種子，濡其首也。

(4) 三，四，五為離，明；四，五，六為坎，伏，險，若低調尚可，一旦檯面化，險象就來了。

(5) 與九五逆比，九五為君，常與君對抗，又結黨營私，若遭九五之疑，必厲也。

(6) 凡事在最後階段，若因貪欲等，自亂陣法，其厲亦可知矣！

《象傳》曰：濡其首厲，何可久也。

解：濡其首厲，上六與九三相應，明知其險，還要相往來，此種狀況還能維持多久？(參3，5)

下屬	主管	高層	基層	不中	正	動能
逆			○	能力不足	有才華	弱

評：下之上，需靠智慧脫險

論：退休之人，還有此能量，難怪會有屬也。然對社會而言，算是一般，但因有才華，也就是智慧不差，若能好好運用，或者還可創第二春，努力加油。

水在火下，水火不交，相濟無成，待時而濟

未濟	未成，未完		離	坎

《序卦》：物不可窮也，故受之以
《未濟》，終焉。

| 水火 | 《雜卦》：《未濟》，男之窮也。 |

坎：水
離：小 ⎤
坎：狐 ⎦ 小狐汔濟

靜態

坎：水 ⎤
初爻：尾 ⎦ 濡其尾

未濟

☲離 → ☲離₁
☵坎 → ☵坎₃ ↘
↘ ☲離 → ☵坎₂ → ☲離
☵坎 → ☲離₄ ☵坎

未濟

《繫辭》曰：亨，小狐汔濟，濡其尾，无攸利。

解：未濟，亨通之象。小狐渡河，必待河水乾竭之時，否則一旦尾巴被水沾
　　溼，就無法渡河，有害無利。未濟理雖陰陽顛倒，卻是乾坤往復之機也。

斷：離₁ 心 → 坎₂ 險
坎₃ 伏 → 離₄ 心

| 吉 |

伏而明，慎辯物居方

論：世間之事，吉凶均在一念之間，如果不能明辯是非，則凶自現，然若能自
　　知，平日即低調處事，則可避之，否則險象難逃。

未濟爻解

《象辭》曰：未濟，亨；柔得中也。小狐汔濟，未出中也。濡其尾，无攸利；
不續終也。雖不當位，剛柔應也。

【易下經】咸恆為首，終於未濟 首重人倫之常

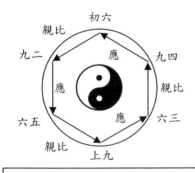

物不可窮，終而不盡，周而復始

(1) 下卦，初，二，三為坎，坎為狐，故曰：小狐。

(2) 六五陰爻中位，象徵柔和而得中道。

(3) 初六，六三，六五，皆為耦爻奇位。九二，九四，上九，則為奇爻耦位，六爻爻位皆不當位；而九二雖得中，但位下卦坎之中，坎為險，故曰：未出中也。

(4) 然初六與九四，九二與六五，六三與上九，又皆剛柔相應，故曰：雖不當位，剛柔應也。

(5) 初六與九二親比，六五與上九親比，六三與九四親比，故雖是未濟，但其間仍有可以相濟為用之象。

(6) 爻象上下相應，親比，但皆不當位，故而无攸利。

(7) 未濟卦的互卦，錯卦，均為既濟，是証物不可窮，終而不盡，周而復始。

(8) 六十四卦，就此終結，雖卦象各有區分，然最終所得為乾，坤，既濟，未濟，世間之成象，不出此也。

《象傳》曰：火在水上，未濟；君子以慎辨物居方。

解：離火在坎水之上，水火互剋，何能相濟為用，故曰：未濟。君子體之，使物以群分，方以類聚，則分定而不亂，相濟相成矣！

比附	相應
○	○

評：有能力脫出險境

論：六十四卦，終於未濟，一陰一陽，生生不息，一本散萬殊，萬殊歸一本，無始無終，是為易！

921

初爻動，變兌為睽

離　坎　兌

坎：狐
坎：水
兌：澤　　　濡其尾吝
離：小
初爻：尾

《繫辭》曰：濡其尾，吝。

解：小狐渡河，尾巴被水沾溼，有沈溺的危險，而為困吝之象。

斷：坎$_1$ 險 → 坎$_2$ 險 → 關鍵 → 行伏剋險

　離$_3$ 心 → 離$_4$ 心

　兌$_5$ → 折

　變兌為折，不知極也

論：面臨毀折和險象，心態很重要，若是自得意滿，則很難脫離困境。如今補救的辦法，就是轉坎險為坎伏，用忍讓的態度，來扭轉毀折，使成兌悅，能否成功，誠心最重要。

夫坤，天下之至順也，德行恆簡以知阻。

虞翻曰：阻，險阻也。謂坤二、五之乾，艮為山陵，坎為水，巽高兌下，地險山川丘陵，故「以知阻」也。

能說諸心，

虞翻曰：乾五之坤，坎為心，兌為說，故「能說諸心」。

能研諸侯之慮，

虞翻曰：坎心為慮，乾初之坤為震，震為諸侯，故能研諸侯之慮。

初六爻解：地

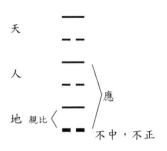

天
人
地　親比
應
不中，不正

(1) 不中，不正。
(2) 初六為最下爻，尾之象，下卦為坎，為水，濡其尾也。
(3) 與九二親比，九二雖中，但不正。
(4) 初六耦爻奇位，本就不當位，而相應之九四，親比之九二，亦皆不正，故有不自量力之象。
(5) 故若小狐汔濟，自不量力，欲強渡過河，一旦濡其尾而不能濟，終將困吝也。
(6) 與九四相應，九四亦不中不正。初二，三為坎，為水，為河之象；二，三，四為離，為明，故初六前往九四需渡河而過。

《象傳》曰：濡其尾，亦不知極也。

解：濡其尾，初六與九四相應，不中，不正，如此之應，有不自量力之象，故曰：不知極也。(參4，5)

下屬	主管	高層	基層	不中	不正	動能
	○	○		能力有限	才華不足	弱

評：下之上，難避困局，需靠朋友扶助

論：有高層相挺，但若自身能力不足，也非長久之策，還是要奮發，努力學習，如此才不辜負高層的期待。

二爻動，變坤為晉

離	坎	坤	艮

☲離　　☵坎₁
☵坎 → ☲離₃
二　　☲離 → ☵坎₂
爻　　☷坤₅ → ☶艮₄
動

艮：止，于
坎：車　　　　曳其輪
離：輪
坤：順，貞吉

《繫辭》曰：曳其輪，貞吉。

解：牽曳車輪，不讓前進，以另待時而動，其象合乎正道而吉。

斷：坎₁ 險 → 坎₂ 伏 → 關鍵 → 勿棄伏成險

吉　離₃ 心 → 艮₄ 反

坤₅ → 順

變坤為順，中以行正也

論：受益於低調行事，前景順利很多，然而一旦坎伏消失，卻成坎險，即便是
　　順利，也會打個對折，故當順之時，切不可自我攀高。

定天下之吉凶，成天下之娓娓者。

荀爽曰：娓娓者，陰陽之微，可成可敗也。順時者成，逆時者敗也。

是故變化云為，吉事有祥。

虞翻曰：祥，幾祥也，吉之先見者也。陽出，變化云為。吉事為祥。謂復初乾
元者也。

象事知器，占事知來。

侯果曰：易之云為，唯變所適。為善則吉事必應，觀象則用器可為，求吉則未
形可睹者也。

九二爻解：地，二多譽

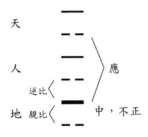

天

人 　　　　應

　逆比

地 　親比　　中，不正

(1) 中，不正。

(2) 九二與初六親比，初六陰小，有被曳之象。

(3) 與六五相應，九二為中位，六五雖不正，亦為中位，二，三，四為離明，三，四，五為坎伏，故九二往見六五為低調而行，有機會被六五所用。

(4) 與六三逆比，不合，故六三借機曳其輪，不讓九二前進，而初六不幸亦成九二包袱。

(5) 但終究六五欣賞九二之德，故時機一旦成熟，即可進用，故曰：貞吉。

《象傳》曰：九二貞吉，中以行正也。

解：九二貞吉之象，是言九二奇爻耦位非正，但五，二皆得中位，行中道而不偏，不偏則可得而行正，故曰：中以行也。(參3，5)

下屬	主管	高層	基層	中	不正	動能
○	逆	○		有能力	才華不足	強

評：中之上，絕對可脫離困境

論：評比相當高，以九二而言，幾乎沒有可改善之處，最多就是人和，但此格局已是管理階層，只要保持自謙，低調，未來大有發展。但千萬別走邪路，要有正德，才得正福。

| 六三 | 三爻動，變巽為鼎 |
| 被動 | |

```
┌錯 震
離  坎  巽  兌  乾
```

```
☲離      ☵坎₁
☵坎  →  ☲離₃      ☱兌₂
三      ☲離      ☰乾₄
爻
動      ☴巽₅
```

離：兵戈 ┐
坎：弓　 │
震：行　 ├ 征凶
坎：險　 ┘

巽：木，田 ┐
兌：澤　　 │
震：行　　 ├ 利涉大川
坎：水　　 ┘

《繫辭》曰：未濟，征凶，利涉大川。

解：事情並未完成，若是急於前往，會有凶險。但若能小心翼翼，則即如大川
　　之險，亦可安然渡越。

斷：坎₁ 險 → 兌₂ 折

偏凶	離₃ 心 → 乾₄ 剛愎→ 關鍵 → 化剛愎為健
	巽₅ → 空
	變巽為空，征凶

論：因自我的剛愎，而使得前景出現空及毀折之象，如今之計，必需即刻反
　　省，放棄剛愎之心，而代以穩健行之。

天地設位，聖人成能。

崔覲曰：言易擬天地，設乾坤二位，以明重卦之義，所以成聖人伏羲文王之能
事者也。

人謀鬼謀，百姓與能。

朱仰之曰：人謀，謀及卿士。鬼謀，謀及卜筮也。又謀及庶民，故曰「百姓與
能」與。

六三爻解：人，三多凶

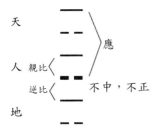

天
人　親比
　　逆比　　不中，不正
地

(1) 不中，不正。
(2) 三當坎離交接之位，已可以有所濟之機。
(3) 與九二逆比，爭執不下，故欲濟无功，此時不宜前往九二處，而曰：征凶也。
(4) 與上九相應，與九四親比，雖上九，九四皆不中不正，但若借諸其力，或可在適當時機，解脫與九二之爭。
(5) 三，四，五為坎，為水，大川之象；四，五，六為離，為明，故前往上九，必如越大川之險般，幸而已得明，故可順利越過。

《象傳》曰：未濟征凶，位不當也。

解：未濟，征凶之兆，六三以柔居剛，其位不當也。(參3)

下屬	主管	高層	基層	不中	不正	動能
逆	○	○		能力有限	才華不足	弱

評：下之上，朋友之助，可脫困，但後續不樂觀

論：有裙帶之關係，除此，一無是處，短期尚可，但長期在無基礎之下，不但自己苦惱，旁人也會痛苦，故宜自己覺悟，勤快些，努力些，主動學習，或可反轉而上。

四爻動，變艮為蒙

離 坎 艮 坤 震

離　　　坎₁
坎　→　離₃
　　　　　　　　　　　坤₂
四　　　艮₅
爻　　　　　　　　　　震₄
動　　　坎

震：行
離：兵戈　　　　震用伐鬼方
坎：北方
坎：伏，鬼

離：數三
坤：回　　　三年有賞
巽：入，賞　　于大國

《繫辭》曰：貞吉，悔亡，震用伐鬼方，三年有賞于大國。

解：守持堅貞正固之道，可獲吉祥，即使有悔恨，亦可消亡。懷著兢兢業業的
　　心，前去討伐鬼方，歷經三年鬼方方始自歸服，而接受大國的封賞。

斷：坎₁ 險 → 坤₂ 平

偏
吉

離₃ 心 → 震₄ 行 → 關鍵 → 勿行偏成險
艮₅ → 止
變艮為止，志行也

論：心誠伏，而得平順的結果，來之不易，要謹慎守護；關鍵在行，即低調行
　　誠之道，！若一旦棄之，震行成震驚，則坤成吝，過去的努力成驚，不妙
　　矣。

八卦以象告。

虞翻曰：在天成象。乾二、五之坤，則八卦象成，兌口震言，故「以象告」
也。

《爻》、《象》以情言，

崔覲曰：伏羲始畫八卦，因而重之，以備萬物，而告於人也。《爻》謂爻下
辭，《象》謂卦下辭，皆是聖人之情見乎繫辭，而假《爻》、《象》以言，故
曰「《爻》、《象》以情言」。

九四爻解：人，四多懼

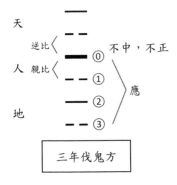

```
天            ━━━
       逆比 ━ ━
人            ━━━  ⓪   不中，不正
       親比 ━ ━  ①
             ━ ━  ②        應
地            ━ ━  ③
```

三年伐鬼方

(1) 不中，不正。

(2) 九四已脫坎險，進入上卦離體，離為明，為可以有濟之象，而為討伐鬼方之主將。

(3) 與六五逆比，三，四，五為坎險，故剛脫離下卦坎險，又進入另一個坎險，伐鬼方也。

(4) 然九四為剛健之才，力行正道，故可化險為吉，而曰：貞吉，悔亡。

(5) 與六三親比，又與初六相應，初六位坎，為鬼方；既濟，鬼方在上，未濟，鬼方在下。故借六三之力，經三年征伐，鬼方歸順。六五接受鬼方的降服，同時鬼方也接受大國的封賞，故曰：震用伐鬼方，三年有賞於大國。

(6) 初，二，三為坎，為伏；二，三，四為離，為光彩，故制服鬼方，而得勝利光彩。

(7) 由九四經六三，九二至初六，共三位，三年始克之。

《象傳》曰：貞吉悔亡，志行也。

解：貞吉，悔亡，九四與六五逆比，險之又險，幸九四力行正道，始克化險，為吉。而奉命伐鬼方，則使心志得以施行也。

下屬	主管	高層	基層	不中	不正	動能
○	逆		○	能力有限	才華不足	強

評：中之下，有毅力維持，但能力不足是隱憂

論：出門靠朋友，評等不錯；但都是他人之助，自己沒有任何實質東西，故而現階段，應該自立自強，好好充實自己。

三 離 三 坎₁
三 坎 → 三 離₃ ↘
五 三 乾₅ → 三 巽₂
爻 ↘
動 三 坎 → 三 離₄

離：明，光之象 ┐
乾：君子 ├ 君子之光
坎：孚 │ 有孚
震：行 ┘

《繫辭》曰：貞吉，无悔，君子之光，有孚，吉。

解：守持堅貞正固之道，沒有悔恨；君子行事，光明正大，心懷誠信，故為吉
　　祥。

斷：坎₁ 險 → 巽₂ 謙 → 關鍵 → 莫棄謙成空

偏	離₃ 心 → 離₄ 心
吉	乾₅ → 健
	變乾為健，有孚吉

論：若心懷謙道，持守正固，當然只要努力就有成果，也自得回報；但若心
　　偏，雖然還是努力，有可能旦巽謙成巽空，所以，銘記在心，不可懈怠。

剛柔雜居，而吉凶可見矣。變動以利言，吉凶以情遷。

是以愛惡相攻，而吉凶生。遠近相取，而悔吝生。

情偽相感，而利害生。凡易之情，近而不相得，則凶。

六五爻解：天，五多功

(1) 中，不正。具中德，故曰：貞吉。
(2) 與上九親比，常至上九處請益。
(3) 與九四逆比，君臣意見相左，然六五還是交付九四，討伐鬼方之任務，故曰：无悔。
(4) 與九二相應，九二陽剛君子，陰陽和合，而六五君王之光亦普及民間，，故曰：君子之光，有孚吉也。
(5) 二，三，四為離，心；三，四，五為坎，孚，故六五誠心，前來與九二相互交流。

《象傳》曰：君子之光，其暉吉也。

解：君子之光，六五與九二相應，九二為賢，為民間領袖，可見六五君王之光亦普及民間，是為其暉如日月，吉也。(參 4，5)

下屬	主管	高層	基層	中	不正	動能
逆	○		○	有能力	才華不足	弱

評：中之下，有能力克服困境，但維持恐不易

論：稱不上賢明君主，及格邊緣。對個人而言，有能力，人際關係也不差，已具大好機會，應改善自己的態度，多努力，勤奮點，學習知識，必可成大器。

<table>
<tr><td>上九</td><td rowspan="2">六爻動，變震為解</td></tr>
<tr><td>動態</td></tr>
</table>

離　坎　震

☲離　　☵坎1
☵坎　→　☲離3
　　　　☳震5　　☵坎2
六爻
　動　☵坎　　☲離4

坎：孚象 ⎱
坎：酒　⎰ 有孚于飲酒

坎：水　⎱
上九：首 ⎰ 濡其首
震：行

《繫辭》曰：有孚于飲酒，无咎，濡其首，有孚失是。

解：　即便是飲酒，也要有一定的誠信，避免縱飲無量，方可無咎；倘若飲酒過
　　　量，超過自己的負荷，就如同小狐濡其首而入坎陷，這樣的誠信之道，就一
　　　無是處。故易之終，戒之在節也。

斷：坎1 險 → 坎2 伏　→　關鍵　→　勿棄伏成險

偏
吉

離3 心 → 離4 心
震5 → 行
變震為行，知節也。

論：有孚于飲酒為知節，故只要以低調，潛下的心來應對，即為知節而无咎。
　　但一旦棄伏，就成濡其首，而不知節矣！故易經最後一爻，即以知節為終，
　　明哲之士，能不戒之者哉！

或害之，悔且吝。將叛者，其辭慚。
中心疑者，其辭枝。吉人之辭寡，躁人之辭多。
誣善之人，其辭游。失其守者，其辭詘。

上九爻解：天

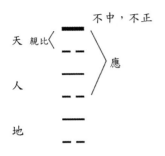

天　親比
人
地

不中，不正

應

(1) 不中，不正。

(2) 與六五親比，六五常來請益，即便招待六五以水酒，只要是誠心所敬，即無大礙，故曰：有孚于飲酒，无咎。

(3) 與六三相應，六三為基層，當與民眾共同飲酒作樂，然一旦高興，忘了節制，醉後失態，恐怕有礙觀瞻，故曰：濡其首，有孚失是。

(4) 三，四，五為坎險，四，五，六為離心，雖相應，卻有險象也。

《象傳》曰：飲酒濡首，亦不知節也。

解：飲酒濡首，與六五飲酒，為孚无咎；而與六三飲酒，卻酒後失態，有孚失是。不論有孚或失是，均當有所節制也。(參 2，3)

下屬	主管	高層	基層	不中	不正	動能
○			○	能力有限	才華不足	強

評：中之下，眾人相助，可脫困，但後續靠自己

論：上九退休不復事，能有如此高的評比，在行為上，實在應該小心，否則引起六五疑，不宜也。對個人而言，人緣關係不錯，也很努力，如果能加強專業知識，前途肯定　放光。

國家圖書館出版品預行編目資料

縱橫古今周易神解／張震臨著.
－－第一版－－臺北市：知青頻道出版；
紅螞蟻圖書發行，2022.01
面　　公分－－(Easy Quick；182)
ISBN 978-986-488-224-3（平裝）

1.易經 2.注釋

121.12　　　　　　　　　　110019299

Easy Quick 182

縱橫古今周易神解

作　　者／張震臨
發 行 人／賴秀珍
總 編 輯／何南輝
校　　對／周英嬌、張震臨
美術構成／沙海潛行
封面設計／引子設計
出　　版／知青頻道出版有限公司
發　　行／紅螞蟻圖書有限公司
地　　址／台北市內湖區舊宗路二段121巷19號(紅螞蟻資訊大樓)
網　　站／www.e-redant.com
郵撥帳號／1604621-1　紅螞蟻圖書有限公司
電　　話／(02)2795-3656（代表號）
傳　　真／(02)2795-4100
登 記 證／局版北市業字第796號
法律顧問／許晏賓律師
印 刷 廠／卡樂彩色製版印刷有限公司
出版日期／2022年1月　第一版第一刷

定價 700 元　港幣 234 元

ISBN　978-986-488-224-3　　　　　　　**Printed in Taiwan**